Strukturwandel des japanischen Distributionssystems
Konsequenzen für das vertikale Marketing in Japan

Europäische Hochschulschriften
Publications Universitaires Européennes
European University Studies

Reihe V
Volks- und Betriebswirtschaft

Série V   Series V
Sciences économiques, gestion d'entreprise
Economics and Management

Bd./Vol. 1548

PETER LANG
Frankfurt am Main · Berlin · Bern · New York · Paris · Wien

Hendrik Gottschlich

Strukturwandel des japanischen Distributionssystems

Konsequenzen für das vertikale
Marketing in Japan

PETER LANG
Europäischer Verlag der Wissenschaften

Die Deutsche Bibliothek - CIP-Einheitsaufnahme

Gottschlich, Hendrik:

Strukturwandel des japanischen Distributionssystems : Konsequenzen für das vertikale Marketing in Japan / Hendrik Gottschlich. - Frankfurt am Main ; Berlin ; Bern ; New York ; Paris ; Wien : Lang, 1994
  (Europäische Hochschulschriften : Reihe 5, Volks- und
  Betriebswirtschaft ; Bd. 1548)
  Zugl.: Bochum, Univ., Diss., 1993
  ISBN 3-631-47368-0

NE: Europäische Hochschulschriften / 05

D 294
ISSN 0531-7339
ISBN 3-631-47368-0
© Peter Lang GmbH
Europäischer Verlag der Wissenschaften
Frankfurt am Main 1994
Alle Rechte vorbehalten.

Das Werk einschließlich aller seiner Teile ist urheberrechtlich geschützt. Jede Verwertung außerhalb der engen Grenzen des Urheberrechtsgesetzes ist ohne Zustimmung des Verlages unzulässig und strafbar. Das gilt insbesondere für Vervielfältigungen, Übersetzungen, Mikroverfilmungen und die Einspeicherung und Verarbeitung in elektronischen Systemen.

Printed in Germany 1 2 3 4 6 7

In Liebe meinen Eltern
in Dankbarkeit Herrn Dr. Dirk Vaubel

Vorwort

Das japanische Distributionssystem steht im Zentrum handelspolitischer Auseinandersetzungen zwischen Japan und seinen Wirtschaftspartnern im Hinblick auf eine erfolgreiche Bearbeitung des japanischen Absatzmarktes. Als Ergebnis bilateraler Verhandlungen mit den Vereinigten Staaten von Amerika hat sich die japanische Regierung dazu verpflichtet, schrittweise die gesetzlichen Rahmenbedingungen des Distributionssystems zu deregulieren. In Verbindung mit Veränderungen der soziodemographischen Struktur der japanischen Bevölkerung, des Konsumverhaltens sowie ökonomisch-technologischen Einflußfaktoren regen die Deregulierungsmaßnahmen einen akzelerierten strukturellen Wandel des Distributionssystems an. Diese Situation bietet einen geeigneten Anlaß, eine Bestandsaufnahme der Entwicklungstendenzen vorzunehmen und ihre Bedeutung für die Ausgestaltung distributionsbezogener, sogenannter vertikaler Marketing-Strategien in Japan zu untersuchen. Damit ist auch gleichzeitig der Gegenstand der vorliegenden Arbeit umschrieben. Mit dem Ziel, Handlungsempfehlungen für eine erfolgreiche Distribution in Japan zu entwickeln, steht die Analyse und Beurteilung alternativer vertikaler Marketing-Strategien im Mittelpunkt des Forschungsinteresses.

Die Realisation des vorliegenden Forschungsprojektes, dessen Recherchen und empirische Erhebungen mit einem zweijährigen Japanaufenthalt verbunden waren, wäre ohne vielfältige Unterstützung nicht möglich gewesen. Mein besonderer Dank gilt an dieser Stelle meinem akademischen Lehrer, Herrn Professor Dr. Wolfgang Klenner, der das Thema der Arbeit mit großem Interesse aufgenommen und während der gesamten Ausarbeitung durch wertvolle Anregungen unterstützt hat. Ebenso gilt mein Dank Herrn Professor Dr. Peter Hammann für seine jederzeitige Bereitschaft zur Diskussion und seine freundlichen Hinweise zur konzeptionellen Ausgestaltung, sowie für die Übernahme des Koreferats.

Angeregt und in vielfältiger Weise gefördert wurde die vorliegende Arbeit durch Herrn Dr. Dirk Vaubel, geschäftsführender Partner der Roland Berger, Vaubel & Partner International Management Consultants, Tokyo. Ihm möchte ich von Herzen für seine große Hilfsbereitschaft, die Offenheit zur Vermittlung seines langjährigen Erfahrungsschatzes, sowie die großzügig zugestandenen Freiräume danken. Mein tiefer Dank gilt weiterhin dem gesamten Tokyo-Team von Roland Berger, mit dem ich zwei erfahrungsreiche Jahre verbringen durfte und welches mich sowohl unermüdlich bei Übersetzungen und Interpretationen unterstützte als auch beruflich entlastete.

Stellvertretend möchte ich Frau Naoko Adachi, Frau Ako Mori, Herrn Philipp Reiber sowie Herrn Steven Taylor besonders hervorheben.

In München gilt mein großer Dank Frau Beate Rapp, Mitglied der Geschäftsleitung, und Herrn Jürgen Maximow, Partner der Roland Berger & Partner GmbH, International Management Consultants, die durch ihre Förderung die Realisation der Arbeit erst ermöglichten.

Für die technische Unterstützung und Erstellung der Arbeit möchte ich Frau Jeannette Müller, Frau Barbara Hanischmacher, Frau Michaela Wedel sowie ganz besonders Herrn Dieter Rohkohl herzlichst danken, ebenso wie meiner Schwester Beatrice Gottschlich, die das vielfach nicht einfach zu lesende Manuskript in mühevoller Arbeit korrigiert hat.

Abschließend möchte ich meiner Freundin Isabelle Nowak einen besonders lieben Dank aussprechen, die die Endphase der Arbeit verständnisvoll begleitet hat und mich tatkräftig und geduldig unterstützte.

München,
im Oktober 1993   Hendrik Gottschlich

Inhaltsverzeichnis

Seite

Abbildungsverzeichnis XVI
Tabellenverzeichnis XX
Abkürzungsverzeichnis XXI

A. Strukturelle Veränderungen des japanischen Distributionssystems als Ausgangspunkt einer strategischen Neuorientierung von Konsumgüterherstellern in Japan 1

    1. Das japanische Distributionssystem und seine Bedeutung für den Markterfolg in Japan 1
    2. Strukturelle Veränderungen des Distributionssystems als Anlaß einer Strategiediskussion 4
    3. Zielsetzung und Gang der Untersuchung 6

B. Theoretische Grundlagen zur Analyse struktureller Veränderungen eines Distributionssystems als Basis für die Gestaltung vertikaler Marketing-Strategien 10

    1. Die Industrial Organization Theory als Grundlage der Analyse vertikaler Wettbewerbsbeziehungen 10
        1.1 Grundzüge der Wettbewerbsforschung 10
        1.2 Bedeutung der Industrial Organization Theory für die Strategieforschung 12
        1.3 Das Rahmenkonzept zur Wettbewerbsanalyse nach Porter 17
        1.4 Folgerungen für einen adaptierten Forschungsansatz zur Analyse vertikaler Wettbewerbsbeziehungen 21
    2. Entwicklung eines theoretischen Bezugsrahmens zur Erfassung struktureller Veränderungen eines Distributionssystems 22
        2.1 Funktionen und Institutionen eines Distributionssystems 23
        2.2 Modelle zur Erfassung der Entwicklung der Betriebsformen eines Distributionssystems 24
            2.21 Betriebsformen als zentraler Gegenstand der Untersuchung 25
                2.211 Betriebsformen des Einzelhandels 25
                2.212 Betriebsformen des Großhandels 26
            2.22 Theoretische Ansätze zur Erfassung der Betriebsformendynamik 28
                2.221 Verdrängungstheorien 29
                2.222 Zyklustheorien 31
                2.223 Adaptionstheorien 33

		2.224	Ganzheitliche Theorien	34

	2.23	Kritische Würdigung der Modellansätze und Ableitung geeigneter Analysebausteine	35
		2.231 Zusammenfassung der wichtigsten Kritikpunkte	35
		2.232 Selektion und Erweiterung bestehender Modelle für die weitere Untersuchung	37
		2.233 Ableitung von Parametern zur Erfassung der Entwicklung der Betriebsformen eines Distributionssystems	40
	2.3	Modellansatz zur Erfassung der Entwicklung vertikaler Distributionsstrukturen	42
		2.31 Struktur- und Funktionsverteilungsalternativen aus Herstellersicht	42
		2.32 Transaktionskostenansatz als theoretisches Fundament vertikaler Strukturanalysen	43
		2.33 Wertschöpfungsanalyse als Instrumentalansatz zur Erfassung vertikaler Strukturveränderungen	45
		2.34 Ableitung von Parametern zur Erfassung der Entwicklung der vertikalen Distributionsstrukturen	47
3.	Distributionssystem als Handlungsrahmen des vertikalen, mehrstufigen Herstellermarketing		48
	3.1	Darstellung des Konzepts des vertikalen Marketing	48
		3.11 Definitorische Abgrenzung	48
		3.12 Diskussion alternativer Strategieorientierungen im Rahmen des Konzepts des vertikalen Marketing	50
	3.2	Strategische Grundhaltungen im vertikalen Marketing	56
		3.21 Vertikale Marketingstrategien als Verteidigungsstrategien	56
		3.22 Vertikale Marketingstrategien als Angriffsstrategien	58
		3.23 Vertikale Marketingstrategien als Kooperationsstrategien	63
		3.24 Vertikale Marketingstrategien als Umgehungs- und Ausweichstrategien	66
	3.3	Instrumentalstrategien im vertikalen Marketing	68
		3.31 Selektionsstrategie	68
		3.32 Akquisitions- und Motivationsstrategie	69
		3.33 Koordinations- und Kontraktstrategie	70
C.	Entwicklung der Groß- und Einzelhandelsstrukturen des japanischen Distributionssystems vor dem Hintergrund veränderter Rahmenbedingungen		72
1.	Historisch-kulturelle Entwicklung des Handels in Japan		72
	1.1	Von der Tokugawa-Zeit bis zum zweiten Weltkrieg	72
	1.2	Entwicklung nach dem zweiten Weltkrieg	76
2.	Einflußfaktoren struktureller Veränderungen des japanischen Distributionssystems		78
	2.1	Wettbewerbs- und strukturpolitische Maßnahmen der japanischen Regierung	79

	2.11	Wettbewerbspolitische Maßnahmen zur Liberalisierung des Distributionssektors		79
		2.111	MITI's Vision des Distributionssystems der 90er Jahre	80
		2.112	Deregulierung des Gesetzes über großflächige Handelsbetriebe	83
			2.1121 Hintergründe und Wirkung des Gesetzes	83
			2.1122 Schrittweise Gesetzesderegulierung	86
		2.113	Kartellrechtliche Adressierung von Handelspraktiken und vertikalen Verbundsystemen	91
			2.1131 Bedeutung von Handelspraktiken und vertikalen Verbundsystemen	91
			2.1132 Erlaß kartellrechtlicher Richtlinien	95
		2.114	Deregulierung produktspezifischer Gesetzesrestriktionen	97
			2.1141 Ausweitung der Lizenzvergabe im Alkoholvertrieb	98
			2.1142 Sukzessive Aufhebung der Preisbindung der Zweiten Hand	99
			2.1143 Aufhebung von Werberestriktionen	100
	2.12	Infrastrukturpolitische Maßnahmen mit indirektem Einfluß auf die Distributionsstrukturen		102
2.2	Entwicklung der Bevölkerungsstrukturen und des Konsumentenverhaltens			103
	2.21	Sozio-demographische und geographische Trends		105
	2.22	Psychographische Trends		109
2.3	Veränderungen im ökonomischen Umfeld			113
2.4	Verbreitung von Informationstechnologien			114
2.5	Aggregierte Beurteilung der Einflußfaktoren			117
3.	Entwicklung der Groß- und Einzelhandelsstrukturen des japanischen Distributionssystems			118
3.1	Einführung in die Strukturpyramide des japanischen Distributionssystems			118
3.2	Entwicklung des Großhandels			122
	3.21	Übergreifende Strukturveränderungen des Großhandels		122
	3.22	Entwicklung der Betriebsformen des Großhandels		126
		3.221	Primär-, Sekundär- und Tertiärgroßhändler	126
		3.222	Universalhandelshäuser	132
		3.223	Einkaufskooperationen	135
	3.23	Perspektiven und Strategien des Großhandels		137
3.3	Entwicklung des Einzelhandels			142
	3.31	Übergreifende Strukturveränderungen des Einzelhandels		142

	3.311	Entwicklung der Marktanteile der Betriebsformen und -größen	143
	3.312	Entwicklung der Profitabilität und Produktivität	148
3.32		Entwicklung der stationären Betriebsformen des Einzelhandels	151
	3.321	Warenhaus	151
	3.322	Supermarkt	155
		3.3221 Nicht-preisorientierter Supermarkt	155
		3.3222 Discounter	158
	3.323	Fachmarkt	161
	3.324	Convenience-Store	164
	3.325	Fachhandelsgeschäft	171
	3.326	Sonstige Kleinflächen- und Gemischtwarengeschäfte	173
3.33		Entwicklung der nicht-stationären Betriebsformen des Einzelhandels	174
	3.331	Versandhandel	175
	3.332	Automatenverkauf	177
	3.333	Haus-zu-Haus-Verkauf und Heimdienste	178
3.34		Einordnung in ausgewählte Modelle der Betriebsformendynamik und Entwicklungsprognose	180
	3.341	Stellung der Betriebsformen im Lebenszyklusmodell	180
	3.342	Einordnung in das Modell der prozeßorientierten Betriebsformeninnovation	184
	3.343	Prognose der strukturellen Entwicklung des japanischen Einzelhandels bis zum Jahr 2000	186
3.35		Strategien des Einzelhandels	190

D. Entwicklung der vertikalen Distributionsstrukturen in ausgewählten Produktgruppen und Ableitung übergreifender strategischer Implikationen - unter Berücksichtigung empirischer Befunde   193

1.		Methodische Vorbemerkungen	193
	1.1	Erhebungsmethodik	194
	1.2	Untersuchungsdesign	199
2.		Analyse der Entwicklung der vertikalen Distributionsstrukturen in ausgewählten Produktgruppen	200
	2.1	Kosmetika und Körperpflegeprodukte	201
	2.2	Pharmazeutika	207
	2.3	Nahrungsmittel	212
	2.4	Haushaltselektrogeräte	218
	2.5	Spielwaren	223
	2.6	Bekleidung	228

3. Beurteilung der vertikalen Strukturveränderungen und Ableitung strategischer Implikationen 233
   3.1 Machtverschiebung zwischen Herstellern und Handel 233
   3.2 Entwicklung vertikaler Verbundsysteme und Bedeutung von Handelspraktiken 236
   3.3 Verkürzung der Absatzkanallängen 239
   3.4 Veränderung der vertikalen Wertschöpfungssysteme 241
   3.5 Strategische Implikationen 243

E. Empirische Analyse der Ausgestaltung vertikaler Marketing-Strategien und -Instrumente in Japan 246

1. Methodische Vorbemerkungen 247
2. Klassifikation der befragten Konsumgüterhersteller auf der Basis der wahrgenommenen horizontalen und vertikalen Wettbewerbssituation 249
3. Präferenzstruktur der Konsumgüterhersteller für die Gestaltung vertikaler Marketing-Strategien 262
   3.1 Bedeutung der Markenkonzeption für die Gestaltung vertikaler Marketing-Strategien 262
   3.2 Strategische Grundhaltungen gegenüber den Absatzmittlern 266
   3.3 Beabsichtigte Gestaltung vertikaler Marketing-Strategien 269
      3.31 Verteidigungsstrategien 269
          3.311 Anpassungsstrategie 270
          3.312 Moral-Suasion-Strategie 272
          3.313 Push-Strategie 273
      3.32 Angriffsstrategien 276
          3.321 Horizontale Kooperation 276
          3.322 Horizontale Fusion 278
          3.323 Vertikale Integration 280
          3.324 Pull-Strategie 282
          3.325 Konflikt-Strategie 283
      3.33 Kooperationsstrategien 285
          3.331 Projektweise Kooperation 286
          3.332 Kontinuierlich-langfristige Kooperation 288
      3.34 Umgehungs- und Ausweichstrategien 290
          3.341 Umgehungsstrategie 290
          3.342 Ausweichstrategie 292
   3.4 Aggregierte Interpretation der Ergebnisse und Ableitung strategischer Empfehlungen 294
      3.41 Zusammenfassung der strategischen Entscheidungen der Hersteller 295

	3.42	Zusammenhang zwischen Wettbewerbsposition, Strategiewahl und Erfolg	299
	3.43	Implikationen für die Gestaltung von Markenstrategien im vertikalen Wettbewerb	302
4.	Ausgestaltung der Instrumental-Strategien im vertikalen Marketing		305
	4.1	Instrumente der Selektionsstrategie	305
		4.11 Vertikale Selektion	305
		4.12 Horizontale Selektion	307
	4.2	Instrumente der Akquisitions- und Motivationsstrategie	309
		4.21 Präferenzstruktur der Hersteller für den Einsatz ausgewählter Akquisitions- und Motivationsinstrumente	310
		4.22 Preis- und konditionenpolitische Anreize	312
		4.221 Preissetzung und Handelsspannendefinition	312
		4.222 Rabattsysteme	313
		4.23 Produktpolitische Anreize	316
		4.231 Produkt- und Sortimentsgestaltung	316
		4.232 Handelsmarkenproduktion	317
		4.24 Kommunikationspolitische Anreize	318
		4.241 Persönlicher Verkauf und Entsendung von Herstellerpersonal	318
		4.242 Verkaufsschulungsmaßnahmen und Management-Training	319
		4.243 Klassische Werbung	320
		4.244 Verkaufsförderung	322
		4.25 Logistik- und servicepolitische Anreize	325
		4.251 Belieferungssystem	325
		4.252 Merchandising	326
		4.253 Informationsdienstleistungen	327
	4.3	Instrumente der Koordinations- und Kontraktstrategie	328
		4.31 Präferenzstruktur der Hersteller für die Ausgestaltung von Kooperationen mit dem Handel	328
		4.32 Bedeutung ausgewählter Formen der Kooperation mit dem Handel	330
		4.321 Franchising- und Vertragshändlersysteme	330
		4.322 Vertikale Wertschöpfungspartnerschaften	332
	4.4	Aggregierte Interpretation der Präferenzstrukturen zur Ausgestaltung der Instrumentalstrategien	336
5.	Tendenzen bei der Gestaltung der Marketingorganisation		339
F.	**Schlußbetrachtung**		**345**
1.	Zusammenfassung der Untersuchungsergebnisse		345
2.	Implikationen für Wissenschaft und Praxis		355

Anhang 1	Ergänzende Abbildungen und Tabellen - Kapitel B und C -	360
Anhang 2	Ergänzende Abbildungen und Tabellen - Kapitel D -	373
Anhang 3	Ergänzende Abbildungen und Tabellen - Kapitel E -	387
Anhang 4	Fragebögen der Untersuchung	400
	(1) Englisch	
	(2) Japanisch	

Literaturverzeichnis   415

Abbildungsverzeichnis

Abb. 1:	Schematische Darstellung des Forschungsprogramms	9
Abb. 2:	Bain / Mason Paradigma	12
Abb. 3:	Das Forschungsparadigma der Industrial Organization Theory	14
Abb. 4:	Triebkräfte des Wettbewerbs nach Porter	18
Abb. 5:	Kontingenztheoretischer Forschungsansatz zur Analyse vertikaler Marketing-Strategien in Japan	22
Abb. 6:	Modell zur prozeßorientierten Betriebsformeninnovation	39
Abb. 7:	Das vertikale Wertschöpfungssystem - Institutionen, Funktionen und Einflußnahme	47
Abb. 8:	Basisstrategien im vertikalen Marketing nach Meffert / Kimmeskamp	52
Abb. 9:	Zusammenhang zwischen Machtkonstellation und Strategiestil	53
Abb. 10:	Formen vertikaler Kooperation	65
Abb. 11:	Systematisierung der Strategieebenen und -optionen im vertikalen Marketing	71
Abb. 12:	Gesetzeseinführung, Gesetzesrevision und Deregulierung des Gesetzes über großflächige Einzelhandelsbetriebe und Einfluß auf die Anzahl der Genehmigungsanträge	87
Abb. 13:	Antrags- und Genehmigungsprozeß zur Errichtung eines großflächigen Einzelhandelsbetriebes	89
Abb. 14:	Landpreisniveau in Relation zur Distanz von Tokyo	103
Abb. 15:	Markt/Produktlebenszyklus und Discountfähigkeit	107
Abb. 16:	Einkaufshäufigkeiten nach Altersgruppen	108
Abb. 17:	Kaufkriterien nach Produktgruppen	110
Abb. 18:	Discountfähigkeit von Produkten in Abhängigkeit von der Bedeutung der Handels- und der Herstellerleistung für den Verbraucher	111
Abb. 19:	Diffusions- und Wachstumsrate von Pkw in Japan (1980 - 2000)	112
Abb. 20:	Autogebrauch für den Einkauf	113
Abb. 21:	Einzelhandelsgeschäfte in Japan mit POS-Technologie	116
Abb. 22:	Strukturpyramide des japanischen Handels	119
Abb. 23:	Entwicklung von Produktivität und Profitabilität des japanischen Großhandels	123
Abb. 24:	Entwicklung der Belieferungsfrequenzen des kleinen und mittleren Großhandels	124
Abb. 25:	Entwicklung des Großhandels nach Größenklassen	125
Abb. 26:	Einschaltung des Großhandels in die Warendistribution	127
Abb. 27:	Entwicklung der Betriebsformen des Großhandels 1982 - 1988	129

Abb. 28:	Handelsfelder der Sogo Shosha 1983 - 1990	133
Abb. 29:	Strategien des Großhandels in Abhängigkeit von der Orientierung des Großhandelssystems und der Betriebsgröße der Marktpartner	139
Abb. 30:	Erwartete Funktionen des Großhandels aus Sicht kleiner und mittlerer Einzelhändler	140
Abb. 31:	Struktur des japanischen Einzelhandels 1991	144
Abb. 32:	Entwicklung des Marktanteils der Betriebsformen nach Geschäftsstättenanzahl und Umsatz 1982 - 1991	145
Abb. 33:	Entwicklung des Einzelhandels nach Form der Organisation und Form der Andienung	147
Abb. 34:	Entwicklung des Einzelhandels nach Größenklassen	148
Abb. 35:	Entwicklung von Discountern in Japan nach Sortimentskategorien	159
Abb. 36:	Wertschöpfungskette des Convenience-Store Betreibers Seven-Eleven	168
Abb. 37:	Permanente Verbesserung von Schlüsselkennzahlen Seven-Eleven Japan im Zeitraum 1980 - 1990	170
Abb. 38:	Entwicklung des nicht-stationären Handels	175
Abb. 39:	Betriebsformen-Lebenszyklus in Japan	182
Abb. 40:	Einordnung der Betriebsformen des japanischen Einzelhandels in das Modell der prozeßorientierten Betriebsformeninnovation	185
Abb. 41:	Strukturelle Entwicklung des japanischen Einzelhandels: Marktanteilsentwicklung der Betriebsformen 1982 - 2000	189
Abb. 42:	Entwicklung der Einzelhandelsstrukturen im Markt für Kosmetika und Körperpflegeprodukte 1982 - 1990	203
Abb. 43:	Distributionsstruktur für Kosmetika und Körperpflegeprodukte 1992 - 1997	204
Abb. 44:	Entwicklung der Funktionsverteilungen in der Distribution von Kosmetika und Körperpflegeprodukten	206
Abb. 45:	Entwicklung der Einzelhandelsstrukturen im Markt für verschreibungsfreie Pharmazeutika 1980 - 1990	209
Abb. 46:	Distributionsstruktur für verschreibungsfreie Phamazeutika 1992 - 1997	211
Abb. 47:	Entwicklung der Funktionsverteilungen in der Distribution von verschreibungsfreien Pharmazeutika	212
Abb. 48:	Entwicklung der Einzelhandelsstrukturen im Markt für Bohnenkaffee und für Schokolade 1980 - 1990	215
Abb. 49:	Distributionsstruktur für Nahrungsmittel 1992 - 1997	216
Abb. 50:	Entwicklung der Funktionsverteilungen in der Distribution von Nahrungsmitteln	217
Abb. 51:	Entwicklung der Einzelhandelsstrukturen im Markt für Haushaltselektrogeräte 1980 - 1990	220

Abb. 52:	Distributionsstruktur für Haushaltselektrogeräte 1992 - 1997	221
Abb. 53:	Entwicklung der Funktionsverteilungen in der Distribution von Haushaltselektrogeräten	222
Abb. 54:	Entwicklung der Einzelhandelsstrukturen im Markt für Spielwaren 1980 - 1990	225
Abb. 55:	Distributionsstruktur für Spielwaren 1992 - 1997	225
Abb. 56:	Entwicklung der Funktionsverteilungen in der Distribution von Spielwaren	227
Abb. 57:	Entwicklung der Einzelhandelsdistribution von Damen- und Herrenoberbekleidung 1981 - 1990	229
Abb. 58:	Distributionsstruktur für Bekleidung 1992 - 1997	230
Abb. 59:	Entwicklung der Funktionsverteilungen in der Distribution von Bekleidung	232
Abb. 60:	Anstieg der Nachfragemacht 1980 - 1990 im Verhältnis zur relativen Angebotskonzentration 1990	234
Abb. 61:	Organisation vertikaler Verbundgruppen und Bedeutung von Handelspraktiken nach Warengruppen aus Sicht der Hersteller	238
Abb. 62:	Entwicklung der Absatzkanallänge 1992 - 1997	239
Abb. 63:	Ausweitung des Einzelhandelsanteils an der vertikalen Wertschöpfungskette: Aggregierte Betrachtung	242
Abb. 64:	Klassifikation vertikaler Wettbewerbsbedingungen anhand der Dimensionen Marketingführerschaftspotential und Ausmaß vertikaler Strukturveränderungen	244
Abb. 65:	Einfluß von Wettbewerbsindikatoren auf Wachstum und Profitabilität der befragten Unternehmen (Selbsteinschätzung)	251
Abb. 66:	Selbsteinschätzung der Wettbewerbsposition in zentralen Kompetenzbereichen der Unternehmen	252
Abb. 67:	Ableitung der zentralen Wettbewerbsdimensionen	258
Abb. 68:	Positionierung der Cluster in der Wettbewerbsintensitäts-/Wettbewerbsvorteile-Matrix	260
Abb. 69:	Abweichende Markenkonzeptionen in Japan und in westlichen Industrienationen	264
Abb. 70:	Strategische Grundhaltungen gegenüber dem Handel	267
Abb. 71:	Abweichungsanalyse "Strategische Grundhaltungen"	268
Abb. 72:	Verteilung der Antworten zur Anpassungsstrategie	271
Abb. 73:	Verteilung der Antworten zur Moral-Suasion-Strategie	273
Abb. 74:	Verteilung der Antworten zur Push-Strategie	275
Abb. 75:	Verteilung der Antworten zur Strategie der horizontalen Kooperation	277
Abb. 76:	Verteilung der Antworten zur Strategie der horizontalen Fusion	279
Abb. 77:	Verteilung der Antworten zur Strategie der vertikalen Integration	281
Abb. 78:	Verteilung der Antworten zur Pull-Stategie	283

Abb. 79:	Verteilung der Antworten zur Konflikt-Strategie	285
Abb. 80:	Verteilung der Antworten zur Strategie der projektweisen Kooperation	287
Abb. 81:	Verteilung der Antworten zur Strategie der kontinuierlichen, langfristigen Kooperation	289
Abb. 82:	Verteilung der Antworten für die Varianten der Umgehungsstrategie	291
Abb. 83:	Präferenzstruktur der Hersteller hinsichtlich der Produkt-/Marktstrategien als Indikator für Ausweichstrategien	293
Abb. 84:	Abweichungsanalyse der Bedeutung der Ausweichstrategien nach Clustern	294
Abb. 85:	Beurteilung vertikaler Marketing-Strategien im Überblick	295
Abb. 86:	Strategiepräferenz in Abhängigkeit von der Wettbewerbsposition	299
Abb. 87:	Entwicklung ausgewählter Erfolgskennziffern	301
Abb. 88:	Zusammenhang zwischen Wettbewerbsposition und Erfolg	302
Abb. 89:	Markenstrategien in Abhängigkeit von der vertikalen Wettbewerbsintensität und der Markenstärke	303
Abb. 90:	Beabsichtigte Strukturierung der Absatzkanäle durch die 5 Cluster (1997)	307
Abb. 91:	Angestrebter Distributionsgrad der befragten Hersteller nach Clustern	308
Abb. 92:	Systematisierung der Instrumente der Akquisitions- und der Motivationsstrategie	309
Abb. 93:	Bedeutung ausgewählter Akquisitions-/Motivationsinstrumente	310
Abb. 94:	Entwicklung der Aufwendungen für Verkaufsförderungsmaßnahmen i.w.S.	323
Abb. 95:	Verkaufsförderungsinstrumente in Japan i.e.S.	324
Abb. 96:	Kooperationsfelder mit dem Handel aus Sicht der Hersteller	329
Abb. 97:	Bedeutung des Franchising als Kontraktstrategie für die Hersteller der Befragung	331
Abb. 98:	Wertschöpfungspartnerschaft der Kao Corporation nach Wertschöpfungsstufen	334
Abb. 99:	Gestaltung der Marketingorganisation	341
Abb. 100:	Marketingorganisation der Kao Corporation	343

Tabellenverzeichnis

Tab. 1:	Ableitung von Parametern zur Messung der Entwicklung der Betriebsformen in einem Distributionssystem	41
Tab. 2:	Ziele und Maßnahmen der "Vision des Distributionssystems der 90er Jahre"	82
Tab. 3:	Qualitative Beurteilung der Wirkung der Einflußfaktoren auf die strukturelle Entwicklung des japanischen Distributionssystems	117
Tab. 4:	Entwicklung von Groß- und Einzelhandel 1982 - 1991	121
Tab. 5:	Zentrale Wettbewerbsfaktoren und ihre Faktorladungen	254
Tab. 6:	Übergreifende clusterspezifische Ergebnisinterpretation (Strategiewahl)	298
Tab. 7:	Übergreifende clusterspezifische Ergebnisinterpretation (Instrumentewahl)	337

Abkürzungsverzeichnis

ACCJ	American Chamber of Commerce in Japan
AMA	American Marketing Association
CRS	Congressional Research Service
DIHKJ	Deutsche Industrie- und Handelskammer in Japan
DIY	Do-it-yourself
EC	European Community
EOS	Electronic Order System
FTC	Fair Trade Commission
GOT	Graphic Order Terminal
JCA	Japan Chain Store Association
JEI	Japan Economic Institute
JETRO	Japan External Trade Organization
KFS	Kokubu Food Services
KGC	Kokubu Grocer´s Chain
KGCA	Kokubu Grocer´s Chain Alliance
KKC	Keizai Koho Center
LZ	Lebensmittel-Zeitung
MIPRO	Manufactured Imports Promotion Organization
MITI	Ministry of International Trade and Industry
OTC	Over the Counter
PIMS	Profit Impact of Market Strategies
POS	Point of Sale
RIRI	The Research Institute of the Retail Industry and Distribution System
SII	Structural Impediments Initiative
SPSS	Statistical Package for the Social Sciences
USITC	United States International Trade Commission

VAN	Value Adding Network
ZfB	Zeitschrift für Betriebswirtschaft
ZfbF	Zeitschrift für betriebswirtschaftliche Forschung
ZfgG	Zeitschrift für das gesamte Genossenschaftswesen
ZFP	Zeitschrift für Forschung und Praxis

Kapitel A

A. Strukturelle Veränderungen des japanischen Distributionssystems als Ausgangspunkt einer strategischen Neuorientierung von Konsumgüterherstellern in Japan

1. Das japanische Distributionssystem und seine Bedeutung für den Markterfolg in Japan

Mit 123 Mio. Einwohnern und einem Einzelhandelsumsatzvolumen von 140.634 Mrd. Yen (1991) bildet Japan nach den USA den zweitgrößten Konsumgütermarkt der Welt.[1] Bis Ende der 80er Jahre wurde das marktliche Umfeld durch ein im Vergleich zu den größten westlichen Industrienationen überdurchschnittliches Wachstum des Bruttoinlandsproduktes geprägt,[2] welches sich in einem gleichermaßen hohen Anstieg des privaten Verbrauchs sowie der Groß- und Einzelhandelsumsätze widerspiegelt.[3] Erst im Jahr 1991 trat auch Japan im Rahmen der weltweiten Rezession in eine Phase nahezu stagnierenden Wachstums ein.[4]

Signifikantestes Merkmal des japanischen Konsumgütermarktes ist die Komplexität des Distributionssystems, das sich durch eine fragmentierte Einzelhandelsstruktur sowie eine vielstufige Verteilung unter Einschaltung des Großhandels auszeichnet.[5] In Japan wurden im Jahr 1991 insgesamt 1.591.186 Einzelhandels- und 475.967 Großhandelsgeschäftsstätten gezählt.[6] Dies entspricht 12,9 Einzel- sowie 3,8 Großhändlern pro 1000 Konsumenten. Japan verfügt damit, pro Kopf der Bevölkerung, über eine doppelt so hohe Anzahl von Groß- und Einzelhändlern, wie beispielsweise die USA oder die Bundesrepublik Deutschland.[7]

---

[1] Vgl. Keizai Koho Center (Hrsg.), Japan 1992. An International Comparison, Tokyo 1991, S. 8ff.
[2] Vgl. Klenner, W., Japan: Neue weltwirtschaftliche Führungsmacht?, in: Cassel, D., (Hrsg.), Marktwirtschaftliche Industrieländer im Anpassungszwang. Wirtschaftssysteme im Umbruch, München 1990, S. 411ff; derselbe, Grundzüge der wirtschaftlichen Entwicklung und der Wirtschaftspolitik, in: Menzel, U. (Hrsg.), Im Schatten des Siegers: Japan, Band 3, Ökonomie und Politik, Frankfurt 1989, S. 85ff.
[3] Vgl. The Distribution Economics Institute of Japan (Hrsg.), Statistical Abstract of Japanese Distribution (1993), Tokyo 1992, S. 1, 105-108.
[4] Vgl. Bank of Japan (Hrsg.), Comparative International Statistics, Tokyo 1992, S. 1-10.
[5] Vgl. z.B. Flath, D., The Economic Rationality of the Japanese Distribution System, Raleigh, North Carolina, 1989, S. 1; Batzer, E., Laumer, H., Deutsche Unternehmen im Japangeschäft-Marktschließungsstrategien und Distributionswege, in: Ifo-Institut für Wirtschaftsforschung (Hrsg.), Ifo-Studien zur Japanforschung, Nr. 1, München 1986, S. 47; Ejiri, H., Waga kuni no ryutsu keiro wa honto ni nagai ka (dt. Übersetzung: Sind Distributionskanäle wirklich länger in Japan?), in : Shohi to ryutsu, Vol. 4, Nr. 3, Tokyo 1980, S. 60-70; Maruyama, M., Ryutsu no keizai bunseki (dt. Übersetzung: Die ökonomische Analyse der Distribution), Tokyo 1988, S. 2f.
[6] Vgl. The Distribution Economics Institute of Japan (Hrsg.), Statistical Abstract of Japanese Distribution (1993), a.a.O., S. 1.
[7] Pro 1000 Konsumenten bestehen in den USA und der Bundesrepublik 6,5 bzw. 6,7 Einzelhandelsgeschäfte und 1.9 bzw. 1.7 Großhandelsgeschäfte. Vgl. Ministry of International Trade and Industry (MITI) (Hrsg.), The Distribution System in Japan, Tokyo 1990, S. 4.

Neben der Zahl der Betriebsstätten ist das Verhältnis des Großhandels- zum Einzelhandelsumsatz hervorzuheben, das als sogenannter Einschaltungsgrad des Großhandels bezeichnet wird.[8] Der Einschaltungsgrad des Großhandels betrug im Jahr 1991 in Japan den Faktor 4.1, d.h. der Großhandelsumsatz lag um mehr als ein Vierfaches über dem Einzelhandelsumsatz und war damit ebenfalls doppelt so hoch wie in vergleichbaren Industrienationen.[9] Die Höhe des Einschaltungsgrades des Großhandels in Japan wird durch den ausgeprägten Handel zwischen verschiedenen Großhandelsstufen sowie die große Bedeutung von Universalhandelshäusern erklärt.[10] Je nach Warenkategorie werden bis zu drei Großhandelsstufen in die Distribution eingeschaltet.[11]

Weiterhin ist der japanische Handel durch einen im internationalen Vergleich geringen Konzentrationsgrad gekennzeichnet. Während 1991 in Deutschland bzw. den USA die fünf größten Lebensmitteleinzelhändler einen kumulierten Marktanteil von 42,6 % bzw. 21,2% auf sich vereinigten, erreichten die fünf größten japanischen Einzelhandelsunternehmen lediglich 5,1%.[12]

Neben strukturellen Merkmalen charakterisieren vor allem spezifische Handelspraktiken das japanische Distributionssystem. Darunter fallen z.B.:[13]

- starke und enge Beziehungen zwischen Herstellern, Großhändlern und Einzelhändlern, die die Bedeutung des Preises als Transaktionsmechanismus reduzieren,
- exklusive Bindungen vieler Großhändler an einzelne Hersteller oder Produktlinien,
- das System der Rückgabe unverkaufter Ware,
- das hohe Serviceniveau, welches viele Großhändler bieten (z.B. kurze Lieferrhythmen, bis zu 2-3 mal täglich),
- die Entsendung von Verkaufspersonal in den Einzelhandel durch Hersteller oder Großhändler,
- ausgeprägte Rabattsysteme.

---

8   Vgl. Maruyama, M., A Country Study on the Distribution System in Japan, Tokyo 1992, S. 9ff.
9   Der Einschaltungsgrad des Großhandels in den USA und in der Bundesrepublik betrug bei den jeweils letzten Handelszählungen den Faktor 1.87 bzw. 1.67. Vgl. JETRO (Hrsg.), Distribution Planning in Japan, in: Now in Japan, No. 38, Tokyo 1988, S. 5.
10 Der Einschaltungsgrad des Großhandels kann dabei aufgrund der genannten Faktoren nur begrenzt zur Bestimmung der exakten Absatzkanallänge, d.h. der Zahl der eingeschalteten Distributionsstufen, sowie zur Messung von Entwicklungstendenzen herangezogen werden. Vgl. Maruyama, M., A Country Study on the Distribution System in Japan, a.a.O., S. 13f.
11 Vgl. Tajima, Y., Miyashita, M. (Hrsg.), Ryutsu no kokusai kikaku (dt. Übersetzung: Internationaler Vergleich der Distribution), Tokyo 1985, S. 1ff.
12 Vgl. Ohbara, T., Parsons, A., Riesenbeck, H., Alternative Routes to Global Marketing, in: McKinsey & Company (Hrsg.), The McKinsey Quarterly, No. 3, 1992, S. 52-74.
13 Vgl. Ueno, T.F., Best, W.I., Getting it There, in: ACCJ (Hrsg.), The Journal, Tokyo, June 1990, S. 17ff.

Zur Erklärung der Ausprägungsformen des Distributionssystems werden in der japanischen und nicht-japanischen wissenschaftlichen Literatur gleichermaßen historische, soziokulturelle, politisch-rechtliche und sozio-ökonomische Faktoren angeführt.[14] Marktstrukturen und Marktverhalten innerhalb des japanischen Handelssystems haben dazu geführt, daß die Distribution häufig als primärer Engpaß der Marktbearbeitung angesehen wird.[15] Dieser Befund gilt für japanische und ausländische Unternehmen, die im japanischen Markt tätig sind oder werden wollen, in gleichem Umfang.[16]

Das einzelne Unternehmen muß sich folglich an den spezifischen Erfordernissen und Charakteristika der Distributionswege bei der Wahl seiner Strategien orientieren, um das Verhältnis zu den Organen der Distribution erfolgreich zu gestalten. Die speziell auf die Distributionswege und Distributionsorgane ausgerichteten Strategien im Rahmen der marktorientierten Unternehmensführung werden im folgenden als vertikale Marketing-Strategien bezeichnet.[17]

Trotz seiner determinierenden Strukturen und Verhaltensausprägungen ist die Bearbeitung des japanischen Distributionssystems dennoch im weiteren Kontext wettbewerbspolitischer Rahmenbedingungen, horizontaler Wettbewerbsstrukturen und der Orientierung an den Endverbraucherbedürfnissen zu sehen.[18] In signifikantem Zusammenhang mit dem Markterfolg steht dabei die erreichte Marktposition (z.B. gemessen am Marktanteil) einer Unternehmung.[19] Diese wiederum läßt sich nur durch kombinativen Einsatz sowohl vertikaler als auch horizontaler und endverbrauchergerichteter Strategieelemente auf- oder ausbauen. Das Distributionssystem läßt sich zusammenfassend als zentrales Element der Wettbewerbsstrukturen eines Marktes interpretieren, innerhalb derer durch das strategische Verhalten einer Unternehmung ein bestimmter Markterfolg (Marktergebnis) erzielt werden kann.[20]

---

14 Vgl. z.B. Yoshino, M.Y., The Japanese Marketing System: Adaptations and Innovations, Cambridge, Mass. 1971, S. 1-10; Ratcliffe, C.T., Approaches to Distribution in Japan, in: Frank, I. (Hrsg.), The Japanese Economy in International Perspective, Baltimore 1975, S. 101-133; Tamura, M., Nihon gata ryutsu shisutemu (dt. Übersetzung: Das japanische Distributionssystem), Tokyo 1986, S. 1-12; Tsurumi, Y., Managing Consumer and Industrial Marketing Systems in Japan, in: Sloan Management Review, Vol. 24, 1982, S. 41-49.

15 Vgl. Japan Fair Trade Commission Advisory Group (Hrsg.), American Chamber of Commerce in Japan Presentation, Tokyo, January 30, 1990, S. 1-4.

16 Vgl. Ueno, T.F., Best, W.I., Getting it There, a.a.O.

17 Vgl. Irrgang, W., Strategien im vertikalen Marketing, München 1989, S. 64.

18 Der Einfluß wettbewerbsbezogener Determinanten auf die Strategiewahl wurde insbesondere von Porter herausgearbeitet. Vgl. z.B. Porter, M.E., How Competitive Forces Shape Strategy, in: Harvard Business Review Paperback, No. 90079, S. 3-11.

19 Dieser Zusammenhang konnte im Rahmen einer empirischen Erhebung der PIMS (Profit Impact of Marketing Strategies) Forschung auch in Japan nachhaltig belegt werden. Vgl. Kotabe, M., Duhan, D.F., Smith, D.K., Wilson, R.D., The Perceived Veracity of PIMS Strategy Principles in Japan: An Empirical Inquiry, in: Journal of Marketing, Vol. 55, No. 1, 1991, S. 26-42.

20 Der hier aufgezeigte Zusammenhang bildet gleichzeitig die Grundlage des Industrial Organization Paradigmas im Rahmen der Industrial Organization Forschung. Vgl. Bain, J.S., Industrial Organization, 2nd ed., New York 1968, S. 7ff.

2. Strukturelle Veränderungen des Distributionssystems als Anlaß einer Strategiediskussion

Basierend auf den oben dargestellten Zusammenhängen ist von besonderem Interesse, inwieweit das japanische Distributionssystem dynamischen Veränderungen unterliegt, die sich ceteris paribus auf das strategische Verhalten sowie den Markterfolg auswirken können.

Den Ausgangspunkt der Überlegungen bildet wiederum die komplexe Struktur des japanischen Distributionssystems, die von Außenseitern des Systems, und hier insbesondere ausländischen Unternehmen, als Markteintrittsbarriere bzw. nicht-tarifäres Handelshemmnis gesehen wird.[21]

Vor dem Hintergrund wachsender Handelsbilanzüberschüsse sowie dem daraus resultierenden politischen Druck wurden von Seiten der japanischen Regierung sowie der japanischen Kartellbehörde FTC[22] verschiedene Kommissionen eingesetzt, die sich eingehend mit den strukturellen Hemmnissen befaßt und Empfehlungen erarbeitet haben.[23] Als Ergebnis wurde 1989 durch das MITI eine "Vision für das Distributionssystem in den 90er Jahren" entwickelt, sowie eine schrittweise Liberalisierung des "Gesetzes über großflächige Einzelhandelsbetriebe" eingeleitet.[24] Im Juli 1991 folgte die FTC mit "Kartellrechtlichen Richtlinien zur Beurteilung von Distributionssystemen und Geschäftspraktiken".[25]

Durch die Maßnahmen der Regierung wurden die wettbewerbsrechtlichen Rahmenbedingungen für eine Restrukturierung des japanischen Distributionssystems geschaffen. Dabei werden Entwicklungstendenzen aufgegriffen, die sich bereits seit Ende der 80er Jahre mit zunehmender Deutlichkeit zeigen und zum Teil durch grundlegende gesellschaftliche Umwälzungen hervorgerufen werden. Es läßt sich damit auch belegen, daß das Distributions-

---

[21] Vgl. z.B. Batzer, E., Laumer, H., Deutsche Unternehmen im Japangeschäft, a.a.O., S. 23ff; Japan Economic Institute (Hrsg.), Japan´s Distribution System: The Next Major Trade Confrontation?, in: JEI Report, No. 11A, Washington, March 17, 1989, S. 1; Morgan, J.C., Morgan, J.J., Cracking the Japanese Market, New York 1991, S. 26ff; Czinkota, M.R., Woronoff, J., Unlocking Japan´s Markets, Chicago 1991, S. 9ff; Upham, F.K., Legal Regulation of the Japanese Retail Industry: The Large Scale Retail Stores Law and Prospects for Reform, in: The Center for International Affairs and the Reischauer Institute of Japanese Studies (Hrsg.), The Program on U.S. - Japan Relations, Harvard University, February 1989, S. 2.

[22] Engl. Fair Trade Commission.

[23] Vgl. Fair Trade Commission (Hrsg.), Concerning "The Advisory Group on Distribution Systems, Business Practices and Competition Policy", Tokyo, September 11, 1989, S. 1-3; Japan Fair Trade Commission Advisory Group (Hrsg.), American Chamber of Commerce in Japan Presentation, a.a.O., S. 1.

[24] Vgl. MITI (Hrsg.), ´90 nendai no ryutsu vision (dt. Übersetzung: Vision für das Distributionssystem in den 90er Jahren), Tokyo 1989; derselbe, Summary of MITI´s "Vision for the Distribution System in the 1990´s", Tokyo 1989.

[25] Vgl. Fair Trade Commission (Hrsg.), The Antimonopoly Act Guidelines Concerning Distribution Systems and Business Practices, Tokyo, July 11, 1991, S. 1-4.

system in den sozio-ökonomischen Strukturen eines Landes verankert ist und Veränderungen im sozio-ökonomischen Umfeld sich innerhalb der strukturellen Entwicklung eines Distributionssystems widerspiegeln. Als wesentliche Entwicklungstendenzen lassen sich anführen:

- Veränderung sozio-demographischer Charakteristika der japanischen Bevölkerung: wachsender Anteil berufstätiger Frauen, Erosion traditioneller Familienstrukturen, Überalterung der Gesellschaft, Bevölkerungswanderung in die Vororte;

- Veränderung psychographischer Charakteristika der japanischen Bevölkerung, insbesondere Veränderungen im Konsumverhalten: wachsende Preissensitivität, Trend zur Bequemlichkeit (Convenience) beim Einkauf "rund um die Uhr" und zum Einkauf mit dem Auto, Differenzierung der Bedürfnisse;

- Verbreitung von modernen Warenwirtschafts- und Rationalisierungssystemen in großflächigen und filialisierten Betriebsformen des Einzelhandels;

- Kostensteigerungen in der Logistik und im Personalwesen als Rationalisierungszwänge;

- nicht zuletzt das negative konjunkturelle Umfeld, welches einige der oben angeführten Trends verstärkt.

Aktiv gefördert wird die Modernisierung der Distribution aufgrund des Ziels der gegenwärtigen japanischen Regierung, nach einer ökonomischen Supermacht aus Japan auch eine "Supermacht des Lebensstils" zu machen.[26] Damit sollen größere Anteile der wirtschaftlichen Prosperität als bisher der Bevölkerung zugänglich gemacht werden, z.B. durch Infrastrukturinvestitionen, Preisderegulierungen etc.

Die aufgezeigten Entwicklungstendenzen lassen eine Akzeleration der Veränderungen des japanischen Distributionssystems erwarten, die sich in einem Abschmelzen kleinflächiger Familienbetriebe, dem Wachstum moderner, großflächiger Betriebsformen sowie einer

---

26 Vgl. Keizai Kikakucho (Economic Planning Agency) (Hrsg.), Lifestyle Superpower 5-Year Plan 1992-1996, Tokyo 1991; Sato, K., The Japanese Dilemma, in: Journal of Japanese Trade & Industry, Tokyo, August/September 1992, S. 8-11; o.V., Tomorrow's "Lifestyle Superpower" or Just Another Pipedream?, in: Tokyo Business Today, Vol. 60, No. 8, August 1992, S. 14-16.

zunehmenden Konzentration auf Groß- und Einzelhandelsebene bereits andeuten.[27] Daraus wiederum ergeben sich nachhaltige Veränderungen von Angebots- und Nachfragestrukturen.

Vor dem Hintergrund der Notwendigkeit, Veränderungen im Wettbewerbumfeld einer permanenten Analyse zu unterziehen, um Chancenpotentiale für den Aufbau von Wettbewerbsvorteilen aufzudecken,[28] bieten die Veränderungen des japanischen Distributionssystems ausreichenden Anlaß zur Überprüfung vertikaler Wettbewerbs- und Marketingstrategien.[29] Dabei geht es für Hersteller, die von der bisherigen Konstitution der Distributionsstrukturen profitieren konnten, um die Erhaltung und Sicherung von Machtpotentialen. Für Unternehmen mit schwächerer Wettbewerbsposition sowie neu in den Markt eintretende Hersteller bietet sich die Chance, die "Gunst der Stunde" zur Verbesserung ihrer Wettbewerbsposition, z.B. durch Abschluß von Kooperationen mit dem Handel, zu nutzen.

3. Zielsetzung und Gang der Untersuchung

Vor dem Hintergrund der oben aufgezeigten Bedeutung des japanischen Distributionssystems für das strategische Verhalten von Konsumgüterherstellern in Japan ist es die übergreifende Zielsetzung der vorliegenden Arbeit,

> **die Entwicklungstendenzen innerhalb des japanischen Distributionssystems aufzuzeigen und auf empirischer Basis Empfehlungen für die Ausgestaltung vertikaler Marketingstrategien in Japan zu entwickeln.**

Damit soll ein Beitrag zur Strategieforschung im internationalen Marketing, unter besonderer Berücksichtigung vertikaler Wettbewerbsverhältnisse, geleistet werden. Aus dieser generellen Zielsetzung der Arbeit lassen sich die vier folgenden, am Erkenntnisobjekt der Konsumgüterindustrie in Japan zu untersuchenden Forschungsziele ableiten.

Erstes Forschungsziel ist es, einen theoretischen Bezugsrahmen zur Erfassung struktureller Veränderungen eines Distributionssystems sowie zur Systematisierung von Basisstrategien im vertikalen Marketing zu schaffen, und damit eine Grundlage für strategische Verhaltensweisen.

---

27 So reduzierte sich z.B. die Zahl der Einzelhandelsbetriebe im Zeitraum 1982-1991 um 130.279. Vgl. The Distribution Economics Institute of Japan (Hrsg.), Statistical Abstract of Japanese Distribution (1993), a.a.O., S. 5.
28 Vgl. Porter, M.E., How Competitive Forces Shape Strategy, a.a.O., S.4.
29 Vgl. Kotler, P., Marketing Management. Analysis, Planning, Implementation, & Control, 7th ed., Englewood Cliffs, New Jersey, 1991, S. 523; Specht, G., Distributionsmanagement, Stuttgart u.a.O. 1988, S. 152f.

Zweites Forschungsziel bildet die Analyse und Deskription der Entwicklung der Groß- und Einzelhandelsstrukturen und insbesondere der Betriebsformen des japanischen Distributionssystems, aufbauend auf einer Untersuchung der Einflußfaktoren struktureller Veränderungen.

Drittes Forschungsziel ist es, für ausgewählte Produktgruppen die Entwicklung der vertikalen Distributions- und Wettbewerbsstrukturen aufzuzeigen. Auf der Basis der identifizierten Entwicklungstendenzen sind strategische Implikationen für Herstellerunternehmen in unterschiedlichen Produktgruppen abzuleiten.

Viertes und letztes Forschungsziel ist die Ermittlung strategischer Verhaltensweisen im situativen Kontext der sich verändernden Distributionsstrukturen. Diese ergeben sich aus distinktiven Wettbewerbssituationen unter Berücksichtigung vertikaler und horizontaler Wettbewerbsindikatoren. Das strategische Verhalten wird dabei sowohl in der Präferenz von Basisstrategien im vertikalen Marketing als auch der Wahl von Instrumentalstrategien zum Ausdruck gebracht.

Zur Bearbeitung der Zielsetzung wird ein situativer Ansatz gewählt, dessen Grundlage an der Harvard Business School entwickelte Forschungsmodelle der empirischen Wettbewerbsforschung, insbesondere die Industrial Organization Theory, bilden, die seit einigen Jahren eine immer größere Bedeutung für das internationale strategische Management gewonnen haben.[30]

Mit der beschriebenen übergreifenden Zielsetzung sowie den daraus abgeleiteten Forschungszielen ist der Gang der Untersuchung vorgezeichnet. Im Kapitel B werden zunächst die theoretischen Grundlagen zur Analyse von Strukturveränderungen in Distributionssystemen sowie zur Erhebung strategischer Verhaltensoptionen im vertikalen Marketing erarbeitet.

Im Kapitel C erfolgt die Erfassung der strukturellen Entwicklung von Groß- und Einzelhandel und deren Betriebsformen in Japan, vor dem Hintergrund einer Analyse der Einflußfaktoren struktureller Veränderungen. Dabei werden insbesondere politisch-rechtliche, soziodemographische und psychographische sowie ökonomisch-technologische Veränderungen der

---

[30] Vgl. hierzu insbesondere die Arbeiten im Rahmen des PIMS-Programms, z.B. Buzzell, R.D., Gale, R.T., Sultan, R.G.M., Market Share: A Key to Profitability, in: Harvard Business Review, Vol. 53, No. 1, 1975, S. 135-144; Porter, M.E., Caves, R.E., Market Structure, Oligopoly, and Stability of Market Shares, in: Journal of Industrial Economics, Vol. 26, No. 6, 1978, S. 289-313; Buzzell, R.D., Gale, R.T., The PIMS Principles, New York 1987; Douglas, S.P., Craig, C.S., Examining Generic Strategy Types in U.S. and European Markets, in: Journal of International Business Studies, Vol. 20, No. 3, 1989, S. 437-463; Kotabe, M., Duhan, D.F., Smith, D.K., Wilson, R.D., The Perceived Veracity of PIMS Strategy Principles in Japan: An Empirical Inquiry, a.a.O.

Rahmenbedingungen des japanischen Distributionssystems in die Betrachtung einbezogen. In Kapitel D wird auf die Erkenntnisse der Analyse der Groß- und Einzelhandelsstrukturveränderungen aufgebaut. Sie bilden den Ausgangspunkt der vertikalen Strukturanalyse ausgewählter branchen- bzw. produktspezifischer Distributionssysteme, aus der strategische Implikationen für die künftige Gestaltung des vertikalen Wettbewerbs abgeleitet werden. Dabei werden selektiv empirische Befunde einer im Rahmen dieser Arbeit durchgeführten Primärbefragung einbezogen.

Kapitel E bildet das Kernstück der empirischen Analyse zur Erhebung des strategischen Verhaltens der Konsumgüterhersteller in dem dynamischen vertikalen Wettbewerbsumfeld des japanischen Distributionssystems. Aufbauend auf den Befunden der vorhergehenden Kapitel gilt es, Wettbewerbsindikatoren zu identifizieren, aus denen zentrale Wettbewerbsfaktoren zu extrahieren sind. Diese bilden die Grundlage zur Ermittlung strategischer Gruppen von Unternehmen, die durch eine vergleichbare Wettbewerbsposition gekennzeichnet sind.

Für die identifizierten Unternehmensgruppen wird das beabsichtigte, künftige strategische Verhalten in der wahrgenommenen Wettbewerbssituation erhoben. Die Bedeutung vertikaler Marketingstrategien wird dabei sowohl gruppenspezifisch als auch übergreifend analysiert, um einen umfassenden Erkenntnisgewinn zu ermöglichen. Im Hinblick auf den für diese Arbeit gewählten Forschungsansatz wird übergreifend überprüft, inwieweit ein Zusammenhang zwischen Wettbewerbssituation, Strategiewahl und Erfolg für die untersuchten Unternehmen im vertikalen Marketing in Japan festgestellt werden kann. Abschließend erfolgt eine Erfassung der Präferenzstrukturen der Unternehmen auf der Ebene der Instrumentalstrategien sowie bei der Ausgestaltung der Marketingorganisation. Neben den empirischen Daten werden hier selektiv sekundär-statistische Analysen zur weiteren Fundierung eingesetzt.

Kapitel F schließlich beinhaltet im Rahmen einer Schlußbetrachtung eine Zusammenfassung der wichtigsten Ergebnisse für Theorie und Praxis sowie Ansatzpunkte für zukünftige Forschungsarbeiten im vertikalen Marketing. Eine übergreifende Darstellung des Forschungsprogramms dieser Arbeit enthält *Abbildung 1*.

Abb. 1

Schematische Darstellung des Forschungsprogramms

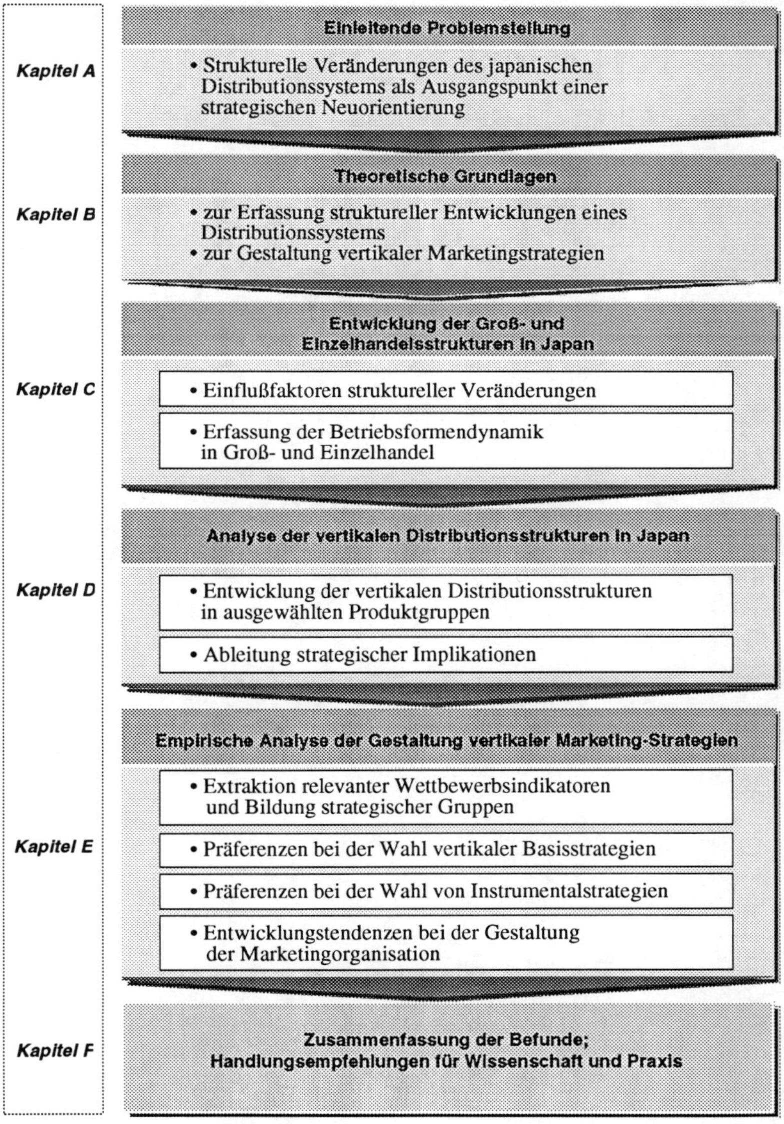

Kapitel A

Einleitende Problemstellung
- Strukturelle Veränderungen des japanischen Distributionssystems als Ausgangspunkt einer strategischen Neuorientierung

Kapitel B

Theoretische Grundlagen
- zur Erfassung struktureller Entwicklungen eines Distributionssystems
- zur Gestaltung vertikaler Marketingstrategien

Kapitel C

Entwicklung der Groß- und Einzelhandelsstrukturen in Japan
- Einflußfaktoren struktureller Veränderungen
- Erfassung der Betriebsformendynamik in Groß- und Einzelhandel

Kapitel D

Analyse der vertikalen Distributionsstrukturen in Japan
- Entwicklung der vertikalen Distributionsstrukturen in ausgewählten Produktgruppen
- Ableitung strategischer Implikationen

Kapitel E

Empirische Analyse der Gestaltung vertikaler Marketing-Strategien
- Extraktion relevanter Wettbewerbsindikatoren und Bildung strategischer Gruppen
- Präferenzen bei der Wahl vertikaler Basisstrategien
- Präferenzen bei der Wahl von Instrumentalstrategien
- Entwicklungstendenzen bei der Gestaltung der Marketingorganisation

Kapitel F

Zusammenfassung der Befunde; Handlungsempfehlungen für Wissenschaft und Praxis

Kapitel B

B. Theoretische Grundlagen zur Analyse struktureller Veränderungen eines Distributionssystems als Basis für die Gestaltung vertikaler Marketing-Strategien

Inhalt dieses zweiten Kapitels bildet zunächst die Einordnung der vorliegenden Arbeit in eine ausgewählte Richtung der Strategieforschung. Betrachtet wird dabei insbesondere die Industrial Organization Theory als übergreifendes wettbewerbstheoretisches Paradigma, welches in der jüngeren Strategieforschung zentrale Bedeutung erlangt hat.[1] Die Wahl eines wettbewerbstheoretischen Ansatzes für die Problemstellung dieser Arbeit begründet sich dabei aus der in der modernen Marketing-Literatur vertretenen Auffassung, daß voneinander unabhängige Hersteller- und Handelsunternehmen, die sich auf unterschiedlichen Marktseiten gegenüberstehen (Angebot und Nachfrage), und die durch marktliche Prozesse miteinander verbunden sind, in einem vertikalen Wettbewerbsverhältnis zueinander stehen.[2] Ein Distributionssystem, welches Institutionen der Distribution zur Erfüllung von Distributionsaufgaben bzw. -funktionen miteinander verbindet, läßt sich entsprechend als System vertikaler Wettbewerbsbeziehungen interpretieren. Vertikaler Wettbewerb umfaßt dabei Rivalität sowohl innerhalb als auch zwischen Distributionssystemen.[3] Er kann als Triebfeder dynamischer Strukturveränderungen angesehen werden.[4]

Ausgehend von der Industrial Organization Theory werden im folgenden Ansätze zur Erfassung der Wettbewerbsdynamik innerhalb eines Distributionssystems aufgezeigt. Weiterhin wird das Konzept des vertikalen Marketing als theoretische Grundlage für die Verhaltensoptionen von Unternehmen im vertikalen Wettbewerb vorgestellt.

1. Die Industrial Organization Theory als Grundlage der Analyse vertikaler Wettbewerbsbeziehungen

1.1. Grundzüge der Wettbewerbsforschung

Der Begriff des Wettbewerbs wird in der volkswirtschaftlichen Literatur in Abhängigkeit vom wirtschaftstheoretischen Konzept und wirtschaftspolitischen Leitbild, welche der

---

[1] Vgl. Porter, M.E., The Contributions of Industrial Organization to Strategic Management, in: Academy of Management Review, Vol. 6, 1981, S. 614; Westphal, J., Vertikale Wettbewerbsstrategien in der Konsumgüterindustrie, Wiesbaden 1991, S. 89ff.

[2] Vgl. Steffenhagen, H., Konflikt und Koordination in Distributionssystemen, Dissertation Münster 1972, S. 6ff; Irrgang, W., Strategien im vertikalen Marketing, a.a.O., S. 2; Specht, G., Distributionsmanagement, Stuttgart u.a.O. 1988, S. 24; Westphal, J., Vertikale Wettbewerbsstrategien in der Konsumgüterindustrie, a.a.O., S. 1ff.

[3] Vgl. Cravens, D., Strategic Forces Affecting Marketing Strategy, in: Business Horizons, Vol. 29, 1986, S. 82.

[4] Oehme bezeichnet beispielsweise die Dynamik der Betriebsformen des Handels als Ausdruck struktureller Veränderungen als ein "dynamisches Konzept des Wettbewerbs im Handel." Vgl. Oehme, W., Handels-Marketing. Entstehung, Aufgabe, Instrumente, München 1992, S. 402.

Begriffsbestimmung zugrundegelegt werden, unterschiedlich definiert. Vereinfacht läßt sich Wettbewerb als marktbezogene Rivalitätsbeziehung zwischen mehreren Marktteilnehmern kennzeichnen, die sich gegenseitig in ihrem Markterfolg zu beeinflussen versuchen.[5]

Theoretische Grundlage der wissenschaftlichen Auseinandersetzung mit Fragen des Wettbewerbs bildet die Wettbewerbstheorie, deren Aufgabe die Erklärung der vielfältigen Erscheinungsformen des Wettbewerbs im Sinne von Kausalzusammenhängen darstellt. Hieraus wiederum sollen in erster Linie für die staatliche Wettbewerbspolitik Handlungsanweisungen abgeleitet werden.[6]

Ansätze zur Analyse des Wettbewerbs lassen sich in statische und dynamische Wettbewerbsauffassungen unterteilen. Der statische Wettbewerbsansatz als der ältere Ansatz engt den Wettbewerbsbegriff auf der Basis des Konzepts des vollkommenen Wettbewerbs ausschließlich auf den Preiswettbewerb ein. Zentrale Kritik an diesem Ansatz entwickelte sich insbesondere aus den unrealistischen Modellannahmen eines vollkommenen Wettbewerbs. Nach Meinung der Kritiker verhindern die realitätsfernen Prämissen des Modells das Entstehen von Wettbewerbsdynamik.[7] Entsprechend entwickelte sich aus der Kritik das Konzept des funktionsfähigen Wettbewerbs, dem eine stark handlungsbetonte und dynamische Wettbewerbsdefinition zugrundeliegt.[8] Ihren Ursprung findet die dynamische Wettbewerbsauffassung, die heute die Grundlage der Wettbewerbspolitik bildet, in den USA. Ausgehend vom sogenannten Sherman Act, der eine Ablehnung jeglicher Kartellbildung beinhaltete, wurde von Ökonomen der Harvard Universität eine Theorie entwickelt, die Marktstruktur, Marktverhalten und Marktergebnis in Relation zueinander setzte.[9]

Dieser Ansatz, als Industrial Organization Theory bezeichnet, verfolgte ursprünglich eine primär volkswirtschaftliche Perspektive. Im Zeitablauf hat sich die Industrial Organization Theorie jedoch, vor allem durch die Arbeiten Porters, in modifizierter Form auch zum zentralen Paradigma der betriebswirtschaftlichen Strategieforschung entwickelt.[10]

---

[5] Vgl. Aberle, G., Wettbewerbstheorie und Wettbewerbspolitik, Stuttgart u.a.O. 1980, S. 10; Schmidt, I., Wettbewerbspolitik und Kartellrecht, 2. Aufl., Stuttgart, New York 1987, S. 1-2; Bartling, H., Leitbilder der Wettbewerbspolitik, München 1980, S. 3.

[6] Vgl. Cox, H., Hübener, H., Wettbewerb. Eine Einführung in die Wettbewerbstheorie und Wettbewerbspolitik, in: Cox, H., et al. (Hrsg.), Handbuch des Wettbewerbs, München 1981, S. 9.

[7] Vgl. Bartling, H., Leitbilder der Wettbewerbspolitik, a.a.O., S. 15; Herdzina, K., Einleitung- Zur historischen Entwicklung der Wettbewerbstheorie, in: Herdzina, K. (Hrsg.), Wettbewerbstheorie, Köln 1975, S. 15.

[8] Vgl. Bartling, H., Leitbilder der Wettbewerbspolitik, a.a.O., S. 20-29.

[9] Vgl. Grether, E.T., Industrial Organization: Past History and Future Problems, in: American Economic Review, Vol. 60, Proceedings, 1970, S. 83ff; Kaufer, E., Industrieökonomik, München 1980, S. 5; Shepherd, W.G., The Economics of Industrial Organization, 2. Aufl., Englewood Cliffs, New Jersey, 1985, S. 380.

[10] Vgl. Porter, M.E., The Contributions of Industrial Organization to Strategic Management, a.a.O., S. 614; Vgl. auch Dess, G.G., Davis, P., Porter´s Generic Strategies as Determinants of Strategic Group Membership and Organizational Performance, in : Academy of Management Journal, Vol. 27, 1984, S.

1.2 Bedeutung der Industrial Organization Theory für die Strategieforschung

Die Industrial Organization Theory blickt heute bereits auf eine über 50-jährige Forschungstradition zurück. Sie bildet ein Teilgebiet des auf Basis der Organisationstheorie entwickelten kontingenztheoretischen Ansatzes,[11] indem sie im Rahmen der Situationsvariablen speziell die Marktstrukturen und Wettbewerbsverhältnisse einbezogener Unternehmen berücksichtigt. Als Begründer der klassischen "Theory of Industrial Organization" gilt Eduard Mason.[12] Zentraler Aspekt von Masons Ansatz war die Überlegung, daß die Preisentscheidung von Unternehmen von der Struktur des Marktes abhängt, in dem das betreffende Unternehmen arbeitet.[13]

Erweitert und zum Durchbruch verholfen wurde der Industrial Organization Theory durch Joe S. Bain, einem Schüler Masons. Dieser kritisierte den einzelwirtschaftlichen Bezug von Masons Ansatz und schlug eine Erweiterung auf eine branchenbezogene Sichtweise vor.[14] Mason nahm diese Kritik auf und unterstützte den erweiterten Ansatz von Bain.[15] Als Ergebnis der gemeinsamen Überlegungen ergab sich das Bain/Mason Paradigma, auch als Structure-Conduct-Performance- (S-C-P) Paradigma bezeichnet *(vgl. Abb. 2)*.[16]

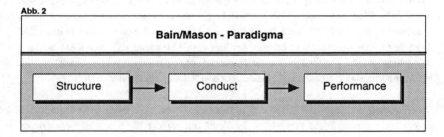

Abb. 2

---

[11] 467ff; Miller, D., Friesen, P.H., Porters Generic Strategies and Performance, in: Organization Studies, Vol. 7, 1986, S. 37 ff.
Der kontingenztheoretische Ansatz wird auch als situativer Ansatz bezeichnet, dessen Ziel es darstellt, Verhalten aus der Analyse der Handlungssituation abzuleiten. Vgl. z.B. Staehle, W.H., Management, 3. Aufl., München 1987, S. 77ff; Kieser, A., Kubicek, H., Organisation, 2. Aufl., Berlin und New York 1983, S. 61.

[12] Vgl. Caves, R.E., et al., Competition in the Open Economy, Cambridge, Mass. und London 1980, S. 3ff; Kaufer, E., Industrieökonomik, a.a.O., S. 5.

[13] Vgl. Kaufer, E., Industrieökonomik, a.a.O., S. 6.

[14] Vgl. Shepherd, W.G., Bain´s Influence on Research into Industrial Organization, in: Masson, R.T., Qualls, P.D. (Hrsg.), Essays on Industrial Organization in Honour of Joe S. Bain, Cambridge, Mass. 1976, S. 1-17.

[15] Vgl. Kaufer, E., Industrieökonomik, a.a.O., S. 7f.

[16] Vgl. z.B. Neumann, M., Industrial Organization. Ein Überblick über die quantitative Forschung, in: Zeitschrift für Betriebswirtschaft, 49. Jg., 1979, S. 645-660.

Entsprechend dieser Sequenz beeinflußt die Marktstruktur einer Branche das Marktverhalten der Unternehmen in dieser Branche, welches sich wiederum auf das Marktergebnis auswirkt.

Die **Marktstruktur** (Structure) bildet dabei nach Bain die organisatorischen Merkmale eines Marktes ab.[17] Diese bestimmen die Beziehungen (a) der Anbieter auf dem Markt, (b) der Nachfrager auf dem Markt, (c) zwischen Anbietern und Nachfragern und (d) zwischen den am Markt bereits tätigen Anbietern und potentiellen Konkurrenten, die ihn betreten könnten.[18] Von besonderem Interesse sind dabei für Bain der Grad der Angebotskonzentration, der Grad der Nachfragekonzentration, der Grad der Produktdifferenzierung sowie die Markteintrittsbedingungen, d.h. die Höhe der Schwierigkeit für neue Anbieter, in einen bereits etablierten Markt einzudringen.[19]

Unter **Marktverhalten** (Conduct) versteht Bain diejenigen Verhaltensweisen, die ein Unternehmen ergreift, um sich den Marktbedingungen anzupassen. Es äußert sich bei Unternehmen der Anbieterseite insbesondere in der Marketing- und Absatzpolitik.[20]

Marktergebnisse (Performance) schließlich sind die "Summe der endgültigen Resultate, zu denen die Unternehmen auf den jeweiligen Märkten gelangen, welche Verhaltensweisen sie auch immer wählen".[21] Sie äußern sich z.B. in der technischen Effizienz der Produktion der Unternehmen, dem Fortschrittlichkeitsgrad der Branche im Hinblick auf Prozeßinnovationen, den Wachstumsraten sowie dem Beschäftigungsgrad.[22]

Die genannten Hypothesen, deren Überprüfung Bain selbst mit Hilfe empirischer Analysen vornimmt, sind in dem in *Abbildung 3* dargestellten Industrial Organization Paradigma zusammengestellt. Als Forschungsmethodik hat im Rahmen der Industrial Organization Forschung die Ökonometrie, d.h. die empirisch-quantitativ-statistische Wirtschaftsforschung an Bedeutung gewonnen.[23] Das zentrale Interesse der Industrial Organization Theory besteht zusammenfassend in der Frage, wie sich die Machtverteilung in einem Markt, ausgedrückt in der Marktstruktur, auf das Marktergebnis auswirkt. Marktungleichgewichte werden als natürlich angesehen bzw. im Hinblick auf den Erkenntnisgewinn für einen funktionsfähigen Wettbewerb akzeptiert.[24]

---

[17] Vgl. Bain, J.S., Industrielle Organisation: Funktionsfähiger Wettbewerb und strukturelle Bedingungen für funktionsfähigen Wettbewerb, in: Herdzina, K. (Hrsg.), Wettbewerbstheorie, Köln 1975, S. 179.
[18] Vgl. Bain, J.S., Industrial Organization, a.a.O., S. 8.
[19] Vgl. ebenda, S. 8.
[20] Vgl. derselbe, Industrielle Organisation: Funktionsfähiger Wettbewerb und strukturelle Bedingungen für funktionsfähigen Wettbewerb, a.a.O., S. 181.
[21] Vgl. ebenda, S. 183.
[22] Vgl. Böbel, I., Wettbewerb und Industriestruktur, Berlin u.a.O., 1984, S. 10.
[23] Vgl. Neumann, M., Industrial Organization, a.a.O., S. 645.
[24] Vgl. Böbel, I., Wettbewerb und Industriestruktur, a.a.O., S. 1ff; Kaufer, E., Industrieökonomik, a.a.O, S. 8f.

Abb. 3

Das Forschungsparadigma der Industrial Organization Theory

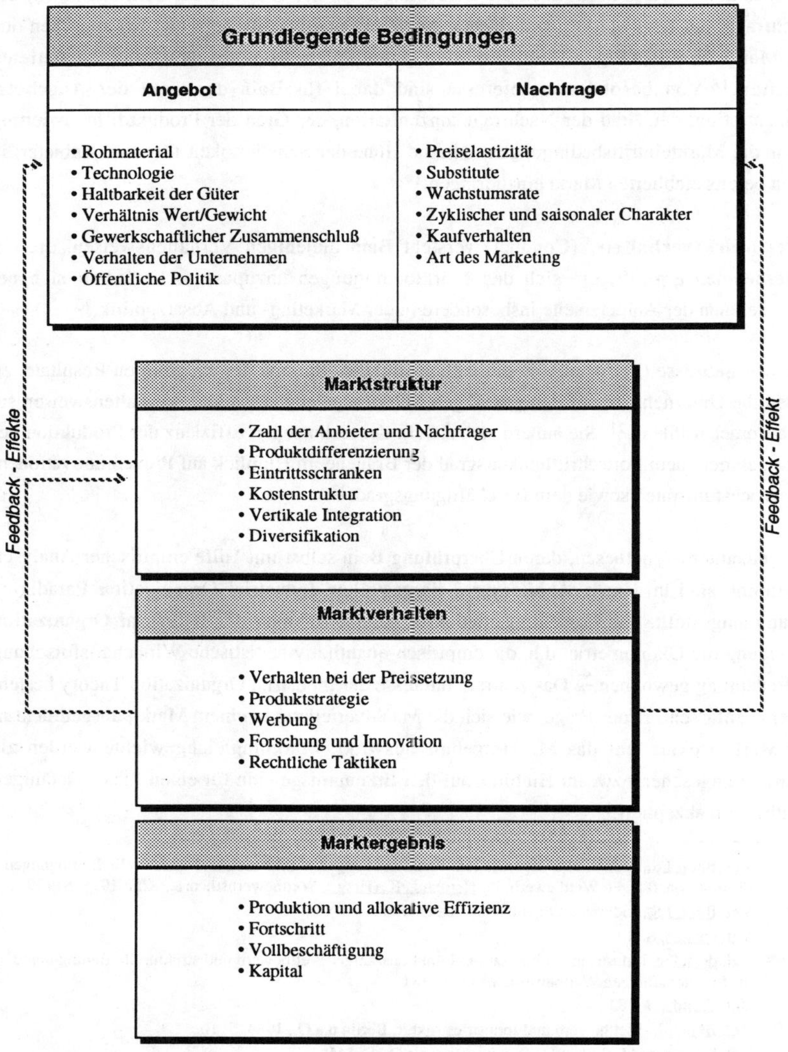

Grundlegende Bedingungen

Angebot	Nachfrage
• Rohmaterial • Technologie • Haltbarkeit der Güter • Verhältnis Wert/Gewicht • Gewerkschaftlicher Zusammenschluß • Verhalten der Unternehmen • Öffentliche Politik	• Preiselastizität • Substitute • Wachstumsrate • Zyklischer und saisonaler Charakter • Kaufverhalten • Art des Marketing

Marktstruktur

- Zahl der Anbieter und Nachfrager
- Produktdifferenzierung
- Eintrittsschranken
- Kostenstruktur
- Vertikale Integration
- Diversifikation

Marktverhalten

- Verhalten bei der Preissetzung
- Produktstrategie
- Werbung
- Forschung und Innovation
- Rechtliche Taktiken

Marktergebnis

- Produktion und allokative Effizienz
- Fortschritt
- Vollbeschäftigung
- Kapital

Feedback - Effekte / *Feedback - Effekt*

Quelle: **Böbel, I.**, *Wettbewerb und Industriestruktur, a.a.O.;* **Scherer, F.M.**, *Industrial Market Structure and Economic Performance,* 2.ed., Boston, Dallas 1980, S. 4

Ausgehend von den Hypothesen Bains ergeben sich zwei Entwicklungslinien innerhalb der Industrial Organization Forschung.[25] Der ältere Ansatz stellt die Organisation und Struktur der Industrie in den Mittelpunkt seiner Forschungsbestrebungen. Die neuere Entwicklungslinie hingegen löst sich von der streng statischen Betrachtungsweise der Marktstruktur und verfolgt einen eher behavioristischen Ansatz, indem stärker auf die Interdependenzen zwischen Marktstruktur und Marktverhalten eingegangen wird.[26]

Dieser Entwicklungstendenz sind auch die Modifikationsüberlegungen Porters zuzuordnen, der die Bedeutung der Industrial Organization Forschung für das strategische Management herausarbeitet. Er stellt zunächst als zentrale Kritikpunkte der Industrial Organization Theory, die deren Anwendung zur Erforschung von Problemen des strategischen Managements (Strategieforschung) von Einzelwirtschaften einschränken, heraus:[27]

- die abweichenden Zielvorstellungen zwischen Industrial Organization Forschung und Strategieforschung; während die Industrial Organization Forschung primär wettbewerbspolitische Ziele verfolgt, steht im Mittelpunkt der Strategieforschung die einzelwirtschaftliche Erfolgsbetrachtung,

- die unterschiedliche Abgrenzung des Untersuchungsgegenstandes; die Industrial Organization Forschung konzentriert sich auf Branchenanalysen, während die Strategieforschung unternehmensindividuelle Stärken und Schwächen im Hinblick auf die Wettbewerbsfähigkeit untersucht,

- die Vernachlässigung von branchenübergreifenden Unternehmensverflechtungen in der Industrial Organization Forschung; hingegen wird im Rahmen des strategischen Managements der Unternehmensdiversifikation eine signifikante Bedeutung zugemessen,

- die statische Betrachtung der Umwelt sowie der unterstellte deterministische, kausale Zusammenhang von Branchenstruktur und Strategie bzw. Erfolg in der Industrial Organization Forschung; in der Strategieforschung wird hingegen gerade von der Beeinflußbarkeit der Umwelt und damit auch der Branchenstrukturen ausgegangen,

---

25 Vgl. Hay, D.A., Morris, D.J., Industrial Economics: Theory and Evidence, Oxford 1979, S. 24f.
26 Vgl. Scherer, F.M., Industrial Market Structure and Economic Performance, 2nd ed., Boston, Dallas 1980, S. 4.
27 Vgl. Porter, M.E., The Contributions of Industrial Organization to Strategic Management, a.a.O., S. 611ff.

- die begrenzte Auswahl von Situationsvariablen innerhalb des Industrial Organization Paradigmas; dieser steht die Erkenntnis der Strategieforschung gegenüber, nach der eine Vielzahl von Faktoren das strategische Verhalten von Unternehmen bedingen,

- ein niedriges Anspruchsniveau an die Forschungsergebnisse aufgrund der volkswirtschaftlichen Ausrichtung der Industrial Organization Theory, die für jede untersuchte Branche nach statistisch tragfähigen Struktur-Erfolgs-Zusammenhängen sucht,

- ein zu hoher Abstraktionsgrad der der Industrial Organization Forschung zugrundeliegenden Oligopoltheorie.

Er beläßt es jedoch nicht allein bei dieser Kritik, sondern identifiziert systematisch Annäherungen zwischen Industrial Organization Theory und Strategieforschung und schlägt Modifikationen vor.[28] Im einzelnen stellt er heraus, daß eine zunehmende Annäherung und Überschneidung der Forschungsziele sowie der Abgrenzung des Untersuchungsgegenstandes zu beobachten sei. Danach beschränkt sich die Industrial Organization Forschung nicht mehr allein auf Branchenanalysen, sondern erfaßt zunehmend auch einzelne Unternehmen in einer Branche. Diese Annäherung führt Porter insbesondere auf Forschungsbemühungen an der Harvard Business School zurück.[29]

Signifikante Bedeutung mißt Porter in diesem Zusammenhang den Konzepten der "strategischen Gruppen" sowie der "Mobilitätsbarrieren" zu.[30] Jede Branche setzt sich im allgemeinen aus mehreren strategischen Gruppen zusammen, die sich in ähnlicher Weise gegenüber den Wettbewerbskräften verhalten und Wettbewerbsvorteile aufbauen. Diese Wettbewerbsvorteile bilden strategische Mobilitätsbarrieren zwischen den Gruppen und schützen ihre Mitglieder vor Wettbewerb.[31] Beide Konzepte erlauben die Identifikation von Wettbewerbspositionen und eignen sich für die Analyse des Wettbewerbsverhaltens unter bestimmten Wettbewerbsbedingungen. Sie bilden zentrale Schnittstellen zwischen der Wettbewerbstheorie und der Strategieforschung.[32]

Die Kritikpunkte der Statik sowie des Determinismus weist Porter dadurch ab, daß in jüngeren Modellen der Industrial Organization Forschung verstärkt dynamische Veränderungen von Marktstrukturen sowie Rückkopplungseffekte zwischen den Elementen des

---

[28] Vgl. ebenda, S. 614ff.
[29] Vgl. Porter, M.E., The Contributions of Industrial Organization to Strategic Management, a.a.O., S. 614ff.
[30] Vgl. ebenda.
[31] Vgl. Hatten, K.J., Hatten, M.L., Strategic Groups, Asymmetrical Mobility Barriers and Contestability, in: Strategic Management Journal, Vol. 8, 1987, S. 329-342.
[32] Vgl. Hatten, K.J., Hatten, M.L., Strategic Groups, Asymmetrical Mobility Barriers and Contestability, a.a.O., S. 341.

Paradigmas berücksichtigt werden.[33] Auch die begrenzte Auswahl von Variablen im Rahmen des situativen Ansatzes sowie die Vernachlässigung von Unternehmensverflechtungen lassen sich durch Erweiterungen des Paradigmas ausräumen.[34]

Der Vorwurf des niedrigen Anspruchsniveaus läßt sich nach Porter nicht mehr aufrechterhalten, da die Industrial Organization Forschung nicht mehr ausschließlich volkswirtschaftlich-abstrakte Branchenanalysen vornimmt, sondern im Zuge von Modellerweiterungen Beziehungen von Unternehmen einer Branche untereinander sowie branchenübergreifend berücksichtigt, so daß die Komplexität erheblich gestiegen ist. Durch Zuschnitt oligopolitischer Modellansätze auf reale Marktsituationen wird auch der letzte Aspekt seiner Kritik aufgehoben.[35]

Neben einer systematischen Analyse der Industrial Organization Forschung erfaßt Porter in seiner Kritik strategischer Forschungsansätze auch gängige strategische Planungskonzepte wie z.B. das Konzept der Erfahrungskurve, die Marktwachstums-Marktanteils-Matrix, die Marktattraktivitäts-Wettbewerbsvorteile-Matrix, das Produktlebenszyklusmodell, das PIMS-Modell sowie Planungs- und Vorhersagemodelle.[36] Er kommt dabei zu dem Ergebnis, daß die Industrial Organization Theory in der Lage ist, die Defizite aller genannten Konzepte zu kompensieren.[37] Er stellt die Industrial Organization Theory explizit in den Mittelpunkt der Strategieforschung und fordert die Ableitung eines auf diesem Ansatz basierenden Rahmenkonzeptes zur Wettbewerbsanalyse.[38] Dieses Rahmenkonzept, aufbauend auf dem Industrial Organization Paradigma als situativem Ansatz, wird schließlich von Porter selbst vorgestellt.

1.3   Das Rahmenkonzept zur Wettbewerbsanalyse nach Porter

Das Wettbewerbsverhalten von Unternehmen wird, basierend auf den oben dargestellten Überlegungen der Industrial Organization Theory, determiniert durch die Wettbewerbsintensität einer Branche, die wiederum durch die Struktur und das Verhalten der Wettbewerber bestimmt wird.[39]

---

33   Vgl. Porter, M.E., The Contributions of Industrial Organization to Strategic Management, a.a.O., S. 615.
34   Vgl. ebenda, S. 616. Erweiterungsmöglichkeiten sieht er z.b. in der Aufnahme des Konzepts der Marktaustrittsbarrieren, der Berücksichtigung wettbewerbsbeeinflussender internationaler Handelsverflechtungen und der vertikalen Integration.
35   Vgl. ebenda.
36   Vgl. Porter, M.E., Industrial Organization and the Evolution of Concepts for Strategic Planning, in: Naylor, T.H. (Hrsg.), Corporate Strategy, Amsterdam u.a.O. 1982, S. 183ff.
37   Vgl. ebenda, S. 185ff.
38   Vgl. derselbe, The Contributions of Industrial Organization to Strategic Management, a.a.O., S. 614.
39   Vgl. Meffert, H., Strategische Unternehmensführung und Marketing, Wiesbaden 1988, S. 38.

Porter identifiziert aus einer Vielzahl von Faktoren die in *Abbildung 4* dargestellten fünf Wettbewerbsindikatoren, die von ihm auch als Triebkräfte des Branchenwettbewerbs bezeichnet werden.[40] Diese lassen sich grob in horizontale und vertikale Triebkräfte des Branchenwettbewerbs unterteilen. Horizontaler Wettbewerb besteht zwischen Unternehmen der gleichen Wirtschaftsstufe,[41] wobei die Bedrohung durch Ersatzprodukte und der Eintritt neuer Konkurrenten die Triebkräfte des Wettbewerbs bilden. Vertikaler Wettbewerb hingegen kennzeichnet die Beziehung eines Unternehmens zu vor- bzw. nachgelagerten Wirtschaftsstufen.[42] Insbesondere die Verhandlungsstärke der Lieferanten sowie die Verhandlungsmacht der Abnehmer kennzeichnen die Triebkräfte des vertikalen Wettbewerbs.

Abb. 4

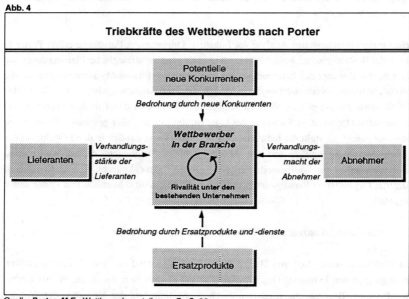

Quelle: Porter, M.E., Wettbewerbsvorteile, a.a.O., S. 26

Durch die explizite Berücksichtigung der vertikalen Wettbewerbsdimension greift Porter einen wesentlichen Gesichtspunkt auf, der in der Industrial Organization Forschung überwiegend vernachlässigt wurde.[43] Die Abnehmerstärke bzw. Nachfragemacht der Kunden

---

[40] Vgl. Porter, M.E., How Competitive Forces Shape Strategy, a.a.O., S. 3ff; Porter, M.E., Industry Structure and Competitive Strategy: Keys to Profitability, in : Kotler, P., Cox, K. (Hrsg.), Marketing Management and Strategy, 3. Aufl., Englewood Cliffs, New Jersey 1984, S. 83ff.

[41] Vgl. Hoffmann, J., Die Konkurrenz - Erkenntnisse für die strategische Führung und Planung, in: Töpfer, A., Afheldt, H. (Hrsg.), Praxis der strategischen Unternehmensplanung, Frankfurt 1983, S. 188.

[42] Vgl. ebenda.

[43] Vgl. Porter, M.E., Consumer Behaviour, Retailer Power, and Market Performance in Consumer Goods Industries, in: The Review of Economics and Statistics, Vol. 56, 1974, S. 419ff.

einer Branche wird von einer Reihe von Merkmalen determiniert. "Abnehmer konkurrieren mit einer Branche, indem sie die Preise herunterdrücken, höhere Qualität oder bessere Leistungen verlangen und Wettbewerber gegeneinander ausspielen."[44] Porter nennt folgende Bestimmungsfaktoren der Verhandlungsmacht:[45]

- Abnehmerkonzentration im Vergleich zur Unternehmens- (Branchen-) Konzentration,
- Abnahmevolumen,
- Umstellungskosten der Abnehmer im Vergleich zu denen der Unternehmung,
- Informationsstand der Abnehmer,
- Fähigkeit zur Rückwärtsintegration,
- Ersatzprodukte,
- Durchhaltevermögen der Abnehmer.

Weiterhin beeinflußt die Preisempfindlichkeit der Abnehmer deren Verhandlungsstärke. Als Determinanten der Preisempfindlichkeit werden angeführt:[46]

- Signifikanz von Produktunterschieden (Austauschbarkeit),
- Markenidentität,
- Einfluß der Abnehmer auf Qualität / Leistung,
- Gewinnsituation der Abnehmer,
- Anreize der Entscheidungsträger der Abnehmer.

Für Handelsunternehmen stellt Porter heraus, daß diese ihre aufgrund von Konzentration möglicherweise vorhandene Verhandlungsmacht noch zusätzlich ausbauen können, indem sie auf die Einkaufsentscheidungen der Endverbraucher (z.B. durch eigene Marketingleistungen) direkten Einfluß nehmen.[47]

Die Intensität der Rivalität einer Branche ergibt sich aus Faktoren wie z.B. dem Branchenkonzentrationsgrad, dem Branchenwachstum, der Heterogenität der Konkurrenten etc.[48] Wie bereits angedeutet, kann es den Nachfragern gelingen, Wettbewerber gegeneinander auszuspielen, wenn die Branche durch hohe Wettbewerbsintensität gekennzeichnet ist. In dieser Situation wird jeder Anbieter bemüht sein, Wettbewerber zu verdrängen und in den Verhandlungen mit den Abnehmern auszuspielen. Das Bedrohungspotential neuer Konkurrenten hängt insbesondere von der Höhe der durch die etablierten Konkurrenten

---

[44] Vgl. Porter, M.E., Wettbewerbsstrategie. Methoden zur Analyse von Branchen und Konkurrenten, Frankfurt/Main 1984, S. 50ff.
[45] Vgl. ebenda, S. 51ff; derselbe, Wettbewerbsvorteile. Spitzenleistungen erreichen und behaupten, Frankfurt/Main 1986, S. 26.
[46] Vgl. derselbe, Wettbewerbsvorteile, a.a.O., S. 26ff.
[47] Vgl. derselbe, How Competitive Forces Shape Strategy, a.a.O., S. 4ff.
[48] Vgl. derselbe, Wettbewerbsvorteile, a.a.O.

errichteten Markteintrittsbarrieren ab. Diese können z.B. in Größeneffekten, Kapitalbedarf, Kostenvorteilen und Zugangsmöglichkeiten zur Distribution liegen.[49]

Die Bedrohung durch neue Konkurrenten kann sich ebenfalls auf den vertikalen Wettbewerb auswirken, indem diese beispielsweise die "Spielregeln" einer Branche durch die Produktion von Handelsmarken oder die Unterschreitung von Preisgrenzen "verletzen". Eng mit dem Bedrohungspotential durch neue Konkurrenten verbunden ist die Gefahr des Auftretens von Substitutionsprodukten, deren Preis-/Leistungsverhältnis dasjenige etablierter Wettbewerber übertrifft.[50] Auch Substitutionsprodukte steigern die Verhandlungsmacht von Abnehmern.

Abschließend führt Porter als fünften Faktor, der die Wettbewerbsintensität einer Branche beeinflußt, die Verhandlungsstärke der Lieferanten an, deren Bedrohungspotential für die Unternehmung wiederum von Determinanten wie der Lieferantenkonzentration, der Existenz von Substitutions-Inputs, Umstellungskosten etc. abhängt.[51]

Zusammenfassend bildet Porters Rahmenkonzept ein Instrument zur systematischen Analyse von Wettbewerbsbeziehungen aus einer einzelwirtschaftlichen Perspektive heraus. Aus ihm lassen sich, dem Industrial Organization Paradigma folgend, Wettbewerbsstrategien ableiten, die einer nachhaltigen Sicherung des Unternehmenserfolges dienen. Dabei schlägt Porter selbst drei distinktive Typen von Wettbewerbsstrategien vor. Im einzelnen handelt es sich um die Strategien der Kostenführerschaft, der Differenzierung und der Konzentration auf Schwerpunkte.[52] Die Wahl einer dieser Strategien führt nach Auffassung Porters zu signifikanten Wettbewerbserfolgen, indem Unternehmen eine hohe Rentabilität entweder bei hohem Marktanteil durch Kostenführerschaft erzielen oder bei niedrigem Marktanteil durch Differenzierung und Konzentration auf Schwerpunkte Wettbewerbsvorteile genießen.[53] Insgesamt vertritt Porter damit ein geschlossenes theoretisches Konzept, bei dem, wie gezeigt, die Industrial Organization Theory die Grundlage bildet.[54]

---

[49] Vgl. Porter, M.E., How Competitive Forces Shape Strategy, a.a.O.; Meffert, H., Strategische Unternehmensführung und Marketing, a.a.O., S. 39.
[50] Vgl. Porter, M.E., Wettbewerbsstrategie, a.a.O., S. 49.
[51] Vgl. derselbe, How Competitive Forces Shape Strategy, a.a.O., S. 4ff.
[52] Vgl. derselbe, Wettbewerbsstrategie, a.a.O., S. 62ff.
[53] Vgl. ebenda, S. 66.
[54] Vgl. derselbe, Industrial Organization and the Evolution of Concepts for Strategic Planning, a.a.O., S. 191.

1.4 Folgerungen für einen adaptierten Forschungsansatz zur Analyse vertikaler Wettbewerbsbeziehungen

Ausgehend von der Industrial Organization Theory und ihrer Bedeutung für das strategische Management wird für die vorliegende Arbeit ein kontingenztheoretischer, situativer Forschungsansatz gewählt.[55]

Den Ausgangspunkt bildet dabei die Wettbewerbsanalyse nach Porter, mit deren Hilfe die horizontale und vertikale Wettbewerbsposition einer Unternehmung in einer Branche systematisch ermittelt werden kann. Vor dem Hintergrund der Zielsetzung dieser Arbeit, die sich an der zentralen Bedeutung des japanischen Distributionssystems für den Erfolg im Konsumgütermarkt in Japan orientiert, sollen bei der Analyse der Wettbewerbssituation speziell die vertikalen Wettbewerbsstrukturen und -verhaltensbeziehungen Berücksichtigung finden. Das Distributionssystem einer Branche, dessen Institutionen und Funktionen im nachfolgenden Abschnitt näher erläutert werden, bildet dabei die forschungsrelevante Aufgabenumwelt. Um nachhaltige Implikationen für die Gestaltung des vertikalen strategischen Verhaltens ableiten zu können, werden bei der Erfassung von vertikalen Strukturveränderungen neben der Deskription dynamische Analysemodelle herangezogen. Theoretische Grundlage für die Ausgestaltung vertikaler Strategien bildet die noch vorzustellende Konzeption des vertikalen Marketing.

Die Gestaltungspräferenzen von Konsumgüterherstellern in Japan für vertikale Marketingstrategien werden im Rahmen eines kontingenztheoretischen Forschungsansatzes ermittelt, welcher das zugrundegelegte Paradigma der Industrial-Organization-Forschung widerspiegelt. Innerhalb des Modells erfolgt zunächst eine Analyse der grundsätzlichen Wettbewerbsbedingungen innerhalb des japanischen Distributionssystems, welche mit der Wettbewerbsanalyse nach Porter vergleichbar ist, jedoch insbesondere Aspekte des vertikalen Wettbewerbs berücksichtigt. Aus der Untersuchung des Wettbewerbsumfeldes werden spezifische Indikatoren der vertikalen Wettbewerbsdynamik (d.h. der Rivalität zwischen Unternehmen unterschiedlicher, vor- und nachgelagerter Wertschöpfungsstufen) abgeleitet und durch Indikatoren der horizontalen Wettbewerbsstärke einer Unternehmung (d.h. im Vergleich zu Wettbewerbern der gleichen Wertschöpfungsstufe) ergänzt. Vertikale und horizontale Wettbewerbsindikatoren werden gemeinsam als Stimuli für die Bildung strategischer Gruppen eingesetzt, deren strategisches Verhalten sowie deren Erfolgssituation es zu ermitteln gilt. Als Ergebnis dieses empirischen Modells ergeben sich Ansätze für die

---

[55] Der kontingenztheoretische Ansatz ist aus der organisationstheoretischen Forschung hervorgegangen und basiert auf der Erkenntnis, daß die Gestaltung organisatorischer Strukturformen in Zusammenhang mit den jeweils vorherrschenden Situationsbedingungen (Kontextbedingungen) und deren Erfordernissen gesehen werden muß. Vgl. Kieser, A., Kubicek, H., Organisation, 2. Aufl., Berlin u. New York 1983, S. 25ff; Schreyögg, G., Umwelt, Technologie und Organisationsstruktur. Eine Analyse des kontingenztheoretischen Ansatzes, Bern, Stuttgart 1978, S. 3f.

Gestaltung erfolgreicher vertikaler Marketing-Strategien in Japan. Eine zusammenfassende Darstellung des Forschungsansatzes enthält *Abbildung 5*.

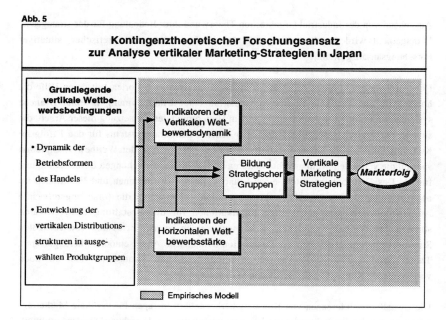

Abb. 5: Kontingenztheoretischer Forschungsansatz zur Analyse vertikaler Marketing-Strategien in Japan

2. Entwicklung eines theoretischen Bezugsrahmens zur Erfassung struktureller Veränderungen eines Distributionssystems

Ausgehend von der grundsätzlichen forschungstheoretischen Einordnung der vorliegenden Arbeit erfolgt im folgenden die Entwicklung eines geeigneten Rahmens theoretischer Modelle, aus denen Parameter zur Messung und Analyse der strukturellen Veränderungen eines Distributionssystems abgeleitet werden sollen. Komplexität und Vielfalt der Wirkungszusammenhänge innerhalb eines Distributionssystems haben bislang die Entstehung einer geschlossenen Theorie zur Analyse von Distributionsstrukturen verhindert.[56]

Als Ausgangspunkt der Entwicklung eines eigenen Bezugsrahmens sollen zunächst die begrifflichen Grundlagen zur Abgrenzung der Funktionen und Institutionen eines Distributionssystems gelegt werden.

---

[56] Vgl. Berekoven, L., Erfolgreiches Einzelhandelsmarketing. Grundlagen und Entscheidungshilfen, München 1990, S. 21f; Mason, J.B., Mayer, M.L., Modern Retailing: Theory and Practice, New York 1990, S. 19.

2.1 Funktionen und Institutionen eines Distributionssystems

Wie bereits im vorangegangenen Abschnitt einleitend bemerkt, läßt sich ein Distributionssystem als Geflecht bzw. Kette vertikaler Wettbewerbsbeziehungen interpretieren.[57] Wettbewerb als marktlicher Prozeß verknüpft dabei Institutionen, deren Grundaufgabe die Verknüpfung von Produktion und Konsumption in einer arbeitsteiligen Volkswirtschaft darstellt.[58]

Gesamtwirtschaftlich betrachtet umfaßt ein Distributionssystem eines Landes alle Wirtschaftssubjekte, die mit der Überbrückung räumlicher, zeitlicher, quantitativer und qualitativer Spannungen zwischen produzierenden und konsumierenden Wirtschaftseinheiten betraut sind.[59] Ihre Funktion stellt die Beseitigung dieser Spannungen dar (funktionaler Handel).[60] Als Institutionen lassen sich neben den obligatorisch an der Distribution beteiligten Herstellern und Verbrauchern die Absatzmittler und Distributionshelfer unterscheiden,[61] deren Einschaltung jedoch fakultativen Charakter hat, da Herstellerunternehmen sich zwischen der Eigen- bzw. Fremderstellung einer Distributionsleistung entscheiden können.[62] Absatzmittler und Distributionshelfer bilden den institutionellen Handel und repräsentieren einen eigenständigen Wirtschaftszweig einer Volkswirtschaft.

Nach der Ebene der Leistungsstufe lassen sich Groß- und Einzelhandel als Absatzmittler unterscheiden.[63] Großhandel im funktionalen Sinn ist der Absatz von Waren an Wiederverkäufer, Weiterverarbeiter und Großverbraucher, während Einzelhandel die wirtschaftliche Tätigkeit des Absatzes an den Letztverbraucher umschreibt. Groß- und Einzelhandel im institutionalen Sinn umfassen die Betriebe, die ausschließlich oder überwiegend Einzelhandel im funktionalen Sinn betreiben.[64]

57	Vgl. Lerchenmüller, M., Handelsbetriebslehre, Ludwigshafen 1992, S. 17-19.
58	Vgl. ebenda, S. 46; Falk, B., Wolf, J., Handelsbetriebslehre, Landsberg am Lech 1988, S. 17.
59	Von räumlichen Spannungen wird gesprochen, wenn der Ort der Leistungserstellung und -verwertung auseinanderfallen; bei zeitlichen Spannungen fallen entsprechend die Zeitpunkte der Leistungserstellung und -verwertung auseinander; quantitative Spannungen entstehen, wenn Herstellungs- und Verwendungseinheiten unterschiedlich groß sind; qualitative Spannungen schließlich liegen vor, wenn Wirtschaftsgütern nach Abschluß des Leistungserstellungsprozesses noch in einer bestimmten Dimension die Verwendungsreife fehlt. Vgl. Lerchenmüller, M., Handelsbetriebslehre, a.a.O., S. 13.
60	Vgl. Specht, G., Distributionsmanagement, a.a.O., S. 28.
61	Absatzmittler sind herstellerunabhängige Groß- und Einzelhandelsbetriebe. Distributionshelfer sind z.B. Handelsvertreter oder auch Werbeagenturen, die i.d.R. weisungsgebunden sind. Vgl. Ahlert, D., Distributionspolitik. Das Management des Absatzkanals, Stuttgart, New York 1985, S. 17.
62	Vgl. Vgl. Ahlert, D., Distributionspolitik, a.a.O., S. 17; Berekoven, L., Erfolgreiches Einzelhandelsmarketing, a.a.O., S. 1.
63	Vgl. Lerchenmüller, M., Handelsbetriebslehre, a.a.O., S. 17f.
64	Vgl. Falk, B., Wolf, J., Handelsbetriebslehre, a.a.O., S. 17f; Lerchenmüller, M., Handelsbetriebslehre, a.a.O.

Aus der **einzelwirtschaftlichen** Perspektive des Herstellers heraus wird ein Distributionssystem ausgehend von einer für ein spezifisches Produkt erwarteten Absatzleistung abgegrenzt.[65] Entsprechend ist nicht mehr "das" Distributionssystem als Gesamtheit des institutionellen Handels eines Landes relevant, sondern eine branchen- bzw. produktspezifische Kombination von Absatzorganen und deren Leistungsspektrum zur Erstellung eines marktfähigen Funktionsbündels.[66] Ein solchermaßen abgegrenztes Distributionssystem ist gleichzusetzen mit den Distributionswegen bzw. Absatzkanälen eines Produktes. Im Sinne der eingangs gewählten, wettbewerbsorientierten Betrachtungsweise bildet es das Ziel eines Herstellers, die innerhalb der Absatzkanäle eines Produktes arbeitenden, herstellerunabhängigen Absatzorgane seinen Marketingzielen entsprechend zu beeinflussen und durch eine strategische, langfristige Orientierung seines Verhaltens die Absatzkanäle zu "gestalten".[67]

Vor dem Hintergrund der Zielsetzung dieser Arbeit wird im weiteren Verlauf eine primär einzelwirtschaftliche Abgrenzung des Distributionssystems vorgenommen. Einzelwirtschaftlich abgegrenzte Distributionssysteme bilden jedoch letztlich einen Ausschnitt eines gesamtwirtschaftlichen Distributionssystems. Veränderungen des gesamtwirtschaftlichen Distributionssystems, z.B. Veränderungen von Zahl und Größe der Absatzmittler, wirken sich i.d.R. unmittelbar auf das Distributionssystem einer Branche oder eines Herstellers aus. Um daher Implikationen für die künftige Gestaltung einzelwirtschaftlicher, vertikaler Marketing-Strategien zu erhalten, gilt es zunächst, übergreifende Veränderungen eines gesamtwirtschaftlichen Distributionssystems zu erfassen. Im folgenden werden zunächst Modelle zur Untersuchung dynamischer Entwicklungen der Betriebsformen des Handels, in denen sich Strukturveränderungen auf gesamtwirtschaftlicher Ebene konkretisieren, diskutiert. Darauf aufbauend wird ein Ansatz vorgestellt, der die Analyse branchen- bzw. produktspezifischer, vertikaler Veränderungen der Distributions-strukturen ermöglicht.

2.2   Modelle zur Erfassung der Entwicklung der Betriebsformen eines Distributionssystems

Die Analyse der gesamtwirtschaftlichen Strukturen eines Distributionssystems erfolgt auf der Basis einer differenzierten Betrachtung der Groß- und Einzelhandelsstufen. Dabei beinhaltet jede Stufe entsprechend ihrer Angebotsparameter sowie der Determinanten der Wettbewerbsdynamik eine unterschiedlich ausgeprägte Struktur von Betriebsformen hinsichtlich Art, Anzahl und Anteiligkeit.

---

[65]   Vgl. Ahlert, D., Distributionspolitik, a.a.O., S. 11.
[66]   Vgl. Lerchenmüller, M., Handelsbetriebslehre, a.a.O., S. 46.
[67]   Vgl. Irrgang, W., Strategien im vertikalen Marketing, a.a.O., S. 64f.

2.21 Betriebsformen als zentraler Gegenstand der Untersuchung

Begrifflich zu unterscheiden sind zunächst die Betriebsform und der Betriebstyp, die sowohl in der Praxis als teilweise auch in der Theorie entweder synonym oder mit gegensätzlichen Begriffsinhalten verwendet werden.[68]

Betriebsformen werden im folgenden definiert als "Kategorien von Handelsbetrieben (...), die in wesentlichen Merkmalen soweit übereinstimmen, daß sie von den Marktteilnehmern als gleichartig angesehen werden".[69] Sie können aufgrund ihrer Originalität auch als "Realisationen unterschiedlicher Unternehmenskonzeptionen" charakterisiert werden.[70]

Während eine Betriebsform durch konstitutive Konzeptionselemente geprägt wird, treten bei einem Betriebstyp noch zusätzliche, jedoch lediglich akzessorische Elemente hinzu.[71] Ein Betriebstyp ist somit als Variante einer Betriebsform definiert. Letztere bildet auch den Kern der darzustellenden theoretischen Ansätze zur Erklärung der Dynamik im Handel. Während der Begriff des Betriebstyps nachfolgend vernachlässigt werden soll, werden Betriebsformen anhand ihrer konstitutiven Konzeptionselemente sowohl für den Einzelhandel als auch für den Großhandel eingehend erläutert.

2.211 Betriebsformen des Einzelhandels

Eine Klassifizierung der Betriebsformen des Einzelhandels kann sowohl anhand deskriptiver als auch anhand strategischer Merkmale erfolgen:[72]

Deskriptive Merkmale:

- Organisations- und Eigentumsform (z.B. Filialbetrieb, Franchisebetrieb, Kooperative),
- Sortiment (d.h. Lebensmittel, Bekleidung, Autozubehör etc.),
- Andienungsform (Selbstbedienung, Teil-Bedienung, Vollbedienung),
- Standort (stationär vs. mobil bzw. nicht-stationär),
- Größe (Fläche, Umsatz, Mitarbeiterzahl pro Geschäft),

---

[68] Vgl. Nieschlag, R., Binnenhandel und Binnenhandelspolitik, 2. Aufl., Berlin 1972, S. 112; Lerchenmüller, M., Handelsbetriebslehre, a.a.O., S. 267.
[69] Petermann, G., Aktuelle Probleme des Marketing im Handel. Marketinglehre, Betriebsformen und Marketingstrategien im Einzelhandel, in: Bindlingmeier, J. (Hrsg.), Modernes Marketing - Moderner Handel, Wiesbaden 1972, S. 486ff.
[70] Vgl. Bindlingmeier, J., Betriebsformen des Einzelhandels, in: Tietz, B. (Hrsg.), Handbuch der Absatzwirtschaft, Stuttgart 1974, Sp. 526.
[71] Vgl. ebenda, Sp. 527.
[72] Vgl. Mason, J.B., Mayer, M.L., Modern Retailing: Theory and Practice, a.a.O., S. 6.

Strategische Merkmale:

- Gewinnspannen- und Umsatzkategorie,
- Preis-/Service-Orientierung,
- Sortiments-Brutto-Handelsspanne,
- Strategische Gruppe.

Als Klassifikationsmerkmal zur Beschreibung der Dynamik von Betriebsformen wird häufig die Preis-/Service-Orientierung herausgegriffen.[73] Nach dem Konzept der strategischen Gruppen können wiederum Merkmalskombinationen gebildet werden (z.B. Preis-/Qualitäts-Orientierung und Sortiment), mittels derer sich direkte Wettbewerber zuordnen lassen.[74]

Die vorliegende Untersuchung wird zur übergeordneten Kategorisierung des japanischen Einzelhandels der Betriebsformendefinition des MITI folgen. Diese basiert auf den Merkmalen Sortiment, Betriebsgröße (Zahl der Mitarbeiter und m^2), Andienungsform und Öffnungszeiten.[75] Im Einzelfall wird eine Erweiterung (z.b. um strategische Merkmale) vorgenommen, soweit dies zur Beschreibung der Entwicklung insbesondere moderner Betriebsformen, wie z.B. Discounter, erforderlich erscheint.

2.212 Betriebsformen des Großhandels

Eine Klassifikation der Betriebsformen des Großhandels erfolgt in der einschlägigen Literatur ausschließlich nach deskriptiven Merkmalen.[76] Aufgrund der deutlich geringeren Kostendifferenz in den Andienungsformen des Großhandels (z.B. Ordersatz, Katalog, Angebotsschreiben, Vertreterbesuch) gegenüber dem Einzelhandel kommt strategischen Merkmalen (z.B. Preis-/Service-Orientierung) bisher keine signifikante Bedeutung zu.[77]

Primäre Unterscheidungsmerkmale von Betriebsformen des Großhandels bilden einerseits der Sortimentsumfang (d.h. Spezial- vs. Sortimentsgroßhandel), und andererseits die übernommenen Handelsfunktionen: z.B. Transport, Information, Finanzierung, Lagerung, Sortimentsbildung, Kommissionierung.[78]

---

[73] Vgl. Lucas, G. H., Gresham, L. G., How to Position for Retail Success, in: Business, Vol. 38, No. 2, 1988, S. 5.
[74] Vgl. Thompson, A.A., Strickland, A.J., Strategy Formulation and Implementation: Tasks of the General Manager, 4th ed., Homewood, Ill. 1989, S. 96. Das Konzept stammt ursprünglich, wie bereits angedeutet, von Porter. Vgl. Porter, M.E., Competitive Strategy - Techniques for Analyzing Industries and Competitors, New York, London 1980, S. 129.
[75] Vgl. Anhang 1, Tab. 1.
[76] Vgl. z.B. Oehme, W., Handels-Marketing, a.a.O., S. 419; Specht, G., Distributionsmanagement, a.a.O., S. 52ff.
[77] Vgl. Oehme, W., Handels-Marketing, a.a.O.
[78] Vgl. Lerchenmüller, M., Handelsbetriebslehre, a.a.O., S. 248ff; Specht, G., Distributionsmanagement, a.a.O., S. 52ff.

Im Unterschied zu diesen in der westlichen Literatur dominierenden Klassifikationskriterien überwiegt in einschlägigen Großhandelsstatistiken in Japan (neben dem Sortimentsumfang) die Kategorisierung nach der Zugehörigkeit zu einer bestimmten Großhandelsstufe. Zu unterscheiden sind insbesondere der Primärgroßhandel, der direkte Geschäftstransaktionen (physischer und/oder kommerzieller Transaktionsfluß) mit Hersteller- und Einzelhandelsunternehmen ausführt, sowie der Sekundär-Großhandel, der zwischen Primär-Großhandel und Endabnehmern oder weiteren Zwischengroßhändlern (ggfs. Tertiär-Großhandel) distribuiert.[79] Darüber hinaus werden noch filialisierte Großhändler geführt, die keine eigenständige Geschäftsbasis besitzen und lediglich als Filialen der Primärgroßhändler agieren.

Auf dieser Klassifikation beruht auch die Datenbasis des MITI, die darüber hinaus eine Kategorisierung nach dem Sortimentsumfang beinhaltet.[80] Analog zur Klassifikation der Einzelhandelsbetriebsformen wird für übergreifende Analysen des Großhandels im Rahmen dieser Arbeit den MITI-Definitionen gefolgt, zumal diese sowohl in der Wissenschaft als auch in der Praxis in Japan breite Akzeptanz finden.[81]

Im Hinblick auf die anschließende Darstellung der Modellansätze zur Erklärung der Dynamik der Betriebsformen im Handel ist festzustellen, daß überwiegend eine Auseinandersetzung mit den Betriebsformen des Einzelhandels erfolgt.[82] Als Ursachen hierfür lassen sich anführen:

- die insgesamt deutlich geringere Anzahl von Betriebsformen im Großhandel, die deskriptiv schwer differenzierbar sind,
- die relative Abhängigkeit des Großhandels von den Entwicklungen des Einzelhandels,
- der direkte Einfluß von Nachfrageverschiebungen und gesamtwirtschaftlichen Veränderungen auf den Einzelhandel,
- die Bedeutung des Einzelhandels als primärer Engpaß aus Sicht der Hersteller.

---

[79] Vgl. Dodwell Marketing Consultants (Hrsg.), Retail Distribution in Japan, 4th ed., Tokyo 1991, S. 41.
[80] Die Datenbasis des MITI wird alle 3 Jahre im Rahmen einer Handelszählung neu erhoben, wobei Klassifikationen und Definitionen einheitlich wiederverwendet werden. Vgl. MITI (Hrsg.), Census of Commerce 1991 (in japanischer Sprache), Tokyo 1992.
[81] Vgl. Maruyama, M., A Country Study on the Japanese Distribution System, a.a.O., S. 1ff; Tajima, Y., Miyashita, M. (Hrsg.), Ryutsu no kokusai, a.a.O.
[82] Vgl. z.B. Davidson, W.R., Bates, A.D., Bass, S., The Retail Life Cycle, in: Harvard Business Review, Vol. 54, No. 4, 1976, S. 89-96; Köhler, F.W., Die Dynamik der Betriebsformen des Handels: Bestandsaufnahme und Modellerweiterung, in: Marketing ZFP, Heft 1, 1. Qu. 1990, S. 59-64; Bowersox, D.J., Cooper, M.B., Strategic Marketing Channel Management, New York 1992, S. 389ff.

Da Kunden den Großhandel i.d.R. nicht physisch betreten,[83] sind Betriebsformenänderungen im Großhandel im wesentlichen auf Entwicklungen in den Bereichen Technik und Organisation zurückzuführen.[84]

Strukturveränderungen des Einzelhandels wirken sich vertikal auf die vorgelagerten Distributionsstufen aus. Erfassen lassen sich strukturelle Veränderungen des Großhandels entsprechend deutlicher mit vertikalen Analyseansätzen, die z.B. Funktions- und Handelsspannenverschiebungen zu Gunsten oder zu Lasten des Großhandels aufdecken können. Entsprechend wird diesen Ansätzen zur Analyse der Großhandelsdistribution der Vorrang eingeräumt. Dies schließt jedoch eine qualitativ-deskriptive Betrachtung der Betriebsformen des Großhandels und Erhebung ihrer Marktanteile im Rahmen der horizontalen Struktur-analysen dieser Arbeit nicht aus.

2.22 Theoretische Ansätze zur Erfassung der Betriebsformendynamik

Eine Erklärung und Prognose der Strukturwandlung von Distributionssystemen ist ohne eine fundierte Analyse neuer Betriebsformen des Einzelhandels nicht möglich.[85] Sie bilden das "dynamische Element" im Handel schlechthin:[86]

- neue Betriebsformen ermöglichen - soweit erfolgreich - eine bessere Bedürfnisbefriedigung der Verbraucher;

- dies geschieht durch eine effizientere Erfüllung von Handelsfunktionen, ermöglicht durch eine verbesserte Ressourcenallokation und Nutzung von Produktivkapital (Human- und Sachkapital).

---

[83] Dies trifft insbesondere für die überwiegend anzutreffende Form des Zustell- bzw. Liefergroßhandels zu. Eine Ausnahme bildet der sogenannte Cash & Carry Großhandel. Dieser hat sich vor allem in den USA und Europa, zunehmend auch in Japan, zu einer Grenzform zwischen Groß- und Einzelhandel entwickelt, in dem über Mitgliedersysteme häufig auch private Konsumenten in den C&C-Großhandel bzw. sogenannte Wholesale-Clubs gelangen. Vgl. zur Form des C&C-Großhandels: Specht, G., Distributionsmanagement, a.a.O., S. 52f; Lerchenmüller, M., Handelsbetriebslehre, a.a.O., S. 249; Vgl. zur Entwicklung in Europa und den USA: Burke, M., Tax Free World Future of Retailing in the 1990's, New York 1993, S. 4.

[84] Vgl. Lerchenmüller, M., Handelsbetriebslehre, a.a.O., S. 269.

[85] Die in der japanischen Literatur diskutierten Modelle zur Betriebsformendynamik greifen überwiegend Ansätze amerikanischen Ursprungs auf. Vgl. Sekine, T., Eigyokeitaihatten no riron (dt. Übersetzung: Theorie der Entwicklung von Betriebsformen), in: Ryutsusangyo Kenkyusho (Hrsg.), RIRI Ryutsusangyo tokushu, Tokyo, June 1992, S. 18-23; Maruyama, M., Sakai, K., Togawa, Y., Sakamoto, N., Yamashita, M., Arakawa, M., Iba, H., Nihon no ryutsu shisutemu: riron to jissho (dt. Übersetzung: Theoretische und empirische Studien über das japanische Distributionssystem), Keizai Bunseki (Hrsg.), No. 123, Tokyo 1991. Im folgenden wird daher auf die Originalquellen zurückgegriffen.

[86] Vgl. Nieschlag, R., Binnenhandel und Binnenhandelspolitik, a.a.O., S. 105ff.

Die in der Literatur anzutreffenden Ansätze zur Erklärung der Betriebsformendynamik lassen sich in vier Gruppen einteilen:[87]

(1) Verdrängungstheorien,
(2) Zyklustheorien,
(3) Adaptionstheorien,
(4) Ganzheitliche Theorien.

2.221 Verdrängungstheorien

Verdrängungstheorien bilden den Ursprung betriebswirtschaftlicher Diskussionen zur Erklärung des Wandels von Institutionen im Handel. Ihnen ist gemeinsam, daß sie die Ursache der Betriebsformendynamik in dem aggressiven Vorgehen neuer Marktteilnehmer und damit der Verdrängung etablierter Wettbewerber suchen. Unter dem Oberbegriff subsumieren lassen sich:

- das "Wheel of Retailing",
- die "Dynamik der Betriebsformen",
- die Modellerweiterung der "Dynamik der Betriebsformen",
- die Marktlückentheorie.

Der erste Versuch, die Entwicklung von Betriebsformen gesetzmäßig zu definieren, wurde von McNair mit der Formulierung des **"Wheel of Retailing"** unternommen.[88] Unabhängig von McNair entwickelte Nieschlag die sogenannte **"Dynamik der Betriebsformen"**.[89] Ausgangspunkt beider Theorien bildet die Hypothese, daß neue Betriebsformen preisaggressiv am Markt auftreten und auf diese Weise breite Konsumentenzielgruppen ansprechen.[90] Die rasche Ausweitung von Marktanteilen lockt neue Wettbewerber an, die auf gleiche Weise den Markt zu penetrieren versuchen.

Um sich zu differenzieren, weitet der Innovator sein Leistungsspektrum aus, wodurch er seine günstige Kostenposition verliert. Um seine Profitabilität zu halten, hebt er sukzessiv die Preise an, es erfolgt das sogenannte "Trading-up". In das auf diese Weise freigegebene

---

[87] Vgl. Berekoven, L., Erfolgreiches Einzelhandelsmarketing, a.a.O., S. 18ff. Berekoven bietet zwar keine Kategorisierung entsprechend der hier vorgenommenen Gruppenbildung, schafft jedoch begriffliche Grundlagen und vermittelt einen guten Gesamtüberblick.
[88] Vgl. McNair, M.P., Trends in Large-Scale Retailing, in: Harvard Business Review, Vol. 10, 1931.
[89] Vgl. Nieschlag, R., Die Dynamik der Betriebsformen im Handel, Essen 1954.
[90] Berekoven, L., Erfolgreiches Einzelhandelsmarketing, a.a.O., S. 18.

Preissegment stoßen neue Niedrigpreisanbieter hinein - wodurch sich das "Rad des Handels" wiederholt.[91]

Neben der Ausweitung des Leistungsspektrums können als weitere Gründe eines Trading-up die Senilität der Gründergeneration, Schwächen des Managements, Überkapazitäten sowie Marktstrukturveränderungen (z.B. in konjunkturellen Boom-Phasen) in Frage kommen.[92]

Sowohl das "Wheel of Retailing" als auch die "Dynamik der Betriebsformen" sind in der Literatur breit diskutiert worden.[93] Im Zentrum kritischer Auseinandersetzungen steht dabei die Frage, ob die unterstellten Abläufe einer Gesetzmäßigkeit folgen oder nicht. Eine Auflösung dieser Fragestellung hat indirekt Köhler in seiner **"Modellerweiterung der Dynamik der Betriebsformen"** gegeben. Danach hat ein Innovator, wenn er in einen Markt eindringen will, grundsätzlich vier Optionen.[94]

- Markteintritt mit hohem Preisniveau und dessen Beibehaltung ("High Level Trading"),
- Markteintritt mit hohem Preisniveau und ggfs. erzwungenem Trading-down,
- Markteintritt mit niedrigem Preisniveau und dessen Beibehaltung ("Low Level Trading"),
- Markteintritt mit niedrigem Preisniveau und Trading-up.

Diese Optionen stellen die Handelspraxis vollständig dar. Gleichzeitig wird bewiesen, daß McNair und Nieschlag mit ihren Thesen keine unwiderlegbaren Gesetze formuliert haben. Gesetzmäßigkeiten lassen sich jedoch ebensowenig aus Köhlers Modell ableiten, womit der Praxis letztlich keine eindeutigen Handlungsempfehlungen in Abhängigkeit von "gesetz-

---

[91] Vgl. Markin, R.J., Duncan, C.P., The Transformation of Retailing Institutions: Beyond the Wheel of Retailing and Life Cycle Theories, in: Journal of Macromarketing, Vol. 1, Spring 1981, S. 58-66; vgl. ebenso Hollander, S.C., The Wheel of Retailing, in: Journal of Marketing, Vol. 24, July 1960, S. 37-42.

[92] Vgl. Markin, R.J., Duncan, C.P., The Transformation of Retailing Institutions, a.a.O., S. 59.

[93] Vgl. z.B. Moser, D., Neue Betriebsformen im Einzelhandel. Eine Untersuchung der Entstehungsursachen und Entwicklungsdeterminanten, Frankfurt/Main, Zürich 1974, S. 56-62; Marzen, W., Die "Dynamik der Betriebsformen des Handels" - aus heutiger Sicht. Eine kritische Bestandsaufnahme, in: Marketing ZFP, Heft 4, 1986, S. 279-285; Müller-Hagedorn, L., Die Dynamik der Betriebsformen. Zum 80. Geburtstag von Prof. Dr. R. Nieschlag, in: Marketing ZFP, Heft 1, 1985, S. 21-26; Potucek, V., Die "Dynamik der Betriebsformen" - aus heutiger Sicht. Kritik einer Kritik, in : Marketing ZFP, Heft 4, 1987, S. 289-292; Glöckner-Holme, J., Betriebsformen-Marketing im Einzelhandel, Augsburg 1988. Aus der englisch-sprachigen Literatur sind u.a. zu nennen: Goldman, A., The Role of Trading-Up in the Development of the Retailing System, in: Journal of Marketing, Vol. 39, January 1975, S. 54-62; Markin, R.J., Duncan, C.P. The Transformation of Retailing Institutions: Beyond the Wheel of Retailing and Life Cycle Theories, a.a.O., S. 58-66; Savitt, R., Comment: The Wheel of the Wheel of Retailing, in: International Journal of Retailing, Vol. 3, No. 1, 1988, S. 38-40; derselbe, Looking Back to See Ahead: Writing the History of American Retailing, in: Journal of Retailing, Vol. 65, No. 3, 1989, S. 326-355; Brown, S., The Wheel of Retailing: Past and Future, in: Journal of Retailing, Vol. 66, No. 2, 1990, S. 143-149.

[94] Vgl. Köhler, F.W., Die Dynamik der Betriebsformen des Handels: Bestandsaufnahme und Modellerweiterung, in: Marketing ZFP, Heft 1, 1. Qu. 1990, S. 61.

mäßigen" Entwicklungen gegeben werden können.[95] Die **Marktlückentheorie** von Woll schließlich folgt einer grundsätzlich ähnlichen Argumentation wie McNair und Nieschlag.[96] Sie wird daher nicht näher behandelt.

2.222 Zyklustheorien

Unter dieser neben den Verdrängungstheorien am häufigsten diskutierten Kategorie lassen sich zusammenfassen:[97]

- der "Betriebsformen-Lebenszyklus",
- das "Handelsakkordeon" (auch "Vollsortiment - Spezialsortiment - Vollsortiment - Zyklus" genannt).[98]

Den Zyklustheorien gemeinsam ist die Annahme einer Zwangsläufigkeit des Werdens und Vergehens von Institutionen, in Analogie zu biologischen Abläufen in der Natur. Dabei wird das Bewußtsein geschaffen, daß Veränderungen rhythmisch verlaufen und einer Kontinuität unterliegen.

Die bekanntere der beiden Theorien stellt das **Lebenszyklusmodell** dar. Danach durchläuft eine Betriebsform im Laufe ihrer Existenz vier verschiedene Phasen: Innovation, Wachstum, Reife und Verfall/Abstieg.[99] In der Innovationsphase tritt ein neuer Wettbewerber, i.d.R. ein Entrepreneur, am Markt auf und durchbricht die etablierten Spielregeln durch Focussierung auf einen einzigartigen Wettbewerbsvorteil. Dieser kann z.B. auf einer überlegenen Kostenposition oder aber der Differenzierung durch ein besonderes Leistungsspektrum beruhen. Die Innovationsphase ist gekennzeichnet durch steigendes Umsatzwachstum bei gleichzeitig niedriger Profitabilität. In der Wachstumsphase setzt sich die neue Betriebsform am Markt durch und wächst rapide, bei parallel steigender Rentabilität. Die Ausweitung der Geschäftsbasis erfolgt zumeist geographisch. Die anschließende Reifephase ist gekennzeichnet durch ein absinkendes Wachstumstempo bei weiter ansteigenden Gewinnen aufgrund von Skaleneffekten. In dieser Phase wird auch der höchste Marktanteil erreicht.

---

95 Vgl. Oehme, W., Handels-Marketing, a.a.O., S. 407.
96 Vgl. Berekoven, L., Erfolgreiches Einzelhandelsmarketing, a.a.O., S. 18.
97 Vgl. Goldman, A., The Role of Trading-Up in the Development of the Retailing System, in : Journal of Marketing, Vol. 39, January 1975, S. 54-62.
98 Vgl. zur Gleichsetzung der Konzepte "Handels-Akkordeon" (Retail Accordion) und "Vollsortiment-Spezialsortiment-Vollsortiment-Zyklus" (General-Specific-General Cycle) Davidson, W.R., Sweeny, D.J., Stampfl, R.W., Retailing Management, New York 1988, S. 51.
99 Vgl. Davidson, W.R., Bates, A.D., Bass, S., The Retail Life Cycle, in: Harvard Business Review, Vol. 54, No. 4, 1976, S. 89-96.

Gleichzeitig ist die Reifephase durch eine Erlahmen der Vitalität der Pionierunternehmer gekennzeichnet, die nicht flexibel genug auf neue Betriebsformen oder Umweltsituationen reagieren. Die Betriebsform wird "verwundbar"; es entscheidet sich, ob eine Anpassung oder Verschmelzung mit bestehenden Marktformen gelingt oder aber die Degeneration eintritt. Den Abschluß bildet folglich die Verfalls- bzw. Degenerationsphase. Umsatz und Marktanteil fallen, aufgrund einer sich verschlechternden Kostenposition (z.B. durch Management-Fehler oder Aufbau von Überkapazitäten in der Verwaltung) sinken die Gewinne bis hin zum Eintritt in die Verlustzone.

Im Gegensatz zu McNair und Nieschlag wird im Lebenszyklusmodell nicht von einem gesetzmäßigen Zusammenhang zwischen Marketingpolitik (insbesondere Preissetzung) und Lebenszyklusphase ausgegangen.[100] Vielmehr werden Handlungsalternativen unterstellt, nach denen das Management einen Versuch der Umkehr des Lebenszyklustrends unternehmen kann.[101] Insofern stellt das Modell eine Erweiterung dar und kommt Köhlers strategischen Optionen nahe. Wesentlicher Kritikpunkt des Lebenszyklusmodells bildet dennoch der implizierte zwangsläufige Verlauf. Umfeldveränderungen sowie adaptives Verhalten des Managements können jedoch sowohl Richtung als auch Dauer des Lebenszyklus nachhaltig beeinflussen.[102]

Im Unterschied zum Betriebsformen-Lebenszyklus sowie den Verdrängungstheorien werden bei der zweiten Zyklustheorie, dem sogenannten **Handelsakkordeon,** nicht Preise, Handelsspannen oder Differenzierungsvorteile als Ursachen der Betriebsformendynamik propagiert, sondern die Zusammensetzung und der Umfang des Sortiments.[103] Die Akkordeon-Theorie basiert auf der Annahme, daß Betriebsformen sich im Zeitablauf von Vollsortimentern zu Spezialsortimentern (Fachhändlern) entwickeln. Im weiteren Verlauf der Zeit werden spezialisierten Sortimenten wieder neue Sortimente hinzugefügt, so daß ein Kontraktions-Expansions-Muster entsteht.[104]

Wenngleich derartige Muster in der Handelspraxis durchaus zu beobachten sind und heute häufig mit dem Trend zur Polarisierung der Betriebsformen umschrieben werden,[105] gelingt es jedoch auch der Akkordeon-Theorie nicht, über ex post deskriptive Aussagen hinauszugehen. Da heutzutage i.d.R. beide Pole des Betriebstypenspektrums bereits

---

[100] Vgl. Specht, G., Distributionsmanagement, a.a.O., S. 74.
[101] Vgl. Davidson, W.R., Bates, A.D., Bass, S., The Retail Life Cycle, a.a.O., S. 92; Davidson, W.R., Sweeny, D.J., Stampfl, R.W., Retailing Management, a.a.O., S. 55.
[102] Vgl. Bowersox, D.J., Cooper, M.B., Strategic Marketing Channel Management, a.a.O., S. 402.
[103] Vgl. Mason, J.B., Mayer, M.L., Modern Retailing: Theory and Practice, a.a.O., S. 20; Hollander, S.C., Notes on the Retail Accordion, in: Journal of Retailing, Vol. 42, Summer 1966, S. 29-40; Hower, R.M., History of Macy's of New York, 1858-1914: Evolution of the Department Store, Cambridge, Mass. 1943, S. 73.
[104] Vgl. Hollander, S.C., Notes on the Retail Accordion, a.a.O., S. 29.
[105] Vgl. Davidson, W.R., Sweeny, D.J., Stampfl, R.W., Retailing Management, a.a.O., S. 52.

abgedeckt werden, lassen sich keine strategischen Trends ableiten. Offen bleibt weiterhin, wie lange, sofern eine Gesamttendenz erkennbar sein sollte, einzelne Phasen eines Zyklus andauern und was mögliche Ursachen des dargestellten Musters sein könnten.[106] Das Spektrum der Entscheidungsalternativen zur konzeptionellen Gestaltung einer Betriebsform wird jedoch um die Dimension "Sortimentsbreite und -tiefe" durch die Akkordeon-Theorie erweitert.

2.223 Adaptionstheorien

Unter dem Begriff Adaptionstheorien sollen im folgenden Modellansätze zusammengefaßt werden, die institutionelle Veränderungen primär als Reaktionen/Anpassungsvorgänge im Hinblick auf Veränderungen des marktlich-wettbewerblichen Umfeldes interpretieren. D.h. die bisher implizite Annahme, daß neue Betriebsformen auf Initiative von Entrepreneuren oder Pionieren hin entstehen (proaktiv dynamische Theorie), wird fallen gelassen. Im einzelnen können folgende Adaptionstheorien angeführt werden:

- Theorie adaptiven Verhaltens,
- Natürliche Selektion,
- Biologische Analogien,
- Dialektischer Prozeß,
- Krisen-Veränderungs-Modell.

Die "Theorie adaptiven Verhaltens"[107], die Theorie der "Natürlichen Selektion"[108] sowie "Biologische Analogien"[109] werden häufig in enger Verwandtschaft zueinander gesehen.[110]

Die **"Theorie adaptiven Verhaltens"** basiert auf der Annahme, daß Betriebsformen des Einzelhandels sich entwickeln, wenn sich dafür im marktlichen Umfeld ein konkreter Bedarf ergibt. Entsprechend gehen die Betriebsformen unter, wenn der Bedarf für sie entfällt. Nach der Theorie der **"Natürlichen Selektion"** hingegen wird in Anlehnung an den Darwinismus unterstellt, daß nur die widerstandsfähigsten und effizientesten Betriebsformen überleben, jene, die sich den Bedarfssituationen am besten anpassen. Auch **"Biologische Analogien"** im Sinne Dreesmanns charakterisieren die Handelsdynamik, indem bestimmte, in der Natur vorhandene Muster der Konvergenz, Regression, Assimilation und Alterung in Betriebsformen und deren Entwicklung wiedererkannt werden.[111] Ein ähnlich hoher

---

106 Vgl. Berekoven, L., Erfolgreiches Einzelhandelsmarketing, a.a.O., S. 20.
107 Vgl. Mason, J.B., Mayer, M.L., Modern Retailing: Theory and Practice, a.a.O., S. 23.
108 Vgl. Davidson, W.R., Sweeney, D.J., Stampfl, R.W., Retailing Management, a.a.O., S. 55.
109 Vgl. Dreesmann, A.C.R., Patterns of Evolution in Retailing, in: Journal of Retailing, Vol. 44, No. 1, Spring 1968, S. 64-81.
110 Vgl. Mason, J.B., Mayer, M.L., Modern Retailing: Theory and Practice, a.a.O.
111 Vgl. Dreesmann, A.C.R., Patterns of Evolution in Retailing, a.a.O.

Abstraktionsgrad unterliegt auch der Theorie des "Dialektischen Prozesses" und dem "Krisen-Veränderungs-Modell".

Im Rahmen des **"Dialektischen Prozesses"** erfolgt eine Anwendung des dialektischen Materialismus auf den Wandel von Betriebsformen. Danach ruft eine These (in Form einer vorhandenen Betriebsform, z.b. Warenhaus) eine als Negation entwickelte Anti-These (in Form einer nicht vorhandenen Betriebsform, z.B. Discounter) hervor, bevor sich aus den beiden Gegenpolen eine Synthese (in Form einer weiteren neuen Betriebsform, z.b. SB-Warenhaus) entwickelt. Schlußfolgerlich bewegen sich eine etablierte Betriebsform und ihr "Herausforderer" durch beiderseitige Anpassung aufeinander zu. Diese neue, synthetische Betriebsform wiederum kann erneut Subjekt einer "Negation" werden, so daß der Prozeß von neuem beginnt.[112]

Das **Krisen-Veränderungs-Modell**[113] schließlich bemüht sich um eine Identifikation von Phasen, die eine Organisation durchläuft, wenn sie sich neuen Formen des Wettbewerbs ausgesetzt sieht. Als typische Phasen werden angeführt: Schock, Verteidigung, Anerkennung und Anpassung.[114]

Kritisch anzumerken gegenüber allen Adaptionstheorien ist, daß zielgerichtete Anpassung zwar auf das Handeln von Einzelwirtschaften anwendbar erscheint, als theoretischer Ansatz jedoch kaum zur Erhöhung der Erkenntnis und des Verständnisses für die Realität beiträgt.[115] Allen gemeinsam ist zudem der Mangel an geeigneten Parametern zur tatsächlichen Messung struktureller Veränderungen, da die Grundlage verhaltenstheoretische und damit rein qualitative Annahmen bilden. Der praktische Nutzen der Adaptionstheorien muß folglich stark in Zweifel gezogen werden, da sie letztlich "Alles und Nichts" erklären.

2.224 Ganzheitliche Theorien

Als ganzheitliche Theorien lassen sich insbesondere

- die "Anpassungstheorie"[116] sowie
- der "Ganzheitliche Ansatz" zitieren.[117]

---

[112] Vgl. Gist, R.E., Retailing: Concepts and Decisions, New York 1968, S. 106-111.
[113] Vgl. Fink, S. L., Beak, J., Taddeo, K., Organizational Crisis and Change, in: Journal of Applied Behavioral Science, Vol. 7, No. 1, January/February 1971, S. 15-37.
[114] Vgl. ebenda.
[115] Vgl. Berekoven, L., Erfolgreiches Einzelhandelsmarketing, a.a.O., S. 20.
[116] Vgl. Moser, D., Neue Betriebsformen im Einzelhandel, a.a.O., S. 125ff.
[117] Vgl. Glöckner-Holme, J., Betriebsformen-Marketing im Einzelhandel, a.a.O.; Berekoven, L., Erfolgreiches Einzelhandelsmarketing, a.a.O.

Entsprechend der "**Anpassungstheorie**" Mosers ist der Handel als soziales System zu interpretieren, welches nur überleben kann, wenn es sich Umweltveränderungen fortlaufend anpaßt. Konsumenten, Produzenten und der Staat lösen Veränderungen aus, denen sich Betriebsformen durch einen steten Wandlungsprozeß anpassen müssen. Neue Betriebsformen werden vor allem aus den USA "importiert" und entstehen mit einem "time lag".[118]

Der "**Ganzheitliche Ansatz**" von Glöckner-Holme unternimmt den Versuch, die Erklärungsaspekte der oben aufgeführten Theorien in einem Modell zu integrieren. Als Bezugsrahmen wirtschaftlichen Handelns dient die generelle Umwelt (Gesellschaft, Politik, Rechtsrahmen, Wirtschaft, Technologie, Ökologie). Die konkrete Unternehmensumwelt bzw. Aufgabenumwelt umfaßt als externe Faktoren die Marktpartner und Wettbewerber, und als internen Faktor die betriebliche Rahmenstruktur.

Kritisch anzumerken ist bezüglich beider Ansätze, daß die Überführung in ein zukunftsorientiertes, für Prognosezwecke geeignetes Gesamtmodell ebenfalls nicht gelingt.[119]

2.23 Kritische Würdigung der Modellansätze und Ableitung geeigneter Analysebausteine

2.231 Zusammenfassung der wichtigsten Kritikpunkte

Die dargestellten theoretischen Modelle zur Erfassung der Betriebsformendynamik im Handel zeigen Ansätze zur Erklärung struktureller Veränderungen innerhalb eines Distributionssystems auf. Allen Modellen gemeinsam ist jedoch eine Begrenzung ihrer Aussagefähigkeit in drei Dimensionen:[120]

(1) Begrenzung der Aussagefähigkeit aufgrund Deskriptivität

   Die aufgeführten Modelle beschränken sich auf eine Beschreibung vergangenheitsbezogener Beobachtungen und entbehren i.d.R. einer Quantifizierung. Sie bieten daher keine ausreichende Grundlage für Entwicklungsprognosen bzw. für die strategische Unternehmensplanung im Handel. Ferner lassen sich allenfalls schablonenhafte Empfehlungen für das Management von Handelsunternehmen bei gegebenen Umwelt- und Wettbewerbssituationen aufzeigen.[121] Die begrenzte Aussagefähigkeit deskriptiver Ansätze läßt sich plausibel durch Identifikation nonkonformistischer Beispiele zu den einzelnen Modellen nachweisen. So ist die

---

118 Vgl. Moser, D., Neue Betriebsformen im Einzelhandel, a.a.O., S. 152ff.
119 Berekoven, L., Erfolgreiches Einzelhandelsmarketing, a.a.O., S. 20.
120 Vgl. Bowersox, D.J., Cooper, M.B., Strategic Marketing Channel Management, a.a.O., S. 402f.
121 Vgl. Oehme, W., Handels-Marketing, a.a.O., S. 407.

mangelnde Generalisierbarkeit des Markteintritts neuer Betriebsformen über den Preis zum Beispiel anhand der später näher zu erläuternden, japanischen Convenience-Geschäfte widerlegbar.

(2) Begrenzung der Aussagefähigkeit aufgrund Aggregation

Der überwiegenden Zahl der Modelle gemeinsam ist die Aggregation multikausaler Wirkungszusammenhänge in einzelne Schlüsselfaktoren zur Erklärung der Betriebsformendynamik. So wird in den Verdrängungstheorien allein die Preispolitik als wesentliche Determinante der Betriebsformendynamik gesehen. Eine Ausnahme bilden hier lediglich die vor allem in jüngerer Vergangenheit entstandenen, ganzheitlichen Erklärungsansätze. Diesen liegt zwar die Annahme der Multikausalität zugrunde, sie bieten jedoch aufgrund ihrer Komplexität wenig praktische Hilfestellung für die progressive Entwicklung neuer Betriebsformen. Zudem beschreiben sie eher die Basisdeterminanten der strategischen Analyse im Handel, als daß sie Entwicklungspfade aufzeigen.[122] Insbesondere die Adaptionstheorien bewegen sich z.T. auf einem so hohen Abstraktionsniveau, daß der Blick für die tatsächlichen Ursachen struktureller Veränderungen verstellt wird.

(3) Begrenzung der Aussagefähigkeit hinsichtlich Kausalität / unterstellter Gesetzmäßigkeit

Unmittelbar mit dem deskriptiven Charakter sowie dem überwiegend hohen Aggregationsgrad verbunden ist ein Defizit an exakten Definitionen und Beweisen von Ursache-Wirkungszusammenhängen. Dies liegt u.a. an der häufig mangelnden Quantifizierbarkeit. Ein und dieselbe Ursache kann durchaus völlig gegenläufige Wirkungen haben. Ein gestiegenes Preisbewußtsein der Konsumenten, z.B. in konjunkturellen Schwächeperioden, kann sowohl neue discount-orientierte Betriebsformen als auch wertorientierte Spezialgeschäfte hervorrufen, sofern deren wahrgenommenes Preis-/Leistungsangebot als gerechtfertigt angesehen wird.

Zusammenfassend läßt sich feststellen, daß die Ansätze individuell betrachtet keine widerspruchsfreien Erklärungen der Betriebsformendynamik liefern können. Gesetzmäßigkeiten, die vollständige Sicherheit über künftige Entwicklungen bieten könnten, lassen sich nicht belegen. Dennoch decken die Ansätze in ihrer Gesamtheit mögliche Ursachen der

---

[122] Entsprechend fließen die Basisdeterminanten der Handelsdynamik in der vorliegenden Arbeit in die Umfeldanalyse ein, ohne den Anspruch zu entwickeln, einen ganzheitlichen Modellansatz zu formulieren. Vgl. Kap. C, Abschn. 2.

Betriebsformendynamik ab und beschreiben die Realität hinreichend.[123] Aus den dargestellten Modellen ergeben sich für die weitere Untersuchung die folgenden zwei Ansätze:

- die Selektion und gegebenenfalls Erweiterung einzelner Modelle, die einen Erklärungsbeitrag zur Struktur und Entwicklung der Betriebsformendynamik in Japan leisten können,

- die Ableitung geeigneter und verfügbarer Parameter zur Messung horizontaler Strukturveränderungen.

Den Ansätzen gemein ist die Annahme, daß eine quantitative vergangenheitsbezogene Strukturanalyse durchaus Aussagen über die künftige Entwicklung von Betriebsformen ermöglicht, ohne Gesetzmäßigkeiten ableiten zu wollen. Die bildhafte Darstellung der Entwicklungen im Einzelhandel eröffnet zudem die Diskussion möglicher Implikationen für die vertikalen Distributionsstrukturen und der erforderlichen Reaktionen seitens der Herstellerunternehmen.

2.232 Selektion und Erweiterung bestehender Modelle für die weitere Untersuchung

Vor einer Selektion einzelner Modelle ist einleitend anzumerken, daß aufgrund der oben geschilderten Kritiken die Anwendung der Modelle eine umfassende Analyse der möglichen Ursachen struktureller Veränderungen im Sinne einer ganzheitlichen Untersuchung der Rahmenbedingungen des gesamten Distributionssystems bedingt. Als Basis hierfür dient das in Abschnitt B.1 vorgestellte Wettbewerbsparadigma, welches den oben geschilderten, ganzheitlichen Ansätzen Glöckner-Holmes und Mosers ähnelt, jedoch explizit auf horizontale und vertikale Strukturen anzuwenden ist.

In die weitere Untersuchung einbezogen werden sollen das Lebenszyklus-Modell sowie die Dynamik der Betriebsformen in ihrer erweiterten Fassung nach Köhler, aus der jedoch nur einzelne Elemente übernommen werden. Das Lebenszyklusmodell wurde dabei gewählt, weil es eine Vielzahl von Entstehungsursachen neuer Betriebsformen zuläßt. Zudem ermöglicht es eine integrierte Darstellung verschiedener Betriebsformen in einem Modell und ihre relative Positionierung anhand der Marktanteils- und Profitabilitätsentwicklung. In Verbindung mit der Wachstumsdynamik einer Betriebsform lassen sich mögliche Entwicklungspotentiale ableiten, die jedoch durch externe (z.B. rechtliche Eingriffe) wie interne Faktoren (z.B. Management) beeinflußt werden können.

---

[123] Vgl. Berekoven, L., Erfolgreiches Einzelhandelsmarketing, a.a.O., S. 20.

Im Gegensatz zum Lebenszyklusmodell bedarf die Theorie der Dynamik der Betriebsformen in ihrer erweiterten Fassung nach Köhler der Modifikation. Als Hauptkritikpunkte werden aufgegriffen:[124]

- die einseitige preispolitische Orientierung,
- die fehlende Handlungsorientierung,
- die Zwangsläufigkeit von Entwicklungsphasen mit dem Ergebnis der Marktdurchdringung.

Zunächst wird eine Erweiterung der preispolitischen Dimension vorgenommen und eine Anlehnung an das Portersche Strategieparadigma vollzogen.[125] Damit werden die in der allgemeinen Unternehmenstheorie anerkannten Basis-Wettbewerbsstrategien auf den Handel angewendet.[126] In der Modelldimension "Wettbewerbsstrategie", die den externen, wettbewerbsorientierten Innovationsansatz abbildet, wird folglich unterschieden zwischen:

- Preis-/Kostenführerschaft (d.h. Preis- bzw. Kostenvorteil) und
- Differenzierungsführerschaft (d.h. Differenzierungsvorteil).

Nach Beantwortung der Basisfrage nach der einzuschlagenden Strategie (erste Modelldimension) ergibt sich zwangsläufig die Frage der internen Umsetzung, d.h. nach dem "Wie" bzw. "Wodurch". Die zweite Modelldimension umschreibt entsprechend den internen **Innovationsansatz** und umfaßt einerseits als Option die Optimierung einzelner Erfolgsfaktoren, sowie andererseits die besonders in jüngerer Zeit diskutierte Option der Optimierung von Geschäftssystemen durch Prozeßorientierung.[127] In Anlehnung an diese Entwicklung soll der erweiterte Ansatz als **Modell zur prozeßorientierten Betriebsformeninnovation** bezeichnet werden.

Eine Darstellung des Paradigmas findet sich in *Abbildung 6*, in der vier Felder der Betriebsformeninnovation unterschieden werden. Die Felder I und II enthalten die klassischen Ansatzpunkte der Betriebsformeninnovation, wie z.B. Preisorientierung, kosten-

---

[124] Vgl. z.B. Oehme, W., Handel-Marketing, a.a.O., S. 407; Drexel, G., Strategische Unternehmensführung im Handel, Berlin, New York 1981, S. 59.
[125] Porter, M.E., How Competitive Forces Shape Strategy, a.a.O., S. 3ff; Vgl. Kap. B, Abschn. 1.3.
[126] Vgl. Porter, M.E., How Competitive Forces Shape Strategy, a.a.O.; Berman, B., Evans, J.R., Retail Management: A Strategic Approach, New York 1989, S. 95.
[127] Vgl. Maximow, J., Rapp, B., Time-Cost-Quality-Management im Handel, in: LZ-Journal, März 1992, S. J3ff; Maximow, J., Total Quality Management im Handel, in: Gottlieb Duttweiler Institut für wirtschaftliche und soziale Studien (Hrsg.), The New Age of Quality in Retailing, Internationale Handelstagung 1991, Dokumentationsband, Rüschlikon 1991, S. 17-35; Pfeiffer, W., Weiß, E., Lean-Management. Zur Übertragbarkeit eines neuen japanischen Erfolgsrezeptes auf hiesige Verhältnisse, in: Forschungsgruppe für Innovation und technologische Voraussage (FIV) (Hrsg.), Nürnberg, September 1991, S. 24ff.

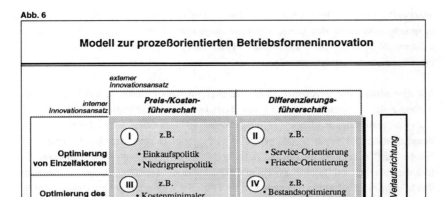

Abb. 6

günstigen Einkauf großer Volumina oder Betonung von Service und Frische durch entsprechende personelle und logistische Vorkehrungen (z.B. Kühlkette). Die Felder III und IV hingegen bauen auf der Optimierung von Geschäftssystemen durch Orientierung an Schlüsselprozessen auf, die entweder zu einem überlegenen Preisangebot oder zu einer differenzierten Produkt- und Servicevielfalt führen können. Beispiele solcher Schlüsselprozesse bilden der Beschaffungs- und Logistikprozeß zur Erzielung optimaler Kostenstrukturen, sowie die kundenorientierte Bestandsoptimierung, mit dem Ziel, eine 100%-ige Warenpräsenz in Abhängigkeit von den Kundenbedürfnissen zu erreichen. Dies kann im Extremfall zu einem mehrmals täglich alternierenden Angebot führen, wenn zu unterschiedlichen Tageszeiten unterschiedliche Kunden mit unterschiedlichen Bedürfnissen am gleichen Ort einkaufen. Weiterhin impliziert Prozeßorientierung die Einbeziehung vorgelagerter Distributionsstufen bzw. der Lieferanten in den Wertschöpfungsprozeß.

Das dynamische Element des Paradigmas ist in den Verlaufsrichtungen einer Strategie und insbesondere der Umsetzung zu sehen. Während Strategiewechsel zwischen Preis- und Differenzierungsführerschaft denkbar erscheinen, unterliegt die Umsetzung eher einer zwangsläufigen Richtung. So ist davon auszugehen, daß sowohl die Optimierung von Einzelfaktoren als auch die Optimierung des gesamten Geschäftssystems den Ansatzpunkt der Umsetzung bilden können. Weiterhin ist der Übergang von ersterem auf den zweiten Ansatz denkbar, der umgekehrte Fall hingegen erscheint nicht sinnvoll. Dabei wird unterstellt, daß die Optimierung bzw. Innovation von Geschäftssystemabläufen eine anspruchsvolle Form des Betriebsformenmanagements darstellt, die auch auf bereits existierende Betriebsformen angewendet werden kann, beispielsweise zur Durchbrechung eines negativen Lebenszyklustrends.

Mit dem Modell zur prozeßorientierten Betriebsformeninnovation wird letztlich auch die Richtung der weiteren Entwicklung von Betriebsformen aufgezeigt. Der schon in der Literatur anzutreffenden These, es werde keine revolutionären neuen Betriebsformen innerhalb dieses Jahrhunderts mehr geben,[128] wird insofern entsprochen, als daß weniger der "große Wurf" zu erwarten ist, sondern vielmehr die Betriebsformen mit dem organisatorisch-technisch überlegenen Geschäftssystem und die dahinter stehenden Betreiberunternehmen in den Mittelpunkt des Interesses gerückt werden. Ohne den weiteren Ausführungen vorweg zu greifen, entspricht eine solchermaßen definierte Betriebsformeninnovation auch eher der japanischen Mentalität, die weniger auf revolutionäre Innovationen denn auf die Perfektionierung des Bestehenden ausgerichtet ist.[129]

2.233 Ableitung von Parametern zur Erfassung der Entwicklung der Betriebsformen eines Distributionssystems

Im Hinblick auf eine Erfassung der horizontalen Strukturveränderungen im weiteren Verlauf der Arbeit gilt es, die ausgewählten Modelle zu operationalisieren und geeignete Parameter/Meßkriterien auszuwählen *(vgl. Tab. 1)*.

Zur Einordnung von Betriebsformen in den Betriebsformenlebenszyklus sind je Betriebsform neben dem Einführungsjahr insbesondere die Kennzahlen Marktanteil, Umsatzwachstum und Nettogewinnspanne von Interesse.[130] Da Entwicklungen im Betriebsformenlebenszyklus i.d.R. nur über einen langen Zeitraum zu beobachten sind, wird ein Betrachtungshorizont von 10 Jahren angesetzt.

Detaillierte Kennzahlen sind zur Positionierung von Betriebsformen in dem Modell zur prozeßorientierten Betriebsformeninnovation insbesondere für die Quadranten der Prozeßorientierung (vgl. Abb. 6, Quadranten III, IV) zu ermitteln. Dazu zählen neben der Bruttohandelsspanne als Kriterium zur Beurteilung der Positionierung in der strategischen

---

[128] Vgl. Oehme, W., Handels-Marketing, a.a.O., S. 421; Marzen, W., Die "Dynamik der Betriebsformen des Handels" - aus heutiger Sicht, a.a.O., S. 279-285.
[129] Vgl. Shimaguchi, M., New Developments in Channel Management in Japan, in: Czinkota, M.R., Kotabe, M. (Hrsg.), The Japanese Distribution System, Chicago, Ill. 1993, S. 173-190.
[130] Die Nettogewinnspanne (Net Profit Margin) wird definiert als Betriebsergebnis vor Steuern in % vom Umsatz, wobei das Betriebsergebnis sich aus dem Saldo zwischen betrieblichen Aufwendungen und Erträgen ergibt. Vgl. Wöhe, G., Einführung in die Allgemeine Betriebswirtschaftslehre, 16. Aufl., München 1986, S. 1029.

Tab. 1

	Ableitung von Parametern zur Messung der Entwicklung der Betriebsform in einem Distributionssystem		
Modell	**Kernaussage**	**Abgeleitete Kennzahlen**	**Datenbasis**
Betriebs-formen-Lebens-zyklus	Betriebsformen durchlaufen Phasen des Werdens und Vergehens	• Marktanteil • Umsatzwachstum • Nettogewinnspanne* • Einführungsjahr	Allgemeine Handels-statistiken

Prozeß-orien-tierte Betriebs-formen-innovation	Betriebsformen-innovation folgt den Optionen der Wett-bewerbsstrategien sowie den Optionen der Optimierung von Einzelfaktoren oder Schlüsselprozessen des Geschäftssystems	• Produktivitäten
		  - Umsatz/Mitarbeiter
		  - Umsatz/Geschäftsstätte
		• Bruttohandelsspanne**
		• Daten über Schlüsselprozesse
		  - Warenbestand pro Geschäft
		  - Lagerumschlag etc.
			Allgemeine Handels-statistiken
			
			Falldaten

* Betriebsergebnis (Net Profit Margin)   ** Rohertrag in % vom Umsatz (Gross Profit Margin)

Dimension einerseits Produktivitätskennzahlen (z.B. Umsatz pro Mitarbeiter, Umsatz pro Geschäftsstätte), und andererseits Daten über Schlüsselprozesse.[131] Einen solchen Schlüsselprozeß bildet z.B. das Warenbestandsmanagement, welches sich über Kennzahlen wie Lagerbestand pro Geschäft und Lagerumschlag, sowie deren Entwicklung im Zeitablauf beurteilen läßt. Dabei wird unterstellt, daß Betriebsformen, deren Leistungskennzahlen sich im Zeitablauf kontinuierlich verbessern, einer prozeßorientierten Betriebsformendynamik unterliegen. Einschränkend ist dabei anzumerken, daß die Ermittlung von Kennzahlen über Schlüsselprozesse auf Daten von Einzelunternehmen zurückgreifen muß, sofern keine übergreifenden Durchschnittskennzahlen einer Betriebsform verfügbar sind.

---

[131] Die Bruttohandelsspanne (Gross Profit Margin) wird definiert als Rohertrag in % vom Umsatz, wobei der Rohertrag sich als Differenz zwischen Umsatz und Wareneinsatz ergibt; Vgl. Lerchenmüller, M., Handelsbetriebslehre, a.a.O., S. 435ff.

2.3 Modellansatz zur Erfassung der Entwicklung vertikaler Distributionsstrukturen

2.31 Struktur- und Funktionsverteilungsalternativen aus Herstellersicht

Die Entwicklung der Betriebsformen des Handels hat unmittelbaren Einfluß auf die branchen- bzw. produktspezifischen vertikalen Distributionsstrukturen. Die Dynamik der Betriebsformen und ihre Marktanteile in einem produktspezifischen Distributionssystem beeinflussen Struktur- und Selektionsentscheidungen im Rahmen der vertikalen Marketingpolitik der Hersteller.[132]

Gleichzeitig implizieren die Veränderungen der Betriebsformenstrukturen, insbesondere die Entwicklung preisaggressiver und großflächiger Betriebsformen, die Veränderung von Machtpotentialen des Handels im vertikalen Wettbewerb mit der Industrie.[133] Der systemimmanente Wettbewerb zwischen Handel und Herstellern beruht dabei auf Zieldivergenzen, die begründet sind im beiderseitigen Streben nach

- Unabhängigkeit und
- Gewinn.[134]

Mit zunehmender Emanzipation des Handelsmarketing vom Industriemarketing hat sich in westlichen Industrienationen ein vertikaler Verteilungskampf um Funktionen und Anteile an der Handelsspanne entwickelt.[135] Es läßt sich daher die Hypothese aufstellen, daß mit fortschreitender Machtverschiebung zwischen Angebots- und Nachfrageseite, z.B. durch das ungehinderte Wachstum großflächiger Betriebsformen, auch in Japan vergleichbare Tendenzen zu beobachten sind. Neben Herstellern und Einzelhandel ist dabei die künftige Rolle des japanischen Großhandels von besonderem Interesse.

Obgleich japanische Autoren bereits eine Führerschaft des Einzelhandels in einer Vielzahl von Produktgruppen konstatieren,[136] konzentrieren sich vertikale Strukturanalysen bislang überwiegend auf die Bedeutung des Großhandels in der japanischen Distribution.[137] Dabei

---

[132] Vgl. Irrgang, W., Strategien im vertikalen Marketing, a.a.O., S. 67.
[133] Vgl. Bodenstein, G., Spiller, A., Züller, A., Die Frage der Marketingführerschaft im Absatzkanal, in: LZ-Journal, Nr. 37, 11. September 1992, S. J18-J22; Zentes, J., Trade-Marketing. Eine neue Dimension in den Hersteller-Händler-Beziehungen, in: Marketing ZFP, Heft 4, 4. Qu. 1989, S. 224-229.
[134] Vgl. Irrgang, W., Strategien im vertikalen Marketing, a.a.O., S.7; Bowersox, D.J., Cooper, M.B., Strategic Marketing Channel Management, a.a.O., S. 14.
[135] Vgl. Bodenstein, G., Spiller, A., Züller, A., Die Frage der Marketingführerschaft im Absatzkanal, a.a.O.; Irrgang, W., Strategien im vertikalen Marketing, a.a.O., S. 8f; Sidow, H.D., Key-Account Management, Landsberg am Lech 1991, S. 19. Die Handelsspanne aus der Sicht des Herstellers wird definiert als Differenz zwischen Verkaufspreis des Herstellers ab Werk und Endabnehmerpreis.
[136] Vgl. Shimaguchi, M., New Development in Channel Management in Japan, a.a.O., S. 183ff.
[137] Vgl. Ejiri, H., Wagakuni no ryutsu keiro wa honto ni nagai ka, a.a.O., S. 61ff; Nariu, T., Flath, D., The Complexity of Wholesale Distribution Channels in Japan, in: Czinkota, M.R., Kotabe, M. (Hrsg.), The Japanese Distribution System, Chicago, Ill. 1993, S. 83-96; Ito, T., Maruyama, M., Is the Japanese

steht entweder eine Existenzrechtfertigung im Vordergrund,[138] oder aber der Nachweis, daß die Länge bzw. Anzahl der Großhandelsstufen von den gleichen Faktoren determiniert wird, wie in westlichen Ländern auch.[139] Eine explizite Thematisierung der vertikalen Funktions- und Wertschöpfungsteilung zwischen Hersteller, Groß- und Einzelhandel, sowie deren Veränderung im Zeitablauf, im Sinne einer ganzheitlichen Betrachtung ist bislang nicht bekannt.[140]

Ein derartiger Ansatz geht von der Annahme aus, daß alle an der Distribution beteiligten Organe an einem möglichst hohen Anteil an der Wertschöpfung gegenüber den Konsumenten, ausgedrückt in dem realisierbaren Endabnehmerpreis, interessiert sind. Aus Herstellersicht sollte dabei die dem Handel eingeräumte Handelsspanne, gegebenenfalls auf mehrere Stufen verteilt, die an die Absatzmittler übertragenen Funktionen widerspiegeln. In Abhängigkeit von den Funktionsinhalten, bei denen als übergreifende Funktionsfelder das Endverbraucher-Marketing, die Waren- und die Informationswirtschaft zu unterscheiden sind, steht der Hersteller vor den Entscheidungsalternativen der vollständigen Integration oder vollständigen Delegation von Distributionsfunktionen.[141] Zwischen beiden Polen bestehen Funktionsteilungsmöglichkeiten mit unterschiedlichem Intensitätsgrad.[142] Die Funktionsverteilungsentscheidung des Herstellers ist dabei einerseits von Kostenaspekten abhängig, andererseits von den Marketingzielen und der vertikalen Wettbewerbsposition.[143] Eine theoretische Grundlage für die Fundierung von Funktionsverteilungs- und damit Absatzstrukturentscheidungen bildet die Transaktionskostentheorie.

2.32 Transaktionskostenansatz als theoretisches Fundament vertikaler Strukturanalysen

Der Transaktionskostenansatz wurde von O.E. Williamson als theoretisches Konzept zur Erklärung von Marktstrukturen und Herleitung von Entscheidungsvariablen für die

---

Distribution System Really Inefficient?, in: Krugman, P. (Hrsg.), Trade With Japan: Has the Door Opened Wider?, Chicago, Ill. 1991, S. 149-174; Nishimura, K., Tsubouchi, H., Gyoju, hinmoku betsu ryutsu majin ritsu sankei: nichi bei hikaku (dt. Übersetzung: Vergleich der Handelsspannen zwischen Japan und den USA, nach Produkten und Branchen), Keizaigaku Ronso, Vol. 56, No. 3, Tokyo, October 1990, S. 111-138; Maruyama, M., et al., Nihon no ryutsu shisutemu: riron to jisshu, a.a.O.

[138] Vgl. Ejiri, H., Wagakuni no ryutsu keiro wa honto ni nagai ka, a.a.O., S. 69f.
[139] Vgl. Nariu, T., Flath, D., The Complexity of Wholesale Distribution Channels in Japan, a.a.O., S. 95f.
[140] Vgl. Maruyama, M., et al., Nihon no ryutsu shisutemu: riron to jisshu, a.a.O.; Dieser Befund wurde von M. Maruyama in einem Interview am 2. Mai 1992 bestätigt.
[141] Irrgang unterscheidet als Funktionsinhalte i.R. des Endverbrauchermarketings die Produktpolitik, die Kommunikations- und Preispolitik und die Serviceleistungen; i.R. der Warenwirtschaft differenziert er in Bestellwesen, Lagerhaltung, Logistik, Merchandising; Informationswirtschaft setzt er mit Marktforschungsaufgaben gleich. Vgl. Irrgang, W., Strategien im vertikalen Marketing, a.a.O., S. 17-31.
[142] Vgl. ebenda, S. 17ff.
[143] Vgl. ebenda, S. 9ff.

Gestaltung vertikaler Absatzsysteme entwickelt.[144] Die fundamentale These der Transaktionskostentheorie lautet, daß die kostenminimale Distributionsstruktur gleichzeitig auch die effizienteste ist.[145] Transaktionen als Ursache der Kostenentstehung sind dabei gemäß den oben angesprochenen Funktionsinhalten definiert.[146]

Die Transaktionskostentheorie beinhaltet sowohl ökonomische als auch verhaltenstheoretische Ansätze, die Integrations- oder Delegationsentscheidungen ("Make or Buy") bezüglich der Distributionsfunktionen in einem Distributionssystem aus einzelwirtschaftlicher Perspektive determinieren.[147] Die ökonomische Dimension beschreibt Vorteilskriterien, nach denen Integrations- oder Delegationsentscheidungen getroffen werden. Unter idealen Bedingungen ist danach immer dann die Externalisierung an selbständige Absatzmittler überlegen bzw. kostenminimal, wenn vollständiger Wettbewerb zwischen Unternehmen der gleichen Wirtschaftsstufe herrscht.[148]

Ideale Bedingungen werden in der Realität jedoch häufig durch menschliche Faktoren sowie Umweltfaktoren eingeschränkt.[149] Konstitutive Elemente des menschlichen Faktors sind opportunistisches Verhalten und eingeschränkte Rationalität. Besonders hoch wird das Potential opportunistischen Verhaltens bei langjährigen Geschäftsbeziehungen eingeschätzt.[150] Eingeschränkte Rationalität besteht aufgrund nur begrenzt vorhandener menschlicher Informationsverarbeitungskapazität und nur bedingt zugänglicher Daten über Leistungsparameter (z.B. von Absatzmittlern).[151]

Wesentliche Umweltfaktoren stellen die generelle Unsicherheit durch ständig wechselnde Marktsituationen sowie die Zahl der Marktteilnehmer dar. Eine begrenzte Zahl von Marktteilnehmern impliziert insbesondere bei kapitalintensiven Distributionsfunktionen (z.B. zur Funktionserfüllung notwendige Kühleinrichtungen, Transportmittel etc.), daß ein Absatzmittlerwechsel mit erheblichen Barrieren verbunden ist. Folglich kann wieder

---

144 Vgl. Williamson, O.E., Markets and Hierarchies: Analysis und Antitrust Implications, New York 1975.
145 Vgl. Ruekert, R.W., Walker, O.C., Roering, K.C., The Organization of Marketing Activities: A Contingency Theory of Structure and Performance, in: Journal of Marketing, Vol. 49, No. 1, Winter 1985, S. 13-25.
146 Vgl. Bowersox, D.J., Cooper, M.B., Strategic Marketing Channel Management, a.a.O., S. 226. Insbesondere fallen darunter die Funktionen der Informationswirtschaft, des Handels und der Beobachtung.
147 Vgl. ebenda; Rosenbloom, B., Marketing Channels, a.a.O., S. 219.
148 Vgl. Anderson, E., The Salesperson as Outside Agent or Employee: A Transaction Cost Analysis, in: Marketing Science, Vol. 4, No. 3, Summer 1985, S. 238; Mallen, B.C., Functional Spin-Off: A Key to Anticipating Change in Distribution Structure, in: Journal of Marketing, Vol. 37, July 1973, S. 18-25.
149 Vgl. Bowersox, D.J., Cooper, M.B., Strategic Marketing Channel Management, a.a.O., S. 227.
150 Vgl. John, G., An Empirical Investigation of Some Antecedents of Opportunism in a Marketing Channel, in: Journal of Marketing Research, Vol. 1, No. 3, August 1984, S. 278-289.
151 Vgl. Bowersox, D.J., Cooper, M.B., Strategic Marketing Channel Management, a.a.O.

opportunistisches Verhalten zum Tragen kommen.[152] Einen Ausweg, um menschliche wie Umweltfaktoren zu begrenzen, eine höhere Leistungstransparenz zu erreichen sowie die Unsicherheit zu reduzieren, bietet die vertikale Integration oder Einrichtung vertraglicher Vertriebsbindungssysteme.[153] Nur wenn ein stabiler Markt mit niedrigen Markteintrittskosten und hoher Leistungstransparenz vorliegt, sind konventionelle Absatzkanäle überlegen.[154]

Überträgt man das Fundamentaltheorem des Transaktionskostenansatzes aus der Absatzstrukturentscheidungssituation des Herstellers auf die Ebene eines branchenspezifischen Distributionssystems, so bilden die branchendurchschnittlichen Transaktionskosten (z.b. in Form der den Absatzmittlern einzuräumenden Handelsspanne) das Spiegelbild der zu einem gegebenen Zeitpunkt branchendurchschnittlich effizientesten Distributionsstrukturen.

Betrachtet man nun die Entwicklung der Transaktionskosten über zwei oder mehr Zeitpunkte, so lassen sich bei Veränderung der Transaktionskosten ceteris paribus Veränderungen der Distributionsstrukturen unterstellen. Zusammenfassend erscheint der Transaktionskostenansatz damit als theoretische Grundlage geeignet, um einen Indikator für die Veränderung der vertikalen Distributionsstrukturen in Form der Transaktionskosten herzuleiten. Ferner enthält er plausible Ansätze zur Erklärung der verhaltens- und umweltsituationsbedingten Vorteilhaftigkeit der vertikalen Integration.[155]

Problembehaftet ist jedoch die Operationalisierung des Ausmaßes vertikaler Strukturveränderungen im Sinne von eingeschalteten Distributionsstufen und ausgeübten Funktionen der Distributionsorgane. An dieser Stelle bietet das Konzept der Wertschöpfungsanalyse in Verbindung mit dem Instrument der Wertkette einen Lösungsansatz.

2.33 Wertschöpfungsanalyse als Instrumentalansatz zur Erfassung vertikaler Strukturveränderungen

Das Konzept der Wertschöpfungsanalyse geht wie die zuvor diskutierte Wettbewerbsanalyse auf M.E. Porter zurück.[156] Sie läßt sich als systematische Analyse beschreiben, in der alle

---

152	Vgl. Achrol, R.S., Reve, T., Stern, L.W., The Environment of Marketing Channel Dyads: A Framework for Comparative Analysis, in: Journal of Marketing, Vol. 47, No. 4, Fall 1983, S. 63f.
153	Vgl. Stern, L.W., El-Ansary, A.I., Marketing Channels, 3rd ed., Englewood Cliffs, New Jersey 1988, S. 214; Ruekert, R.W., Walker, O.C., Roering, K.C., The Organization of Marketing Activities, a.a.O., S. 16.
154	Vgl. Williamson, O.E., Transaction Cost Economics: The Governance of Contractual Relations, in: Journal of Law and Economics, Vol. 22, 1979, S. 223-260.
155	Vgl. Bowersox, D.J., Cooper, M.B., Strategic Marketing Channel Management, a.a.O., S. 229.
156	Vgl. Porter, M.E., Competitive Advantage, a.a.O., S. 33ff.

von einer Unternehmung ausgeübten Funktionen und ihre Beziehungen zueinander untersucht werden, um Quellen von Wettbewerbsvorteilen zu entdecken.[157] Als Analyseinstrument wird die Wertkette verwendet, die eine Unternehmung in strategisch relevante Aktivitäten zerlegt, um ein Verständnis für das Verhalten von Kosten und potentielle Quellen zur Differenzierung zu ermitteln.[158] Ziel des Aufbaus von Wettbewerbsvorteilen mittels der bereits vorgestellten Basis-Strategien[159] im Sinne Porters ist die Schöpfung eines Wertes für den Abnehmer der Unternehmensleistung, welcher die Kosten der Erstellung der Leistung übersteigt. Die Differenz zwischen Wertschöpfung und Kosten der Wertschöpfung bezeichnet die Gewinnspanne einer Unternehmung.[160]

Porter stellt heraus, daß der Wertschöpfungsprozeß einer Unternehmung Teil eines umfassenderen Wertschöpfungssystems bildet, zu welchem neben Lieferanten insbesondere der Absatzkanal einer Unternehmung und seine Organe gezählt werden.[161]

Aufbauend auf dem Ansatz Porters soll für diese Arbeit eine Eingrenzung des Wertschöpfungssystems auf die Aktivitäten von Hersteller und Absatzmittlern erfolgen, d.h. es wird neben dem "firm value" nur der "downstream bzw. channel value" erfaßt.[162] Innerhalb des solchermaßen abgegrenzten Wertschöpfungssystems läßt sich die Wertkette des Herstellers um strategisch relevante Funktionen innerhalb des Absatzkanals erweitern, unabhängig von der Frage der Integration oder Delegation der Funktionen.[163] Die erweiterte Wertschöpfungskette bildet dann ein Instrument zur Segmentierung bzw. Zuordnung der Transaktionskosten innerhalb eines Distributionssystems nach Absatzmittlern und Funktionen *(vgl. Abb. 7)*. Die Transaktionskosten werden dabei definiert als Differenz zwischen Endverbraucherpreis, d.h. dem Wert, den der Konsument für eine Leistung oder ein Leistungsbündel bereit ist zu zahlen, und dem Abgabepreis des Herstellers an die Absatzmittler.

Es wird dabei der Fall der vollständigen Delegation von Distributionsfunktionen mit Ausnahme des traditionell vom Hersteller ausgeübten Endverbrauchermarketings unterstellt. Bei Integration von Distributionsfunktionen wird ceteris paribus eine Schmälerung der Wertschöpfung und ihres monetären Äquivalents auf Seiten der Absatzmittler angenommen. Betrachtet man die erweiterte Wertkette im Zeitablauf, so sind in einem durch

---

[157] Vgl. Porter, M.E., Competitive Advantage, a.a.O., S. 33.
[158] Vgl. ebenda, vgl. auch Kap. B, Abschn. 1.3.
[159] Vgl. Kap. B, Abschn. 2.232.
[160] Vgl. Porter, M.E., Competitive Advantage, a.a.O., S. 38.
[161] Vgl. ebenda, S. 34; derselbe, How Information Gives you Competitive Advantage, in: Harvard Business Review Paperback, No. 90079, Boston, Mass. 1991, S. 33-34; vgl. auch Tiphine, B., Der Kampf um die Wertschöpfungskette, in: LZ-Journal, Nr. 48, 30. November 1990, S. J5-J8.
[162] Vgl. Porter, M.E., Competitive Advantage, a.a.O.
[163] Vgl. hierzu auch Johnston, R., Lawrence, P.R., Vertikale Integration II: Wertschöpfungspartnerschaften leisten mehr, in: Harvard Manager, Nr. 1, 1989, S. 81-88.

Wettbewerbsprozesse geprägten dynamischen System Strukturverschiebungen zu erwarten, die sich in einer Veränderung der ausgeübten Funktionen der Systemmitglieder sowie einer Veränderung des geldlichen Äquivalents niederschlagen.

Abb. 7

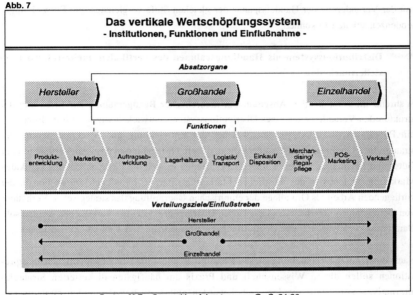

Quelle: in Anlehnung an: Porter, M.E., Competitive Advantage, a.a.O., S. 34-36

Mit Hilfe der Wertschöpfungsanalyse sowie der erweiterten Wertkette scheint damit, basierend auf dem Transaktionskostentheorem, ein geeignetes Instrumentarium zur Analyse der Entwicklung vertikaler Distributionsstrukturen geschaffen zu sein.

2.34 Ableitung von Parametern zur Erfassung der Entwicklung vertikaler Distributionsstrukturen

Als wichtigster quantitativer Parameter zur Messung vertikaler Strukturveränderungen wird die Handelsspanne (bzw. -marge) gewählt. Sie ist gleichzusetzen mit der oben gewählten Definition der Transaktionskosten. Die Handelsspanne als Differenz zwischen Endverbraucherpreis und Herstellerabgabepreis einer Leistung kann sich dabei in mehrere (Teil-)Handelsspannen verschiedener Absatzmittlerstufen untergliedern und wird dann analog als Differenz zwischen Warenverkauf und Wareneinkauf einer Handelsstufe definiert.[164]

---

[164] Hinsichtlich inflationsbedingter Preiserhöhungen wird die ceteris paribus Bedingung unterstellt, d.h. durch Weitergabe von Preiserhöhungen von Stufe zu Stufe tritt letztlich keine Handelsspannenveränderung ein. Werden Preiserhöhungen von einer Stufe einseitig durchgesetzt, wird

Als weitere Indikatoren für vertikale Strukturverschiebungen sind die Entwicklung der einbezogenen Distributionsstufen sowie die Veränderung von Funktionsaufteilungen innerhalb des Wertschöpfungssystems entlang der erweiterten Wertkette zu erheben. Die Entwicklung der einbezogenen Stufen sowie der Funktionsausübung je Stufe läßt sich sodann mit der Veränderung der Handelsspanne der gleichen Stufe vergleichen, um Entwicklungstendenzen ableiten zu können.

3. Distributionssystem als Handlungsrahmen des vertikalen, mehrstufigen Herstellermarketing

Während im vorstehenden Abschnitt ein theoretischer Bezugsrahmen zur Erfassung der strukturellen Veränderungen eines Distributionssystems entwickelt wurde, soll im folgenden ein Paradigma diskutiert werden, welches der Entwicklung und Systematisierung der strategischen Optionen von Herstellern dient, die ein Distributionssystem zur Verteilung ihrer Güter und Leistungen nutzen wollen. Dabei handelt es sich um das Konzept des vertikalen Marketing, welches in der westlichen Marketing-Literatur entwickelt wurde und in der vorliegenden Arbeit als Grundlage der empirischen Überprüfung des strategischen Verhaltens von Unternehmen innerhalb des japanischen Distributionssystems herangezogen werden soll. Damit erfolgt gleichzeitig eine Überprüfung der Anwendbarkeit des Paradigmas in Japan.

Nach einer kurzen Darstellung dieses Paradigmas und seiner unterschiedlichen Interpretationen sollen die in Wissenschaft und Praxis am häufigsten diskutierten Strategiealternativen vorgestellt werden. Dabei werden einerseits Basisstrategien strategischen Verhaltens erläutert, und andererseits Instrumentalstrategien zur Gestaltung der betrieblichen Absatzkanäle und Umsetzung der Basisstrategien vorgestellt.

3.1. Darstellung des Konzepts des vertikalen Marketing

3.11 Definitorische Abgrenzung

Folgt man der Philosophie des Marketing im Sinne einer marktorientierten Führung der gesamten Unternehmung, so erfordert dies die Ausrichtung aller Unternehmensfunktionen auf die Bedürfnisse des Marktes.[165] Vor dem Hintergrund weitgehend übersättigter Märkte, einer Situation, die auch für die Mehrzahl der japanischen Konsumgütermärkte mittlerweile als Realität angesehen werden kann, wird eine solchermaßen orientierte Unternehmenspolitik

---

als ökonomisch rationale Erklärung angenommen, daß sich der Wertschöpfungsanteil gegenüber den übrigen Mitgliedern des Systems erhöht hat, bzw. signifikante Kostensteigerungen eingetreten sind, die vom Markt akzeptiert werden. Schrumpft die Spanne hingegen im Zeitablauf, so wird unterstellt, daß das von dieser Stufe erbrachte Funktionenbündel nicht dem Entgelt entsprochen hat, mithin das Wertschöpfungssystem Ineffizienzen ausgeglichen hat.

165 Vgl. Meffert, H., Marketing. Grundlagen der Absatzpolitik, 8. Aufl., Wiesbaden 1989, S. 29ff.

zum Primat, um die vorhandene Nachfrage in möglichst großem Umfang auf das eigene Angebot zu ziehen.[166] In der Unternehmenspraxis impliziert dies jedoch häufig eine einseitige Ausrichtung der absatzpolitischen Aktivitäten auf die Endverbraucher. Folglich stehen Endverbraucher-Märkte und Konsumenten-Zielgruppen i.d.R. dominierend im Blickpunkt.[167]

Für den Hersteller von Konsumgütern stellen neben den Endverbrauchern jedoch gerade die Absatzmittler bzw. die Handelsorgane die wesentliche Zielgruppe absatzpolitischer Aktivitäten dar,[168] sofern die Produkte nicht in Form des direkten Vertriebs abgesetzt werden.[169] Bei der in der Konsumgüterdistribution überwiegenden Form des indirekten Vertriebs über rechtlich selbständige Absatzmittler kommt diesen die erfolgsentscheidende Rolle des „Gatekeepers" (Schleusenwärters) zu, der über die Zugang von Produkten zum Endverbrauchermarkt entscheidet.[170] Dabei ist die Problematik zu berücksichtigen, daß auf den verschiedenen Distributionsebenen unterschiedliche Marketingsstrategien entwickelt und Unternehmensziele verfolgt werden, die sich z.T. nur schwer harmonisieren bzw. miteinander verbinden lassen.[171] Die den Zielen der Herstellerunternehmung entsprechende Beeinflussung der Entscheidungprozesse und der Marketingstrategien der Absatzmittler, sowie die zielgerichtete Gestaltung der Struktur der Zusammenarbeit zwischen Industrie und Handel sollen im folgenden als die wesentlichen Aufgabenbereiche des vertikalen, mehrstufigen Marketing bezeichnet werden. Weiterhin ist eine harmonische Abstimmung mit dem endverbrauchergerichteten Marketing zu fordern.

Vor dem Hintergrund der einleitend dargestellten Distributionssituation in Japan kommt dem vertikalen Marketing zur Sicherung eines ausreichenden und effizienten Marktzugangs herausragende Bedeutung im Rahmen der Gesamtpolitik eines Unternehmens in Japan zu.[172]

Innerhalb des Planungsprozesses des vertikalen Marketing einer Unternehmung sind die Ebenen der vertikalen Marketing-Ziele, -Strategien und -Instrumente zu unterscheiden, die in ihrer Gesamtkonstellation die vertikale Marketing-Konzeption bilden. Diese stellt eine Art

---

166 Vgl. Becker, J., Marketing-Konzeption. Grundlagen des strategischen Marketing-Managements, 2. Aufl., München 1988, S. 1.
167 Vgl. Irrgang, W., Strategien im vertikalen Marketing, a.a.O., S. 2.
168 Vgl. Meffert, H., Kimmeskamp, G., Industrielle Vertriebssysteme im Zeichen der Handelskonzentration, in: Absatzwirtschaft, 25. Jg., Heft 3, 1983, S. 214-232.
169 Direkter Vertrieb liegt nach Ahlert vor, wenn in die Distribution eines Herstellers überhaupt keine selbständigen, hersteller-unabhängigen Absatzmittler einbezogen werden. Vgl. Ahlert, D., Distributionspolitik, a.a.O., S. 153ff.
170 Vgl. Lewin, K., Forces Behind Food Habits and Methods of Change, in: Bulletin of the National Research Council, o.O. 1943, S. 35ff; Irrgang, W., Der Kampf um die Marketing-Führerschaft, in: Absatzwirtschaft, Nr. 9, 1989, S. 116-120.
171 Vgl. Poth, L.G., Poth, G.S., Marketing. Grundlagen und Fallstudien, München 1986, S. 67.
172 Vgl. Czinkota, M.R., Woronoff, J., Unlocking Japan's Markets, a.a.O., S. 81.

Leitplan des gesamten Unternehmens in Bezug auf die Beeinflussung der Absatzmittler und die Gestaltung der Absatzwege dar.[173]

Die Ziele des vertikalen Marketing hängen neben situativen und unternehmensindividuellen Einflußfaktoren (insbesondere spezifischen Stärken und Schwächen) entscheidend von der jeweiligen Machtkonstellation zwischen Anbietern einerseits und Nachfragern andererseits, insbesondere in Form des Einzelhandels, ab. Dabei sind als Machtkonstellationen im einzelnen Herstellermacht, Pattsituation und Handelsmacht zu unterscheiden.[174] Es ist daher im Rahmen des vertikalen Marketing ein Spektrum von Strategien für die Hersteller zu entwickeln, mit denen es gelingen kann, den Wettbewerb um die Vorherrschaft im Absatzkanal, auch als Marketingführerschaft bezeichnet,[175] erfolgreich zu gestalten.[176] Dabei müssen vertikale Marketingstrategien keineswegs zwangsläufig gegen die Abnehmer gerichtet sein, sondern können gerade auch partnerschaftliche Ansätze beinhalten. Dies gilt besonders in dem generell auf Konfliktvermeidung ausgerichteten japanischen Gesellschaftsumfeld. Neben Strategien, die primär auf die Nachfrager ausgerichtet sind (Absatzmittler und Endverbraucher) lassen sich auch horizontale Strategieansätze in das Spektrum von Optionen mit einschließen, sofern sie dem Ziel dienen, durch Machterwerb (z.B. durch Fusion und Schaffung größerer Unternehmenseinheiten) indirekt auf den vertikalen Wettbewerb Einfluß zu nehmen.[177]

Das Paradigma des vertikalen Marketing stellt insgesamt bislang kein geschlossenes Konzept dar, aus dem ein einheitliches Strategiemuster hervorgeht, sondern eher eine Zusammenfassung von Einzelüberlegungen, denen jedoch eine gemeinsame Zielstellung zugrundeliegt.
Im folgenden sollen die wesentlichen in der Literatur diskutierten Interpretationen und Strategiemuster des vertikalen Marketing vorgestellt und, soweit möglich, voneinander abgegrenzt werden.

3.12 Diskussion alternativer Strategieorientierungen im Rahmen des Konzepts des vertikalen Marketing

Die Ausrichtung von Strategien im vertikalen Marketing unterscheidet sich nach dem Definitionsumfang. Der engste Definitionsumfang ist bei jenen Autoren anzutreffen, die

---

[173] In Anlehnung an die Definition der allgemeinen Marketing-Konzeption bei Meffert. Vgl. Meffert, H., Marketing, a.a.O., S. 67ff.; Vgl. auch Becker, J., Marketing-Konzeption, a.a.O., S. 119-121.
[174] Vgl. Irrgang, W., Strategien im vertikalen Marketing, a.a.O., S. 130.
[175] Vgl. Ahlert, D., Distributionspolitik, a.a.O., S. 109ff.
[176] Vgl. Kunkel, R., Vertikales Marketing im Herstellerbereich, München 1977, S. 23.
[177] Vgl. Cravens, D., Strategic Forces Affecting Marketing Strategy, a.a.O., S. 297-334.

vertikales Marketing mit vertikaler Kooperation gleichsetzen.[178] Diesem Ansatz liegt die Vorstellung zugrunde, daß ein vertikaler Wettbewerb zwischen Anbietern und Nachfragern in den unterschiedlichen Interessenlagen der Marktpartner begründet liegt, die folglich konfliktäre Marketing-Strategien verfolgen. Ziele eines vertikalen Marketing müssen daher die Konfliktreduktion und der Interessenausgleich innerhalb eines kooperativen Ansatzes sein. Dieser kann dann von losen Kooperationen bis hin zu vertraglichen Vertriebssystemen reichen, in denen Hersteller und Handel eng miteinander verbunden werden. Vertikales Marketing wird dann gleichbedeutend mit Kontraktmarketing.[179] Wie in der Literatur zu recht kritisiert, impliziert eine derartig enge Interpretation des vertikalen Marketing eine Limitierung der Sichtweise auf kooperative Systeme und führt zu einer Reduktion der strategischen Optionen.[180]

Ein erweitertes Spektrum findet sich bei Meffert und Kimmeskamp, die eine Differenzierung von „Basisstrategien" des vertikalen Marketing nach dem Ausmaß der Herstelleraktivitäten in der Gestaltung seiner Absatzwege und seinen Reaktionen auf das Marketingverhalten der Absatzstufen vornehmen.[181] Der Hersteller kann sich danach entweder aktiv oder passiv in der Gestaltung der Absatzwege verhalten, sowie aktiv oder passiv auf Marketingaktivitäten des Handels reagieren. Auf der Basis einer Vier-Felder-Matrix ergeben sich folgende strategischen Optionen *(vgl. Abb. 8)*:

- die Kooperationsstrategie,
- die Anpassungsstrategie, die eine Aufgabe des Autonomiestrebens des Herstellers beinhaltet,
- die Konfliktstrategie, die die aggressive Durchsetzung von Autonomie impliziert,
- sowie die Umgehungsstrategie, die einen bewußten Verzicht auf Verhaltensabstimmung bzw. ein Ausweichen vorsieht.

Den genannten vier Strategien liegt ein jeweils unterschiedliches machtpolitisches Konzept zugrunde, welches das Ziel der jeweiligen Strategie definiert (Machtkampf, Machterwerb, Machtumgehung, Machtduldung).[182]

---

[178] Vgl. z.B. Steffenhagen, H., Marketing, vertikales, in: Marketing Enzyklopädie, Band 2, München 1974, S. 675-690; Thies, G., Vertikales Marketing, Berlin, New York 1976, S. 49 ff; Pfohl, H.-C., Vertikales Marketing, in: Poth, L.G. (Hrsg.), Marketing, Band 3, Neuwied 1987, S. 1-42.
[179] Vgl. Tietz, B., Mathieu, G., Das Kontraktmarketing als Kooperationsmodell, Köln 1979; Mathieu, G., Koordination für Kontakte, in: Absatzwirtschaft, 24. Jg., Nr. 6, 1981, S. 103-107.
[180] Vgl. Kunkel, R., Vertikales Marketing im Herstellerbereich, a.a.O., S. 21f; Diller, H. Gaitanides, M., Das Key-Account Management in der Lebensmittelindustrie - Eine empirische Studie zur Ausgestaltung und Effizienz, Hamburg 1988, S. 97.
[181] Vgl. Meffert, H., Kimmeskamp, G., Industrielle Vertriebssysteme im Zeichen der Handelskonzentration, a.a.O., S. 215ff; Meffert, H., Strategische Unternehmensführung und Marketing, a.a.O., S. 98ff.
[182] Vgl. Meffert, H., Strategische Unternehmensführung und Marketing, a.a.O., S. 100.

Abb. 8

Basisstrategien im vertikalen Marketing nach Meffert/Kimmeskamp

Marketing des Herstellers	*aktiv in der Gestaltung der Absatzwege*	*passiv in der Gestaltung der Absatzwege*
aktiv in der Reaktion auf Marketingaktivitäten des Handels	Umgehung/Ausweichen (Machtumgehung)	Kooperation (Machterwerb)
passiv in der Reaktion auf Marketingaktivitäten des Handels	Konflikt (Machtkampf)	Anpassung (Machtduldung)

Quelle: Meffert, H., Strategische Unternehmensführung und Marketing, a.a.O., S. 100

Den Aspekt der Machtverteilung greift auch Irrgang in seiner Differenzierung von Strategien im vertikalen Marketing auf.[183] Zu den sogenannten Machtstrategien, die er als Bestandteil des vertikalen Marketing im weiteren Sinne auffaßt, zählt er

- den Ausbau der Herstellermacht sowie
- die Reduzierung bzw. Relativierung der Handelsmacht.[184]

Als Einzelstrategien nennt er dabei z.B. die Herstellerkonzentration, die Pull-Strategie, die Umgehungsstrategie oder die Ausweichstrategie, wobei die vertikale Kooperation ausdrücklich ausgeschlossen wird. Sie wird jedoch im vertikalen Marketing im engeren Sinne berücksichtigt, welches Irrgang explizit „vertikales Marketing" nennt. Hier unterscheidet er

- die Selektionsstrategie,
- die Stimulierungsstrategie und
- die Kontraktstrategie.[185]

Neben den beiden Komponenten „Machtstrategie" und „vertikales Marketing" bezieht

---

[183] Vgl. Irrgang, W., Strategien im vertikalen Marketing, a.a.O., S. 14.
[184] Vgl. ebenda, S. 40; Vgl. derselbe, Der Kampf um die Marketing-Führerschaft, a.a.O., S. 116f.
[185] Vgl. derselbe, Strategien im vertikalen Marketing, a.a.O., S. 63.

Irrgang schließlich auch noch die Frage des Strategiestils, in dem das Leitmotiv der Politik des Herstellers gegenüber dem Handel beschrieben werden soll, ein.[186] Als denkbare Stile der Zusammenarbeit differenziert er beispielhaft:[187]

- den **friedlichen Stil**, bei dem der Hersteller bemüht ist, Konflikte zu vermeiden,
- den **kooperativen Stil**, der von einer offenen Grundhaltung beider Seiten geprägt ist und das Ziel verfolgt, Kompromisse zu identifizieren,
- den **aggressiven Stil**, bei dem sich der Hersteller gegenüber dem Handel offensiv bemüht, den Handelseinfluß zurückzudrängen oder erst gar nicht aufkommen zu lassen und
- den **konfliktären Stil**, bei dem auch unter Inkaufnahme von Konfrontationen der Hersteller langfristig versucht, die „Oberhand" zu behalten.

Deutlich erkennbar wird mithin der Zusammenhang zwischen Strategiestil und Machtstrategien, da der Strategiestil letztlich durch die vorhandenen Machtkonstellationen determiniert wird *(vgl. Abb. 9)*.

Abb. 9

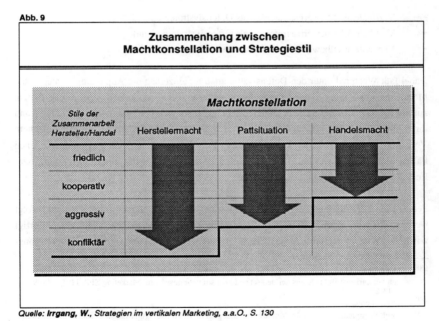

Quelle: Irrgang, W., Strategien im vertikalen Marketing, a.a.O., S. 130

---

[186] Vgl. Irrgang, W., Strategien im vertikalen Marketing, a.a.O., S. 14.
[187] Vgl. ebenda, S. 129f.

Ein ähnlich umfassendes Konzept des vertikalen Marketing vertritt Diller, der drei wesentliche Komponenten aufzeigt. Er unterscheidet die Begriffe „Marktselektions-Konzept", „Machtpolitisches Konzept" und „Marketing-Mix-Konzept", wobei er idealtypisch eine Verknüpfung der drei Komponenten mit dem Informations- und Planungssystem der Untersuchung vorsieht.[188]

Ähnlich Irrgangs Strategien im engeren Sinne des vertikalen Marketing enthält Dillers Marktselektionskonzept vornehmlich Instrumente zur Auswahl von Absatzmittlern und zur Gestaltung der Absatzwege. Das machtpolitische Konzept enthält im Unterschied zu Irrgang jedoch auch Strategien der vertikalen Kooperation als Option.[189] Diller stimmt damit offensichtlich den Basisstrategien nach Meffert und Kimmeskamp zu. Als dritte Komponente läßt sich sein Marketing-Mix-Konzept jedoch wieder mit den Marktstimulierungsstrategien Irrgangs vergleichen.

Um eine Integration der bestehenden Konzepte hat sich Westphal bei seiner Herleitung von Alternativen strategischen Verhaltens im Rahmen des vertikalen Marketings bemüht.[190] Er unterscheidet als grundsätzliche Optionen

- Vertikale Wettbewerbsstrategien als Defensivstrategien,
- Vertikale Wettbewerbsstrategien als Offensivstrategien und
- Vertikale Wettbewerbsstrategien als Ausweichstrategien.[191]

Dabei faßt Westphal unter den Defensivstrategien im einzelnen die Anpassungsstrategie, die Moral-Suasion-Strategie, die Umgehungsstrategie und die vertikale Kooperationsstrategie zusammen. Gleichzeitig stellt er jedoch die Frage, inwieweit bei Unternehmen, die aufgrund ihres situativen Umfeldes defensiv agieren müssen, überhaupt noch von strategischem Verhalten gesprochen werden kann.[192] Dieser Einschätzung kann jedoch zumindest in jenen Fällen nicht gefolgt werden, in denen Defensivstrategien bewußt zur Relativierung oder Reduzierung von Macht eingesetzt werden.

Ferner kann der Zuordnung der Kooperationsstrategie zu den Defensivstrategien nicht gefolgt werden, die unter dem Verweis auf Zugeständnisse an die Marktgegenseite gerechtfertigt wird.[193] Wie im Verlauf der Arbeit zu zeigen sein wird, bieten gerade Kooperations-

---

[188] Vgl. Diller, H., Key-Account Management als vertikales Marketingkonzept. Theoretische Grundlagen und empirische Befunde aus der deutschen Lebensmittelindustrie, in: Marketing ZFP, 11. Jg., 1989, S. 213-223.
[189] Vgl. ebenda, S. 215f.
[190] Vgl. Westphal, J., Vertikale Wettbewerbsstrategien in der Konsumgüterindustrie, a.a.O., S. 130-142.
[191] Vgl. ebenda.
[192] Vgl. ebenda, S. 130.
[193] Vgl. ebenda, S. 133.

strategien Ansätze zum Auf- bzw. Ausbau relativer Wettbewerbsvorteile. Sie enthalten damit eindeutig offensive, zukunftsgerichtete Elemente, die die in der Literatur überwiegend eingeräumte Einzelstellung der Kooperationsstrategie rechtfertigen.[194] Unter den Offensivstrategien faßt Westphal die Strategie der horizontalen Kooperation, die Strategie der horizontalen Fusion, die Umgehungsstrategie und die Pull-Strategie zusammen.[195]

Die Ausweichstrategien schließlich enthalten in Anlehnung an Ansoff die Markterschließungsstrategie, die Produktentwicklungsstrategie und die Diversifikationsstrategie.[196] Westphal verweist dabei darauf, daß es sich bei den genannten Strategien nicht um originär vertikal ausgerichtete Strategien handelt, sondern diese vielmehr den „Corporate Strategies" entlehnt sind.[197] Dennoch erscheint diese Vorgehensweise zur umfassenden Erschließung strategischer Optionen im vertikalen Wettbewerb sinnvoll.

An der Vorgehensweise und Konzeption Westphals ist insgesamt zu kritisieren, daß zwar die Alternativen strategischen Verhaltens im Sinne der Wahl von Basisoptionen weitgehend vollständig erfaßt sind, jedoch die Instrumentalebene zur Ausgestaltung der Strukturen der Zusammenarbeit zwischen Industrie und Handel vernachlässigt wird. Es handelt sich dabei um die von Irrgang als Leitlinien der Zusammenarbeit mit einzelnen Handelsunternehmen bezeichneten Strategien des vertikalen Marketing im engeren Sinne.[198]

Zusammenfassend läßt sich festhalten, daß ein integriertes Konzept des vertikalen Marketing die beiden Ebenen der

- strategischen Grundhaltungen / Basisoptionen und der
- Instrumentalstrategien

berücksichtigen sollte. Ein solchermaßen gestaltetes theoretisches Gerüst erscheint geeignet, um auch für die Analyse von Strategien im vertikalen Marketing in Japan herangezogen zu werden und die dortige Realsituation vollständig zu erfassen.

In den folgenden Gliederungspunkten sind sowohl die für die vorliegende Arbeit zugrundegelegten strategischen Grundhaltungs-Optionen als auch die Instrumentalstrategien im vertikalen Marketing abzuleiten.

---

[194] Vgl. Meffert, H., Strategische Unternehmensführung und Marketing, a.a.O., S. 100; Diller, H., Key-Account Management als vertikales Marketingkonzept, a.a.O., S. 215.
[195] Vgl. Westphal, J., Vertikale Wettbewerbsstrategien in der Konsumgüterindustrie, a.a.O., S. 135.
[196] Vgl. Ansoff, H.I., Management-Strategie, München 1966, S. 13.
[197] Vgl. Westphal, J., Vertikale Wettbewerbsstrategien in der Konsumgüterindustrie, a.a.O., S. 190f.
[198] Vgl. Irrgang, W., Strategien im vertikalen Marketing, a.a.O., S. 13, 64f.

3.2 Strategische Grundhaltungen im vertikalen Marketing

Basierend auf den diskutierten alternativen Strategieorientierungen, wie sie in der Literatur anzutreffen sind, läßt sich eine Typologie von vier strategischen Grundhaltungen bilden. Diesen sind nachfolgend die jeweils wichtigsten Einzelstrategien zuzuordnen. Im einzelnen sind als Grundhaltungen zu unterscheiden:

- Vertikale Marketingstrategien als Verteidigungsstrategien,
- Vertikale Marketingstrategien als Angriffsstrategien,
- Vertikale Marketingstrategien als Kooperationsstrategien,
- Vertikale Marketingsstrategien als Umgehungs- und Ausweichstrategien.[199]

In die Typologie einbezogen werden sowohl direkte als auch indirekte vertikale Marketingstrategien. Direkte vertikale Marketingstrategien sind unmittelbar auf die Zusammenarbeit mit dem Handel gerichtet (z.B. Push-Strategien, Kooperationsstrategien). Im Gegensatz dazu wirken indirekte vertikale Marketingstrategien entweder über die Generierung von Konsumentennachfrage auf den Handel (z.B. Pull-Strategien) oder über die Generierung von Verhandlungsmacht auf Herstellerebene, z.B. durch horizontale Kooperation mit anderen Herstellern.

3.21 Vertikale Marketingstrategien als Verteidigungsstrategien

Die Verfolgung einer Verteidigungsstrategie impliziert ein defensives, friedliches Verhalten gegenüber Wettbewerbern und marktstarken Abnehmern. Durch Vermeidung jeglicher Konflikte soll die Gegenseite veranlaßt werden, ihrerseits auf ein aggressives Agieren zu verzichten.[200]

Geht man dabei von einer Pattsituation bzgl. der Machtverteilung zwischen Angebot und Nachfrage aus, so bildet aus Herstellersicht die Verhinderung von zusätzlichem Machtgewinn auf Seiten des Handels bzw. die Verteidigung einer angestammten Machtposition das Ziel. Entsprechend wird bei einem bereits bestehenden Machtungleichgewicht zu Lasten des Herstellers dieser um Machtrelativierung bemüht sein.

Als Einzelstrategien lassen sich unter einer defensiven strategischen Grundhaltung subsumieren:

---

[199] Eine Unterscheidung in Verteidigungs- und Angriffsstrategien in diesem Zusammenhang ist in der Literatur - neben den beiden ohnehin verwendeten Strategiebegriffen Kooperation und Ausweichen - durchaus gebräuchlich. Vgl. z.B. Porter, M.E., Wettbewerbsvorteile, a.a.O., S. 603ff, 641ff; Kreikebaum, H., Strategische Unternehmensplanung, 3. Aufl., Stuttgart 1989, S. 50.

[200] Vgl. Irrgang, W., Strategien im vertikalen Marketing, a.a.O., S. 129.

- die Anpassungsstrategie,
- die Moral-Suasion-Strategie,
- die Push-Strategie.

Die **Anpassungsstrategie** findet in der Literatur breiten Diskussionsraum.[201] Nach Meffert zeichnet sie sich „durch eine passive Haltung des Herstellers in Bezug auf seine Aktivitäten zur Gestaltung der Absatzwege aus".[202] Ferner verhält sich der Hersteller auch passiv in seinen Reaktionen auf Marketing-Aktivitäten des Handels.[203] Nach Diller verzichtet der Anbieter bei Verfolgung einer Anpassungsstrategie mithin auf jeglichen Führungsanspruch gegenüber dem Handel.[204] Es ist entsprechend davon auszugehen, daß ein Hersteller diese Strategie nur präferieren wird, wenn er bereits in einer ungünstigen Wettbewerbsposition operiert. Folglich ist zu fordern, daß eine konsequente Beobachtung des Absatzkanals und der weiteren Entwicklung der Umsatzsituation erfolgt,[205] die gegebenfalls zu einer Marktaustrittsentscheidung führen kann. Die wesentlichen Ziele einer Anpassungsstrategie lassen sich wie folgt zusammenfassen:[206]

- Profilierung beim Handel durch spezifische Problemlösungen
- Sukzessiver Aufbau von Kompetenzen zur Verminderung der Austauschbarkeit.

Als Instrumente zur Umsetzung einer Anpassungsstrategie nennt Westphal die Berücksichtigung der Anforderungen der Nachfrager bezüglich Produkt-, Sortiments- und Verpackungsgestaltung, die Produktion von Handelsmarken und Exklusivartikeln für einzelne Abnehmer, sowie die Akzeptanz der Konditionenforderungen der Nachfrager.[207] Diese Instrumente sind zu ergänzen um die Logistik, die sich als Feld zur Entwicklung spezifischer Problemlösungen anbietet. Westphal interpretiert den Strategietypus der Anpassung, sofern er der langfristigen Sicherung einer grundsätzlich schwachen Position gegenüber starken bzw. erstarkenden Nachfragern dient, auch als „strategischen Opportunismus".[208]

---

[201] Vgl. z.B. Meffert, H., Kimmeskamp, G., Industrielle Vertriebssysteme im Zeichen der Handelskonzentration, a.a.O., S. 216ff; Friedrich, R., Marketingstrategien in Märkten mit hoher Nachfragemacht, in: Wieselhuber, N., Töpfer, A. (Hrsg.), Handbuch Strategisches Marketing, Landsberg am Lech 1984, S. 66ff; Diller, H., Key-Account Management als vertikales Marketingkonzept, a.a.O., S. 219ff.
[202] Vgl. Meffert, H., Strategische Unternehmensführung und Marketing, a.a.O., S. 100.
[203] Vgl. ebenda.
[204] Vgl. Diller, H., Key-Account Management als vertikales Marketingkonzept, a.a.O., S. 219.
[205] Vgl. Meffert, H., Strategische Unternehmensführung und Marketing, a.a.O., S. 101.
[206] Vgl. Bergmann, G., Strategisches Absatzkanalmanagement in Märkten mit hoher Nachfragemacht des Handels, Frankfurt 1988, S. 400.
[207] Vgl. Westphal, J., Vertikale Wettbewerbsstrategien in der Konsumgüterindustrie, a.a.O., S. 131.
[208] Vgl. ebenda, S. 132.

Der Anpassungsstrategie insofern nahestehend ist der zweite Strategietypus verteidigenden strategischen Verhaltens, die **Moral-Suasion-Strategie**. Sie baut insbesondere auf eine moralische, häufig emotionale Argumentation auf und zielt auf einen Mitleidseffekt des Stärkeren gegenüber dem Schwächeren ab.[209]

Als dritte Strategiealternative, die grundsätzlich eher defensiv ausgelegt ist, ist die **„Push"-Strategie** anzuführen. Dabei ist der Hersteller bemüht, seine Akquisitionsanstrengungen unmittelbar auf die Absatzmittler zu richten und einen "Angebotsdruck" zu erzeugen.[210] Ziel ist dabei die Verdrängung von Konkurrenzprodukten bzw. die massive Verteidigung angestammten Regalplatzes. Obgleich diese Strategie durch aktives Handeln des Herstellers geprägt ist, impliziert ein derartiges Vorgehen dennoch ein Machtübergewicht auf Seiten der Abnehmer, aufgrund dessen diesen eine zusätzliche Durchsetzung, z.B. von Konditionenforderungen, ermöglicht wird.

Durch zielgerichteten Einsatz von Instrumenten einer Push-Strategie ist jedoch durchaus eine Machtrelativierung erreichbar, so daß von strategischem Verhalten gesprochen werden kann. Dazu zählt z.B. die Rabattpolitik, in der beispielsweise durch Rabattspreizung die Bevorzugung von bestimmten Betriebsformen des Einzelhandels vermieden werden kann.[211] Wichtigste Instrumente einer Push-Strategie sind der persönliche Verkauf sowie monetäre Anreizinstrumente.[212] Sie wird häufig in Kombination mit anderen Strategien je nach Produktsituation eingesetzt.[213]

3.22 Vertikale Marketingstrategien als Angriffsstrategien

Offensiv ausgelegte vertikale Marketingstrategien dienen dem Ziel des Machterwerbs. Als Ausgangssituation kann dabei ein bereits bestehendes Machtungleichgewicht unterstellt werden, welches auf der schwächeren Marktseite das Bestreben zum Aufbau von Gegenmacht und damit zur Machtneutralisierung hervorruft.[214] Ebenso kann jedoch auch eine Pattsituation (Machtgleichgewicht) oder ein Machtübergewicht der Hersteller über die Nachfrager vorliegen, so daß der Ausbau bzw. die Erhaltung von Macht im Vordergrund

---

[209] Vgl. Westphal, J., Vertikale Wettbewerbsstrategien in der Konsumgüterindustrie, a.a.O., S. 132; vgl. weiterhin Irrgang, W., Strategien im vertikalen Marketing, a.a.O., S. 48.
[210] Vgl. Ahlert, D., Distributionspolitik, a.a.O., S. 158.
[211] Vgl. Irrgang, W., Strategien im vertikalen Marketing, a.a.O., S. 46f.
[212] Vgl. Specht, G., Distributionsmanagement, a.a.O , S. 198.
[213] Vgl. Bowersox, D.J., Cooper, M.B., Strategic Marketing Channel Management, a.a.O., S. 182.
[214] Einem solchen Verhalten liegt das bereits 1952 von Galbraith beschriebene Konzept der „Countervailing Power" zugrunde. Vgl. Galbraith, J.K., Gegengewichtige Marktmacht, in : Herdzina, K. (Hrsg.), Wettbewerbstheorie, Köln 1975, S. 124-130. Einen Beweis für die praktische Existenz dieses Konzeptes konnte Etgar in einer empirischen Studie erbringen. Vgl. Etgar, M., Channel Domination and Countervailing Power in Distributive Channels, in : Journal of Marketing Research, Vol. 13, 1976, S. 12-24.

stehen.[215] Dabei sind neue Stärken zu entwickeln, oder aber ein Rückgriff auf vorhandene Stärken zu suchen. In jedem Fall wird ein Verlust an Führerschaft nicht hingenommen.[216] Der Hersteller wird sich um eine Stärkung seiner Verhandlungsposition gegenüber dem Handel bemühen. Die Mittel variieren vom Aufbau langfristiger Kundenbindungen über die Errichtung von Marktausstrittsbarrieren für den Handel bis hin zur Nutzung von Synergieeffekten zwischen Herstellern.[217]

Westphal und Gaitanides unterscheiden in diesem Zusammenhang zwischen institutionellen und funktionellen Gegenmachtstrategien.[218] Als institutionelle Gegenmachtstrategien sind dabei insbesondere die Strategie der horizontalen Kooperation bzw. Fusion von Herstellerunternehmen zu nennen. Den funktionellen Gegenmachtstrategien werden im folgenden die Pull-Strategie und die Konfliktstrategie zugeordnet.[219]

Die Strategie der **horizontalen Kooperation** beinhaltet Formen der Zusammenarbeit zwischen Herstellern der gleichen Stufe unter Wahrung ihrer rechtlichen Selbständigkeit.[220] Die Zusammenarbeit kann dabei von losen Kooperationsvereinbarungen bis hin zur Aufteilung von Funktionsbereichen und vertraglich geregelter Zusammenarbeit reichen.[221] Strategien der horizontalen Kooperation werden mit dem Ziel verfolgt, Verhandlungsmacht gegenüber dem Handel durch „künstliche Größe" zu erwerben,[222] bzw. durch Produkt-, Sortiments- oder Markenstärke für den Handel zu einem unverzichtbaren Partner zu werden.

Die Zusammenarbeit kann auf bilateraler Basis zwischen lediglich zwei Herstellern erfolgen, zwischen mehreren Herstellern einer Verbundgruppe oder zwischen Herstellern einer ganzen

---

[215] Vgl. Bergmann, G., Strategisches Absatzkanalmanagement in Märkten mit hoher Nachfragemacht, a.a.O., S. 372ff.

[216] Vgl. Meffert, H., Kimmeskamp, G., Industrielle Vertriebssysteme im Zeichen der Handelskonzentration, a.a.O., S. 216; Meffert, H., Strategische Unternehmensführung und Marketing, a.a.O., S. 101; Westphal, J., Vertikale Wettbewerbsstrategien in der Konsumgüterindustrie, a.a.O., S. 135.

[217] Vgl. Bergmann, G., Strategisches Absatzkanalmanagement in Märkten mit hoher Nachfragemacht, a.a.O., S. 379ff.

[218] Vgl. Gaitanides, M., Westphal, J., „Nachfragemacht" und Erfolg. Eine empirische Untersuchung von Erfolgsdeterminanten in Hersteller-Handels-Beziehungen, in : ZfB, 60. Jg., 1990, S. 135-153.

[219] Im Gegensatz zu Westphal wird die Umgehungsstrategie den Ausweichstrategien zugeordnet, da sie nicht eindeutig offensiven Charakter haben muß, sondern einen Kompromiß zwischen offensivem und defensivem Verhalten darstellen kann. Vgl. Westphal, J., Vertikale Wettbewerbsstrategien in der Konsumgüterindustrie, a.a.O., S. 136ff. Ferner erscheint es zweckmäßig, die Konfliktstrategie als Einzelstrategie i.R. der Angriffsstrategien herauszustellen und von der Pull-Strategie abzugrenzen, um den spezifischen Optionen von Herstellern gerecht zu werden, die sich in einer Situation deutlicher Angebotsmacht befinden.

[220] Vgl. Rasche, H.O., Kooperationsformen im Marketing, in: Marketing Enzyklopädie, Band 2, München 1974, S. 201-214.

[221] Vgl. Bergmann, G., Strategisches Absatzkanalmanagement in Märkten mit hoher Nachfragemacht, a.a.O., S. 386ff.

[222] Vgl. Westphal, J., Vertikale Wettbewerbsstrategien in der Konsumgüterindustrie, a.a.O., S. 136.

Branche, z.B. auf Verbandsebene.[223] In jedem Fall können je nach Inhalt und Zielen der Zusammenarbeit sowie der generierten Größe kartellrechtliche Fragen auftreten, insbesondere inwieweit eine Kooperation wettbewerbsbeschränkend wirkt.

Die Inhalte einer Zusammenarbeit können vielfältig sein. Denkbar sind auf preispolitischem Gebiet die Offenlegung von Konditionensystemen und deren Vereinheitlichung, z.B. zum Schutz von Markenartikeln vor Discount-Angeboten.[224] Durch gemeinsame Werbung verbundener Produkte, gemeinsame Verkaufsförderungsaktionen und POS-Marketingaktivitäten lassen sich Synergieeffekte nutzen, die ebenfalls die Verhandlungsposition gegenüber dem Handel stärken. Gemeinsame Marketingaktivitäten der genannten Art lassen sich auch unter dem Begriff des "Symbiotic Marketing" subsumieren.[225] Neben umfangreichen Möglichkeiten der Zusammenarbeit im Marketing ergeben sich Synergie- und Kostensenkungspotentiale insbesondere noch im Bereich der Produktion sowie in der Produktentwicklung und im Verkauf.[226]

Nachteile einer Zusammenarbeit sind für das einzelne Unternehmen in der Notwendigkeit zur Offenlegung von Betriebsabläufen, in einem Autonomieverlust sowie einer gegebenenfalls steigenden Komplexität der Unternehmensabläufe zu sehen.[227] Die Notwendigkeit der Abstimmung und Konsensfindung zwischen den Partnern einer horizontalen Kooperation kann dabei die Realisierung der genannten Potentiale erschweren. Ein Weg zur Vermeidung derartiger Reibungsverluste kann die vollständige Verschmelzung der Unternehmen sein.[228]

Die Strategie der **horizontalen Fusion** i.R. offensiver vertikaler Marketingstrategien beinhaltet das externe Unternehmenswachstum durch Zukauf von Unternehmen bzw. mehrheitliche Kapitalbeteiligung, so daß auf Seiten der übernommenen Unternehmung von einem Verlust der wirtschaftlichen und juristischen Unabhängigkeit ausgegangen werden kann. Die dadurch erzielte Unternehmensgröße wird, neben der Erschließung möglicher sonstiger Differenzierungs- und Kostensenkungspotentiale, zur Verstärkung der Verhand-

---

[223] Formen der Zusammenarbeit zwischen Herstellern werden in der Literatur häufig auch unter dem Begriff "Strategische Allianzen" diskutiert. Vgl. z.B. Hamel, G. Doz, J. L., Prahalad, C.K., Mit Marktrivalen zusammenarbeiten - und dabei gewinnen, in: Harvard Manager, 11. Jg., Nr. 3, 1989, S. 87-94; Backhaus, K., Plinke, W., Strategische Allianzen als Antwort auf veränderte Wettbewerbsstrukturen, in: Backhaus, K., Piltz, K. (Hrsg.), Strategische Allianzen, ZfbF, Sonderheft 22, Düsseldorf, Frankfurt 1990, S. 21-33.
[224] Vgl. Westphal, J., Vertikale Wettbewerbsstrategien in der Konsumgüterindustrie, a.a.O., S. 136.
[225] Vgl. Adler, L., Symbiotic Marketing, in: Harvard Business Review, Vol. 44, November/ December 1966, S. 59-71.
[226] Vgl. Bergmann, G., Strategisches Absatzkanalmanagement in Märkten mit hoher Nachfragemacht, a.a.O., S. 386ff.
[227] Vgl. Starke, U., Ursachen, Formen und Probleme der absatzwirtschaftlichen Kooperation industrieller Unternehmungen, in: Jahrbuch für Absatz- und Verbrauchsforschung, 17. Jg., 1971, S. 14ff.
[228] Vgl. Westphal, J., Vertikale Wettbewerbsstrategien in der Konsumgüterindustrie, a.a.O., S. 137. Im englischen Sprachraum wird diese Strategie auch als Mergers & Acquisitions-Strategie bezeichnet. Vgl. Cooke, T.E., Mergers & Acquisitions, Oxford 1988, S. 1f.

lungsmacht gegenüber dem Handel eingesetzt.[229] Der Hersteller "kauft" sich quasi Marktanteile und macht sich dadurch für den Handel unverzichtbar, baut also Angebotsmacht auf.[230] Die Ziele dieser Strategie sind somit mit jenen der horizontalen Kooperation identisch, Vorteile können sich jedoch insbesondere aus der vereinfachten Umsetzung ergeben.[231] Als wesentlicher Nachteil einer horizontalen Fusionsstrategie ist der hohe Kapitalbedarf zur Realisation zu nennen, so daß vorrangig marktstarke Unternehmen in der Lage sein werden, sie zu verfolgen.

Die Fusionsstrategie hat insbesondere in der europäischen Nahrungsmittelindustrie bereits erhebliche Bedeutung erlangt.[232] Es wird zu prüfen sein, ob gleiches auch für Japan gilt, oder gegebenenfalls kulturspezifische Unterschiede ihre Bedeutung limitieren. Dabei ist zu untersuchen, inwieweit die verschiedenen Formen der horizontalen Kooperation, trotz formeller Unterschiede (insbesondere juristische Selbständigkeit, fehlende Kapitalbeteiligung) zur horizontalen Fusion, faktisch eine identische Wirkung erreichen können bzw. zur Realisation der genannten Ziele gegenber dem Handel eingesetzt werden.[233]

Als weitere Variante der Angriffsstrategie ist die **vertikale Großhandelsintegration** anzuführen, die im Hinblick auf die vollständige Erfassung strategischer Optionen innerhalb des japanischen Distributionssystems Berücksichtigung finden soll. Dabei handelt es sich ebenfalls um eine institutionelle Gegenmachtstrategie. Neben der Ausweitung der Absatzkanalkontrolle ermöglicht die vertikale Integration von Großhandelsunternehmen den Erwerb spezifischen Vertriebs-Know-hows sowie den Ausbau des Kundenbesitzes auf der Einzelhandelsstufe. Einer solchen Strategie ist ein betont offensiver Charakter zuzumessen, indem der Hersteller gezielt durch Ausweitung seines Wertschöpfungsanteils um eine Festigung bzw. einen Ausbau der Marketing-Führerschaft bemüht ist.

Eine der in der Literatur am häufigsten erwähnten vertikalen Marketingstrategien bildet die **Pull-Strategie**, die ihrem Charakter nach ebenfalls den offensiven Strategien zugeordnet werden kann.[234] Kern der Pull-Strategie ist eine vom Hersteller durch intensive Werbung stimulierte Endverbrauchernachfrage. Hoher Bekanntheitsgrad und ein werblich erzeugtes,

---

[229] Vgl. Cooke, T.E., Mergers & Acquisitions, a.a.O., S. 29-31; Galbraith, C.S., Stiles, C.H., Merger Strategies as a Response to Bilateral Market Power, in: Academy of Management Journal, Vol. 27, 1984, S. 511-524.
[230] Vgl. Irrgang, W., Strategien im vertikalen Marketing, a.a.O., S. 44.
[231] Vgl. Westphal, J., Vertikale Wettbewerbsstrategien in der Konsumgüterindustrie, a.a.O., S. 137.
[232] Vgl. Tiphine, B., Busch, R., Die Starken werden noch stärker, in: Industriemagazin, Februar 1991, S. 84-88.
[233] Vgl. Yoshino, M.Y., Lifson, T.B., The Invisible Link. Japan´s Sogo Shosha and the Organization of Trade, Cambridge, Mass., London 1989, S. 103ff.; Catts, R.L., Capitalism in Japan: Cartels and Keiretsu, in: Harvard Business Review, July/August 1992, S. 48-55.
[234] Vgl. Irrgang, W., Strategien im vertikalen Marketing, a.a.O., S. 44; Westphal, J., Vertikale Wettbewerbsstrategien in der Konsumgüterindustrie, a.a.O., S. 139.

positives Image "verkaufen" die Marke sozusagen "im voraus", so daß der Handel zu einer Listung "gezwungen" wird, will er nicht auf Umsatz verzichten.[235] Der Handel wird über diesen "Pull-Effekt" (Nachfragesog) an eine Marke gebunden, es entsteht Angebotsmacht.[236] Im Vordergrund der Pull-Strategie steht die Erhöhung von Bekanntheitsgrad und Marktanteil einer Marke.[237] Neben einer intensiven Verbraucherkommunikation ist insbesondere eine hohe Produktqualität und -akzeptanz zur Umsetzung dieser Strategie erforderlich.[238]

Anzumerken ist, daß die Pull-Strategie idealtypisch die Ziele eines vertikalen Marketing mit denen des Endverbrauchermarketing vereinigt, indem der Endverbraucher am Anfangspunkt der Betrachtungen steht. Nachteile einer Pull-Strategie sind der Zeit- und Finanzbedarf, der zur Erzeugung des genannten Nachfragesogs erforderlich ist.[239]

Als vierte und letzte strategische Option im Rahmen der Angriffstrategien im vertikalen Marketing ist die **Konfliktstrategie** zu nennen.[240] Dabei nimmt ein Anbieter bewußt Konflikte in Kauf und tritt dem Machterwerb des Handels aggressiv gegenüber bzw. trachtet offen danach, sein eigenes Machtpotential auszubauen. Voraussetzung ihrer Anwendung ist eine günstige Ausgangsposition des Herstellers, gemessen an seiner Marktstellung (hoher relativer Marktanteil, Bekanntheitsgrad) und Finanzkraft einerseits, und andererseits ein wenig ausgereiftes Handelsumfeld (geringer Konzentrationsgrad, Mehrstufigkeit). In einer solchen Umweltsituation kommt der Konfliktstrategie als - aus Sicht des Herstellers - Präventivstrategie hohe Bedeutung zu. Sie hat im Gegensatz zur Pull-Strategie, die ein partnerschaftliches Verhältnis zum Handel nicht ausschließt, einen eher "destruktiven" Charakter.

Als Instrument zur Umsetzung einer Konfliktstrategie ist zunächst die Nicht-Belieferung ausgewählter Handelsunternehmen bzw. Betriebsformen zu nennen, die die Konformität der Marketingstrategie des Herstellers beeinträchtigen könnten. Entsprechend werden Produktströme in "loyale" Kanäle gesteuert. Da eine offene Nicht-Belieferung wettbewerbs-

---

[235] Vgl. Irrgang, W., Strategien im vertikalen Marketing, a.a.O., S. 45; Becker, J., Marketing-Konzeption, a.a.O., S. 506.
[236] Vgl. Westphal, J., Vertikale Wettbewerbsstrategien in der Konsumgüterindustrie, a.a.O., S. 139.
[237] Vgl. Irrgang, W., Strategien im vertikalen Marketing, a.a.O.
[238] Vgl. Gaitanides, M., Westphal, J., Nachfragemacht und Erfolg, a.a.O., S. 142; Engelhardt, W.H., Wandel der Marketing-Strategien im Bereich der Distribution, in: Markenartikel, 42. Jg., 1980, S. 50-56.
[239] Vgl. Irrgang, W., Strategien im vertikalen Marketing, a.a.O.
[240] In der Literatur werden die Begriffe Konfliktstrategie, Autonomie-Strategie und Kampfstrategie gleichrangig mit dem gewählten Oberbegriff Offensiv- bzw. Angriffstrategie behandelt. Ziel der Unterordnung unter die Angriffstrategien ist die Herausstellung des unterschiedlichen stilistischen Charakters, der unterschiedlichen Ausgangssituation sowie der unterschiedlichen einzusetzenden Instrumente. Vgl. zur Abgrenzung auch Meffert, H., Kimmeskamp, G., Industrielle Vertriebssysteme im Zeichen der Nachfragemacht, a.a.O., S. 216; Diller, H., Gaitanides, M., Das Key-Account Management in der Lebensmittelindustrie, a.a.O., S. 113ff; Diller, H., Gaitanides, M., Vertriebsorganisation und handelsorientiertes Marketing, in: ZfB, 59. Jg., 1989, S. 589-608.

rechtlich bedenklich ist, kommen als weitere Instrumente monetäre Anreiz-Systeme in Frage. Die bewußte Vermeidung von bestimmten Handelsunternehmen kann dabei auch Bestandteil einer vollständigen Umgehungs- bzw. Ausweichstrategie sein.[241] In jedem Fall impliziert die Verfolgung einer Konfliktstrategie, daß der Hersteller im Besitz der Marketingführerschaft innerhalb seiner Distributionskanäle ist.[242]

Zusammenfassend kann festgehalten werden, daß sich einem Hersteller verschiedene Möglichkeiten zum Ausbau seiner Macht bzw. zum (frühzeitigen) Aufbau eines Gegenmachtpotentials im Rahmen eines offensiven, angriffsorientierten strategischen Verhaltens bieten. Gemeinsame Voraussetzung der Angriffsstrategien ist, daß sich der Hersteller in einer insgesamt (extern wie intern) günstigen Ausgangslage befindet, d.h. daß der Handel dem Machterwerbsstreben der Hersteller z.b. mangels kritischer Größe nur mit begrenzten Mitteln entgegentreten kann.[243]

3.23 Vertikale Marketingstrategien als Kooperationsstrategien

Kooperationsstrategien nehmen in der Diskussion strategischer Verhaltensoptionen im Rahmen des vertikalen Marketing breiten Raum ein.[244] Von einigen Autoren werden sie sogar mit dem Begriff des vertikalen Marketing gleichgesetzt.[245] Strittig scheint jedoch insbesondere die Einordnung von Kooperationsstrategien in eine Typologie strategischer Verhaltensoptionen. Westphal ordnet Kooperationsstrategien den defensiven vertikalen Strategien zu, unter der Begründung der Aufgabe eines herstellerseitigen Autonomiestrebens und des damit verbundenen Machtzugeständnisses an die Nachfrager.[246] Meffert und Kimmeskamp räumen der Kooperationsstrategie eine eigenständige Position im Rahmen ihrer Typologie ein, unterstellen jedoch Passivität in der Gestaltung der Absatzwege. Gleichzeitig sehen sie in der Kooperationsstrategie auch Ansatzpunkte zum Machterwerb, so daß eine Zuordnung zu den defensiven Strategien nicht schlüssig erscheint.[247]

---

241 Vgl. Meffert, H., Strategische Unternehmensführung und Marketing, a.a.O., S. 102f; Irrgang, W., Strategien im vertikalen Marketing, a.a.O., S. 55ff.
242 Vgl. Meffert, H., Strategische Unternehmensführung und Marketing, a.a.O., S. 101.
243 Vgl. Irrgang, W., Strategien im vertikalen Marketing, a.a.O., S. 46.
244 Vgl. z.B. Jirasek, J., Grundlagen der Kooperation zwischen Industrie und Handelsunternehmen, in: Rationalisierung, 17. Jg., 1966, S. 241ff.; Alderson, W., Cooperation and Conflict in Marketing, in: Stern, L.W. (Hrsg.), Distribution Channels: Behavioral Dimensions, New York u.a.O. 1969, S. 195-209; Dichtl, E., Die Idee der Partnerschaft zwischen Industrie- und Handelsunternehmen, in: Küting, K., Zink, K.J. (Hrsg.), Unternehmerische Zusammenarbeit, Berlin 1983, S. 111-135; Anderson, J. G., Narus, J.A., A Model of Distributor Firm and Manufacturer Firm Working Partnerships, in: Journal of Marketing, Vol. 54, 1990, S. 42-58.
245 Vgl. Steffenhagen, H., Marketing, vertikales, a.a.O., S. 675-690; Thies, G., Vertikales Marketing, a.a.O., S. 5ff., Pfohl, H.-C., Vertikales Marketing, a.a.O., S. 1-42.
246 Vgl. Westphal, L., Vertikale Wettbewerbsstrategien in der Konsumgüterindustrie, a.a.O., S. 133.
247 Vgl. Meffert, H., Strategische Unternehmensführung und Marketing, a.a.O., S. 100.

Wenngleich vertikale Kooperationen i.d.R. mit Zugeständnissen an die Marktgegenseite verbunden sein dürften, so ist in der möglichen Steigerung der Wertschöpfung bei kooperativem Verhalten eine substantielle Festigung der Marktposition zu sehen. Diese kann damit langfristig auch eine Verbesserung der relativen Machtposition, sowohl gegenüber Wettbewerbern, als auch gegenüber Nachfragern, zur Folge haben. Dies gilt insbesondere dann, wenn Kooperationen selektiv zwischen führenden Handels- und Herstellerunternehmen erfolgen,[248] die seitens des Herstellers zum systematischen Aufbau von Wettbewerbsvorteilen und Kompetenzfeldern genutzt werden. Als Beispiele lassen sich die Logistik sowie die Informationswirtschaft nennen. Transparenz z.B. über die Profitabilität der eigenen Produkte durch Informationsaustausch mit Handelsunternehmen, deren Warenwirtschafts- und POS-System bereits weit entwickelt sind, kann zum Ausbau der Verhandlungsmacht gegenüber den übrigen Handelsabnehmern genutzt werden.

Die systematische Nutzung einer Kooperationsstrategie kann somit Grundlage eines offensiven Verhaltens sein, so daß die Zuordnung zu den defensiven Strategien aufgrund der limitierten Interpretation von Kooperationsstrategien entfällt. Die Kooperationsstrategie hat vielmehr, aufgrund der Vielfalt von Gestaltungsoptionen, einen betont eigenständigen Charakter. Ziel der Kooperationsstrategie ist einerseits die Konfliktreduzierung bzw. -vermeidung, interpretiert als konstruktiver Ansatz zur Problemlösung,[249] und andererseits der Kompetenzaufbau.

Die Formen von Kooperationsstrategien lassen sich systematisieren nach Umfang, sowie Bindungs- und Zentralisationsgrad einer Kooperation. Während in der Literatur vorrangig der Bindungs- und Zentralisationsgrad von Kooperationen behandelt wird,[250] gewährt die Betrachtung des Kooperationsumfangs zwischen Herstellern und Absatzmittlern entlang der Wertschöpfungsfunktionen neue Einsichten und Gestaltungsfreiräume.

Die Dimension "Kooperationsumfang" umschreibt das zeitliche und funktionale Ausmaß von Kooperationen. Zu beobachten sind einerseits projektbezogene Kooperationen, z.B. in Form von Verkaufsförderungsaktionen zur Neuprodukteinführung.[251] Zunehmend an Bedeutung gewinnen jedoch Kooperationen, die zeitlich unbefristet angelegt sind und mehrere

---

[248] Vgl. z.B. die Kooperation zwischen Procter & Gamble und Wal Mart in den USA, sowie zwischen Mars und Rewe in Deutschland. Vgl. Stalk, G., Evans, P., Schulman, L.E., Competing on Capabilities: The New Rules of Corporate Strategy, in: Harvard Business Review, March/April 1992, S. 57-69; Raithel, A., Mars macht mobil, in: Manager Magazin, 18. Jg., Nr. 12, 1988, S. 234-239.

[249] Vgl. Irrgang, W., Strategien im vertikalen Marketing, a.a.O., S. 129ff.

[250] Vgl. z.B. Ahlert, D., Distributionspolitik, a.a.O., S. 162ff.; Ahlert, D., Vertikale Kooperationsstrategien im Vertrieb, in: ZfB, 52. Jg., 1982, S. 62-93; Grossekettler, H., Die volkswirtschaftliche Problematik von Vertriebskooperationen - zur wettbewerbspolitischen Beurteilung von Vertriebsbindungs-, Alleinvertriebs-, Vertragshändler- und Franchisesystemen, in: ZfgG, 1978, S. 325ff.

[251] Vgl. Fertsch, F.W., Verkaufsförderung - ein Weg zur Kooperation zwischen Industrie und Handel, in: Rationalisierung, 17. Jg., 1966, S. 247-248; Pfohl, H.-C., Vertikales Marketing, a.a.O., S. 284-306.

Wertschöpfungsstufen umfassen (z.B. Produktentwicklung, Produktion, Logistik).[252] Die Dimension "Bindungs- und Zentralisationsgrad" beinhaltet das Ausmaß vertraglicher Fixierungen der Kooperationsinhalte sowie die Zentralisierung von Entscheidungen, und reicht von vertragslosen Kooperationen bis hin zu vertraglichen Vertriebssystemen (z.B. Vertragshändlersysteme, Franchisesysteme).[253] In der aus den beiden Dimensionen zu errichtenden Vier-Felder-Matrix lassen sich ausgewählte Formen vertikaler Kooperationen positionieren *(vgl. Abb. 10)*.

Abb. 10

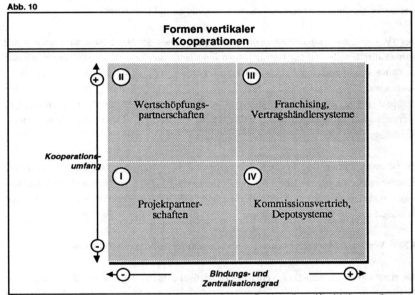

Quelle: in Anlehnung an: Grossekettler, H., Die volkswirtschaftliche Problematik von Vertriebskooperationen, a.a.O., S. 325 ff

In den I. Quadranten fallen dabei z.B. die genannten Projektpartnerschaften, deren Umfang auf einzelne Funktionen begrenzt ist und i.d.R. keiner vertraglichen Fixierung bedürfen. Weitaus umfassender in dem Umfang kooperativ abgedeckter Funktionen sind sogenannte Wertschöpfungspartnerschaften zwischen Industrie und Handel, die sich über ein gesamtes Wertschöpfungssystem erstrecken können.[254] Sie bilden eine beispielhafte Kooperationsform des II. Quadranten. Sie zeichnen sich durch dezentrale Entscheidungsstrukturen aus. Hersteller und Handel bleiben rechtlich und wirtschaftlich selbständig, wobei Informations-

---

252 Vgl. Stalk, G., Evans, P., Shulman, L.E., Competing on Capabilities, a.a.O., S. 57-69.
253 Vgl. Ahlert, D., Vertikale Kooperationsstrategien im Vertrieb, a.a.O., S. 62-93.
254 Vgl. Johnston, R., Lawrence, P.R., Beyond Vertical Integration - The Rise of the Value-Adding Partnership, in: Harvard Business Review, July/August 1988, S. 94ff; Vgl. auch Kap. B, Abschn. 2.33.

und Managementsysteme den Schlüssel zur gemeinsamen Wertschöpfungssteigerung bilden.[255] Die Verhaltensabstimmung kann optional auch vertragliche Regelungen umfassen. Entscheidendes Charakteristikum zur Differenzierung bleibt dann der Grad der Dezentralisation.

In den III. Quadranten fallen klassische Vertriebsbindungssysteme, wie das Franchising oder das Vertragshändlersystem.[256] Hier werden die Handelsbetriebe vertraglich eng an den Hersteller gebunden, sämtliche Funktionen zwischen Produktentwicklung und Verkauf werden weitgehend vom Hersteller determiniert und zentral koordiniert.

Der IV. Quadrant schließlich enthält Systeme, bei denen der Handelsbetrieb rechtlich und wirtschaftlich selbstständig bleibt, jedoch dem Hersteller erweiterten Präsentationsraum einräumt sowie einzelne Funktionen koordiniert.[257] Die vertraglichen Vereinbarungen bleiben auf diese Funktionen beschränkt, die vom Hersteller zentral gesteuert werden. Ein Beispiel bildet die Bewirtschaftung von Verkaufsflächen innerhalb großflächiger Betriebsformen (z.B. Warenhäuser) in Form von Shop-in-Shop-, Depot- oder Kommissionsvertriebssystemen.[258]

Es ist anzumerken, daß Formen der vertikalen Kooperation nicht ausschließlich die Zusammenarbeit zwischen Hersteller und Einzelhandel betreffen, sondern auch die Zwischenstufen einbeziehen können. Darüberhinaus kann sich die Zusammenarbeit auch allein auf Hersteller und Großhandel beschränken.

3.24 Vertikale Marketingstrategien als Umgehungs- und Ausweichstrategien

Als vierte Option strategischen Verhaltens im vertikalen Marketing sind die Umgehungs- und Ausweichstrategien zu nennen.[259] Während die unter den Verteidigungs-, Angriffs- und Kooperationsstrategien diskutierten Strategievarianten die Auseinandersetzung mit den Absatzmittlern in bestehenden Absatzkanälen thematisierten, beinhalten die Umgehungs- und die Ausweichstrategien die Suche nach neuen Absatzwegen bzw. gänzlich neuen Geschäftsfeldern. Ihr Ziel ist eine Reduktion der Abhängigkeit von Abnehmern mit hoher Nachfragemacht.

---

[255] Vgl. Johnston, R., Lawrence, P.R., Beyond Vertical Integration - The Rise of the Value-Adding Partnership, a.a.O., S. 96ff.
[256] Nähere Ausführungen zu diesen Systemen vgl. z.B. Ahlert, D., Vertikale Kooperationsstrategien im Vertrieb, a.a.O.; derselbe, Distributionspolitik, a.a.O., S. 197ff; Irrgang, W., Strategien im vertikalen Marketing, a.a.O., S. 124ff; Vgl. auch Kap. E, Abschn. 4.321.
[257] Vgl. Ahlert, D., Distributionspolitik, a.a.O., S. 214.
[258] Vgl. ebenda, S. 216ff.
[259] Vgl. Meffert, H., Kimmeskamp, G., Industrielle Vertriebssysteme im Zeichen der Handelskonzentration, a.a.O., S. 216; Meffert, H., Strategische Unternehmensführung und Marketing, a.a.O., S. 162.

Die **Umgehungsstrategie** beinhaltet dabei den Aufbau neuer Absatzwege und Vertriebsformen mit vorhandenen Produkten in bestehenden Marktsegmenten. Folgt man der Ansoffschen Terminologie, so handelt es sich letzlich um Marktdurchdringungsstrategien.[260] Beispiele sind die Errichtung eigener Filial- oder Franchisesysteme, der Automatenverkauf sowie sonstige Formen des direkten Vertriebs (Versandhandel, Telefonverkauf etc.).[261] Wird die Umgehungsstrategie im Rahmen eines Hybrid-Marketing parallel zu bestehenden Absatzkanälen eingesetzt,[262] so beinhaltet sie offensive Elemente zur Erweiterung der Angebotsmacht.[263]

Ausweichstrategien hingegen beinhalten i.d.R. den Ausstieg aus nachfragebeherrschten Marktsegmenten, in denen ein weiterer Verbleib die Geschäftsgrundlage gefährden würde. Ziele einer Ausweichstrategie sind die Reduktion der Abhängigkeit von einzelnen Nachfragern, sowie die Erschließung lukrativer Gewinnpotentiale in Nischen oder jungen Märkten, die noch nicht von Nachfragekonzentration geprägt sind.[264] Als Varianten der Ausweichstrategie sind in Anlehnung an Ansoff die Markterschließungsstrategie, die Produktentwicklungsstrategie sowie die Diversifikationsstrategie zu nennen.[265]

Im Rahmen der **Markterschließungsstrategie** erfolgt ein Ausweichen mit bestehenden Produkten in neue Marktfelder, die von geringer oder keiner Nachfragekonzentration gekennzeichnet sind. Es können dies sowohl neue Kundengruppen (z.b. Ausweichen in den Luxusmarkt, Belieferung von "Großverbrauchern" wie z.B. Anstalten, Kantinen etc.) als auch neue Regionen sein.[266]

Die **Produktdiversifikationsstrategie** bietet sich an, wenn bestehende Produkt-/Marktfelder durch hohe Substitutionsgefahr und Verdrängungswettbewerb gekennzeichnet sind.[267] Durch neue, innovative Produkte wird der Hersteller versuchen, eine spezifische Nachfrage auf sein Produkt zu ziehen und sich so gegebenenfalls dem Handel unentbehrlich zu machen. Hier ist die Verwandtschaft zur Pull-Strategie zu erkennen.

---

[260] Vgl. Ansoff, H.I., Management-Strategie, a.a.O., S. 13.
[261] Vgl. Meffert, H., Kimmeskamp, G., Industrielle Vertriebssysteme im Zeichen der Handelskonzentration, a.a.O., S. 216f.
[262] Vgl. Moriarty, R.T., Moran, U., Managing Hybrid Marketing Systems, in: Harvard Business Review, November/December 1990, S. 146-155.
[263] Vgl. Westphal, J., Vertikale Wettbewerbsstrategien in der Konsumgüterindustrie, a.a.O., S. 138.
[264] Vgl. Meffert, H., Strategische Unternehmensführung und Marketing, a.a.O., S. 102-103.
[265] Vgl. Ansoff, H.I., Management-Strategie, a.a.O.; Friedrich, R., Marketingstrategien in Märkten mit hoher Nachfragemacht, a.a.O., S. 379f. Meffert, H., Strategische Unternehmensführung und Marketing, a.a.O., S. 102ff; Bergmann, G., Strategisches Absatzkanalmanagement in Märkten mit hoher Nachfragemacht, a.a.O., S. 415ff.
[266] Vgl. Irrgang, W., Strategien im vertikalen Marketing, a.a.O., S. 99ff.
[267] Vgl. Westphal, J., Vertikale Wettbewerbsstrategien in der Konsumgüterindustrie, a.a.O., S. 141.

Die **Diversifikationsstrategie** schließlich beinhaltet den Vorstoß mit neuen Produkten in neue Marktsegmente, in denen der Hersteller gegebenenfalls die "Spielregeln" neu definiert und so die Chance zum Aufbau von Angebotsmacht erhält.[268]

Zusammenfassend ist zu den Ausweichstrategien anzumerken, daß sie nicht den originären vertikalen Marketingstrategien zuzuordnen sind, sondern im eigentlichen Sinne Geschäftsfeldstrategien darstellen.[269]

3.3 Instrumentalstrategien im vertikalen Marketing

Nach der vorangegangenen Diskussion der strategischen Grundhaltungen im vertikalen Marketing sollen abschließend die Instrumentalstrategien, die die Ausgestaltung der Absatzkanäle eines Herstellers zum Inhalt haben, näher erläutert werden. Zu unterscheiden sind drei Teilstrategien der instrumentalen Ausrichtung eines Herstellers auf die Absatzkanäle:[270]

- die Selektionsstrategie,
- die Akquisitions- und Motivationsstrategie,
- die Koordinations- und Kontraktstrategie.

Aufeinander abgestimmt ergeben die drei Ebenen die Absatzkanalkonzeption, als integraler Bestandteil der übergeordneten, vertikalen Marketing-Konzeption.[271]

3.31 Selektionsstrategie

Im Rahmen der Selektionsstrategie erfolgt eine Festlegung der Grundstruktur des Absatzkanalsystems eines Herstellers.[272] Unterschieden werden die vertikale und die horizontale Selektion.[273] Die vertikale Selektion beinhaltet die Auswahl zwischen direktem und indirektem Vertrieb, d.h. der Einschaltung von unabhängigen Absatzmittlern. Innerhalb der Alternative des indirekten Vertriebs ist zudem zwischen ein- und mehrstufigem Vertrieb zu unterscheiden, d.h. in welchem Umfang neben dem Einzelhandel der Großhandel in die Distribution einbezogen werden soll.[274]

---

[268] Vgl. Bourantas, D., Avoiding Dependence on Suppliers and Distributors, in : Long Range Planning, Vol. 22, Nr. 3, 1989, S. 140-149.
[269] Vgl. Westphal, J., Vertikale Wettbewerbsstrategien in der Konsumgüterindustrie, a.a.O., S. 141.
[270] Vgl. Ahlert, D., Distributionspolitik, a.a.O., S. 151ff.; Irrgang, W., Strategien im vertikalen Marketing, a.a.O., S. 64ff.
[271] Vgl. Ahlert, D., Distributionspolitik, a.a.O., S. 151.
[272] Vgl. ebenda, S. 153.
[273] Vgl. ebenda.
[274] Von einstufigem, indirekten Vertrieb wird gesprochen, wenn der Absatz vom Produzenten über den Einzelhandel an den Konsumenten erfolgt. Von mehrstufigem, zweistufigem Vertrieb wird entsprechend bei zusätzlicher Einschaltung einer Großhandelsstufe gesprochen, bei Einschaltung einer

Im Rahmen der horizontalen Selektion erfolgt eine Festlegung der Zielbetriebe auf den eingeschalteten Stufen. Dabei ist vorab, i.d.R. in Abhängigkeit von den zu distribuierenden Produkten sowie der angestrebten Marktstellung und Marktbearbeitung (differenziert/undifferenziert), der Distributionsgrad festzulegen. Wird eine ubiquitäre Warenverfügbarkeit angestrebt, so wird von intensivem Vertrieb gesprochen. Der selektive Vertrieb beinhaltet einen mittleren Distributionsgrad, Absatzmittler werden qualitativ ausgewählt. Der exklusive Vertrieb schließlich verfolgt das Ziel eines möglichst niedrigen Distributionsgrades, Absatzmittler werden neben der Anwendung qualitativer Selektionskriterien auch quantitativ limitiert.[275] Weiterhin ist bei der Auswahl der Zielbetriebe zu beachten, welche Betriebsformen des Handels vorliegen. Insbesondere die Einzelhandelsbetriebsform reflektiert auf das Produktimage, ein Phänomen, welches auch als Irradiation des Geschäftsstättenimages bezeichnet wird.[276] Nach der Festlegung der angestrebten Betriebsformen des Handels im allgemeinen erfolgt die Selektion der einzelnen Handelsunternehmen, die in den Vertrieb einbezogen werden sollen. Hier spielt nicht zuletzt die Marktbedeutung und ausgeübte Marketingstrategie eine wesentliche Rolle bei der Auswahl.[277]

Die dargestellten Elemente der Selektionsstrategie sind Bestandteil eines permanenten Auswahloptimierungsprozesses, da die Absatzkanäle i.d.R. mit dem Umsatz des Unternehmens mitwachsen.[278] Dabei ist dennoch die Langfristigkeit der Basisentscheidungen bzgl. Distributionsgrad und einzuschaltenden Betriebsformen zu beachten. Ferner sind auch die Strategien der Mitbewerber intensiv innerhalb der Entscheidungsprozesse zu berücksichtigen.[279]

3.32 Akquisitions- und Motivationsstrategie

Voraussetzung für die Definition der Selektionsstrategie ist die Bereitschaft zur Teilnahme der Absatzmittler an der Distribution eines bestimmten Herstellers.[280] Um diese Bereitschaft zu erzeugen bzw. zu wecken, stehen verschiedene Instrumente der Akquisition und Motivation zur Verfügung, die von Irrgang auch als Stimulierungsmaßnahmen bezeichnet werden.[281] Hier kommen wiederum Elemente der oben geschilderten strategischen Grundhaltungen zum tragen, indem Absatzmittler betont aggressiv (z.B. Pull-Strategie), defensiv (z.B.

---

weiteren Großhandelsstufe von dreistufigem Vertrieb usw.. Vgl. Specht, G., Distributionsmanagement, S. 36.
[275] Vgl. Irrgang, W., Strategien im vertikalen Marketing, a.a.O., S. 66f.
[276] Vgl. Ahlert, D., Distributionspolitik, a.a.O., S. 42.
[277] Vgl. Irrgang, W., Strategien im vertikalen Marketing, a.a.O., S. 68.
[278] Vgl. ebenda, S. 75.
[279] Vgl. ebenda, S. 66-69.
[280] Vgl. Ahlert, D., Distributionspolitik, a.a.O., S.158.
[281] Vgl. Irrgang, W., Strategien im vertikalen Marketing, a.a.O., S. 79.

Push-Strategie) oder kooperativ akquiriert werden. Als Einzelinstrumente sind monetäre und nicht-monetäre Anreize zu unterscheiden. Monetäre Anreize können insbesondere sein:[282]

- Attraktive Deckungsspannen,
- Gewinnpotentiale aufgrund hoher Umschlagshäufigkeiten,
- Rabatte, Boni,
- Finanzhilfen.

Die nicht-monetären Anreize zur Stimulierung des Handels bauen ähnlich dem Endverbrauchermarketing auf der Erzeugung von Präferenzen auf.[283] Dies gilt insbesondere vor dem Hintergrund der häufig weitgehenden Austauschbarkeit der Produkte verschiedener Hersteller. Der einzelne Hersteller kann Präferenzen auf der Basis seiner Produkte oder seines Unternehmensimages aufbauen. Elemente einer Präferenzstrategie können sowohl rational als auch emotional konditioniert sein. Im einzelnen sind zusammenfassend folgende nicht-monetären Anreize zu nennen:[284]

- Produktkompetenz,
- Serviceleistungen (z.B. Lieferservice, After-Sales-Service),
- Know-how-Transfer (z.B. Personal- und Managementschulung),
- Informations-Transfer (z.B. Marktforschungsdaten),
- Übernahme von Funktionen (z.B. Logistik, Regalpflege),
- Emotionale Maßnahmen (z.B. langfristige Beziehungspflege),
- Incentives (z.B. Gewinnspiele, Golf-Reisen etc.).

Abschließend ist anzumerken, daß der Einsatz der genannten Instrumente der fundierten Analyse der Präferenzstrukturen und Entscheidungskriterien der Entscheidungsträger im Handel bedarf.[285] Wenngleich die Systematik einheitlich angewendet werden kann, können Präferenzunterschiede aufgrund kultureller Faktoren eine besondere Rolle spielen.

3.33 Koordinations- und Kontraktstrategie

Im Rahmen der Koordinationsstrategie ist - nach Selektion der gewünschten Absatzmittler und deren Motivation zur Teilnahme an der Distribution - festzulegen, inwieweit eine nachhaltige Koordination der Zusammenarbeit mit dem Handel auf der Basis vertraglicher Bindungen erfolgen soll. Dies kann insbesondere erfolgen, um die Absatzmittler zu einem dauerhaften Wiederkauf zu bewegen und ihr Verhalten möglichst den Marketingzielen des

---

[282] Vgl. Irrgang, W., Strategien im vertikalen Marketing, a.a.O., S. 79.
[283] Vgl. ebenda, S. 80, S. 98ff.
[284] Vgl. ebenda.
[285] Vgl. ebenda, S. 109ff.

Herstellers entsprechend zu harmonisieren.[286] Folglich sind Überlegungen anzustellen, inwieweit gegebenenfalls eine Institutionalisierung der Vertriebsbeziehungen erfolgen soll.[287]

Es ist somit zunächst grundsätzlich zu entscheiden, inwieweit eine längerfristige Kooperation sinnvoll ist oder aber fallweise Regelungen vorzuziehen sind.[288] Entsprechend der unter Abschnitt 3.23 vorgestellten Matrix sind der Umfang der Zusammenarbeit mit dem Handel sowie der angestrebte Bindungs- und Zentralisationsgrad von Entscheidungen festzulegen. Diese führen dann zu den vorgestellten Erscheinungsformen vertraglicher und nichtvertraglicher Kooperationen.

Resumierend ist festzuhalten, daß die strategischen Grundhaltungen sowie die darunter zu subsumierenden Basisstrategien im vertikalen Marketing einerseits und die Instrumentalstrategien andererseits aufeinander aufbauen und zu integrieren sind. Spezifische Ausprägungen dieser Strategien und ihre Bedeutung in Japan werden im Verlauf der Arbeit im Detail zu untersuchen sein. Eine zusammenfassende Systematisierung der Strategieebenen und -optionen im vertikalen Marketing enthält *Abbildung 11*.

Abb. 11

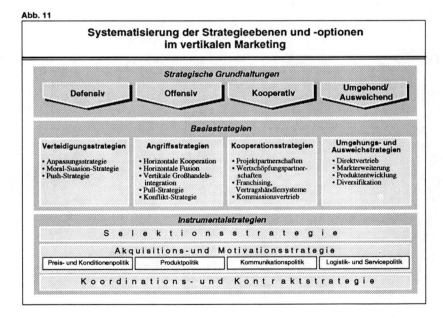

286 Vgl. Ahlert, D., Distributionspolitik, a.a.O., S. 162ff.
287 Vgl. ebenda.
288 Vgl. Irrgang, W., Strategien im vertikalen Marketing, a.a.O., S. 119f.

Kapitel C

C. Entwicklung der Groß- und Einzelhandelsstrukturen des japanischen Distributionssystems vor dem Hintergrund veränderter Rahmenbedingungen

Grundlage der Analyse der Entwicklung der Groß- und Einzelhandelsstrukturen und damit insbesondere der Dynamik der Betriebsformen bildet das Verständnis der übergreifenden Einflußfaktoren struktureller Veränderungen des japanischen Distributionssystems. Diese ergeben sich aus der Untersuchung der politisch-rechtlichen, sozialen, ökonomischen und technologischen Umfeldbedingungen und sind im Kontext der historisch-kulturellen Entwicklung des Handels in Japan zu sehen.

1. Historisch-kulturelle Entwicklung des Handels in Japan

Die geschichtliche Entwicklung Japans und ihr Einfluß auf die Distributionswirtschaft lassen sich in zwei Perioden einteilen:[1] die Entwicklung von Beginn des 17. Jahrhunderts (insbesondere Tokugawa-Zeit (1603-1867) und die nachfolgende Meiji-Restauration (1868-1912)) bis zum Beginn des zweiten Weltkriegs, sowie die Entwicklung seit Beendigung des zweiten Weltkriegs bis zum heutigen Zeitpunkt.[2]

1.1 Von der Tokugawa-Zeit bis zum zweiten Weltkrieg

Japan bestand ursprünglich aus einer Vielzahl kleiner Fürstentümer, die autarke Wirtschaftsgemeinschaften bildeten und von Feudalherren (den sogenannten Daimyo) beherrscht wurden. Begünstigt wurde diese Struktur durch die Zergliederung der japanischen Landschaften.[3]

Der Handel als Wirtschaftszweig war beschränkt und wenig angesehen. Shonin, Händler, galten als der unterste von vier Ständen: Samurai (ursprünglich Staatsdiener), Bauern und Handwerker rangierten höher.[4]

---

1   Vgl. Yoshino, M.Y., The Japanese Marketing System, a.a.O., S. 1ff.
2   Handel und Distribution haben in Japan eine ähnlich lange Geschichte wie etwa im abendländischen Kulturkreis (Europa). Barter-Geschäfte traten erstmalig etwa 500 v. Chr. auf, frühe Formen des Handels und Handelskaufleute entwickelten sich in der Heian-Periode (794-1158 n.Chr.), in der erstmalig Nachfrage-Ballungen an religiösen Orten Angebotslücken lokaler Primärerzeugung (Agrar-wirtschaft) auslösten und durch die Handelsleute überbrückt werden mußten. Außergewöhnliche Einflüsse auf die Entwicklung des Handels, die bis in die heutige Zeit Konsequenzen aufweisen, sind jedoch nach Meinung des Verfassers erst in den Umständen der Tokugawa-Periode zu sehen. Vgl. zur historischen Entwicklung des japanischen Distributionssystems z.B. Togawa, Y., The Historical and Structural Changes in the Distribution Industry, in: RIRI (Hrsg.), The Japanese Distribution System, Tokyo 1988, S.1ff; Rakugakisha (Hrsg.), Yono naka konatteiru - ryutsuhen (dt. Übersetzung: Was ist was im japanischen Distributionssystem?), Tokyo 1989, S. 8f; Tamura, M., Nihon gata ryutsu system, a.a.O., S. 2ff.
3   Vgl. Schneidewind, D., Erfolgreiches Marketing in Japan, Vortrag zum Unternehmer-Seminar, Berlin, 2. November 1978, S. 6f; derselbe, Marketingstrategien in ostasiatischen Märkten, in: ZfbF, Nr. 1, 1984, S. 75-97; Sato, T., Tokugawa Villages and Agriculture, in: Nakane, C. Oishi, S. (Hrsg.), Tokugawa Japan. The Social and Economic Antecedents of Modern Japan, Tokyo 1990, S. 37ff.
4   Vgl. Yoshino, M.Y., The Japanese Marketing System, a.a.O., S. 2; Roberts, J.G., Mitsui. Three Centuries of Japanese Business, 2. Aufl., Tokyo 1989, S. 11.

Diese Einstufung wurde in der Tokugawa-Periode festgeschrieben,[5] in der sich Japan für über 250 Jahre nahezu vollkommen von der übrigen Welt isolierte und nur in geringem Umfang mit chinesischen, portugiesischen und holländischen Schiffen Außenhandel betrieben wurde. Er wurde auf das Unvermeidliche beschränkt, galt als unwürdig und wucherisch. Dennoch wurden gerade in dieser Zeit Grundlagen für wirtschaftliche Verhaltensweisen des japanischen Volkes gelegt, deren Auswirkungen das Distributionssystem mitgeprägt haben:[6]

(1) Stark lokale Bedeutung des Handels und Betrachtung von Handelsmärkten als abgeschlossener Raum,

(2) Wachstum und Spezialisierung eines vielstufigen Großhandels und Entstehung von Vorläufern der großen Handelshäuser,

(3) Ausprägung einer auf Langfristigkeit, gegenseitige Abhängigkeit und Harmonie ausgerichteten Geschäftsmentalität,

(4) Neugier auf alles Fremdartige und Neue.

Zu (1): Noch heute kommt die lokale Ausrichtung des japanischen Binnenmarktes im Widerstand der Lokalpolitik gegenüber der Zentralregierung zum Ausdruck. Mitglieder der lokalen Gemeinschaft und deren Interessen werden gegen Nicht-Ansässige (die nicht unbedingt Nicht-Japaner sein müssen) verteidigt. Selbst marktstarke, nationale Handelsketten haben regionale Schwerpunkte je nach ihrem Ursprungsort (z.B. Ito-Yokado im Kanto-Gebiet/Tokyo oder Daiei in Kansai/Osaka) und sind bislang noch nicht flächendeckend vertreten.[7]

Zu (2): Trotz der allgemeinen Geringschätzung des Handels erstarkte gerade in der Tokugawa-Zeit der Großhandel. Die Ursachen lassen sich ableiten aus:[8]

- der wachsenden Abhängigkeit der politischen Herrscher von materiellen und finanziellen Mitteln Dritter (d.h. insbesondere des Großhandels) zur Hofhaltung und Heeresausrüstung,
- der Übernahme von Finanzierungsfunktionen zwischen Produktion und Nachfrage durch den Großhandel,

---

[5] Vgl. Eli, M., Japans Warenverteilungssystem, in: Botskor, I. (Hrsg.), Leitfaden zur Erschließung des japanischen Marktes, Teilband I, Weissenhorn 1991, S. 64ff.
[6] Vgl. Schneidewind, D., Erfolgreiches Marketing in Japan, a.a.O., S. 7.
[7] Vgl. Muto, I., Ito, M., Store Wars, in: Asahi Evening News, April 29, 1990, S. 3.
[8] Vgl. Schneidewind, D., Erfolgreiches Marketing in Japan, a.a.O., S. 7ff.

- der Überbrückung zeitlicher, geographischer und sozialer Unterschiede, der in der geographisch fragmentierten Struktur sowie der feudalistisch geprägten Klassengesellschaft Japans besondere Bedeutung zukam.

Großhändler expandierten in diesem Umfeld und spezialisierten sich zunehmend in

- Außenhandels-Großhändler,
- Regionale Großhändler,
- Spezialgroßhändler,
- Versorgungsgroßhändler,
- Geld- und Finanzhändler.[9]

In engem Zusammenhang mit der Erstarkung der Großhändler in der Tokugawa-Zeit steht auch die Entstehung der sogenannten Zaibatsu (wörtl. Übersetzung "Finanzcliquen").[10] Ihre Aktivitäten waren weit diversifiziert und erfaßten wesentliche Wirtschaftszweige.[11] In ihrem Mittelpunkt bildeten sich Handelshäuser heraus, die sogenannten Sogo Shosha, die sich zunächst jedoch nahezu ausschließlich auf den Binnenhandel mit Textilien und Reis beschränkten.[12]

Zu (3): Moralisch-philosophisches Fundament der Tokugawa-Zeit bildete die aus China stammende Lehre des Konfuzianismus.[13] Aus ihr leitete sich die genannte Ständedefinition ab, die von dem untersten Stand des Handels jedoch nicht als Erniedrigung und Unterdrückung empfunden wurde, sondern vielmehr als Abgrenzung und Separation.[14] Darauf basierend bildete der Handel eine eigene philosophische Daseinsberechtigung heraus, in die Werte wie Ausrichtung auf Fortbestand, Kontinuität und Harmonie sowie die soziale Aufgabe der Friedens- und Wohlstandssicherung einflossen.[15]

Überträgt man diese Werte auf die bis heute vorherrschende Geschäftsmentalität innerhalb des japanischen Distributionssystems, so finden Charakteristika wie Langfristigkeit, Harmonie und Kontinuität von Geschäftsbeziehungen ihre Wurzeln in

---

[9] Vgl. Rakugakisha (Hrsg.), Yono naka konatteiru - ryutsuhen, a.a.O., S. 9.
[10] Vgl. Yoshino, M.Y., The Japanese Marketing System, a.a.O., S. 2.
[11] Vgl. Eli, M., Japans Wirtschaft im Griff der Konglomerate. Verbundgruppen, Banken, Universalhandelshäuser, Frankfurt 1988, S. 12.
[12] Vgl. Roberts, J.G., Mitsui, a.a.O., S. 110ff.
[13] Vgl. Najita, T., Visions of Virtue in Tokugawa Japan. The Kaitokudo - Merchant Academy of Osaka, Chicago, Ill. 1987, S. 18.
[14] Vgl. ebenda, S. 19.
[15] Vgl. ebenda, S. 21, 59.

der Tokugawa-Zeit.[16] Sie bewirken, daß Geschäftspartner fortwährend, und sei es mit sinkendem Anteil, an Transaktionen beteiligt werden und Geschäftsbeziehungen selten unvorbereitet gekündigt werden. Dies wirkt sich konkret z.B. im Einkaufsverhalten auch marktstarker Einzelhändler aus. Gleichzeitig findet jedoch auch rationales ökonomisches Kalkül Anwendung, so daß als Ergebnis eine Koexistenz sowohl starker als auch schwächerer Marktpartner ermöglicht wird.[17]

Zu (4): Die Faszination fremder, neuartiger Produkte wurde durch die Zeit der Isolation natürlicherweise gefördert.[18] Dies wird noch heute in dem Streben der Japaner nach immer neuen Produkten und ihrer Perfektionierung deutlich und beeinflußt in hohem Maße die Einkaufspolitik des Handels.[19] Auch die unverminderte Suche nach neuen Handelsbetriebsformen und westlichem Handels-Know-how läßt sich ansatzweise auf diese Grundhaltung zurückführen.

Zusammenfassend ist festzuhalten, daß insbesondere die noch heute in zahlreichen Produktgruppen hohe Bedeutung des Großhandels ihre Wurzeln in der Tokugawa-Zeit hatte, neben der Ausprägung einer kulturspezifischen Geschäftsmentalität.

Die Öffnung Japans im Jahre 1868 und die nachfolgende Meiji-Restauration bildete einen Meilenstein in der Entwicklung Japans und leitete die Industrialisierung ein.[20] Die Regierung gründete in Schlüsselbranchen Unternehmen, die später in private Hände überführt wurden und sich bald in die oben bereits angeführten Zaibatsu integrierten.[21] Die Sogo Shosha übernahmen eine Führungsrolle im Außenhandel. Aufgrund ihres Expansionsdranges zur Ausdehnung ihres Einflußgebietes in Südostasien gelten die Zaibatsu als Mitbegründer des japanischen Imperialismus, der schließlich zum Eintritt in den zweiten Weltkrieg führte.[22]

Neben der Fortentwicklung des Großhandels, der zum Teil direkt in produzierende Gewerbe diversifizierte oder das herstellende Gewerbe durch seine Produktions- und Absatz-Finanzierungsfunktion entscheidend beeinflußte, wuchs mit der Meiji-Restauration der Einzelhandel heran. Auch hier spielte der Großhandel eine Schlüsselrolle als Finanzier. Fachhändler entwickelten sich, andere Einzelhändler vergrößerten ihre Betriebe durch

---

16	Vgl. in Analogie die Bedeutung des Konfuzianismus für das Wertesystem japanischer Firmen: Abegglen, J.C., Stalk, G., Kaisha. The Japanese Corporation, Tokyo 1985, S. 198.
17	Vgl. Shimaguchi, M., New Developments in Channel Strategy in Japan, a.a.O., S. 178.
18	Vgl. Kobayashi, K., Japan: The Most Misunderstood Country, Tokyo 1984, S. 10ff.
19	Vgl. Ohbara, T., Parsons, A., Riesenbeck, H., Alternative Routes to Global Marketing, a.a.O., S. 53ff.
20	Vgl. Roberts, J.G., Mitsui, a.a.O., S. 85ff; Lockwood, W., The Economic Development of Japan: Growth and Structural Change, 1868-1938, Princeton 1958, S. 200ff.
21	Vgl. Roberts, J.G., Mitsui, a.a.O., S. 116ff.
22	Vgl. Eli, M., Japans Wirtschaft im Griff der Konglomerate, a.a.O., S. 12.

Sortimentsausweitungen - eine Differenzierung der Handelslandschaft ergab sich.[23] Die Entstehung der ersten "modernen" Betriebsform, die noch heute in der Einzelhandelslandschaft anzutreffen ist (neben den traditionell wenig veränderten Nachbarschaftsläden), fällt mit der Gründung des ersten Warenhauses durch Mitsukoshi in das Jahr 1903.[24] Ursprünglich als Kimonohändler seit über 300 Jahren tätig,[25] eröffnete Mitsukoshi in Tokyo einen "Einkaufspalast" (angelehnt an Harrod`s in London), in dem europäisches Einzelhandels-Know-how, welches zur damaligen Zeit als führend galt, zur Anwendung kam.[26]

1.2 Entwicklung nach dem zweiten Weltkrieg

In der ersten Phase nach dem zweiten Weltkrieg (1945 - Mitte der 50er Jahre) befand sich Japan in einer tiefen wirtschaftlichen Krise. In wesentlichen Produktgruppen bestanden Versorgungsengpässe, die Nachfrage übertraf bei weitem das vorhandene Angebot, und Güter fanden mit geringer Absatzunterstützung ihre Abnehmer.[27]

Als einzige Handelsbetriebsformen auf Einzelhandelsebene existierten Warenhäuser und Kleinhändler (Familienbetriebe).[28] Sie waren überwiegend lokal auf die Versorgung der unmittelbaren Nachbarschaft ausgerichtet, während die Warenhäuser sich bemühten, durch bevorzugte Standorte (vornehmlich an Bahnhöfen) eine hohe Anzahl von Konsumenten anzuziehen. In diese Zeit fiel auch der Markteintritt von Warenhäusern, deren Ursprünge nicht im Kimono- bzw. Textilhandel lagen, sondern deren Muttergesellschaften lokale, private Eisenbahngesellschaften bildeten.[29]

Die zweite Phase nach dem zweiten Weltkrieg (Mitte der 50er Jahre bis Anfang der 70er Jahre) ist durch rasantes Wachstum der Gesamtwirtschaft Japans gekennzeichnet. Massenproduktion setzte zur Befriedigung der hohen Nachfrage ein.[30] In dieser Phase differenziert sich das Distributionssystem in hersteller- und großhändler- sowie später

---

23 Vgl. Rakugakisha (Hrsg.), Yono naka konatteiru - ryutsuhen, a.a.O., S. 9.
24 Vgl. Takehayashi, S., Shogyo keei no kenkyu (dt. Übersetzung: Studie über das Management kommerzieller Unternehmen), Tokyo 1955, S. 217.
25 Vgl. Roberts, J.G., Mitsui, a.a.O., S. 20-21.
26 Vgl. Hungermann, K., Unternehmenspolitik japanischer Warenhäuser. Ein Vergleich mit der BRD, in: Ifo-Institut für Wirtschaftsforschung (Hrsg.), Ifo-Studien zur Japanforschung, Nr. 2, München 1988, S. 6.
27 Vgl. Togawa, Y., The Historical and Structural Changes in the Distribution Industry, a.a.O., S.1.
28 Vgl. Saigo, J., Distribution Industry of Japan, in: Fujitsu Research Institute (Hrsg.), Internal Presentation, Tokyo, April 1990, S. 8.
29 Vgl. Fukami, G., Japanese Department Stores, in: Journal of Marketing, Vol. 18, No. 1, 1953, S. 41ff.
30 Vgl. Togawa, Y., The Historical and Structural Changes in the Distribution Industry, a.a.O., S. 2; Japan Chain Store Association (Hrsg.), Outline of the Japanese Distribution Industry and the Present Situation of JCA, Tokyo 1990, S.8.

einzelhändlerdominierte Absatzkanäle.[31] In den Branchen hochwertiger und technischer Gebrauchsgüter, in denen sich hohe Anforderungen an die fachliche Qualität und Absatzleistungen der Absatzmittler entwickelten (insbesondere Verkaufsberatung und technischer Kundendienst), begannen die durch Massenproduktion erstarkenden Hersteller, eigene Vertriebsnetze aufzubauen. Finanzschwache Großhändler wurden als herstellereigene Verkaufsgesellschaften vertikal integriert, Einzelhandelsgeschäfte filialisiert bzw. in Form freiwilliger Ketten organisiert.[32] Auf diese Weise entstanden sogenannte Distributions-Keiretsu,[33] und spezifische Handelspraktiken zur Förderung der Absatzmittlerloyalität (z.B. lange Zahlungsziele, Warenrückgabeoption etc.) bildeten sich heraus.[34]

In der Kategorie der Verbrauchsgüter hingegen behielten die bereits vor dem Weltkrieg dominierenden Großhändler zunächst ihre Position, indem sie als Bindeglied zwischen fragmentierter Angebots- und fragmentierter Nachfrageseite fungierten.[35] Ein Bedrohungspotential entwickelte sich für sie in dieser Zeit durch den "Import" moderner Einzelhandelsbetriebsformen aus den USA. Während sich der Handel vor dem Weltkrieg vornehmlich an den Entwicklungen in Europa orientiert hatte, wurden nun amerikanische Handelsunternehmen und -formen zu Vorbildern moderner Distribution. Hier wurde der Supermarkt als innovative Betriebsform entdeckt und in modifizierter Form in Japan eingeführt: neben Lebensmitteln erfolgte die Aufnahme von Textilien/Bekleidung und sonstigen Non-Food-Artikeln in das Angebot, das zu günstigen Preisen und in hohen Stückzahlen umgeschlagen wurde. Als erster Supermarkt wird Kinokuniya im Jahr 1953 in Tokyo gegründet.[36] Von diesem Zeitpunkt an expandierten Supermärkte in hohem Tempo und veränderten die Handelslandschaft zu Lasten kleiner Familienbetriebe.[37] Zu deren Schutz wurde schließlich im Jahr 1973, in Analogie zu einem bereits zuvor existierenden Gesetz zur Restriktion der Errichtung von Warenhäusern, das "Gesetz über großflächige Handelsbetriebe" verabschiedet, welches die Genehmigung von Großbetriebsformen des Handels allgemein und insbesondere Supermärkten signifikant einschränkte.[38]

Die Einführung des Gesetzes markiert die dritte Phase in der Nachkriegsentwicklung des Handels in Japan (Anfang der 70er Jahre bis Anfang der 80er Jahre), in der die Expansion der Supermärkte durch die weltweite Rezession (Ölpreisschocks 1974 und 1982) zusätzlich

---

31 Vgl. Shimaguchi, M., New Developments in Channel Strategy in Japan, a.a.O., S. 182ff.
32 Vgl. ebenda.
33 Vgl. Dodwell Marketing Consultants (Hrsg.), Industrial Groupings in Japan - The Anatomy of the Keiretsu, Tokyo 1990, S. 20ff.
34 Vgl. Shimaguchi, M., New Developments in Channel Strategy in Japan, a.a.O., S. 176f.
35 Vgl. ebenda, S. 181.
36 Vgl. Togawa, Y., The Historical and Structural Changes in the Distribution Industry, a.a.O.
37 Vgl. Upham, F.K., Legal Regulation of the Japanese Retail Industry: The Large Scale Retail Stores Law and Prospects for Reform, a.a.O., S. 8.
38 Vgl. ebenda; Togawa, Y., The Historical and Structural Changes in the Distribution Industry, a.a.O., S. 6.

gebremst wurde.[39] Die Wettbewerbsregulierung durch das "Gesetz über großflächige Handelsbetriebe" hatte zweierlei Konsequenzen: zum einen wurde der Fortbestand von Kleinhändlern gesichert, mit der Folge der Erhaltung der wesentlichen Abnehmergruppe des Großhandels, der entsprechend indirekt ebenfalls geschützt wurde. Zum anderen wurden die Betreiber von Supermarktunternehmen gezwungen, eine neue Betriebsform zur Sicherung der weiteren Expansion zu entwickeln. Diese wurde in Form der Convenience Stores wiederum in den USA entdeckt und in Japan multipliziert.[40] Neben den Supermärkten diversifizierten auch die Warenhäuser in neue Betriebsformen und Dienstleistungen, so z.B. in Fachgeschäftsketten und Restaurants.

Eine boomartige Expansion des gesamten Einzelhandels prägt die vierte Entwicklungsphase (Anfang der 80er Jahre bis 1990), deren Ursache ein wiedererstarktes Wirtschaftswachstum auf der Basis einer Inflation von Finanz- und Sachwerten bildete.[41] Diese schlug sich in einem differenzierten und luxusorientierten Konsumentenverhalten nieder, im gesamten Handel vollzog sich ein "Trading-up". Gleichzeitig haben führende Handelsketten jedoch erste Schritte zu einer Rationalisierung der Distribution unternommen, und konnten insbesondere in Güterkategorien des täglichen Bedarfs (Verbrauchsgüter) die Marketingführerschaft erringen.[42]

Als Fazit der historisch-kulturellen Entwicklung des Handels in Japan ist festzuhalten, daß wettbewerbsrechtliche Eingriffe, eine hohe Konsumnachfrage insbesondere gegen Ende der 80er Jahre, sowie kulturspezifische Geschäftsmentalitäten und Handelsusancen die Entwicklung nachhaltig geprägt haben. Sie bewirkten in der Vergangenheit eine Konservierung traditioneller Handelsstrukturen, bei gleichzeitiger verhaltener Entwicklung moderner Handelsformen.[43]

2. Einflußfaktoren struktureller Veränderungen des japanischen Distributionssystems

Vor dem Hintergrund der beschriebenen historisch-kulturellen Entwicklung des japanischen Handels werden im folgenden die zentralen Einflußfaktoren struktureller Veränderungen des japanischen Distributionssystems herausgearbeitet. Im einzelnen werden untersucht:[44]

---

[39] Vgl. Saigo, S., Distribution Industry of Japan, a.a.O., S. 8.
[40] Vgl. Togawa, Y., The Historical and Structural Changes in the Distribution Industry, a.a.O.
[41] Vgl. o.V., The Japanese Economy. From Miracle to Mid-Life Crisis, in: The Economist, Special Survey, March 6, 1993, S. 3-22.
[42] Vgl. Shimaguchi, M., New Developments in Channel Strategy in Japan, a.a.O., S. 182ff.
[43] Vgl. Goldman, A., Japan's Distribution System: Institutional Structure, Internal Political Economy, and Modernization, in: Journal of Retailing, Vol. 67, No. 2, Summer 1991, S. 177; Shimaguchi, M., New Developments in Channel Strategy in Japan, a.a.O., S. 180ff.
[44] Vgl. Goldman, A., Japan's Distribution System, a.a.O., S. 171ff.

- die Veränderung der politisch-rechtlichen Rahmenbedingungen,
- die Entwicklung der Bevölkerungsstrukturen und des Konsumverhaltens,
- die Veränderungen im ökonomischen Umfeld,
- die Verbreitung und der Einfluß von Informationstechnologien.

2.1 Wettbewerbs- und strukturpolitische Maßnahmen der japanischen Regierung

Den Ausgangspunkt der Untersuchung der relevanten Einflußfaktoren struktureller Veränderungen bilden politisch-rechtliche Maßnahmen der japanischen Regierung, die als Resultat bilateraler Verhandlungen zwischen Japan und den USA im Rahmen der "Structural Impediments Initiative"-Talks (SII) vereinbart wurden.[45] Gegenstand der Verhandlungen waren strukturelle Hemmnisse, die den Markterfolg ausländischer Unternehmen in Japan behindern und als Ursachen für wachsende Handelsbilanzdefizite westlicher Handelspartner gegenüber Japan gesehen werden.[46] Als zentrales strukturelles Hemmnis wurde das japanische Distributionssystem einschließlich seiner spezifischen Handelspraktiken adressiert.[47]

Unterschieden werden im folgenden Maßnahmen, die eine wettbewerbsrechtliche Liberalisierung des japanischen Distributionssystems bewirken, sowie infrastrukturelle Maßnahmen, die sich indirekt auf die Entwicklung des Distributionssystems auswirken.

2.11 Wettbewerbspolitische Maßnahmen zur Liberalisierung des Distributionssektors

Das japanische Ministerium für internationalen Handel und Industrie (MITI) hat 1989 in einem Richtungspapier seine Vorstellungen über die Ausgestaltung des Distributionssystems der 90er Jahre formuliert.[48] Wenngleich das MITI damit dem oben angesprochenen handels- und außenpolitischen Druck gefolgt ist,[49] spiegeln die innerhalb des Konzeptionspapiers "Vision des Distributionssystems der 90er Jahre" aufgezeigten Entwicklungsrichtungen

---

[45] Vgl. U.S. - Japan Working Group on the Structural Impediments Initiative (SII) (Hrsg.), Joint Report, No. 1, Tokyo, June 28, 1990, S. 1-7.

[46] Vgl. Czinkota, M.R., Kotabe, M., Distribution and Trade Relations Between the United States and Japan: An Overview and Assessment, in: Czinkota, M.R., Kotabe, M. (Hrsg.), The Japanese Distribution System, Chicago, Ill. 1993, S. 8; Ahearn, R.J., Japan: Prospects for Greater Market Openness, in: Congressional Research Service (Hrsg.), CRS Report for Congress, Washington D.C., June 16, 1989, S. 1ff.

[47] Vgl. Czinkota, M.R., Kotabe, M., Distribution and Trade Relations between the United States and Japan, a.a.O.

[48] Vgl. MITI (Hrsg.), '90 nendai no ryustu vision, a.a.O.; derselbe, Summary of MITI's Vision for the Distribution System in the 1990's, a.a.O.; Brooks, W.L., MITI's Distribution Policy and U.S. - Japan Structural Talks, in: Czinkota, M.R., Kotabe, M. (Hrsg.), The Japanese Distribution System, Chicago, Ill. 1993, S. 242f.

[49] Vgl. Upham, F.K., Legal Regulation of the Japanese Retail Industry, a.a.O., S. 34; MacKnight, S., Japan's Distribution System: The Next Major Trade Confrontation?, a.a.O., S. 1.

erkennbare gesellschaftspolitische Tendenzen wider, die den tieferen Anlaß für eine Reform des Distributionssystems bilden.[50]

2.111 MITI´s Vision des Distributionssystems der 90er Jahre

Im Rahmen des Konzeptionspapiers "Vision des Distributionssystems der 90er Jahre" wurde vom MITI zunächst eine qualitative Bewertung des bestehenden Systems vorgenommen.[51] Darin wird herausgestellt, daß das Distributionssystem nach Auffassung des MITI keine fundamentale Diskriminierung gegenüber in- oder ausländischen Firmen beinhaltet. Dennoch wird ein Anpassungsbedarf zur Beseitigung von Wettbewerbshemmnissen (insbesondere Überarbeitung von Geschäftspraktiken und gesetzlichen Regulierungen), Unterstützung von Distributeuren bei der Ausweitung der Angebotsvielfalt und Einführung von Informationstechnologien sowie dem Abbau von Preisunterschieden gegenüber vergleichbaren Ländern festgestellt.[52] Dabei wird jedoch betont, daß Preisdifferenzen aus einer Vielzahl von Unterschieden resultieren, und die Struktur des Distributionssystems nur einen Faktor unter Vielen darstellt.[53] Dennoch wird gleichzeitig die Notwendigkeit der weiteren Rationalisierung zur Erzielung von Kostensenkungen unterstrichen. Hier wird der Konflikt zwischen Rationalisierungsnotwendigkeit und Berücksichtigung starker Interessengruppen deutlich, die das Distributionssystem in der bestehenden Form verteidigen.

Das MITI weist jedoch auch eindeutig auf die Veränderung der Rahmenbedingungen des Distributionssystems hin, die eine dynamische Weiterentwicklung erfordern:[54]

- die Existenz einer "Hochkonsumgesellschaft", die qualitativ hochwertige Produkte und Dienstleistungen sucht und internationale Standards ansetzt,
- gleichzeitig ansteigende Preissensitivität und Forderung nach niedrigpreisigem Angebot,
- die Tendenz zur zunehmenden Diversifizierung und Spezialisierung von Bedürfnissen,
- die Veränderung sozialer Strukturen (wachsende Zahl berufstätiger Frauen).

---

50 Nach Aussage von K. Courtis, Senior Economist Deutsche Bank Capital Markets, Tokyo, bildete der handelspolitische Druck letztlich einen willkommenen Vorwand, um Reformen des Distributionssystems innenpolitisch durchsetzbar zu machen. Interview vom 3. August 1991; vgl. auch Brooks, W.L., MITI´s Distribution Policy and U.S. - Japan Structural Talks, a.a.O., S. 244.

51 Die folgenden Ausführungen beruhen auf einer Zusammenfassung und Analyse des Konzeptionspapiers. Vgl. MITI (Hrsg.), Summary of MITI´s Vision for the Distribution System in the 1990´s, a.a.O., S. 2ff; derselbe, ´90 nendai no ryutsu vision, a.a.O., S. 7ff.

52 Vgl. MITI (Hrsg.), Summary of MITI´s Vision of the Distribution System in the 1990´s, a.a.O., S. 5.

53 Vgl. ebenda.

54 Vgl. ebenda, S. 9ff.

Gefordert sind daher nach Auffassung des MITI neue Betriebsformen, neue Dienstleistungen und eine innovative Sortimentsgestaltung. Dadurch ändern sich die Tätigkeitsfelder und Leistungsschwerpunkte sowohl von Einzel- als auch von Großhändlern.

MITI unterscheidet bei der Gestaltung des Distributionssystems zwischen Oberzielen für die Distributionsindustrie insgesamt und Zielen, die die Distributionsindustrie und Regierung gemeinsam verfolgen sollten. Als Ziele für den Distributionssektor werden herausgestellt:[55]

(1) den japanischen Konsumenten in ihrem Bestreben zu helfen, ein erfülltes Leben zu führen,
(2) die Expansion von Importen zu ermöglichen,
(3) die Reaktivierung regionaler Wirtschaftsgebiete und Gemeinden zu unterstützen,
(4) und das Personal, die Informationen und die Ressourcen zu beschaffen, um den Distributionssektor attraktiv zu gestalten.

Neben diesen Oberzielen für die Distributionsindustrie allgemein wurde vom MITI ein Katalog von gemeinsam mit der Industrie zu verwirklichenden Zielen entwickelt, die in konkrete politische Schritte bzw. einen Aktionsplan umgesetzt wurden. Es wird deutlich, daß dabei als vorrangige Aufgabenbereiche adressiert werden *(vgl. Tab. 2)*:

- Rationalisierung und Restrukturierung des Distributionssystems (Ziele 1, 2),
- Verbesserung der Infrastruktur, Förderung regionaler Wirtschaftszonen (Ziele 3, 7),
- Berücksichtigung veränderter Konsumentenbedürfnisse und Steigerung der Lebensqualität (Ziele 6, 7),
- Importförderung und Internationalisierung/Globalisierung der Distributionsorgane in Japan (Ziele 4, 5),
- Verbesserung der Arbeitsbedingungen und Erhöhung der Attraktivität des Distributionssektors für qualifizierte Mitarbeiter (Ziele 8, 9).

Als politische Instrumente zur Beeinflussung bestehender Strukturen und Verhaltensweisen werden drei Bereiche angesprochen:[56]

(1) Gesetzesmaßnahmen:
- Überarbeitung und Aufhebung distributionsgerichteter Regulierungen,

(2) Administrative Führung/Verwaltungseingriffe:
- Förderung des Mittelstandes,
- Förderung fairen Wettbewerbs,

---

[55] Vgl. MITI (Hrsg.), Summary of MITI's Vision of the Distribution System in the 1990's, a.a.O., S. 11.
[56] Vgl. ebenda, S. 11ff, 18-21.

Tab. 2

Ziele und Maßnahmen der "Vision des Distributionssystems der 90er Jahre"

	Ziel		Maßnahmen
1	Rationalisierung des Distributionssystems	a) b) c)	Überarbeitung von gesetzlichen Regulierungen und Handelspraktiken (Gesetz für großflächige Handelsbetriebe, Spirituosen-Vertriebs-Gesetz, Handelspraktiken) Förderung der Computerisierung Verbesserung der physischen Distribution
2	Förderung struktureller Verbesserungen	a) b) c)	Stärkung kleiner und mittelständischer Händler (Ladenerneuerung, Computerisierung, Organisation zur Reaktivierung von Einkaufsstraßen) Stärkung des Großhandels durch Import-Unterstützung, Zusammenschlüsse, Informationstechnologien Hilfestellung bei Geschäftsschließungen
3	Reaktivierung von Einkaufszentren/ Einkaufsstraßen Unterstützung der "Organisation zur Förderung von Einkaufsstraßen"	a) b) c)	Organisation lokaler Händlervereinigungen Förderung und Einrichtung der "Organisation zur Reaktivierung von Einkaufsstraßen" Förderung und Entwicklung neuer kommerzieller Komplexe, die mit bestehenden Städten/Kommunen und Industriegebieten verbunden sind
4	Erhöhung von Produktimporten	a) b) c) d)	"Welt-Einkaufs-System-Schema" (Versand von Produktmustern in Japan per Direkt-Mail) Informationsbeschaffung über fremde Produkte, Unterstützung der Entwicklung von Import-Zentren Förderung des Import-Interesses japanischer Firmen Entwicklung eines besseren Verständnisses des japanischen Distributionssystems bei Ausländern
5	Unterstützung bei der Globalisierung der Distributionsindustrie	a) b)	Unterstützung ausländischer Firmen beim Aufbau einer Japan Präsenz (ausländische Distributeure) Kooperationen, Personalaustausch
6	Bereitstellung von mehr Komfort für die Konsumenten	a) b) c) d)	Unterstützung von Betriebsdiversifikationen Förderung des bargeldlosen Einkaufs Unterstützung des Wachstums von Non-Store-Handel Einrichtung einer Beschwerdestelle für Konsumenten
7	Unterstützung bei der Anhebung der Lebensqualität und bei der Umsetzung des "High Mart 2000 Scheme"	a) b)	Unterstützung ideenreicher Distributeure, Verbreitung von know-how Förderung der Entwicklung kommerzieller Komplexe, die eine Kombination aus Handel, Dienstleistungen, öffentlichen Einrichtungen, etc. bilden
8	Sicherung und Ausbildung fähigen Personals	a) b)	Unterstützung der Regierung beim Recruiting qualifizierter Mitarbeiter durch Handelsunternehmen Subventionierung von Schulungsprogrammen, insbesondere Förderung von Führungspersonal für lokale Einkaufsstraßen
9	Verbesserung der Arbeitsbedingungen	a) b)	Erwägung von Arbeiterrichtlinien Verkürzung der Wochenarbeitszeit, Flexibilisierung der Arbeitszeit

Quelle: MITI (Hrsg.), Summary of MITI's Vision for the Distribution System in the 1990's, S. 11ff

(3) Infrastrukturmaßnahmen:
- Verbesserung der Importstrukturen,
- Wiederbelebung von Einkaufstraßen,
- Verbesserung der allgemeinen Infrastruktur.

Es läßt sich feststellen, daß durch MITI´s "Vision des Distributionssystems der 90er Jahre" ein umfassendes Konzept für eine Modernisierung des japanischen Distributionssektors vorgelegt wurde. Im folgenden wird zu zeigen sein, inwieweit die dargestellte Programmatik sich bereits in der Umsetzung befindet und als Anstoß und Beschleunigungsstimulator struktureller Veränderungen wirkt.

2.112 Deregulierung des Gesetzes über großflächige Handelsbetriebe

2.1121 Hintergründe und Wirkung des Gesetzes

Das "Gesetz über großflächige Handelsbetriebe"[57] stellte einen wesentlichen Verhandlungspunkt im Rahmen der oben angeführten SII-Gespräche dar.[58] Seine Deregulierung wird als Ausgangspunkt der strukturellen Veränderung und Öffnung des japanischen Distributionssystems gesehen.[59]

Die Wurzeln dieses Gesetzes reichen bis in die Vorkriegszeit zurück, in der Warenhäuser in Japan als einzige moderne Betriebsformen eine erhebliche Marktmacht aufbauen konnten.[60] Bedingt durch die dadurch ausgelöste Existenzgefährdung kleiner Einzelhändler, die in Interessenverbänden Druck auf die japanische Regierung ausübten, wurde 1937 das erste Gesetz zur Beschränkung der Eröffnung oder Erweiterung von Warenhäusern erlassen.[61] Nach dem zweiten Weltkrieg wurde das Gesetz unter der Besatzungsmacht der Amerikaner abgeschafft.[62] Bald schon trat der Konflikt zwischen wiedererstarkten Warenhäusern und kleinen Einzelhändlern erneut zum Vorschein. Diese waren in der unmittelbaren Nachkriegszeit erheblich angewachsen, da die Gründung von Handelsbetrieben ein verhältnismäßig geringes Kapital erforderte und in der Selbständigkeit als Einzelhändler eine günstige Erwerbsmöglichkeit bestand. Letztlich handelte es sich jedoch dabei zumindest teilweise um "verdeckte Arbeitslosigkeit". Einzelhändler bildeten damit ein einflußreiches

---

[57] Daikibo kouritenpo ni okeru kourigyô katsudô no chôsen ni kan suru hôritsu; kurz: Daitenhô (dt. Übersetzung: Gesetz betreffend der Regulierung von Einzelhandelsgeschäftsaktivitäten großflächiger Einzelhandelsgeschäfte), Gesetz Nr. 109/1973, zuletzt geändert durch Gesetz Nr. 78/1983.
[58] Vgl. Brooks, W. L., MITI´s Distribution Policy and US - Japan Structural Talks, a.a.O., S. 244.
[59] Vgl. ebenda, S. 242; Upham, F.K., Legal Regulation of the Japanese Retail Industry, a.a.O., S. 6 ff.
[60] Vgl. Suzuki, Y., Large-Scale Retail Store Law: Historical Background and Social Implications, in: Czinkota, M.R., Kotabe, M. (Hrsg.), The Japanese Distribution System, Chicago, Ill. 1993, S. 164.
[61] Vgl. Upham, F.K., Legal Regulation of the Japanese Retail Industry, a.a.O.
[62] Vgl. Suzuki, Y., Large-Scale Retail Store Law, a.a.O.

soziales und politisches Potential.[63] Im Jahr 1956 sah sich die Regierung abermals gezwungen, ein Gesetz zum Schutz des kleinflächigen Einzelhandels zu erlassen, und unterstellte die Errichtung und Erweiterung von Warenhäusern der Genehmigungspflicht durch das MITI.[64] Während die Warenhäuser fortan in ihrer Expansion gebremst wurden, entstanden Anfang der 60er Jahre neue Betriebsformen, die Gesetzeslücken zu ihrem Vorteil nutzen konnten und bereits Anfang der 70er Jahre die Marktführerschaft im Einzelhandel übernahmen.[65] Damit angesprochen ist das Wachstum der Supermärkte. Auch dieses löste eine politische Protestbewegung kleiner Einzelhändler aus, die eine Regulierung sämtlicher großflächiger Handelsbetriebsformen verlangten.

Im Jahr 1973 wurden schließlich alle Handelsbetriebe mit einer Fläche von über 1500 qm der Genehmigungspflicht unterstellt.[66] Sukzessiv wurde das Gesetz 1978 und 1982 weiter verschärft.[67] In seiner letzten Fassung, die bis April 1990 Gültigkeit hatte, wurden großflächige Handelsbetriebe in Größenkategorien von 500-1500 qm (in großen Städten 500 - 3000 qm),[68] die Klasse II bildeten, und Betriebe über 1500 bzw. 3000 qm, die Klasse I bildeten, eingeteilt. Während Klasse I-Handelsbetriebe direkt der Genehmigungspflicht durch das MITI unterlagen, wurden Klasse II-Betriebe unter kommunale und präfekturale Aufsicht und Genehmigung gestellt.[69] Neben der Flächengröße wurden Öffnungszeiten sowie Arbeits- und Urlaubstage reglementiert.[70] Durch eine Vielzahl von Detailregelungen und Einspruchsrechten lokaler Einzelhändler konnte die Genehmigungszeit von Großflächen bis

---

63 Vgl. Brooks, W.L., MITI's Distribution Policy and U.S.-Japan Structural Talks, a.a.O., S. 238; Manifold, D., Accessing Japan's Distribution Channels, in: Czinkota, M.R., Kotabe, M. (Hrsg.), The Japanese Distribution System, Chicago, Ill. 1993, S. 45; Vogel, E., Japan as Number One, Cambridge, Mass. 1981, S. 195.

64 Vgl. Suzuki, Y., Large Scale Retail Store Law, a.a.O., S. 164.

65 Die Gesetzeslücke bestand darin, daß Warenhäuser als rechtliche Einheiten mit einer Fläche von über 1500 m^2 definiert wurden. Supermärkte gründeten daher für jede Abteilung bzw. jedes Stockwerk eines Gebäudes separate rechtliche Einheiten, jeweils unter 1500 m^2, die jedoch unter der gleichen Geschäftsidentität (Name) und dem gleichen Management geführt wurden. Vgl. hierzu Upham, F.K., Legal Regulation of the Japanese Retail Industry, a.a.O., S. 8; Togawa, Y., The Historical and Structural Changes in the Distribution Industry, a.a.O., S. 8; JETRO (Hrsg.), Retailing in the Japanese Consumer Market, in: JETRO Marketing Series, No. 5, Tokyo 1985, S. 16, 25.

66 Vgl. Suzuki, Y., Large-Scale Retail Store Law, a.a.O.

67 In der ersten Revision wurde der Anwendungsbereich des Gesetzes auf sämtliche Einzelhandelsbetriebe mit einer Fläche über 500 qm erweitert. Die zweite Revision, die lediglich in Form einer MITI-Verwaltungsrichtlinie erfolgte, legte fest, daß Einzelhändler vor der Einreichung eines Antrages zur Errichtung einer Großfläche eine Abstimmung mit lokalen Einzelhändlern vorzunehmen haben. Damit wurde die Genehmigung faktisch in die Hände kleiner lokaler Einzelhändler gelegt. Vgl. Upham, F.K., Legal Regulation of the Japanese Retail Industry, a.a.O., S. 15.

68 Zu den großen Städten zählen Sapporo, Kobe, Kitakyushu, Osaka, Yokohama, Nagoya, Tokyo, Hiroshima, Fukuoka, Kawasaki, Kyoto, Sendai (insgesamt 12). Vgl. Yim, M., Shopping Malls. Second Wind for Japanese Supermarkets, in: Baring Securities (Hrsg.), Japanese Research, Tokyo, April 1989, S. 45.

69 Vgl. ebenda, S. 14f.

70 Vgl. Menkhaus, H., Maruyama, S., Vertrieb, Transport und Lagerhaltung, in: Drobnig, Baum (Hrsg.), Japanisches Handels- und Wirtschaftsrecht, unveröffentlichtes Manuskript, Berlin u.a.O. 1992, S. 14; Suzuki, Y., Large-Scale Retail Store Law, a.a.O., S. 163.

zu 10 Jahre hinausgezögert werden.[71] Ferner wurde die Genehmigungspraxis von lokalen Behörden zum Teil auch auf moderne Betriebsformen mit einer Fläche unter 500 qm übertragen, worunter z.B. Convenience-Stores fielen.[72]

Der Erlaß des "Gesetzes über großflächige Einzelhandelsbetriebe" hatte signifikante Wirkung auf die Entwicklung des japanischen Distributionssystems. Beginnend mit der 1. Revision und Verschärfung des Gesetzes im Jahr 1978 fiel die Zahl der Anträge zur Errichtung neuer großflächiger Betriebe von 1979 auf 1980 um 50%.[73] Von 1979 bis 1988 stagnierte der Marktanteil großflächiger Einzelhandelsbetriebe, gemessen am Gesamtumsatz des Einzelhandels, bei knapp 20%.[74]

Der Einfluß des Gesetzes hat sich in zweierlei Hinsicht negativ auf den Wettbewerb innerhalb des Distributionssystems ausgewirkt: zum einen ist der Wettbewerb zwischen Groß- und Kleinbetrieben eingefroren worden, zum anderen hat sich der Wettbewerb zwischen marktstarken Großfilialisten nicht weiter verschärft.[75] Aufgrund der dominanten Position von einzelnen Warenhäuser oder Supermärkten an zentralen Standorten ohne lokale Konkurrenz wurde diesen ein preislicher "Schutzschild" geschaffen.[76] Insbesondere bei den Supermärkten, die in den 50er und 60er Jahren als Preisbrecher in den Markt eingetreten waren, hat dies zu einem graduellen Trading-up geführt.[77] Ferner konnten sich neue, preisaktive Discount-Betriebsformen, die von Größenvorteilen leben, nicht entfalten. Für Handelsunternehmen, die neu in den Markt einzutreten beabsichtigten, stellte das Gesetz aufgrund der Genehmigungsdauer und der daher notwendigen Kapitalreserven eine hohe Markteintrittsbarriere dar. Als Konsequenz konnte sich seit Gesetzesimplementierung kein ausländisches Handelsunternehmen, das großflächige Betriebsformen betreibt, in Japan etablieren.[78] Das Verhindern des Markteintritts neuer, moderner und damit potentiell effizienterer Unternehmen und Betriebsformen hat die Dynamisierung des gesamten Handels

---

[71] Im Regelfall wurden 3 bis 5 Jahre benötigt. Vgl. Brooks, W.L., MITI's Distribution Policy and US-Japan Structural Talks, a.a.O., S. 240. Dabei konnten Genehmigungen durch "Konzessionen" beschleunigt werden. Dazu zählten z.B. eine Reduzierung der geplanten Gesamtfläche, Beschränkung der Geschäftszeiten und Öffnungstage, günstige Vermietung von Flächen innerhalb geplanter Betriebe, Kontributionen an lokale Kommunen sowie Bestechungsgelder. Vgl. hierzu, z.B. Keizai Koho Center (Hrsg.), Deregulating Distribution, in: KKC Brief, No. 48, Tokyo, July 1988, S. 2ff.

[72] Vgl. Brooks, W.L., MITI's Distribution Policy and U.S.-Japan Structural Talks, a.a.O., S. 241.

[73] Vgl. MITI (Hrsg.), Daikibo kouri tembo no todo keirokyo (dt. Übersetzung: Statusbericht über die Anträge für großflächige Einzelhandelsbetriebe), Tokyo, Juli 1991, S. 2-5.

[74] Vgl. The Distribution Economics Institute of Japan (Hrsg.), Statistical Abstract of Japanese Distribution (1988), Tokyo 1988, S. 25f; derselbe, Statistical Abstract of Japanese Distribution (1993), a.a.O., S. 26.

[75] Vgl. Manifold, D., Japan's Distribution System and Options for Improving U.S. Access, in: USITC Publication 2291, Washington D.C., June 1990, S. 71.

[76] Vgl. Best, W.J., Ueno, T.F., Getting it There, a.a.O., S. 2ff.

[77] Vgl. Brooks, W.K., MITI's Distribution Policy and U.S.-Japan Structural Talks, a.a.O., S. 239.

[78] Vgl. Upham, F.K., Legal Regulation of the Japanese Retail Industry, a.a.O., S. 37; Tsuruta, T., Miyachi, S., Posuto kôzô kyôgi (dt. Übersetzung: Nach den Gesprächen über strukturelle Hemmnisse), in: Toyo Keizai Shimposha, Tokyo 1990, S. 24-25.

nachhaltig beeinträchtigt. Die Konsequenzen mußten vor allem die Konsumenten in Form hoher Preise und einer geringeren Angebotsvielfalt tragen, da aufgrund fehlender Dynamik des Einzelhandels auch der Großhandel nicht rationalisiert wurde.[79]

2.1122 Schrittweise Gesetzesderegulierung

Vor dem Hintergrund der inzwischen weithin anerkannten negativen Wirkungen und dem geschilderten außenpolitischen Druck wurde das "Gesetz über großflächige Einzelhandelsbetriebe" in zwei Schritten dereguliert.[80]

Der erste Schritt erfolgte mit einer Ausnutzung vorhandener Gesetzesspielräume und trat zum 1. Mai 1990 in Kraft. Er hatte eine erhebliche zeitliche Verkürzung des Genehmigungs- und Koordinationsprozesses auf maximal 18 Monate sowie eine Verlängerung der Ladenschlußzeiten für die von dem Gesetz betroffenen Betriebsformen zum Inhalt.[81] Als Folge steigerte sich deren Wettbewerbsfähigkeit gegenüber kleinen Einzelhändlern, die keinen Ladenschlußzeiten unterliegen. Ergebnis des ersten Deregulierungsschrittes war ein sprunghafter Anstieg der Geschäftseröffnungsanträge unmittelbar nach dem Zeitpunkt der Implementierung.[82] So stiegen die Anträge für Betriebsflächen über 1500 qm (Klasse I) von 332 im Jahr 1989 auf 881 im Jahr 1990 (+165,4%), die für Flächen zwischen 500 und 1500 qm (Klasse II) von 462 auf 785 (+ 69,6%). Die übergreifende Entwicklung der Anträge seit der Einführung des Gesetzes im Jahr 1973 enthält *Abbildung 12*.

Trotz dieses signifikanten Einflusses auf die Entwicklung großflächiger Betriebsformen bewirkte der erste Deregulierungsschritt keine Verringerung der Komplexität des Genehmigungsprozesses und führte zu einer Überlastung der nationalen sowie der lokalen Verwaltungsstellen. Ferner unterlagen Entscheidungen auf lokaler Ebene weiterhin dem Einfluß der örtlichen Handelskammern, die von kleinen Einzelhändlern dominiert werden. In einem zweiten Schritt wurde das Gesetz daher grundlegend überarbeitet mit dem Ziel einer

---

[79] Japan´s Economic Planning Agency schätzt, daß mindestens 40% des Einzelhandelspreises beispielsweise von Lebensmitteln durch Kosten der Distribution verursacht werden. Vgl. Keizai Kikakucho (Economic Planning Agency) (Hrsg.), Ryutsu shisutemu no kouchiku no makete (dt. Übersetzung: In Richtung der Entwicklung eines liberalisierten Distributionssystems), Tokyo 1988, Tab. 2, S. 53.
[80] Vgl. Brooks, W.L., MITI´s Distribution Policy and U.S. - Japan Structural Talks, a.a.O., S. 246.
[81] Vgl. Menkhaus, H., Maruyama, S., Vertrieb, Transport und Lagerung, a.a.O., S. 14.
[82] Vgl. MITI (Hrsg.), Daikibo kouri tembo no todokei rokyo, a.a.O., S. 4.

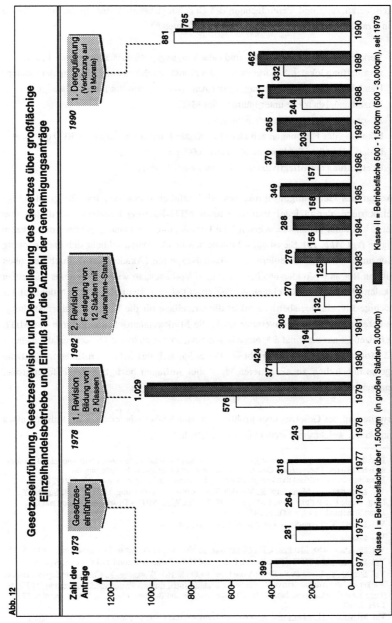

weiteren Verkürzung und Vereinfachung des Genehmigungsprozesses. Es ist am 1. Januar 1992 in Kraft getreten.[83] Folgende Änderungen erfolgten:[84]

(1) Verkürzung des Koordinations- und Genehmigungsprozesses auf maximal 1 Jahr,
(2) Abschaffung lokaler Anhörungs-Koordinationskommittees unter Führung der lokalen Handelskammern und Übertragung der Anhörung auf den Rat für großflächige Einzelhandelsbetriebe unter Führung des MITI,
(3) Abschaffung lokaler Sonderregelungen,
(4) Erhöhung der Flächengrenzen zwischen Klasse I und II von 1500 auf 3000 qm (bzw. in den 12 größten Städten von 3000 auf 6000 qm),
(5) Überprüfung der Effektivität des Gesetzes nach 3 Jahren.

Der Ablauf des Genehmigungsprozesses wird folglich durch den Rat für großflächige Handelsbetriebe, der in jeder Präfektur unter MITI-Führung existiert, koordiniert und geleitet.[85] In einer ersten Phase erfolgt die Offenlegung der Pläne gegenüber den lokalen Beteiligten *(vgl. Abb. 13)*. Sie ist auf 4 Monate beschränkt. Daran schließt sich die Anhörung von Konsumenten, Einzelhändlern, und Handelsexperten (Akademikern) durch den oben angeführten Rat an.[86] Widersprechen diese dem Vorhaben, so wird ein weiteres Gutachten der lokalen Handelskammer eingeholt. Die abschließende Beurteilung durch den Rat für großflächige Einzelhandelsbetriebe bildet die Grundlage für die Einholung einer Stellungnahme durch den Präfekturgouverneur sowie die Ministerialentscheidung durch das MITI. Dieser Prozeß ist auf maximal 8 Monate beschränkt, so daß sich eine Gesamtverfahrensdauer von 12 Monaten oder weniger ergibt.[87] Dabei hat sich das MITI verpflichtet, sämtliche Anträge grundsätzlich zu akzeptieren,[88] wobei Auflagen bezüglich der Flächengröße, Öffnungszeiten und Schließungstage erfolgen können.[89]

Die Erweiterung des Gesetzes über großflächige Handelsbetriebe erfolgte im Rahmen eines Gesamtpaketes, welches vier weitere Gesetze enthielt:[90]

---

[83] Daikibo kouritenpo ni okeru kourigyô no jigyô katsudô no chôsei ni kan suru hôritsu no ichibu o kaisei suru hôritsu (dt. Übersetzung: Gesetz zur Änderung des Gesetzes zur Regulierung der Einzelhandelsgeschäftsaktivitäten großflächiger Einzelhandelsbetriebe), Gesetz Nr. 80/1991.

[84] Vgl. Menkhaus, H., Maruyama, S., Vertrieb, Transport und Lagerhaltung, a.a.O., S. 14f; Suzuki, Y., Large-Scale Retail Store Law, a.a.O., S. 163ff; Brooks, W.L., MITI's Distribution Policy and U.S.-Japan Structural Talks, a.a.O., S. 245.

[85] Vgl. Suzuki, Y., Large-Scale Retail Store Law, a.a.O., S. 164.

[86] Vgl. ebenda.

[87] Vgl. ebenda, S. 165; Menkhaus, H., Maruyama, S., Vertrieb, Transport und Lagerhaltung, a.a.O., S. 15.

[88] Vgl. Brooks, W.L., MITI's Distribution Policy and U.S. - Japan Structural Talks, a.a.O., S. 245.

[89] Vgl. Suzuki, Y., Large-Scale Retail Store Law, a.a.O., S. 163; Watanabe, T., Changes in Japan's Import Market and the Administrative Response, in: Manufactured Imports Promotion Organization (MIPRO) (Hrsg.), 8th Workshop on Japan's Distribution Systems and Business Practices, Tokyo, October 17, 1991, S. 10.

[90] Vgl. Menkhaus, H., Maruyama, S., Vertrieb, Transport und Lagerhaltung, a.a.O., S. 14f; Watanabe, T., Changes in Japan's Import Market and the Administrative Response, a.a.O., S. 9.

Abb. 13

Antrags- und Genehmigungsprozeß zur Errichtung eines großflächigen Einzelhandelsbetriebes
(Erweiterung des "Gesetzes über großflächige Einzelhandelsbetriebe")

```
                        Planeinreichung/Beantragung durch
                            Bauherr/Besitzer (Art. 3)
                                     │
        Maximal      ┌───────────────┴───────────────┐
        4 Monate     ▼                               ▼
                Öffentliche Bekanntmachung      Öffentliche Anhörung
                                                am geplanten Standort
                         │                             │
                         └──────────────┬──────────────┘
                                        ▼
                    Planeinreichung durch den Einzelhändler (Art. 5)
                                        │
                                        ▼
                              ┌──────────────────┐      ◄──── Konsumenten
                              │    Anhörung      │
Maximal                       │    vor dem       │      ◄──── Einzelhändler
1 Jahr                        │   "Rat für       │
                              │   großflächige   │      ◄──── Akademiker/Wissenschaftler
                              │  Einzelhandels-  │
                              │    betriebe"     │
                 Maximal      │                  │
                 8 Monate     │   (unter MITI-   │      ◄──── Industrie und
                              │     Führung)     │            Handel
                              └──────────────────┘
                                        ▼
                        Abwägung durch den Rat für großflächige
                                  Einzelhandelsbetriebe
                                        ▼
                          Meinung des Präfektur-Gouvernements
                            und der kommunalen Bürgermeister
                                        ▼
                               Ministerempfehlung
                                        ▼
                             **Ministerentscheidung**
```

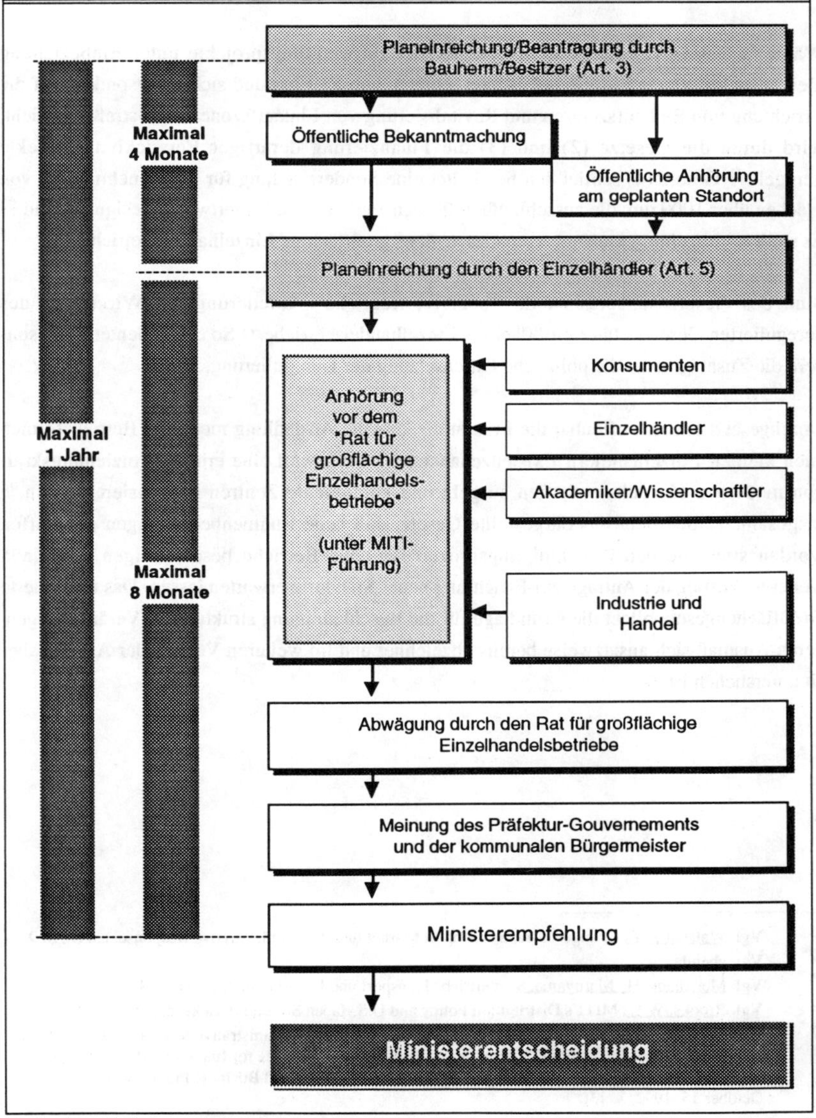

Quelle: **Suzuki, Y.,** *Large Scale Retail Store law: Historical Background and Social Implications,* a.a.O., S. 165

(1) Gesetz über die Entwicklung integrierter Geschäfts- und Einkaufskomplexe,
(2) Erweiterung des Gesetzes zur Förderung kleiner und mittlerer Einzelhandelsunternehmen,
(3) Erweiterung des Gesetzes zur Förderung privater Unternehmen,
(4) Sondergesetz über Importverkaufsflächen.

Während Gesetz (1) die Förderung regionaler Entwicklungsprojekte unter Einbeziehung kleiner und mittlerer Einzelhandelsunternehmen zum Ziel hat und sich insbesondere auf die Errichtung von Einkaufszentren und Revitalisierung von Einkaufszonen und -straßen bezieht, wird durch die Gesetze (2) und (3) die Finanzierung derartiger Entwicklungsprojekte geregelt.[91] Gesetz (4) schließlich beinhaltet eine Sonderregelung für die Genehmigung von Flächen über 1000 qm, die ausschließlich für den Verkauf von Importwaren designiert sind.[92] Es stellt mithin eine Ausnahme vom Gesetz über großflächige Einzelhandelsbetriebe dar.

Sinn des Gesetzespaketes ist die "sozialverträgliche" Abfederung der Wirkungen des deregulierten Gesetzes über großflächige Einzelhandelsbetriebe.[93] So ermöglichen insbesondere die Zusatzgesetze die politische Durchsetzung der Deregulierung.

Durchgesetzt hat sich offenbar die Erkenntnis, daß die Ansiedlung moderner Betriebsformen auch kleinen Einzelhändlern Existenzchancen eröffnet, weil eine erhöhte Anziehungskraft von modernen Handelsgeschäften ausgeht und kommunale Zentren revitalisiert werden.[94] Insgesamt verdeutlicht das dargestellte Gesetz, daß neue Rahmenbedingungen geschaffen worden sind, die den Genehmigungsprozeß für neue Betriebe beschleunigen und einen weiteren Anstieg der Anträge zur Errichtung neuer Standorte erwarten lassen. Das reformierte Großflächengesetz bildet die Grundlage für die Beschleunigung struktureller Veränderungen, deren Ausmaß sich ansatzweise bereits abzeichnet und im weiteren Verlauf der Arbeit näher zu untersuchen ist.[95]

---

[91] Vgl. Watanabe, T., Changes in Japan's Import Market und the Administrative Response, a.a.O., S. 9.
[92] Vgl. ebenda.
[93] Vgl. Menkhaus, H., Maruyama, S., Vertrieb, Transport und Lagerhaltung, a.a.O., S. 15.
[94] Vgl. Brooks, W.L., MITI's Distribution Policy and U.S.-Japan Structural Talks, a.a.O., S. 247.
[95] Vgl. Watanabe, T., Changes in Japan's Import Market and the Administrative Response, a.a.O., S. 10f; derselbe, Changes in Distribution Structure and the Debut of Policies for Improved Market Access, in: MIPRO (Hrsg.), 9th Workshop on Japan's Distribution Systems and Business Practices, Tokyo, October 15, 1992, S. 13ff.

2.113 Kartellrechtliche Adressierung von Handelspraktiken und vertikalen Verbundsystemen

2.1131 Bedeutung von Handelspraktiken und vertikalen Verbundsystemen

Neben dem Gesetz über großflächige Handelsbetriebe bildeten wettbewerbsfeindliche Handelspraktiken, Ausschließlichkeitsvereinbarungen und vertikale Verflechtungen innerhalb von Distributionssystemen einen weiteren Reformbereich, über den im Rahmen der SII-Gespräche verhandelt wurde.[96]

Als Grundlage spezifischer Handelspraktiken ist die bereits angesprochene, historisch-kulturell tief verwurzelte japanische Geschäftsmentalität anzusehen,[97] deren wesensbestimmende Merkmale sich zusammenfassend wie folgt herausarbeiten lassen:[98]

- Langzeitliche Ausrichtung von Geschäftsbeziehungen,
- Loyalität und gegenseitige Verpflichtung,
- Betonung persönlicher Beziehungen,
- Vergleichsweise geringe Bedeutung juristischer Schritte und Mittel,
- Flexibilität in der Handhabung der Geschäftspolitik.

Die Geschäftsmentalität findet sich in den Usancen des Geschäftsverkehrs der Distributionsorgane wieder. Diese dienen aus japanischer Sicht dazu, eine reibungslose Fortführung von Transaktionen zu gewährleisten und Geschäftsrisiken zu minimieren.[99] Im einzelnen sollen die nachstehenden Handelspraktiken näher erläutert werden:[100]

- Rabattsysteme,

---

[96] Vgl. Brooks, W.L., MITI's Distribution Policy and U.S.-Japan Structural Talks, a.a.O., S. 232.
[97] Vgl. Suzuki, T., Trade Connections and Trade Practices, in: Czinkota, M.R., Kotabe, M. (Hrsg.), The Japanese Distribution System, Chicago, Ill. 1993, S. 219; Tsuruta, T., et al., An International Comparison of Distribution Structures and Trade Practices and Competitor Policies, International Comparative Study Group on Distribution Structures and Trade Practices (Hrsg.), Tokyo, April 1986, S. 9.
[98] Für eine detaillierte Auseinandersetzung mit den Hintergründen und Ausprägungsformen japanischer Geschäftsmentalität und Unternehmenskulturen sei u.a. auf folgende Quellen verwiesen: Lifson, T.B., What Do Japanese Corporate Customers Want? A Guide for American Firms Selling in Japan, in: Center for International Affairs, Harvard University (Hrsg.), U.S. - Japan Relations: New Attitudes for a New Era, Annual Review, Boston, Mass. 1984, S. 164ff; Abegglen, J.C., Stalk, G., Kaisha, a.a.O., S. 3-16, 42-66; Doi, T., The Anatomy of Dependence, Tokyo 1981, S. 142-165; Shimaguchi, M., New Developments in Channel Strategy in Japan, a.a.O., S. 177ff.
[99] Vgl. MITI (Hrsg.), The Distribution System in Japan, a.a.O., S. 18ff; Suzuki, T., Trade Connections and Trade Practices in the Japanese Distribution System, a.a.O., S. 220f.
[100] Vgl. ebenda, S. 221ff; Dodwell Marketing Consultants (Hrsg.), Retail Distribution in Japan, a.a.O., S. 26ff; Manifold, D., Japan's Distribution System and Options for Improving U.S. Access, a.a.O., S. 103ff; Business Intercommunications (Hrsg.), Distribution Systems in Japan, 3rd ed., Tokyo 1985, S. 23-32.

- Warenrücknahme,
- Herstellerempfohlene Groß- und Einzelhandelspreise,
- Personalentsendung,
- Zahlungsziele und Zahlungsmodalitäten,
- Vertikale Verflechtungen, insbesondere vertikale Verbundsysteme.

(1) Rabattsysteme

Wie in anderen Handelssystemen auch, existieren eine Vielzahl von Rabattarten in Japan. Im Unterschied zu westlichen Ländern werden diese jedoch i.d.R. nicht standardisiert und offengelegt.[101] Ihr Einsatz erfolgt undefiniert und auf intentionaler, persönlicher Basis. Sie dienen dabei einerseits der Verkaufsförderung, andererseits aber auch der Kontrolle von Absatzmittlern und der Diskriminierung von Wettbewerbern.[102] Neben Werbekostenzuschüssen, Aktions- und Volumenrabatten, die auch im Westen gängige Praxis bilden, sind insbesondere Zielerfüllungs-, Loyalitäts- und Umsatzanteilsrabatte als Preisnachlässe mit gegebenenfalls diskriminierender Wirkung zu differenzieren.[103]

Zielerfüllungsrabatte verfolgen den Zweck, vereinbarte Umsatzziele, die in einer gegebenen Periode erreicht werden, zu honorieren und bilden ein Instrument des Verdrängungswettbewerbs. Loyalitätsrabatte werden beispielsweise gezahlt, wenn Absatzmittler Preisempfehlungen des Herstellers einhalten oder bestimmte Kunden (z.B. Discounter) nicht beliefern. Umsatzanteilsrabatte dienen der Sicherung von Umsatzanteilen eines Herstellers am Gesamtumsatz eines Einzelhändlers und bilden eine Markteintrittsbarriere für neue Wettbewerber.[104] Rabattsysteme werden in ausgeprägter Form in vertikalen Verbundsystemen angewendet.[105]

(2) Warenrücknahme

Das System der Rücknahme unverkaufter, unbeschädigter Ware durch die dem Einzelhandel vorgelagerten Stufen, ohne daß ein Kommissionsvertragsverhältnis besteht, existiert in Japan in nahezu allen Produktkategorien, mit Ausnahme von Frischwaren.[106] Ursprünglich von den Herstellern als Anreiz zur vereinfachten Einführung von Neuprodukten und zum

---

[101] Vgl. Manifold, D., Japan's Distribution System and Options for Improving U.S. Access, a.a.O., S. 110.
[102] Vgl. Suzuki, T., Trade Connections and Trade Practices in the Japanese Distribution System, a.a.O., S. 224f.
[103] Vgl. Manifold, D., Japan's Distribution System and Options for Improving U.S. Access, a.a.O., S. 109ff.
[104] Vgl. Suzuki, T., Trade Connections and Trade Practices in the Japanese Distribution System, a.a.O., S. 225f.
[105] Vgl. Dodwell Marketing Consultants (Hrsg.), Retail Distribution in Japan, a.a.O., S. 26.
[106] Vgl. ebenda, S. 27.

Ausgleich regionaler Bedarfsschwankungen konzipiert,[107] hat sich das System im gesamten Einzelhandel fest etabliert und zu einer inakkuraten Absatz- und Bedarfsplanung des Einzelhandels geführt.[108] Die faktische Übernahme des Absatzrisikos durch die Hersteller schlägt sich in den Herstellerabgabepreisen nieder und ist letztlich vom Verbraucher zu tragen.[109] Die Höhe der von den Vorstufen und insbesondere vom Hersteller akzeptierten Rücknahmen hängt vom Machtgefüge innerhalb eines Absatzkanals ab.[110] Kleine Einzelhändler stehen dabei in einem Abhängigkeitsverhätlnis und verhalten sich entsprechend loyal, z.b. in der Preissetzung und Verkaufspolitik.

Das Warenrücknahmesystem hat zusammenfassend zu erheblichen Ineffizienzen geführt und verzögert strukturellen Wandel. So verhindert z.b. die durch das System ermöglichte hohe Produktneueinführungsfrequenz die Diskontierung, d.h. die preisaggressive Vermarktung von Produkten, und erschwert Preisvergleiche des Konsumenten.[111]

(3) Herstellerempfohlene Groß- und Einzelhandelspreise

Herstellerempfohlene Preise haben im Rahmen des sogenannten Tatene-Systems insbesondere in herstellerdominierten Absatzkanälen einen hohen Verbindlichkeitsgrad und schlagen sich in einem auf Groß- und Einzelhandelsebene konstanten Preisniveau nieder (so z.B. besonders deutlich in der Bier-Distribution).[112] Sie stellen in einigen Branchen einen faktischen Ersatz der Preisbindung der Zweiten Hand dar,[113] und werden z.T. strikt kontrolliert und sanktioniert (z.B. durch verzögerte Rabattzahlungen und Lieferboykotte).[114] Als Konsequenz wird vor allem das Wachstum diskontierender Einzelhandelsbetriebsformen behindert.

(4) Personalentsendung

Die Entsendung von Personal des Herstellers (ggfs. auch des Großhandels) in den Verkauf des Einzelhandels gehört insbesondere in Warenhäusern sowie im Handel mit

---

107	Vgl. RIRI (Hrsg.), RIRI Distribution Industry, Tokyo 1991, S. 32-33.
108	Vgl. Suzuki, T., Trade Connections and Trade Practices in the Japanese Distribution System, a.a.O., S. 226.
109	Vgl. ebenda.
110	Vgl. ebenda, S. 227.
111	Vgl. o.V., Japan´s Next Retail Revolution, in: The Economist, December 21, 1992, S. 91-92.
112	Vgl. Ishida, H., Anticompetitive Practices in the Distribution of Goods and Services in Japan: The Problem of Distribution Keiretsu, in: Journal of Japanese Studies, Vol. 2, 1983, S. 324-325; Manifold, D., Japan´s Distribution System and Options for Improving U.S.-Access, a.a.O., S. 107; Dodwell Marketing Consultants (Hrsg.), Retail Distribution in Japan, a.a.O., S. 27.
113	Vgl. Suzuki, T., Trade Connections and Trade Practices in the Japanese Distribution System, a.a.O., S. 223.
114	Vgl. Flath, D., Vertical Restraints in Japan, in: Japan and the World Economy, Tokyo 1989, S. 17.

Haushaltselektrogeräten zur üblichen Geschäftspraxis.[115] Sie bietet dem Hersteller die Möglichkeit einer wirksamen Verkaufsförderung seiner Produkte sowie der kundennahen Marktforschung. Der Handel gibt dabei jedoch einen Teil seines Einkaufs- und Verkaufs-Know-hows auf. Aufgrund des dadurch entstandenen Abhängigkeitsverhältnisses wird einerseits die Rationalisierung interner Abläufe der Warenhäuser erschwert, andererseits werden neue Anbieter, die über keine eingespielten Geschäftsbeziehungen verfügen, vom Markt ausgeschlossen.[116]

(5) Zahlungsziele und Zahlungsmodalitäten

Warenlieferungen werden in Japan durch den Handel in der Regel binnen 90-120 Tagen per Wechsel bezahlt.[117] Der dadurch gewährte Lieferantenkredit (i.d.R. zinslos, jedoch berücksichtigt in der Kalkulation des Herstellers) dient der Stützung finanzschwacher Kleinhändler und erhöht, vergleichbar den Rabatt- und Warenrücknahmesystemen, tendenziell die Händlerloyalität.[118]

(6) Vertikale Verbundsysteme

Ausgehend von der bereits beschriebenen Übernahme der Marketingführerschaft durch die Hersteller nach dem zweiten Weltkrieg in Produktgruppen, in denen hohe Anforderungen an die Marketingleistung des Handels (z.B. Beratung, Kundendienst) gestellt werden, haben sich vertikale Verbundgruppen unter der Führung der Hersteller in Japan herausgebildet. Die Hersteller verfolgen dabei das Ziel, eine den Anforderungen ihrer Produkte entsprechende Qualität der Absatzkanäle und Absatzmittler sicherzustellen und eine stabile Absatzbasis aufzubauen.[119] Sie werden auch als Distributions-Keiretsu bezeichnet und dominieren teilweise heute noch die Distribution von Kosmetika und Haushaltselektrogeräten.[120] Keiretsu in diesen Produktgruppen bilden die stärkste Form der vertikalen Anbindung an einen Hersteller, in dem der Großhandel vertikal integriert wird und selektierte Einzelhandelsgeschäfte auf Filial- oder Franchisebasis angeschlossen werden.[121]

---

[115] Vgl. Sternquist, B., Ogawa, T., Japanese Department Store Buyers: Supplier Dependence and Sourcing Considerations, in: Czinkota, M.R., Kotabe, M. (Hrsg.), The Japanese Distribution System, Chicago, Ill. 1993, S. 159ff; Dodwell Marketing Consultants (Hrsg.), Retail Distribution in Japan, a.a.O. S. 28.

[116] Vgl. Lein, F., The Current Situation of Japanese Department Stores and the Relationships with their Suppliers, Tokyo 1987, S. 22.

[117] Vgl. Vaubel, D., Marketing für Konsumgüter in Japan, in: Deutsch-Japanisches Wirtschaftsförderungsbüro (Hrsg.), Reihe Japan-Wirtschaft, Düsseldorf 1989, S. 22.

[118] Vgl. Shimaguchi, M., New Developments in Channel Strategy in Japan, a.a.O., S. 177f.

[119] Vgl. Yoshino, M.Y., The Japanese Marketing System, a.a.O., S. 110ff.

[120] Vgl. Dodwell Marketing Consultants (Hrsg.), Industrial Groupings in Japan - The Anatomy of the Keiretsu, a.a.O., S. 20ff.

[121] Vgl. Yoshino, M.Y., The Japanese Marketing System, a.a.O., S. 111ff; Shimaguchi, M., New Developments in Channel Strategy in Japan, a.a.O., S. 182.

Vertikale Verflechtungen existieren weiterhin in Form von Kapitalbeteiligungen an Großhandelsbetrieben, dem Austausch bzw. der Entsendung von leitenden Mitarbeitern, sowie Exklusivvertriebsbindungen.[122] Letztere bildet z.B. das Tokuyakuten-System, bei dem ein Hersteller ausgewählte Großhändler vertraglich an sich bindet und eine exklusive Vermarktung seiner Produkte in einer bestimmten Produktkategorie vereinbart.[123] Umgekehrt designieren auch Einzelhändler zum Teil Großhändler als exklusive Einkaufsagenten im Rahmen des sogenannten Choai-Systems.[124]

Vertikale Vertriebsbindungen in ihren verschiedenen Ausprägungsformen ermöglichen vor allem den Herstellern eine konsequente Umsetzung ihrer Marketingziele und Durchsetzung einer hohen Preisdisziplin.[125] Die zuvor aufgeführten Handelspraktiken finden in Distributions-Keiretsu besonders intensive Anwendung und dienen der weiteren Festigung der Geschäftsbeziehungen.[126]

Zusammenfassend ist sämtlichen Handelsusancen gemeinsam, daß sie bestehende Machtstrukturen in Distributionskanälen konservieren und strukturellen Wandel verhindern. Insbesondere neu in den Markt eintretende Wettbewerber sowie Absatzmittler, die mit bestehenden Marktregeln brechen, werden diskriminiert.[127]

2.1132 Erlaß kartellrechtlicher Richtlinien

Der Wettbewerbs- und strukturhemmende Einfluß von Handelspraktiken hat die japanische Wettbewerbsbehörde FTC dazu veranlaßt, am 3. Juli 1991 "Kartellrechtliche Richtlinien zur Beurteilung von Distributionssystemen und Geschäftspraktiken" zu erlassen.[128]

Die Richtlinien basieren auf dem Ziel des Schutzes des freien und fairen Wettbewerbs, der Konsumenteninteressen sowie der Öffnung des japanischen Marktes insgesamt. Sie sind in drei Abschnitte untergliedert. Teil I befaßt sich mit Ausschließlichkeitsbindungen zwischen

---

122	Vgl. Dodwell Marketing Consultants (Hrsg.), Industrial Groupings in Japan - The Anatomy of the Keiretsu, a.a.O., S. 21ff.
123	Vgl. derselbe, Retail Distribution in Japan, a.a.O., S. 41.
124	Vgl. ebenda, S. 28.
125	Vgl. Suzuki, T., Trade Connections and Trade Practices in the Japanese Distribution System, a.a.O., S. 222f.
126	Vgl. ebenda, S. 221f.
127	Vgl. ebenda; Ishida, H., Anticompetitive Practices in the Distribution of Goods and Services in Japan, a.a.O., S. 319ff.; Inoue, Y., Manufacturers at War with Discount Retailers, in: The Japan Economic Journal, Tokyo, August 19, 1989, S. 32.
128	Ryutsu-torihiki kanko ni kan suru dokusen kinshi hojo no shishin, Richtlinie vom 3.7.1991. Vgl. auch die englische Übersetzung: Fair Trade Commission (Hrsg.), The Antimonopoly Act Guidelines Concerning Distribution Systems and Business Practices, a.a.O.

Unternehmen allgemein, Teil II betrifft Bindungen im Vertriebswesen und Teil III schließlich behandelt Alleinvertriebsbindungen.[129]

Inhalt von Teil I sind insbesondere Unternehmensverflechtungen (Keiretsu) und deren Folgen. Abgedeckt werden folgende wettbewerbsfeindlichen Geschäftspraktiken:[130]

- Aufteilung und Übertragung von Kunden,
- Boykotte,
- Lieferverweigerungen,
- Veranlassung von Geschäftspartnern, den Handel mit Wettbewerbern zu unterlassen,
- Reziprozitätsvereinbarungen,
- Ausnutzung von Marktmacht zur Wettbewerbsbeschränkung,
- Ausübung von Rechten aus Anteilsbesitz.

Teil II, der insbesondere Praktiken innerhalb des Distributionssystems adressiert, konkretisiert folgende wettbewerbsrechtlichen Verbote:[131]

- Preisbindung der Zweiten Hand,
- Nicht-preisliche vertikale Bindungen (z.B. Restriktionen im Handel mit Wettbewerbsprodukten, Territorialbindungen, Kundenbindungen, Verkaufsmethoden),
- Bereitstellung von Rabatten, Zugaben und Prämien mit wettbewerbshindernder Wirkung,
- Einflußnahme auf die Geschäftsführung von Absatzmittlern,
- Ausnutzung von Marktmacht.

Teil III schließlich befaßt sich mit Alleinvertriebsbindungen, die u.a. auch im internationalen Handel mit Japan eine besondere Rolle spielen.[132] Im einzelnen werden behandelt:[133]

- Alleinvertriebsvereinbarungen zwischen Wettbewerbern,
- Restriktionen in Alleinvertriebsvereinbarungen,
 (z.B. Preisbindungen, Konkurrenzausschluß, Territorial-, Kunden- oder Lieferantenbindungen, Verkaufsmethoden),
- Ungerechtfertigte Unterbindung von Parallelimporten.

---

[129] Vgl. Menkhaus, H., Maruyama, S., Vertrieb, Transport und Lagerung, a.a.O., S. 12.
[130] Vgl. Fair Trade Commission (Hrsg.), The Anti-Monopoly Act Guidelines Concerning Distribution Systems and Business Practices, a.a.O., S. 3, 6-11.
[131] Vgl. ebenda, S. 3f, 12-18.
[132] Vgl. Menkhaus, H., Maruyama, S., Vertrieb, Transport und Lagerhaltung, a.a.O., S. 12, 16f.
[133] Vgl. Fair Trade Commission (Hrsg.), The Anti-Monopoly Act Guidelines Concerning Distribution Systems and Business Practices, a.a.O., S. 4, 19-22.

Mit diesem Teil sollte speziell auf das Problem hoher Preise und der Limitierung von Importen, die auf der Marketingpolitik von Alleinimporteuren beruhen, eingegangen werden.[134]

Zusammenfassend wurde mit den Richtlinien ein Instrumentarium geschaffen, welches explizit die wettbewerbshemmenden Handelspraktiken des japanischen Distributionssystems adressiert. Die SII-Gespräche wurden von der FTC dabei als willkommener Anlaß gesehen, eine verbesserte Wettbewerbsaufsicht durchzusetzen.[135] Damit sollte eine Emanzipation von der industriefreundlichen Politik des MITI erfolgen.[136] Am Beispiel exponierter Großunternehmen wurden bereits erste Exempel statuiert, die auf ein verstärktes Durchgreifen der FTC schließen lassen.[137]

Besonders hoch wird der Einfluß der neuen Richtlinien auf die Preissetzung des Handels eingeschätzt. Durch Erringen der Kontrolle über die Preispolitik durch den Einzelhandel werden diskontierende Betriebsformen begünstigt, die den Handel insgesamt durch die Verdrängung ineffizienter Betriebsformen dynamisieren können.[138] Ferner wurden die Wege zur sukzessiven Beseitigung von strukturkonservierenden und effizienzmindernden Handelspraktiken geebnet. Ein erstes Beispiel bildet die vollständige Abschaffung der Praxis der Warenrückgabe durch das führende Handelsunternehmen Ito-Yokado.[139]

2.114 Deregulierung produktspezifischer Gesetzesrestriktionen

Neben der Reform des Gesetzes über großflächige Einzelhandelsbetriebe sowie dem Richtlinienerlaß über die Beurteilung von Handelspraktiken und Distributionssystemen erfolgten Deregulierungen weiterer, produktgruppenspezifischer Restriktionen. Auch diese sind als Ergebnis der SII-Verhandlungen zu werten.[140] Im einzelnen sollen folgende, für eine strukturelle Veränderung des Distributionssystems relevanten Deregulierungen diskutiert werden:

- die Ausweitung der Lizenzvergabe im Alkoholvertrieb,

---

134 Vgl. Watanabe, T., Changes in Japan´s Import Market and the Administrative Response, a.a.O., S. 12.
135 Vgl. o.V., Japan´s Next Retail Revolution, a.a.O., S. 91.
136 Vgl. ebenda.
137 Vgl. Yamazaki, S., Indo, N., The New FTC Guidelines. Impact on the Retailers, in: James Capel Pacific Limited (Hrsg.), Japanese Research, Tokyo, July 29, 1991, S. 2; Watanabe, T., Changes in Distribution Structure and the Debut of Policies for Improved Market Access, a.a.O., S. 13.
138 Vgl. o.V., Japan´s Next Retail Revolution, a.a.O., S. 92.
139 Vgl. Ito-Yokado (Hrsg.), Annual Report 1992, Tokyo 1992, S. 6.
140 Vgl. U.S. - Japan Working Group on the Structural Impediments Initiative (SII) (Hrsg.), First Annual Report, Tokyo, May 24, 1991, S. 7ff.

- die sukzessive Aufhebung der Preisbindung der Zweiten Hand in verbliebenen Produktgruppen,
- die Aufhebung von Werberestriktionen.

2.1141 Ausweitung der Lizenzvergabe im Alkoholvertrieb

Der Verkauf und die Distribution von alkoholischen Produkten ist seit 1938 in Japan durch die Steuergesetzgebung reguliert und datiert in seiner heutigen Fassung aus dem Jahr 1953.[141] Nach dem Gesetz, welches der Steueradministration des Finanzministeriums untersteht, müssen sämtliche Hersteller, Großhändler und Einzelhändler eine Lizenz erwerben, bevor sie Alkoholika verkaufen dürfen.[142] Die Lizenzvergabe wurde äußerst restriktiv gehandhabt, mit der Begründung der Stabilisierung von Steuereinnahmen.[143] Das Gesetz wurde durch Verwaltungsrichtlinien ergänzt, die einen Konkurrenzausschluß im Umkreis von 500 m von bestehenden Lizenznehmern vorsahen sowie von Lizenzantragstellern eine Abstimmung / Konsensfindung mit lokalen Lizenznehmern vor Antragseinreichung erforderten.[144] Benachteiligt wurden folglich insbesondere großflächige Betriebsformen wie z.B. Supermärkte, Discounter und Filialisten. So hielten im Jahr 1988 von 6455 registrierten Supermärkten der Japan Chain Store Association nur 371 eine Alkoholvertriebslizenz.[145]

Mit Wirkung vom 10. Juni 1989 wurden die genannten Verwaltungsrichtlinien außer Kraft gesetzt und durch "Richtlinien für die Vergabe von Alkoholvertriebslizenzen" ersetzt. Im Rahmen von SII wurde von der japanischen Regierung zugesagt, sämtlichen großflächigen Einzelhandelsbetrieben über 10.000 qm bis Herbst 1993 eine Lizenz zu erteilen. Ferner wurde angekündigt, bis 1994 ca. 5000 Einzelhandelsgeschäften unter 10.000 qm eine Lizenz zu erteilen.[146] Abschließend wurden unter der Ägide der Steuerverwaltungsbehörde Richtlinien über Geschäftspraktiken im Vertrieb von Alkoholika erlassen, vergleichbar den FTC-Richtlinien.[147]

---

[141] Vgl. Manifold, D., Japan's Distribution System and Options for Improving U.S. Access, a.a.O., S. 80f.
[142] Vgl. ebenda.
[143] Nach Angaben von Inoue bilden Steuereinnahmen aus der Alkoholsteuer die nach den Einkommens- und Körperschaftssteuern drittwichtigste Steuerquelle. Bei einer gelockerten Vergabepraxis von Lizenzen wurde ein Preisverfall befürchtet, der sich auf die Steuereinnahmen auswirken könnte. Faktisch bilden jedoch kleine Sake-Brennereien sowie die Bierproduzenten eine starke Lobby, die an der Stabilität der Verbraucherpreise interessiert ist. Vgl. Inoue, Y., Licenses Snag Liquor Imports, in: The Japan Economic Journal, Tokyo, July 9, 1988, S. 3.
[144] Vgl. ebenda.
[145] Vgl. ebenda.
[146] Vgl. The U.S. - Japan Working Group on the Structural Impediments Initiative (SII) (Hrsg.), Interim Report of the Japanese Delegation, a.a.O., S. 17.
[147] Vgl. National Tax Administration Agency, Central Liquor Council (Hrsg.), Basic Course of Issues in Liquor Distribution, Tokyo, March 1992.

Als Ergebnis hat sich der Wettbewerb innerhalb der Distribution von Alkoholika bereits erheblich verschärft und zu einem rapiden Wachstum von Discountern in diesem Sektor geführt.[148]

2.1142 Sukzessive Aufhebung der Preisbindung der Zweiten Hand

In Japan stehen nach wie vor einige Produktgruppen unter dem System der Preisbindung der Zweiten Hand (seihan-sei) und werden als Ausnahmen vom japanischen Kartellrecht bzw. Antimonopolgesetz angesehen.[149] Hersteller können Einzelhändler danach ersuchen, Produkte die unter das System fallen, zu festgesetzten Preisen zu verkaufen. Dabei sind zwei Kategorien von Produkten zu unterscheiden:[150] zum einen Produkte, die unter dem Antimonopolgesetz definiert sind, und zum anderen Produkte, die von der FTC designiert werden und einer Genehmigung bedürfen. In die erste Kategorie fallen Bücher, Schallplatten, CD´s, Zeitschriften und Zeitungen - Produkte, bei denen es Urheberrechte zu schützen gilt und Kulturgut möglichst breit zugänglich gemacht werden soll.[151] Hier ergeben sich auch in Zukunft keine Änderungen.

In die zweite Kategorie fallen insgesamt 26 pharmazeutische und 24 kosmetische Produkte, deren Preise 1030 Yen (einschließlich Umsatzsteuer) oder weniger betragen.[152] Sie dürfen zu festgesetzten Preisen vertrieben werden, sofern sie von den Herstellern bei der FTC zur Preisbindungsgenehmigung angemeldet worden sind. Ursrpünglich diente diese Ausnahmeregelung dem Konsumentenschutz, hat sich jedoch in der Zwischenzeit als Mittel zur Vermeidung excessiver Discountangebote gewandelt. Nachdem ein Produkt von der FTC die Genehmigung zur Preisbindung erhalten hat, kann der Hersteller diese vertraglich mit seinen Groß- und Einzelhändlern festlegen, und Letztere bei Verstößen sanktionieren.[153]

In der Praxis wurde die Preisbindung der zweiten Hand von Kosmetik- und Pharmaherstellern selektiv eingesetzt, d.h. in der Regel wurden nur Produkte, die für affiliierte, d.h. vertraglich gebundene Einzelhändler designiert waren, bei der FTC angemeldet. Supermärkte und unabhängige Drogerie-Filialisten hingegen erhielten Produkte in äußerlich unterschiedlicher

---

[148] Vgl. Nihon Keizai Shimbunsha (Hrsg.), Disukaunto sutoa chosa (dt. Übersetzung: Bericht über Discount-Geschäfte), 4. Bericht, Tokyo, März 1993; vgl. auch Kap. C, Abschn. 3.3222.
[149] Shiteki dokusen no kinshi oyobi kosei terihiki no kakuho ni kan suru horitsu (dt. Übersetzung: Gesetz betreffend des Verbotes von privaten Monopolen und der Aufrechterhaltung fairen Wettbewerbs), Gesetz Nr. 54/1947. Generell sind Preisbindungen der zweiten Hand unter der "allgemeinen Bekanntmachung" Nr. 12 des Gesetzes verboten. Vgl. Menkhaus, H., Maruyama, S., Vertrieb, Transport und Lagerhaltung, a.a.O., S. 11.
[150] Vgl. Matsushita, M., Davis, J.D., Introduction to Japanese Antimonopoly Law, Tokyo 1990, S. 61f.
[151] Vgl. Yamazaki, S., Indo, N., The New FTC Guidelines, a.a.O., S. 3. Die erste Ausnahmekategorie ist in Artikel 24, Nr. 2-4 des Gesetzes definiert. Vgl. Matsushita, M., Davis, J.D., Introduction to Japanese Antimonopoly Law, a.a.O., S. 62.
[152] Vgl. Matsushita, M., Davis, J.D., Introduction to Japanese Antimonopoly Law, a.a.O.
[153] Vgl. ebenda.

Aufmachung, jedoch identischen Inhalts, die nicht zur Preisbindung angemeldet wurden. Damit wurde die Preisbindungsmarkierung als "Qualitätssignum" für Produkte aus eigenen Filialen eingesetzt.[154]

Mit Beginn vom 1. April 1993 erfolgt eine schrittweise Aufhebung der Preisbindungsmöglichkeit, wobei zunächst 13 Kosmetik- und Körperpflegeartikel (darunter Parfum, Shampoos und Spülungen) sowie 10 verschreibungsfreie Pharmazeutika freigestellt werden.[155] Diese repräsentieren 15 bzw. 5% des Umsatzvolumens des jeweiligen Marktes. Am 1. Januar 1995 folgen zwei weitere verschreibungsfreie Pharmazeutika (30% Marktanteil), bevor 1998 sämtliche übrigen Artikel liberalisiert werden. Diese verkörpern dann nochmals je 10% des Umsatzvolumens des Kosmetikmarktes sowie des Marktes für verschreibungsfreie Pharmazeutika.[156]

Als Konsequenz wird der Preiswettbewerb in diesen Märkten stimuliert, wobei insbesondere filialisierte Kosmetik- und Drogeriegeschäfte unter Druck geraten werden. Sie verlieren einen - zumindest psychologischen - Wettbewerbsvorteil. Die Hersteller werden ihre Sortimente bereinigen mit der Folge, daß in allen Absatzkanälen vergleichbare Produkte angeboten werden. Die erhöhte Vergleichbarkeit macht die Produkte für den Einzelhandel zunehmend diskontierfähig.[157]

2.1143 Aufhebung von Werberestriktionen

Maßnahmen der japanischen Regierung, die sich unter der Aufhebung von Werbe- und Verkaufsförderungsrestriktionen subsumieren lassen, sind im einzelnen:

- Abschwächung der Richtlinien über Zugaben und Preisprämien,
- Erlaubnis der Coupon-Werbung,
- Erlaubnis vergleichender Werbung.

Werbe- und Verkaufsförderungsmaßnahmen werden in Japan im Rahmen des Antimonopolgesetzes unter dem Spezialgesetz über "Irreführende Darstellungen und

---

[154] Vgl. Roland Berger, Vaubel & Partner (Hrsg.), Likely Effects of the Resale Price Maintenance Lifting on the Distribution of Cosmetics and OTC Drugs in Japan, Tokyo, June 17, 1992, S. 12ff.

[155] Vgl. Watanabe, T., Changes in Distribution Structure and the Debut of Policies for Improved Market Access, a.a.O., S. 13f.

[156] Vgl. Roland Berger, Vaubel & Partner (Hrsg.), Likely Effects of the Resale Price Maintenance Lifting, a.a.O., S. 14ff.

[157] Vgl. ebenda, S. 25. Die vollständige Aufhebung der Preisbindung der zweiten Hand wurde bei pharmazeutischen Produkten teilweise schon durch die Hersteller antizipiert. So haben die fünf größten Anbieter vollständig auf Preisbindungsanträge verzichtet. Vgl. o.V., Japan's Next Retail Revolution, a.a.O., S. 92.

exzessive Zugaben" geregelt.[158] 26 detaillierte Bekanntmachungen, von denen 3 für nahezu alle Konsumgüterbranchen zutreffen und 23 branchenspezifische Regelungen enthalten, regeln die Einzelheiten.[159] Als Ergebnis der SII-Gespräche wurden in den Fiskaljahren 1990-1991 insgesamt 16 Branchen einer Revision unterzogen,[160] mit der Folge einer Anhebung der erlaubten Höchstwerte für unentgeltliche Produkt-Zugaben.[161] Zeitungen und Zeitschriften wurden als Teil des Verlagswesens dereguliert, mit dem Ergebnis der Erlaubnis von Werbecoupons sowie der vergleichenden Werbung.[162]

Als Konsequenz der Deregulierung steht Herstellern und Einzelhändlern eine flexiblere Handhabung aggressiver Werbe- und Marketinginstrumente offen. Diese werden insbesondere von neu in den Markt eintretenden Wettbewerbern bevorzugt eingesetzt.[163] Abschließend ist anzumerken, daß eine Deregulierung der Prämienzugaben auch in den noch verbleibenden Branchen erfolgen soll.[164] Obgleich die neuen Werbeinstrumente zu Beginn mit Skepsis vom japanischen Markt aufgenommen wurden, zeichnet sich doch eine wachsende Akzeptanz ab.[165] Damit dürfte der Preiswettbewerb weiter stimuliert werden.

Zusammenfassend kann festgestellt werden, daß mit den dargestellten wettbewerbspolitischen Maßnahmen zur Liberalisierung des Distributionssektors umfassende Voraussetzungen für eine Strukturreform geschaffen wurden, wenngleich Regulierungen in Teilbereichen fortbestehen. Die direkt auf das Distributionssystem gerichteten Liberalisierungsmaßnahmen sind nun im Kontext indirekt wirkender Veränderungen der Rahmenbedingungen zu betrachten. Dazu gehören als weitere politische Maßnahme Investitionen in die Infrastruktur Japans.

---

[158] Vgl. Matsushita, M., Davis, J.D., Introduction to Japanese Antimonopoly Law, a.a.O., S. 59 f; Fair Trade Commission (Hrsg.), Restrictions on Excessive Premiums in Japan, in: FTC Views, No. 2, Tokyo 1988, S. 15-22.

[159] o.V., Structural Impediments Initiative. Restrictions on Marketing Activities, Tokyo, December 1989, S. 1; Das Gesetz unterscheidet zwischen Zugaben, die mittels Lotterie ausgeschrieben werden, und solchen, die direkt zugeteilt werden. Bei letzterem wird zwischen Zugaben an Verbraucher und an Einzel- oder Großhändler unterschieden. Zugaben an Einzel- oder Großhändler sind grundsätzlich verboten. Vgl. Menkhaus, H., Maruyama, S., Vertrieb, Transport und Lagerhaltung, a.a.O., S. 13.

[160] Es sind dies im einzelnen: Automobile, Schokolade, Kosmetika, Hundefutter, Zeitungsverlegung, Bohnenpaste, Curry und Pfeffer, Kameraherstellung, Kameragroßhandel, Zeitschriftenverlegung, Kaugummi, Biscuit, Zahnpasta, Landwirtschaftliche Maschinen, Instant Nudeln, Tomatenprodukte.

[161] Vgl. U.S. - Japan Working Group on the Structural Impediments Initiative (SII) (Hrsg.), Interim Report of the Japanese Delegation, a.a.O., S. 18ff.

[162] Vgl. ebenda.

[163] Vgl. Brooks, W.K., MITI's Distribution Policy and U.S.-Japan Structural Talks, a.a.O., S. 245.

[164] Vgl. U.S. - Japan Working Group on the Structural Impediments Initiative (SII) (Hrsg.), Interim Report of the Japanese Delegation, a.a.O.

[165] Vgl. Watanabe, T., Changes in Distribution Structure and The Debut of Policies for Improved Market Access, a.a.O., S. 14.

2.12 Infrastrukturpolitische Maßnahmen mit indirektem Einfluß auf die Distributionsstrukturen

Im Rahmen der SII Gespräche, in denen ein makroökonomischer Ansatz zur Beseitigung struktureller Imparitäten gewählt wurde, hat sich Japan verpflichtet, Investitionen in seine Sozial-Infrastruktur in Höhe von 430 Tril. Yen im Zeitraum von 10 Jahren vorzunehmen.[166] Distributionsrelevant sind davon einerseits Investitionen in die Importinfrastruktur (z.B. Zollabfertigungs- und Lagerkapazitäten in Flug- und Seehäfen), insbesondere aber auch die geplante Anhebung des Wohnstandards. Im Zeitraum von 1990-1995 werden 7,3 Millionen neue Wohnhäuser geplant, von denen 3,7 Millionen mit Hilfe öffentlicher Zuschüsse und Finanzierungshilfen gebaut werden sollen. Dabei soll die durchschnittliche Wohnfläche pro Wohnungseinheit von 89 qm im Jahr 1988 auf 95 qm im Jahr 1990 angehoben werden.[167] Neue Wohnungen implizieren neue Wohnviertel in Stadtrandlagen, mit der Notwendigkeit der Einrichtung neuer Einkaufszentren, in denen sich großflächige Betriebsformen ansiedeln können.[168] Weiterhin können sich größere Wohnungseinheiten mit mehr Stauraum auf das Einkaufsverhalten auswirken, das bislang aufgrund des allgemeinen Stauraummangels durch kurze Einkaufsfrequenzen (z.T. mehrmals täglich) gekennzeichnet war.

Von besonderer Relevanz für den Distributionssektor sind neben der geplanten Anhebung des Lebensstandards Investitionen in das Straßennetz.[169] Insgesamt werden für Straßenbauinvestitionen in Japan im Zeitraum 1990 bis 2015 über die genannten 430 Tril. Yen hinaus 300 Tril. Yen veranschlagt. Dabei ist eine Verdoppelung des Bestandes nationaler Autobahnen (von 6.041 km auf 14.000 km) sowie städtischer Autobahnen (von 517 km auf 1000 km) geplant.[170]

Durch Investitionen in den Straßenbau werden die Voraussetzungen für eine Rationalisierung der physischen Distribution geschaffen. Insbesondere könnte damit die Obsolenz lokaler Großhändler verbunden sein. Wesentlicher jedoch ist der erwartete Dezentralisierungseffekt, der eine Entlastung der Ballungszentren bewirken soll und die Voraussetzungen für ein Wachstum städtischer Randzonen und ländlicher Regionen schafft. Landknappheit und Landpreisniveau in den Ballungszentren behinderten in der Vergangenheit das Wachstum von großflächigen Einzelhandelsbetriebsformen *(vgl. Abb. 14)*. Hohe Raumkosten bewirkten

---

[166] Vgl. U.S. - Japan Working Group on the Structural Impediments Initiative (SII) (Hrsg.), Joint Report, a.a.O., S. 1ff. Brooks, W.L., MITI's Distribution Policy and U.S. - Japan Structural Talks, a.a.O., S. 232.

[167] Vgl. U.S. - Japan Working Group on the Structural Impediments Initiative (SII) (Hrsg.), Interim Report of the Japanese Delegation, a.a.O., S. 5ff.

[168] Vgl. Yim, M., Shopping Malls, a.a.O., S. 19ff.

[169] Vgl. ebenda, S. 29ff.

[170] Vgl. Ministry of Construction, Road Bureau (Hrsg.), Roads in Japan 1989, Tokyo December 1989, S. 31ff.

zudem, daß Discount-Strategien in Innenstadtlagen kaum umsetzbar waren. Weiterhin wirkte sich der mangelnde Zugang mit dem Auto (Parktplatzmangel) und die chronische Verstopfung der Innenstädte für viele Einzelhändler wachstumshemmend aus.[171] Das niedrige Landpreisniveau in den Vorstädten impliziert folglich Wachstumschancen großflächiger, moderner Betriebsformen, zumal in neu entwickelten Wohngebieten i.d.R. die traditionelle Handelsstruktur fehlt.[172]

Abb. 14

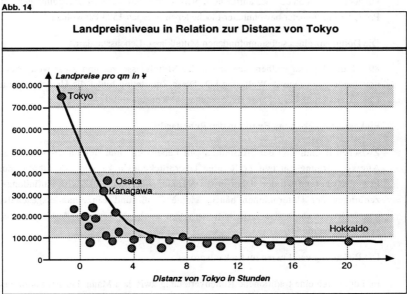

Quelle: *Booz, Allen & Hamilton (Hrsg.), Guide for European Investment in Japan, Brussels, Tokyo, December 1990, S. 24*

2.2 Entwicklung der Bevölkerungsstrukturen und des Konsumentenverhaltens

Die beschriebenen Maßnahmen zur Deregulierung des Distributionssektors sowie zur Verbesserung der allgemeinen Infrastruktur, die von der japanischen Regierung eingeleitet worden sind, sind insbesondere Reaktionen auf Veränderungen der Entwicklung der japanischen Bevölkerung und des Konsumentenverhaltens. Bevor darauf näher eingegangen wird, sollen zunächst die wichtigsten sozio-demographischen, geographischen und psychographischen Charakteristika japanischer Konsumenten übergreifend dargestellt werden.

---

[171] Vgl. Yim, M., Shopping Malls, a.a.O., S. 19ff.
[172] Vgl. ebenda, S. 40 ff; derselbe, DIY: Retail Growth Area of the 1990's, in: Baring Securities (Hrsg.), Japanese Research, Tokyo, November 1990, S. 7ff.

Wichtigste **sozio-demographische** und **geographische** Merkmale der japanischen Bevölkerung, die die Distributionsstrukturen mitgeprägt haben, sind:[173]

- Die hohe Bevölkerungskonzentration:

    55% der Gesamtbevölkerung Japans lebt in den 10 größten Städten, die sich wiederum auf der Hauptinsel Japans, Honshu, zwischen den Städten Osaka/Kobe und Tokyo konzentrieren. Von der Gesamtfläche Japans werden nur 4,2% zur Bebauung genutzt. Pro Quadratkilometer bewohnbarer Fläche leben in Japan 1523 Einwohner.[174]

- Die Dominanz eines selbstempfundenen Mittelklasse-Lebensstandards:

    89,9% der Japaner ordnen sich selbst der Mittelklasse zu, und zwar weitgehend unverändert seit dem 2. Weltkrieg.[175] Diese Zuordnung bildet die Ursache für die Charakterisierung der Japaner als "homogenes" Konsumvolk.[176]

- Einkommenslücke beim Eintritt in den Ruhestand:

    Zwischen Beendigung der "Anstellung auf Lebenszeit" und Beginn der staatlichen Altersversorgung entsteht i.d.R. eine Überbrückungslücke von 7-8 Jahren. Zur Erwerbssicherung wurden daher in der Vergangenheit auf Basis von Abfindungszahlungen der Unternehmen häufig kleine Groß- und Einzelhandelsgeschäfte gegründet, weshalb das Distributionssystem auch als soziales Auffangbecken bezeichnet wurde.[177]

- Die Bedeutung von Frauen im Einkaufsprozeß:

    Bedingt durch eine traditionelle Rollenverteilung zwischen Mann und Frau dominieren Frauen im Einkaufsprozeß, was sich z.B. auf Geschmackspräferenzen auswirkt.[178]

Unter den **psychographischen** Merkmalen japanischer Konsumenten sind insbesondere anzuführen:

---

[173] Vgl. zu ausführlicheren Beschreibungen der Bevölkerungsstrukturen und des Konsumverhaltens z.B. Vaubel, D., Marketing für Konsumgüter in Japan, a.a.O., S. 10ff; Botskor, I. (Hrsg.), Leitfaden zur Erschließung des japanischen Marktes, Weissenhorn 1991; Dodwell Marketing Consultants (Hrsg.), Retail Distribution in Japan, a.a.O., S. 4-18; JETRO (Hrsg.), The Japanese Consumer, in: JETRO Marketing Series, No. 8, Tokyo 1988; Reid, D.M., Effective Marketing for Japan. The Consumer Goods Experience, Business International (Hrsg.), Report No. Q133, Hong Kong, June 1991, S. 73-94.

[174] Vgl. Keizai Koho Center (Hrsg.), Japan 1992, a.a.O., S. 10; Im Vergleich zu Japan leben in der Bundesrepublik 384 Einwohner auf 1 Quadratkilometer bewohnbarer Fläche. Vgl. Reid, D.M., Effective Marketing for Japan, a.a.O., S. 14-15, 89ff.

[175] Vgl. JETRO (Hrsg.), Nippon '92. Business Facts & Figures, Tokyo 1992, S. 146.

[176] Vgl. Vaubel, D., Marketing für Konsumgüter in Japan, a.a.O., S. 3f.

[177] Vgl. Batzer, E., Laumer, H., Deutsche Unternehmen im Japangeschäft - Markterschließungsstrategien und Distributionswege, a.a.O., S. 57ff.

[178] Vgl. Vaubel, D., Marketing für Konsumgüter in Japan, a.a.O., S. 10.

- Die Präferenz für Frischware:

  Im internationalen Vergleich zeichnet den japanischen Verbraucher eine starke Präferenz für Frischwaren (insbesondere Gemüse, Fisch) aus, die besondere Vorkehrungen in der Distribution erfordern.[179]

- Die Qualitäts- und Serviceorientierung:

  Japanische Verbraucher sind bekanntermaßen höchste Qualitätsstandards gewohnt und durch ein hohes Serviceniveau traditioneller Einzelhändler (z.B. Frei-Haus-Lieferung, lange Öffnungszeiten, sorgfältige Verpackung, Packservice an den Kassen etc.) "verwöhnt".[180]

- Der Einkauf zu Fuß in der nachbarschaftlichen Umgebung:

  Bedingt durch Faktoren wie Bevölkerungsdichte, Wohn- und Stauraumknappheit, traditionelle Familienstrukturen, mangelnde Mobilität etc. kaufen japanische Hausfrauen teilweise mehrmals täglich in der unmittelbaren Umgebung der Wohnung in kleinen Mengen ein.[181]

Obgleich traditionelle Strukturen und Verhaltensweisen der japanischen Bevölkerung nach wie vor eine Bedeutung besitzen, zeichnen sich tiefgreifende Veränderungen ab, die nachfolgend im Hinblick auf ihren Einfluß auf die Veränderung des Distributionssystems untersucht werden sollen.

2.21 Sozio-demographische und geographische Trends

Ausgangspunkt der Veränderung von Konsumstrukturen mit Auswirkungen auf die Distribution bilden die zu beobachtenden sozio-demographischen Entwicklungstendenzen. Schlagwortartig zu nennen sind insbesondere:

- die Stagnation des Bevölkerungswachstums,
- der Übergang in eine "reife" Konsumgesellschaft, und
- die wachsende Anzahl berufstätiger Frauen.

---

[179] So betrug der Pro-Kopf-Verbrauch von Gemüse und Fisch in Japan im Jahr 1982 pro Tag 423 Gramm, in der Bundesrepublik Deutschland hingegen nur 209 Gramm. Vgl. Japan Chamber of Commerce and Industry (Hrsg.), Distribution System and Market Access in Japan, Tokyo, June 1989, S. 6.
[180] Vgl. Reid, D.M., Effective Marketing for Japan, a.a.O., S. 80f.
[181] Vgl. JETRO (Hrsg.), Distribution Planning in Japan, a.a.O., S. 5.

Seit Beginn der 80er Jahre hat sich das **Bevölkerungswachstum** Japans, ausgedrückt in einer sinkenden Geburtenrate, stetig verlangsamt.[182] Bei gleichzeitig gestiegener Lebenserwartung, die das höchste Niveau aller Industrienationen erreicht hat, ergibt sich eine zunehmende Überalterung der Bevölkerung.[183] Die durchschnittliche japanische Mutter hat heute 1,53 Kinder, während ihre Großmutter noch 4,5 Kinder zählte.[184] Die Konsequenzen dieser Bevölkerungsentwicklung sind vielschichtig.

Zunächst zu nennen ist ein steigender Lebensstandard pro Kopf bei einem Wachstum des Bruttoinlandsproduktes, welches über dem Bevölkerungswachstum liegt. Gemessen am Bruttoinlandsprodukt pro Kopf ist Japan heute bereits führend unter den Industrienationen.[185] Damit verbunden ist eine stetige Verlagerung der Konsumstrukturen. So ist der Anteil der Ausgaben für Nahrungsmittel und Bekleidung an den Gesamtkonsumausgaben von 38,1 bzw. 10,0% im Jahr 1966 auf 24,0 bzw. 7,0% im Jahr 1990 zurückgegangen.[186] Japan tritt damit in die **Maturitätsphase des Konsumgüterverbrauchs** ein, d.h. die Ausgaben für die Befriedigung von Grundbedürfnissen sind deutlich rückläufig. Einen weiteren Indikator dafür bildet der Sättigungsgrad an technischen Gebrauchsgütern, der in wesentlichen Kategorien bereits erreicht ist.[187] Die Konsequenzen für das Distributionssystem lassen sich am theoretischen Modell des Produkt-/Marktlebenszyklus verdeutlichen *(vgl. Abb. 15)*. Von zentraler Bedeutung sind die mit der Marktphase eines Produktes verbundenen Anforderungen des Konsumenten an die Leistungen des Herstellers und des Einzelhandels.[188] Nimmt man als Beispiel technische Gebrauchsgüter (z.B. eine Waschmaschine), so werden bei Markteinführung / Innovation des Produktes hohe Anforderungen an die Handelsleistung gestellt, um das Produkt zu erklären und Kundendienstleistungen zu erfüllen. Mit zunehmendem Bekanntheitsgrad bzw. zunehmender Marktpenetration nehmen diese Anforderungen an die Handelsleistung kontinuierlich ab. Gleichzeitig steigt die (preisliche) Vergleichbarkeit der Produkte, mit dem Ergebnis, daß Produkte discountfähig werden.

---

182 Vgl. Dodwell Marketing Consultants (Hrsg.), Retail Distribution in Japan, a.a.O., S. 8; Japan verfügte 1990 über die niedrigste Geburtenrate aller Industrienationen. Auf 1000 Japaner kamen 9.9 Neugeborene. Für West-Deutschland betrug der gleiche Wert 11.4. Vgl. JETRO (Hrsg.), Nippon '92, a.a.O., S. 135.
183 Vgl. Keizai Koho Center (Hrsg.), Japan 1992, a.a.O., S. 9.
184 Vgl. Garrity, R.E., Marketers with a Yen, in: Direct Marketing, November 1991, S. 46-51.
185 Vgl. Keizai Koho Center (Hrsg.), Japan 1992, a.a.O., S. 11.
186 Vgl. Tanaka, T., Japanese Market Profiles and Marketing Strategy, in: RIRI (Hrsg.), The Japanese Distribution System, Tokyo 1988, S. 10, Tab. 6; Zahlen für 1990 aus: Dodwell Marketing Consultants (Hrsg.), Retail Distribution in Japan, a.a.O., S. 12; Im Jahr 2000 rechnet die Economic Planning Agency noch mit Anteilen von 13.4% für Lebensmittel und 4,6% für Bekleidung an den gesamten Konsumausgaben. Gleichzeitig steigen insbesondere die Ausgaben für medizinische Versorgung, Transport, Bildung, Kultur, Restaurants und Freizeit. Vgl. Keizai Kikakucho (Economic Planning Agency) (Hrsg.), Consumption in Japan, Tokyo 1988, o.S.
187 So z.B. bei Kühlschränken, Waschmaschinen, Staubsaugern, Fernsehern, Stereoanlagen. Vgl. Keizai Koho Center (Hrsg.), Japan, 1992, a.a.O., S. 85.
188 Vgl. Berger, R., Discountmärkte: Bei steigenden Verbraucheransprüchen noch im Trend, Vortrag Anuga Köln, 13. Oktober 1985, S. 88ff.

Abb. 15

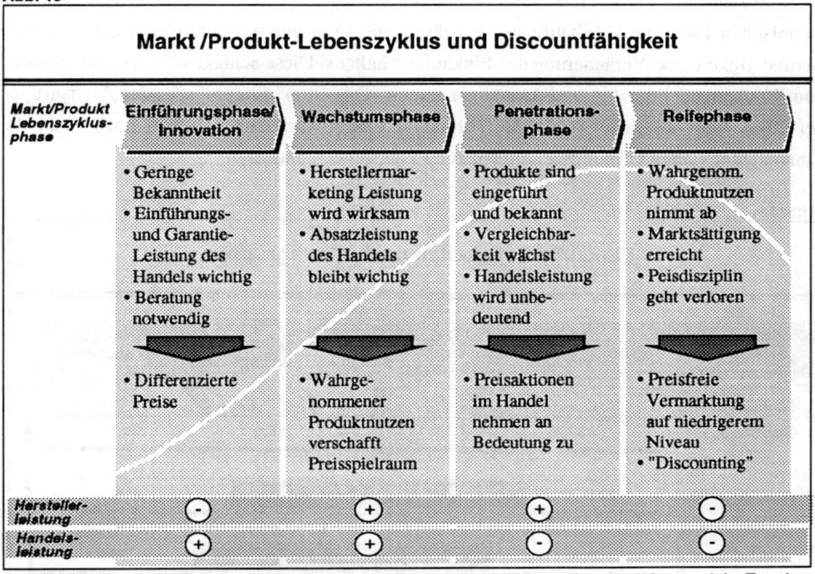

Markt /Produkt-Lebenszyklus und Discountfähigkeit

Markt/Produkt Lebenszyklus- phase	Einführungsphase/ Innovation	Wachstumsphase	Penetrations- phase	Reifephase
	• Geringe Bekanntheit • Einführungs- und Garantie- Leistung des Handels wichtig • Beratung notwendig	• Herstellermar- keting Leistung wird wirksam • Absatzleistung des Handels bleibt wichtig	• Produkte sind eingeführt und bekannt • Vergleichbar- keit wächst • Handelsleistung wird unbe- deutend	• Wahrgenom. Produktnutzen nimmt ab • Marktsättigung erreicht • Peisdisziplin geht verloren
	• Differenzierte Preise	• Wahrge- nommener Produktnutzen verschafft Preisspielraum	• Preisaktionen im Handel nehmen an Bedeutung zu	• Preisfreie Vermarktung auf niedrigerem Niveau • "Discounting"
Hersteller- leistung	⊖	⊕	⊕	⊖
Handels- leistung	⊕	⊕	⊖	⊖

Quelle: in Anlehnung an: *Berger, R.,Discountmärkte: Bei steigenden Verbrauchsansprüchen noch im Trend,* a.a.O., Anlage 1

Das dargestellte Prinzip gilt für alle Produktkategorien, in denen vom Verbraucher keine besonderen Erwartungen an die Marketingleistung des Herstellers gestellt werden, die z.B. in der Vermittlung eines psychologischen Zusatznutzens (z.B. Markenimage, modische Aktualität etc.) bestehen kann.[189]

Als Fazit ergibt sich, daß die veränderten Konsumstrukturen in Japan und das Eintreten wichtiger Produktkategorien in die Marktsättigungsphase den Beginn einer preisaktiven Vermarktung sowie der Vervielfältigung diskontierender Betriebsformen markieren.[190]

Einen weiteren sozio-demographischen Einflußfaktor der strukturellen Veränderung des Distributionssystems bildet die steigende **Anzahl berufstätiger Frauen**. Sie erhöhte sich allein im Zeitraum 1983 bis 1988 von 22,5 Millionen auf 24,2 Millionen.[191] Damit verbunden ist ein Anstieg des durchschnittlichen Heiratsalters von 24,2 Jahren im Jahr 1976

---

[189] Vgl. Berger, R., Discountmärkte, a.a.O., S. 26f.
[190] Vgl. Yim, M., Shopping Malls, a.a.O., S. 15.
[191] Vgl. Wongtada, N., Zerio, J.M., Towards a Conceptual Model of Japanese Consumer Response to Direct Marketing, in: Czinkota, M.R., Kotabe, M. (Hrsg.), The Japanese Distribution System, Chicago, Ill. 1993, S. 199.

auf 25,6 Jahre im Jahr 1991.[192] Vor dem Hintergrund des geschilderten Rollenverhaltens in japanischen Familien (Einkäufe werden durch die Frau getätigt) impliziert die steigende Berufstätigkeit eine Veränderung des Einkaufsverhaltens. Diese schlägt sich in der Bedeutung von Wochenendeinkäufen und dem sogenannten "One-Stop"-Shopping in der Altersgruppe der 20-30 Jährigen nieder *(vgl. Abb. 16)*, sowie einem wachsenden Bedarf nach Einkaufs-Convenience (lange Öffnungszeiten, Nutzung von Versandhandel).[193]

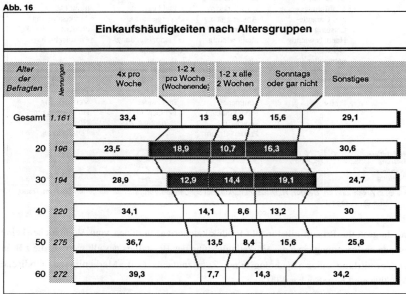

Abb. 16

Einkaufshäufigkeiten nach Altersgruppen

Alter der Befragten	Nennungen	4x pro Woche	1-2 x pro Woche (Wochenende)	1-2 x alle 2 Wochen	Sonntags oder gar nicht	Sonstiges
Gesamt	1.161	33,4	13	8,9	15,6	29,1
20	196	23,5	18,9	10,7	16,3	30,6
30	194	28,9	12,9	14,4	19,1	24,7
40	220	34,1	14,1	8,6	13,2	30
50	275	36,7	13,5	8,4	15,6	25,8
60	272	39,3	7,7	14,3		34,2

Quelle: **Distribution Policy Institute** (Hrsg.), Sho hisha kobai ni kansuru chosa kenkyu oyobi ryutsu koso no kokusai hikaku ni kansuru chosa no kogucho (dt. Übersetzung: Ergebnisse der Untersuchung über das Kaufverhalten der Konsumenten und des internationalen Vergleichs der Distributionsstrukturen), Tokyo 1991, S. 29

Die genannten Entwicklungstendenzen fördern einerseits das Wachstum großflächiger Betriebsformen in Einkaufszentren, die von Wochenendeinkäufen leben, sowie andererseits Convenience-Stores und Versandhandelsformen.[194]

---

192 Vgl. Wongtada, N., Zerio, J.M., Towards a Conceptual Model of Japanese Consumer Response to Direct Marketing, a.a.O., S. 199.
193 Vgl. ebenda, S. 206f.
194 Vgl. Yim, M., Shopping Malls, a.a.O., S. 15ff.

Während die bisher aufgezeigten Trends sozio-demographische Veränderungen abbilden, ist die **Entwicklung städtischer Randzonen** als wichtigster geographischer Trend der Bevölkerungsentwicklung hervorzuheben.

Als übergreifende Entwicklung ist zunächst das anhaltende Wachstum der Bevölkerung in den Großräumen Tokyo, Osaka, Nagoya und Nagasaki zu nennen. Exorbitante Landpreise und Lebenshaltungskosten in den Zentren der Großstädte haben jedoch dazu geführt, daß die Bevölkerung in städtische Randlagen zieht bzw. in die Vorstädte ausweicht.[195] Diesen Entwicklungen tragen auch die bereits angeführten Investitionen in die Infrastruktur Japans Rechnung.

Die entstehenden Vorstädte bieten Expansionsraum für moderne Betriebsformen des Handels sowie Einkaufszentren und unterstreichen die sozio-demographischen Trends. Einen Indikator dieser Entwicklung bietet z.B. die Zahl der in städtischen Randlagen sowie der in ganz Japan in Planung befindlichen Einkaufszentren. Im Jahr 1990 befanden sich insgesamt 1.263 Einkaufszentren in der Planung, gegenüber 1.344 existierenden Komplexen.[196] Die Bevölkerungsentwicklung spiegelt sich damit bereits in den Planungen des Handels wider.

2.22 Psychographische Trends

Als zentrale Entwicklungstendenzen des Konsumentenverhaltens sollen näher betrachtet werden:

- die Differenzierung der Konsumbedürfnisse,
- der Anstieg der Preissensitivität, und
- die wachsende Mobilität japanischer Verbraucher.

Diese reflektieren z.T. die bereits herausgearbeiteten sozio-demographischen und geographischen Trends.

Die Differenzierung der Konsumbedürfnisse ergibt sich aus einer wachsenden Heterogenisierung der japanischen Konsumenten. Hervorgerufen durch den Börsen- und Immobilienboom der 80er Jahre gilt die japanische Mittelklasse, trotz eigener Bekundungen, als längst nicht mehr so homogen wie in der Vergangenheit.[197]

195	Vgl. Yim, M., Shopping Malls, a.a.O., S. 19f.
196	Vgl. ebenda, S. 33.
197	Vgl. Wongtada, N., Zerio, N.J., Toward a Conceptional Model of Japanese Consumer Response to Direct Marketing, a.a.O., S. 202.

Herausgebildet haben sich affluente, junge Konsumentengruppen, die durch stark individualisierte Bedürfnisse gekennzeichnet sind. Sie legen erhöhten Wert auf eine anspruchsvolle Freizeitgestaltung, Auslandsreisen und Luxuskonsum, und brechen aus traditionellen Normen aus.[198] Gleichzeitig bilden sie eine aufgeklärtere Konsumentengruppe, bei denen der Preis ein wichtiges Kaufentscheidungskriterium bildet.[199] Daraus ergibt sich eine Polarisierung des Konsumverhaltens.

Bei Gütern des täglichen Bedarfs, wie z.b. Nahrungsmitteln, aber auch allgemein verbreiteten Gebrauchsgütern (z.B. Konsumelektronik) und Produkten mit niedrigem sozialen Zusatznutzen (z.B. Herrenanzüge in Japan) entscheidet der Preisvorteil *(vgl. Abb. 17)*.

Abb. 17

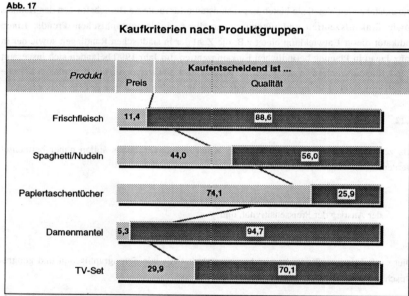

Quelle: *Distribution Policy Institute (Hrsg.), Sho hisha kobai ni kansuru chosa kenkyu oyobi ryutsu koso no kokusai hikaku ni kansuru chosa no kogucho (dt. Übersetzung: Ergebnisse der Untersuchung über das Kaufverhalten der Konsumenten und des internationalen Vergleichs der Distributionsstrukturen), Tokyo 1991, S. 44*

---

[198] Vgl. Yokata, J., Yamamoto, H., Factors Expected by Consumers: Towards Three Types of Retailing, AMA Global Marketing Conference, Hawaii 1991, o.S.; Lukow, S. M., Foreign Importers Struggle to Develop Japanese Wine Market, in: Tokyo Business Today, Tokyo, March 1988, S. 48f.

[199] Vgl. Yokata, J., Yamamoto, H., Factors Expected by Consumers: Towards Three Types of Retailing, a.a.O.

Die oben bereits angesprochene Handelsleistung (z.B. Beratung, Verkaufsstättenimage) spielt keine kaufentscheidende Rolle, so daß Discounter und Betriebsformen mit niedrigem Servicegrad Akzeptanz finden können.

In Güterkategorien hingegen, in denen der Konsument hohe Erwartungen an die Handelsleistung knüpft, z.B. bei Bekleidung (modische Aktualität) oder exklusiver Kosmetik (Beratungsleistung), aber auch bei Frischwaren, bilden Qualität, Angebotsvielfalt und Zusatznutzen (Differenzierungsvorteile) die kaufentscheidenden Faktoren.[200]

Als Ergebnis läßt sich die Annahme aufstellen, daß der in westlichen Märkten identifizierte Zusammenhang zwischen Bedeutung der Handelsleistung und Diskontierfähigkeit vor dem Hintergrund der veränderten Bedürnisstrukturen und der Entwicklung des Konsumverhaltens auch in Japan Gültigkeit besitzt *(vgl. Abb. 18)*. Damit wird wiederum die Basis für ein Wachstum von preisaggressiven Betriebsformen geschaffen.

Abb. 18

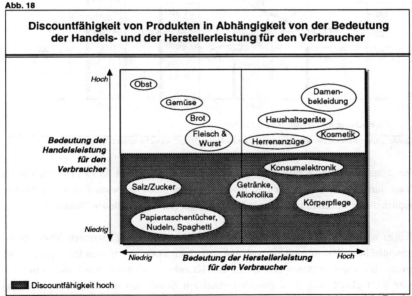

Quelle: in Anlehnung an: *Berger, R., Discountmärkte: Bei steigenden Verbraucheransprüchen noch im Trend,* a.a.O., Anlage 20

---

[200] Vgl. Berger, R., Discountmärkte: Bei steigenden Verbraucheransprüchen noch im Trend, a.a.O., S. 12ff.

Abschließend hervorzuheben ist die ebenfalls zunehmende individuelle Mobilität der Japaner, die sich aus einer wachsenden Motorisierung ergibt. Betrug die Diffusionsrate von Automobilien in den japanischen Haushalten im Jahr 1988 erst 73%, so wird bis zum Jahr 2000 mit dem Erreichen der Sättigungsgrenze gerechnet *(vgl. Abb. 19)*.

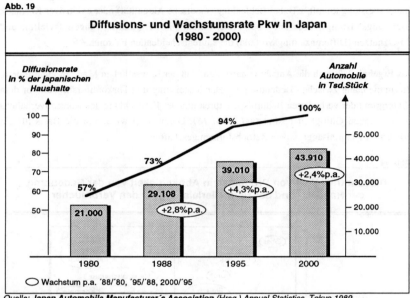

Abb. 19

Quelle: Japan Automobile Manufacturer's Association (Hrsg.) Annual Statistics, Tokyo 1989

Der Bestand an Automobilien wächst im gleichen Zeitraum um 50,9%. Das antizipierte Wachstum, welches sich auch in den steigenden Straßenbauausgaben widerspiegelt, impliziert eine weiterhin zunehmende Bedeutung des Automobils für den Einkauf.[201]

Bereits heute kaufen knapp 40% der Japaner der Altersgruppe zwischen 30-40 Jahren ausschließlich mit dem Auto ein *(vgl. Abb. 20)*. Langfristig ist mit einer Durchsetzung des bereits oben angesprochenen Prinzips des ein- bis zweimal wöchentlichen Einkaufs mit dem Auto zu rechnen, von dem Betriebsformen mit Standorten an den Stadträndern, an Verkehrsadern ("Road Side") oder "auf der grünen Wiese", die über ausreichende Parkplätze verfügen, profitieren werden.

---

[201] Vgl. Yim, M., Shopping Malls, a.a.O., S. 27ff.

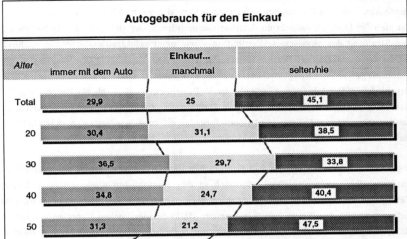

Quelle: **Distribution Policy Institute** (Hrsg.), *Sho hisha kobai ni kansuru chosa kenkyu oyobi ryutsu koso no kokusai hikaku ni kansuru chosa no kogucho (dt. Übersetzung: Ergebnisse der Untersuchung über das Kaufverhalten der Konsumenten und des internationalen Vergleichs der Distributionsstrukturen)*, Tokyo 1991, S. 31

2.3 Veränderungen im ökonomischen Umfeld

Veränderungen im ökonomischen Umfeld bilden einen weiteren Einflußfaktor struktureller Veränderungen und verstärken teilweise die vorstehend genannten Entwicklungstendenzen. Anzuführen sind zwei wesentliche Faktoren:

- die Rezession in Japan und der dadurch ausgelöste Rationalisierungsdruck,
- die mit der Rezession verbundene Senkung des Landpreisniveaus.

Mit dem Jahr 1991 ist auch Japan in die weltweite Rezession eingetreten, die sich in einer deutlichen Konsumzurückhaltung der japanischen Bevölkerung sowie einer Steigerung der Sparrate auswirkt.[202] Im Einzelhandel führte die Rezession zu Umsatzeinbrüchen traditioneller sowie prestigiöser Betriebsformen. Die japanischen Warenhäuser befinden sich in der tiefsten Krise seit der Einführung von Statistiken durch die Japan Department Stores Association im Jahr 1965.[203]

---

202 Vgl. o.V., The Japanese Economy, a.a.O., S. 13.
203 Vgl. Schlender, B.R., How Deep A Slump, And Which Way Out?, in: Fortune, December 28, 1992, S. 14-18; o.V., Japans Warenhäusern laufen die Kunden fort, in: Süddeutsche Zeitung, 2. November.

Gleichzeitig haben alle Betriebsformen mit Kostensteigerungen im Bereich der physischen Distribution sowie in Boomzeiten aufgeblähten Verwaltungs- und Personalkostenblöcken zu kämpfen.[204] Dadurch entsteht ein Rationalisierungsdruck, der sich in einem Bemühen um eine Straffung der physischen Distribution sowie um Produktivitätssteigerungen, durch Expansion in großflächige Betriebsformen mit reduziertem Personal in den Stadtrandzonen, widerspiegelt.[205] Einzig von der Rezession begünstigt sind Discounter, die sich in verschiedenen Betriebsformen, sowohl als Vollsortimenter, als auch als Fachdiscounter, ausbreiten und zweistellige Zuwachsraten erzielen.[206] Zunehmend experimentieren auch etablierte Supermarktfilialisten mit Discountformaten,[207] bzw. beteiligen sich an wachstumsstarken Innovatoren.[208]

Begünstigt wird die Expansion von Großflächen und Discountern durch ein sukzessives Absinken des Landpreisniveaus, das sich in den Raumkosten niederschlagen dürfte. Wenngleich wenige veröffentlichte Zahlen über den Wertverfall im Immobiliensektor vorliegen und in dem Sinne kein transparenter Markt existiert, gehen Experten von einem Rückgang gegenüber 1990, dem Höhepunkt des Immobilienbooms, in Höhe von 20-40% aus.[209]

2.4 Verbreitung von Informationstechnologien

Ein Mittel zur Umsetzung der durch die Rezession hervorgerufenen Rationalisierungszwänge bieten Informationstechnologien, die sich im japanischen Handel bereits seit Beginn der 80er Jahre rapide ausbreiten. Experten sprechen in diesem Zusammenhang von der eigentlichen

---

[204] Im Bereich der physischen Distribution sind durch Einführung kurzfristiger Belieferungsrhythmen im Zeitraum 1980-1990 die Kosten der physischen Distribution bei den größten Filialketten Japans um durchschnittlich 40% gestiegen. Vgl. o.V., Surging Distribution Costs, in: The Japan Economic Journal, Tokyo, November 3, 1990, S. 13; vgl. zu den Kostensteigerungen der Personalkosten Odrich, B., Durch die Verkürzung der Distributionswege wird Japans Einzelhandel neu strukturiert, in: Blick durch die Wirtschaft, 10. November 1992, o.S.

[205] Vgl. o.V., Clothing Retailers Flee to Suburbs, in: The Nikkei Weekly, Tokyo, March 8, 1993, o.S.; Ono, Y., Japanese Discover Joys of Discount Stores, a.a.O., S. 1, 7.

[206] Vgl. Nihon Keizai Shimbunsha (Hrsg.), Disukaunto sutoa chosa, a.a.O.

[207] So gründete z.B. Daiei im Oktober 1992 den ersten "Wholesale-Club" Japans. Vgl. o.V., Japan Shops the Wal-Mart Way, in: The Economist, February 6, 1993, S. 67f.

[208] Die Firma Jusco / Aeon-Group beteiligte sich an der expansiven Discount/Home Center-Kette Keiyo. Vgl. Toyo Keizai (Hrsg.), Japan Company Handbook 1992, 1st Section, Winter, Tokyo 1992, S. 983.

[209] Vgl. o.V., The Japanese Economy, a.a.O., S. 5; Jones, G.M., Tokyo Office Reality, in: ACCJ (Hrsg.), The Journal, Tokyo, October 1992, S. 10ff.

Revolution, die das japanische Distributionssystem zur Zeit durchläuft.[210] Als wesentliche Technologien sind zu unterscheiden:[211]

- POS (Point-of-Sale)-Systeme zur exakten Verfolgung von Kundenbedürfnissen über die Kassenterminals im Einzelhandel,
- EOS (Electronic-Ordering)-Systeme zur direkten Abwicklung von Bestell- und Dispositionsvorgängen zwischen Einzelhandelsfilialen und Lieferanten,
- VAN (Value-Added-Network)-Systeme zur Verknüpfung von Einzelhändlern, Großhändlern und Herstellern zur elektronischen Steuerung von Warenströmen.

Die Grenzen der drei Systeme sind fließend, wobei der Schlüssel in einer Steuerung der Disposition ausgehend von einem ausgereiften POS-System zu sehen ist.

Im März 1991 waren bereits über 92.000 Geschäftsstätten des Einzelhandels (d.h. 5,8% aller Einzelhandelsgeschäfte, 25% aller Selbstbedienungsgeschäfte) mit insgesamt knapp 250.000 POS-Registern ausgestattet *(vgl. Abb. 21)*, wobei POS-Systeme mit unterschiedlicher "Intelligenz" existieren. Systemvarianten reichen von einfachen Scanner-Kassen bis zu integrierten Warenwirtschaftssystemen mit stundengenauer Abverkaufskontrolle. Ziel der Beherrschung von POS-Systemen bilden die Rationalisierung von Abläufen und Effizienzsteigerungen.[212] Im einzelnen wird Einzelhändlern durch POS-Systeme ermöglicht, ihre Sortimente im Hinblick auf "Langsamdreher" zu bereinigen, die Regalflächenprofitabilität zu optimieren, Bestände in den Geschäften und Zwischen- bzw. Zentrallagern zu reduzieren sowie Tendenzen im Konsumverhalten aufzuspüren.[213]

Der wohl bedeutendste Effekt in der Beherrschung der POS-Technologie liegt jedoch in einer Veränderung der Machtbalance zwischen Einzelhandel, Großhandel und Herstellern.[214] Der Einzelhandel wird in die Lage versetzt, profitable von unprofitablen Produkten zu unterscheiden und damit Transparenz in der Einkaufspolitik zu schaffen. Er kann Lieferzeitpunkte und Lieferrhythmen diktieren und Preiszugeständnisse aufgrund des Verzichts auf kostspielige Warenrückgabesysteme sowie Übernahme des direkten Produkt- und Dispositionsrisikos erzwingen. Ferner kann er Produktspezifikationen bis hin zur eigenen Produktentwicklung festlegen.

---

210   Vgl. Asano, K., Keeping Shops in the Electronic Age, in: Journal of Japanese Trade and Industry, No. 3, Tokyo 1989, S. 54-55; Distribution Code Center (Hrsg.), Present Situation and Future Trends of the POS-System in Japan, Tokyo 1989, S. 1; Takaoka, S., Retail Revolution, in: Journal of Japanese Trade and Industry, Tokyo 1989, S. 454-455.
211   Vgl. Asano, K., Japan´s Distribution System Information Network, in: Czinkota, M.R., Kotabe, M. (Hrsg.), The Japanese Distribution System, Chicago, Ill. 1993, S. 123ff.
212   Vgl. Goldman, A., Japan´s Distribution System, a.a.O., S. 172f.
213   Vgl. ebenda, S. 173.
214   Vgl. ebenda.

Abb. 21

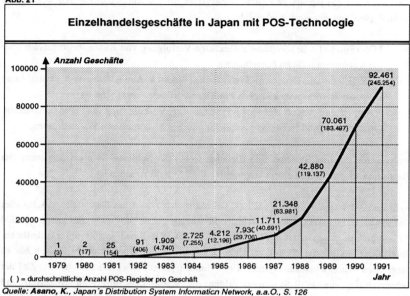

Einzelhandelsgeschäfte in Japan mit POS-Technologie

( ) = durchschnittliche Anzahl POS-Register pro Geschäft

Quelle: **Asano, K.**, Japan's Distribution System Information Network, a.a.O., S. 126

Als führendes japanisches Einzelhandelsunternehmen, das die genannten Möglichkeiten von POS-Systemen bereits ausnutzt, ist die Ito-Yokado Gruppe anzuführen, zu der auch der größte Einzelhändler von Lebensmitteln Japans, Seven-Eleven, gehört.[215] Direkte Wettbewerber wie die Daiei- und Seiyu-Gruppe versuchen, in der Entwicklung nachzuziehen.

Um dem drohenden Machtübergewicht großer Filialketten entgegenzuwirken, haben sowohl Großhändler als auch Hersteller begonnen, eigene Informationssysteme zu entwickeln bzw. sich in freiwilligen Zusammenschlüssen zu organisieren.[216] Dazu zählen insbesondere VAN Netzwerke. Unter Schirmherrschaft des MITI ist zudem das sogenannte Distribution Code Center errichtet worden, welches kleinen und mittelständischen Einzelhändlern die Nutzung von gemeinsamen Informationssystemen öffnen soll.[217] Ihnen werden die größten Wettbewerbsnachteile im Kampf um die Beherrschung von Informationstechnologien nachgesagt.[218]

---

215   Vgl. Seven-Eleven Japan(Hrsg.), Corporate Outline. An Introduction to Seven-Eleven Japan Co., Ltd. for Investors, Tokyo 1992, S. 11-12; Kilburn, D., The Network Revolution, in: Journal of Japanese Trade and Industry, No. 5, Tokyo 1991, S. 19 f.; Inoue, Y., New Revolution in Japanese Retailing, in: The Japan Economic Journal, December 24, Tokyo 1988, S. 10.
216   Vgl. Asano, K., Japan's Distribution System Information Network, a.a.O., S. 131ff.
217   Vgl. ebenda, S. 128ff.
218   Vgl. Goldman, A., Japan's Distribution System, a.a.O., S. 173.

2.5 Aggregierte Beurteilung der Einflußfaktoren

Abschließend soll eine übergreifende Beurteilung der dargestellten Faktoren im Hinblick auf ihren Einfluß auf die strukturelle Entwicklung des japanischen Distributionssystems erfolgen *(vgl. Tab. 3)*. Dabei sollen generelle Wirkungsrichtungen auf qualitativer Basis aufgezeigt werden, die im nachfolgenden Abschnitt anhand der quantitativen Entwicklung der Strukturen zu überprüfen sind.

Tab. 3

Qualitative Beurteilung der Wirkung der Einflußfaktoren auf die strukturelle Entwicklung des japanischen Distributionssystems

Einflußfaktor	Wachstum von Großflächen, insbs. in Stadtrandlagen	Preiswettbewerb	Vertikale Strukturveränderungen
Deregulierung des "Gesetzes über großflächige Handelsbetriebe"	●	○	◐
Richtlinien der FTC	○	◐	◐
Deregulierung produktspezifischer Gesetzesrestriktionen	◐	●	○
Infrastrukturinvestitionen	◐	○	○
Bevölkerungsstrukturentwicklung	◐	◐	○
Veränderung des Konsumentenverhaltens	◐	●	○
Ökonomische Umfeldveränderungen	◐	●	●
Verbreitung von Informationstechnologien	○	○	●

◐ = mittlerer Einfluß   ● = bedeutender Einfluß   ○ = unbedeutender bzw. indirekter Einfluß

Festzustellen sind zunächst Wirkungsinterdependenzen, so daß sich Einflußfaktoren z.T. gegenseitig verstärken. Als bedeutendster Faktor ist der rechtliche Eingriff der Deregulierung des Gesetzes über großflächige Einzelhandelsbetriebe zu werten, mit dem gleichzeitig ein politisches Signal gesetzt wurde.[219] Von diesem Gesetz wird insbesondere die Entwicklung großflächiger Betriebsformen gefördert. Sie wird weiterhin stimuliert durch die Deregulierung produktspezifischer Restriktionen (z.B. Alkoholvertriebslizenzen), Investitionen in die Infrastruktur sowie eine wachsende Mobilität der Bevölkerung. Zusammen mit der Veränderung des Konsum- und Einkaufsverhaltens führen die beiden letztgenannten Faktoren vor allem zu einer Entstehung von Großflächen in Stadtrandlagen.

---

[219] Vgl. Brooks, W.L., MITI's Distribution Policy and U.S. - Japan Structural Talks, a.a.O., S. 244ff.

Der Preiswettbewerb und damit die Verbreitung aggressiver Marketingtechniken im Handel wird durch die aktuelle Rezession, die Aufhebung von Preisbindungen der Zweiten Hand, sowie eine generell zu beobachtende Steigerung der Preissensitivität japanischer Konsumenten gefördert. Ökonomische Umfeldveränderungen sowie die wachsende Macht des Einzelhandels durch den Einsatz von POS-Technologien sind es schließlich, die auf eine Veränderung der vertikalen Distributions- und Machtstrukturen hinweisen. Auch hier wirkt die Deregulierung des Gesetzes über großflächige Handelsbetriebe verstärkend und wird zu einem Ausscheiden von Marginalanbietern auf Groß- und Einzelhandelsebene sowie zu einer wachsenden Konzentration führen.

Abschließend ist jedoch auch nochmals auf die beschriebenen traditionellen Verhaltensweisen japanischer Konsumenten (z.B. Frischwarenpräferenz) sowie die Geschäftsmentalität hinzuweisen, die eine radikale Reform des Distributionssystems unwahrscheinlich erscheinen lassen. Hier bildet die Überalterung der Bevölkerung zugleich einen Faktor, der eine begrenzte Existenzbasis für kleine Nachbarschaftsläden erhält, sofern dieses Potential nicht von modernen Betriebsformen (z.B. Convenience-Stores) aufgegriffen wird. Insofern ist insgesamt eine stetige "Evolution" eher zu erwarten, als eine "Revolution".

3. Entwicklung der Groß- und Einzelhandelsstrukturen des japanischen Distributionssystems

Ausgehend von den herausgearbeiteten Einflußfaktoren erfolgt im folgenden Abschnitt die Analyse der Entwicklung der Groß- und Einzelhandelsstrukturen. Im Mittelpunkt steht dabei die Dynamik der Betriebsformen. Eine Einführung bildet der Überblick über die Strukturpyramide des japanischen Handels.

3.1 Einführung in die Strukturpyramide des japanischen Distributionssystems

Als Makroebenen des japanischen Distributionssystems sind, wie in anderen Handelssystemen auch, die Groß- und Einzelhandelsebene einleitend zu unterscheiden. Charakteristisch für die Strukturpyramide des japanischen Handels ist die historisch gewachsene, zentrale Stellung des Großhandels,[220] der sich in Abhängigkeit von der Art der ausgeübten Transaktionen sowie den Transaktionspartnern in drei Stufen unterteilen läßt:[221] die Stufen der Primär-, Sekundär- und Tertiärgroßhändler *(vgl. Abb. 22)*.

---

[220] Vgl. Kap. C., Abschn. 1; vgl. ebenso Batzer, E., Laumer, H., Deutsche Unternehmen im Japangeschäft, a.a.O., S. 70ff.
[221] Diese Unterteilung entspricht der Definition des MITI, wobei Großhändler der Tertiärebene als Finalgroßhändler bezeichnet werden. Vgl. MITI (Hrsg.), Census of Commerce 1991, a.a.O.; Batzer, E., Laumer, H., Deutsche Unternehmen im Japangeschäft, a.a.O., S. 75ff.

Abb. 22

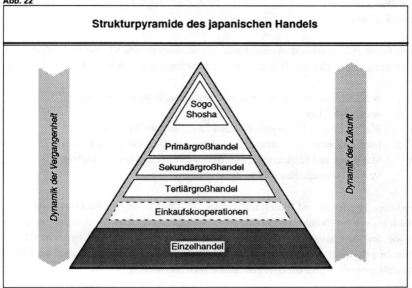

Ausschließlich die Großhändler der Primärebene üben Transaktionen mit in- und ausländischen Herstellern aus, sofern diese keine direkte Belieferung des Einzelhandels vornehmen. Dieser Fall stellt bislang jedoch eher die Ausnahme dar. An der Spitze des Primärgroßhandels stehen die Generalhandelshäuser, die sogenannten Sogo-Shosha.[222] Die Wurzeln dieser spezifisch-japanischen Handelsinstitutionen reichen bis in die Meiji-Zeit zurück. Sie bilden das Rückgrat der japanischen Großhandelsdistribution durch ihre Größe und Finanzkraft.

Im Gegensatz zur Primärebene arbeiten Großhändler der Sekundärebene als Zwischenhändler vor- oder nachgelagerter Großhändler und üben in der Regel keine direkten kommerziellen Transaktionen mit Herstellern oder Einzelhändlern aus. Die Tertiärebene schließlich ist definiert durch direkte Kontakte zur Endabnehmerstufe. Dabei ist es möglich, daß Betriebe der Tertiärebene auf die Sekundärebene aufrücken, falls keine Zwischenhändler in die Verteilung eingeschaltet werden. Weiterhin kommt es vor, daß Zwischengroßhändler nicht in den physischen Transaktionsfluß eingeschaltet werden, sondern lediglich als Dispositionszentralen nachgelagerter lokaler Großhändler tätig sind.[223] Die Zahl der eingeschalteten

---

[222]   Vgl. Kap. C., Abschn. 3.222.
[223]   Vgl. Batzer, E., Laumer, H., Deutsche Unternehmen im Japangeschäft, a.a.O., S. 72f.

Großhandelsebenen ist abhängig von der Produktart und der relativen Machtstellung der Distributionsorgane.[224]

Der Großhandel Japans deckt ein breites Funktionsspektrum ab, das von Experten als einzigartig eingestuft wird.[225] Seine zentralen Funktionen bestehen in der Koordination von

- Warenströmen (Lagerung, Transport, Verladung, Kommissionierung, Warenrücknahme),
- Wertströmen (Zahlungsverkehr, Handelskredite, Investitionen),
- Informationsströmen (Beratung, Steuerung und Kontrolle, Datenaustausch),
- Marketing- und Serviceströmen (Sortimentsentscheidungen, Entsendung von Verkaufspersonal, Regalpflege, Kundendienst)

zwischen Hersteller- und Einzelhandelsebene.[226] Der Umfang der Funktionsausübung ist abhängig von der Stellung des Großhändlers im Absatzkanal, seiner Größe und Betriebsform, sowie den Delegationsentscheidungen von Herstellern und Einzelhändlern. Großhändler können prinzipiell als Verkaufsagenten der Hersteller oder Einkaufsagenten des Einzelhandels auftreten, wobei der erste Fall bislang noch überwiegt.[227]

Eine Zwischenform von Groß- und Einzelhandel stellen in diesem Zusammenhang Einkaufskooperationen dar. Ihr primäres Ziel besteht in der Bündelung des Einkaufsvolumens kleiner Einzelhändler, um Konditionennachteile gegenüber großen Filialketten auszugleichen. Sie sind sowohl auf Initiativen von Groß- als auch von Einzelhändlern zurückzuführen.[228] Die Zentralen von Einkaufsgemeinschaften arbeiten als Einkaufsagenten des Einzelhandels und verrechnen auf der Basis von Großhandelsumsätzen.[229] Sie werden daher als Organisationen mit großhandelsnahen Funktionen nachstehend unter dem Großhandel behandelt.[230]

Die Basis der Strukturpyramide bildet abschließend der Einzelhandel, der bedingt durch seinen direkten Kontakt zum Konsumenten Veränderungen in der Handelsumwelt unmittelbar ausgesetzt ist. Wurde in der Vergangenheit die Strukturpyramide von Herstellern und

---

[224] Vgl. Nariu, T., Flath, D., The Complexity of Wholesale Distribution Channels in Japan, a.a.O., S. 83ff.
[225] Vgl. DIHKJ (Hrsg.), Konsumgüterdistribution in Japan, Tokyo 1992, S. 55.
[226] Vgl. ebenda, S. 67.
[227] Vgl. Shimaguchi, M., New Developments in Channel Strategy in Japan, a.a.O., S. 184f.
[228] Vgl. Dodwell Marketing Consultants (Hrsg.), Retail Distribution in Japan, a.a.O., S. 194f.
[229] Vgl. ebenda.
[230] Eine solche Zuordnung trifft auch Tajima. Vgl. Tajima, Y., How Goods are Distributed in Japan, a.a.O., S. 82.

Großhandel geprägt, so geht die Dynamik der Zukunft vom Einzelhandel aus.[231] Eine hierarchische Unterteilung der Betriebsformen des Einzelhandels ist nicht zu treffen.

Zusammenfassend ist die Bedeutung des Handels aus volkswirtschaftlicher Sicht hervorzuheben. In insgesamt 475.967 Groß- und 1.591.186 Einzelhandelsbetrieben in Japan waren 1991 11.7 Millionen Mitarbeiter beschäftigt *(vgl. Tab. 4)*. Dies entspricht einem Anteil von 19.0% an den gesamten Erwerbspersonen Japans, und verdeutlicht die beschäftigungspolitische Relevanz dieses Sektors. Mit einem Umsatz von 572.981 Mrd. Yen auf Groß- und 140.633 Mrd. Yen auf Einzelhandelsebene wurde ein Wertschöpfungsanteil von 13.5% am realen Bruttoinlandsprodukt erwirtschaftet.

Tab. 4

Entwicklung von Groß- und Einzelhandel 1982-1991

	Kennzahl	1982	1991	Veränderung in % p.a.
Gesamt	Anteil Handel am realen Bruttoinlandsprodukt (%)	12,2	13,5	+1,3% Pkte.
Gesamt	Anteil Handel an den Gesamtbeschäftigten	18,2	19,0	+0,8% Pkte.
Großhandel	Umsatz (in Mrd.¥)	398.536	572.981	+3,7
Großhandel	Betriebsstätten	428.858	475.967	+1,0
Großhandel	Mitarbeiter	4.090.919	4.772.559	+1,6
Einzelhandel	Umsatz (in Mrd.¥)	93.971	140.633	+4,1
Einzelhandel	Geschäfte	1.721.465	1.591.186	-0,8
Einzelhandel	Mitarbeiter	6.369.426	6.936.304	+0,9
GH/EH	Einschaltungsgrad (Großhandelsumsatz: Einzelhandelsumsatz)	4,24	4,07	-0,17

Quelle: **The Distribution Economics Institute of Japan** (Hrsg.), *Statistical Abstract of Japanese Distribution (1993)*, a.a.O., S. 1, **Keizai Koho Center** (Hrsg.), *Japan 1992*, a.a.O., S. 14; **derselbe**, *Japan 1984*, a.a.O., S. 14

---

231 Vgl. Shimaguchi, M., New Developments in Channel Strategy in Japan, a.a.O., S. 183; Koyama, S., Application of JIT Management in the Distribution System, in: Czinkota, M.R., Kotabe, M. (Hrsg.), The Japanese Distribution System, Chicago, Ill. 1993, S. 209-216.

Dieser im internationalen Vergleich relativ hohe Wert wird als Indikator für eine kostspielige Distribution in Japan gewertet,[232] ebenso wie der Einschaltungsgrad des Großhandels im Verhältnis zum Einzelhandel in Höhe von 4:1.[233]

Übergreifende Veränderungen sind einerseits in der (z.T. konjunkturbedingten), signifikanten Ausweitung der Umsätze und Beschäftigtenzahlen auf Groß- und Einzelhandelsebene im Zeitraum 1982-1991 zu konstatieren. Während sich die Betriebsstätten im Großhandel noch weiter erhöht haben, zeigt sich im Einzelhandel hingegen ein Abschmelzungsprozeß. Weiterhin ist auch der Einschaltungsgrad des Großhandels im betrachteten Zeitraum gesunken, und deutet tendenziell auf eine Verkürzung der Absatzwege hin.[234]

Im folgenden werden die strukturellen Veränderungen des japanischen Distributionssystems einer differenzierten Analyse auf Groß- und Einzelhandelsebene unterzogen, um strukturelle Veränderungen tiefergehend zu untersuchen und Anhaltspunkte für die weitere Entwicklung zu gewinnen.

3.2 Entwicklung des Großhandels

Nach einer kurzen Analyse der Strukturveränderungen des Großhandels auf aggregierter Betrachtungsebene wird nachfolgend die Entwicklung der Betriebsformen eingehend untersucht. Den Abschluß bildet eine Darstellung der Perspektiven des Großhandels sowie der zu erwartenden bzw. bereits erkennbaren Strategien des Großhandels am Beispiel eines ausgewählten Unternehmens.

3.21 Übergreifende Strukturveränderungen des Großhandels

Angesichts der jüngsten Entwicklung scheint die Bedeutung des Großhandels in der japanischen Distribution ungebrochen. Die Zahl der Betriebsstätten erhöhte sich im Betrachtungszeitraum 1982-1991 um 47.109 *(vgl. Abb. 23)*. Ebenso erhöhte sich die Zahl der Beschäftigten von 4,1 auf 4,8 Millionen. Der Umsatz steigerte sich auf 572.981 Mrd. Yen. Dabei blieb das durchschnittliche Jahreswachstum des Großhandels mit 3.7% jedoch hinter dem Einzelhandel zurück, der im gleichen Zeitraum um 4.5% p.a. expandierte.

---

[232] Der gleiche Wert für die Bundesrepublik Deutschland betrug im Jahr 1989 10%. Vgl. DIHKJ (Hrsg.), Konsumgüter-Distribution in Japan, a.a.O., S. 42ff.
[233] Vgl. Kap. A, Abschn. 1.
[234] Vgl. zur eingeschränkten Interpretationsfähigkeit des Einschaltungsgrades ebenda.

Betrachtet man weiterhin die Entwicklung der Produktivität des Großhandels, so wird eine im Verhältnis zum Umsatz unterproportionale Entwicklung deutlich. Die Betriebsstättenproduktivität wuchs um 2.6% p.a., die Mitarbeiterproduktivität nur um 2.2 %. Die mangelnde Produktivitätssteigerung spiegelt sich in einem für den Durchschnitt aller japanischen Großhandelsbetriebe seit 1985 konstant negativen Betriebsergebnis in Prozent vom Umsatz wider (negative Umsatzrentabilität).[235]

Abb. 23

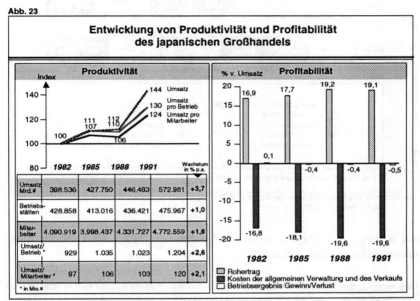

Quelle: MITI (Hrsg.), Census of Commerce 1991, a.a.O., S. 82 ff; *The Distribution Economics Institute of Japan* (Hrsg.), Statistical Abstract of Japanese Distribution (1993), a.a.O., S. 13; *derselbe*, Statistical Abstract of Japanese Distribution (1988), a.a.O., S.13

Der Großhandel mußte folglich im genannten Zeitraum bei einem im Verhältnis zum Einzelhandel geringeren Umsatzwachstum Kapazitäten aufbauen, während die Betriebsstättenanzahl des Einzelhandels schrumpfte. Die übergreifende Ursache für diese Entwicklung ist in den gestiegenen Serviceanforderungen des Einzelhandels zu suchen, der zur Reduktion eigener Bestände und Optimierung des Warenumschlags kurzfristige Lieferrhythmen fordert *(vgl. Abb. 24)*.[236]

---

[235] Gemessen am Betriebsergebnis in Prozent vom Umsatz bzw. der Nettogewinnspanne.
[236] Vgl. DIHKJ (Hrsg.), Konsumgüter-Distribution in Japan, a.a.O., S. 46ff.

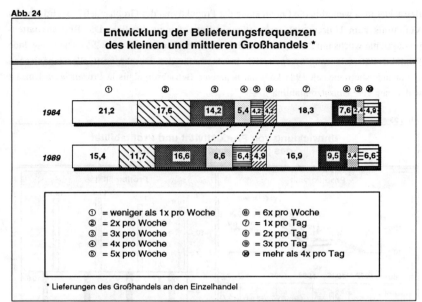

Ein weiteres Indiz für das veränderte Serviceniveau bildet die Entwicklung der Betriebsgrößenstrukturen *(vgl. Abb. 25)*.

Hier expandierten einerseits kleine Betriebe mit 3-4 Mitarbeitern sowohl im Umsatz als auch in der Zahl der Betriebsstätten überdurchschnittlich. Wie noch zu zeigen sein wird, handelt es sich dabei vorwiegend um Filialen von Primärgroßhändlern. Großhändler mit über 50 Mitarbeitern konnten in der Anzahl überdurchschnittlich wachsen und repräsentieren bereits einen Marktanteil von 53.6 % (1991). Marginalgroßhändler mit 1-2 Mitarbeitern sowie mittlere Großhändler mit zwischen 5 und 20 Mitarbeitern verloren hingegen Marktanteile, so daß sich Tendenzen einer Polarisierung zwischen Großbetrieben und Betrieben mit 3-4 Mitarbeitern (Filialen) abzeichnen. Gleichzeitig steigt die Konzentration.

Nach der Analyse des Großhandels insgesamt ist insbesondere die Entwicklung des für diese Arbeit relevanten Konsumgütergroßhandels von Interesse.[237] Dieser repräsentierte 1991 ein Umsatzvolumen von 205.098 Mrd. Yen, entsprechend einem Marktanteil von 35,8%.[238]

---

[237] Darunter werden folgende in den Handelsstatistiken des MITI getrennt erfaßten Produktgruppen zusammengefaßt: Bekleidung und Accessoires, Landwirtschaftliche und Maritime Produkte, Nahrungsmittel und Getränke, Pharmazeutika & Körperpflegeartikel, Möbel und Sonstige Produkte (darunter Sport, Freizeit- und Spielwarenartikel). Vgl. MITI (Hrsg.), Census of Commerce 1991, a.a.O.,

Abb. 25

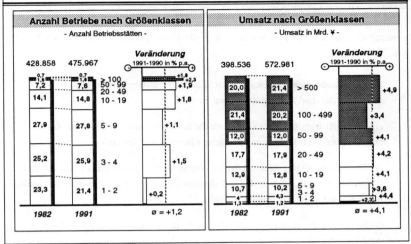

Quelle: MITI (Hrsg.), Census of Commerce 1991, a.a.O., S. 82ff

In 230.698 Betriebsstätten (48,5% des Großhandels insgesamt) waren 2,35 Millionen Mitarbeiter beschäftigt. Die Umsatzentwicklung zwischen 1982 und 1991 entspricht der Entwicklung des Großhandels insgesamt (+3.7% p.a.).

Demgegenüber fiel die Expansion der Betriebsstätten geringer aus. Einer jährlichen Steigerungsrate von 0.8% (im Vergleich zum Gesamtgroßhandel in Höhe von 1.0%) entspricht eine Ausweitung um 17.445 Betriebe. Betrachtet man weiterhin noch die Produktivitätsentwicklung des Konsumgütergroßhandels, so ist eine mit dem Gesamtgroßhandel identische Entwicklungstendenz festzustellen. Obgleich die Betriebsstättenproduktivität (+2.8% p.a.) sowie die Mitarbeiterproduktivität (+2.4% p.a.) geringfügig über das Niveau des Gesamtgroßhandels angehoben werden konnten, lagen diese Kennziffern dennoch deutlich unter dem Umsatzwachstum.

Den Abschluß bildet eine kurze Analyse der Entwicklung des Konsumgütergroßhandels nach Produktgruppen: überdurchschnittlich gewachsen ist die Zahl der Betriebsstätten für Drogeriewaren und sonstige Produkte, darunter Sport- und Freizeitartikel. Eine

---

238 S. 19ff, 652ff. Der Generalgroßhandel (General Merchandise) wird nicht in die Betrachtung miteinbezogen, da von diesem Industrie- und Konsumgüter parallel gehandelt werden, so z.B. durch die Sogo Shosha. Vgl. Abschn. 3.222.
Vgl. Anhang 1, Abb. 1.

Umsatzausweitung ergab sich bei Bekleidungs-, Nahrungsmittel- und Getränke-, Drogeriewaren- und sonstigen Großhändlern. Letztere bildeten auch die attraktivsten Konsumgütermärkte der 80er Jahre, so daß die Großhandelsentwicklung die Gesamtmarktentwicklung widerspiegelt.

Zusammenfassend ergeben sich aus der übergreifenden Strukturanalyse folgende Erkenntnisse:

- der Großhandel weist insgesamt (einschließlich Konsumgütergroßhandel) Produktivitäts- und Rentabilitätsschwächen auf;
- eine Restrukturierung ergibt sich durch die Konzentration von Großbetrieben einerseits und dem Wachstum von kleinen Betrieben andererseits;
- der Investitionsgütergroßhandel expandierte in der Vergangenheit stärker als der Konsumgütergroßhandel, so daß sich die Ausweitung der Betriebsstätten nur bedingt in der Konsumgüterdistribution auswirkt;
- die Expansion des Konsumgüterhandels reflektierte die ausgezeichnete Konjunktur der 80er Jahre.

Ausgehend von diesen übergreifenden Befunden erfolgt im nächsten Schritt eine Untersuchung der Entwicklung der einzelnen Betriebsformen des Großhandels als Grundlage für die Ableitung von Entwicklungsperspektiven.

3.22 Entwicklung der Betriebsformen des Großhandels

3.221 Primär-, Sekundär- und Tertiärgroßhändler

Die Einschaltung des Großhandels in die Warendistribution erfolgt in drei Ebenen, auf denen, differenziert nach der Art der ausgeübten Transaktionen, unterschiedliche Betriebsformen tätig sind.[239] Eine schematische Übersicht der Einbeziehung der Betriebsformen in das Großhandelsdistributionssystem enthält *Abbildung 26*.

Nach den drei Ebenen der japanischen Großhandelsdistribution lassen sich folgende Betriebsformen unterscheiden:[240]

---

[239] Vgl. The Distribution Economics Institute of Japan (Hrsg.), Statistical Abstract of Japanese Distribution (1993), a.a.O., S. 12.
[240] Vgl. Kap. C, Abschn. 3.1. Die Begriffswahl für die Betriebsformen wird in Anlehnung an Batzer/Laumer getroffen. Vgl. Batzer, E., Laumer, H., Deutsche Unternehmen im Japangeschäft, a.a.O., S. 75. Vgl. zur Einteilung der Betriebsformen auch: Tajima, Y., How Goods are Distributed in Japan, a.a.O., S. 56.

Abb. 26

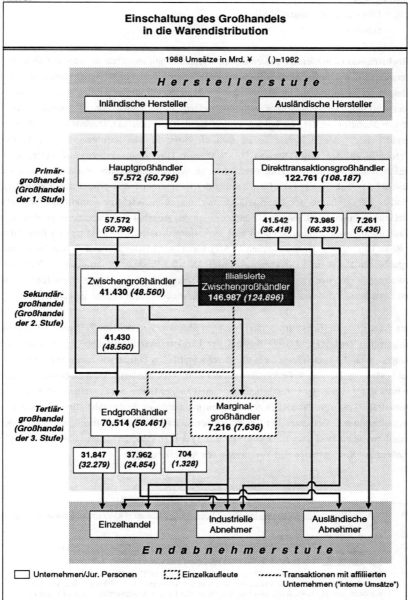

Quelle: *MITI (Hrsg.), Census of Commerce 1988, Tokyo 1988; deutsche Übersetzung in Anlehnung an:*
Batzer, E., Laumer, H., Deutsche Unternehmen im Japangeschäft, a.a.O., S. 76

Primärebene

- Direkttransaktionsgroßhändler
- Hauptgroßhändler

Direkttransaktionshändler führen direkte Transaktionen zwischen in- oder ausländischen Herstellern und dem japanischen Einzelhandel sowie zwischen industriellen Lieferanten und Abnehmern im Inland und im Ausland aus.[241] **Hauptgroßhändler** werden ebenfalls von in- oder ausländischen Herstellern beliefert, liefern selbst jedoch nur an Zwischen- oder Endgroßhändler weiter. In beiden Fällen handelt es sich um marktstarke, nationale Großhändler. Als Beispiele lassen sich die Sogo Shosha anführen, bzw. Gruppen-Unternehmen der Sogo Shosha.[242] Während Direkttransaktionsgroßhändler eine umfangreiche eigene Kapazität für physische Warentransaktionen vorhalten, wird die physische Distribution bei der Einschaltung der Hauptgroßhändler primär durch Zwischenhändler oder Filialen der Hauptgroßhändler ausgeübt. Wichtige Funktionen besetzen Direkttransaktions- und Hauptgroßhändler durch das Angebot von Finanzierungsleistungen (Einräumung von Zahlungszielen) und Investitionsbeihilfen.[243] Sie treiben ferner den Ausbau von Informationsnetzwerken (VAN) voran. Als Marketing- und Servicefunktionen organisieren Haupt- und Direkttransaktionsgroßhändler Produkteinführungen, Verkaufsveranstaltungen etc., und sind in der Lage, Verkaufspersonal zur Verfügung zu stellen bzw. in den Einzelhandel dauerhaft zu entsenden. Das geführte Sortiment ist breit gefächert.[244]

Der Anteil der Betriebsformen des Primärgroßhandels hat sich im Zeitraum 1982-1988 ausgeweitet *(vgl. Abb. 27)*.[245] Sowohl der Direkttransaktionsgroßhandel als auch der Hauptgroßhandel verzeichneten ein überdurchschnittliches Umsatzwachstum von 1.6% p.a.. Bei beiden erhöhte sich weiterhin die Zahl der Betriebsstätten um 1.3% p.a.. Bemerkenswert ist insbesondere, daß der Direktbelieferungsanteil auf der Ebene des Einzelhandels durch den Direkttransaktionsgroßhandel gegenüber den mehrstufigen Endgroßhändlerabsatzkanälen zugenommen hat. Gemessen am Großhandelseinkaufsvolumen des Einzelhandels stieg der Anteil zwischen 1982 und 1988 von 53% auf 57% *(vgl. Abb. 26)*. Darin bestätigt sich die Tendenz zur Konzentration und Verkürzung der Absatzkanäle.[246]

---

[241] Vgl. The Distribution Economics Institute of Japan (Hrsg.), Statistical Abstract of Japanese Distribution (1993), a.a.O.
[242] Vgl. Kap. C, Abschn. 3.222.
[243] Vgl. Marujama, M., A Country Study on the Distribution System in Japan, a.a.O., S. 11ff.
[244] Vgl. Tajima, Y., How Goods are Distributed in Japan, a.a.O., S. 78.
[245] Die Auswertung des "Census of Commerce 1991" durch das MITI im Hinblick auf die Betriebsformen des Großhandels lag bei Abschluß der Arbeit im April 1993 noch nicht vor. Sie erscheint gemäß Auskunft des MITI zusammen mit der Gesamtzusammenfassung des Census im Herbst/Winter 1993.
[246] Vgl. Goldman, A., Japan's Distribution System, a.a.O., S. 163.

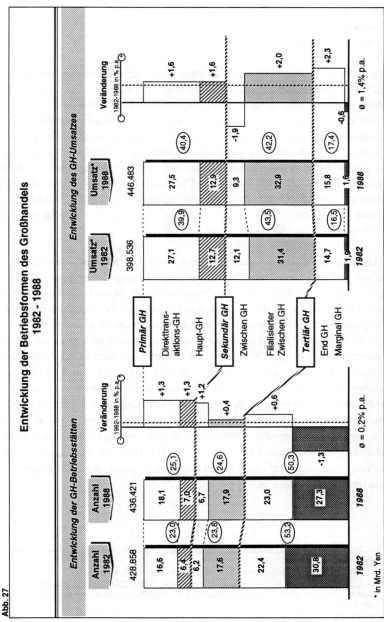

Abb. 27 Entwicklung der Betriebsformen des Großhandels 1982 - 1988

Quelle: *MITI (Hrsg.), Census of Commerce 1988, a.a.O.; eigene Berechnungen*

Sekundärebene
- Zwischengroßhändler
- Filialisierte Zwischengroßhändler.

Beide Betriebsformen unterscheiden sich lediglich in ihrer organisatorischen Verankerung innerhalb des Systems. Ihre Transaktionsleistung ist identisch, d.h. beide führen Transaktionen mit vor- oder nachgeschalteten Großhändlern aus.[247] Filialisierte Zwischengroßhändler können regionale Dispositions- oder Umschlagszentralen nationaler Großhändler bzw. Großhandelsnetze sein. Strenggenommen bilden sie damit keine eigenständige Stufe, sondern tätigen lediglich "interne" Umsätze.[248] Sie werden jedoch in den MITI-Statistiken getrennt geführt und ermöglichen so eine Aussage über den Filialisierungs- bzw. vertikalen Integrationsgrad der Großhandelsdistribution. Die Funktionen der Zwischengroßhändler (filialisierte und nicht-filialisierte) umfassen primär die physische Distribution, d.h. sie bilden Dispositions- und Umschlagszentren auf Regionalebene. Die Sortimentsbreite ist geringer als die der Primärgroßhändler.[249]

Die strukturelle Entwicklung des Sekundärgroßhandels verlief differenziert. Während sich der Marktanteil (gemessen am Gesamtumsatz) des unabhängigen Zwischengroßhandels verringerte, wuchs der Marktanteil des filialisierten Zwischengroßhandels von 31.4% im Jahr 1982 auf 32.9% im Jahr 1988, d.h. um 2.0% p.a.. Dennoch bemühte sich der unabhängige Zwischengroßhandel, durch Investitionen in neue Betriebsstätten wettbewerbsfähig zu bleiben. Dabei reduzierte sich jedoch seine Produktivität gemessen am Umsatz pro Betrieb um durchschnittlich 3.1% p.a.[250] Diese Tendenz dürfte sich auch in der Profitabilität niedergeschlagen haben und deutet darauf hin, daß der durch gestiegene Serviceanforderungen und Belieferungsfrequenzen ausgelöste Wettbewerbsdruck innerhalb der Großhandelsdistribution sich negativ auf den unabhängigen Zwischengroßhandel auswirkt. Hier erweisen sich filialisierte Systeme, die die Warenströme durch integrierte vertikale Netzwerke effizienter steuern können, als überlegen. Sie konnten ihre Betriebsstättenproduktivität um 1.8% p.a. steigern. Der Trend zur Vertikalisierung und Filialisierung ist zusammenfassend unverkennbar und deutet eine Absorption des unabhängigen Zwischenhandels an.[251]

---

[247] Vgl. The Distribution Economics Institute of Japan (Hrsg.), Statistical Abstract of Japanese Distribution (1993), a.a.O., S. 12.
[248] Vgl. Batzer, E., Laumer, H., Deutsche Unternehmen im Japangeschäft, a.a.O., S. 80.
[249] Vgl. Tajima, Y., How Goods are Distributed in Japan, a.a.O., S. 78f; DIHKJ (Hrsg.), Konsumgüter-Distribution in Japan, a.a.O., S. 56; Maruyama, M., A Country Study on the Distribution System in Japan, a.a.O., S. 11ff.
[250] Vgl. Anhang 1, Tab. 2.
[251] Vg. Maruyama, M., A Country Study on the Distribution System in Japan, a.a.O., S. 9ff.

Tertiärebene
- Endgroßhändler
- Marginalgroßhändler.

Endgroßhändler beliefern direkt den Einzelhandel sowie in- und ausländische industrielle Abnehmer.[252] Auf der gleichen Ebene zugeordnet werden sollen sämtliche Klein- und Kleinstgroßhändler, die als Einzelkaufleute in den MITI-Statistiken nur als Marginalgroßhändler (d.h. als Differenz zwischen Großhändlern, die als juristische Personen bzw. Gesellschaften erfaßt werden, und der Gesamtzahl der Großhandelsbetriebe) geführt werden.[253] Von ihnen existierten 1988 insgesamt 118.935, die jedoch lediglich einen Umsatzanteil von 1,6% repräsentieren.[254] Sie verdeutlichen entsprechend die Fragmentierung des Großhandels. Eingesetzt werden Marginalgroßhändler für Randsortimente, abgelegene Regionen und zur Belieferung marginaler Einzelhändler.

Wichtigste Funktionen der Endgroßhändler bilden zum einen die physische Distribution, einschließlich der Aufrechterhaltung kurzer Belieferungsrhythmen, sowie vor allem Marketing-Service-Funktionen. Dazu zählen z.b. Merchandising und Regalpflege, der Aufbau von Displays, die Durchführung kleiner Werbeaktionen und Verkostungen etc. Weiterhin beeinflussen sie die Sortimentsgestaltung und führen z.T. Sortiments- und Dispositionsentscheidungen für kleinere Einzelhändler aus.[255] Sofern sie eng an einzelne Hersteller angebunden sind, kommt ihnen auch eine Informations- und Kontrollfunktion (z.B. Preisempfehlungen) zu.[256]

Die strukturelle Entwicklung der Tertiärebene verläuft eindeutig. Während marginale Großhändler zunehmend aus dem Markt ausscheiden (ihre Zahl verringerte sich zwischen 1982 und 1988 um 13.085), konnten Endgroßhändler sowohl ihren Umsatz- als auch ihren Betriebsstättenmarktanteil ausweiten. Dabei ist davon auszugehen, daß ein relativ hoher Anteil des Endgroßhandels Filialorganisationen angehört bzw. enge Verbindungen zu Vorstufen unterhalten.

Zusammenfassend verdeutlicht die Entwicklung der Betriebsformen die Konzentrations- und Filialisierungstendenzen des japanischen Großhandels. Zu den "Gewinnern" (bezüglich Marktanteil und Betriebsstättenanzahl) gehören der gesamte Primärgroßhandel, filialisierte

---

252 Vgl. The Distribution Economics Institute of Japan (Hrsg.), Statistical Abstract of Japanese Distribution (1993), a.a.O., S. 12.
253 Vgl. Batzer, E., Laumer, H., Deutsche Unternehmen im Japangeschäft, a.a.O., S. 80f.
254 Vgl. The Distribution Economics Institute of Japan (Hrsg.), Statistical Abstract of Japanese Distribution, a.a.O. S. 1, 12; MITI (Hrsg.), Census of Commerce 1991, a.a.O., S. 376ff.
255 Vgl. o.V., Changes in the Food Wholesaling Industry, in: JETRO (Hrsg.), Tradescope, Tokyo, July 1988, S. 1-3.
256 Vgl. Manifold, D., Japan's Distribution System and Options for Improving U.S.-Access, a.a.O., S. 19.

Zwischengroßhändler sowie Endgroßhändler in der Unternehmensform einer Gesellschaft. "Verlierer" sind hingegen der unabhängige Zwischenhandel sowie Marginalhändler der dritten Ebene, denen geeignete Systeme und Finanzkraft fehlen. Bei steigendem Rationalisierungsdruck ist mit einer anhaltenden Tendenz zur Konzentration und Filialisierung zu rechnen.[257]

Nach der Analyse der wesentlichen Betriebsformen der japanischen Großhandelsdistribution werden nachfolgend die beiden "Sonderformen" der Generalhandelshäuser und Einkaufskooperationen im Hinblick auf ihren Einfluß auf die Großhandelsdistribution und ihre Bedeutung für die weitere strukturelle Entwicklung untersucht.

3.222 Universalhandelshäuser

"... we are like the air, invisible but pervasive, providing essential things to sustain life."[258] (Yohei Mimura, Präsident, Mitsubishi Corporation).

Die Sogo Shosha, zu deutsch General- bzw. Universalhandelshäuser, sind der Systematik der Betriebsformen der japanischen Großhandelsdistribution folgend als (inter-)nationale Großhändler der Primärebene zu bezeichnen und arbeiten sowohl als Haupt- als auch als Direkttransaktionsgroßhändler.[259] Sie verfügen, neben der Einschaltung in die innerjapanische Groß- und Einzelhandelsdistribution, über ein weltumspannendes Netzwerk von Vertretungen und Niederlassungen, und sind darüber hinaus auch im Herstellerbereich tätig.[260] Ihr Handelsspektrum umfaßt ein breitgefächertes Sortimentsportfolio von Rohstoffen über Investitionsgüter bis hin zu Konsumgütern.

Noch heute beherrschen die Sogo Shosha den japanischen Außenhandel in einer Weise, die weltweit keine Parallelen findet. So betrug der Anteil der neun größten Sogo Shosha, die als **die** Sogo Shosha bezeichnet werden,[261] im Jahr 1990/91 (Fiskaljahr) 37,1% am Exportvolumen Japans, und sogar 67,9% am gesamten Importvolumen.[262] Dabei ist auf einen hohen Anteil von Rohstoffhandelsaktivitäten hinzuweisen.[263]

---

[257] Vgl. Goldman, A., Japan's Distribution System, a.a.O., S. 163.
[258] Zitiert nach: Yoshino, M.Y., Lifson, T.B., The Invisible Link, a.a.O., S. 1.
[259] Vgl. DIHKJ (Hrsg.), Konsumgüter-Distribution in Japan, a.a.O., S. 61.
[260] Vgl. Yoshino, M.Y., Lifson, T.B., The Invisible Link, a.a.O., S. 1ff; Botskor, I., Leitfaden zur Erschließung des japanischen Marktes, a.a.O., S. 90-95; Eli, M., Japan's Wirtschaft im Griff der Konglomerate, a.a.O., S. 125ff.
[261] Dazu zählen: Mitsui Bussan (gegründet 1876), Mitsubishi Corp. (1870), Marubeni Corp. (1858), C. Itoh & Co./Itochu (1858), Kanematsu Gosho, Ltd. (1889), Nichimen (1892), Sumitomo (1919), Toyo Menka/Tomen (1920), Nissho Iwai (1928). Vgl. Eli, M., Japan's Wirtschaft im Griff der Konglomerate, a.a.O., S. 126; Geschäftsberichte.
[262] Vgl. Keizai Koho Center (Hrsg.), Japan 1992, a.a.O., S. 12-13, 34.
[263] Vgl. Eli, M., Japan's Wirtschaft im Griff der Konglomerate, a.a.O., S. 149.

Angetrieben durch eine Strukturkrise Mitte der 80er Jahre, in der die Aufwertung des Yen (Plaza-Akkord 1985) die Generalhandelshäuser in tiefe Profitabilitätsschwierigkeiten stürzte, haben die Sogo Shosha ihre Handelsaktivitäten sukzessiv umstrukturiert.[264] Dabei hat sich ihre Abhängigkeit vom japanischen Außenhandel reduziert, während verstärkt in den Drittlandhandel sowie den Binnenhandel investiert wurde. Dieser bildet das bedeutendste Handelsfeld der Sogo Shosha, mit einem Anteil von 42,4% an den Gesamttransaktionen im Jahr 1990 *(vgl. Abb. 28).*[265]

Kumuliert repräsentierten die 705 Generalhandelshäuser Japans 1991 einen Anteil von 17.2% des gesamten Großhandelsumsatzes, wobei sich der Anteil von 19.0% im Jahr 1982 reduziert hat.[266] Von einem Marktanteil von 17.2% entfallen allein auf die "großen Neun" knapp 10%, sofern man nur deren Binnenhandel berücksichtigt. Am Beispiel dieser Unternehmen läßt sich folglich auch der signifikante Einfluß auf die Binnendistribution am besten verdeutlichen.

Abb. 28

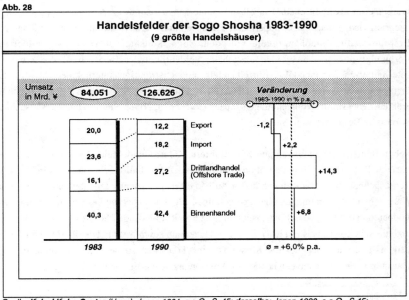

Quelle: *Keizai Koho Center* (Hrsg.), Japan 1984, a.a.O., S. 45; *derselbe;* Japan 1992, a.a.O., S.45; Geschäftsberichte

---

264 Vgl. Eli, M., Japan´s Wirtschaft im Griff der Konglomerate, a.a.O., S. 149.
265 Vgl. ebenda, S. 145f.
266 Vgl. The Distribution Economics Institute of Japan (Hrsg.), Statistical Abstract of Japanese Distribution (1993), a.a.O., S. 9.

Zunächst zu unterscheiden sind Verbindungen der Sogo Shosha mit Mitgliedern von Keiretsu-Verbundgruppen von direkten Beteiligungen und Tochtergesellschaften. Verbindungen mit Mitgliedern der Keiretsu-Verbundgruppen, die aus den Vorkriegs-Zaibatsu hervorgegangen sind,[267] und in denen die Sogo Shosha erneut eine zentrale Koordinationsfunktion besitzen, sind informeller Art, d.h. es erfolgt ein regelmäßiger Informations- und Gedankenaustausch über politische, geschäftliche und andere Entwicklungen.[268] In straff geführten Gruppen kann dieser Informationsaustausch bis hin zur Formulierung gemeinsamer Projekte und Rettung "notleidender" Verbundgruppenmitglieder gehen.[269] Es ist zu unterstellen, daß dieser Zusammenhalt in Krisenzeiten wächst.

Analysiert man die Gruppenzugehörigkeit von Groß- und Einzelhandelsunternehmen Japans, so fällt auf, daß insbesondere 6 der 10 größten Warenhausunternehmen Japans einer Verbundgruppe angehören.[270] Demgegenüber unterhalten lediglich 2 der 10 größten Supermarktunternehmen lose Verbundgruppenbeziehungen (Seiyu und Daiei). Während die Warenhäuser als traditionelle Einzelhandelsunternehmen somit in Verbundgruppensysteme integriert sind, kennzeichnet Supermarkt-Filialisten und marktstarke Einzelhändler jüngeren Ursprungs die Unabhängigkeit von den Sogo Shosha. Über die geschilderten Verbundgruppenbeziehungen hinausgehend verdeutlicht der Besitz bzw. die Kapitalbeteiligung an Großhandels-, Einzelhandels- und Distributionsunternehmen das direkte Engagement der Sogo Shosha in der Binnendistribution Japans. So befinden sich drei der fünf größten Lebensmittelgroßhandlungen Japans (Ryoshoku, Nihon Shurui Hanbei, Matsushita Suzuki) im Besitz der Sogo Shosha.[271]

Neben den beiden unabhängigen Marktführern Kokubu und Meidi-Ya spielen sie eine tragende Rolle bei der Reorganisation der Großhandelsdistribution.[272] Sie haben in jüngster Vergangenheit hohe Investitionen in den Aufbau eigener effizienter Distributionszentren und Warenwirtschaftssysteme getätigt, und betreiben z.T. hochmoderne Distributionszentren in Kooperation mit führenden Einzelhändlern, so z.B. mit Ito-Yokado / Seven-Eleven. Weiterhin sind die Sogo Shosha als Exklusiv-Spediteure innerhalb geschlossener Distributionskreisläufe tätig. Hier ist als Beispiel die Mitsui-Tochter Transfleet zu nennen, die exklusiv den Transportbetrieb des Convenience-Store-Marktführers Seven-Eleven betreibt.[273]

---

[267] Vgl. Kap. C., Abschn. 1.
[268] Vgl. Eli, M., Japan´s Wirtschaft im Griff der Konglomerate, a.a.O., S. 38.
[269] Vgl. ebenda.
[270] Vgl. Anhang 1, Tab. 3.
[271] Vgl. Jennings, P., Trading Houses. Riding the Interest Rate Wave, in: Baring Securities (Hrsg.), Japanese Research, Tokyo 1990, S. 25f.
[272] So beabsichtigt z.B. Mitsui & Co. die Integration von 5 regionalen Großhändlern zu einem schlagkräftigen Nationalen Großhändler. Es handelt sich dabei um Sanyu Foods, Umezawa, Shinsei, Furuya und Sugino Shoji. Vgl. Dodwell Marketing Consultants (Hrsg.), Retail Distribution in Japan 1991, a.a.O., S. 115.
[273] Vgl. Seven-Eleven Japan (Hrsg.), Corporate Outline, a.a.O., S. 11.

Engagiert sind die Sogo Shosha im Rahmen der Lebensmitteldistribution ferner in kapitalintensiven Produktgruppen, so z.b. als Großhändler verderblicher Produkte wie Fleisch, Fisch und Obst/Gemüse, und als Distributeure von Produkten mit geschlossener Thermokette (Frischmahlzeiten und Tiefkühlkost).

Neben der Lebensmitteldistribution haben die Sogo Shosha auch eine signifikante Bedeutung auf verschiedenen Stufen der Verteilung von Textilien und Bekleidung, häufig mit direkter Einzelhandelsbeteiligung.[274] Weiterhin treiben sie die Einführung verkürzter Lieferrhythmen voran, die einem Just-in-time-System in der Bekleidungsdistribution nahekommen.[275]

Zusammenfassend läßt sich thesenartig festhalten, daß die Sogo Shosha insbesondere

- in modernen, technologie- und kapitalintensiven Formen der Distribution tätig sind,
- die Rationalisierungsführerschaft durch Aufbau von Distributionszentren, Informationsnetzwerken und standardisierten Distributionsträgern übernehmen (z.b. Paletten- und Mehrwegsysteme),[276]
- durch Besitz / Beteiligung an Herstellerunternehmen und Importvertriebsrechten ganze Wertschöpfungsketten kontrollieren,
- durch Besitz / Beteiligung führender Großhandlungen die Lebensmittelgroßhandelsdistribution prägen,
- und aufgrund ihrer Kapitalkraft in der Lage sind, nahezu als Einzige nationale Großhandelsnetzwerke zu betreiben und zunehmend kapitalschwache regionale und lokale Großhändler filialisieren bzw. übernehmen.[277]

3.223 Einkaufskooperationen

Mit einem Außenumsatz von 17.925 Mrd. Yen im Jahr 1990, dies entspricht einem Marktanteil von 12,7% am Gesamtumsatz des Einzelhandels,[278] vertreten Einkaufskooperationen in Japan ein erhebliches Potential an Einkaufsmacht.[279] Ihrer Bedeutung nach sind sie damit der Hierarchieebene des Primärgroßhandels zuzuordnen. Eine fragmentierte Gesamtstruktur von 387 sogenannten "Freiwilligen Ketten" mit ca. 57.000 Mitgliedsbetrieben verhindert jedoch bislang den effektiven Einsatz dieses Machtpotentials gegenüber Konsumgüterherstellern einerseits und konkurrierenden Einzelhandelskonzernen andererseits.

---

[274] Vgl. z.B. Marubeni Corp. (Hrsg.), Geschäftsbericht 1991, a.a.O., S. 12-13.
[275] Vgl. Tomen Corp. (Hrsg.), Geschäftsbericht 1991, Tokyo 1991, S. 30.
[276] Vgl. z.B. Mitsui & Co. (Hrsg.), Geschäftsbericht 1991, Tokyo 1991, S. 26.
[277] Vgl. Dodwell Marketing Consultants (Hrsg.), Retail Distribution in Japan 1991, a.a.O., S. 115-116.
[278] Basis Gesamtumsatz des Einzelhandels 1991. Vgl. The Distribution Economics Institute of Japan (Hrsg.), Statistical Abstract of Japanese Distribution (1993), a.a.O., S. 1, 59. Der Außenumsatz ist definiert als der Einzelhandelsumsatz der Mitgliederbetriebe der Einkaufskooperationen.
[279] Vgl. Dodwell Marketing Consultants. (Hrsg.), Retail Distribution in Japan, a.a.O., S. 194f.

Der Anteil des gemeinsam getätigten Einkaufs beträgt etwa 46% ihres gesamten Einkaufsvolumens.[280]

Einkaufskooperationen sind in Japan zuerst als Allianzen von Warenhäusern in den 60er Jahren entstanden.[281] Anfang der 70er Jahre förderte MITI aktiv die Gründung von Selbsthilfeorganisationen unabhängiger Einzelhändler, um sich gegen die Bedrohung der Supermärkte zu wehren.[282] Ende der 70er Jahre folgten die Supermärkte selbst als Initiatoren.[283]

Grundsätzlich zu unterscheiden sind Einkaufskooperationen nach ihrer Organisation durch Einzelhändler oder Großhändler. Im Durchschnitt erzielen durch Einzelhändler organisierte Einkaufskooperationen einen höheren Außenumsatz (86,7 Mrd. Yen pro Gruppe im Jahr 1990) als großhandelsorganisierte Gruppen (32,8 Mrd. Yen pro Gruppe).[284] Entsprechend vereinigen Großhändler tendenziell kleinere Einzelhändler in großer Anzahl.

Hervorzuheben sind die Verflechtungen der größten Einkaufskooperationen mit den größten Supermarktbetreibern. So ist die größte japanische Einkaufskooperation CGC mit Daiei, dem größten Einzelhandelsunternehmen, affiliiert.[285] Neben der Ausschöpfung von Konditionenvorteilen bildet die Kooperation dabei auch einen "Akquisitionsfundus" für die beteiligten Supermarktkonzerne.

Als wesentliche gemeinsame Ziele von Einkaufskooperationen lassen sich definieren:

- gemeinsamer Einkauf zur Erzielung von Konditionenvorteilen,
- Informationsaustausch von Produkt-, Lieferanten- und betrieblichen Leistungsdaten,
- Produktentwicklung (insbesondere Handelsmarken).

Analysiert man die Entwicklung von Einkaufskooperationen in Japan, so konnten diese ihren rechnerischen Marktanteil von 8.4% im Jahr 1982 auf 12.7% im Jahr 1991 ausweiten.[286] Dies entspricht einem jährlichen Wachstum von 9.5%. Jährlich wächst die Zahl der

---

280 Vgl. The Distribution Economics Institute of Japan (Hrsg.), Statistical Abstract of Japanese Distribution (1990), a.a.O., S. 41.
281 Vgl. Lein, E., The Current Position of Japanese Department Stores and the Relationships with their Suppliers, a.a.O., S. 127.
282 Vgl. Maeda, K., The Evolution of Japanese Retailing Industries, Tokyo, o.D., S. 285.
283 Vgl. Dodwell Marketing Consultants, (Hrsg.), Retail Distribution in Japan, a.a.O., S. 194f.
284 Vgl. The Distribution Economics Institute of Japan (Hrsg.), Statistical Abstract of Japanese Distribution (1993), a.a.O., S. 59.
285 Vgl. Dodwell Marketing Consultants, (Hrsg.), Retail Distribution in Japan, a.a.O.; Vgl. Anhang 1, Tab. 4.
286 Vgl. The Distribution Economics Institute of Japan (Hrsg.), Statistical Abstract of Japanese Distribution (1990), a.a.O., S. 45; derselbe, Statistical Abstract of Japanese Distribution (1993), a.a.O., S. 59.

Mitglieder von Einkaufskooperationen um ca. 1000. Der gemeinsame Einkauf konnte im Zeitraum 1988-1991 ebenfalls von 41.5% auf 46.0% leicht gesteigert werden, wobei die Zuwachsrate jedoch absinkt.[287] Entsprechend sinkt auch die Attraktivität der Zentralabwicklung des Einkaufs. Um diesem Trend entgegenzuwirken, bemühen sich Einkaufskooperationen verstärkt um den Aufbau von POS und elektronischen Ordersystemen (EOS). So wurde bereits 1989 ein Durchdringungsgrad von 45.5% für POS und 47.3% für EOS erreicht.[288]

Zusammenfassend ist im Hinblick auf die weitere Entwicklung von Einkaufskooperationen festzustellen, daß bislang die Ausweitung der Bedeutung freiwilliger Ketten am Individualismus kleiner Einzelhändler gescheitert ist, die nicht bereit waren, Teile ihrer Autonomie an Großhandelseinkaufszentralen abzutreten.[289] Die noch zu schildernde Restrukturierung des Einzelhandels könnte jedoch Zusammenschlüsse auf freiwilliger Basis deutlich fördern. Das Engagement von Einzelhandelskonzernen in freiwilligen Ketten wird davon abhängen, inwieweit diese eine Möglichkeit der Ausweitung von Machtpotentialen durch Unterstützung von Einkaufskooperationen sehen. Die Übernahmegefahr durch Großfilialisten wird zu einer verstärkten Selektion von Einkaufskooperationen durch regionale Filialisten führen. Hierin liegt die Chance von Großhändlern, ihre freiwilligen Ketten auszuweiten und damit eine langfristige Existenzbasis zu sichern.

Insgesamt dürften die Einkaufskooperationen bei zunehmender Handelskonzentration in Japan weiter an Bedeutung gewinnen.

3.23 Perspektiven und Strategien des Großhandels

Als übergreifendes Fazit der oben dargelegten Strukturveränderungen der Großhandelsdistribution sind die Polarisierung zwischen Groß- und Kleinbetrieben sowie gleichzeitig die Ausweitung der Filialisierung und Konzentration festzuhalten.[290] Die Strukturveränderungen werden dabei vor allem von Großbetrieben vorangetrieben.[291]

Ursachen der Strukturveränderungen sind zum einen die bereits erwähnten gestiegenen Anforderungen des Einzelhandels, zum anderen das Bestreben großer Hersteller, die

---

287 Vgl. Dodwell Marketing Consultants, (Hrsg.), Retail Distribution in Japan, a.a.O., S. 194.
288 Vgl. Japan Voluntary Chain Association (Hrsg.), Annual Survey 1989, Tokyo 1989, o.S.
289 Vgl. Batzer, E., Laumer, H., Deutsche Unternehmen im Japangeschäft, a.a.O., S. 69.
290 Vgl. hierzu auch Small and Medium Enterprise Agency, MITI (Hrsg.), Small Business in Japan 1990, Tokyo 1990, S. 112f.
291 Vgl. Hirota, T., Oroshiurigyo no atarashii yakuwari (dt. Übersetzung: Die neue Rolle des Großhandels), in: Ryutsusangyo Kenkyusho (Hrsg.), RIRI Ryutsusangyo tokushu, No. 11, Tokyo, November 1992, S. 3ff. Goldman, A., Japan´s Distribution System, a.a.O., S. 164; Dodwell Marketing Consultants, (Hrsg.), Retail Distribution in Japan, a.a.O., S. 42ff.

Kontrolle über die Absatzkanäle auszuweiten.[292] Sowohl Einzelhändler als auch Hersteller beschreiben zur Effizienzsteigerung den Weg der vertikalen Integration, so daß ein Teil der entstehenden Filialen bzw. Filialisierungen nicht auf Initiativen der Großhändler untereinander, sondern der vor- und nachgelagerten Stufen zurückzuführen sind.[293]

In diesem Umfeld lassen sich zwei Formen der Ausrichtung des Großhandels beobachten: herstellerorientierte Großhandelssysteme sind in Abhängigkeit von der Branche bzw. Produktgruppe von einzelhandelsorientierten Großhandelssystemen zu unterscheiden.[294] An dieser Stelle kommt erneut die Bedeutung der Handels- und der Herstellerleistung aus Sicht des Verbrauchers zum tragen.[295] In Produktgruppen, in denen der Konsument hohe Erwartungen an die Herstellerleistung (Schaffung eines Zusatznutzens) sowie an die Beratungs- und Servicefunktionen des Handels stellt, bemühen sich Hersteller zur Umsetzung ihrer Marketingziele um eine Kontrolle der Absatzkanäle und damit auch der Großhandelsdistribution (so z.B. bei Damenoberbekleidung, gehobenen Kosmetika, Pharmazeutika).[296] Der Großhandel ist folglich tendenziell herstellerorientiert. Umgekehrt sind Großhandelssysteme in Japan bei geringer Bedeutung der Handelsleistung eher einzelhandelsorientiert (z.B. bei Nahrungsmitteln und Getränken, Körperpflegeartikeln/ Toiletterien, Unterhaltungselektronik). Mit zunehmender Marktreife entwickeln sich jedoch auch in Produktkategorien mit großer Bedeutung der Handelsleistung parallel neben herstellergeführten Großhandelssystemen einzelhandelsorientierte Systeme heraus.[297]

Neben der Systemorientierung ist jedoch noch eine weitere Dimension bei der Darlegung der Perspektiven des Großhandels und Ableitung von Strategien von Bedeutung. Als Intermediäre sind Großhändler abhängig von der Größe der Marktpartner auf der Absatz- oder Beschaffungsseite. Als Resultat ergibt sich die in *Abbildung 29* dargestellte Strategiematrix, anhand derer sich strategische Stoßrichtungen des Großhandels verdeutlichen lassen.

Bei einem herstellerorientierten Distributionssystem, in dem die durchschnittlichen Betriebsgrößen bzw. die Marktanteile der wichtigsten Marktpartner (d.h. in diesem Fall die Hersteller) hoch sind, werden Hersteller mit einem größen- und marktstellungsbedingten Machtpotential an einer vertikalen Integration bzw. vertraglichen Anbindung des

---

[292] Vgl. o.V., Changes in the Food Wholesaling Industry, a.a.O., S. 1ff.
[293] Beispiele der vertikalen Integration durch Hersteller bilden z.B. die Akquisitionen der Spielzeughersteller Takara und Bandai sowie des Kosmetikherstellers Shiseido. Vgl. Dodwell Marketing Consultants, (Hrsg.), Retail Distribution in Japan, a.a.O., S. 146f, 154f. Rückwärtsintegrationen von Einzelhändlern sind z.B. in den Großhandelsbetrieben von Mitsukoshi (Niko Co., Ltd.) und der Tokyu-Warenhäuser (Tokyu Foods) zu sehen. Vgl. o.V., Changes in the Food Wholesaling Industry, a.a.O.
[294] Vgl. Shimaguchi, M., New Developments in Channel Strategy in Japan, a.a.O., S. 182ff.
[295] Vgl. Kap. B., Abschn. 2.2.
[296] Vgl. Shimaguchi, M., New Developments in Channel Strategy in Japan, a.a.O., S. 185.
[297] Vgl. ebenda.

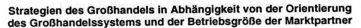

Abb. 29

Strategien des Großhandels in Abhängigkeit von der Orientierung des Großhandelssystems und der Betriebsgröße der Marktpartner

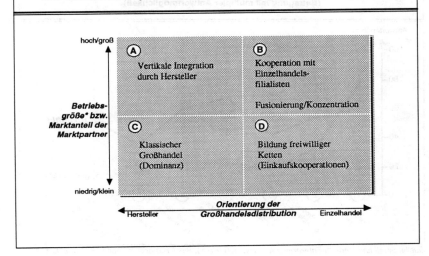

Großhandels zur Verbesserung der Absatzkanalkontrolle interessiert sein (Feld A).[298] Als Beispiele lassen sich die Kosmetik oder Haushaltselektrogerätedistribution anführen. Ist die durchschnittliche Betriebsgröße der Hersteller hingegen gering (polypolistische Strukturen), wird der Großhandel eine nach wie vor starke Funktion bei der Überbrückung von Angebot und Nachfrage ausüben können. Beispiele bilden die Distribution von Bekleidung und Spielwaren (Feld C).[299]

Der zunehmend anzutreffende Fall ist die einzelhandelsorientierte und -dominierte Großhandelsdistribution, insbesondere in der Distribution von Lebensmitteln und Gütern des alltäglichen Bedarfs.[300] Entsprechend bilden primäre Marktpartner des Großhandels die Einzelhändler, wobei häufig noch große Betriebsgrößen neben kleinen Betriebsgrößen koexistieren. In dieser Situation sind folgende Großhandelsstrategien zu beobachten: um ihre Position gegenüber den wachsenden Großfilialisten zu behaupten, werden einerseits Kooperationsstrategien verfolgt (Feld B), z.B. in Form der Übernahme von logistischen

---

298 Eine solche Form der vertraglichen Anbindung bildet auch das Tokuyakuten-System. Vgl. Goldman, A., Japan´s Distribution System, a.a.O., S. 164; Vgl. auch Kap. Abschn. 2.1131.
299 Vgl. Shimaguchi, M., New Developments in Channel Strategy in Japan, a.a.O., S. 185.
300 Vgl. Hirota, T., Oroshiurigyo no atarashii yakuwari, a.a.O., S. 8f; o.V., Changes in the Food Wholesaling Industry, a.a.O.

Abb. 30

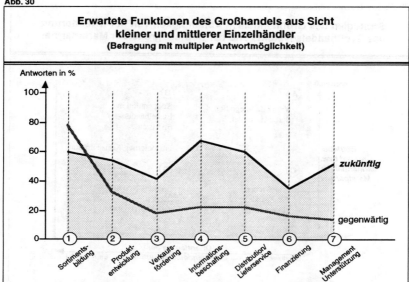

Quelle: *Small and Medium Enterprises Agency, MITI (Hrsg.), Small Business in Japan 1990, a.a.O., S. 115*

Funktionen (Betrieb von Distributionszentren, Just-in-time Belieferung). Dies impliziert Investitionen in Distributionseinrichtungen und Systeme.[301] Ein solches Beispiel stellt die Kooperation zwischen dem viertgrößten Lebensmittelgroßhändler Meidi-Ya und Seven-Eleven dar. Ferner sind Großhändler gezwungen, zur Erhöhung ihrer Servicefähigkeit ihr Filialnetzwerk auszubauen, z.B. auch durch Fusionierung bzw. Affiliierung lokaler Großhändler.[302] Beispiele bilden hier die Initiativen von Ryoshoku, Sanyo Foods und Matsushita Suzuki unter dem Dach der Generalhandelshäuser.[303]

Ein weiteres Existenzpotential für den Großhandel ist jedoch auch in kleinen Einzelhändlern und regionalen Filialisten zu sehen. Um dieses Potential auszuschöpfen, werden sowohl Einkaufskooperationen als auch Franchise-Ketten (z.B. Convenience Stores) angebaut (Feld

---

[301] Vgl. Nozawa, K., Oroshiurigyo no mezasu hokosei (dt. Übersetzung: Richtung der weiteren Entwicklung des Großhandels), in: Ryutsusangyo Kenkyusho (Hrsg.), RIRI Ryutsusangyo tokushu, No. 11, Tokyo, November 1992, S. 10-16; o.V., Wholesalers Struggle to Ride Out Stormy Rationalization in Distribution, in: Mitsubishi Bank Review, May 1985, S. 884.

[302] Vgl. Miyashita, M., Comparison of Japan and U.S. for Wholesale Business Mechanism, in: International Trade Institute (Hrsg.), Comparative Studies on Distribution Systems of the U.S. and Japan, Tokyo 1987, S. 19-28; Dodwell Marketing Consultants, (Hrsg.), Retail Distribution in Japan, a.a.O., S. 115.

[303] Vgl. Abschn. 3.222; o.V., Changes in the Food Wholesaling Industry, a.a.O., S. 1.

D). Informationsnetzwerke, Unterstützung bei der Sortimentsbildung, Managementunterstützung, Handelsmarkenentwicklung etc. bieten dabei als Instrumente die Möglichkeit, den kleinen und mittleren Einzelhandel zu binden.[304] Eine Übersicht der von Großhändlern vorrangig zu erfüllenden Funktionen aus der Sicht kleiner und mittlerer Einzelhändler enthält *Abbildung 30*. Ein abschließendes Beispiel für die erfolgreiche Gestaltung von Großhandelsstrategien soll mit dem Unternehmen Kokubu vorgestellt werden, das von Experten als führend in der modernen japanischen Großhandelsdistribution angesehen wird.[305]

Fallbeispiel Kokubu

Kokubu ist der größte japanische Lebensmittelgroßhändler und erzielte im Jahr 1992 einen Umsatz von 731 Mrd. Yen.[306] Zentrale Elemente der Strategie von Kokubu bilden die Stärkung der physischen Distributionskapazitäten, die Entwicklung integrierter Informationssysteme sowie Einzelhandelsunterstützungssysteme.[307]

Zur Stärkung der physischen Distributionskapazitäten treibt Kokubu den Ausbau von Distributionszentren und die vertragliche Anbindung (bis hin zur Filialisierung) lokaler und regionaler Großhändler, die zur Kokubu-Gruppe gehören, voran.[308] Dadurch wird vor allem die Leistungsfähigkeit zur Belieferung nationaler Supermarktketten erhöht (vgl. Feld B. Abb. 29). Diesem Ziel dient ebenfalls der Ausbau von VAN-Informationsnetzwerken auf Ebene der Gruppen-Großhändler. Die Sicherung und Unterstützung der Absatzbasis kleiner und regionaler Einzelhändler steht im Vordergrund bei der Errichtung eines Einzelhandelsinformationsnetzwerkes und dem Angebot von Managementschulungen.[309]

Weiterhin führt Kokubu die Einkaufskooperationen KGC (Lebensmittelhandel) und KFS (Spirituosenhandel) an, die in der freiwilligen Kette KGCA (Kokubu Grocer`s Chain Alliance) vereinigt sind. Sie enthält als sechstgrößte freiwillige Kette insgesamt 658 Mitglieder.[310] Direkt im Einzelhandel tätig ist Kokubu ferner über eine eigene Convenience-Store Kette (Nr. 7 der japanischen Convenience-Stores) mit 956 Franchise-Filialen.[311]

---

[304] Vgl. Small and Medium Enterprise Agency, MITI (Hrsg.), Small Business in Japan, a.a.O., S. 115.
[305] Vgl. Nozawa, K., Oroshiurigyo no mezasu hokosei (dt. Übersetzung: Richtung der weiteren Entwicklung des Großhandels), a.a.O., S. 11.
[306] Vgl. Toyo Keizai (Hrsg.), Japan Company Handbook 1992, 2nd Section Winter, a.a.O., S. 1099.
[307] Vgl. o.V., Changes in the Food Wholesaling Industry, a.a.O., S. 1f; Dodwell Marketing Consultants. (Hrsg.), Retail Distribution in Japan, a.a.O., S. 44, 115.
[308] Vgl. o.V., Changes in the Food Wholesaling Industry, a.a.O., S. 2.
[309] Vgl. ebenda.
[310] Vgl. Dodwell Marketing Consultantds (Hrsg.), Retail Distribution in Japan, a.a.O., S. 194; o.V., Changes in the Food Wholesaling Industry, a.a.O., S. 2f.
[311] Vgl. Dodwell Marketing Consultants, (Hrsg.), Retail Distribution in Japan, a.a.O., S. 73; Seven-Eleven Japan (Hrsg.), Brief Summary of Results in the First Half of FY 93, Tokyo, October 1992, S. 7.

Zusammenfassend verdeutlicht das Beispiel Kokubu, daß der japanische Großhandel seinen Fortbestand durch alternative Strategien sichern kann. Durch Konzentration und Filialisierung ist sogar mit einer Stärkung der relativen Machtposition gegenüber Herstellern und Einzelhändlern zu rechnen. Eindeutig entfernen sich Großhändler immer mehr von ihrer ursprünglichen Funktion als Verkaufsagenten der Hersteller und nähern sich durch Unterstützungsleistungen, Kooperation und Integration dem Einzelhandel an. Dies wird durch Absichten der Diversifikation in den Einzelhandel bestätigt.[312] Erste Beispiele sind in der Gründung von Wholesale- und Warehouse-Clubs auch im Bereich diskontierender Betriebsformen zu sehen.[313]

3.3 Entwicklung des Einzelhandels

Neben der komplexen Großhandelsdistribution, in der sich jedoch vereinfachte Strukturen durch eine Reduktion der Zahl der Großhandelsstufen (Konzentration und Filialisierung) abzeichnen, steht Japans Einzelhandelsnetz im Mittelpunkt kritischer Auseinandersetzungen mit dem japanischen Distributionssystem.[314] Wie bereits angedeutet, zeichnet sich jedoch auch hier durch ein sukzessives Abschmelzen von Einzelhandelsbetrieben eine Veränderung ab. Analog zur Analyse des Großhandelssystems werden strukturelle Veränderungen der Einzelhandelsdistribution anhand der Entwicklung der Betriebsformen untersucht. Dabei kommen die zur Erfassung der Betriebsformendynamik herausgearbeiteten Modellansätze zur Anwendung und bilden die Grundlage für eine Entwicklungsprognose bis zum Jahr 2000.

3.31 Übergreifende Strukturveränderungen des Einzelhandels

Ausgangspunkt der Analyse der strukturellen Veränderungen des Einzelhandels bildet die Erhebung der Marktanteils- und Umsatzentwicklung der Betriebsformen. Diese erfolgt grundsätzlich auf der Basis der bereits erläuterten Betriebsformenabgrenzung des MITI.[315] Weiterhin soll eine Untersuchung nach den Klassifikationsmerkmalen

---

[312] Vgl. Dodwell Marketing Consultants, (Hrsg.), Retail Distribution in Japan, a.a.O., S. 44.
[313] Vgl. Sakaida, A., Kakakuhakai no shogeki, kategori killer ga seisan mo kaeru (dt. Übersetzung: Der Schock der Preiszerstörung, "Category Killer" verändern ebenfalls die Produktion), in: Nikkei Business, Tokushu, Tokyo, March 22, 1993, S. 12ff; o.V., Disukaunto sutoa chosa (dt. Übersetzung: Bericht über Discountgeschäfte), in: Nikkei Trendy, Tokyo, March 1993.
[314] Vgl. z.B. Miyazawa, T., Ryutsu no saikochiko (dt. Übersetzung: Restrukturierung der Distribution), Tokyo 1991; Ejiri, H., Wagakuni no ryutsu keiro wa honto ni nagai ka (dt. Übersetzung: Sind Distributionskanäle wirklich länger in Japan?), Part II, in: Shohi to ryutsu, Vol. 4, No. 4, 1980, S. 72-79; Dawson, J. A., Japanese Distribution: Effectual Yes, But is it Efficient?, in: The Japanese Market: A Guide to Distribution, London 1984, S. 10-25; Czinkota, M. R., Woronoff, J., Japan´s Market: The Distribution System, New York 1986, S. 3ff; Yoshino, M.Y., The Japanese Marketing System, a.a.O., S. 23ff; Flath, D., Why Are There so Many Retail Stores in Japan?, in: Japan and the World Economy, Vol. 2, 1990, S. 365-386.
[315] Vgl. Kap. B, Abschn. 2.211.

- Organisationsform,
- Andienungsform,
- Mitarbeiterzahl pro Geschäftsstätte,
- stationäre vs. nicht-stationäre Leistungserbringung

erfolgen. Der Erhebung der Marktanteils- und Umsatzentwicklungen schließt sich eine Analyse der Veränderungen der Bruttohandelsspannen, der Profitabilität (gemessen an den Nettogewinnspannen) und Produktivität der Betriebsformen im Zeitvergleich an.

3.311 Entwicklung der Marktanteile der Betriebsformen und -größen

Bei der Strukturierung des japanischen Einzelhandels nach der Betriebsformendefinition des MITI lassen sich drei Klassifikationsebenen unterscheiden.[316] Die erste Ebene differenziert den Einzelhandel in groß- und kleinflächige Betriebe mit einer Verkaufsraumfläche von über bzw. unter 500 m². Die zweite Ebene differenziert Betriebsformen im eigentlichen Sinn. Unterschieden werden Warenhaus, Supermarkt und spezialisierter Supermarkt bzw. Fachmarkt in der Kategorie über 500 m², und kleinflächige Supermärkte (einschließlich Convenience Stores), Fachgeschäfte und ´Sonstige´ Kleinflächen in der Kategorie unter 500 m². Die dritte Klassifikationsebene enthält Varianten dieser Betriebsformen, wobei als Differenzierungsmerkmale Verkaufsfläche, Sortimentsschwerpunkt und Betriebsmodus (insbesondere Öffnungszeit) unterschieden werden. Danach ergibt sich die in *Abbildung 31* dargestellte Gesamtstruktur.

Betrachtet man, ausgehend davon, die strukturelle Entwicklung des Einzelhandels in der Zeitspanne von 1982 - 1991, so ist ein Rückgang der Zahl der Geschäftsstätten von 1.727.465 auf 1.591.186, d.h. um 130.279 Betriebe festzustellen *(vgl. Abb. 32)*. Dies entspricht einem jährlichen Rückgang von knapp 1 %. Im gleichen Zeitraum konnten großflächige Betriebsformen ihren Marktanteil zwar ausweiten, repräsentieren insgesamt jedoch nur 0,6 % der Gesamtzahl von Einzelhandelsbetrieben in Japan. Zählt man zu den großflächigen Betriebsformen moderne, auf Basis des Selbstbedienungsprinzips betriebene Geschäfte hinzu (Convenience-Stores und Mini-Supermärkte), so erhöht sich der Anteil auf 7,5 %.

Ein Wachstum der Anzahl der Geschäftsstätten dieser Betriebsformen um 3,2 % p.a. im Betrachtungszeitraum läßt, insbesondere vor dem Hintergrund der Deregulierung des gesetzlichen Umfeldes, eine weitere Ausweitung des Marktanteiles großflächiger und moderner Betriebsformen erwarten.

---

[316] Vgl. Anhang 1, Tab. 1

Abb. 31

Struktur des japanischen Einzelhandels 1991

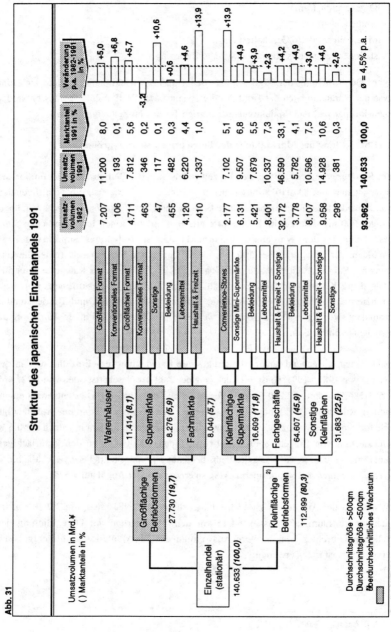

Quelle: MITI (Hrsg.), Census of Commerce 1991, a.a.O.; S. 37ff, 248ff; eigene Berechnungen

Abb. 32

Entwicklung des Marktanteils der Betriebsformen nach Geschäftsstättenanzahl und Umsatz 1982 - 1991

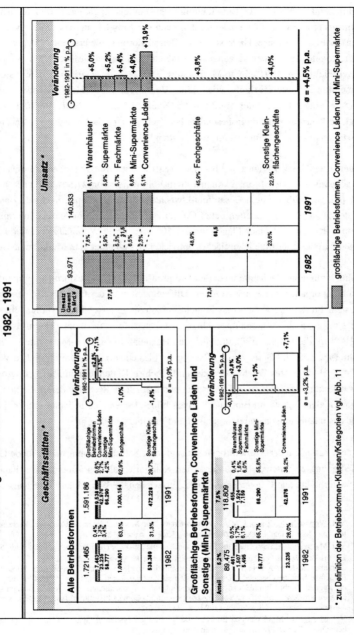

* zur Definition der Betriebsformen-Klassen/Kategorien vgl. Abb. 11

Quelle: *MITI (Hrsg.), Census of Commerce 1991, a.a.O., S. 37ff, 248ff; eigene Berechnungen*

Abschließend läßt sich die Entwicklung des Handels noch nach dem **Standort der Leistungserbringung** differenzieren, d.h. nach der Entwicklung stationärer versus nichtstationärer Betriebsformen. Nicht-stationäre Betriebsformen, die erst seit 1988 getrennt erfaßt werden, konnten sich in den vergangenen 3 Jahren um durchschnittlich 11,1 % p.a. ausweiten und verzeichneten 1991 einen Marktanteil von 21,3 %. Darin enthalten sind neben wachsenden Handelsformen wie dem Versandhandel, Heimdiensten und dem Automatenverkauf auch der traditionelle Haus-zu-Haus-Verkauf. Bedingt durch das veränderte Konsumverhalten insbesondere berufstätiger japanischer Frauen befinden sich die nicht-stationären Betriebsformen im Aufwärtstrend.[317]

Deutlicher wird diese Entwicklung bei einer Analyse des umsatzbezogenen Marktanteils. Die oben genannten Betriebsformen konnten ihren Marktanteil von 27,5 % auf 31,5 %, d.h. um 6,2 % p.a. gegenüber einem Gesamtmarktwachstum von 4,5 % p.a. nachhaltig ausweiten. Höchste Zuwachsraten erzielten dabei Convenience Stores, Fachmärkte, Supermärkte mit breitem Sortiment und einer Fläche unter 1.500 m^2, sowie Warenhäuser unter 1.500 m^2. Fachgeschäfte und sonstige Kleinflächen entwickelten sich unter dem Marktdurchschnitt.

Ursächlich mit dem Wachstum moderner und großflächiger Betriebsformen verbunden ist die Ausweitung organisierter Handelsformen. Differenziert nach der **Organisationsform** können Filialisten, Freiwillige Ketten und Franchise-Systeme unterschieden werden. Im weiteren Sinne sind auch die Warenhäuser hinzuzuzählen, sofern sie nicht dezentral organisiert sind.[318] Kumuliert konnten die organisierten Handelsformen ihren Marktanteil von 27,5 % im Jahr 1982 auf 34,7 % im Jahr 1991 steigern, dies entspricht einem jährlichen Wachstum von 7,4 %.[319] Stärkstes Wachstum erzielten Franchise-Ketten, unmittelbar gefolgt von Freiwilligen Ketten *(vgl. Abb. 33)*. Filialisierte und assoziierte Systeme, deren Ziel die Realisation von Skaleneffekten im Ein- und Verkauf bildet, setzen sich in Japan immer stärker auf Kosten des unabhängigen und unorganisierten Einzelhandels durch.[320]

Nach dem Kriterium der **Andienungsform** sind reine Selbstbedienungsläden sowie Geschäfte mit Bedienung zu unterscheiden. Zur ersten Kategorie gehören Supermärkte, Fachmärkte, Mini-Supermärkte und Convenience-Stores, zur zweiten die Warenhäuser, Fachgeschäfte und

---

[317] Vgl. Wongtada, N., Zerio, J. M., Towards a Conceptual Model of Japanese Consumer Response to Direct Marketing, a.a.O., S. 206f; vgl. auch Kap. C, Abschn. 2.2.
[318] Vgl. Maruyama, M., Structure and Performance of the Japanese Distribution System, a.a.O., S. 37.
[319] Die erfaßten Werte beruhen auf den verfügbaren Daten der Verbände der genannten Organisationsformen. Da z.T. Doppelmitgliedschaften sowie gemischte Systeme (z.B. Filial- und Franchise-Systeme) bestehen, liegen keine überschneidungsfreien Daten vor. Weiterhin sind naturgemäß Nicht-Mitglieder sowie sonstige Selbsthilfeorganisationen (z. B. von ´Shotengai´-Einkaufsstraßen) nicht erfaßt. Vgl. The Distribution Economics Institute of Japan (Hrsg.), Statistical Abstract of Japanese Distribution (1993), a.a.O., S. 53ff.
[320] Vgl. Maruyama, M., A Country Study on the Distribution System in Japan, a.a.O., S. 4; vgl. zu herstellergeführten Franchise-Systemen Kap. E, Abschn. 4.321.

sonstige Kleinflächengeschäfte. Selbstbedienungsgeschäfte konnten ihren Marktanteil im Betrachtungszeitraum von 19,7 % auf 23,4 % ausweiten, während Bedienungsbetriebe Marktanteile einbüßten *(vgl. Abb. 33).* Dennoch halten diese immer noch einen vergleichsweise hohen Marktanteil (76,6%),[321] was auf die nach wie vor hohe Bedeutung von Serviceleistungen für den Verbraucher in Japan hinweist.[322]

Abb. 33

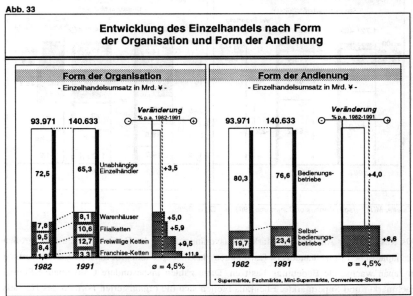

Betrachtet man die strukturelle Entwicklung des japanischen Handels nach Betriebsgrößenklassen, gemessen an der **Zahl der Mitarbeiter**, so ist ein deutlicher Rückgang von Kleinbetrieben mit 1-2 Mitarbeitern erkennbar *(vgl. Abb. 34).*

Diese in Japan als "Papa-Mama"-Läden bezeichnete Größenkategorie belegt insgesamt noch einen umsatzbezogenen Marktanteil von 10,8 % (1991). Gemessen am Umsatz erzielten Betriebe mit mehr als 10 Mitarbeitern die höchsten Zuwachsraten und verzeichneten 1991 bereits einen Marktanteil von 52,3 % gegenüber 45,1 % im Jahr 1982. Der Trend zu größeren Betriebsformen wird damit bestätigt.

---

[321] In der Bundesrepublik Deutschland ist der Anteil von Bedienungsgeschäften im Jahr 1992 auf etwa 40 % zu schätzen. Vgl. Batzer, E., Lachner, J., Meyerhöfer, W., Der Handel in der Bundesrepublik Deutschland, Ifo-Institut für Wirtschaftsforschung (Hrsg.), Teilband II, München 1991, S. 430.

[322] Vgl. Kap. C. Abschn. 2.2.

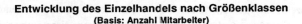

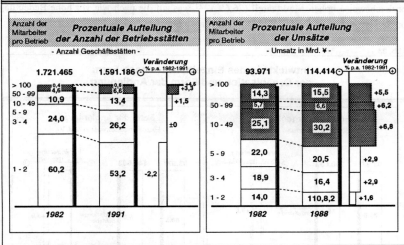

Quelle: MITI (Hrsg.), Census of Commerce 1991, a.a.O., S. 82ff

Als Resümée der Analyse der Marktanteilsveränderungen der Betriebsformen und -größen des japanischen Einzelhandels ist festzuhalten, daß moderne und großflächige Betriebsformen in Japan wachsende Bedeutung besitzen. Dazu zählen insbesondere Convenience-Stores, Fachmärkte und Supermärkte. Ebenfalls breiten sich die organisierten Formen des Handels sowie das Selbstbedienungsprinzip weiter aus. Darüber hinaus kommen nicht-stationäre Handelsformen veränderten Lebensstilen entgegen und erzielen hohe Zuwachsraten.

3.312 Entwicklung der Profitabilität und Produktivität

Einen Einblick in die relativen Wettbewerbsvorteile sowie die Konkurrenzfähigkeit der einzelnen Betriebsformen des japanischen Einzelhandels vermittelt die Analyse der Bruttohandelsspannen, Nettogewinnspannen und Produktivitäten und deren Entwicklung im Zeitablauf.[323] Sie ermöglicht Aussagen über die Wettbewerbspositionierung der Betriebsformen sowie die Offenlegung von Wachstumsperspektiven und Schwächen im Betriebsformenlebenszyklus.[324]

---

[323] Vgl. zu den Definitionen Kap. B, Abschn. 2.233.
[324] Vgl. hierzu Kap. C, Abschn. 3.341.

Eine Analyse der Bruttohandelsspannen legt zunächst das einer Betriebsform zugrundeliegende Geschäftsprinzip offen,und verdeutlicht die Vulnerabilität gegenüber Betriebsformen mit aggressiver Preispolitik. Warenhäuser, Fachgeschäfte und Kleinflächengeschäfte setzen ihren Schwerpunkt auf ein hohes, personalkostenintensives Serviceniveau. Sie zeichnen sich daher durch eine relativ hohe Bruttohandelsspanne aus, die in Japan für Warenhäuser bei ca. 28-30 %, für Fachgeschäfte bei 27-28 % und für sonstige Kleinflächengeschäfte bei über 30 % liegt.[325] Mit einem ebenfalls extrem hohen Serviceniveau arbeiten Convenience-Stores. Aufgrund der Öffnungszeiten (24 Stunden täglich) und einem breiten Dienstleistungsangebot erzielen sie mit Gütern des täglichen Bedarfs einen hohen Warenumschlag und realisieren dennoch mit 28 - 29 % eine hohe Bruttohandelsspanne bei mittlerem bis gehobenem Preisniveau.

Supermärkte mit Betriebsgrößen über 1500 m^2 arbeiten auf dem Geschäftsprinzip eines Umschlags relativ großer Mengen mit einem ausgewogenen Preis-/Leistungsverhältnis. Als Sonderform sind Discounter anzuführen, die mit Niedrigstpreisen höchste Umschlagsquoten erreichen. Sie kalkulieren mit einer Bruttohandelsspannevon 18-19 % und liegen damit um ca. 5-6 %-Punkte unter konventionellen Supermärkten.[326]

Vergleicht man die Entwicklung der Bruttohandelsspannen im Zeitraum 1985 - 1990, so ist bei der überwiegenden Zahl der Betriebsformen ein Trading-up, d.h. eine Ausweitung der Handelsspannen zu beobachten. Ursache hierfür bildet insbesondere die Konjunktur, die allen Betriebsformen die Durchsetzung hoher, regulärer Preise und damit hoher Bruttohandelsspannen gegenüber dem Verbraucher ermöglichte. Bei einzelnen Betriebsformen, so z.B. Convenience-Stores, haben zudem interne Konstensenkungs- und Effizienzsteigerungsmaßnahmen zu einer Ausweitung geführt,[327] ebenso wie bei großflächigen Betriebsformen Konditionenverbesserungen gegenüber den Herstellern durchgesetzt worden sind. Übergreifend impliziert das Trading-up des japanischen Handels jedoch - unter dem Aspekt der Deregulierung - ein erhöhtes Wachstumspotential preisaktiver Betriebsformen.[328]

Einen Hinweis auf die Vulnerabilität einer Betriebsform gegenüber Discountern stellt, neben der Entwicklung der Bruttohandelsspanne, die Veränderung der Nettogewinnspanne im Zeitablauf dar. Während Supermärkte, Fachmärkte und auch Fachgeschäfte ihr Betriebsergebnis in Prozent vom Umsatz um 1-2 Prozentpunkte steigern konnten, stagnierte die Nettogewinnspanne mit -0,1 % bei sonstigen Kleinflächengeschäften und deutet deren

---

325 Vgl. Anhang 1, Abb. 2 a, b.
326 Vgl. Nara, C., Supermarkets - Price Discounting Forces a Structural Decline in Profit Margins, in: Salomon Brothers (Hrsg.), Japanese Stock Research, Tokyo, April 5, 1989, S. 2.
327 Vgl. Koyama, S., Application of JIT Management in the Distribution System, a.a.O., S. 212f.
328 Vgl. hierzu Kap. C, Abschnitt 3.3222.

Erosionsgefährdung an.[329] Als gefährdet können weiterhin die Warenhäuser angesehen werden, die im Betrachtungszeitraum trotz der Konjunkturlage ihre Nettogewinnspanne nur unwesentlich, auf ein insgesamt niedriges Niveau von etwa 1 % vom Umsatz, verbessern konnten. Im Rezessionsjahr 1991/1992 wurden z.T. bereits negative Nettogewinnspannen erwirtschaftet.[330]

Abschließend zu betrachten ist die Entwicklung der Betriebsstätten- und Mitarbeiterproduktivität.[331] Erwartungsgemäß werden die höchsten Produktivitäten von den Großflächen (Betriebsformen über 500 m^2), insbesondere den Warenhäusern, Supermärkten und Fachmärkten, erzielt. Bei den Kleinflächen führen die modernen Betriebsformen Mini-Supermarkt und Convenience-Store. Die Entwicklung im Zeitablauf (1982-1991) verdeutlicht, daß in Zeiten guter Konjunktur neben Convenience-Stores auch Warenhäuser sowie die Kleinflächengeschäfte Steigerungen erreichten. Bei den Kleinflächen dürfte dies jedoch auf die Reduktion der Anzahl der Betriebe zurückzuführen sein. Zu den Warenhäusern ist anzumerken, daß diese in Anbetracht der geschilderten Profitabilitätsschwierigkeiten offenbar nicht in der Lage waren, die Steigerung der Flächen- und Mitarbeiterproduktivität zur Verbesserung der Ertragslage zu nutzen.

Faßt man die Ausführungen zusammen, so ergibt sich, daß Convenience-Stores und Fachmärkte, gemessen an der Nettogewinnspanne in den vergangenen fünf Jahren, die profitabelsten Betriebsformen gebildet haben. Aufgrund eines Trading-ups der Mehrzahl der Betriebsformen (eine Ausnahme bilden Discounter) ist Raum für neue, preisaggressive Betriebsformen geschaffen worden. Im Hinblick auf die Rezession in Japan können Warenhäuser sowie die "Sonstigen Kleinflächen" aufgrund ihrer schlechten Rentabilitätslage als gefährdet angesehen werden.

Ausgehend von dieser aggregierten Beurteilung sollen im folgenden die Zukunftsperspektiven der Betriebsformen auf Basis einer separaten Analyse jeder einzelnen Betriebsform ermittelt werden. Diese bildet die Grundlage für eine Positionierung in den gewählten Modellen der Betriebsformendynamik und Ableitung einer Strukturprognose. Übergreifend werden zunächst stationäre und nicht-stationäre Handelsformen aufgrund ihres unterschiedlichen Geschäftsprinzips differenziert.

---

[329] Vgl. Anhang 1, Abb. 2.
[330] Vgl. Ogi, K., Consumers Foresaking Pricy Department Stores, in: Asahi Evening News, November 15, 1992.
[331] Vgl. Anhang 1, Tab. 5.

3.32 Entwicklung der stationären Betriebsformen des Einzelhandels

Unter den stationären Betriebsformen werden nachfolgend die Warenhäuser, Supermärkte, Fachmärkte, Convenience-Stores, Fachgeschäfte und die sonstigen Kleinflächengeschäfte behandelt. Nach einleitender Abgrenzung erfolgt eine Schilderung der bisherigen Entwicklung sowie der Formen der Zusammenarbeit der Betriebsformen mit ihren Lieferanten. Den Abschluß bildet eine Diskussion der Perspektiven jeder Betriebsform.

3.321 Warenhaus

(1) Definitorische Abgrenzung

Das MITI definiert Warenhäuser als großflächige Betriebsformen mit mehr als 50 Mitarbeitern, die einen Umsatzanteil der Sortimentskategorien Bekleidung, Lebensmittel und Güter sonstigen Bedarfs zwischen 10 und 70 % verzeichnen und als Bedienungsgeschäfte geführt werden. Unterschieden werden großflächige Warenhäuser über und konventionelle Warenhäuser unter 1.500 m^2 Fläche.[332]

(2) Entwicklungslinien der Betriebsform

Warenhäuser dominierten dem japanischen Handel bis Anfang der 70er Jahre. Der höchste Marktanteil wurde 1962 erreicht und betrug 9,5 %.[333] Er sank danach kontinuierlich ab, bis das Warenhaus im Jahr 1972 durch den Supermarkt als Betriebsform mit dem höchsten Marktanteil abgelöst wurde.[334] Der vorläufige Tiefpunkt wurde 1982 mit 7,8 % Marktanteil erreicht und hat sich seitdem, bedingt durch eine günstige Konjunktur, wieder auf 8,1 % erholt. Im Verlauf seiner Entwicklung vollzog das japanische Warenhaus ein klassisches Trading-up.[335] Nach einem Markteintritt über niedrige Preise und niedrige Handelsspannen, die 1950 noch bei etwa 17,8 % lagen,[336] wurde 1990 eine durchschnittliche Bruttohandelsspanne von 29 - 30 % erzielt.[337] Das Warenhaus befindet sich heute aufgrund seiner Positionierung als Luxuseinkaufsstätte an der preislichen Spitze des japanischen Einzelhandels und genießt, bedingt durch seine Tradition, ein hohes Prestige bei den Konsumenten.[338]

---

[332] Vgl. Anhang 1, Tab. 1.
[333] Vgl. Maeda, K., The Evolution of Retailing Industries in Japan, a.a.O., S. 272ff.
[334] Vgl. Togana, Y., The Historical and Structural Changes in the Distribution Industry, a.a.O., S. 5f.
[335] Vgl. Sekine, T., Eigyokeitaihatten no riron, a.a.O., S. 18ff; o.V., Evolution of Retailing Industries in Japan, in: The University of Tokyo Press (Hrsg.), Development of Mass Marketing, International Conference on Business History, Tokyo 1981, S. 265.
[336] Vgl. Fukami, G., Japanese Department Stores, a.a.O., S. 41ff.
[337] Vgl. Kap. C, Abschn. 3.312.
[338] Vgl. Lein, F., Department Stores in Japan, a.a.O., S. 6.

Die Ursprünge japanischer Warenhäuser datieren in die späte Tokugawa-Epoche (1600 - 1868) zurück, in der die Wurzeln der sogenannten **traditionellen** japanischen Warenhäuser liegen.[339] Im Jahr 1673 wurde das Kimono-Geschäft Echigoya in Edo (heute Tokyo) gegründet, aus dem das Haus Mitsukoshi hervorgegangen ist.[340] In diesem Zeitraum vor Gründung der eigentlichen Betriebsform Warenhaus entwickelten sich vier Basisprinzipien, die die Ideologie japanischer Warenhäuser verkörpern: Ichi, Mise, Zenshu und Choba Seido.[341] Auf sie lassen sich gesellschaftliche Verpflichtung, Internationalität und extreme Serviceorientierung zurückführen, die japanische Warenhäuser noch heute auszeichnet.

Die Einführung der Betriebsform Warenhaus nach westlichem Vorbild erfolgte, wie bereits erwähnt, durch Mitsukoshi im Jahr 1903. Dieser folgte die Gründung weiterer Warenhäuser durch Unternehmen, deren Ursprung ebenfalls im Kimonohandel lag.[342]

Der nächste Abschnitt der Entwicklung japanischer Warenhäuser ist durch den Markteintritt von Eisenbahnbetreibergesellschaften geprägt. Diese durften sich ab 1929 auch in anderen als ihrem angestammten Geschäftsfeld bewegen und gründeten Warenhäuser an Kopfstationen in den Vorstädten japanischer Großstädte.[343] Sie werden als die Gruppe der **modernen** Warenhäuser bezeichnet,[344] folgen heute jedoch den gleichen Geschäftsprinzipien wie die traditionellen Häuser, wenngleich sie als etwas weniger prestigiös eingestuft werden können. Gemeinsam haben traditionelle und moderne Warenhausbetreiber Anfang bis Mitte des Jahrhunderts moderne Handelspraktiken in Japan eingeführt, die jedoch inzwischen als überholt gelten (z. B. Verkauf auf Kommissionsbasis, Aufnahme von Verkaufspersonal von Großhändlern und Herstellern, Untervermietung von Flächen). Säulen des Warenhausgeschäfts bilden drei unterschiedliche Verkaufsmethoden:[345] neben dem

---

[339] Zu den sogenannten traditionellen Warenhäusern werden sämtliche Unternehmen gezählt, deren Ursprünge im Kimono-Handel liegen. Dazu gehören Mitsukoshi, Matsuzakaya, Matsuya, Takashimaya, Sogo, Isetan, Daimaru. Vgl. Lein, F., The Current Position of Japanese Department Stores and the Relationships with their Suppliers, a.a.O., S. 10.

[340] Vgl. Roberts, J. G., Mitsui, a.a.O., S. 14-19.

[341] Ichi steht für einen "Festlichen Marktplatz", eine Inspiration, die in die Nara-Epoche zurückreicht (710 - 784). Mise bedeutet "Fenster zur Welt", wodurch impliziert wird, daß Warenhäuser den Blick über Japan hinaus öffnen sollen. Zenshu heißt wörtlich "vor den Augen meines Herrn" und deutet auf die uneingeschränkte Orientierung am Kunden hin. Choba Seido schließlich deutet das Prestige und die Ehrwürdigkeit von Warenhäusern an, in dem ausgewählten Kunden das Privileg der Zahlung zu einem späteren Zeitpunkt eingeräumt und damit die Berührung mit Geld erspart wird. Nur ein Geschäft, welches selbst einen hohen Status genießt, ist in der Lage, ein solches Verhalten an den Tag zu legen. Vgl. Marini, H., Foreign Products in Department Stores, in: Sophia University (Hrsg.), Working Paper, Tokyo 1986, S. 4ff.

[342] Matsuzakaya folgte 1910, Takashimaya, Matsuya und Sogo 1919, Daimaru 1920, und Isetan 1924. Vgl. Lein, F., The Current Position of Japanese Department Stores and the Relationships with their Suppliers, a.a.O., S. 6.

[343] Vgl. Ching, L., The Origin of Service Groups in Japan: The Private Railway Companies, Sophia University, Tokyo 1986, S. 2-21; Maeda, K., The Evolution of Retailing in Japan, a.a.O., S. 276.

[344] Dazu zählen: Hankyu, Hanshin, Keio, Kintetsu, Odakyu, Seibu und Toyoko/Tokyu. Vgl. Fukami, G., Japanese Department Stores, a.a.O., S. 42.

[345] Vgl. Dodwell Marketing Consultants (Hrsg.), Retail Distribution in Japan, a.a.O., S. 60-63.

klassischen stationären Bedienungsgeschäft tätigen Warenhäuser Hausbesuche, bei denen vorwiegend solvente Privat- und Firmenkunden bedient werden (sogenanntes Gaisho-Geschäft),[346] und sind darüber hinaus im Versandhandel engagiert.[347]

(3)   **Zusammenarbeit und Lieferanten**

Das Sortimentsmix von Warenhäusern konzentriert sich auf Bekleidung (40 % Umsatzanteil), Accessoires (8%), Haushaltswaren (12 %) und Kosmetika (15 %). Lebensmittel haben eine eher untergeordnete Bedeutung (19 %).[348] Der Sortimentsumfang beträgt bis zu 100.000 Artikel.[349]

Die Organisationsform des Einkaufs wird bislang wenig einheitlich gehandhabt. Zentraler Einkauf für eigene Filialen sowie im Rahmen von Einkaufskooperationen für affiliierte Unternehmen bildet bislang die Ausnahme und beschränkt sich auf den Einkauf von Importwaren sowie die Entwicklung von Handelsmarken.[350]

Die Warenbelieferung erfolgt nach drei unterschiedlichen Methoden:[351] auf Kommissionsvertragsbasis, durch Direkteinkauf ohne Warenrückgaberecht, sowie auf Rechnung und mit Verkaufsleistung des Großhandels bzw. Herstellers, mit nachträglicher Provisionszahlung an das Warenhaus.

Die Belieferung auf **Kommissionsbasis** stellt die gängige Praxis dar, d.h. bis zum Verkauf an den Endverbraucher verbleibt der Titel an der Ware beim Großhändler. Im Falle des Nichtverkaufs fließt die Ware automatisch zurück. Als Folge ist der Großhandel gezwungen, seine Abgabepreise relativ hoch anzusetzen, so daß das Preisniveau in Warenhäusern häufig als überhöht angesehen wird.

Der **Direkteinkauf** bildet die Ausnahme und beschränkt sich auf inländische Güter mit stabiler Nachfrage bzw. Importwaren, die in großen Mengen zu Sonderkonditionen beschafft werden und deren Absatzrisiko als gering eingestuft werden kann.

---

346   Einzelne Warenhäuser erzielen bis zu 45 % ihres Umsatzvolumens über das Gaisho-Geschäft, in dem z. B. Firmenuniformen, Büroeinrichtungen, aber auch Pelze und Kunstgegenstände vertrieben werden. Der Durchschnitt lag 1990 bei etwa 20 % Umsatzanteil. Vgl. Dodwell Marketing Consultants (Hrsg.), Retail Distribution in Japan, a.a.O., S. 60-63.
347   So gehören Takashimaya und Mitsukoshi zu den 10 größten Versandhandelsunternehmen in Japan. Vgl. ebenda.
348   Vgl. Japan Department Stores Association (Hrsg.), Annual Statistics of Japan Department Stores Association 1990, Tokyo 1990, S. 24ff.
349   Vgl. Dodwell Marketing Consultants (Hrsg.), Retail Distribution in Japan, a.a.O., S. 58.
350   Vgl. ebenda, S. 59ff.
351   Vgl. ebenda, S. 58f; JETRO (Hrsg.), Your Market in Japan: Department Stores, Mini-Report No. 29, Tokyo, March 1988, S. 3.

Warenhäuser vermieten große Teile ihrer Verkaufsfläche an den Großhandel bzw. Hersteller, die auf diesen Flächen **Verkäufe auf eigene Rechnung** tätigen und eine nachträgliche Umsatzprovision an das Warenhaus zahlen.[352] Im Rahmen der Untervermietung von Verkaufsflächen, die auf der Tradition des Kan Koba basiert und bis in das Jahr 1878 zurückdatiert,[353] werden Shop-in-Shop- oder Depot-Systeme betrieben, in denen der Großhändler oder Hersteller häufig das Personal stellt. Unabhängig von der Umsatzprovision wird eine Flächenmiete gezahlt.

Zusammenfassend nehmen insbesondere die Großhändler eine Schlüsselposition bei der Belieferung der Warenhäuser ein und haben, bedingt durch ihr Waren- und Verkaufs-Know-How, eine dominante Stellung gegenüber den Warenhäusern aufgebaut. Verkäufe auf Kommissionsbasis ebenso wie Verkäufe auf eigene Rechnung des Großhandels verhindern die Entwicklung systematischer Planungssysteme als Basis des Wareneinkaufs. Kernaufgabe der Warenhäuser bildet daher die Wiedererlangung der Kontrolle über den eigenen Einkauf.[354]

(4) Perspektiven der Betriebsform

In der gegenwärtigen Konjunkturkrise kommen die Strukturprobleme der Warenhäuser offen zum Vorschein. Im einzelnen zu nennen sind:

- die Notwendigkeit der Wiedererlangung der Ein- und Verkaufskompetenz durch eigenen Geschäftsbetrieb,
- der Abbau eingeführter Geschäftspraktiken wie der Warenrückgabe auf der Basis von Kommissionsgeschäften, sowie der Personalentsendung durch Lieferanten,
- die Verjüngung des wegen mangelnder Errichtung neuer Standorte überalterten Verkaufspersonals,
- der Aufbau von Warenwirtschafts- und Verkaufsinformationssystemen.

Durch verstärkte Entwicklung von Eigenmarken sowie die testweise Einführung von Marken ohne Recht auf Rückgabe beschreiten erste Warenhäuser den Weg einer Neuausrichtung.[355] Diese wird zum Teil aktiv durch Lieferanten gefördert, deren Absatzbasis überwiegend von Warenhäusern gebildet wird. Sie bemühen sich, durch neue Liefersysteme das Preisniveau der Warenhäuser zu senken.[356] Aufgrund ihrer exzellenten Standorte sowie des hohen Images

---

[352] Vgl. Lein, E., The Current Position of Japanese Department Stores and the Relationships with Their Suppliers, a.a.O., S. 19.
[353] Vgl. ebenda, S. 18.
[354] Vgl. ebenda, S. 20; Klamann, E., Turnover in Retail Sales Menaces Department Stores, in: The Nikkei Weekly, Tokyo, September 20, 1991, S. 3.
[355] Vgl. o.V., Garment Makers Test No-Return System, in: The Nikkei Weekly, Tokyo, March 8, 1993.
[356] So z.B. der Bekleidungshersteller Sanyo Shokai. Vgl. ebenda.

werden Warenhäuser auch in Zukunft eine wichtige Rolle im oberen Preissegment des japanischen Handels spielen. Mit einer Ausweitung ihres Marktanteils ist aufgrund des zunehmenden Konkurrenzdrucks durch Fachmärkte einerseits und den exklusiven Fachhandel andererseits allerdings nicht mehr zu rechnen.

3.322 Supermarkt

Supermärkte im Sinne der MITI-Definition sind zunächst großflächige Betriebsformen, die nach dem Prinzip der Selbstbedienung betrieben werden. Als Größenkategorie werden Verkaufsflächen von über bzw. unter 1.500 m^2 unterschieden, auf denen ein breites Sortiment mit Sortimentsanteilen der Produktkategorien Bekleidung, Lebensmittel und Güter des sonstigen Bedarfs von 10 bis 70 % angeboten wird. Als Sonderkategorie werden Sonstige Supermärkte geführt, bei denen die Sortimentsanteile der genannten Produktkategorien je unter 50 % betragen und weniger als 50 Mitarbeiter beschäftigt sind.[357]

Eine weitere Residualgruppe bilden sonstige kleinflächige Supermärkte, die eine Fläche von unter 500 m^2 haben und zur Abgrenzung gegenüber Convenience-Stores als Mini-Supermärkte bezeichnet werden sollen. Mini-Supermärkte arbeiten, mit Ausnahme der Sortimentsbreite und -tiefe, weitgehend nach den gleichen Prinzipien wie großflächige Supermärkte (z.B. vergleichbare Bruttohandelsspannen) und werden daher im folgenden mit diesen gleichgesetzt. Zusätzlich zur MITI-Klassifikation soll im folgenden die strategische Dimension der Preis- bzw. Nicht-Preispolitik als Abgrenzungskriterium mit aufgenommen werden, um die wachsende Bedeutung von Discountern in Japan berücksichtigen zu können.

3.3221 Nicht-preisorientierter Supermarkt

(1)   Entwicklungslinien der Betriebsform

Supermärkte der genannten Größenkategorien steigerten ihren Marktanteil von 12 % im Jahr 1982 auf 12,7 % im Jahr 1991. Dies entspricht einem Wachstum von 5,2 % p.a., was leicht über dem Wachstum des Gesamtmarktes liegt.

Die Betriebsform Supermarkt wurde in Japan aus den USA Anfang der 60er Jahre eingeführt.[358] Der erste, nach dem Selbstbedienungsprinzip operierende Markt wurde 1953 in Tokyo unter dem Namen Kinokuniya eröffnet und bot vorwiegend ausländischen Diplomaten

---

[357]   Vgl. die Betriebsformen 2., 3. in Tab. 1, Anhang 1.
[358]   Vgl. Batzer, E., Laumer, H., Deutsche Unternehmen im Japangeschäft, a.a.O., S. 64; Togawa, Y., The Historical and Structural Changes in the Distribution Industry, a.a.O., S. 5.

und Besatzungskräften Lebensmittel zu relativ hohen Preisen an.[359] Als eigentliches Gründungsdatum gilt daher das Jahr 1957, in dem der Gründer des größten japanischen Einzelhandelsunternehmens Daiei, Isao Nakauchi, seinen ersten ´Shofu no Mise´ (Hausfrauen-Laden) eröffnete. Als umgewandeltes Drogeriegeschäft trat Daiei zunächst mit einer aggressiven Preispolitik in den Markt ein. Durch Adaption des Filialisierungskonzeptes expandierte Daiei rapide und löste 1972 Mitsukoshi als größtes japanisches Einzelhandelsunternehmen ab. 1957 eröffnete auch Ito-Yokado seinen ersten Markt.[360]

Während Supermärkte zunächst den Preiswettbewerb mit kleinflächigen Einzelhändlern suchten,[361] wendeten sie sich mit der Zeit, nicht zuletzt aufgrund gesetzlicher Restriktionen, von diesen ab und näherten sich den Warenhäusern als Hauptwettbewerbern an. Neu zu errichtende Filialen erweiterten ihre durchschnittliche Größe auf bis zu 5.000 m^2, woraus das Format der Superstores bzw. General Merchandise Stores entstand. Das Sortiment-Mix verlagerte sich von Lebensmitteln zu Non-Food-Artikeln. Eine Differenzierung von den Warenhäusern erfolgt lediglich über einen höheren Anteil von Selbstbedienungsflächen sowie einem, durch Vorstadtlagen bedingten, Preisvorteil.[362]

Vergleichbar den Warenhäusern haben folglich auch Supermärkte seit ihrer Entstehung ein Trading-up vollzogen.[363] Die Handelsspanne entwickelte sich von 16,4 % im Jahr 1974 auf durchschnittlich 24,5 % im Jahr 1991.[364] Aufgrund ihres von Beginn an auf dem Filialsystem beruhenden Geschäftsprinzips, dem dadurch bedingten größeren Flächennetz sowie der Konzentration auf Güter des täglichen Bedarfs, haben Supermärkte frühzeitig mit Effizienzsteigerungsmaßnahmen begonnen und dadurch einen Teil ihrer Wachstumsdynamik erhalten können. Sie sind daher erst in die frühe Reifephase des Betriebsformenlebenszyklus einzustufen.

(2) **Zusammenarbeit mit Lieferanten**

Supermärkte haben, insbesondere im Lebensmittelsektor, eine erhebliche Marktmacht aufgebaut und dominieren die Distributionskanäle ihrer Lieferanten weitgehend. Dazu hat insbesondere die umfassende Einführung von Warenwirtschafts- und POS-Systemen

---

[359] Potjes, L. Thurik, R., Japanese Supermarket Chains and Labour Productivity, in: Erasmus University Rotterdam (Hrsg.), Contemporary Research on Japan, Seminar Documentation, October 27, 1989, S. 7.
[360] Vgl. ebenda; Togawa, Y., The Historical and Structural Changes in the Distribution Industry, a.a.O., S. 5.
[361] Vgl. Maeda, K., The Evolution of Retailing Industries in Japan, a.a.O., S. 285.
[362] Vgl. Potjes, L. Thurik, R., Japanese Supermarket Chains and Labour Productivity, a.a.O., S. 8ff.
[363] Vgl. Sekine, T., Eigyokeitaihatten no riron, a.a.O., S. 20ff.
[364] Vgl. Potjes, L. Thurik, R., Japanese Supermarket Chains and Labour Productivity, a.a.O.; The Distribution Economics Institute of Japan (Hrsg.), Statistical Abstract of Japanese Distribution (1993), a.a.O., S. 56; Maruyama, M., The Structure and Performance of the Japanese Distribution System, a.a.O., S. 39.

beigetragen. Ihrer Verhandlungsmacht können sich auch marktstarke Hersteller zunehmend weniger entziehen.[365] Der Einkauf erfolgt im Regelfall zentral, die Disposition hingegen häufig dezentral über die Markt- bzw. Abteilungsleiter. Hinsichtlich des Warenbezugs der großen Supermarkt-Filialen sind drei Anlieferungsvarianten zu unterscheiden:[366]

- Direkte Belieferung der Filialen,
- Anlieferung an Distributions-Zentren,
- Anlieferung an Großhandelslager.

Die direkte Belieferung der Filialen stellt den Fall für ausgewählte "schnelldrehende" Produkte dar (z. B. Molkereiprodukte, alkoholfreie Getränke), bildet aber insgesamt die Ausnahme.[367] Die Anlieferung an durch den Einzelhandel betriebene Distributionszentren oder aber Großhandelslager unterscheidet sich je nach Supermarkt-Filialist. Große Supermarktketten nutzen Distributionszentren exklusiv und lassen diese z.t. durch den Großhandel betreiben oder übernehmen selbst die Kontrolle. Distributionszentren sind im Regelfall als Durchgangslager ausgelegt. Hersteller liefern ihre Ware in vorkommissionierter Form an, d.h. in filialspezifischen Einheiten. Ist der Hersteller dazu nicht in der Lage, wird eine Großhandelsstufe zwischengeschaltet. Die vorkommissionierte Ware wird ohne Zwischenlagerung weiterdistribuiert.[368]

Kleinere Filialisten betreiben teilweise gemeinsame (kooperative) Distributionszentren oder beziehen über Großhändler, die über moderne Umschlagszentren verfügen.[369] Filialen, Supermarkt-Zentrale und Distributionszentren oder Großhandelslager sind i.d.R. per Warenwirtschaftssystem miteinander verbunden.[370] Ausgefeilte Systeme arbeiten mit 24-Stunden-Dispositions- und Lieferrythmen, so daß eine minimale Bestandshaltung auf Filialebene ermöglicht wird. Das am weitesten fortgeschrittene Logistik-System betreibt Ito-Yokado.

Im Gegensatz zu den Warenhäusern sind Supermarkt-Betreiber z.T. schon dazu übergegangen, vollständig auf Warenretouren zu verzichten.[371] Diese als "Risk-Merchandising" bezeichnete Praxis ermöglicht eine Verbesserung der Hanndelsspannen. Auch die Untervermietung von Flächen bildet die Ausnahme.

---

[365] Vgl. Maeda, K., The Evolution of Retailing Industries in Japan, a.a.O., S. 282.
[366] Vgl. Dodwell Marketing Consultants (Hrsg.), Retail Distribution in Japan, a.a.O., S. 67; Puhlmann, H., Investition in Information, in: LZ-Journal, Nr. 39, 28. September 1990, S. J10ff.
[367] Vgl. Biehl, B., Gewinnmaximierung auf japanische Art, in: LZ-Journal, Nr. 18, 2. Mai 1992, S. J4.
[368] Vgl. ebenda.
[369] Vgl. Puhlmann, H., Investition in Information, a.a.O., S. J13.
[370] Vgl. Dodwell Marketing Consultants (Hrsg.), Retail Distribution in Japan, a.a.O., S. 67.
[371] Vgl. Klamann, E., Turnover in Retail Trends Menaces Department Stores, a.a.O.

(3) Perspektiven der Betriebsform

Durch die Deregulierung des Gesetzes über großflächige Einzelhandelsbetriebe eröffnen sich den Supermärkten neue Wachstumsmöglichkeiten. Wachsender Konkurrenzdruck entsteht jedoch einerseits durch Fachmärkte, die den sortimentsspezifschen Wettbewerb erhöhen,[372] andererseits durch Discounter. In ihrer jetzigen Form werden sich Supermärkte nur als Mittelpunkte von Einkaufszentren, in denen sich keine niedrigpreisigen Konkurrenzanbieter ansiedeln, behaupt können. Größere Wachstumschancen liegen hingegen in einem graduellen Trading-down, welches auf der Basis effizienter Warenwirtschaftssysteme möglich erscheint. Je nach Standort werden nicht-preisorientierte Supermärkte zunehmend in preisorientierte Supermärkte bzw. Discounter umgewandelt werden. Erste Beispiele hierfür bilden Nagasakiya, Izumiya sowie Daiei und Ito-Yokado.[373]

3.3222 Discounter

(1) Entwicklungslinien der Betriebsform

Discounter markieren den Eintritt eines Konsummarktes in das Reifestadium.[374] In Japan erfolgte ihr Eintritt zuerst im Markt für Konsumelektronik, der bereits in den 70er Jahren sein Reifestadium erreichte.[375] Discounter mit breitem Sortiment, die auch als preisorientierte Supermärkte mit hohem Anteil an Waren des täglichen Bedarfs bezeichnet werden können, traten in Japan hingegen erst Anfang der 80er Jahre in Erscheinung. Ein signifikantes Umsatzvolumen ist erstmalig im Jahr 1985 mit ca. 400 Mrd. Yen erfaßt worden, entsprechend einem Marktanteil am Gesamteinzelhandelsumsatz von 0,4 %. Von diesem Zeitpunkt bis zum Jahr 1992 hat sich das Umsatzvolumen auf 1.137 Mrd. Yen verdreifacht. Mit einem durchschnittlichen Marktwachstum von 16,2 % p.a. repräsentieren Discounter insgesamt die zur Zeit wachstumsstärkste Betriebsform, wobei in Spezialbereichen (z.B. Getränke und Spirituosen, Fleisch, Reis und Drogeriewaren) das Wachstum bis zu 30% p.a. beträgt *(vgl. Abb. 35)*. Kumuliert verzeichneten Discounter im Jahr 1991 einen Marktanteil von ca. 1,2 %.

Auffällig ist, daß sich Discounter im Lebensmittelbereich nicht nur auf das klassische Trockensortiment (d.h. Produktkategorien mit niedriger Bedeutung der Handelsleistung, wie z.B. bei Zucker, Salz, Nudeln, Kaffee etc.) beschränken, sondern auch Frischesortimente (z.B. Fleisch) umfassen. Dies läutet eine Erosion des gesamten Preisgefüges im Lebensmittel-

---

[372] Vgl. Yim, M., DIY: Retail Growth Area of the 1990s, a.a.O., S. 4ff.
[373] Vgl. Nara, C., Supermarkets: Price Discounting Strategy Forces a Structural Decline in Profit Margins, a.a.O., S. 2; o.V., Supermarket Shoppers Lured by Big Bargains, in: Asahi Shimbun, Tokyo, December 22, 1992, o.S.; Dodwell Marketing Consultants (Hrsg.), Retail Distribution in Japan, a.a.O., S. 80ff.
[374] Vgl. Yim, M., Shopping Malls, a.a.O., S. 41; vgl. auch Kap. C, Abschn. 2.2.
[375] Vgl. ebenda.

einzelhandel ein, in dem Artikelgruppen in der Vergangenheit, durch staatliche Regulierung und Importbarrieren, überteuert waren (z.B. bei Fruchtsaft, Reis, Fleisch).[376] Die Deregulierungsmaßnahmen zeigen weiterhin im Drogeriewarenbereich (Aufhebung der Preisbindung der Zweiten Hand) Wirkung.[377] Zudem hat sich das Verbraucherimage von Discountern verbessert, ebenso wie die Bereitschaft zur Zahlung von Preisprämien für Luxusgüter offenbar spürbar nachgelassen hat.[378]

Abb. 35

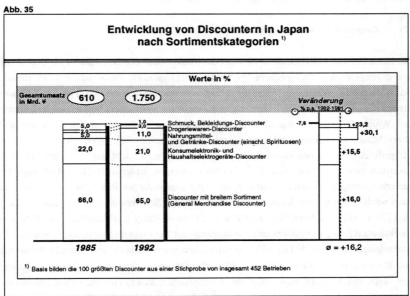

Quelle: *Nihon Keizai Shinbunsha* (Hrsg.), *Disukaunto sutoa chosa*, a.a.O., v.S.

Aggressivste Discounter bilden unabhängige Entrepreneure. Infolgedessen sind etablierte Supermarktfilialisten bemüht, neue Discountformate zu entwickeln und lehnen sich dabei insbesondere an Wal-Mart in den USA an.[379] Zudem werden bislang vernachlässigte,

---

[376] Bis Januar 1991 war der Import von Rindfleisch nur beschränkt möglich. Seit April 1992 dürfen Zitrusfrüchte uneingeschränkt importiert werden. Vgl. Manifold, D., Japan's Distribution System and Options for Improving U.S. Access, a.a.O., S. 85ff; Dodwell Marketing Consultants (Hrsg.), Retail Distribution in Japan, a.a.O., S. 133. Der Import von Reis hingegen ist weiterhin beschränkt. Dennoch dürfte eine erhöhte Preissensibilität der Verbraucher bezüglich dieser wichtigsten Grundnahrung in Japan die Entstehung "grauer" Märkte sowie Durchbrechung des Preiskartells durch einzelne Händler bewirkt haben. Vgl. Robert, J. G., Alien Rice, in: ACCJ (Hrsg.), The Journal, Tokyo, November 1992, S. 10ff.
[377] Vgl. Kap. C, Abschn. 2.1142
[378] Vgl. Goldman, A., Japan's Distribution System, a.a.O., S. 116; o.V., Brand Names Cut Down to Size by Discounters, in: Asahi Evening News, Tokyo, January 17, 1993, o.S.
[379] Vgl. Ono, Y., Japanese Discoves Joys of Discount Stores, a.a.O., S. 7; im Herbst 1992 eröffnete Daiei den ersten Wholesale-Club Japans, der sich an das Konzept "Sam's Wholesale Club" von Wal-Mart

vorhandene Discountformate verbessert und multipliziert, sowie ehemalige Standorte konventioneller Supermärkte umgewandelt.[380]

Die Verbreitung von Informationstechnologien ist noch nicht bei allen Discountern gleichermaßen weit fortgeschritten, zumal diese hohe Anfangsinvestitionen bedingen. Zur Optimierung der Warenwirtschaft und Senkung bzw. Stabilisierung der Handelsmargen von z. Zt. 17 - 18 % erfolgt jedoch die aggressive Einführung.[381]

(2) Zusammenarbeit mit Lieferanten

Für Hersteller von Markenartikeln bedeutet der Markteintritt von Discountern die Bedrohung des durchgesetzten Preisgefüges.[382] In der Vergangenheit wurde daher unter Einsatz einerseits subtiler Methoden (z.B. Gewährung von "Marktpflegerabatten") und andererseits Preisbindungskontrollen die Belieferung von Discountern behindert.[383] Discounter konnten ihre Waren daher häufig nur über "graue" Kanäle, den Aufkauf von Konkurswaren und überschüssigen Lagerbeständen regulärer Händler beschaffen. Wettbewerbsrechtliche Eingriffe der FTC haben inzwischen den zunehmenden Verzicht auf irreguläre Handelspraktiken bewirkt. Drückende Lagerbestände zwingen zudem die Hersteller, reguläre Lieferbeziehungen mit den Discountern, der in der gegenwärtigen Rezession nahezu einzigen noch wachsenden Betriebsform, aufzunehmen .[384] Die Belieferung von Discountern erfolgt zu 17 % direkt vom Hersteller, zu 10 % von Cash & Carry Großhändlern, zu 70 % von Direkttransaktionsgroßhändlern und herstellereigenen Verkaufsgesellschaften, sowie zu 3 % von sonstigen Quellen.[385] Diese Zahlen verdeutlichen einerseits die zunehmende Akzeptanz von Discountern durch konventionelle Absatzkanäle, und andererseits die Nutzung direkter und verkürzter Vertriebswege. Discounter beeinflussen zudem etablierte Handelsusancen, indem auf Warenretouren und Just-in-time Belieferung verzichtet wird.[386] Damit verbunden ist das Ziel, bei gleichzeitiger Erhöhung der Abnahmemengen die Bezugspreise zu senken.

---

[380] anlehnt. Vgl. o.V., Membership Discount Store Draws Crowds, in: The Nikkei Weekly, Tokyo, November 16, 1992, o.S.; Sakaida, A., Kakakuhakai no shogeki, kategori killer ga seisan mo kaeru, a.a.O., S. 11-14.
So betreibt Daiei 4 Discount-Formate (Topos, D-Mart, Big A und Vandle), und Ito-Yokado 2 (Daikuma, The Price). Vgl. Dodwell Marketing Consultants (Hrsg.), Retail Distribution in Japan, a.a.O., S. 8ff; Suzuki, Y., Nihon ni okeru shinkourigyotaiseiritsu no kanosei (dt. Übersetzung: Möglichkeiten der Entwicklung einer neuen Einzelhandelsstruktur in Japan), in: Ryutsusangyo Kenkyusho (Hrsg.), RIRI Ryutsusangyo tokushu. No. 6, Tokyo, June 1992, S. 28.

[381] Vgl. Yim, M., DIY: Retail Growth Area of the 1990s, a.a.O., S. 19.
[382] Vgl. Sakaida, A., Kakakuhakai no shogeki, kategori killer ga seisan mo kaeru, a.a.O.
[383] Vgl. Inoue, Y., Manufacturers at War with Discount Retailers, a.a.O.
[384] Vgl. Ono, Y., Japanese Discovers Joys of Discount Stores, a.a.O., S. 1.
[385] Vgl. Dodwell Marketing Consultants (Hrsg.), Retail Distribution in Japan, a.a.O., S. 8.
[386] Vgl. Ono, Y., Japanese Discovers Joys of Discount Stores, a.a.O., S. 7.

(3) Perspektiven der Betriebsform

Preisorientierte Supermärkte mit breitem Sortiment sowie Lebensmittel-Discounter befinden sich offensichtlich noch in der Innovations- und Wachstumsphase des Betriebsformenlebenszyklus.[387] Die anhaltende Rezession führt dabei zu einer Akzeleration des Marktwachstums von Discountern, so daß diese sich endgültig in Japan fest etablieren werden. Sie bilden dabei die treibende Kraft für eine nachhaltige Veränderung der Handelslandschaft und der Handelspraktiken.

3.323 Fachmarkt

(1) Definitorische Abgrenzung

Fachmärkte, bzw. in der MITI-Terminologie Spezial-Supermärkte, definieren sich über das Sortiment sowie in Abgrenzung zu Fachgeschäften über eine Mindestflächengröße von 500 m^2. Als Spezial-Sortimente werden Bekleidung, Lebensmittel und Güter des sonstigen Bedarfs unterschieden, die einen Umsatzanteil von mindestens 70 % (jeweils eine Sortimentskategorie) ausmachen müssen.[388]

(2) Entwicklungslinien der Betriebsform

Fachmärkte konnten ihren kumulierten Marktanteil von 5,3 % im Jahr 1982 auf 5,7 % im Jahr 1991 erhöhen, entsprechend einer jährlichen Wachstumsrate von 5,4 %. Je nach Sortimentskategorie ist eine stark unterschiedliche Entwicklung zu beobachten. Während Fachmärkte für Güter des sonstigen Bedarfs (darunter Heimwerkerbedarf, Haushaltswaren, Autozubehör, Sport- und Spielwaren) mit einer Wachstumsrate von 13,9 % p.a. expandierten und damit etwa ebenso erfolgreich waren wie Convenience-Stores und Discounter, verlief das Wachstum von Lebensmittel-Fachmärkten nur leicht überdurchschnittlich (plus 4,6 % p.a.). Hinsichtlich der negativen Entwicklung von Bekleidungs-Fachmärkten (plus 0,6 % p.a.) ist anzumerken, daß in den Handelsstatistiken bisher nur Bekleidungs-Warenhäuser in Innenstadtlagen enthalten sein dürften. Bekleidungs-Fachdiscounter in Stadtrandlagen, die Zuwachsraten von 15 - 20 % p.a. erzielen,[389] sind als neueste Erscheinungsform von Bekleidungs-Fachmärkten statistisch noch nicht differenzierbar.

Der Markteintritt von Fachmärkten ist nach den drei Sortimentskategorien zu differenzieren. Während die Gründung erster Lebensmittel-Fachmärkte, d.h. in der westlichen Auffassung

---

[387] Vgl. Goldman, A., Japan´s Distribution System, a.a.O., S. 163.
[388] Vgl. Anhang 1, Tab. 1.
[389] Vgl. Sano, K., Analysis of Annual Reports of Both Men´s and Women´s Apparel Chains, in: Chain Store Age News (Hrsg.), Retailing Digest in Japan, Tokyo, April 16, 1990, S. 49.

klassischer Supermärkte, ebenso wie japanische Supermärkte mit breitem Sortiment auf das Jahr 1953 zurückzuführen sind,[390] fällt der Markteintritt von Bekleidungs-Fachmärkten und Fachmärkten für Güter des sonstigen Bedarfs (darunter z.B. Heimwerkerbedarf, Haushaltswaren, Autozubehör, Sport- und Freizeitartikel, Spielwaren) auf den Beginn der 70er Jahre bzw. bis in die jüngste Vergangenheit.[391]

Geschäftsbasis bildet die zunehmende Differenzierung der Konsumentenbedürfnisse, verbunden mit einer weitgehenden Marktsättigung. Danach verlangt der Verbraucher ein gleichzeitig breites (d.h. Zahl der Produkte gleichen Sortiments) und tiefes (d.h. Zahl der Produktvarianten) Produktspektrum. Da Supermärkte mit breitem Sortiment und Warenhäuser dieses Differenzierungsspektrum längst nicht mehr abdecken können, ergibt sich eine Herauslösung von Teilsortimenten.[392] Eine hohe Produktkenntnis der Verbraucher impliziert dabei eine rückläufige Bedeutung der Handelsleistung. Folglich können Service, Beratung und äußere Gestaltung der Betriebsform auf ein Minimum reduziert und damit Produkte zu niedrigen Preisen angeboten werden.[393] Fachmärkte bilden damit eine logische Konsequenz der Marktentwicklung und sind in Japan in Abhängigkeit vom Reifestadium des Marktes entstanden. Nacheinander sind Fachmärkte in den Kategorien Unterhaltungselektronik, Heimwerkerbedarf, Haushaltswaren, Herrenbekleidung, Schuhe, Sport- und Freizeitartikel, Autozubehör, CD´s und Schallplatten sowie Spielwaren eingeführt worden.[394] Als Erscheinungsformen haben sich zwei Varianten herausgebildet:

- Fachmärkte in Innenstadtlagen mit Service und ohne signifikante Differenzierung über den Preis (ggf. auch als Fach-Warenhäuser zu bezeichnen); bis zu 100.000 Artikel,
- Fachdiscounter in Stadtrandlagen mit minimalem Service und Niedrigstpreisen ("Roadside-Stores"); bis zu 40 - 60.000 Artikel.

Die unterschiedliche Positionierung dieser beiden Varianten spiegelt sich in den Bruttohandelsspannen wider. Während Innenstadtfachmärkte dem Margenniveau der Warenhäuser angeglichen sind, stehen Fachdiscounter mit Bruttohandelsspannen von 22 - 23 % in direkter Konkurrenz zu Supermärkten und Warenhäusern sowie Fachhändlern, deren

---

[390] Vgl. Kap. C, Abschn. 3.3221.
[391] Der erste Heimwerker-Markt wurde 1972 eröffnet. Vgl. Togawa, Y., The Historical and Structural Changes in the Distribution Industry, a.a.O., S. 8. In der jüngsten Vergangenheit erregt vor allem der Markteintritt der Spielzeug-Fachmarkt-Kette Toys-R-Us Aufsehen. Vgl.
Diamond-Friedman (Hrsg.), Inside Retailing Japan, Tokyo, May 1992, S. 1; Neff, R., Guess Who´s Selling Barbies in Japan Now?, in: Business Week, December 9, 1991, S. 85.
[392] Vgl. Yim, M., DIY: Retail Growth Area in the 1990s, a.a.O., S. 5 f; vgl. auch Conradi, E., Entwicklungstendenzen im Handel, in: Gottlieb Duttweiler Institut für wirtschaftliche und soziale Studien (Hrsg.) The New Age of Quality in Retailing, Internationale Handelstagung 1991, Dokumentationsband, Rüschlikon 1991, S. 56ff.
[393] Vgl. Kap. C, Abschn. 2.21.
[394] Vgl. Yim, M., DIY: Retail Growth Area in the 1990s, a.a.O., S. 11.

Handelsspannen um 2 bzw. 5 - 6 % unterboten werden.[395] Während Innenstadtfachmärkte mangels preislicher Attraktivität und Flächenangebot nur begrenzt expandieren konnten und keinen signifikanten Marktanteil erreicht haben, realisieren Roadside Stores höchste Zuwachsraten und verzeichnen je nach Produktkategorie bereits zwischen 5 und 30 % Marktanteil.[396] Etablierte Fachhandelsketten verlassen infolge dieser Entwicklung die Innenstadt und folgen mit Großflächen in die Stadtrandlagen.[397]

Neben "sortenreinen" Fachmärkten sind abschließend noch Home Center als wachstumsstarkes Format hervorzuheben, die aus der Kategorie der Heimwerkermärkte hervorgegangen sind. Sie folgen dem Vorbild amerikanischer Hartwaren-Discounter mit einem Sortimentsmix von 44 % Haushaltswaren, 32 % Heimwerkerbedarf sowie 24 % Sport-, Freizeit und Sonstigen Artikeln.[398] Sie entsprechen damit teilweise den Discountern mit breitem Sortiment, ohne jedoch einen Schwerpunkt auf Lebensmittel zu setzen. Home Center erreichten nach Angaben der Japan Home Center Association von 1984 - 1991 ein Wachstum von 15,1 % p.a. und verzeichneten 1991 ein Umsatzvolumen von 2.680 Mrd. Yen, entsprechend 1,9 % Marktanteil.[399] Sie bestätigen als preisorientierte Betriebsform den allgemeinen Markttrend.

(3) **Zusammenarbeit mit Lieferanten**

Die Zusammenarbeit mit Lieferanten ist je nach Sortimentskategorie unterschiedlich und trägt den spezifischen Produktanforderungen Rechnung. Während Lebensmittel-Fachmärkte sich an die Beschaffungspraxis der nicht-preisorientierten Supermärkte anlehnen, folgen Fachmärkte in Non-Food-Kategorien tendenziell den Discountern. Dies bedeutet einen Verzicht auf Retouren, lange Zahlungsziele sowie Just-in-time Belieferung, und impliziert einen Einkauf in großen Mengen.[400]

Fachmärkte mit breitem Hartwarensortiment und bis zu 60.000 Artikeln (z.B. Home Center) sind aufgrund ihres Sortimentsumfangs auf die überwiegende Belieferung durch den Großhandel angewiesen.[401] Bekleidungs-Fachmärkte, wie Aoyama-Shoji, beschaffen hingegen direkt beim Hersteller bzw. produzieren selbst und verzichten ebenfalls vollständig

---

[395] Vgl. Anhang 1, Abb. 2a, b.
[396] Vgl. Yim, M., DIY: Retail Growth Area in the 1990s, a.a.O.
[397] Vgl. o.V., Clothing Retailers Flee to the Suburbs, in: The Nikkei Weekly, Tokyo, March 8, 1993, S. 4.
[398] Vgl. Yim, M., DIY: Retail Growth Area in the 1990s, a.a.O., S. 4.
[399] Vgl. Wako Keizai Kenkyusho (Hrsg.), Daitenho keizai to sono eikyo (dt. Übersetzung: Die Erweiterung des Gesetzes über großflächige Einzelhandelsbetriebe und seine Wirkung), in: Shoken toshi, No. 447, S. 32.
[400] Vgl. Nara, C., Supermarkets: Price Discount Strategy Forces Structural Decline in Profit Margins, a.a.O., S. 5.
[401] Vgl. JETRO (Hrsg.), Your Market in Japan: DIY Retailing, in: Mini-Report, No. 22, Tokyo 1986, S. 6.

auf Warenretouren. Die dadurch ermöglichte Einsparung der Großhandelsspannen sowie der Kosten für die Warenrückgabe versetzt Bekleidungs-Fachmärkte in die Lage, trotz eines 30 - 40 % unter den Warenhäusern liegenden Preisniveaus eine Bruttohandelsspanne von über 50 % zu erzielen.[402]

Stellvertretend für moderne Fachmarktketten lassen sich auch die Bezugspraktiken von Toys-R-Us anführen, die dieses amerikannische Betreiberunternehmen seit seinem Markteintritt Ende 1991 in Japan einsetzt. Durch frühzeitige Lieferkontrakte werden Herstellerkapazitäten zu vergünstigten Konditionen realisiert. Weiterhin wird vollständig auf den Bezug über den Großhandel verzichtet und über ein eigenes Distributionslager umgeschlagen.[403]

(4) Perspektiven der Betriebsform

Mit Ausnahme von Lebensmittel-Fachmärkten befinden sich Fachmärkte, insbesondere Fachdiscounter in Stadtrandlagen, in Japan in der Wachstumsphase des Produktlebenszyklus und profitieren von der Saturierung der Konsumgütermärkte. Aufgrund der bislang vorwiegenden regionalen Konzentration der Fachmarktketten bestehen große Wachstumspotentiale in der nationalen Expansion.[404] Fachmärkte könnten die Supermärkte als führende Betriebsform (d. h. mit höchstem Marktanteil) daher in absehbarer Zeit gefährden. Da die überwiegende Zahl der Fachmarktbetreiber von den großen Supermarktfilialisten unabhängig ist, entstehen neue, aggressive Wettbewerber, die die etablierten Strukturen verändern könnten. Eine Gefahr birgt die Notwendigkeit der Sortimentsausweitung, um immer differenzierteren Konsumbedürfnissen gerecht zu werden. Das dadurch erzwungene Trading-up kann zu einer Abschwächung des Wachstums und Angleichung an die Supermärkte führen. Diese Gefahr besteht konkret für Home Center.

3.324 Convenience-Store

(1) Definitorische Abgrenzung

Convenience-Stores werden in der Systematik der vorliegenden Arbeit als Sub-Kategorie kleinflächiger Supermärkte geführt. In diese Kategorie fallen des weiteren noch die sogenannten Mini-Supermärkte, die bereits unter der Betriebsform Supermarkt behandelt wurden. MITI definiert Convenience-Stores als auf dem Selbstbedienungsprinzip basierende

---

[402] Vgl. o. V., Learning from Abroad, in: The Economist, March 14, 1992, S. 78-79; Smith, C., Japan: Industry Reforms in Store, in: The Far Eastern Economic Review, No. 3, January 17, 1991, S. 44-48.
[403] Vgl. Otake, K., Morishita, K., Toys R Us Forces New Game Plan in Japan, in: The Nikkei Weekly, Tokyo, February 22, 1993, S. 9.
[404] Vgl. Smith, C., Japan: Industry Reforms in Store, a.a.O., S. 45ff.

Betriebsform, die länger als 12 Stunden geöffnet hat bzw. nach 21 Uhr schließt, sowie eine Fläche von mindestens 50 und höchstens 500 m^2 umfaßt.[405]

(2) Entwicklungslinien der Betriebsform

Convenience-Stores beruhen auf einem 1974 aus den USA auf Franchiselizenzbasis importierten Betreibungskonzept und gehören seit ihrer Einführung zu den wachstumsstärksten Betriebsformen in Japan.[406] Im Zeitraum 1982 bis 1991 wurde ein durchschnittliches Jahreswachstum von 13,9 % erzielt, im gleichen Zeitraum hat sich ihr Marktanteil von 2,3 % auf 5,1 % erhöht. Der Höhepunkt ihres Wachstums wurde für das Jahr 1983 mit 29 % registriert.[407] Im Zeitablauf wurde das amerikanische Konzept so verfeinert und perfektioniert, daß von einer spezifisch japanischen Betriebsform gesprochen werden kann.[408] Mit der Übernahme des ursprünglichen Franchise-Gebers Southland (USA) durch den Franchise-Nehmer Ito-Yokado im Jahr 1991 erfolgt inzwischen ein Reimport der verfeinerten Betriebsform in die USA.[409] Drei Ursachen sind für den Aufstieg dieser Betriebsform in Japan verantwortlich:[410]

- das Gesetz über großflächige Einzelhandelsbetriebe, welches Supermarktfilialisten zur Entwicklung eines neuen Konzeptes zwang, das nicht unter das Gesetz fiel;

- die Entwicklung des Lebensstils in den Städten Japans, z.B. das Wachstum von Einpersonen-Haushalten;

- die von Beginn an vorangetriebene, prozeßorientierte Betriebsformenentwicklung.

Zunehmende Differenzierung des Verbraucherverhaltens und wachsende Produktvielfalt ließen sich auf konventionelle Art auf Flächen unter 500 m^2 nicht vereinigen. Den Lösungsansatz bot daher ein 24-stündiges Betreibungskonzept, welches auf der Basis optimaler Warenwirtschaftsströme ein teilweise alterierendes Sortiment (in Abhängigkeit von der Tageszeit und den spezifischen Verbraucherbedürfnissen) anbieten konnte.

---

[405] Vgl. Anhang 1, Tab. 1.
[406] Das Betreibungskonzept wurde durch Ito-Yokado von der Firma Southland Corp., USA, Franchise-Zentrale von Seven-Eleven, erworben. Vgl. Batzer, E., Laumer, H., Deutsche Unternehmen im Japangeschäft, a.a.O., S. 68.
[407] Vgl. Dodwell Marketing Consultants (Hrsg.), Retail Distribution in Japan, a.a.O., S. 75.
[408] Vgl. Reid, D.M., Effective Marketing Strategies for Japan, a.a.O., S. 60.
[409] Vgl. Moroe, Y., Ito-Yokado: Impact of Southland Acquisition, in: Goldman Sachs (Hrsg.), Investment Research, Tokyo, March 1991, S. 1ff; nach eigenen Angaben konnten in 50 Testfilialen der übernommenen Southland Gruppe durch Einführung japanischer Bestandsmanagement-Methoden über zweistellige Gewinn- und Umsatz-Zuwachsraten realisiert werden Vgl. Seven-Eleven Japan (Hrsg.), Brief Summary of Results in the First Half of FY 93, a.a.O., S. 20.
[410] Vgl.. Dodwell Marketing Consultants (Hrsg.), Retail Distribution in Japan, a.a.O., S. 73; Togawa, Y., The Historical and Structural Changes in the Distribution Industry, a.a.O., S. 8.

Convenience-Stores sind heute, auf einer Fläche von durchschnittlich 100 m², die umsatzstärksten japanischen Lebensmittelhändler.[411] In einem durchschnittlich 3.500 Artikel enthaltenden Angebot werden zu 40 % verarbeitete Lebensmittel, zu 21 % Schnellimbißartikel und Delikatessen, zu 15 % Frischwaren (Obst, Gemüse) und zu 24 % Non-Food Artikel (z.B. Kosmetika etc.) angeboten.[412] Neben Handelswaren werden zur Steigerung der Kundenfrequenzen diverse Dienstleistungen offeriert (z.B. Zustelldienste, Strom-, Gas-, Wasser-, Rundfunkgebührenentrichtung, Kartenreservierung, Kopier- und Telefaxdienste, Filmentwicklung, Mietwagen-Reservierung etc.), die Convenience-Stores zu Dienstleistungszentren machen.[413]

Auf der Basis effizienter Warenwirtschaftssysteme erwirtschaften Convenience-Stores mit 28-29 % eine durchschnittliche Bruttohandelsspanne, die deutlich über dem Niveau konventioneller Supermärkte liegt und im Zeitablauf noch gesteigert werden konnte.[414] Da Convenience-Stores überwiegend als Franchise-Systeme geführt werden,[415] entstehen in der Zentrale des Systemkopfes nur geringe Kosten der allgemeinen Verwaltung und des Verkaufs (Mieten fallen auf Filialebene an). Sie erklären die von Convenience-Store-Betreibern - und einigen Betreibern von ausgewählten Fachdiscountern - realisierten höchsten Nettogewinnmargen des japanischen Einzelhandels in Höhe von 12-14 % vom Umsatz.

(3)   Management des Wertschöpfungssystems und Zusammenarbeit mit Lieferanten

Die Konzeption des Gesamtsystems "Convenience-Store" bedingt ein ausgehend von den Konsumentenbedürfnissen permanent optimiertes Wertschöpfungssystem, über die Geschäftsstätten, die Systemzentrale bis hin zu den Lieferanten. Die Ausrichtung erfolgt an dem Schlüsselprozeß des Einzelhandels, der als Management des Warenbestandes unter der Prämisse eines gewinnmaximalen Angebotes definiert werden kann.[416] Ausgehend von diesem Schlüsselprozeß wurde die Betriebsform Convenience-Store innoviert. Die Elemente dieser prozeßorientierten Betriebsforminnovation sollen im folgenden am Beispiel des Marktführers Seven-Eleven, einer Tochtergesellschaft des zweitgrößten japanischen Einzelhandelsfilialisten Ito-Yokado, erläutert werden.

---

411   Vgl. Seven Eleven Japan (Hrsg.), Corporate Outline 1992, a.a.O., S. 19.
412   Vgl. derselbe, Brief Summary of Results in the First Half of FY 93, a.a.O., S. 3.
413   Vgl. Kilburn, D., The Network Revolution, a.a.O., S. 19f.
414   Vgl. Anhang 1, Abb. 2 a, b.
415   Im Rahmen des Franchise-Systems werden überwiegend ehemalige Betreiber von Kleinflächen ("Mama-Papa-Stores") als kompetente und motivierte System-Nehmer gewonnen. Vgl. Mizusawa, M., Convenience-Stores on the Upbeat, Tokyo, February 1991, S. 6ff; Dodwell Marketing Consultants (Hrsg.), Retail Distribution in Japan, a.a.O., S. 74.
416   Vgl. Maximow, J., Total Quality Management im Handel, a.a.O., S. 26ff.

Fallbeispiel Seven-Eleven

Den Ausgangspunkt der Prozeßoptimierung bei Seven-Eleven bildet ein integriertes Warenwirtschaftssystem, bei dem Filialen, zentrale Distributionszentren und Lieferanten über ein ISDN-Netzwerk miteinander verbunden sind.[417] Mit Hilfe eines selbstentwickelten POS-Systems war Seven-Eleven im Jahr 1982 als erstes Einzelhandelsunternehmen der Welt in der Lage, Einkaufs- und Regalplazierungsentscheidungen computergestützt zu treffen.[418] Per POS-Terminal werden bei jedem Einkauf eines Kunden die Daten Alter, Geschlecht, Einkaufsbetrag, Artikel und Uhrzeit erfaßt. Diese Daten bilden die Basis für eine Gruppierung der Konsumenten in 5 Zielgruppen *(vgl. Abb. 36).*[419] Mit Hilfe der Einkaufspräferenzen der 5 Kernzielgruppen eines jeden Convenience-Stores werden Produkte "item-by-item" auf ihre Umschlagsgeschwindigkeit, Plazierung und Profitabilität geprüft. Die Auswertungsergebnisse, die in der Zentrale ermittelt werden, werden dem Verkaufspersonal für Dispositionsentscheidungen täglich zur Verfügung gestellt.[420] Entscheidungshilfen bilden Grafikcomputer (sogenannte Graphic Order Terminals) und permanente Schulungen durch Trainer und Supervisor, so daß auch Teilzeitkräfte in die Lage versetzt werden, akkurat zu disponieren.[421]

Mit Hilfe eines elektronischen Ordersystems (EOS) werden Dispositionsentscheidungen, die auf Vorschlägen des Zentralcomputers beruhen, an die Lieferanten weitergeliefert. Diese liefern zu vertraglich festgelegten Zeiten in der geordneten Menge an Distributions-Zentren, die in Abhängigkeit von den Temperaturanforderungen der Ware ausgelegt sind.[422] Die Distributions-Zentren bilden i.d.R. das Zentrum sogenannter Cluster von 50 - 60 Filialen, die Seven-Eleven zur Optimierung der physischen Distribution geschlossen entwickelt, weitgehend parallel eröffnet und an die Distributions-Zentren ankoppelt.[423] Pro Tag wird eine Filiale im Durchschnitt von 11 LKW angefahren, um zu verschiedenen Tageszeiten

---

[417] Nach Angaben von Seven-Eleven wurde das erste VAN Netzwerk auf der Basis herkömmlicher Übertragungstechnik bereits 1979 eingeführt, und war damit das erste in der japanischen Distributionsindustrie überhaupt. Vgl. Seven-Eleven Japan (Hrsg.), Corporate Outline 1992, a.a.O., S. 11.

[418] Vgl. ebenda.

[419] Vgl. Heiner, H., Full-Service für den Kunden, in: LZ-Journal, 16. Oktober 1992, S. J11.

[420] Vgl. Kilburn, D., The Network Revolution, a.a.O., S. 19.

[421] Vgl. Seven-Eleven Japan (Hrsg.), Corporate Outline 1992, a.a.O., S. 14.

[422] Unterschieden werden 4 Temperaturstufen, für die jeweils eine eigene Distribution besteht: +5°C (Frischwaren), + 20 °C (vorgekochte Schnellimbiß-Produkte), -20 °C (Tiefkühlkost), Normaltemperatur (für verarbeitete Nahrungsmittel und Getränke). Vgl. Global Competitiveness Corporation (Hrsg.), Case Study Seven-Eleven Japan, unveröffentlichte Kundenstudie, Boston, Mass. 1992, S. 6ff; Seven-Eleven Japan (Hrsg.), Corporate Outline 1992, a.a.O., S. 16.

[423] Als Vorteile der Cluster-Strategie bzw. Marktdominanz-Strategie werden neben logistischen Vorteilen von Seven-Eleven genannt: Steigerung der Markenbekanntheit, Systemeffizienz, Effizienzsteigerung bei unterstützenden Dienstleistungen für die Franchise-Nehmer, Erhöhung der Werbeeffektivität, Errichtung von Markteintrittsbarrieren. Vgl. Seven-Eleven Japan (Hrsg), Corporate Outline 1992, a.a.O., S. 7.

Abb. 36

Wertschöpfungskette des Convenience-Store Betreibers Seven-Eleven

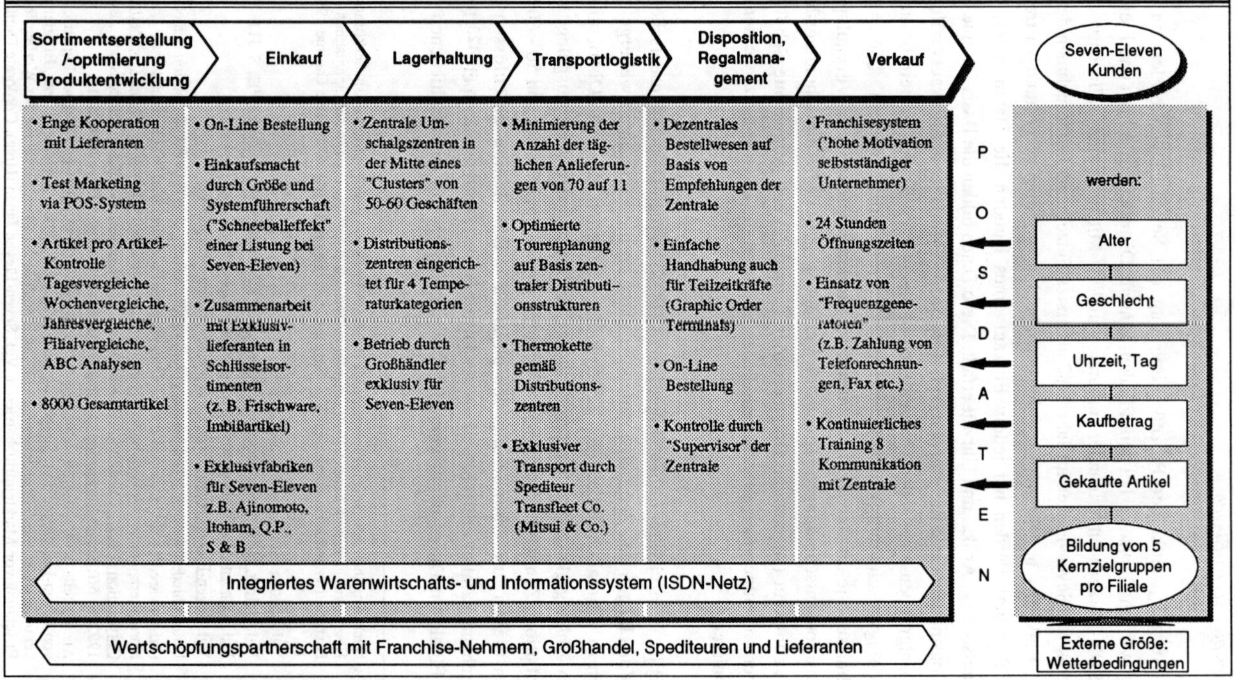

Sortimentserstellung /-optimierung Produktentwicklung	Einkauf	Lagerhaltung	Transportlogistik	Disposition, Regalmanagement	Verkauf
• Enge Kooperation mit Lieferanten • Test Marketing via POS-System • Artikel pro Artikel-Kontrolle Tagesvergleiche, Wochenvergleiche, Jahresvergleiche, Filialvergleiche, ABC Analysen • 8000 Gesamtartikel	• On-Line Bestellung • Einkaufsmacht durch Größe und Systemführerschaft ("Schneeballeffekt" einer Listung bei Seven-Eleven) • Zusammenarbeit mit exklusiven Lieferanten in Schlüsselsortimenten (z. B. Frischware, Imbißartikel) • Exklusivfabriken für Seven-Eleven z.B. Ajinomoto, Itoham, Q.P., S & B	• Zentrale Umschlagszentren in der Mitte eines "Clusters" von 50-60 Geschäften • Distributionszentren eingerichtet für 4 Temperaturkategorien • Betrieb durch Großhändler exklusiv für Seven-Eleven	• Minimierung der Anzahl der täglichen Anlieferungen von 70 auf 11 • Optimierte Tourenplanung auf Basis zentraler Distributionsstrukturen • Thermokette gemäß Distributionszentren • Exklusiver Transport durch Spediteur Transfleet Co. (Mitsui & Co.)	• Dezentrales Bestellwesen auf Basis von Empfehlungen der Zentrale • Einfache Handhabung auch für Teilzeitkräfte (Graphic Order Terminals) • On-Line Bestellung • Kontrolle durch "Supervisor" der Zentrale	• Franchisesystem ("hohe Motivation selbständiger Unternehmer") • 24 Stunden Öffnungszeiten • Einsatz von "Frequenzgeneratoren" (z.B. Zahlung von Telefonrechnungen, Fax etc.) • Kontinuierliches Training & Kommunikation mit Zentrale

Integriertes Warenwirtschafts- und Informationssystem (ISDN-Netz)

Wertschöpfungspartnerschaft mit Franchise-Nehmern, Großhandel, Spediteuren und Lieferanten

Seven-Eleven Kunden werden:

P – Alter
O
S – Geschlecht
D – Uhrzeit, Tag
A – Kaufbetrag
T
E – Gekaufte Artikel
N

Bildung von 5 Kernzielgruppen pro Filiale

Externe Größe: Wetterbedingungen

Quelle: Seven-Eleven Japan (Hrsg.), Corporate Outline, a.a.O., v.S.; eigene Recherchen

alterierende Regalartikel anzuliefern.[424] So ist z. B. das Frische- und Schnellimbiß-Sortiment am Morgen ein anderes als mittags und abends. Warenrückgaben werden aus Effizienzgründen ausgeschlossen und sind auf Basis der POS-Systeme überflüssig geworden. Seven-Eleven betreibt somit einen geschlossenen Warenkreislauf, der durch Exklusivlieferanten für Schlüsselsortimente und exklusiv für Seven-Eleven arbeitende Spediteure abgerundet wird. Lieferanten, Logistikpartner, Betreiberunternehmen und Filialen arbeiten dabei im Sinne einer Wertschöpfungspartnerschaft zusammen, in der ein offener Informationsaustausch auf jeder Ebene besteht.[425]

Zu betonen ist, daß insbesondere Regalplazierungen und Produktlistungen permanent optimiert werden. Auf Basis des POS-Systems testet Seven-Eleven Neuprodukte und erwirbt die Datenkenntnisse zur Entwicklung von Produktinnovationen, die dann gemeinsam mit den Herstellern realisiert werden.[426]

Durch Verbesserungen auf jeder Wertschöpfungsstufe wurde sukzessiv ein optimaler Wertschöpfungsprozeß geschaffen, mit dessen Hilfe Schlüsselkennzahlen der betrieblichen Leistung permanent verbessert werden. So hat sich die Flächenproduktivität (durchschnittlicher Umsatz pro Geschäft pro Tag) von 1980 - 1990 um 3,9 % p.a. erhöht, während der durchschnittliche Lagerbestand pro Geschäft um 3,6 % p.a. reduziert werden konnte *(vgl. Abb. 37)*.

Die Lagerumschlagsgeschwindigkeit wurde von 25,7 Tagen (1981) auf 8,8 Tage (1990) reduziert.[427] Durch Kostensenkung einerseits und Umsatzsteigerung pro Geschäft andererseits erhöhte sich die Bruttohandelsspanne im Betrachtungszeitraum von 25 % auf 29,4 %, d.h. um 4,4 Prozentpunkte. Die strikte Ausrichtung an den Konsumentenbedürfnissen hat Seven-Eleven zu einer Flächenexpansion um 16,3 % p.a. von 801 auf 4.895 Filialen (1980-1992) verholfen, bei einer gleichzeitigen Umsatzsteigerung um 17,3 % p.a. auf 1.081 Mrd. Yen. Dabei ist Seven-Eleven bislang erst in 21 von 46 möglichen japanischen Präfekturen vertreten.[428]

---

424 Vgl. Seven-Eleven Japan (Hrsg), Corporate Outline 1992, a.a.O., S. 16.
425 Vgl. Kilburn, D., The Network Revolution, a.a.O., S. 19; Heiner, H., Full-Service für den Kunden, a.a.O.; Seven-Eleven Japan (Hrsg.), Brief Summary of Results in the First Half of FY 93, a.a.O., S. 20; vgl. auch Kap. E, Abschn. 4.323.
426 Vgl. Seven-Eleven Japan (Hrsg.), Brief Summary of Results in the First Half of FY 93, a.a.O.
427 Vgl. Koyama, S., Application of JIT Management in the Distribution System, a.a.O., S. 213f; Credit Suisse (Hrsg.), Japan´s Retail Industry: Update, Tokyo 1991, S. 10.
428 Vgl. Seven-Eleven Japan (Hrsg.), Corporate Outline 1992, a.a.O., S. 19ff; derselbe, Brief Summary of Results in the First Half of FY 93, a.a.O., S. 1-8.

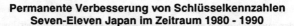

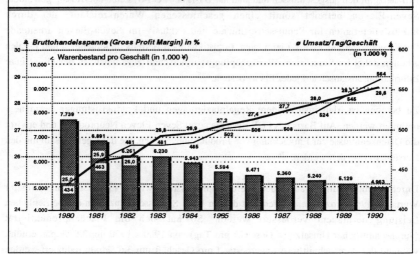

Quelle: *Seven-Eleven Japan* (Hrsg.), Corporate Outline, a.a.O., S. 15ff

Dem Beispiel Seven-Eleven sind führende Supermarktfilialisten wie Daiei (Lawson) und Seiyu (Family Mart) gefolgt, die inzwischen über vergleichbare Systeme verfügen und Convenience-Stores gemeinsam zur erfolgreichsten Einzelhandelsbetriebsform in Japan in den vergangenen 20 Jahren gemacht haben.[429] Für das Herstellermarketing impliziert die durch die Convenience-Stores aufgebaute Kompetenz und Marktmacht einerseits Kooperationschancen (gemeinsame Produktentwicklung, Exklusivproduktion), andererseits bedeutet die erreichte Produktleistungstransparenz die erhöhte Gefahr der Auslistung. Da sich nur Produkte mit hoher Verbraucherakzeptanz in Convenience-Stores bewähren, erfordert dies eine Forcierung des Pull-Marketing.[430]

(4) **Perspektiven der Betriebsform**

Convenience-Stores in ihrer jetzigen Form haben den Höhepunkt ihres Wachstums bereits überschritten und befinden sich vor dem Eintritt in die Reifephase. Der Sättigungsgrad wird bei etwa 70.000 Geschäftsstätten erwartet,[431] gegenwärtig existieren 42.976 Betriebe (1991).

---

[429] Vgl. Dodwell Marketing Consultants (Hrsg.), Retail Distribution in Japan, a.a.O., S. 73.
[430] Vgl. Interview mit Herrn K. Ide, Vice-President Corporate Affairs, Master Foods Japan, 12. Oktober 1992.
[431] Vgl. Mizusawa, M., Convenience Stores on the Upbeat, a.a.O., S. 7.

Auf der Basis des umfangreichen System-Know-hows und der erreichten Systemeffizienz sollte jedoch eine Adjustierung und Neuausrichtung möglich sein, um weitere Wachstumspotentiale zum Beispiel im Niedrigpreissegment zu realisieren. Aus heutiger Sicht erscheint daher eine Entwicklung hin zu Mini-Discountern denkbar.

3.325 Fachhandelsgeschäft

(1) Definitorische Abgrenzung

Einzelhandelsgeschäfte, deren Umsatz in einer der Produktgruppen Bekleidung, Lebensmittel und Güter des sonstigen Bedarfs mindestens 90 % des Gesamtumsatzes ausmacht, werden in den MITI Handelsstatistiken als Fachhandelsgeschäfte bezeichnet. Geschäfte dieser Betriebsform haben in Abgrenzung zu Fachmärkten im Durchschnitt eine Fläche von deutlich unter 500 m^2 und beschäftigen weniger als 50 Mitarbeiter.[432]

(2) Entwicklungslinien der Betriebsform

Fachhandelsgeschäfte befinden sich in Japan in einem langfristig rückläufigen Trend. Im Zeitraum 1982 - 1991 reduzierte sich ihr Marktanteil von 48,9 % auf 45,9 %, die Anzahl der Geschäftsstätten reduzierte sich um 93.447, d.h. um 1,0 % p.a. Mit insgesamt gut 1 Mio. Geschäften repräsentieren sie dennoch die Betriebsform mit dem höchsten Betriebsstättenanteil.

Die Entwicklung spezialisierter Einzelhändler ist so alt wie die Entwicklung des Handels in Japan. Eine Differenzierung setzte jedoch insbesondere in der Meiji-Zeit ein.[433] Auch die Formierung spezialisierter Einzelhändler zu einer Einkaufsstraße findet mit der Gründung der Ginza 1878 in dieser Zeit ihren Ursprung, ebenso wie um 1889 an der Ginza die ersten Kan Koba, d. h. in einem Gebäude integrierte unabhängige Fachhändler, entstanden.[434] Fachhändler begleiteten und überlebten den Markteintritt "moderner" Betriebsformen, wie z.B. Warenhäuser, aufgrund ihres Spezialisierungsvorteils. Eine differenzierte Entwicklung ist erst mit der Einführung neuer organisatorischer Konzepte zu beobachten. So haben sich nach dem 2. Weltkrieg im wesentlichen zwei Kategorien von Fachhändlern herausgebildet:[435]

---

[432] Vgl. Anhang 1, Tab. 1.
[433] Vgl. Yoshino, M., The Japanese Marketing System, a.a.O., S. 1-7; Rakugakisha (Hrsg.), Yono naka konatteiru - ryutsuhen, a.a.O., S. 9.
[434] Vgl. Maeda, K., The Evolution of Retailing Industries in Japan, a.a.O., S. 270f.
[435] Vgl. ebenda, S. 277ff.; Larke, R., Japanese Retailing: Fascinating, But Little Understood, in: International Journal of Retail & Distribution Management, Vol. 20, No. 1, 1992, S. 3-15.

- Unabhängige Fachhändler (Familienbetriebe), deren Charakteristika identisch sind mit denjenigen marginaler Kleinflächenhändler,

- Organisierte Fachhandelsgeschäfte auf der Basis des Filial- oder Franchise-Systems.

Während erstere zunehmend vom Markt verdrängt werden, prosperieren letztere aufgrund ihrer effizienteren Betriebsführung. Fachgeschäftsketten entstanden z.T. schon in den 60er Jahren. Eine Affilierung von Händlerbetrieben für den exklusiven Vertrieb von Haushaltsgeräten begannen Matsushita und Hitachi um 1955.[436] Es folgten Fachhandelsketten in den Produktkategorien Pharmazeutika, Körperpflege und Kosmetika, Bekleidung, Schuhe, Kameras und Schmuck.[437]

Während unabhängige Fachhändler nach betriebswirtschaftlichen Kriterien Verlust machen und nur durch Familiensubventionen (Löhne, Mieten) überleben, weisen organisierte Fachhandelsformen eine zufriedenstellende Ertragslage auf. So wurde die Bruttohandelsmarge im Zeitraum 1985 - 1990 konstant gehalten und damit die Wettbewerbsfähigkeit sichergestellt. Gleichzeitig gelang eine Anhebung der Nettogewinnmargen, was auf eine verstärkte Umsetzung organisatorischer Konzepte zurückzuführen sein dürfte.[438]

(3) Zusammenarbeit mit Lieferanten

Der Warenfluß zum kleinflächigen Fachhandel entspricht dem traditionellen mehrstufigen Distributionsmuster. Im Unterschied zu diesen erfolgt die Belieferung bei herstellerorganisierten Absatzsystemen (z.B. Konsumelektronik, Kosmetik) direkt zwischen Hersteller und Einzelhandel. Gegebenenfalls werden herstellereigene Verkaufsgesellschaften, die mit einer Großhandelsstufe vergleichbar sind, zur Übernahme der logistischen und verkaufsfördernden Funktionen eingeschaltet.[439]

Bei einzelhandelsgeführten Franchise- oder Filialsystemen übernimmt eine Systemzentrale Großhandelsfunktionen, z. B. durch Einrichtung von Distributionszentren. Dies schließt jedoch die Einschaltung einer weiteren Großhandelsebene zwischen Systemzentrale und Hersteller nicht aus.

---

[436] Vgl. Yoshino, M., The Japanese Marketing System, a.a.O., S. 110f.
[437] Vgl. Maeda, K., The Evolution of Retailing Industries in Japan, a.a.O., S. 283.
[438] Vgl. Anhang 1, Abb. 2 a, b.
[439] Vgl. Shimaguchi, M., New Developments in Channel Strategy in Japan, a.a.O., S. 182; Yoshino, M., The Japanese Marketing System, a.a.O., S. 112.

In der Fachhandelsdistribution überwiegen traditionelle Handelspraktiken, wie z.B. Warenrücknahme, Rabattsysteme und Zahlungsziele.

(4) Perspektiven der Betriebsformen

Kleinflächige, unabhängige Fachhändler werden zunehmend aus dem Markt ausscheiden und befinden sich in der Degenerationsphase des Betriebsformenlebenszyklus. Auch organisierte Fachhandelssysteme haben die Reifephase erreicht. Wachstumschancen existieren primär in der Diversifikation zu Fachmärkten, der Entwicklung von Franchise-Systemen sowie der Ansiedlung in Einkaufszentren, die sich in Japan weiter ausbreiten werden.[440] Der Gesamtmarktanteil des Fachhandels dürfte sich dennoch nachhaltig reduzieren.

3.326 Sonstige Kleinflächen- und Gemischtwarengeschäfte

(1) Definitorische Abgrenzung

Als sonstige Kleinflächengeschäfte werden einerseits Betriebe mit breitem Sortiment und Umsatzanteilen jeder Produktgruppe unter 50 % erfaßt, und andererseits Geschäfte, bei denen eine Teilspezialisierung erfolgt ist und eine einzelne Produktgruppe einen Umsatzanteil von mehr als 50 % erzielt. Grundlage bildet das Bedienungsprinzip. Auf Flächen unter 500 m^2 werden weniger als 50 Mitarbeiter beschäftigt.[441] Diese Grenzen werden i.d.R. weit unterschritten.

(2) Entwicklungslinien der Betriebsform

Der Anteil sonstiger Kleinflächengeschäfte am Gesamtumsatz des Einzelhandels hat sich von 23,6 % auf 22,5 % im Zeitraum 1982 - 1991 zurückentwickelt, wobei die positive Konjunkturlage in dieser Zeit eine Abschwächung des Abschmelzungsprozesses bewirkt hat. Im gleichen Zeitraum sind 66.161 Betriebsstätten aus dem Markt ausgeschieden, entsprechend einer Jahresrate von minus 1,4 %. Gleichzeitig ist die wirtschaftliche Situation von Marginalhändlern konstant negativ geblieben, mit einer Nettogewinnspanne von -0,1 %.[442] Diese spiegelt die tatsächliche Situation jedoch nur teilweise wider, da Aufwendungen für Personal und Mieten i.d.R. nicht voll zum Ansatz gebracht werden.

Traditionell hatten kleinflächige Handelsbetriebe aufgrund sozio-demographischer, psychographischer und geographischer Merkmale der japanischen Bevölkerung ihren festen

---

440 Vgl. Yim, M., Shopping Malls, a.a.O., S. 33; Vgl. auch Kap. C., Abschn. 2.2.
441 Vgl. Anhang 1, Tab. 1.
442 Vgl. Anhang 1, Abb. 2 a, b.

Platz in der japanischen Gesellschaft,[443] und wurden seit 1937 praktisch durchgehend gegenüber neuen Wettbewerbern protektiert.[444] Erst die tiefgreifenden Veränderungen der Bevölkerungsstruktur und des Konsumentenverhaltens haben dazu geführt, daß die japanische Regierung seit 1990 Schutzregulierungen abbaut. Um strukturelle Anpassungen sozialverträglich zu gestalten, gelten Subventionshilfen der Revitalisierung traditioneller japanischer Einkaufsstraßen (Shôtengai),[445] von denen 14 - 16.000 in ganz Japan existieren.[446] Ihre Erhaltung stellt ein Ziel der regionalen Wirtschaftsförderung dar. Weiterhin sollen bei der Errichtung neuer Einkaufszentren lokale Kleinhändler einbezogen werden.

(3) **Zusammenarbeit mit Lieferanten**

Das Belieferungssystem kleinflächiger Marginalhändler ist von traditionellen Handelsusancen und -strukturen geprägt. Das Schicksal kleinflächiger Einzelhändler ist folglich unmittelbar mit demjenigen des marginalen Großhandels verbunden.[447]

(4) **Perspektiven der Betriebsform**

Kleinflächen und Gemischtwarenhändler befinden sich in der Degenerationsphase und sind mittelfristig vom Aussterben bedroht. Der Mangel an Nachfolgern führt zu einer Akzelleration dieses Trends.[448] Eine Abfederung bewirken die genannten Subventionsmaßnahmen der Regierung und ggf. die Überalterung der Bevölkerung, die den Marginalhändlern ein Potential in der Zielgruppe der Senioren verschafft bzw. erhält.

3.33 Entwicklung der nicht-stationären Betriebsformen des Einzelhandels

Als nicht-stationäre Handelsformen werden im folgenden der Versandhandel, das Automatengeschäft, Haus-zu-Haus-Verkäufe und Heimdienste behandelt. Kumuliert erreichten

---

[443] Vgl. Larke, R., Japanese Retailing: Fascinating, But Little Understood, a.a.O., S. 3ff.; vgl. Kap. C, Abschn. 2.2.

[444] Vgl. Upham, F., Legal Regulation of the Japanese Retail Industry, a.a.O., S. 8ff.; vgl. Kap. C, Abschn. 2.1121.

[445] Vgl. Small and Medium Enterprise Agency, MITI (Hrsg.), Miryoku aru shotengai. Shogyo shuseki zukuri wo mezashite (dt. Übersetzung: Einkaufsstraßen mit Charme. Der Aufbau von Einkaufszentren), Tokyo 1991, S. 8ff.; Seo, N., Planning and Implementation of Shotengai Vitalisation, Tokyo 1990, S. 3ff.; Small and Medium Enterprise Agency, MITI (Hrsg.), Small Business in Japan 1990, a.a.O., S. 123; Watanabe, T., Changes in Japan´s Import Market and Administrative Response, a.a.O., S. 9.

[446] Akabane, Y., Shotengai jittai chosa (dt. Übersetzung: Untersuchung über Shotengai), in: Shoko kinyo shoko kumiaichuo kinko, Vol. 36, No. 3, Tokyo, March 1990, S. 3-16; Larke, R., Japanese Retailing: Fascinating but Little Understood, a.a.O., S. 6f; Small and Medium Enterprises Agency, MITI (Hrsg.), Shotengai jittai chosa no gaiyo (dt. Übersetzung: Zusammenfassung einer Studie über Einkaufsstrassen), Tokyo 1991, S. 3ff.

[447] Vgl. Larke, R., Japanese Retailing: Fascinating but Little Understood, a.a.O., S. 7.

[448] Vgl. ebenda.

diese Handelsformen in Japan 1991 ein Umsatzvolumen von 29.904 Mrd. Yen, entsprechend einem Marktanteil am gesamten Einzelhandelsumsatz in Höhe von 21,3 % *(vgl. Abb. 38)*.

Abb. 38

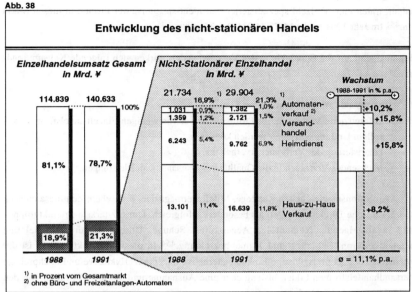

Quelle: *MITI (Hrsg.), Census of Commerce 1991, a.a.O., S. 37ff; eigene Berechnungen*

3.331 Versandhandel

(1) Definitorische Abgrenzung

Als Versandhandel werden in Japan alle Handelsgeschäfte bezeichnet, bei denen Aufträge vom Endabnehmer durch Kataloge, Zeitschriften, postalische Direktanschreiben, Zeitungsannoncen, Mitgliedermagazine, Bildschirmtext, Tele-Shopping und vergleichbare gedruckte und visuelle Medien akquiriert werden.[449]

(2) Entwicklungslinien der Handelsform

Versandhandel erreichte in den Jahren 1988 - 1991 mit einem Wachstum von 15,8 % p.a. mit die höchsten Zuwachsraten des gesamten Einzelhandels und erhöhte seinen Marktanteil am Gesamtmarkt von 1,2 auf 1,5 %.

---

[449] Vgl. JETRO (Hrsg.), Your Market in Japan: Mail Order Market, No. 77, Tokyo, March 1990, S. 2.

Eingeführt wurde der Versandhandel in Japan durch die ersten Warenhäuser bereits 1910.[450] Erst ab Anfang der 80er Jahre erreichte der Versandhandel jedoch zweistellige Zuwachsraten und legte sein negatives Qualitätsimage ab. In der nachfolgenden Boomphase, die bis heute anhält, traten eine Vielzahl spezialisierter und nicht-spezialisierter Firmen in diesen Markt ein.[451] Im Jahr 1991 zählte MITI 34.931 Betriebsstätten.[452]

Begünstigend auf die Entwicklung des Versandhandels wirken sich folgende Konsumtrends aus:[453]

- wachsende Anzahl berufstätiger Frauen,
- differenzierte Verbraucherbedürfnisse, die nur von wenigen Einzelhandelsformen in vollem Umfang befriedigt werden können,
- Polarisierung des Verbraucherverhaltens,
- wachsendes Vertrauen in die Qualität von Versandhandelsleistungen.

Als Akquisitionsmedien gelten Kataloge, Mitgliedermagazine, Fernsehen, Zeitungsannoncen und postalische Direktsendungen als besonders erfolgreich. Umsatzstärkste Produktgruppen sind in absteigender Reihenfolge Accessoires, Schuhe, Uhren, Kameras, Möbel und Innendekoration, Schmuck und Damenbekleidung.[454] In diesen Produktgruppen ist der Versandhandel als preisgünstige Einkaufsalternative akzeptiert. Exklusive und hochpreisige Versandhandelsformen bilden bislang eher eine Ausnahme und werden vor allem von den Warenhäusern abgedeckt.[455]

(3) **Zusammenarbeit mit Lieferanten**

Der Versandhandel stellt eine Handelsform dar, die die vollständige Umgehung konventioneller Distributionskanäle ermöglicht. Entsprechend erfolgt der Warenbezug lediglich zu 39,2 % über Direkttransaktionsgroßhändler, direkte Bezüge von Herstellern sowie aus eigener Produktion machen 51,4 % des Einkaufs aus, 9,4 % entfallen auf

---

[450] Vgl. JETRO (Hrsg.), Your Market in Japan: Mail Order Market, a.a.O., S. 2f; o.V., Access Japan. Hot Line to Success, in: Business Tokyo, Tokyo, June 1990, S. 42-44.
[451] Vgl. o.V., Access Japan, a.a.O., S. 43.
[452] Vgl. MITI (Hrsg.), Census of Commerce 1991, a.a.O., S. 268ff.
[453] Vgl. Wongtada, N., Zerio, J. M., Toward a Conceptual Model of Japanese Consumer Response to Direct Marketing, a.a.O., S. 196ff.; Dodwell Marketing Consultants (Hrsg.), Retail Distribution in Japan, a.a.O., S. 84ff.
[454] Vgl. JETRO (Hrsg.), Your Market in Japan: Mail Order Market, a.a.O., S. 4ff; Garrity, R. E., Marketers With a Yen, in: Direct Marketing, Vol. 54, No. 7, November 1991, S. 46ff.
[455] Vgl. JETRO (Hrsg.), Your Market in Japan: Mail Order Market, a.a.O., S. 8; Shozo, M., Finding a Niche for Novelty, in: Journal of Japanese Trade and Industry, No. 3, Tokyo 1988, S. 18-19.

Importe.[456] Aufgrund der dem Versandhandel zugrundeliegenden Dispositionsrisiken werden 41,3 % der Gesamtbezüge auf Kommissionsbasis getätigt.[457]

(4) Perspektiven der Handelsform

Der Versandhandel befindet sich in der Wachstumsphase des Betriebsformenlebenszyklus.[458] Wachstumsfördernd wirken eine zunehmende Kundenakzeptanz, eine Ausweitung der Zahl der Akquisitionsmedien sowie eine Verbesserung der Qualität der verfügbaren Datenbanken und Adressenlisten, die bislang als unterentwickelt gelten.[459] Durch den Eintritt neuer Anbieter wird die Wettbewerbsintensität steigen, bei gleichzeitiger Differenzierung zwischen exklusiven und discount-orientierten Versandhandelsangeboten und -formen.[460]

3.332 Automatenverkauf

(1) Definitorische Abgrenzung

Als Automatenverkauf wird der Verkauf von Waren verschiedener Art aus Verkaufsautomaten, die i.d.R. öffentlich zugänglich sind, gegen ein ausgezeichnetes Entgelt und ohne die Einwirkung von Verkaufspersonal definiert.

(2) Entwicklungslinien der Handelsform

Der Marktanteil von Verkaufsautomaten am Gesamtumsatz des Einzelhandels hat sich von 1982 - 1991 von 3,1 % auf 4,4 % erhöht, bei einem Umsatzvolumen von 5.824 Mr. Yen. Dies entspricht einem Zuwachs von 8,5 % p.a. Von dem genannten Umsatzvolumen werden in den MITI-Statistiken lediglich 1.382 Mr. Yen als Einzelhandelsstandorte erfaßt, entsprechend 1 % Marktanteil. Die Differenz entfällt auf Umsätze in Büroautomaten, Automaten in Sport- und Freizeitanlagen sowie Fahrkartenautomaten.[461]

Mit einer Distributionsdichte von 45 Geräten pro 1000 Einwohner (USA: 85) liegt Japan weltweit an der Spitze. Ursachen für diese hohe Durchdringung sind:[462]

---

456 Vgl. JETRO (Hrsg.), Your Market in Japan: Mail Order Market, Mini-Report No. 21, Tokyo 1986, S. 5.
457 Vgl. ebenda.
458 Vgl. Wontada, N., Zerio, J.M., Toward a Conceptual Model of Japanese Consumer Response to Direct Marketing, a.a.O., S. 191f.
459 Vgl. Garrity, R. E., Marketers with a Yen, a.a.O., S. 48ff.; Otomo, S., Brisk Business in Catalogue Sales, in: Journal of Japanese Trade and Industry, Vol. 4, Tokyo 1987, S. 24-26.
460 Vgl. Dodwell Marketing Consultants (Hrsg.), Retail Distribution in Japan, a.a.O., S. 86f.
461 Vgl. ebenda, S. 92.
462 Vgl. ebenda, S. 91.

- die geringe Verkaufsraumfläche des Einzelhandels, die durch Automaten vor der Ladenfront erweiterbar ist,
- der Verbrauchertrend des Einkaufs "rund um die Uhr",
- eine niedrige Vandalismusrate.

Vom Gesamtumsatz entfallen etwa 42 % auf Getränke, 24,2 % auf Zigaretten, 24,7 % auf Fahr- und Eintrittskarten sowie 7,1 % auf sonstige Produkte, darunter Pharmazeutika, Magazine und Lebensmittel.[463] Neuprodukte werden laufend getestet. Obgleich die Installation neuer Automaten seit 1987 stagniert, werden stetig höhere Umsätze durch Einsatz größerer und technisch aufwendigerer Geräte erzielt.

(3) Zusammenarbeit mit Lieferanten

Als Betreiberunternehmen von Automaten sind einerseits die Hersteller der Produkte, mit denen Automaten bestückt werden, zu nennen, und andererseits unabhängige, aber gegebenenfalls vertraglich gebundene Dienstleister.[464] Über 80 % aller Betreiberunternehmen befinden sich im Herstellerbesitz, lediglich knapp 20 % sind unabhängig. Der Bezug erfolgt in beiden Fällen überwiegen direkt vom Hersteller.

(4) Perspektiven der Handelsform

Der Besatz mit Automaten hat die Sättigungsgrenze erreicht, so daß die Handelsform in die Reifephase des Betriebsformenlebenszyklus eintritt. Eine zunehmende Konkurrenz bildet das immer dichter werdende Netz der Convenience-Stores, die ebenfalls 24 Stunden geöffnet sind.[465] Technische Optimierungen können jedoch dazu führen, das Wachstum auf insgesamt niedrigem Niveau zu stabilisieren.[466]

3.333 Haus-zu-Haus-Verkauf und Heimdienste

(1) Definitorische Abgrenzung

In die Kategorie des Haus-zu-Haus-Verkaufs sowie der Heimdienste fallen alle Formen des Absatzes von Produkten am Standort des Endabnehmers (private und institutionelle Kunden) auf Initiative der Betreiberunternehmen und unter Nutzung personeller und sachlicher Akquisitionsmittel. Darunter fallen insbesondere:

---

[463] Vgl. Dodwell Marketing Consultants (Hrsg.), Retail Distribution in Japan, a.a.O., S. 92.
[464] Vgl. o. V., Automatic Vending Machines Now Key to Beverage Market, in: Tradescope, Tokyo, September 1989, S. 18-20.
[465] Vgl. Dodwell Marketing Consultants, (Hrsg.), Retail Distribution in Japan, a.a.O., S. 94.
[466] Vgl. ebenda.

- persönlicher Verkauf durch Vertreter spezialisierter Direktvertriebsunternehmen,
- persönlicher Verkauf durch Vertreter nicht spezialisierter Direktvertriebsunternehmen (z.B. Gaisho-Geschäft der Warenhäuser),
- Heimdienste (z.B. der Konsumgenossenschaften für den Vertrieb von Lebensmitteln).

(2) Entwicklungslinien der Handelsformen

Der Marktanteil von Haus-zu-Haus-Verkäufen hat sich im Zeitraum 1988 - 1991 von 11,4 % auf 11,8 % leicht erhöht.[467] Dies entspricht einer Wachstumsrate von 8,2 % p.a.. Demgegenüber erzielten Heimdienste ein Wachstum von 15,8 % p.a. und konnten ihren Marktanteil deutlich von 5,4 auf 6,9 % erhöhen.

Hausbesuche bilden traditionell einen Bestandteil des japanischen Einzelhandels seit seinen Ursprüngen.[468] Neben den Besuchen eingeführter Verkäufer der Warenhäuser haben sich nach dem 2. Weltkrieg, in Anlehnung an Tendenzen in den USA, spezialisierte Direktvertriebsgesellschaften entwickelt (z. B. im Kosmetik- und Haushaltswarensektor). Die gruppenorientierte Struktur der japanischen Gesellschaft, die eine Einführung von Vertretern erleichtert, hat dabei zu einer breiten Durchdringung des Marktes mit verschiedenen Formen des Haus-zu-Haus-Verkaufs geführt. In jüngster Zeit sind z.T. gegenläufige Entwicklungen zu beobachten:[469]

- abnehmende Bedeutung konventioneller Vertreterbesuche aufgrund wachsender Berufstätigkeit japanischer Frauen,
- Abschwächung des während des Konsumbooms geförderten Gaisho-Geschäfts der Warenhäuser (insbesondere mit privaten Kunden),
- wachsende Bedeutung von auf Initiative des Kunden bestellten Heimdiensten, aufgrund des oben genannten Zuwachses berufstätiger Frauen.

Heimdienste gewinnen einerseits an Popularität im Bereich der Lieferung von Fertiggerichten auf telefonische Bestellung und andererseits im Bereich der Lieferung von Lebensmitteln einmal pro Woche auf schriftliche Bestellung. Letzterer Service stellt einen Erfolgsfaktor japanischer Konsumgenossenschaften dar.[470]

---

[467] Darin enthalten sind zu etwa 46 % (1991) Verkäufe von Automobilen, die in Japan traditionell über das Haus-zu-Haus-Geschäft vertrieben werden, jedoch hier nicht näher behandelt werden sollen. Vgl. The Distribution Economics Institute of Japan (Hrsg.), Statistical Abstract of Japanese Distribution (1993), a.a.O., S. 27f.
[468] Vgl. Rakugakisha (Hrsg.), Yono naka konatteiru - ryutsuhen, a.a.O., S. 8f.
[469] Vgl. Dodwell Marketing Consultants (Hrsg.), Retail Distribution in Japan, a.a.O., S. 88ff.
[470] Vgl. ebenda, S. 97.

(3) Zusammenarbeit mit Lieferanten

Die überwiegende Zahl der Haus-zu-Haus-Verkaufsunternehmen verfügt über eine eigene Produktionsbasis und beliefert folglich den Endverbraucher direkt.[471] Eine Ausnahme bilden die Warenhäuser (Gaisho-Geschäft) sowie die Konsumgenossenschaften, die über mehrstufige Distributionskanäle beziehen.[472]

(4) Perspektiven der Handelsformen

Während das Gaisho-Geschäft der Warenhäuser sowie konventionelle Direktvertriebsunternehmen und deren Handelsformen tendenziell in der späten Reifephase des Betriebsformenlebenszyklus einzuordnen sind und mit einem negativen Marktanteilstrend zu kämpfen haben, befinden sich Heimdienste in der späten Wachstums- bzw. frühen Reifephase. Dafür spricht insbesondere der bereits erreichte Marktanteil. Dennoch läßt die zunehmende Verbreitung moderner Lebensstile mit einer degressiv wachsenden Bedeutung dieser Handelsform rechnen.

3.34 Einordnung in ausgewählte Modelle der Betriebsformendynamik und Entwicklungsprognose

3.341 Stellung der Betriebsformen im Lebenszyklusmodell

Basierend auf den vorangegangenen Ausführungen läßt sich eine Einordnung der einzelnen Betriebsformen in einen idealtypischen Betriebsformenzyklus des japanischen Einzelhandels vornehmen.[473] Zu unterscheiden sind dabei:

- die Kurve des absoluten Marktanteils, sowie
- die Kurve der Nettogewinnspanne.[474]

Die Steigung der Kurven wird durch das Umsatz- bzw. Gewinnwachstum determiniert, nach dem sich wiederum die Phasencharakteristika ableiten lassen. Kriterien für die Positionierung einer Betriebsform bilden:

- die Umsatzwachstumsrate p.a. (im Zeitraum 1982 - 1991 bzw. bei jüngeren Betriebsformen der verfügbare Zeitraum),

---

[471] Vgl. Dodwell Marketing Consultants (Hrsg.), Retail Distribution in Japan, a.a.O., S. 89.
[472] Vgl. zum Bezugssystem der Warenhäuser Kap. C, Abschn. 3.321.
[473] Vgl. die Ausführungen zum Betriebsformenlebenszyklus in Kap. B, Abschn. 2.222.
[474] Einschränkend ist darauf hinzuweisen, daß die Kurve der Nettogewinnspanne nachfolgend nur als Orientierung abgetragen wird, da insbesondere für die nicht-stationären Betriebsformen keine ausreichenden Daten über Nettogewinnspannen vorliegen.

- der absolute Marktanteil 1991,
- die Nettogewinnspanne,
- das Einführungsjahr.

Die Zuordnung erfolgt nach den vier Phasen des idealtypischen Betriebsformen-Lebenszyklus. Entsprechend ergibt sich die in *Abbildung 39* abgetragene Positionierung der Betriebsformen.

(1) Einführungsphase

In der frühen Einführungsphase befinden sich in Japan Wholesale Clubs (Ende 1992),[475] Factory Outlets (1992),[476] Off-Price-Stores sowie die Betriebsform Hypermarkt (1990).[477] Es handelt sich dabei um aus den USA bzw. Frankreich importierte Betriebsformen, die sich in Japan in der Experimentierphase befinden, so daß bislang keine verläßlichen Daten vorliegen. Gemeinsames Charakteristikum ist eine starke Preis- und Discount-Orientierung, womit sie dem rezessionsbedingten Trend im japanischen Einzelhandel folgen. Ihre feste Etablierung in der japanischen Handelslandschaft muß noch mit Fragezeichen versehen werden.

Am Ende der Einführungsphase des Betriebsformenlebenszyklus in Japan befinden sich der Versandhandel sowie Discounter (preis-orientierte Supermärkte mit breitem Sortiment). Beide Betriebsformen können als im japanischen Einzelhandel bereits fest etabliert angesehen werden, wobei Discounter über das dynamischere Wachstum verfügen. Das genaue Einführungsdatum in Japan läßt sich für beide Formen nicht exakt definieren, dürfte jedoch unter Zugrundelegung moderner Erscheinungsformen etwa um 1975 liegen.[478]

---

[475] Als Wholesale Clubs werden Großhandelsgeschäftsstätten bezeichnet, in denen Kunden auf Basis einer Mitgliedschaft einkaufen dürfen. Da der Kreis der Mitglieder häufig nicht eng definiert bzw. nicht auf Einzelhandelskunden beschränkt ist, gelangen auch Endverbraucher in den Vorteil einer Mitgliedschaft. Der Verkauf erfolgt in lagerhausähnlichen Geschäftsstätten. Vgl. o.V., Membership Discount Store Draws Crowds, a.a.O.; Sakaida, A., Kakakuhakai no shogeki, kategori killer ga seisan mo kaeru, a.a.O., S. 11-14.

[476] Factory Outlets beinhalten den institutionalisierten Verkauf ab Fabrik. Hersteller setzen über solche eigenen Outlets Rückwaren, Waren mit leichten Fehlern oder Überschußproduktionen ab. Vgl. o.V., Brand Names Cut Down to Size by Discounters, a.a.O.; Sakaida, A., Kakakuhakai no shogeki, kategori killer ga seisan mo kaeru, a.a.O., S. 12ff.

[477] Off-Price-Stores sind Geschäftsstätten, in denen Groß- oder Einzelhändler Markenware mit 70 - 80 %igen Preisabschlägen anbieten. Dabei handelt es sich überwiegend um Lagerbestände. Vgl. Sakaida, A., Kakakuhakai no shogeki, kategori killer ga seisan mo kaeru, a.a.O. Hypermärkte sind Geschäftsstätten mit einer Fläche von über 5.000 m^2 und lagerhallen-ähnlichem Aufbau. Die Betriebsform stammt, im Gegensatz zu den zuvor genannten aus den USA kommenden Betriebsformen, aus Frankreich. Vgl. Sano, K., Daiei Opens Second Hypermarket in Futami, in: Chain Store Age News (Hrsg.), Retailing Digest in Japan, Tokyo, June 11, 1990, S. 63; Suzuki, Y., Nihon ni okeru shinkourigyotaiseiritsu no kanosei, a.a.O., S. 24ff.

[478] Vgl. Yim, M. DIY: Retail Growth Area in the 1990s, a.a.O., S. 6.

Abb. 39

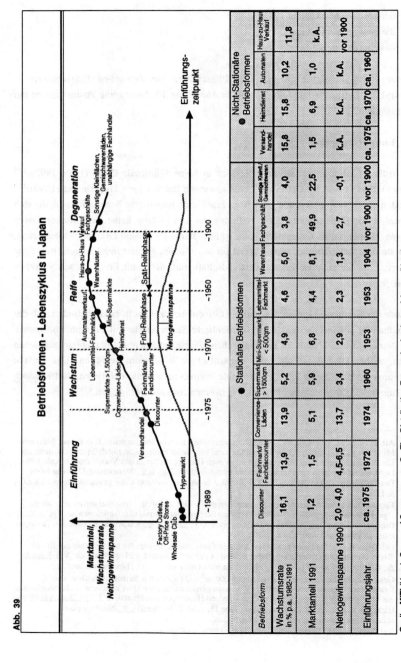

Quelle: *MITI (Hrsg.), Census of Commerce, a.a.O.; The Distribution Economics Institute of Japan (Hrsg.), Statistical Abstract of Japanese Distribution 1991, a.a.O., v.S.; eigene Berechnungen*

(2) Wachstumsphase

In der Wachstumsphase befinden sich Fachmärkte/Fachdiscounter, Convenience-Stores und Heimdienste. Während Fachmärkte/Fachdiscounter einem akzellerierten Wachstum gegenüberstehen, haben Convenience-Stores und Heimdienste den Wendepunkt zwischen progressivem und degressivem Wachstum bereits überschritten. Ihr Wachstum dürfte sich in den kommenden Jahren abschwächen. Die Einführungszeitpunkte liegen für Fachmärkte (Heimwerkermärkte) im Jahr 1972, für Convenience-Stores im Jahr 1973, für Heimdienste ca. um 1970. Aufgrund weitgehend ausgereifter Konzepte sind diese Betriebsformen durch hohe Nettogewinnspannen gekennzeichnet, die über dem Durchschnitt des Einzelhandels liegen.

(3) Reifephase

Die Reifephase ist durch verringerte Umsatzzuwachsraten bei Marktanteilen von durchschnittlich über 5 % je Betriebsform gekennzeichnet. Sie läßt sich in zwei Abschnitte unterteilen: während in der frühen Reifephase Marktanteile und Nettogewinnspannen tendenziell noch weiter anwachsen bzw.Wachstumspotentiale besitzen, tritt in der späten Reifephase das Gegenteil ein. Der frühen Phase sind großflächige Supermärkte (über 1500 m^2), der Automatenverkauf, Mini-Supermärkte ohne 24-Stunden-Betrieb sowie Lebensmittelfachmärkte zuzuordnen, deren Wachstum durch Gesetzesderegulierung und Konsumtrends stimuliert wird. Die Einführungszeitpunkte dieser Betriebsformen liegen um 1950. Warenhäuser, Haus-zu-Haus-Verkauf und Fachgeschäfte in ihrer Gesamtheit befinden sich in der späten Reifephase und sehen sich einem negativen Markttrend gegenüber. Ihre Einführungszeitpunkte liegen um 1900. Sie werden durch den Eintritt in die Degenerationsphase bedroht, sofern keine Erneuerung durch innovative Betriebungskonzepte (z.B. Franchising, Filialisierung, Kooperation in Einkaufszentren und -straßen) erfolgt.

(4) Degenerationsphase

In der Degenerationsphase, die durch sinkende Marktanteile und minimale Gewinne bzw. sogar Verluste gekennzeichnet ist, befinden sich traditionelle Familienbetriebe ohne Sortimentsschwerpunkte, sowie unabhängige Fachhandelsbetriebe. Ihr Fortbestand in der gegenwärtigen Form ist nicht zu erwarten. Überlebenschancen sind nur in einem vollständigen Übergang in neue Betriebsformen (z.B. Franchise-Fachhandel, Convenience-Stores) zu sehen.

Der dargestellte Betriebsformen-Lebenszyklus des japanischen Einzelhandels geht von den aktuell bestehenden Betriebsformen in den beschriebenen Ausprägungsformen aus. Dabei ist zu betonen, daß, wie schon in der allgemeinen Kritik am Lebenszyklus-Konzept hervorgehoben, der dargestellte Verlauf keiner Gesetzmäßigkeit unterliegt. Dies gilt insbesondere nach dem Eintreten in die Reifephase.[479] Ferner finden auf der abstrahierten Ebene des gesamten Einzelhandels keine Firmenkonjunkturen Berücksichtigung. Der Lebenszyklusverlauf kann sich durch

- interne Innovationen (z.B. Systemtechnologien) und
- externe Impulse (z.B. Deregulierung, Rezession)

entscheidend verändern. Während auf die Auswirkung von internen Innovationen auf die Dynamik von Betriebsformen im folgenden Abschnitt eingegangen werden soll, erfolgt in der abschließenden Strukturprognose eine aggregierte Schätzung der Auswirkungen interner und externer Faktoren auf die weitere Entwicklung der Betriebsformen.

3.342 Einordnung in das Modell der prozeßorientierten Betriebsformeninnovation

Eine Positionierung der Betriebsformen des japanischen Einzelhandels anhand externer strategischer Differenzierungsmerkmale sowie den betriebsformenspezifischen internen Ansatzpunkten der Optimierung und Innovation ermöglicht das Modell der prozeßorientierten Betriebsformeninnovation.[480] Diesem Modell liegt die Annahme zugrunde, daß Betriebsformen im Zeitablauf durch die Orientierung an Schlüsselprozessen innoviert werden können und dabei betriebswirtschaftlich überlegene, wachstumsstarke Betriebsformen entstehen. Aus der Marktbedeutung derartiger Betriebsformen lassen sich Implikationen für die Entwicklung der Einzelhandelsstrukturen sowie die Gestaltung des vertikalen Herstellermarketings ziehen.

Differenziert man die Betriebsformen des japanischen Einzelhandels zunächst nach der verfolgten Wettbewerbsstrategie, so lassen sich preisorientierte von nicht-preisorientierten Betriebsformen trennen *(vgl. Abb. 40)*.[481]. Als preisorientierte Betriebsformen sind Discounter mit breitem Sortiment sowie Fachmärkte/Fachdiscounter herauszustellen. Ihnen gegenüber steht die bislang dominierende Gruppe der nicht-preisorientierten Betriebsformen, zu denen der Fachhandel, Warenhäuser, Lebensmittel-Fachmärkte sowie Convenience-Stores zu zählen sind. Supermärkte mit breitem Sortiment sind weder eindeutig den preis- noch den nicht-preisorientierten Betriebsformen zuzuordnen. Sie konnten bislang weder einen Differenzierungsvorteil gegenüber Warenhäusern und Fachhandel, noch einen Preisvorteil gegenüber Discountern aufbauen und befinden sich in einer Phase der Neuorientierung.

---

[479] Vgl. Davidson, W. R., Bates, A. D., Bass, S. J., The Retail Life Cycle, a.a.O., S. 95; Berger, S., Ladenverschleiß, a.a.O., S. 194ff.
[480] Vgl. Kap. B, Abschn. 2.232.
[481] Vgl. Anhang 1, Tab. 6.

Abb. 40

Einordnung der Betriebsformen des japanischen Einzelhandels in das Modell der prozeßorientierten Betriebsformeninnovation

	externer Innovationsansatz	
interner Innovationsansatz	Preis-/Kostenführerschaft	Differenzierungführerschaft
Orientierung an Einzelfaktoren	(I) Discounter	(II) Fachhandel, Warenhäuser, Lebensmittel-Fachmärkte
		Konventionelle Supermärkte
Orientierung am Geschäftssystem (Schlüsselprozesse)	(III) Fachmärkte/ Fachdiscounter *	(IV) Convenience-Stores

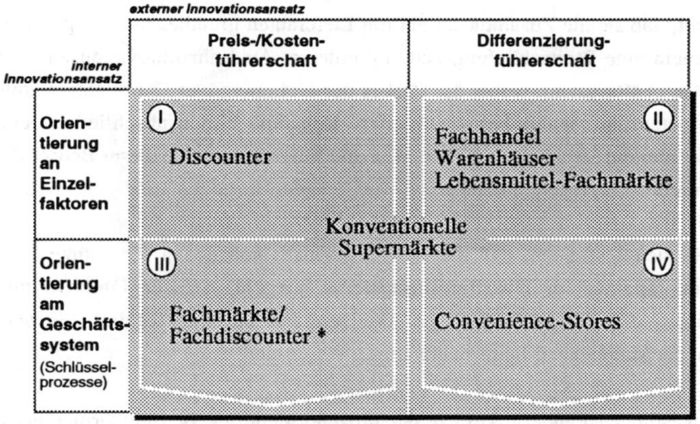

* Befinden sich erst im Anfangsstadium der prozeßorientierten Betriebsformeninnovation

Zieht man die Dimension der internen Umsetzung der Betriebsformeninnovation hinzu, so wird die Konzentration japanischer Betriebsformen und der dahinterstehenden Betreiberunternehmen auf Einzelfaktoren zur Realisierung der Kosten- bzw. Differenzierungsführerschaft deutlich. So beschränken sich Fachhandel und Warenhäuser auf die einseitige Qualitätsorientierung des Einkaufs, eine hohe Personalintensität im Verkauf zur Steigerung des Service, und externalisieren z.T. Schlüsselprozesse an den Großhandel. Japanische Discounter hingegen arbeiten überwiegend orientiert an hohen Einkaufsvolumina. Lediglich eine Betriebsform hat eine am Geschäftssystem orientierte Betriebsformeninnovation vollständig realisiert: der Convenience-Store. Die Orientierung am Schlüsselprozeß des Geschäftssystems "Convenience-Store", die bereits dargestellt wurde, schlägt sich in der Leistungsführerschaft in Kenngrößen, wie Flächenproduktivität bestehender Geschäftsstätten, Lagerumschlag und Warenbestand, sowie der Bruttohandelsspanne nieder, die kontinuierlich verbessert werden konnten. Convenience-Stores bilden auf dieser Basis die profitabelsten Betriebsformen des japanischen Einzelhandels.

Während Convenience-Stores durch Optimierung ihres Geschäftssystems einen Differenzierungsvorteil aufbauen konnten, stehen die Bemühungen zur Entwicklung einer Betriebsform mit Preis- und Kostenvorteilen durch Optimierung des Geschäftssystems noch am Anfang. Erste Beispiele bilden die Fachmärkte der Betreiberunternehmen Aoyama Shoji

(Herrenbekleidung) und der amerikanische Filialist Toys-R-Us (Spielwaren), die beide ihre jeweiligen Produktkategorien durch innovative Distributionskonzepte revolutionieren und deshalb als "Category Killer" bezeichnet werden. Sie befinden sich in der Frühphase der Expansion, so daß Daten nur bruchstückhaft verfügbar sind. Von beiden Unternehmen ist jedoch bekannt, daß sie die Zusammenarbeit mit Lieferanten grundlegend neu gestalten und damit die gemeinsame Wertschöpfungskette optimieren. Auch ihr Innovationsansatz bildet folglich das Geschäftssystem, wobei das Ziel in der Erringung bzw. Aufrechterhaltung der Preis- und Kostenführerschaft besteht. Weitere Beispiele bilden abschließend einzelne Discounter mit breitem Sortiment (z.B. Mr. Max und Keiyo/Jusco), die dieser Betriebsform in Japan zum Durchbruch verhelfen können.

Als Fazit läßt sich festhalten, daß die Betriebsformen, von denen die größte Dynamik innerhalb des japanischen Distributionssystems ausgeht, an der Optimierung von Wertschöpfungs- und Geschäftssystemen ansetzen. Für sie sind folglich die höchsten Zuwachsraten der kommenden Jahre zu erwarten.

Während in westlichen Ländern Ansätze der prozeßorientierten Betriebsformeninnovation primär bei preis-/kostenführerschaftsorientierten Betriebsformen und Betreiberunternehmen erkennbar sind (z.B. General Merchandise Discounter/Wal-Mart (USA), Lebensmittel-Discounter/Aldi (Deutschland)), ist in Japan der Durchbruch bei differenzierungsführerschafts-orientierten Betriebsformen gelungen (Convenience Stores/Seven-Eleven).

3.343 Prognose der strukturellen Entwicklung des japanischen Einzelhandels bis zum Jahr 2000

Im Rahmen der "Vision des Distributionssystems der 1990er Jahre", die im Jahr 1989 veröffentlicht wurde, hat das MITI eine Prognose über die strukturelle Entwicklung des Einzelhandels abgegeben. Die Prognose geht von einem Absinken der Zahl der Einzelhandelsbetriebe in Japan auf 1.206.940 Geschäftsstätten im Jahr 2000 aus.[482]

Kritisch anzumerken ist gegenüber der Prognose insbesondere, daß die einbezogenen Einzelhandelsformen von den durch MITI üblicherweise definierten Betriebsformen des "Census of Commerce" teilweise abweichen, was die Vergleichbarkeit erschwert. So ergibt sich (z.T. aufgrund des unterschiedlichen Definitionsumfangs und -inhalts) bereits zwischen den für das Jahr 1990 angenommenen und für 1991 im Ist durch den "Census of Commerce" erhobenen Werten für die Anzahl der Betriebsstätten in Japan eine Abweichung von 155.298

---

[482] Vgl. MITI (Hrsg.), '90 nendai no ryutsu vision, a.a.O., S. 310-330.

Betrieben, um welche die Prognose unter den tatsächlichen Werten der Handelsstatistik liegt.[483]

Aufgrund dieser Divergenz der Ausgangswerte der MITI-Prognose zu den im Jahr 1991 erhobenen Ist-Werten sowie aufgrund der von der offiziellen Statistik abweichenden Betriebsformendefinition erscheint eine grundlegenden Revision der MITI-Prognose zweckmäßig, um zu verbesserten, eigenen Prognosewerten zu gelangen. Eine solche Prognoserevision wird im folgenden vorgenommen. Sie beschränkt sich dabei auf die stationären Betriebsformen des japanischen Einzelhandels.

Ausgangspunkt der revidierten Entwicklungsprognose bildet die Vergangenheitsentwicklung der Jahre 1982 - 1991, basierend auf der Datenbasis und den Betriebsformendefinitionen des "Census of Commerce". Weiterhin wurde der Drei-Jahres-Vergleich 1988-1991 hinzugezogen, um Tendenzen aus jüngster Vergangenheit in die Betrachtung aufzunehmen.

Die uneingeschränkte Fortschreibung von Vergangenheitsentwicklungen bietet in der vorliegenden Problemstellung jedoch keine hinreichende Grundlage. Insbesondere berücksichtigen die Vergangenheitstrends nicht die erst im Jahr 1991 bzw. 1992 in Kraft getretene Reform des Gesetzes über den großflächigen Einzelhandel, von der besonders starke Einflüsse auf die Entwicklung großflächiger Handelsbetriebe zu erwarten sind. Als Anhaltspunkte der Einflüsse dieser Gesetzesreform lassen sich jedoch die in der MITI-Prognose vorgesehenen Wachstumsraten, getrennt nach Betriebsformen, heranziehen. Dies scheint insbesondere deshalb gerechtfertigt, da die Prognose des MITI vor dem Hintergrund der geplanten Reformen entstanden ist.

Zusammenfassend wurde folgender methodischer Ansatz zur Entwicklung einer eigenen Zukunftsprognose gewählt:

- Anpassung der quantitativen Ausgangsbasis aus der MITI "Vision für das Distributionssystem der 90er Jahre" gemäß "Census of Commerce",

- Vergleich der Vergangenheitsentwicklung mit der Zukunftsprognose des MITI (zugrundeliegende prozentuale Zuwachsraten),

- Auswahl differenzierter Wachstumsraten für die Zeiträume 1991 - 1995, 1995 - 2000.

---

[483] Vgl. Kap. C, Abschn. 3.311.

Das Ergebnis dieses Auswahlprozesses sowie der dahinterstehenden Annahmen ist Anhang 1 zu entnehmen.[484] Darauf basierend läßt sich folgende Entwicklungsprognose aufstellen:

(1) Die Anzahl der Einzelhandelsbetriebe in Japan wird im Zeitraum 1991 - 2000 um insgesamt ca. 240.000 Betriebe abnehmen, d.h. von gegenwärtig (1991) 1.591.186 auf ca. 1.350.000 Betriebe (2000). Im Vergleich zum Höhepunkt der Betriebsstättenanzahl 1982 ergibt sich bis zum Jahr 2000 ein Abbau um ca. 373.000 Betriebe.

(2) Dabei wird von einer Abnahme traditioneller, kleinflächiger Betriebsformen um ca. 292.000 ausgegangen, während moderne Betriebsformen (Warenhäuser, Supermärkte über 1.500 m^2, Fachmärkte, Convenience-Stores und Mini-Supermärkte) um 49.000 Betriebe anwachsen.

(3) Im gleichen Zeitraum wird der Einzelhandelsumsatz in Japan von 140.633 Mr. Yen (1991) auf ca. 170.000 Mrd. Yen (2000), d.h. um ca. 2,0 % p.a., steigen.

(4) Während der Umsatz von Fachgeschäften und sonstige Kleinflächen um durchschnittlich 1 % p.a. kumuliert schrumpft, wachsen moderne Betriebsformen deutlich über dem Marktdurchschnitt.

(5) Von der Reform des Gesetzes über großflächige Einzelhandelsbetriebe profitieren insbesondere Fachmärkte und Fachdiscounter, aber auch Supermärkte über 1.500 m^2 in der Form des Discounters.

(6) Discounter bilden die Betriebsform mit der höchsten durchschnittlichen Wachstumsrate und erzielen im Jahr 2000 einen Marktanteil von ca. 3%.

(7) Auch Convenience Stores werden sich aufgrund der fortbestehenden Landknappheit sowie der Überlegenheit ihrer Systemtechnologie überdurchschnittlich entwickeln. Gleichzeitig bilden sie ein Auffangbecken für aus dem Markt ausscheidende Kleinflächen.

(8) Bis zum Jahr 2000 halten die Kleinflächen dennoch einen Marktanteil von knapp über 50 %, so daß sie auch weiterhin einen signifikanten Absatzkanal darstellen.

Die geschilderten Entwicklungsprognosen sind im Überblick in *Abbildung 41* dargestellt.

---

[484] Vgl. Anhang 1, Tab. 7.8.

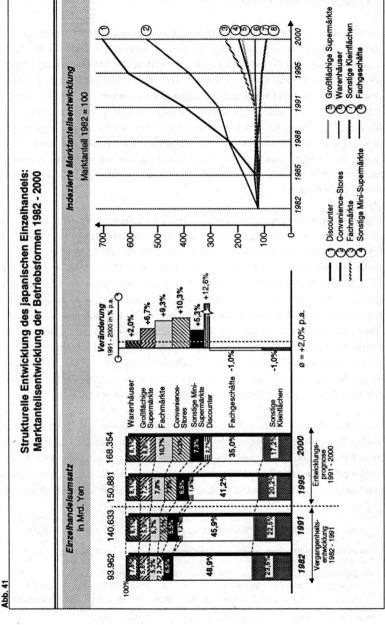

Abb. 41

Strukturelle Entwicklung des japanischen Einzelhandels: Marktanteilsentwicklung der Betriebsformen 1982 - 2000

Quelle: in Anlehnung an: MITI (Hrsg.), 90 nendai no ryutsu vision, a.a.O., S. 310-330; eigene Berechnungen

3.35 Strategien des Einzelhandels

Ausgehend von der dargestellten Entwicklungsprognose des japanischen Einzelhandels sollen abschließend Strategien ausgewählter japanischer Handelsunternehmen skizziert werden, aus denen sich Anhaltspunkte für die künftige Zusammenarbeit und Machtverteilung zwischen Herstellern und Einzelhandel ableiten lassen. Zu unterscheiden sind die Strategien etablierter Einzelhandelskonzerne von jenen junger Entrepreneure, die in jüngerer Vergangenheit mit neuen Betriebsformen in den Markt eingetreten sind. Letztere zeichnen sich durch eine Neudefinition der Zusammenarbeit mit Lieferanten aus, häufig unter Umgehung des Großhandels und unter Verzicht auf die eingebürgerten Handelspraktiken.[485] Ihre strategische Stoßrichtung besteht primär in der Sicherung nationalen Wachstums und dem Ausbau von Wettbewerbs- (und insbesondere Kosten-) vorteilen, durch Verfeinerung bestehender Betriebsformen.

Im folgenden ausführlicher behandelt werden sollen die Strategien etablierter, finanzstarker Einzelhandelskonzerne, deren strategische Bewegungen einen nachhaltigen Einfluß auf den vertikalen Wettbewerb der kommenden Jahre haben werden.[486] Stellvertretend für alle übrigen Handelskonzerne sollen Daiei und Ito-Yokado, die mit 2.026 Mrd. Yen bzw. 1.460 Mrd. Yen Umsatz beiden größten japanischen Handelsunternehmen, in ihren Strategien verglichen werden. Bedingt durch das gesetzlich reglementierte Wachstum der Betriebsform Supermarkt, aus der beide Unternehmen hervorgegangen sind,[487] haben sowohl Daiei als auch Ito-Yokado bereits Mitte der 70er Jahre mit einer Diversifikation in verschiedene Betriebsformen, darunter Warenhäuser, Fachhandelsketten, Convenience-Stores und Discounter, begonnen.[488] Neben dem Einzelhandel erfolgte die Diversifikation in Restaurants, Immobilienhandel und Finanzdienstleistungen sowie eigene Produktionsstätten, die bei beiden Händlern zum erweiterten Kerngeschäft gezählt werden können.[489]

Während sich Ito-Yokado auf diese Geschäftsfelder beschränkt und seine Strategie auf eine konservative, ertragsorientierte Finanzpolitik ausrichtet, steht bei Daiei Umsatzwachstum und aggressive Expansion im Vordergrund. So erfolgte durch Unternehmenskäufe der Einstieg in die Tourismusbranche, Hotels und Personalvermittlungsdienstleistungen, ebenso wie im Kerngeschäft regionale Supermarktfilialisten aufgekauft wurden.[490] Weitere Diversifika-

---

485   Vgl. hierzu die Ausführungen zur Zusammenarbeit mit Lieferanten in den Abschnitten 3.3222 (Discounter) und 3.323 dieses Kapitels.
486   Eine Rangliste der 10 größten japanischen Einzelhandelsunternehmen enthält Anhang 1, Tab. 9.
487   Vgl. Kap. C, Abschn. 3.3221.
488   Vgl. Dodwell Marketing Consultants (Hrsg.), Retail Distribution in Japan, a.a.O., S. 68.
489   Vgl. derselbe, Industrial Groupings in Japan - The Anatomy of the Keiretsu, a.a.O., S. 148-155.
490   Vgl. ebenda, S. 149; Watanabe, S., Sakaida, A., Nagasaki, R., Daiei no jishin to fuan, Nakauchirya "kyuhaku" keiei no ikusaki (dt. Übersetzung: Daieis Vertrauen und Anspannung, Mr. Nakauchi`s Management Scharfsinn), in: Nikkei Business, Tokyo, July 27, 1992, S. 10-25.

tionsfelder bestehen im TV-Geschäft sowie im Sport-Entertainment und der Immobilienentwicklung. Daiei gilt daher in Fachkreisen als überdiversifiziert, die finanzielle Stabilität als fraglich.[491]

Als Zwischenfazit bleibt festzuhalten, daß Daiei primär auf externes Wachstum und breite Diversifikation zur Unternehmensentwicklung setzt, während bei Ito-Yokado internes Wachstum und Focussierung im Vordergrund stehen. Eine Ausnahme bildet die Akquisition der Southland Corporation, Muttergesellschaft des Franchise-Systems Seven-Eleven, im Jahr 1991 in den USA, durch die Ito-Yokado in die Rangliste der weltgrößten Einzelhandelsunternehmen aufgerückt ist.[492]

Die unterschiedlichen Wachstumsstrategien beider Konzerne spiegeln sich auch in der Betriebsformenentwicklung und Zusammenarbeit mit Lieferanten wider. Während Daiei eine Strategie der Adaption neuer Betriebsformen aus den USA im japanischen Markt auf der Basis eines "Trial and Error" verfolgt,[493] steht bei Ito-Yokado die Perfektionierung existierender Betriebsformen im Zentrum der strategischen Weiterentwicklung. Den Ansatz dafür bietet die bereits beschriebene Orientierung an Abläufen des Geschäftssystems, die bei Ito-Yokado auf ein bereits 1982 aufgenommenes Reformprogramm, welches bis heute verfolgt wird, zurückzuführen ist.[494] Kernelemente des Reformprogramms bilden:[495]

- die vollständige Ausrichtung auf Kundenbedürfnisse, durch optimale Abstimmung des Sortimentsangebots auf der Basis einer produktweisen Selektion (item-by-item control),
- die Forcierung der persönlichen Kommunikation durch die Institutionalisierung wöchentlicher Managementseminare auf allen Entscheidungsebenen,
- die Delegation von Dispositionsentscheidungen an die "Basis", d.h. das Verkaufspersonal der Filialen,
- die Investition in modernste Informationstechnologien zur Entscheidungsunterstützung und Steuerung der Warenwirtschaft.

---

491 Vgl. Watanabe, S., Sakaida, A., Nagasaki, R., Daiei no jishin to fuan, Nakauchirya "kyuhaku" keiei no ikusaki, a.a.O., S. 16ff.

492 Ito-Yokado wird gegenwärtig in der Fortune-Rangliste der weltgrößten Einzelhandelsunternehmen an 6. Stelle geführt. Vgl. Ito-Yokado (Hrsg.), Investor´s Guide 1992, Tokyo 1992, S. 16.

493 Anhaltspunkte für diese Strategie bilden die Einführung von Hypermärkten nach dem Vorbild des Hypermarkt USA des Unternehmens Wal Mart (1990), ebenso wie die Einführung von Wholesale Clubs (1992). Auch diese Betriebsform basiert auf einem Konzept von Wal Mart. Vgl. Sano, K., Daiei Opens Second Hypermarket in Futami, a.a.O.; o. V., Membership Discount Store Draws Crowds, a.a.O.; Watanabe, S., Sakaida, A., Nagasaki, R., Daiei no jishin to fuan, Nakauchirya "kyuhaku" keiei no ikusaki, a.a.O., S. 12f.

494 Vgl. Arai, T., Ito-Yokado Co. (1981), Harvard Business School Case Study, No. 2-289-044, Boston, Mass. 1982, S. 1; Furukawa, K., Salmon, W.J., Wylie, D., Ito-Yokado Co. (1988), Harvard Business School Case Study, No. N9-589-116, Boston, Mass. 1989, S. 6f.

495 Vgl. Furukawa, K., Salmon, W.J., Wylie, D., Ito-Yokado Co. (1988), a.a.O., S. 7f; Ito-Yokado (Hrsg.), Annual Report 1991, S. 6.

Vergleichbar der Geschäftsoptimierung in der Tochtergesellschaft Seven-Eleven wurde im gesamten Ito-Yokado-Konzern eine Restrukturierung der Wertschöpfungsprozesse vollzogen.[496] Diese schlägt sich in der Zusammenarbeit mit Lieferanten nieder, mit denen zur Entwicklung logistischer Lösungen sowie bei der Produktinnovation eng kooperiert wird.[497] Durch den Reformansatz wurde Ito-Yokado zum profitabelsten japanischen Einzelhandelsunternehmen.[498]

Im Gegensatz zu Ito-Yokado gelten die Beziehungen zwischen Daiei und seinen Lieferanten als weniger harmonisch und eher machtbetont. Ihren Ursprung findet dieses Verhältnis in der Entwicklung von Eigenmarken durch Daiei bereits in den 70er Jahren, die zu einer Konfrontation mit Markenartikelherstellern geführt hat.[499] Am Beispiel der beiden Konzerne Daiei und Ito-Yokado lassen sich somit strategische Grundhaltungen differenzieren, die aus der Sicht des Einzelhandels als exemplarisch für die künftige Gestaltung des vertikalen Wettbewerbs angesehen werden können: der aggressiven Strategie des Machterwerbs durch Daiei steht der kooperative Ansatz Ito-Yokados gegenüber.

Resümierend ist damit festzustellen, daß neben der Entwicklung der Betriebsformen die strategischen Verhaltensweisen des Einzelhandels Konsequenzen für die strategische Neuausrichtung des vertikalen Herstellermarketings implizieren. Dabei ist ein wachsendes Machtbewußtsein der Einzelhandelskonzerne gegenüber der Herstellerseite insgesamt festzustellen, welches das vertikale Wettbewerbsklima beeinflußt.[500] Im folgenden wird am Beispiel ausgewählter Produktgruppen zu prüfen sein, in welchem Umfang Veränderungen der Groß- und Einzelhandelsstrukturen sich in den vertikalen Strukturen der Distributionssysteme der Hersteller bereits niedergeschlagen haben oder abzeichnen. Weiter gilt es zu fragen, in welchem Umfang sich Machtverschiebungen zwischen Herstellern und Absatzmittlern vollziehen. Dabei wird im Hinblick auf die später abzuleitenden Strategien explizit die Perspektive des Herstellers eingenommen und durch empirische Erhebungen verifiziert.

---

[496] Vgl. Suemura, A., Sakaida, A., Watanabe, S., Ito-Yokado, sekai ni idomu kouri no keieikakushin (dt. Übersetzung: Ito-Yokado, Einzelhandels-Management Innovation um die Welt herauszufordern), in: Nikkei Business, Tokyo, April 29, 1991, S. 12-23.

[497] Vgl. Moroe, Y., Seven-Eleven Japan, a.a.O., S. 13.

[498] Vgl. Suemura, A., Sakaida, A., Watanabe, S., Ito-Yokado, sekai ni idomu kouri no keieikakushin, a.a.O., S. 13ff.; Toyo Keizai (Hrsg.) Japan Company Handbook 1992, 1st Section, Winter, a.a.O., S. 1036.

[499] Vgl. Interview mit K. Lewthwaite, Director Corporate Affairs, Nestlé K.K., am 2. Mai 1992; vgl. auch Goldman, A., Japan's Distribution System, a.a.O., S. 167.

[500] Vgl. Goldman, A., Japan's Distribution System, a.a.O., S. 173ff.

Kapitel D

Kapitel D

D. Entwicklung der vertikalen Distributionsstrukturen in ausgewählten Produktgruppen und Ableitung übergreifender strategischer Implikationen - unter Berücksichtigung empirischer Befunde

Die bisherigen Ausführungen konzentrierten sich auf die Entwicklung von Groß- und Einzelhandel im Kontext des gesamtwirtschaftlichen japanischen Distributionssystems. Die gewählte institutionenorientierte Betrachtungsweise basiert auf der Prämisse, daß die Entwicklung der Betriebsformen von Groß- und Einzelhandel nachhaltige Auswirkungen auf Selektions- und Absatzwegeentscheidungen der Hersteller hat. Nachfolgende Ausführungen befassen sich daher mit der Untersuchung der Veränderungen der vertikalen Distributionsstrukturen und damit des vertikalen Wettbewerbsumfeldes der Hersteller. Entsprechend der Perspektive der Hersteller ist eine produkt- bzw. warengruppenspezifische Vorgehensweise erforderlich. Die daraus abzuleitenden strategischen Implikationen stellen die Grundlage für die Ausgestaltung vertikaler Marketingstrategien dar, mit denen sich Kapitel E befaßt.

1. Methodische Vorbemerkungen

Wie bereits in Kapitel B dargestellt,[1] impliziert die Erfassung vertikaler Strukturveränderungen aus der Sicht des Herstellers ein produkt- bzw. warengruppenspezifisches Vorgehen. Dabei ist jedoch eine Datensituation anzutreffen, die häufig auf explorativen Fallstudien einzelner Unternehmen sowie auf Expertenbeurteilungen beruht und i.d.R. nur eine einzelne Branche bzw. Produktgruppe umfaßt. Ferner sind darin gewählte Zeitvergleiche zur Ermittlung dynamischer Veränderungen aufgrund unterschiedlicher Erhebungsmethoden und Datengrundlagen methodisch als zweifelhaft zu betrachten.

Um übergreifende strategische Implikationen aus vertikalen Strukturveränderungen ableiten zu können, schien die Ergänzung vorhandenen Datenmaterials um primärstatistische Erhebungen zwingend erforderlich. Neben sekundärstatistischen Daten wurden der nachfolgenden Untersuchung daher auch eine standardisierte, schriftliche Befragung sowie Tiefeninterviews zugrundegelegt, so daß ein multimethodischer Ansatz vorliegt.

Im Rahmen dieser Vorbemerkungen soll zunächst die Erhebungsmethodik der Primäruntersuchungen erläutert werden, bevor anschließend das Untersuchungsdesign dargestellt wird.

---

[1] Vgl. Kap. B, Abschn. 2.

1.1. Erhebungsmethodik

Im Rahmen der Primärforschung wurden, wie bereits angedeutet, zwei Formen der Befragung angewendet. Eine mündliche Befragung in Form von Tiefeninterviews, die z.T. bis zu 4 Stunden andauerten, wurde mit insgesamt fünf der zehn größten japanischen Handelsunternehmen durchgeführt, wobei die Ansprechpartner im Bereich des Einkaufs sowie der strategischen Planung tätig waren. Weiterhin fanden Gespräche mit zwei führenden Großhandelsunternehmen sowie mit Distributionsexperten statt. Ziel der Tiefeninterviews war insbesondere die Beurteilung der Veränderung der vertikalen Strukturen aus Sicht des Handels, konkretisiert an der Entwicklung von Handelsspannen sowie der Funktionsteilung zwischen Industrie und Handel in ausgewählten Produktgruppen.

Kern der Primärerhebungen bildete jedoch eine schriftliche Befragung von Herstellerunternehmen. Diese beschränkte sich auf Konsumgüterhersteller als gewählte Grundgesamtheit, wobei ein repräsentativer Branchenquerschnitt, bestehend aus

- Herstellern von Gebrauchsgütern:
    - Bekleidung,
    - Haushalts- und Konsumelektronik,
    - Spielwaren,
- Herstellern von Verbrauchsgütern:
    - Nahrungsmittel und Getränke,
    - Kosmetika und Körperpflegeartikel,
    - Pharmazeutika

zugrundegelegt wurde. In Anlehnung an die oben aufgeführten Ziele der Tiefeninterviews lassen sich folgende Ziele der Herstellerbefragung formulieren:

(1) Beschreibung der Distributionswege und Ableitung ihrer voraussichtlichen weiteren Entwicklung,
(2) Ermittlung der Funktionsteilung zwischen Herstellern und Absatzmittlern in den Distributionskanälen,
(3) Ermittlung des strategischen Verhaltens und Ausgestaltung der Instrumentalstrategien des vertikalen Marketing.

Die Erhebungen zum letztgenannten Ziel bilden den Schwerpunkt des Kapitels E dieser Arbeit.

Als Untersuchungsumfang wurde aus organisatorischen und Kostengründen die Teilerhebung gewählt, wobei die Stichprobe ein verkleinertes, wirklichkeitsgetreues Abbild der Grundgesamtheit darstellen sollte.[2] Es sollten sowohl japanische als auch nicht-japanische Unternehmen in die Stichprobe einbezogen werden, um die Hypothese zu untersuchen, daß japanische wie nicht-japanische Unternehmen grundsätzlich gleiche Bedingungen und Erfolgschancen innerhalb des japanischen Distributionssystems vorfinden und sich in der Wahl der Distributionswege sowie ihrer distributionsbezogenen Strategien und Aktivitäten nicht wesentlich unterscheiden. Da die Erhebung nicht-japanischer Unternehmen in Japan wegen eingeschränkter Datenverfügbarkeit problematisch ist, wird im folgenden die Stichprobenkonstruktion für japanische und nicht-japanische Unternehmen getrennt behandelt.

(a) Japanische Unternehmen

Um eine repräsentative Abbildung aller japanischen Konsumgüterhersteller zu erzielen, wurde ein nicht-zufallsgesteuertes Verfahren zur Auswahl der Erhebungseinheiten gewählt.[3] Mit der Konzentration auf börsennotierte Konsumgüterhersteller der genannten sechs Branchen wurde eine Auswahlbasis von 255 Unternehmen konstruiert, entnommen aus dem "Japan Company Handbook" des Herausgebers Toyo Keizai.[4] Aus diesen 255 Unternehmen wurde mit Hilfe des Abschneideverfahrens eine Stichprobe der 25 größten Hersteller je Branche entnommen.[5] Lediglich in den Branchen Kosmetika/Körperpflegeartikel und Spielwaren konnten nur 12 bzw. 7 börsennotierte Unternehmen ausgemacht werden, so daß sich als Stichprobenumfang 119 Unternehmen ergaben.

Als Nebenbedingung wurde formuliert, daß die pro Branche in die Stichprobe einbezogenen Unternehmen mindestens 50% des Gesamtumsatzes der börsennotierten Unternehmen dieser Branche repräsentieren sollten. Bedingt durch Verweigerungen mußte in der Branche Nahrungsmittel und Getränke die Stichprobe von den 25 auf die 50 größten Unternehmen erweitert werden, so daß sich die Zahl der insgesamt in die Untersuchungsbasis einbezogenen Unternehmen auf 144 erhöhte.

---

[2] Vgl. Hammann, P., Erichson, B., Marktforschung, 2. Aufl., Stuttgart, New York 1990, S. 103; Meffert, H., Marketingforschung und Käuferverhalten, 2. Aufl., Wiesbaden 1992, S. 189f.
[3] Vgl. Hammann, P., Erichson, B., Marktforschung, a.a.O., S. 110ff. Vgl. auch die Vorgehensweise bei Kotabe, Duhan, Smith und Wilson zur Überprüfung der PIMS-Prinzipien in Japan: Kotabe, M., Duhan, D. F., Smith, D. K., Wilson, R. D., The Perceived Veracity of PIMS Strategy Principles in Japan: An Empirical Inquiry, a.a.O., S. 26ff.
[4] Vgl. Toyo Keizai (Hrsg.), Japan Company Handbook 1992, 1st and 2nd Section, Summer, a.a.O.
[5] Vgl. Hammann, P., Erichson, B., Marktforschung, a.a.O., S. 112; Berekoven, L., Eckert, W., Ellenrieder, P., Marktforschung. Methodische Grundlagen und praktische Anwendung, 4. Aufl., Wiesbaden 1989, S. 59.

Zusammenfassend ist diese Form der Stichprobenauswahl als bewußte Auswahl nach dem Konzentrationsprinzip zu charakterisieren.[6] Für dieses Verfahren sprachen folgende Gründe:

- Bei den durch Konzentration ausgewählten Unternehmen handelt es sich um die größten Umsatzträger für den Einzelhandel in den ausgewählten Branchen.

- Durch Repräsentanz von mindestens 50% des börsennotierten Umsatzes in den gewählten Branchen wird den selektierten Unternehmen ein ausreichendes Machtpotential gegenüber dem Einzelhandel unterstellt.

- Unter Datenerhebungsgesichtspunkten bietet diese Auswahlbasis die unter organisatorischen, zeitlichen und kostenseitigen Gesichtspunkten günstigste Alternative. Zudem konnte bei diesen publizitätspflichtigen Unternehmen von einer relativ hohen Bereitschaft zur Zusammenarbeit ausgegangen werden.

Es ist jedoch auf die Grenzen des gewählten Verfahrens hinzuweisen. Eine nicht zufällige Auswahl der Stichprobenelemente impliziert eine subjektive Einflußnahme und damit eine bewußte, nicht quantifizierbare Beeinträchtigung der Repräsentativität.[7] Daher ist die Möglichkeit, Stichproben- bzw. Zufallsfehler statistisch exakt zu ermitteln, ausgeschlossen bzw. auf begrenzte Tests beschränkt,[8] auf die im folgenden jedoch, wegen des geringen Stichprobenumfangs, verzichtet werden soll. Trotz dieser Einschränkungen bildet die bewußte Stichprobenauswahl ein in der Praxis häufig angewandtes Verfahren, das sich insbesondere für die Untersuchung von Trends eignet.[9] Da die vorliegende Arbeit von der Anlage her als deskriptiv-explorativ einzustufen ist, scheint die gewählte Vorgehensweise, selbst vor dem Hintergrund der genannten Einschränkungen, als gerechtfertigt.

(b) Nicht-japanische Unternehmen

Die Identifikation einer Auswahlbasis nicht-japanischer Unternehmen, die dem Kriterium der Repräsentativität für die Gesamtheit aller ausländischen Unternehmen in Japan gerecht wird sowie einem Vergleich mit japanischen Unternehmen standhält, ist mit Schwierigkeiten verbunden.[10] Eine zuverlässige Basis bietet jedoch die sogenannte "Gaishi 300"-Liste, die die 300 ertragsstärksten ausländischen Unternehmen in Japan enthält und jährlich auf Basis des

---

6 Vgl. Hammann, P., Erichson, B., Marktforschung, a.a.O.
7 Vgl. Meffert, H., Marketingforschung und Käuferverhalten, a.a.O., S. 189.
8 Vgl. Friedrichs, J., Methoden empirischer Sozialforschung, 13. Aufl., Opladen 1980, S. 132.
9 Vgl. ebenda, S. 133, 135.
10 Vgl. Uda, H., Nozu, S., Foreign Business at a Turning Point, in: Tokyo Business Today, Vol. 60, No. 8, Tokyo, August 1992, S. 36.

dem japanischen Finanzministerium angegebenen, steuerpflichtigen Gewinns erstellt wird.[11] Den einbezogenen Unternehmen wird eine ausreichende Repräsentativität für die 1308 insgesamt gewerblich gemeldeten ausländischen Unternehmen unterstellt[12] Unter den genannten 300 Unternehmen befinden sich insgesamt 52 Konsumgüterhersteller aus 5 der 6 ausgewählten Branchen, die vollständig in die Stichprobe aufgenommen wurden. Einschränkend ist anzumerken, daß die Spielwarenbranche dabei nicht repräsentiert ist, da kein ausländischer Spielwarenhersteller in der "Gaishi 300"-Liste enthalten ist. Aufgrund des begrenzten Stichprobenumfangs wurde keine Nebenbedingung formuliert.

Zusammenfassend wurde auch bei den nicht-japanischen Unternehmen das Konzentrationsverfahren als nicht-zufallsgesteuerter Auswahlmodus angewandt.

Folgende Gründe rechtfertigen die gewählte Vorgehensweise:

- Auf Basis des Leistungskriteriums "steuerpflichtiger Gewinn" wird davon ausgegangen werden, daß es sich bei den in die Stichprobe einbezogenen Unternehmen um in Japan relativ erfolgreiche nicht-japanische Unternehmen handelt.

- Weiterhin liegt die Vermutung nahe, daß es sich um Unternehmen handelt, die sich im lokalen Wettbewerb behauptet haben und einem Vergleich mit japanischen Unternehmen, soweit im Rahmen der weiteren Untersuchungen erforderlich, standhalten.

- Auch im Falle der nicht-japanischen Unternehmen stellte die gewählte Vorgehensweise die unter organisatorischen, zeitlichen und kostenseitigen Aspekten günstigste Alternative dar. Zudem konnte auch bei den hier ausgewählten Unternehmen eine hohe Kooperationsbereitschaft unterstellt werden.

Analog zur Vorgehensweise bei der Erhebung japanischer Unternehmen gelten auch für die Stichprobenkonstruktion der nicht-japanischen Unternehmen die dargelegten methodischen Einschränkungen.

---

11 Vgl. Toyo Keizai (Hrsg.), The Gaishi 300, in: Tokyo Business Today, Vol. 60, No. 8, Tokyo, August 1992, S. 44-48.
12 Aus der Grundgesamtheit ausgeschlossen sind folglich ausländische Unternehmen, die auf der Basis reiner Importe auf dem japanischen Markt tätig sind. Als Begründung für diesen Ausschluß läßt sich anführen, daß i.d.R. der japanische Importeur die Distribution organisiert und folglich die Absatzkanäle für das Importprodukt gestaltet. Damit jedoch ist das Verhalten per Definition weitgehend mit demjenigen japanischer Hersteller gleichzusetzen, die in der Stichprobe "japanische Unternehmen" bereits erfaßt sind. Ein weiteres Problem stellt die Erfassung geeigneter und repräsentativer Adressenlisten von Unternehmen dar, die ohne eigene Präsenz im japanischen Markt tätig sind.

Faßt man die ausgewählten japanischen und nicht-japanischen Unternehmen zusammen, so wurden insgesamt 196 Unternehmen in die Stichprobe einbezogen.

Als Befragungstechnik wurde die Form nicht-persönlicher, standardisierter Interviews gewählt. Mit dieser Form der Befragung sind eine Reihe von Vorteilen verbunden. So gewährleistet sie z.b. eine weitgehende Vereinheitlichung von Fragen und somit auch einen bestmöglichen Vergleich der Antworten. Damit ist eine der Voraussetzungen für quantitative Auswertungen erfüllt.[13]

Als Fragearten wurden ausschließlich geschlossene Fragen gewählt. Bei diesen handelte es sich zumeist um Skalafragen. Dabei zugrundegelegten Ratingskalen wird ein intervallskaliertes Meßniveau unterstellt. Verwendet wurden zudem Alternativfragen bzw. Fragen nach Prozentsätzen.

Alle Fragen wurden zunächst in englischer Sprache verfaßt, anschließend ins Japanische übersetzt und zur Kontrolle von unabhängiger Seite ins Englische zurückübersetzt.[14] Dadurch sollten Übersetzungsfehler ausgeschlossen werden. Weiterhin wurde ein Pre-Test mit vier japanischen und zwei nicht-japanischen Unternehmen durchgeführt, um das Verständnis der Fragen sicherzustellen und eine Unvollständigkeit der Ergebnisse zu vermeiden.[15]

Um eine möglichst hohe Rücklaufquote der Interviewbögen bei begrenztem Stichprobenumfang zu realisieren, wurden die zu befragenden Unternehmen systematisch angesprochen:

Die japanischen Unternehmen wurden zunächst per Postkarte angeschrieben, mit der der Öffentlichkeits-Abteilung als Empfängeradresse. Auf dieser Postkarte wurde das Forschungsvorhaben stichwortartig beschrieben, um einen Kontakt zur Vertriebs-/Marketingleitung gebeten und auf einen Folgeanruf binnen einer Woche vorbereitet. Der Folgeanruf diente der Einholung eines grundsätzlichen Einverständnisses zur Übersendung des Interviewbogens sowie der Ermittlung des endgültigen Adressaten bzw. Ansprechpartners, der i.d.R. bereits durch die Öffentlichkeits-Abteilung vorinformiert worden war.

Die ausgewählten Personen besetzten nahezu ausnahmslos leitende Funktionen in den Bereichen Vertrieb/Marketing. Sie sind entsprechend als sogenannte Key Informants zu klassifizieren, denen die notwendige Fachkompetenz insbesondere zur Beantwortung

---

[13] Vgl. Berekoven, L. Eckert, W., Ellenrieder, P., Marktforschung, a.a.O., S. 107ff

[14] Diese Vorgehensweise wird bei sogenannten "cross-cultural studies" explizit empfohlen. Vgl. Adler, N. L. A Typology of Management Studies Involving Cultures, in: Journal of International Business Studies, Vol. 14, Fall 1983, S. 29-47; Sekaran, U., Methodological and Theoretical Issues and Advancements in Cross-Cultural Research, in: Journal of International Business Studies, Vol. 14, Fall 1983, S. 61-73.

[15] Der Fragebogen in englischer sowie in japanischer Sprache befindet sich in Anhang 4.

strategischer Fragestellungen zugesprochen werden kann.[16] Sie bekamen ein ausführliches Anschreiben, ein Empfehlungsschreiben sowie den eigentlichen Interviewbogen übersandt. Telefonische Rückfragen im Falle von Verständigungsschwierigkeiten wurden ausdrücklich erbeten.

Ähnlich wurden nicht-japanische Unternehmen zunächst brieflich informiert und anschließend direkt telefonisch kontaktiert und um Teilnahme an der Befragung gebeten. Dabei waren die Ansprechpartner i.d.R. bereits im voraus (anhand von Mitgliederverzeichnissen der Außenhandelskammern in Tokyo) identifiziert worden.[17] Im Unterschied zu den Ansprechpartnern in japanischen Unternehmen wurden vorwiegend Personen der 1. Führungsebene (i.d.R. Geschäftsführung) kontaktiert, die sich entweder persönlich zur Verfügung stellten oder an einen geeigneten Ansprechpartner verweisen konnten. Ihnen wurde nachfolgend der Fragebogen, auf Wunsch in englischer oder japanischer Sprache, zugesandt.

Basierend auf dieser systematischen Vorgehensweise konnten 93 von 196 Unternehmen der Stichprobe zur Teilnahme an der schriftlichen Befragung gewonnen werden. Dies entspricht einer Rücklaufquote von 47,4%.[18] Der Erhebungszeitraum erstreckte sich von August bis Dezember 1992.

1.2 Untersuchungsdesign

In der nachfolgenden produktgruppenspezifischen Analyse vertikaler Marketing-Systeme wird eine Sequenz von Untersuchungen durchgeführt, die sowohl auf Sekundär- als auch Primärdaten basiert.

Die Primärdaten, die im Rahmen der oben angeführten Methodik erhoben wurden, werden auf der Basis deskriptiver Häufigkeitsanalysen ausgewertet, wobei insbesondere relative Häufigkeits- und Mittelwertberechnungen Anwendung finden. Zur Analyse des Datenmaterials wurde das Programmpaket SPSS (Statistical Package for the Social Sciences) eingesetzt.[19]

---

16 Interviews mit Key Informants sind in der empirischen Sozialforschung verbreitet und bilden die Grundlage einer Vielzahl von Untersuchungen zur Strategieforschung im Rahmen vertikaler Wettbewerbsbeziehungen. Vgl. Phillips, L. W., Assessing Measurement Error in Key Informant Reports: A Methodological Note on Organizational Analysis in Marketing, in: Journal of Marketing Research, Vol. 18, S. 395ff.

17 Vgl. z. B. ACCJ (Hrsg.), Membership Directory 1992, Tokyo 1992; DIHKJ (Hrsg.), Mitgliederverzeichnis 1992, Tokyo 1992.

18 Einen graphischen Überblick der Repräsentation der Auswahlbasis durch die teilnehmenden Unternehmen der Befragung, untergliedert nach japanischen und nicht-japanischen Unternehmen sowie nach Branchen, enthält Anhang 2, Abb. 1,2.

19 Es wurden die Versionen SPSS/PC + V2.0 und V3.0 bzw. SPSS-X Release 3.0 eingesetzt. Vgl. Norusis, M. J. und SPSS Inc., SPSS/PC + Advanced Statistics TM V2.0, Chicago 1988.

Den Ausgangspunkt bilden Bestimmungsfaktoren der Ausgestaltung vertikaler Distributionsstrukturen. Ihre Bedeutung in den einzelnen Produktkategorien wird anhand von Sekundärmaterialien und Plausibilitätsüberlegungen ermittelt. Daran anschließend erfolgt eine Untersuchung der Ausprägung und Entwicklung der vertikalen Distributionsstrukturen.

Während auf der Ebene des Einzelhandels die Erhebung der Marktanteile der Betriebsformen und ihre Veränderung auf der Basis von Sekundärdaten (namhafter japanischer Handels- und Konsumforschungsinstitute) erfolgen kann, wird für die Ermittlung der aus Herstellersicht relevanten vertikalen Distributionswege die Primärerhebung ausgewertet. Neben einer Erfassung der Ist-Strukturen, in Form der prozentualen Umsatzverteilung nach Vertriebswegen (sowohl für den physischen Warenfluß als auch für die kommerziellen bzw. monetären Transaktionen), erfolgte dabei auch eine Erhebung der voraussichtlichen Umsatzverteilung im mittelfristigen Planungshorizont von 5 Jahren (1997). Diese ermöglicht eine Strukturprognose und deutet die weitere Entwicklungsrichtung an.

In einem weiteren Analyseschritt werden die Funktionsverteilung zwischen Industrie und Handel sowie die unmittelbar mit der Funktionsteilung in Zusammenhang stehende Handelsspannenaufteilung, als Indikator für die je Stufe erbrachte Wertschöpfung, erfaßt.[20]

Während die Funktionsanalyse, einschließlich einer Prognose der erwarteten künftigen Funktionsteilung, wiederum auf Basis der Primärerhebung erfolgt, greift die Analyse der Handelsspannen auf Vergangenheitsdaten zurück, die im Rahmen von Kundenstudien der Unternehmensberatung Roland Berger, Vaubel & Partner (Tokyo) ermittelt wurden. Da die Erfassung der Handelsspannen stufenübergreifend erfolgte, ermöglichen diese eine integrierte Betrachtung der Wertschöpfungskette eines vertikalen Distributionssystems.

Abschließend erfolgt übergreifend eine Verdichtung der produktgruppenspezifischen Analyseergebnisse, um die bedeutendsten Entwicklungslinien als Grundlage strategischer Entscheidungen herauszuarbeiten. Auch in diesem Untersuchungsschritt wird selektiv auf Daten der Primärforschung zurückgegriffen.

2. Analyse der Entwicklung der vertikalen Distributionsstrukturen in ausgewählten Produktgruppen

In der nachfolgenden Analyse der vertikalen Distributionsstrukturen in sechs unterschiedlichen Warengruppen wird eine jeweils dreiteilige Vorgehensweise gewählt. Nach einer kurzen Einführung in den untersuchten Markt werden zunächst jene Determinanten ermittelt, die zur Ausprägung der Strukturen der Distribution in der jeweiligen Produktkategorie

---

[20] Vgl. Kap. B, Abschn. 2.33, 2.34.

maßgeblich beigetragen haben. Unterschieden werden wettbewerbs-, produkt- und verbraucherbezogene sowie sonstige Bestimmungsfaktoren.[21] Darauf aufbauend werden die Entwicklungen der vertikalen Distributionsstrukturen untersucht sowie Entwicklungstendenzen abgeleitet. Im abschließenden Analyseschritt werden Veränderungen der Wertschöpfungssystemkette ermittelt und erste Implikationen aufgezeigt.[22]

2.1 Kosmetika und Körperpflegeprodukte

Der japanische Kosmetik- und Körperpflegemarkt[23] umfaßte im Jahr 1990 ein Einzelhandelsumsatzvolumen von 3.264 Mrd. Yen, gegenüber 2.297 Mrd. Yen im Jahr 1982. Dies entspricht einer durchschnittlichen Jahreswachstumsrate von 4,5%. Die wichtigsten Teilsegmente bilden Hautpflegeprodukte (39,6%), Haarpflegeprodukte (32,6%) und dekorative Kosmetik (23,4%), gefolgt von sonstigen Kosmetikprodukten (2,8%) und Parfüm (1,6%).[24]

(1) Determinanten der Distributionsstrukturen

Zu den wichtigsten Einflußfaktoren der Distribution von Kosmetik- und Körperpflegeprodukten zählen die Wettbewerbsstrukturen. Anzuführen ist eine hohe Angebotskonzentration, die jedoch seit 1980 einen rückläufigen Trend aufweist. So vereinigten die fünf größten Hersteller im Jahr 1990 noch einen kumulierten Marktanteil von 65,5% (1980:

---

[21] Die wettbewerbsbezogenen Determinanten umfassen die Wettbewerbsstrukturen eines Marktes (Art, Anzahl, Größe, Marktanteil, Absatzprogramm etc. der konkurrierenden Unternehmen) sowie das Wettbewerbsverhalten (z. B. Handelspraktiken) der Marktteilnehmer. Produktbezogene Determinanten beinhalten neben gebrauchstechnischen Produkteigenschaften (z. B. Stoff, Größe, Gewicht, Verderblichkeit, Erklärungs-, Beratungs- und Wartungsbedürftigkeit) soziale und kulturelle Produktcharakteristika (z. B. Prestigewert, Zusatznutzen, Image). Zu den verbraucherbezogenen Determinanten der Distribution zählen Bedarfsmenge, Bedarfshäufigkeit, Bedarfsdifferenzierung und Informationsverhalten sowie Anforderungen an die Hersteller- und Handelsleistung. Sonstige, umweltbezogene Determinanten umfassen z. B. rechtliche Begrenzungsfaktoren, wie Lizenzen oder Preisbindungen der Zweiten Hand. Vgl. Ahlert, D., Distributionspolitik, a.a.O., S. 178. Die von Ahlert weiterhin aufgeführten absatzmittlerbezogenen Determinanten (z. B. Art, Anzahl, Standorte, Übernahme von Handelsfunktionen, Machtpositionen, Zusammenarbeit mit Lieferanten) wurde ausführlich in der institutionenorientierten Analyse in Kap. C, Abschn. 3 behandelt. Wie die Ausführungen japanischer Autoren zeigen, können als Determinanten vertikaler Distributionsstrukturen in Japan die gleichen Faktoren unterstellt werden, wie in westlichen Ländern. Vgl. Maruyama, M., A Country Study on the Japanese Distribution System, a.a.O., S. 31ff; Industrial Bank of Japan (Hrsg.), Changing Japanese Distribution System, in: IBJ Review, Industrial Research, No. 9, Tokyo, February 20, 1990, S. 4.

[22] Aufgrund einer - bedingt durch die geringe Stichprobe - eingeschränkten Repräsentativität der befragten nicht-japanischen Hersteller wird bei der produktspezifischen Analyse auf eine differenzierte Betrachtung japanischer und nicht-japanischer Unternehmen verzichtet. Stattdessen bilden alle 93 befragten Hersteller die Gesamtstichprobe, aus der die produkt- bzw. branchenbezogenen Teilstichproben (basierend auf der Branchenzugehörigkeit der befragten Unternehmen) extrahiert werden.

[23] D.h. die Märkte für gehobene, vorwiegend dekorative Kosmetik und für Toiletterien/Körperpflegprodukte zusammengenommen.

[24] Vgl. MITI (Hrsg.), Yearbook of Chemical Industry Statistics 1991, Tokyo 1991, S. 2ff; MIC (Hrsg.), Shakai Chosa Consumer Index, Tokyo 1991.

81,3%) im Körperpflegemarkt und 68,7% (1980: 74,3%) im Kosmetikmarkt auf sich.[25] Eng verbunden mit der Angebotskonzentration und der dadurch implizierten Herstellermacht ist ein hoher Grad der vertikalen Verflechtung zwischen Herstellern und Absatzmittlern. So gaben 43% der im Rahmen dieser Arbeit befragten Kosmetikhersteller an, eine vertikale Verbundgruppe (Keiretsu) zu organisieren. Die Verbindungen zum Großhandel beruhen auf langfristigen Beziehungen, die häufig vertraglich abgesichert sind (Tokuyakuten-System). Warenrücknahmesysteme bilden in diesem Umfeld eine weit verbreitete Handelspraxis.[26]

Maßgeblich wirken auch produktbezogene Einflußfaktoren auf die Distribution ein. Durch z.T. wissenschaftlich fundierte Anwendungsformen sowie künstlich geschaffene Images (Zusatznutzen) wird eine Produktdifferenzierung seitens der Hersteller in Produkte des gehobenen Bedarfs (z.B. Parfum, Make-up, Pflegeserien), sowie den Massenmarkt (Shampoo, Spülungen, Lotionen etc.) erreicht.[27]

Diese Marktsegmentierung in ein Exklusiv- sowie ein Volumensegment reflektiert sich in den Distributionswegen. Zu unterscheiden sind:[28]

- die "Offene Route",
- die "Geschlossene Route",
- die "Haus-zu-Haus Route".

Die "Offene Route" erschließt das Volumensegment von Produkten mit hoher Bedarfshäufigkeit über eine breite Anzahl von herstellerunabhängigen Absatzmittlern und den Selbstbedienungseinzelhandel. Dabei ist der Informationsbedarf seitens der Konsumenten eher gering, die Anforderungen an die Handelsleistung entsprechend niedrig.

Demgegenüber erfaßt die "Geschlossene Route" den Exklusivvertrieb über herstellereigene Verkaufsgesellschaften und vertraglich gebundene Einzelhändler, sowie Kosmetikdepots in Warenhäusern. Sie ermöglicht die kontrollierte Umsetzung von Marketing-Konzeptionen der Hersteller und wird insbesondere für erklärungsbedürftige und beratungsintensive Produkte gewählt, die hohe Anforderungen an die Handelsleistung aus Verbrauchersicht implizieren.

Anzuführen ist abschließend die Beeinflussung der Preispolitik des Handels durch kartellrechtliche Ausnahmeregelungen. So unterliegen bis zum 1. April 1993 noch 25

---

[25] Vgl. Yano Keizai Kenkyusho (Hrsg.), Market Share in Japan 1990, Tokyo 1990, S. 359-362; derselbe, Market Share in Japan 1981, Tokyo 1981, S. 1120-1140; vgl. Anhang 2, Tab. 1.
[26] Vgl. Kap. D, Abschn. 3.2, Abb. 61.
[27] Vgl. Roland Berger, Vaubel & Partner (Hrsg.), Market Study on the Japanese Retail Market of Hair Care Products, unveröffentlichte Kundenstudie, Tokyo 1992, Kap. 1.1.
[28] Vgl. Dodwell Marketing Consultants (Hrsg.), Retail Distribution in Japan, a.a.O., S. 151ff; JETRO (Hrsg.), Your Market in Japan: Cosmetics, No. 28, 3rd ed., Tokyo, March 1990, S. 13ff.

Produktgruppen mit einem Durchschnittsproduktstückpreis von unter Yen 1.000 der Preisbindung der Zweiten Hand, darunter umsatzstarke Produkte wie Shampoo, Spülungen, Nagellack etc. Bis 1997 erfolgt eine schrittweise Liberalisierung.[29] Folge dieser Preisbindungserlaubnis war ein eingeschränkter und durch die Hersteller weitgehend kontrollierter Preiswettbewerb auf Einzelhandelsebene, durch den vor allem kleine Kosmetikfachgeschäfte geschützt wurden.[30]

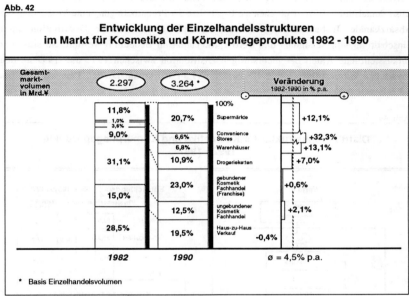

Abb. 42

Entwicklung der Einzelhandelsstrukturen im Markt für Kosmetika und Körperpflegeprodukte 1982 - 1990

* Basis Einzelhandelsvolumen

Quelle: MIC (Hrsg.), Shakai Chosa Consumer Index, Tokyo 1991

(2) Entwicklung der vertikalen Distributionsstrukturen

Eine quantitative Differenzierung des Distributionssystems für Kosmetika und Körperpflegeartikel nach den Formen der "Offenen" und "Geschlossenen" Vertriebsroute ist problembehaftet, da insbesondere große japanische Hersteller, wie Shiseido oder Kanebo, beide Systeme benutzen.[31] Einen Anhaltspunkt für eine näherungsweise Aufteilung der Routen bieten die Einzelhandelsstrukturen. Während Supermärkte, Convenience Stores und Drogerieketten, die zusammen 38,2% Marktanteil erreichen, der "Offenen Route" zugerechnet werden können, fallen Warenhäuser, der gebundene Kosmetik-Fachhandel sowie

---

29 Vgl. Kap. C, Abschn. 2.1142.
30 Vgl. Roland Berger, Vaubel & Partner (Hrsg.), Likely Effects of the Resale Price Maintenance Lifting on the Distribution of Cosmetics and OTC Drugs in Japan, a.a.O., S. 17ff.
31 Vgl. Dodwell Marketing Consultants (Hrsg.), Retail Distribution in Japan, a.a.O., S. 152f.

weite Teile des ungebunden Kosmetik-Fachhandels der "Geschlossenen Route" zu. Ihnen ist ein kumulierter Marktanteil von ca. 40% zuzurechnen, so daß beide Routen etwa gleichwertig vertreten sind *(vgl. Abb. 42)*. Dabei wachsen die Betriebsformen der "Offenen" Distribution jedoch deutlich schneller, so daß mittelfristig für die "Geschlossene Route" mit einem rückläufigen Marktanteil zu rechnen ist.

Betrachtet man in einem weiteren Analyseschritt die Entwicklung der Zahl der Absatzkanalstufen, so verdeutlichen die Ergebnisse der Primärbefragung eine Verkürzung der Absatzkanäle. Insbesondere wird erwartet, daß die mehrstufige Distribution unter Einschaltung von Sekundär- und Tertiärgroßhandel an Bedeutung verliert. So sinkt der voraussichtliche Anteil der mehrstufigen Distribution zwischen 1992 und 1997 an den physischen Warenströmen um 8,4%-Punkte und an den kommerziellen Transaktionen um 6,7%-Punkte *(vgl. Abb. 43)*.

Abb. 43

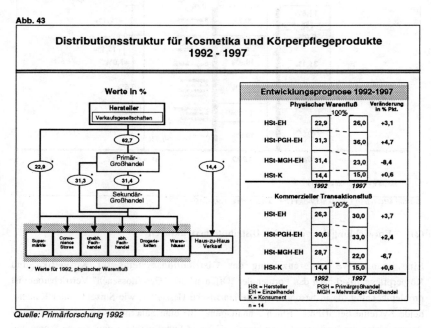

Quelle: Primärforschung 1992

Die erwartete, langsame Ausschaltung des Sekundär- und Tertiärgroßhandels bei kommerziellen Transaktionen läßt sich damit begründen, daß langfristige Geschäftsbeziehungen in Japan nicht abrupt vollständig beendet werden. So wird der Sekundär-Großhandel zwar nicht mehr in den physischen Warenfluß einbezogen, kann jedoch noch Funktionen der Auftragsabwicklung, so z.B. das Inkasso von kleinen Einzelhändlern, ausüben.[32] Analog zur Verringerung des Anteils der mehrstufigen Distribution wird eine Steigerung von Direktbelieferungen des Einzelhandels sowie eine Ausdehnung des Primär- bzw. Direkttransaktionsgroßhandels erwartet.

Die empirischen Analyseergebnisse lassen sich am Beispiel des größten Herstellers von Körperpflegeprodukten, der Kao Corporation, verdeutlichen.[33] So begann Kao bereits 1966 damit, lokale und regionale Großhändler, die exklusiv für Kao arbeiteten, zu Kao-Vertriebsgesellschaften, sogenannte Hansha, zu fusionieren, an denen die ehemaligen Großhändler jedoch die Mehrheitskapitalbeteiligung halten. Heute existieren 13 solcher Hansha, und bis 1997 ist eine weitere Verschmelzung auf 8 Exklusiv-Großhandlungen geplant.[34] Das Hansha-System gilt als die fortschrittlichste Distributionsorganisation im Rahmen der "Offenen" Vertriebsroute.[35]

(3) **Entwicklung des vertikalen Wertschöpfungssystems**

Relevant für die Entwicklung des vertikalen Wertschöpfungssystems ist die Verteilung der Distributions- und Marketingfunktionen, die in den Handelsspannen ihr wertmäßiges Äquivalent finden.[36]

Eine Analyse der Ergebnisse der im Rahmen dieser Arbeit durchgeführten Herstellerbefragung verdeutlicht, daß die befragten Unternehmen von einer Festigung der Position des Herstellers in der Wertschöpfungskette ausgehen. Wie in *Abbildung 44* dargestellt, werden dabei zunehmend Großhandelsfunktionen, wie z.B. die Auftragsabwicklung, die Lagerhaltung und die Logistik, federführend von den Herstellern übernommen. Deutlichen Einfluß erwarten die Hersteller weiterhin auf der Einzelhandelsebene in den Funktionen Regalpflege und POS-Marketing. Für den Prognosezeitraum 1992-1997 wird antizipiert, daß der Großhandel maßgeblich nur noch an den Funktionen Lagerhaltung und Transport beteiligt werden wird, sich mithin auf physische Distributionsfunktionen spezialisiert. Der Einzelhandel hingegen gewinnt an Funktionsverantwortung, und zwar insbesondere im Einkauf und im Verkauf.

---

32 Vgl. zur fortlaufenden Einbeziehung von Großhändlern, auf die unter rationalen Gesichtspunkten verzichtet werden könnte, z. B. Batzer, E., Laumer, H., Deutsche Unternehmen im Japangeschäft, a.a.O., S. 73.
33 Vgl. Anhang 2, Tab. 1.
34 Vgl. Kao Corporation (Hrsg.), Changing Distribution Environment in the 1990s, Interne Dokumentation, Tokyo 1991, S. 15.
35 Vgl. Kuya, M., Kao's Marketing Strategy and Marketing Intelligence System, in: Journal of Advertising Research, April/Mai 1990, S. 20-25.
36 Vgl. Kap. B, Abschn. 2.34.

Abb. 44

Entwicklung der Funktionsverteilungen in der Distribution von Kosmetika und Körperpflegeprodukten

n = 14

Funktion	Produktplanung + Entwickl.	Konsumentenwerbung	Auftragsabwicklung	Lagerhaltung	Transport/Logistik	Einkauf	Merchandising	POS-Marketing	Verkauf, Preissetzung
bisher	HSt autark	Verkaufsförderung gemeinsam mit EH	Funktionsverteilung HSt-GH	HSt eigene Verkaufsgesellschaften dominieren	HSt eigene Verkaufsgesellschaften dominieren	GH bedeutender Entscheidungsträger auch im EH	HSt und GH mit deutlichem Einfluß	HSt und GH mit deutlichem Einfluß	Preisbindung durch HSt. Großer Einfluß HSt
künftig	ggf. Kooperation mit EH	keine Änderung	zunehmende Funktionsübernahme durch HSt von GH	GH behauptet Position in "offener Route" EH ausgeschaltet	GH gewinnt an Bedeutung EH spielt keine Rolle	GH verliert Position EH baut POS aus	EH beschränkt Zugang GH verliert Einfluß	Kooperation HSt-EH GH verliert Bedeutung	EH übernimmt Kontrolle

1992

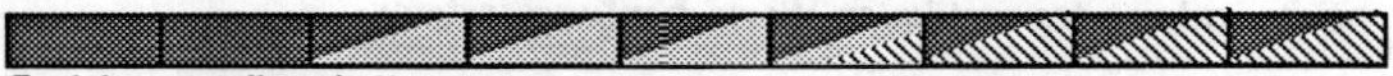

Funktionsverteilung in %									
Hst.	100,0	93,0	60,0	58,0	57,0	33,0	48,0	48,0	50,0
GH	0,0	0,0	40,0	38,0	39,0	28,0	19,0	13,0	18,0
EH	0,0	7,0	0,0	4,0	4,0	39,0	33,0	39,0	32,0

1997

Funktionsverteilung in %									
Hst.	100,0	93,0	75,0	63,0	59,0	46,0	53,0	56,0	40,0
GH	0,0	0,0	25,0	37,0	41,0	0,0	6,0	5,0	7,0
EH	0,0	7,0	0,0	0,0	0,0	54,0	41,0	39,0	53,0

Funktionsdominanz:
▓ = Hersteller (HSt) ▭ = Großhandel (GH) ▨ = Einzelhandel (EH)

Quelle: Primärforschung 1992

In letzterem Bereich wird der Einzelhandel durch die Aufhebung der Preisbindung der Zweiten Hand begünstigt.[37]

Diese Entwicklung spiegelt sich in der vergangenheitsorientierten Betrachtung der Handelsspannen zwischen 1979 und 1992 wider. Während der Großhandel zwischen -0,6 und -2,1%-Punkten an Marge verlor, konnte der Einzelhandel bis zu 5%-Punkte gewinnen.[38] Führt man die zukunftsorientierte Betrachtung der Funktionsverteilung mit der vergangenheitsorientierten Handelsspannenanalyse zusammen, so ist von einer weiteren Erosion der Großhandelsmargen auszugehen.

Für das vertikale Marketing der Kosmetik und Körperpflegehersteller bedeutet dies, daß eine konsequente Zusammenarbeit mit dem Einzelhandel zur Sicherung des Einflusses in dessen

---

[37] Vgl. Roland Berger, Vaubel & Partner (Hrsg.), Likely Effects of the Resale Price Maintenance Lifting on the Distribution of Cosmetics and OTC Drugs in Japan, a.a.O., S. 18.
[38] Vgl. Anhang 2, Tab. 2.

Funktionen erforderlich ist. Dies gilt insbesondere für die "Offene Route", in der eine zunehmende Verbreitung von Drogerie-Discountern zu erwarten ist,[39] die eine konstante Preispolitik von Markenherstellern langfristig gefährden. Im Exklusiv-Vertrieb der "Geschlossenen Route" werden die Hersteller ihre Vertragshändler bzw. affiliierten freiwilligen Ketten bei deren Profilierung durch Service und Preiskompetenz sowie innovative Ladengestaltungskonzepte unterstützen müssen, um eine Konkurrenzfähigkeit zu gewährleisten.

2.2 Pharmazeutika

Der Gesamtmarkt für Pharmazeutika umfaßte im Jahr 1990 ein Umsatzvolumen von 5,595 Mrd. Yen und entwickelte sich im Zeitraum 1980 - 1990 mit einer durchschnittlichen Jahreswachstumsrate von 4,9%.[40] Gemäß gesetzlicher Definition differenziert sich der Markt in verschreibungsfreie und verschreibungspflichtige Medikamente.[41] Die Ausführungen konzentrieren sich im folgenden auf verschreibungsfreie Pharmazeutika, die den Distributionsmustern von Verbrauchsgütern weitgehend folgen.[42]

Verschreibungsfreie Pharmazeutika erreichten im Jahr 1990 einen Anteil von 14,6% am Gesamtmarkt, entsprechend einem Umsatzvolumen von 816,9 Mrd. Yen. Sie verzeichneten ein durchschnittliches Wachstum von 5,7% p.a. im Zeitraum 1980 - 1990, eine Entwicklung, die u. a. auf eine veränderte Einstellung des japanischen Gesundheitsministeriums zurückzuführen ist. So wird in der Selbstmedikation mit verschreibungsfreien Arzneien ein Weg zur Eindämmung der Kostenexplosion im Gesundheitswesen gesehen.[43]

(1) Determinanten der Distributionsstrukturen

Die Distribution verschreibungsfreier Pharmazeutika ist durch einen relativ begrenzten Grad der Angebotskonzentration gekennzeichnet.[44] Nur durchschnittlich ausgeprägt ist der Grad vertikaler Verflechtungen, der im Regelfall nur die Großhandelsstufe umfaßt. Der Einzelhandel arbeitet mit einer Vielzahl von Anbietern zusammen, mit denen z. T. vertragliche Vereinbarungen bestehen. Jedoch ist nur wenigen Herstellern der Aufbau eines

---

[39] Vgl. zum Wachstum der Drogerie-Discounter Kap. C, Abschn. 3.3222, Abb. 35.
[40] Vgl. Ministry of Health and Welfare (Hrsg.), Statistics on Trends in Drug Production, Tokyo 1990, S. 1f. Das Umsatzvolumen berechnet sich auf Basis der Herstellerumsätze ab Werk.
[41] Letztere unterscheiden sich in der Distribution jedoch grundlegend von den im Rahmen dieser Arbeit zu behandelnden Konsumgütern, indem zwingend die Beratungsleistung durch einen Arzt vor dem Produkterwerb erforderlich ist. Vgl. JETRO (Hrsg.), Your Market in Japan: Pharmaceuticals, No. 22, 3rd ed., Tokyo, March 1992, S. 1.
[42] Vgl. Roland Berger, Vaubel & Partner (Hrsg.), OTC Drug Distribution System in Japan, unveröffentlichte Kundenstudie, Tokyo 1992, S. 69ff.
[43] Vgl. JETRO (Hrsg.), Your Market in Japan: Pharmaceuticals, a.a.O., S. 11.
[44] Vgl. Anhang 2, Tab. 1.

Netzes exklusiv gebundener Einzelhändler gelungen.[45] Diese Beobachtungen decken sich mit den Ergebnissen der Primärbefragung, in der nur 27% der befragten Händler angaben, ein vertikales Verbundsystem zu organisieren. Weiterhin wird den traditionellen Handelspraktiken in der Pharmadistribution ebenfalls keine überdurchschnittliche Bedeutung beigemessen.[46]

Unter den produktbezogenen Einflußfaktoren der Distribution ist insbesondere eine aufwendige Produktdifferenzierung hervorzuheben. Produktdifferenzierung und Durchsetzung eines Produktnutzens sind mit hohen Forschungs- und Entwicklungsaufwendungen und/oder einem intensiven Einsatz des Marketinginstrumentariums verbunden.[47] Letzterer kann entweder in einer Betonung des persönlichen Verkaufs (Distributions-Push in Form von Ärzte- und Einzelhandlungsschulungen) oder der Endverbraucherwerbung (Distributions-Pull) bestehen.[48] Je nach Schwerpunkt der Produktpolitik (Differenzierung oder Kostenführerschaft) ist ein Bemühen der Hersteller festzustellen, eine enge Zusammenarbeit mit dem Einzelhandel (z. B. durch Schulungen oder die Einrichtung von Depots) zu erreichen, oder aber die Produkte möglichst breit zu distribuieren.

Als verbraucherbezogene Determinante unterscheidet sich der Beratungsbedarf je nach Produktgruppe. Während vorbeugende und gesundheitsstärkende rezeptfreie Pharmazeutika den Charakter von Gütern des täglichen Bedarfs annehmen können (z.B. Vitamine), erfolgt der Erwerb beschwerdelindernder Medikamente in aperiodischen Bedarfsabständen (z.B. Erkältungsmittel). Neben der Selbstdiagnose ist dann der Rat eines qualifizierten Apothekers erwünscht. In diesem Zusammenhang determinieren rechtliche Einflußfaktoren die Distribution.[49] So wirken Einzelhandelslizenzen, die nur an Verkaufsstätten mit ausgebildetem Apotheker vergeben werden, schützend für den Verbraucher, erschweren jedoch das Wachstum moderner Selbstbedienungsbetriebsformen in dieser Produktgruppe. Weiterhin greift, analog zum Kosmetikvertrieb bei einer Reihe von rezeptfreien Pharmazeutika, die Preisbindung der Zweiten Hand. Darunter befinden sich z. B. Erkältungsmittel, Vitamine und Vitamingetränke, Hals-, Nasen- und Ohrenmedikamente.[50] Folglich wurde eine dynamische Entwicklung des Einzelhandels bislang verhindert, so daß insgesamt noch ein Machtübergewicht der Angebotsseite vorliegt, trotz eines begrenzten Konzentrationsgrades.[51]

---

45 Vgl. Roland Berger, Vaubel & Partner (Hrsg.), OTC Drug Distribution System in Japan, a.a.O., S. 6, 10.
46 Vgl. Kap. D, Abschn. 3.2, Abb. 61.
47 Vgl. Roland Berger, Vaubel & Partner (Hrsg.), OTC Drug Distribution System in Japan, a.a.O., S. 10f.
48 Vgl. ebenda, S. 11.
49 Vgl. ebenda, S. 70.
50 Vgl. Kap. C, Abschn. 2.1142.
51 Vgl. Roland Berger, Vaubel & Partner (Hrsg.), Likely Effects of the Resale Price Maintenance Lifting on the Distribution of Cosmetics and OTC Drugs in Japan, a.a.O., S. 20ff.

(2) Entwicklung der vertikalen Distributionsstrukturen

Den Ausgangspunkt der Entwicklung der vertikalen Distributionsstrukturen bildet die seit Ende der 80er Jahre akzellerierte Veränderung der Einzelhandelsstrukturen. Überdurchschnittliche Zuwachsraten erzielten im Betrachtungszeitraum 1980-1990 insbesondere herstellerabhängige Drogerieketten sowie die großflächigen Betriebsformen Supermarkt und Warenhaus *(vgl. Abb. 45)*. Letztere haben sich, angezogen durch attraktive Einzelhandelsmargen, zunehmend im Pharmamarkt engagiert, z. T. durch Gründung eigenständiger Filialketten für Drogeriewaren. Sinkende Marktanteile verzeichnen unabhängige Drogerien und Apotheken, wenngleich sie immer noch 73% des Einzelhandelsumsatzes auf sich vereinigen. Folglich ist noch auf absehbare Zeit die Aufrechterhaltung dualer Absatzmärkte für groß- und kleinflächige Betriebsformen erforderlich.

Abb. 45

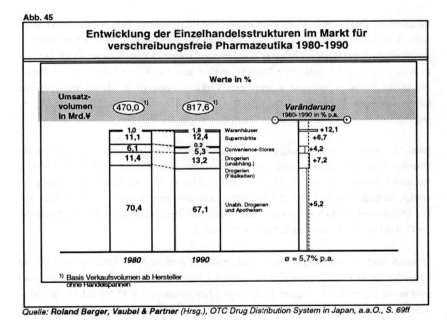

Quelle: Roland Berger, Vaubel & Partner (Hrsg.), OTC Drug Distribution System in Japan, a.a.O., S. 69ff

Drei Arten von Herstellern mit unterschiedlichen Distributionswegen sind im Markt der verschreibungsfreien Medikamente zu unterscheiden:[52]

---

52 Vgl. Roland Berger, Vaubel & Partner (Hrsg.), OTC Drug Distribution System in Japan, a.a.O., S. 7, 56ff. Die Residualgröße in Höhe von 6,3% entfällt auf sonstige, nicht klassifizierte Hersteller.

- Chain-kei-Hersteller (Typ-A) vertreiben überwiegend verschreibungsfreie Medikamente an ein affiliiertes Netz von Einzelhändlern, unter vollständiger Umgehung des Großhandels. Sie verzeichneten 1990 einen Marktanteil von 35,8%.

- Shinyaku-kei-Hersteller (Typ-B), deren Kerngeschäft verschreibungspflichtige Arzneien bilden, vertreiben ihre Produkte nahezu ausschließlich über einen vertraglich gebundenen oder vertikal integrierten Großhandel. Der Einzelhandel ist nicht gebunden. Ihr Marktanteil beträgt 36,6%.

- Kateiyaku-kei-Hersteller (Typ-C), die ausschließlich verschreibungsfreie Pharmazeutika anbieten, vertreiben ihre Produkte ebenfalls über den Großhandel, der jedoch i.d.R. nicht vertraglich gebunden ist. Ihr Marktanteil beträgt 21,3%.[53]

Im Zeitraum 1980-1990 konnten insbesondere die Hersteller des Typs A ihren Marktanteil ausweiten (+6,1%-Punkte), was auf eine intensive Betreuung des affiliierten Einzelhandels zurückzuführen ist. Ebenfalls Marktanteile gewinnen konnten Hersteller vom Typ B (+1,0%-Punkt), bedingt durch gelungene Produkttransfers aus dem Bereich der verschreibungspflichtigen Produkte sowie ein ausgeprägtes Verkaufsmanagement. Marktanteile verloren haben hingegen Hersteller vom Typ B (-7,6%), die weder über Produktdifferenzierungsvorteile noch über eine straffe Distributionskontrolle verfügen.

Betrachtet man die Entwicklung der vertikalen Distributionsstrukturen anhand der in die Distribution eingeschalteten Stufen, so ist auf Basis der in der Primäruntersuchung befragten Hersteller festzustellen, daß die physische Distribution zu 40% direkt an den Einzelhandel erfolgt, im Gegensatz zu 32,7% der kommerziellen/monetären Transaktionen *(vgl. Abb. 46)*. Die Differenz ergibt sich aus einem hohen Anteil von zwischengeschalteten Großhändlern, die Delkredere- und Finanzierungsfunktionen ausüben.

Dennoch wird erwartet, daß der Anteil der direkten Einzelhandelsbelieferung bis 1997 auf 54% aller Transaktionen ansteigt. Der Anteil der Distribution über den Primärgroßhandel wird in der physischen Warenverteilung im gleichen Zeitraum von 47.3% auf 40.0% und in den kommerziellen Transaktionsströmen von 57.3% auf 40.0% sinken. Die mehrstufige Distribution über Sekundär- und Tertiärgroßhändler verliert damit weiter an Bedeutung und läßt verstärkte vertikale Integrationsbewegungen und Fusionen auf der Großhandelsebene erwarten.[54]

---

53 Vgl. Roland Berger, Vaubel & Partner (Hrsg.), OTC Drug Distribution System in Japan, a.a.O., S. 53ff.
54 Vgl. ebenda, S. 19.

Abb. 46

Distributionsstruktur für verschreibungsfreie Pharmazeutika 1992 - 1997

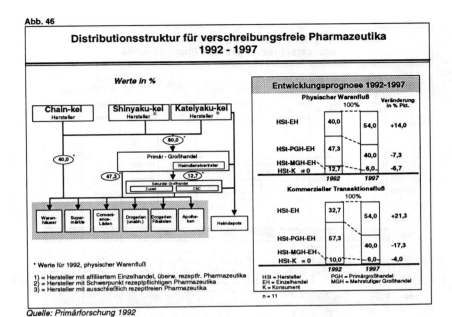

Quelle: Primärforschung 1992

(3) Entwicklung des vertikalen Wertschöpfungssystems

Eine Analyse der Handelsmargenentwicklung zwischen 1979 und 1992 verdeutlicht die zunehmende Ausschaltung von Großhandelsstufen in der Pharmadistribution. Während sich die Großhandelsspannen um -2,3% bis -4,1% auf durchschnittlich 15% verringerten, konnte der Einzelhandel seinen Margenanteil um bis zu 10% auf eine durchschnittliche Einzelhandelsspanne von 30-35% steigern.[55]

Die Verteilung der Handelsspannen reflektiert sich wiederum in der erwarteten künftigen Funktionsverteilung innerhalb des Wertschöpfungssystems *(vgl. Abb. 47)*. Für die Funktionen der Lagerhaltung und des Transports wird erwartet, daß diese künftig den Schwerpunkt der Großhandelsaktivitäten bilden. Diese Spezialisierung und Beschränkung unterstützt die oben formulierte Hypothese einer zunehmenden Großhandelskonsolidierung. In den einzelhandelsbezogenen Funktionen übernimmt der Einzelhandel künftig die eindeutige Führungsrolle, der Großhandel wird aus Einkauf, Regalpflege und POS-Marketing verdrängt, die Hersteller verlieren ihren Einfluß im Verkauf durch die Aufhebung der Preisbindung der Zweiten Hand.

---

55 Vgl. Roland Berger, Vaubel & Partner (Hrsg.), OTC Drug Distribution System in Japan, a.a.O., S. 108ff, vgl. Anhang 2, Tab. 2.

Abb. 47

Entwicklung der Funktionsverteilungen in der Distribution von verschreibungsfreien Pharmazeutika

n = 11 Funktion	Produktplanung + Entwickl.	Konsumentenwerbung	Auftragsabwicklung	Lagerhaltung	Transport/ Logistik	Einkauf	Merchandising	POS-Marketing	Verkauf, Preissetzung
bisher	HSt dominiert	HSt dominiert	Teilw. Abwicklung über GH	Funktionsteilung HSt/GH	Funktionsteilung HSt/GH	GH disponiert für EH	GH / EH Funktionsteilung	GH mit hohem Einfluß	HSt setzt Preise fest
künftig	keine Änderung	GH verliert Einfluß vollständig	GH festigt Position	GH baut Warenwirtschaft auf und gewinnt an Bedeutung	Konzentration des GH/ Spezialisierung auf Logistik	EH baut Autonomie auf EH entw. POS-Systeme	EH übernimmt Führung	EH übernimmt Führung Kooperation mit HSt	EH erringt volle Kontrolle

1992

Funktionsverteilung in %

Hst.	100,0	92,0	73,0	46,0	46,0	12,0	29,0	24,0	56,0
GH	0,0	8,0	27,0	54,0	54,0	47,0	35,0	41,0	11,0
EH	0,0	0,0	0,0	0,0	0,0	41,0	36,0	35,0	33,0

1997

Funktionsverteilung in %

Hst.	100,0	100,0	70,0	18,0	18,0	9,0	29,0	31,0	9,0
GH	0,0	0,0	30,0	82,0	82,0	9,0	28,0	0,0	0,0
EH	0,0	0,0	0,0	0,0	0,0	82,0	43,0	69,0	91,0

Funktionsdominanz:
▓ = Hersteller (HSt) ▒ = Großhandel (GH) ▧ = Einzelhandel (EH)

Quelle: Primärforschung 1992

Für das vertikale Marketing der Hersteller läßt sich zusammenfassend feststellen, daß, wie am Beispiel des Erfolgs der Typ-A-Hersteller verdeutlicht, eine enge Anbindung des Einzelhandels durch aktive Zusammenarbeit in der Sortimentsgestaltung, der Regalpflege und im POS-Marketing zum wesentlichen Erfolgsfaktor wird. Die physische Distribution sollte vollständig dem Großhandel überlassen werden, ohne daß dadurch Profilverluste entstehen.

2.3 Nahrungsmittel

Der Markt für verarbeitete Nahrungsmittel expandierte im Zeitraum 1980-1990 um durchschnittlich 4,7% p.a. und erreichte im Jahr 1990 ein Gesamtumsatzvolumen von 15.850 Mrd. Yen.[56] Um eine nähergehende Analyse der vertikalen Distributionsstrukturen für

---

[56] Dabei handelt es sich um das Volumen der inländischen Produktion. In der Kategorie der verarbeiteten Nahrungsmittel enthalten sind: Milch und Molkereiprodukte, Nahrungsmittel in Dosen, Kaffee, Tee, verarbeitete Fisch- und Fleischprodukte, Öle, Mehl und Mehlspeisen, Süßwaren (einschl. Schokolade), Zucker, Tiefkühlkost, Fertiggerichte, sonstige verarbeitete landwirtschaftliche und maritime Produkte. Nicht enthalten sind alkoholische und nicht-alkoholische Getränke. Vgl. Dodwell Marketing

Nahrungsmittel sowie deren produktspezifischen Determinanten zu ermöglichen, werden die nachfolgenden Ausführungen am Beispiel der Teilmärkte Bohnenkaffee und Schokolade, jeweils nur Heimverzehr, näher erläutert.[57] Sie erreichten 1990 ein Umsatzvolumen von 170 bzw. 287 Mrd. Yen. Während der Markt für Bohnenkaffee im Zeitraum 1980-1990 eine Wachstumsrate von 15,3% p.a. erzielte, stagnierte der Schokoladenmarkt bei einem Wachstum von nur 2,3% p.a.[58]

(1)   Determinanten der Distributionsstrukturen

Die Märkte für Bohnenkaffee und Schokolade sind durch unterschiedliche Wettbewerbsstrukturen gekennzeichnet. Während die vier größten Bohnenkaffeehersteller lediglich einen kumulierten Marktanteil von 48,7% im Jahr 1990 auf sich vereinigten, betrug der Konzentrationsgrad bei Schokolade 69% und muß als signifikant bezeichnet werden.[59] Folge der Angebotskonzentration im Schokolademarkt ist ein, trotz Marktstagnation, bislang ausgebliebener Preiswettbewerb.[60]

Für beide Märkte gleichermaßen gilt eine begrenzte Bedeutung vertikaler Verflechtungen. Während Kaffeeröster i.d.R. enge Beziehungen zu Kaffee-Shop-Filialisten unterhalten, erstreben Schokoladenhersteller eine enge Zusammenarbeit mit dem Großhandel. Letztere Form der vertikalen Kooperation läßt sich auf die Nahrungsmittel-Distribution insgesamt verallgemeinern, in der produktspezifische Verbindungen zwischen marktstarken Herstellern und Primärgroßhändlern in Form des Tokuyakuten-Systems verbreitet sind.[61] Vollständige vertikale Verbundsysteme zwischen Herstellern, Großhändlern und Einzelhändlern sind jedoch die Ausnahme. So gaben nur 32% der in die empirische Untersuchung einbezogen Nahrungsmittelhersteller an, eine vertikale Verbundgruppe zu organisieren.[62]

Wichtigste Einflußfaktoren der Nahrungsmitteldistribution sind produktbezogene Determinanten. Schokolade und Bohnenkaffee sind dabei grundsätzlich als Verbrauchsgüter zu kennzeichnen, die eine ubiquitäre, d. h. möglichst breite Distribution erfordern. Die gebrauchstechnischen Charakteristika insbesondere von Schokolade (geringes/begrenztes Volumen und Gewicht) implizieren eine Lieferungsfähigkeit in kleinen Mengen, die

---

Consultants (Hrsg.), Retail Distribution in Japan, a.a.O., S. 113; The Prime Minister's Office, Statistical Bureau (Hrsg.), Report on the Family Income and Expenditure Survey, Tokyo 1991.

[57] Die Untersuchungen lassen sich folglich lediglich für das Trockensortiment der Nahrungsmitteldistribution verallgemeinern. Sie besitzen keine Gültigkeit für Frischeproddukte.

[58] Vgl. Yano Keizai Kenkyusho (Hrsg.), Market Share in Japan 1990, a.a.O. S. 305, 310; derselbe, Market Share in Japan 1981, a.a.O., S. 911, 920.

[59] Vgl. Anhang 2, Tab. 1.

[60] Vgl. JETRO (Hrsg.), Your Market in Japan: Confectionery, No. 30, 2nd ed., Tokyo, March 1992, S. 6.

[61] Vgl. Kap. C, Abschn. 2.1131.

[62] Vgl. Kap. D, Abschn. 3.2, Abb. 61.

begrenzte Haltbarkeit erfordert kurze Lieferrhythmen und Vorkehrungen in der physischen Distribution (z.B. Schutz vor Temperaturschwankungen).

Als wesentliche, verbraucherbezogene Determinanten sind abschließend die Differenzierung der Konsumentenbedürfnisse sowie Konsumpräferenzen zu nennen. So bewirkt die Bedeutung des Geschenkmarktes in Japan eine Differenzierung der Produkte und Vertriebskanäle der Schokoladenhersteller nach volumenorientierten Betriebsformen und selektierten Exklusivvertriebsstätten (z.B. Warenhäusern).[63] Für die Kaffeedistribution spielt die Kombination von Außer-Haus-Verzehr und Einkauf für den Hausgebrauch eine Rolle. Der Marktanteil von Kaffee-Shops in der Einzelhandelsdistribution ist daher signifikant.[64]

Übergreifend kann für die Nahrungsmitteldistribution in Japan festgehalten werden, daß Formen des Massenvertriebs dominieren. Je nach Segmentierungsstrategie des Herstellers werden jedoch auch selektive Vertriebskanäle erschlossen.

(2) Entwicklung der vertikalen Distributionsstrukturen

Die oben getroffenen Aussagen werden in den Marktanteilen der Betriebsformen in den beiden ausgewählten Produktgruppen reflektiert *(vgl. Abb. 48)*. Hervorzuheben sind neben den signifikanten Marktanteilen der Supermärkte in beiden Kategorien auch die Anteile der Warenhäuser als hochwertige Einkaufsstätten für differenzierte Produkte des Geschenkmarktes, sowie der Anteil von Kaffee-Fachgeschäften und -Shops in der Kaffee-Distribution. In der Distribution von Schokolade ist weiterhin die Bedeutung von Kiosken sowie Glücksspielhallen hervorzuheben, in denen Schokoladen als Gewinne ausgegeben werden.

Die Distribution über den Großhandel hält in der physischen Warenverteilung einen Anteil von 80,2%, in den kommerziellen Transaktionsströmen 83,2%. Von den physischen Warenströmen entfielen im Jahr 1992 45% auf den Primärgroßhandel; bei den kommerziellen Transaktionsströmen betrug seine Einschaltung 57%. Diese Differenz läßt sich in der Nahrungsmitteldistribution daraus erklären, daß auch große Einzelhändler i.d.R. nicht direkt mit dem Hersteller abrechnen, sondern ausgewählte Primärgroßhändler einschalten. Es handelt sich dabei um das Choai-System, das gängige Praxis in der Lebensmitteldistribution darstellt.[65]

---

[63] Wichtigste allgemeine Geschenkanlässe für Schokoladen sind O-chugen (Jahresmitte) und O-seibo (Jahresende), sowie der St. Valentine's Day und der White Day. Vgl. Vaubel, D., Marketing für Konsumgüter in Japan, a.a.O., S. 15ff; JETRO (Hrsg.), Your Market in Japan: Confectionery, a.a.O., S. 6.

[64] Vgl. Roland Berger, Vaubel & Partner (Hrsg.), Study on the Distribution of Coffee and Confectionery Products, unveröffentlichte Kundenstudie, Tokyo 1990, S. 6ff.

[65] Vgl. Kap. C, Abschn. 2.1131.

Abb. 48

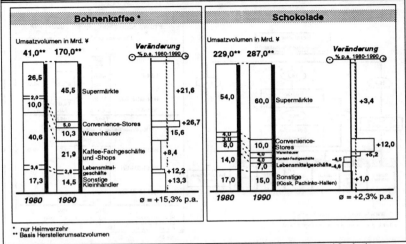

Entwicklung der Einzelhandelsstrukturen im Markt für Bohnenkaffee und für Schokolade 1980-1990

Quelle: *Roland Berger, Vaubel & Partner* (Hrsg.), Study on the Distribution of Coffee and Confectionary Products, unveröffentlichte Kundenstudie, Tokyo 1990, S. 15 ff; *Yano Keizai kenkyusho* (Hrsg.), Market Share in Japan 1990, a.a.O., S. 305, 310; *derselbe*, Market Share in Japan 1981, a.a.O., S. 911, 920

Überdurchschnittliche Zuwachsraten erzielten in beiden Produktkategorien, unabhängig von dem stark unterschiedlichen Marktwachstum, die großflächigen und modernen Betriebsformen Supermarkt und Convenience-Store. Ebenfalls überdurchschnittlich abschneiden konnten die Warenhäuser, womit auf die Expansion des Geschenkmarktes hingewiesen wird.[66]

Im Rahmen der Primärerhebungen dieser Arbeit wurde weiterhin die übergreifende Entwicklung der Absatzkanalstrukturen in der Nahrungsmitteldistribution untersucht. Wie sich herausstellte, spielt die direkte Belieferung des Einzelhandels mit einem Anteil von 15,4% an den gesamten physischen Warenströmen bislang noch eine untergeordnete Rolle *(vgl. Abb. 49)*. Gleichzeitig entfällt ein höherer Anteil der physischen als der kommerziellen Waren- und Transaktionsströme auf den mehrstufigen Großhandel, d.h., die physische Distribution, insbesondere die Just-in-Time Belieferung kleiner Bezugsmengen, wird über Sekundär- und Tertiärgroßhändler abgewickelt.[67]

---

66 Vgl. JETRO (Hrsg.), Your Market in Japan: Confectionery, a.a.O., S. 6.
67 Vgl. Dodwell Marketing Consultants (Hrsg.), Retail Distribution in Japan, a.a.O., S. 113ff.

Abb. 49

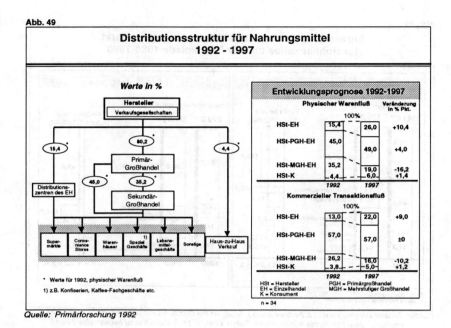

Quelle: Primärforschung 1992

Für die Zukunft wird ein signifikanter Rückgang der mehrstufigen Großhandelsdistribution antizipiert, für die im Jahr 1997 lediglich mit einem Anteil von 19% (physische Distribution) bzw. 16% (Zahlungsverkehr) gerechnet wird. Gleichzeitig weiten sich die Direktbelieferungen des Einzelhandels auf 26% bzw. 22% aus. Für den Primärgroßhandel wird insbesondere in der physischen Distribution eine Steigerung des Marktanteils erwartet.

(3) **Entwicklung des vertikalen Wertschöpfungssystems**

Greift man bei einer Analyse der Handelsspannen nochmals auf die gewählten Beispiele der Kaffee- und der Schokoladendistribution zurück, so ist für beide eine grundsätzlich vergleichbare Margenstruktur feststellbar.[68] Die Großhandelsspanne variierte in der Bohnenkaffeedistribution im Jahr 1990 zwischen 11% und 17%, in der Schokoladendistribution zwischen 9% und 18%, je nach Anzahl der eingeschalteten Stufen. Ebenso lag die Einzelhandelsspanne für beide Produkte je nach Betriebsform zwischen 25% und 30%. Unterschiede ergeben sich jedoch bei einer Betrachtung im Zeitablauf. So fand in der Kaffeedistribution ein - verglichen mit der Schokoladendistribution - höherer Margenverfall des Großhandels statt, bei gleichzeitiger Margenausweitung des Einzelhandels. Hier läßt sich

---

68 Vgl. Anhang 2, Tab. 2.

die Vermutung anstellen, daß in der von oligopolistischen Anbieterstrukturen geprägten Schokoladendistribution der Verzicht auf Preiskämpfe eine Erhöhung des Margendrucks auf den Großhandel verhinderte.

Untersucht man abschließend die Entwicklung der Funktionsverteilung in der Lebensmitteldistribution *(vgl. Abb. 50)*, so zeigt sich in Anlehnung an die oben beobachtete Entwicklung der Groß- und Einzelhandelsspannen eine weitere Ausweitung der Funktionsdominanz des Einzelhandels in dessen angestammten Funktionsbereichen, sowie eine Konzentration des Großhandels auf die Bereiche der physischen Distribution und Auftragsabwicklung. Interessant zu beobachten ist weiterhin die (erwartete) Ausweitung des Einzelhandelseinflusses in der Lagerhaltung, was auf den Betrieb von Distributionszentren hindeutet, sowie in der Produktentwicklung. Wenngleich sich hier nur eine minimale Ausweitung der Funktionsausübung durch den Einzelhandel andeutet, läßt dies dennoch eine

Abb. 50

Entwicklung der Funktionsverteilungen in der Distribution von Nahrungsmitteln

n = 34 Funktion	Produktplanung + Entwickl.	Konsumentenwerbung	Auftragsabwicklung	Lagerhaltung	Transport/ Logistik	Einkauf	Merchandising	POS-Marketing	Verkauf, Preissetzung
bisher	HSt weitgehend unabhängig	geringe Funktionsteilung EH/HSt	Choai System verbreitet	Funktionsteilung HSt/GH	Funktionsteilung HSt/GH	EH bereits federführend	Funktionsteilung HSt/GH/EH	Kooperation unter Führung des HSt	EH bereits führend. Preisbeeinflussung durch HSt
künftig	EH/Handelsmarken gewinnen an Bedeutung	Abschwächung von Gemeinschaftswerbung	Fortbestand Choai, GH jedoch mit sinkender Bedeutung	EH errichtet eigene Distributionszentren	Spezialisierung des GH Aufbau von Warenwirtschaftssyst. durch GH	EH dominiert aufgrund Ausweitung von POS	EH übernimmt Führung	Übernahme der Führung durch EH	EH volle Preissetzungskontrolle

1992
Funktionsverteilung in %

Hst.	97,0	92,0	57,0	48,0	45,0	27,0	39,0	45,0	36,0
GH	0,0	0,0	43,0	41,0	44,0	22,0	20,0	11,0	6,0
EH	3,0	8,0	0,0	11,0	11,0	51,0	41,0	44,0	58,0

1997
Funktionsverteilung in %

Hst.	94,0	94,0	59,0	42,0	42,0	21,0	34,0	24,0	24,0
GH	0,0	0,0	41,0	41,0	50,0	0,0	8,0	3,0	3,0
EH	6,0	6,0	0,0	17,0	8,0	79,0	58,0	73,0	73,0

Funktionsdominanz:
■ = Hersteller (HSt)   ▓ = Großhandel (GH)   ▨ = Einzelhandel (EH)

Quelle: Primärforschung 1992

steigende Bedeutung der Entwicklung von Handelsmarken oder Exklusivserien für einzelne Handelsunternehmen erwarten.

Insgesamt läßt sich somit festhalten, daß der Einzelhandel seinen funktionalen Einfluß deutlich erhöhen wird, und daß Hersteller zunehmend zur Durchsetzung ihrer Marketingziele eine kooperative Grundhaltung gegenüber dem Einzelhandel werden einnehmen müssen. Der Einfluß der Hersteller auf die Instrumente des POS-Marketing sowie die Preissetzung nimmt in der Nahrungsmitteldistribution ab.

2.4 Haushaltselektrogeräte

Der Gesamtmarkt für Haushaltselektrogeräte erreichte im Jahr 1990 ein Einzelhandelsvolumen von 6.650 Mrd. Yen und verzeichnete in den vergangenen 10 Jahren ein stabiles Wachstum in Höhe von 5,4% p.a..[69] Seit 1990 hat sich das Wachstum konjunkturbedingt deutlich abgeschwächt und wirkt sich in Form eines zunehmenden Verdrängungswettbewerbs aus.[70]

(1) Determinanten der Distributionsstrukturen

Vergleichbar mit der Produktgruppe Kosmetika und Körperpflegeartikel, ist der Markt für Haushaltselektrogeräte durch eine hohe Angebotskonzentration gekennzeichnet. Die 5 größten Hersteller vereinigten 1990 einen kumulierten Marktanteil von 74,5% auf sich, der zwischen 1980 und 1990 weiter angestiegen ist und den höchsten Wert aller im Rahme dieser Arbeit behandelten Produktgruppen erreicht.[71] Verbundenen mit der Angebotskonzentration ist auch hier ein hohes Ausmaß vertikaler Zusammenarbeit mit filialisierten oder vertraglich gebundenen Einzelhandelsgeschäften sowie dem Einsatz herstellereigener Vertriebsgesellschaften festzustellen. Dies wird durch die Ergebnisse der empirischen Untersuchung bestätigt. 91% der befragten Hersteller beantworteten die Frage, ob sie ein vertikales Verbundnetz organisieren, positiv.[72]

Determinierend für das Ausmaß vertikaler Verflechtungen in diesem Sektor sind insbesondere produktbezogene Einflußfaktoren der Distribution. Im einzelnen zu nennen sind die technologischen Produktanforderungen, die Notwendigkeit von Kundendienstleistungen,

---

[69] Vgl. The Japan Electrical Manufacturers Association (Hrsg.), Electrical Industries in Japan 1991, Tokyo 1992, S. 20ff; o.V., Kaden Ryutsu Nenkan (dt. Übersetzung: Jahrbuch der Distribution von Haushaltsgeräten), Tokyo 1992, S. 3ff. Haushaltselektrogeräte werden hier definiert als die sogenannte "Weiße Ware", d. h. darunter fallen insbesondere Mikrowellenherde, Reiskocher, Kühl- und Gefrierschränke, Air Condition Systeme, Ventilatoren, Waschmaschinen, Staubsauger und diverse Kleingeräte wie Toaster, Bügeleisen etc.. Nicht enthalten sind in den angegebenen Marktvolumina Unterhaltungselektronik-Geräte, jedoch folgen diese grundsätzlich identischen Distributionsmustern.

[70] Vgl. Sakaide, A., Kakakuhakai no shogeki, kategori killer ga seisan mo kaeru, a.a.O., S. 11-14. De Rosario, L., Sell Them Cheap, in: The Far Eastern Economic Review, February 4, 1993, S. 44.

[71] Vgl. Anhang 2, Tab. 1.

[72] Vgl. Kap. D, Abschn. 3.2, Abb. 61.

die Kapitalintensität der Produktentwicklung sowie der Warenbestände, die die Hersteller zu einer engen Koordination bzw. Anbindung ihrer Absatzkanäle veranlassen.

Seit Beginn der 80er Jahre führen jedoch insbesondere verbraucherbezogene Einflußfaktoren dazu, vor allem den Exklusivvertrieb auf Einzelhandelsebene in Frage zu stellen.[73] Anzuführen sind dabei eine zunehmende Differenzierung und Individualisierung der Verbraucherbedürfnisse, die in den Wunsch nach Angebots- und Markenvielfalt resultieren, sowie sinkende Anforderungen an Service und Beratung bezüglich einzelner Produkte. Verbunden mit der in der Mehrzahl der Produktgruppen erreichten Diffusions- und Sättigungsgrenze haben sich entsprechend die Anforderungen des Verbrauchers and die Handelsleistungen verringert. Die Discountfähigkeit von Haushaltselektrogeräten hat sich dadurch erhöht.[74]

(2) Entwicklung der vertikalen Distributionsstrukturen

Betrachtet man die Entwicklung der Einzelhandelsstrukturen im Zeitraum 1980-1990, so spiegeln sich die genannten Verbrauchertendenzen bereits in einem signifikanten Wachstum großflächiger Betriebsformen (Fachmärkte, Supermärkte, Discounter) wider. Demgegenüber verloren exklusiv gebundene Elektrofachgeschäfte deutlich Marktanteile. Sie vereinigten 1990 nur noch 38,1% der Einzelhandelsumsatzvolumens auf sich *(vgl. Abb. 51)*.

Das vertikale Distributionssystem von Haushaltselektrogeräten folgt einer dualen Struktur. Die größten Hersteller betreiben in der Regel zwei separate Einheiten von Verkaufsgesellschaften, die einerseits kleinflächige und vertraglich gebundene Einzelhändler und andererseits Volumenkanäle, wie z. B. Fachmärkte, beliefern.[75] Die Ausgründung separater Verkaufsgesellschaften für Volumenkanäle erfolgte in den 80er Jahren mit dem Ziel, das Wachstumspotential der großflächigen, jedoch nicht exklusiv gebundenen Betriebsformen zu erschließen und gleichzeitig excessive Preiswettbewerbe zu verhindern. Bedingt durch Rezession, Marktstagnation und Wettbewerbskontrollen der FTC lassen sich Liefer- und Preiskontrollen sowie Belieferungsboykotte jedoch zunehmend weniger durchsetzen,

---

73 Vgl. Smith, C., Japan: Industry Reforms in Store, a.a.O., S. 47; o.V., Matsushita Orders Retail Shake-Up, in: Financial Times, May 12, 1992, S. 27.
74 Vgl. Kap. C, Abschn. 2.21; Sakaide, A., Kakakuhakai no shogeki, kategori killer ga seisan mo kaeru, a.a.O., S. 14ff; De Rosario, L., Sell Them Cheap, a.a.O.
75 Vgl. JETRO (Hrsg.), Your Market in Japan: Small Electric Home Appliances, No. 53, Tokyo, March 1989, S. 16ff.

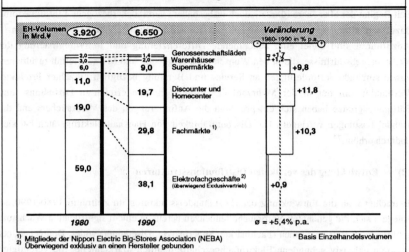

Abb. 51: Entwicklung der Einzelhandelsstrukturen im Markt für Haushaltselektrogeräte 1980-1990

Quelle: o.V., kaden ryutsu nenkan, a.a.O., o.S.

mit der Folge der Entstehung und des Wachstums neuer, aggressiver Discounter.[76] Diese werden überwiegend über den verbliebenen unabhängigen Großhandel, der häufig auf Cash & Carry-Basis arbeitet, beliefert *(vgl. Abb. 52).*[77]

Die empirische Analyse der Entwicklung der Zahl der Absatzkanalstufen verdeutlicht, daß die Distribution von Haushaltselektrogeräten bereits weitgehend vom Hersteller direkt an den Einzelhandel erfolgt (67,3% der physischen und kommerziellen Transaktionen laufen über diesen Distributionsweg), bedingt durch den fortgeschrittenen Grad der vertikalen Integration des Großhandels als herstellereigene Verkaufsgesellschaften. Lieferungen über den unabhängigen Großhandel halten noch einen Anteil von kumulierten 32,2%, jedoch wird mit einem weiteren Rückgang in den kommenden Jahren gerechnet. Die erwartete, zunehmende Direktbelieferung ist jedoch weniger, wie in der Vergangenheit, auf den Versuch der Ausweitung der Beeinflussung des Einzelhandels durch die Hersteller zurückzuführen, als vielmehr auf das Wachstum großflächiger Betriebsformen und die Notwendigkeit der Kostenreduktion in der physischen Belieferung. Dabei ist ein Trend zur rückwärtigen

---

76 Vgl. Inoue, Y., Manufacturers at War with Discount Retailers, a.a.O..
77 Vgl. ebenda.

Integration großer Fachmarktfilialketten zu erkennen, deren Franchise-Zentralen die Großhandelsfunktion übernehmen.[78]

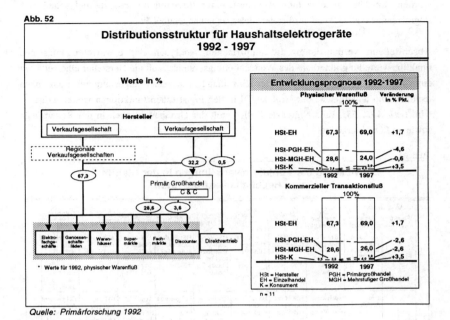

Quelle: Primärforschung 1992

(3) **Entwicklung des vertikalen Wertschöpfungssystems**

Im Unterschied zu der überwiegenden Zahl der übrigen untersuchten Produktgruppen fällt bei einer Analyse der Handelsspannenentwicklung dieses Sektors auf, daß die absolute Höhe der Großhandelsspanne mit durchschnittlich 7,7-11,4% sehr niedrig ausfällt.[79] Daraus läßt sich schließen, daß die Bedeutung des Großhandels funktional bereits stark dezimiert wurde und eine Einschaltung häufig in Volumenkanälen erfolgt, in denen keine hohen Spannen erzielbar sind. Weiterhin ist auch im Zeitraum 1979 - 1990 in diesem Sektor eine Erosion der Großhandelsspanne um durchschnittlich minus 2% zu beobachten gewesen.

Der Einzelhandel konnte im gleichen Zeitraum seine Spannen um 5-7%-Punkte auf durchschnittlich 30-35% verbessern, wobei dies insbesondere für Großbetriebsformen gilt.

---

78   Vgl. Toshima, H., Naide, A., Suburban Competition Quiets Akihabara Down, in: The Nikkei Weekly, Tokyo, June 13, 1992, S. 11.
79   Vgl. Anhang 2, Tab. 2.

Die Höhe des Zugewinns deutet auf Zugeständnisse der Herstellerseite hin. Die Einzelhandelsmargen der Exklusivvertriebshändler, die bislang von den Herstellern geschützt wurden, werden von einzelnen Anbietern einer Revision unterzogen und sehen sich stagnierenden oder sinkenden Einzelhandelsspannen gegenüber.[80]

Abschließend verdeutlichen die empirischen Analysen der erwarteten künftigen Funktionsverteilung innerhalb des Wertschöpfungssystems, daß die Hersteller einerseits mit einer Ausdehnung der Autonomie des Einzelhandels in seinen angestammten Funktionen rechnen, und andererseits der Großhandel in den logistischen Funktionen weiter reduziert wird *(vgl. Abb. 53)*. Eine begrenzte Rolle spielt der Großhandel noch in der Regalpflege sowie im POS-Marketing.

Abb. 53

Entwicklung der Funktionsverteilungen in der Distribution von Haushaltselektrogeräten

n = 11

Funktion	Produktplanung + Entwickl.	Konsumentenwerbung	Auftragsabwicklung	Lagerhaltung	Transport/ Logistik	Einkauf	Merchandising	POS-Marketing	Verkauf, Preissetzung
bisher	Vollständig unter Kontrolle des HSt	In begrenztem Umfang Gemeinschaftswerbung	GH/HSt fallweise	Funktionsteilung HSt/GH	HSt Verkaufsgesellschaften über Funktion hinaus	HSt diktiert Einkauf insbes. bei Vertragshändlern	EH Führungsrolle, Unterstützung durch GH, HSt	HSt,GH unterstützt EH	Preisbindung durch HSt, Entsendung von Verkaufspersonal durch HSt
künftig	keine Änderung	wachsende Bedeutung von Werbekooperationen	HSt übernimmt GH-Funktion	HSt übernimmt Funktion	HSt übernimmt Funktion von verbl. GH	EH gewinnt Führungsrolle EH baut POS aus	Keine wesentliche Änderung	EH baut Führung aus GH Unterstützung wächst	EH gewinnt Autonomie GH/EH verschmelzen teilweise

1992

Funktionsverteilung in %									
Hst.	100,0	92,0	62,0	50,0	53,0	58,0	24,0	26,0	44,0
GH	0,0	0,0	38,0	31,0	33,0	8,0	24,0	21,0	12,0
EH	0,0	8,0	0,0	19,0	14,0	34,0	52,0	53,0	44,0

1997

Funktionsverteilung in %									
Hst.	100,0	83,0	75,0	75,0	67,0	36,0	25,0	18,0	23,0
GH	0,0	0,0	25,0	17,0	25,0	9,0	25,0	27,0	15,0
EH	0,0	17,0	0,0	8,0	8,0	55,0	50,0	55,0	62,0

Funktionsdominanz:
■ = Hersteller (HSt)   ▒ = Großhandel (GH)   ▨ = Einzelhandel (EH)

Quelle: Primärforschung 1992

---

[80] Vgl. Smith, C., Japan: Industry Reforms in Store, a.a.O; Industrial Bank of Japan (Hrsg.), Changing Japanese Distribution System, a.a.O., S. 12ff; o.V., Matsushita Orders Retail Shake-Up, a.a.O.

Zusammenfassend wird das vertikale Marketing der Haushaltsgerätehersteller auf absehbare Zeit von der Dualität der Vertriebskanäle geprägt sein. Revitalisierungsversuchen und einer Beibehaltung (bei reduzierter Anzahl) der affiliierten Händlerbetriebe in den Vertragshändlernetzen steht die Notwendigkeit der Kooperation mit Fachdiscountern gegenüber, um die Wachstumspotentiale dieses Kanals zu sichern.[81] Diese Dualstruktur impliziert insbesondere eine differenzierte Zusammensetzung des Verkaufsförderungsinstrumentariums.

2.5 Spielwaren

Die Entwicklung des japanischen Spielzeugmarktes ist durch zwei wesentliche Faktoren gekennzeichnet: sinkende Geburtenraten einerseits und steigende Ausgaben pro Kind andererseits.[82] Im Zeitraum 1980-1990 weitete sich das Einzelhandelsvolumen von 668,2 auf 907 Mrd. Yen aus. Dies entspricht einer Wachstumsrate von lediglich 3.1% p.a. und spiegelt die gegenläufigen Tendenzen wider.

(1) Determinanten der Distributionsstrukturen

Die Wettbewerbsstrukturen des japanischen Spielzeugmarktes sind durch eine hohe, angebotsseitige Fragmentierung sowie die Bedeutung von Hersteller-Großhandels-Verbundgruppen unter Führung sogenannter Seiton (herstellender Großhändler) geprägt.[83]

Kein Spielzeughersteller konnte bislang eine marktbeherrschende Stellung im Gesamtmarkt aufbauen. Lediglich in Teilmärkten wie z.B. Videospiele erzielen einzelne Anbieter dominante Marktpositionen (so z.B. Nintendo mit 63,1% Marktanteil im Jahr 1990).[84]

Die fragmentierte Angebotsstruktur findet ihren Niederschlag in der Existenz herstellender Großhändler. Sie fungieren als Bindeglied zwischen Produktion und Konsumption, indem sie sowohl kleinen Herstellern als auch dem zersplitterten Einzelhandel umfangreiche Unterstützungsleistungen anbieten. So antworteten 60% der an der Primärforschung dieser Arbeit beteiligten Unternehmen, daß sie ein vertikales Verbundnetz organisieren.[85] Da die Mehrzahl der befragten Spielzeughersteller als "Seiton" zu klassifizieren sind, darf diese Organisation als "Rückwärtsintegration" bezeichnet werden, da vollständige Verbundsysteme

---

81 Vgl. Sakaide, A., Kakakuhakai no shogeki, kategori killer ga seisan mo kaeru, a.a.O., S. 14-17, 21ff; Heiner, H., Full Service für den Kunden, a.a.O.; Inoue, Y., Manufacturers at War with Discount Retailers, a.a.O.
82 Vgl. JETRO (Hrsg.), Your Market in Japan: Toys, No. 86, Tokyo 1991, S. 1; derselbe, Your Market in Japan: Games, No. 67, Tokyo 1990, S. 2ff.
83 Vgl. Dodwell Marketing Consultants (Hrsg.), Retail Distribution in Japan, a.a.O., S. 143ff.
84 Vgl. JETRO (Hrsg.), Your Market in Japan: Toys, a.a.O., S. 6ff.
85 Vgl. Kap. D, Abschn. 3.2, Abb. 61.

von der Hersteller- bis zur Einzelhandelsstufe bislang nicht existieren. Wichtigste produktbezogene Einflußfaktoren der Distribution bilden kurze Produktlebenszyklen und hohe Vorlaufkosten der Fertigung. Weiterhin ist eine wachsende Differenzierung der Verbraucherwünsche zu beobachten. Der Spielzeugmarkt ist im weitesten Sinne ein Modemarkt und unterliegt saisonalen Schwankungen in Abhängigkeit von Geschenktagen. Nachfragebedingt kurze Produktlebenszyklen (z.T. nur eine Saison) sowie hohe Rüstkosten und relativ lange Vorlaufzeiten der Produktion stellen erhöhte Anforderungen an Finanzkraft und Absatzplanung der Hersteller. Herstellende Großhändler übernehmen daher Funktionen der Vorfinanzierung und sind durch ihre Nähe zum Einzelhandel bislang als einzige in der Lage gewesen, den Konsumentenbedarf hinreichend genau zu antizipieren und Produktionskapazitäten einer Vielzahl kleiner Hersteller auszulasten. Entsprechend übernehmen die "Seiton" auch Funktionen der Produktentwicklung.[86]

Die zunehmende Bedürfnisdifferenzierung und Zielgruppenverbreiterung von Spielzeug (siehe z.B. Hobbyspielzeug für Erwachsene) wirkt sich positiv auf das Wachstum von großflächigen Betriebsformen aus.[87]

(2) Entwicklung der vertikalen Distributionsstrukturen

Großflächige Einzelhandelsbetriebsformen, wie z.B. Supermärkte und Fachmärkte, konnten im Zeitraum 1980-1990 überdurchschnittliche Zuwachsraten erzielen *(vgl. Abb. 54)*. Als repräsentativ für die Kategorie der Fachmärkte darf die Chiyoda-Kette mit ihrem Vertriebstyp "Hallo Mac" angesehen werden, der im Zeitraum 1986-1990 mit einer durchschnittlichen Wachstumsrate von 52% p.a. expandierte.[88] Äußerst erfolgreich ist weiterhin der 1990 in den japanischen Markt eingetretene, weltgrößte Spielwaren-Fachdiscounter Toys R Us, der bereits in seinem ersten Geschäftsjahr 6 Märkte mit einem kumulierten Umsatzvolumen von 12 Mrd. Yen aufbauen konnte.[89] Die traditionellen Fachgeschäfte hingegen verzeichneten einen Rückgang ihres Marktanteils von 60,0% auf 46,0%.

Eine Analyse der Entwicklung der Absatzkanalstufen auf der Basis empirischer Daten verdeutlicht, daß die Spielwaren-Distribution in Japan noch als traditionell strukturiert angesehen werden kann *(vgl. Abb. 55)*. So fließen bislang erst 10% der physischen Warenströme und 1% der kommerziellen Warenströme direkt vom Hersteller zum Einzelhandel. 70% der physischen und 79% der kommerziellen Transaktionen werden über

---

[86] Vgl. Dodwell Marketing Consultants (Hrsg.), Retail Distribution in Japan, a.a.O.; JETRO (Hrsg.), Your Market in Japan: Games, a.a.O., S. 9.
[87] Vgl. Kap. C, Abschn. 2.22, 3.323.
[88] Vgl. JETRO (Hrsg.), Retail Chains Mark New Era in Toy Distribution, in: Tradescope, Vol. 12, No. 2, Tokyo, February 1992, S. 19ff.
[89] Vgl. Otake, K., Morishita, K., Toys R Us Forces New Game Plan in Japan, a.a.O.

Abb. 54

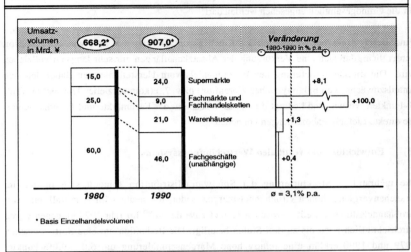

Quelle: *Jetro* (Hrsg.), *Your Market in Japan: Games*, a.a.O., S. 2; *Dodwell Marketing Consultants* (Hrsg.), *Retail Distribution in Japan*, a.a.O., S. 143ff

Abb. 55

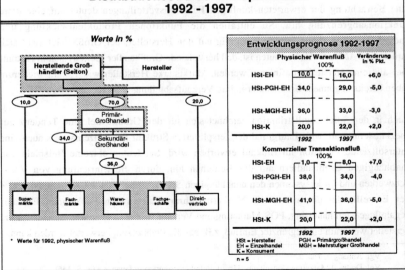

Quelle: *Primärforschung 1992*

den meist mehrstufigen Großhandel abgewickelt. Dabei ist darauf hinzuweisen, daß Primärgroßhändler und herstellende Großhändler/Seiton häufig identisch sind. Signifikant ist auch der hohe Anteil des Direktvertriebs, der jedoch nicht notwendigerweise als repräsentativ für die Grundgesamtheit angesehen werden darf.

Eine Betrachtung der erwarteten künftigen Strukturierung der Spielwarendistribution verdeutlicht, daß sich eine Verkürzung der Absatzkanallängen nur sehr langsam vollziehen wird. Die direkte Belieferung des Einzelhandels vom Hersteller erzielt dabei dennoch Anteilszuwächse von 6,0 (physischer Warenfluß) bzw. 7,0 (kommerzieller Transaktionsfluß) %-Punkten, vorwiegend bedingt durch das Wachstum der Fachmärkte und Fachdiscounter, die direkte Lieferantenbeziehungen vorziehen.

(3)   **Entwicklung des vertikalen Wertschöpfungssystems**

Die mehrstufige Strukturierung der Spielwarendistribution spiegelt sich in den im Branchenvergleich hohen Großhandelsmargen wider, die heute - im Regelfall auf zwei Großhandelsstufen verteilt - zwischen 12 und 23% liegen.[90] Im Jahr 1979 hingegen waren durchschnittlich noch bis zu drei Stufen beteiligt. Die Reduktion um eine Stufe zwischen 1979 und 1990 erklärt eine relativ hohe Margenschmälerung um 6,0 - 9,0%-Punkte. Gleichzeitig steigerte der Einzelhandel seine Spannen auf 30 - 35% vom Einzelhandelsverkaufspreis, gegenüber 25 - 30% im Jahr 1979.

Eine Betrachtung der erwarteten künftigen Funktionsverteilungen deutet auf eine klare Funktionsabgrenzung hin. So entfallen die Funktionen Produktentwicklung und Endverbraucherwerbung künftig eindeutig auf den Hersteller, der Großhandel zieht sich zurück *(vgl. Abb. 56)*. Zu vermuten ist, daß herstellende Großhändler (Seiton) sich in Zukunft eher als reine Hersteller definieren werden. Marktstarke Hersteller wie Takara wiederum haben bereits begonnen, Großhändler in ihre Verkaufsabteilungen zu verschmelzen.[91]

Auch in der Spielzeugdistribution zeichnet sich für den Großhandel eine Tendenz zur Spezialisierung ab, wobei aufgrund der zersplitterten Struktur des Einzelhandels auch eine unterstützende Funktion im Einkauf erworben wird. So deuten einzelne Beispiele von unabhängigen Großhändlern auf das Bemühen hin, durch die Einrichtung von VAN-Netzwerken und Ordersystemen den unabhängigen Spielzeugfachhandel zu organisieren.[92] Der Einzelhandel übernimmt die Marketingführerschaft in den Funktionen Einkauf, Regalpflege/Merchandising, POS-Marketing und Verkauf, wobei in letzterem Bereich für die Hersteller weiterhin ein begrenzter Einfluß, z.B. auf die Preissetzung, erwartet werden kann.

---

[90] Vgl. Anhang 2, Tab. 2.
[91] Vgl. Dodwell Marketing Consultants (Hrsg.), Retail Distribution in Japan, a.a.O., S. 146f.

Abb. 56

Entwicklung der Funktionsverteilungen in der Distribution von Spielwaren

n = 5 Funktion	Produktplanung + Entwickl.	Konsumentenwerbung	Auftragsabwicklung	Lagerhaltung	Transport/ Logistik	Einkauf	Merchandising	POS-Marketing	Verkauf, Preissetzung
bisher	HSt in enger Zusammenarbeit mit GH	allein Aufgabe des HSt	HSt dominierend	Funktionsteilung HSt/GH	GH, EH involviert (Selbstabholer)	Starker Einfluß GH, HSt	Überw. EH Funktion	Kooperation EH/HSt	HSt dominiert Preissetzung Personalentsendung
künftig	HSt autonom	Keine Änderung	Zunehmend Spezialisierungsfeld des GH	GH baut Position aus/Spezialisierung EH gründet Distributionszentren	GH baut Position aus/Spezialisierung	EH gewinnt Autonomie; Aufbau POS; Aufbau Frühorder Systeme	EH Führerschaft	EH und HSt setzen Kooperation fort	EH gewinnt Führungsstellung

(Rückzug EH in Transport/Logistik-Spalte)

1992

Funktionsverteilung in %

	Produktplanung	Konsumentenwerbung	Auftragsabwicklung	Lagerhaltung	Transport/Logistik	Einkauf	Merchandising	POS-Marketing	Verkauf
Hst.	83,0	100,0	71,0	57,0	33,0	17,0	33,0	38,0	57,0
GH	17,0	0,0	29,0	43,0	45,0	33,0	11,0	0,0	14,0
EH	0,0	0,0	0,0	0,0	22,0	50,0	56,0	62,0	29,0

1997

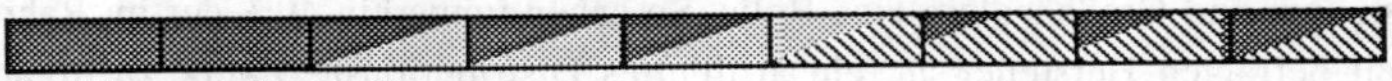

Funktionsverteilung in %

	Produktplanung	Konsumentenwerbung	Auftragsabwicklung	Lagerhaltung	Transport/Logistik	Einkauf	Merchandising	POS-Marketing	Verkauf
Hst.	100,0	100,0	58,0	33,0	33,0	0,0	20,0	34,0	40,0
GH	0,0	0,0	42,0	60,0	60,0	40,0	0,0	0,0	10,0
EH	0,0	0,0	0,0	7,0	7,0	60,0	80,0	66,0	50,0

Funktionsdominanz:
= Hersteller (HSt)   = Großhandel (GH)   = Einzelhandel (EH)

Quelle: Primärforschung 1992

Bis zur Jahrtausendwende ist eine durchgreifende Modernisierung der japanischen Spielzeugdistribution zu erwarten, vor allem hervorgerufen durch den Markteintritt von Toys R Us.[93] Dessen beabsichtigte Errichtung von ca. 100 Geschäftsstätten bis zum Jahr 2000 hat sowohl führende Supermärkte (z.B. Uny), als auch Fachhandelsketten dazu bewogen, massiv den Ausbau großflächiger Fachmärkte zu forcieren. Toys R Us' innovative Beschaffungspolitik (Früh-Order-System, Vorabsicherung von Kapazitäten, Einkauf großer Stückzahlen) sowie die Einrichtung eigener Distributionszentren hat dabei ebenfalls schon Nachahmer gefunden.[94]

Für Spielzeughersteller impliziert dies eine zukünftig direkte Zusammenarbeit mit dem Einzelhandel. Dabei wird es darauf ankommen, durch horizontale Fusion oder vertikale Integration herstellender Großhändler frühzeitig ein Gegenmachtpotential gegenüber dem sich konzentrierenden Einzelhandel aufzubauen. Alternativ bietet sich die Möglichkeit an,

---

92   Vgl. Dodwell Marketing Consultants (Hrsg.), Retail Distribution in Japan, a.a.O., S. 144.
93   Vgl. Otake, K., Morishita, K., Toys R Us Forces New Game Plan In Japan, a.a.O.
94   Vgl. Dodwell Marketing Consultants (Hrsg.), Retail Distribution in Japan, a.a.O., S. 146f.

durch Kooperation mit dem Großhandel den unabhängigen Fachhandel zu stützen, wobei Wachstumspotentiale hier auf lange Sicht begrenzt sein dürften.

2.6 Bekleidung

Der Gesamtmarkt für Bekleidung und Accessoires entwickelte sich im Zeitraum 1981-1990 mit einem durchschnittlichen Jahreswachstum von 5,6% und erreichte im Jahr 1990 ein Einzelhandelsumsatzvolumen von 17.730 Mrd. Yen. Davon entfielen 2.605 Mrd. Yen auf Damenoberbekleidung (Anteil am Gesamtmarkt 14,7%) und 2.886 Mrd. Yen auf Herrenoberbekleidung (16,3%).[95] Mit einem Wachstum von 8.0% bzw. 12,5% p.a. entwickelten sich sowohl Damen- als auch Herrenoberbekleidung überdurchschnittlich.[96]

(1) Determinanten der Distributionsstrukturen

Als bedeutender wettbewerbsinduzierter Einflußfaktor der Bekleidungsdistribution ist einleitend eine hohe Angebotsfragmentierung hervorzuheben. Trotz geringer Angebotskonzentration spielen vertikale Verbundgruppen jedoch insbesondere zwischen kleinen Herstellern und Großhändlern eine Rolle. So gaben immerhin 40% der im Rahmen dieser Arbeit befragten Hersteller an, ein affiliiertes Distributionsnetzwerk zu organisieren.[97] Signifikanten Einfluß auf das Machtgefüge innerhalb des Distributionssystems haben spezifische Handelspraktiken, darunter insbesondere das System der Warenrücknahme sowie Personalentsendungen in den Einzelhandel durch Großhändler und Hersteller. Diese haben zu einer relativen Abhängigkeit einzelner Betriebsformen des Einzelhandels (z.B. Warenhäuser) von den Vorstufen geführt, insbesondere im Ein- und Verkauf.[98]

Ursächlichen Einfluß auf die Distributionsstrukturen haben vor allem produkt- und verbraucherbezogene Determinanten. Dazu gehören modebedingt kurze Produktlebenszyklen, aperiodische Kauffrequenzen, die Individualisierung der Verbraucherbedürfnisse sowie lange Produktionsvorlauf- und Lieferzeiten. Der Abverkauf von Bekleidung unterliegt saisonalen und modischen Schwankungen, die Produktionszyklen determinieren und Marktnähe und Flexibilität der Produktion erfordern. Limitierend wirken für die Produktion insbesondere die Beschaffungszeiten für Vorstufenprodukte (Stoffe, Zutaten) von i.d.R. mehr als 6 Monaten. Dadurch ergibt sich ein Vorfinanzierungsbedarf von Rohstoffen und Zwischenprodukten mit hohem Risiko, der von kleinen Herstellern häufig nicht erfüllt werden kann. Analog zur

---

[95] Im Gesamteinzelhandelsvolumen sind neben Damen- und Herrenoberbekleidung Kinderoberbekleidung (Anteil 7%), Schulkleidung (1,4%), Accessoires (21,1%), Unterwäsche (4,7%), Kimonos (14,9%) und sonstige Bekleidungsartikel (19,9%) enthalten, jeweils 1990. Vgl. Yano Keizai Kenkyusho (Hrsg.), Apparel Market 1991, Tokyo 1991, v.S.; derselbe, Apparel Market 1982, Tokyo 1982, v.S.
[96] Vgl. ebenda
[97] Vgl. Kap. D, Abschn. 3.2, Abb. 61.
[98] Vgl. Kap. C, Abschn. 3.321.

Spielzeugdistribution haben sich daher auch in diesem Markt herstellende Großhändler gebildet, die Finanzierungsrisiken übernehmen und überwiegend von eigenen Designern entworfene Kollektionen im Lohnauftrag fertigen lassen.[99] Da sie zudem Abverkaufsrisiken des Einzelhandels durch das System der Warenrücknahme übernehmen, haben sie sich zu einer dominierenden Kraft im Markt entwickelt und üben die Marketingführerschaft aus.

(2) Entwicklung der vertikalen Distributionsstrukturen

Eine differenzierte Analyse der Einzelhandelsentwicklung für Damen- und Herrenoberbekleidung zeigt, daß die Distribution über Fachgeschäfte insgesamt rückläufig ist und nur noch unterdurchschnittliches Wachstum aufweist *(vgl. Abb. 57)*.

Abb. 57

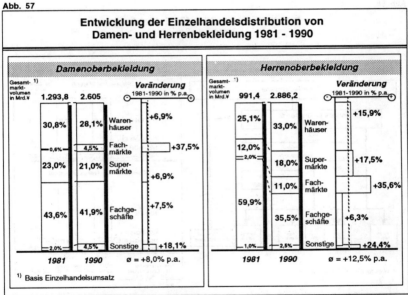

Quelle: *Yano Keizai Kenkyusho* (Hrsg.), Apparel Market 1982, a.a.O., v.S.; *derselbe*, Apparel Market 1991, a.a.O., v.S.

Gleiches gilt in der Damenoberbekleidungsdistribution für Warenhäuser, die hier ihren Betriebsformenlebenszyklus-Höhepunkt bereits überschritten haben. Demgegenüber konnten Warenhäuser in der Herrenoberbekleidung noch deutlich wachsen, was auf die zunehmende

---

99   Vgl. Dodwell Marketing Consultants (Hrsg.), Retail Distribution in Japan, a.a.O. S. 134ff; JETRO (Hrsg.), Your Market in Japan: Women's Outer Garments, No. 48, 2nd ed., Tokyo, March 1990, S. 18f; derselbe, Your Market in Japan: Men's Outer Garments, No. 55, Tokyo, March 1990, S. 15f.

Akzeptanz exklusiver Mode (u.a. Designermode) in der Herrenzielgruppe, insbesondere in den Jahren des Kosumbooms, zurückzuführen ist. Inzwischen macht sich jedoch auch in der Modedistribution eine zunehmende Preissensibilisierung und Abwendung von Luxusmarken bemerkbar, die vor allem Fachmärkten und Fachdiscountern zugute kommt.[100] Diese konnten in der Herren-, wie in der Damenbekleidungsdistribution weit überdurchschnittlich zulegen. Gleiches gilt für den Versandhandel in der Kategorie der "sonstigen" Betriebsformen.

Auffällig in der Bekleidungsdistribution ist der hohe Anteil direkter Lieferbeziehungen zwischen Herstellern und Einzelhandel *(vgl. Abb. 58)*, der auf die relativ langen Lieferzeiten zurückzuführen ist, die z.B. Lagerfunktionen des Großhandels weitgehend überflüssig machen.

Abb. 58

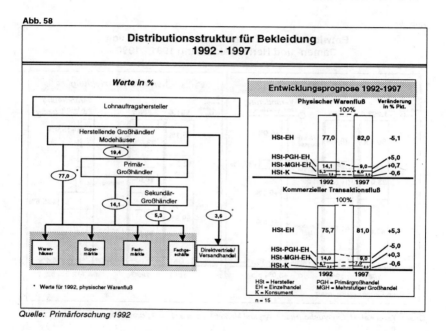

Quelle: Primärforschung 1992

---

[100] Vgl. Sakaide, A., Kakakuhakai no shogeki, kategori killer ga seisan mo kaeru, a.a.O., S. 11-14; Ono, Y., Japanese Discover Joys of Discount Stores, a.a.O.; o. V., Brand Names Cut Down to Size by Discounters, a.a.O.; Cromm, L., "Price Cutting" ist das Thema, in: Textilwirtschaft, Nr. 12, 19. März 1992; JETRO (Hrsg.), Roadside Menswear Shops Offer Quality at Low Prices, in: Tradescope, Tokyo, March 1990, S. 32-34.

Dieser scheinbare Widerspruch zur oben getroffenen Aussage der Dominanz herstellender Großhändler läßt sich dadurch auflösen, daß die im Rahmen der vorliegenden Untersuchung befragten Unternehmen sich überwiegend als Hersteller definiert haben, obgleich sie historisch als "herstellende Großhändler" zu bezeichnen wären.[101]

Die befragten Unternehmen gehen davon aus, daß die Direktbelieferung des Einzelhandels in den kommenden fünf Jahren weiter anwächst. Die stabile Entwicklung der mehrstufigen Distribution läßt sich dadurch begründen, daß Kleinhändler auch künftig über eine mehrstufige Lieferkette versorgt werden müssen. Unterschiede in der Entwicklung der physischen und der kommerziellen Warenströme sind nicht festzustellen, mit Ausnahme der geringfügig höheren Bedeutung mehrstufiger Absatzkanäle in den kommerziellen Transaktionsströmen. Diese läßt sich wiederum mit der Übernahme des Delkredere und Inkasso-Risikos bei kleinen Einzelhändlern durch den Großhandel begründen.

(3)   **Entwicklung des vertikalen Wertschöpfungssystems**

Wie die Analyse der Entwicklung der Handelsspannen zwischen 1979 und 1992 ergibt, hat der Großhandel sein Margenniveau von 12-14% behaupten können.[102] Deutlich ausweiten konnte der Einzelhandel seine Handelsspannen. Dabei gelten Einzelhandelsspannen in Höhe von 51% als Höchstwerte, die nur von Fachmärkten, wie Aoyama Shoji, erzielt werden, die direkt im Lohnauftrag von kleinen, unabhängigen Herstellern fertigen lassen oder selber produzieren.[103] Durchschnittliche Einzelhandelsspannen von 30,0% gelten für die Warenhäuser, deren begrenzte preisliche Wettbewerbsfähigkeit dadurch verdeutlicht wird.

Aufschlußreiche Entwicklungstendenzen lassen sich aus der empirisch fundierten Prognose der künftigen Funktionsverteilung innerhalb des Wertschöpfungssystems der Bekleidungsdistribution erkennen *(vgl. Abb. 59)*. So erwarten die befragten Hersteller, daß der Einzelhandel künftig verstärkt Einfluß in der Produktentwicklung gewinnt. Ebenso wie von den Fachmärkten ist auch von den Warenhäusern zunehmend mit dem Bemühen zu rechnen, Kollektionen nach eigenen Spezifikationen fertigen zu lassen, um sich mit Eigenmarken zu profilieren.[104] Der Großhandel wird eine begrenzte Rolle nur noch in der Auftragsabwicklung, der Lagerhaltung und im Transport spielen, und dies vornehmlich zur Belieferung kleiner Fachhändler. Der Einzelhandel avanciert neben den Herstellern zur

---

101   Vgl. die Ausführungen in Kap. D, Abschn. 2.5.
102   Vgl. Anhang 2, Tab. 2.
103   Vgl. Mizusawa, M., Aoyama Trading, in: Kleinwort Benson International (Hrsg.), Japanese Research, Tokyo, January 31, 1991, S. 2f.
104   Vgl. Odrich, B., Die Nachfrage der japanischen Verbraucher nach Luxusgütern sinkt, in: Blick durch die Wirtschaft, 2. September 1992, o. S.; Dodwell Marketing Consultants (Hrsg.), Retail Distribution in Japan, a.a.O., S. 61.

dominierenden Kraft und gewinnt die Marketingführerschaft in den Funktionen Einkauf, Merchandising, POS-Marketing und Verkauf.

Abb. 59

Entwicklung der Funktionsverteilungen in der Distribution von Bekleidung

n = 15

Funktion	Produktplanung + Entwickl.	Konsumentenwerbung	Auftragsabwicklung	Lagerhaltung	Transport/Logistik	Einkauf	Merchandising	POS-Marketing	Verkauf, Preissetzung
bisher	HSt koordiniert Produktentwicklung; GH z.T. involviert	Endverbr. Werbung unter Führung HSt	Funktionsteilung HSt, GH	HSt hält Lagerbestände	Funktionsteilung GH/HSt	Weitgehend Autonomie EH	HSt unterstützt EH	HSt koordiniert; EH paritätisch involviert	HSt greift in Preissetzung ein; HSt entsendet Verkaufspersonal
künftig	Marktstarke EH lassen im Lohnauftrag fertigen	Keine Änderung	GH verliert Bedeutung	EH greift z.T. in Logistik ein	HSt übernimmt JIT Lieferfunktionen	Ausbau der Führung des EH durch POS-Systeme	GH wird vollst. verdrängt; EH dominiert	EH übernimmt Marketingführerschaft	EH übernimmt Marketingführerschaft

1992

Funktionsverteilung in %

Hst.	81,0	82,0	67,0	72,0	55,0	21,0	40,0	44,0	65,0
GH	13,0	12,0	33,0	28,0	35,0	14,0	12,0	15,0	17,5
EH	6,0	6,0	0,0	0,0	10,0	65,0	48,0	41,0	17,5

1997

Funktionsverteilung in %

Hst.	80,0	87,0	73,0	73,0	69,0	17,0	41,0	25,0	33,0
GH	7,0	6,0	27,0	20,0	25,0	0,0	0,0	6,0	0,0
EH	13,0	7,0	0,0	7,0	6,0	83,0	59,0	69,0	67,0

Funktionsdominanz:
■ = Hersteller (HSt)   □ = Großhandel (GH)   ▨ = Einzelhandel (EH)

Quelle: Primärforschung 1992

Das Eigen-Marketing des Handels scheint damit im Bekleidungssektor am weitesten forgeschritten zu sein. Für die Hersteller bedeutet dies, daß sie sich zwischen einer konsequenten Markenpolitik mit dem Ziel der Differenzierung und Absatzkanalführerschaft einerseits, und einer Kostenführerschaftsstrategie andererseits, entscheiden müssen. Letztere Alternative würde die Produktion von Handelsmarken, den Verzicht auf Endverbraucherwerbung sowie die engstmögliche logistische Zusammenarbeit mit dem Handel - um schnellstmöglich auf modische Trends reagieren zu können - implizieren.[105]

---

[105] Vgl. z. B. die Strategie von Sanyo Shokai, viertgrößter japanischer Hersteller von Damenbekleidung, der erfolgreich die Handelsmarke "Applause" lancierte. Vgl. Matsuzaka, T., Garment Maker Tests No Return System, a.a.O.

3. Beurteilung der vertikalen Strukturveränderungen und Abteilung strategischer Implikationen

Die nachfolgenden vier zentralen Punkte stellen die aggregierten Befunde der vertikalen Strukturanalyse dar:

- Machtverschiebung zwischen Herstellern und Handel,
- Entwicklung vertikaler Verbundsysteme,
- Verkürzung der Absatzkanäle sowie
- Veränderung der vertikalen Wertschöpfungssysteme.[106]

3.1 Machtverschiebung zwischen Herstellern und Handel

Wie bereits im Rahmen der Analyse der Entwicklung der Betriebsformen herausgestellt wurde, wirkt sich die dynamische Veränderung des Einzelhandels nachhaltig auf die vorgelagerten Stufen des Distributionssystems aus.

Da moderne Betriebsformen, wie Supermärkte, Convenience Stores etc. nach völlig anderen Geschäftsprinzipien arbeiten, als beispielsweise kleinflächige Familienbetriebe, deutet ihre Marktbedeutung das Ausmaß der Beeinflussung der Warenströme an. Ihnen gegenüber steht die historisch gewachsene Machtposition der Hersteller, die ihrerseits ein nachhaltiges Interesse an der Erhaltung der Kontrolle der Absatzkanäle und Absatzmittler und damit der Ausübung der Marketingführerschaft haben.

Zentraler Ausgangspunkt der Beurteilung vertikaler Strukturveränderungen bildet daher die Messung der relativen Machtposition der Angebots- gegenüber der Nachfrageseite. Als Indikator der vertikalen Wettbewerbssituation läßt sich der Quotient aus Angebots- und Nachfragekonzentrationsgrad heranziehen,[107] der nachfolgend als "relativer Angebots-

---

[106] Bei der nachfolgenden übergreifenden Beurteilung wird selektiv eine Extraktion der befragten nichtjapanischen Hersteller vorgenommen und mit der Gesamtstichprobe verglichen, wenn dies zur besseren Interpretation der Ergebnisse sinnvoll erscheint, oder wenn sich deutliche Abweichungen zur Gesamtstichprobe ergeben.

[107] Der Angebotskonzentrationsgrad wird definiert als kumulierter Marktanteil der fünf größten Anbieter einer Produktgruppe. Diesem wäre idealtypisch der kumulierte Marktanteil der fünf größten Einzelhandelsunternehmen je Warengruppe als Maßzahl der Nachfragekonzentration gegenüber zu stellen. Da eine Ermittlung des kumulierten Marktanteils der fünf größten Einzelhändler jedoch aus erhebungstechnischen Gründen nicht möglich ist, bzw. mit unverhältnismäßig hohen Kosten verbunden wäre, wird ersatzweise auf den kumulierten Marktanteil der Betriebsformen Supermarkt und Convenience Store zurückgegriffen, deren Betriebsreunternehmen die größten Einzelhandelsunternehmen Japans bilden (vgl. Kap. C, Abschn. 3.322, 3.324) und die in der überwiegenden Zahl der Produktgruppen das höchste Nachfragepotential repräsentieren. Ausnahmen bilden die Produktgruppen Haushaltselektrogeräte und Spielwaren, in denen der kumulierte Marktanteil von Supermärkten und Fachmärkten erfaßt wird, sowie die Produktgruppe Bekleidung, in der Supermärkte und Warenhäuser als Repräsentanten des höchsten Nachfragepotentials gewählt werden. Dabei ist in Kauf zu nehmen, daß der durch die gewählten Betriebsformen repräsentierte Umsatz i.d.R.

konzentrationsgrad" bezeichnet werden soll.[108] Der "relative Angebotskonzentrationsgrad" bildet eine statische Größe und bezeichnet das Machtverhältnis in einem gewählten Zeitpunkt, hier das Jahr 1990. Ihr gegenübergestellt wird eine dynamische Größe zur Ermittlung der Veränderung des Machtverhältnisses im Betrachtungszeitraum 1980 - 1990. Hierzu wird das Wachstum der Nachfragekonzentration in Prozentpunkten gewählt, definiert als absolute Differenz zwischen der Veränderung der Angebotskonzentration und der Veränderung der Nachfragekonzentration.[109]

Aus den beiden Kennzahlen läßt sich eine Portfoliodarstellung ableiten, in der nachfrageseitig-dominierte von angebotsseitig-dominierten Warengruppen getrennt werden. Zudem lassen sich Warengruppen nach der Richtung der Machtverschiebung differenzieren *(vgl. Abb. 60)*. Im rechten oberen Quadranten befinden sich die Produktgruppen mit einem Machtüberschuß der Angebotsseite und einem überwiegend deutlichen Wachstum der Nachfragekonzentration.

Abb. 60

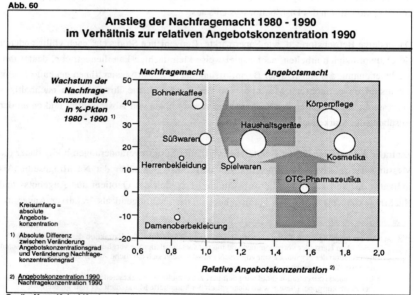

Quelle: **Yano Keizai Kenkyusho** (Hrsg.), Market Share in Japan 1990, a.a.O., S. 359-362; derselbe, Market Share in Japan 1981, S. 1120-1140; eigene Berechnungen

---

auf mehr als 5 Betreiberunternehmen entfällt. Die Kennzahl des Nachfragekonzentrationsgrades ist folglich als Hilfsgröße zu interpretieren, die Tendenzaussagen ermöglicht.

[108] Ein Quotient größer als 1 impliziert dabei ein Machtübergewicht der Angebotsseite, ein Quotient kleiner als 1 ein Machtübergewicht der Nachfrageseite.

[109] Vgl. Anhang 2, Tab. 3.

Dazu zählen: Kosmetika und Körperpflegeprodukte, Haushaltselektrogeräte, Spielwaren und verschreibungsfreie Pharmazeutika. Für diese Produktgruppen läßt sich ceteris paribus die Prognose aufstellen, daß sie bei anhaltender Nachfragekonzentration in eine Situation des Machtüberschusses der Nachfrageseite übergehen werden.

Diese Situation ist in den Produktgruppen Bohnenkaffee, Schokolade, Herrenoberbekleidung und Damenoberbekleidung bereits eingetreten. Lediglich in der Produktgruppe Damenoberbekleidung ist eine Stagnation der Nachfragekonzentration zu beobachten gewesen, über deren Fortbestand jedoch keine Prognose möglich erscheint.

Die Ergebnisse der sekundärstatistischen Analyse auf Basis der Veränderung von Angebots- und Nachfragekonzentration steht zunächst teilweise im Gegensatz zu den empirischen Befunden der Herstellerbefragung im Rahmen dieser Arbeit. Erhoben wurde die Frage:

"Wer, glauben Sie, hält die Marketingführerschaft in ihrer Branche (a) heute und (b) voraussichtlich in 5 Jahren?"

Wie die Auswertungsergebnisse zeigen, sind 83% der Hersteller der Meinung, daß die Marketingführerschaft heute noch auf der Angebotsseite liegt.[110] Die gleiche Aussage ergibt sich bei einer branchenspezifischen Interpretation.[111] Ein differenziertes Bild zeigt erst die Zukunftsprognose. Danach wird zwar nach wie vor von einem Machtvorteil der Hersteller ausgegangen, eine Betrachtung nach Branchen identifiziert jedoch jene Produktgruppen als machtgefährdet, die in der sekundärstatistischen Analyse als Branchen mit Nachfragemachtüberschuß ermittelt werden. Die Begründung für die vordergründigen Ergebnisdifferenzen ist in der Definition des Nachfragekonzentrationsgrades zu suchen, der zunächst nur eine wachsende Nachfragemacht von Betriebsformen, nicht jedoch von Betreiberunternehmen aufzeigt.

Signifikanter fallen die Ergebnisse der empirischen Analyse noch bei einer gesonderten Betrachtung ausländischer Hersteller aus. Sie erwarten mehrheitlich schon 1997 eine Machtdominanz des Einzelhandels. Hier könnten Erfahrungen dieser Unternehmen auf ihren Heimatmärkten eine Rolle bei der pessimistischen Einschätzung der Konzentrationsentwicklung in Japan gespielt haben.

Abschließend wurde, zur vollständigen Erfassung der gegenwärtigen vertikalen Wettbewerbssituation der Unternehmen, nach der Umsatzabhängigkeit von den 20 größten Einzelhändlern je Produktgruppe gefragt.[112] Hier zeigt sich, daß 56% der Unternehmen

---

110	Vgl. Anhang 2, Abb. 3.
111	Vgl. Anhang 2, Tab. 4.
112	Vgl. Anhang 2, Abb. 4.

insgesamt und 61% der ausländischen Unternehmen weniger als 20% ihres Umsatzes über die größten Einzelhändler abwickeln. Folglich kann bei der überwiegenden Mehrzahl der befragten Unternehmen noch von keiner Nachfrageabhängigkeit im Jahr 1992 ausgegangen werden.

Zusammenfassend implizieren die Untersuchungsergebnisse, daß in Japan von einer langsamen, aber stetigen Machtverschiebung zu Lasten der Hersteller ausgegangen werden muß. Zunächst betroffen sind Nahrungsmittelhersteller, gefolgt von Bekleidungsproduzenten. Danach werden Kosmetik- und Körperpflegehersteller, Haushaltselektrogerätehersteller, Spielwarenhersteller und mit einiger Verzögerung Pharmahersteller, bei denen die Nachfragekonzentration erst langsam an Dynamik gewinnt, betroffen sein. Die mit der Nachfragekonzentration verbundene Dominanz großflächiger, moderner und i.d.R. servicereduzierter Betriebsformen bedeutet ceteris paribus, daß die Erwartungen der Konsumenten an die Handelsleistung als reduziert eingestuft werden können. Entsprechend ist die These aufzustellen, daß in der gleichen Reihenfolge, wie mit dem Eintreten der Nachfragekonzentration zu rechnen ist, die betrachteten Produktkategorien zunehmend der Gefahr des Discounting ausgesetzt sind und damit die Maturitätsphase des Marktlebenszyklus endgültig erreichen.[113] Ausnahmen sind lediglich bei echten Produktinnovationen zu erwarten.

3.2 Entwicklung vertikaler Verbundsysteme und Bedeutung von Handelspraktiken

Vertikale Verbundsysteme (Keiretsu) und spezifische Handelspraktiken haben, wie bereits ausgeführt, tendenziell strukturkonservierenden Charakter, da sie das vertikale Beziehungsgeflecht zwischen Herstellern und Absatzmittlern regeln. Deshalb können gerade Veränderungen der Verbundstrukturen einer Branche langfristigen Wandel andeuten. Zu untersuchen ist weiterhin, inwieweit vertikale Verflechtungen und Angebotsmacht bzw. Angebotskonzentration in einem Zusammenhang zu sehen sind.

Das Ausmaß vertikaler Verflechtungen in der japanischen Industrie wird regelmäßig durch das MITI erhoben, wobei die letzte Erhebung allerdings aus dem Jahr 1986 stammt.[114] Dieser Vorbehalt ist im folgenden zu berücksichtigen, so daß lediglich Tendenzaussagen getroffen werden können. Das höchste Ausmaß vertikaler Verflechtungen, gemessen an den an "Keiretsu" beteiligten Großhandelsunternehmen, ist in den Produktkategorien Haushaltselektrogeräte, Kosmetika und Körperpflegeartikel sowie Pharmazeutika

---

113 Vgl. Kap. C, Abschn. 2.2.
114 Vgl. Keizai Kikakucho (Economic Planning Agency) (Hrsg.), Jittai Chosa (dt. Übersetzung: Bericht über kommerzielle Strukturen und Aktivitäten), 5. Bericht, Tokyo 1986; derselbe, Yunyuhin no ryutsu oyobi shokanko (dt. Übersetzung: Distributionskanäle und Handelspraktiken bei Importwaren), Tokyo 1986; Maruyama, M., A Country Study on the Distribution System in Japan, a.a.O., S. 53.

festzustellen.[115] Dabei handelt es sich um jene Produktgruppen, die im vorangegangen Abschnitt auch den höchsten relativen Angebotskonzentrationsgrad aufwiesen. In den übrigen untersuchten Branchen lag der Anteil der beteiligten Großhändler unter 20%. Weiterhin ist festzustellen, daß in allen untersuchten Branchen Keiretsu-Affiliierungen überwiegend mit der Herstellerseite erfolgen.

Von besonderem Interesse ist jedoch die Entwicklung im Zeitablauf (d.h. hier zwischen 1979-1986): in jenen Branchen, in denen Keiretsu-Affiliierungen bereits verbreitet sind, hat sich die Beteiligung des Großhandels weiter ausgedehnt. In Branchen, wie Nahrungsmittel und Bekleidung, die von zunehmender Nachfragemacht gekennzeichnet sind, ist die Beteiligung des Großhandels an den Keiretsu insgesamt jedoch rückläufig. Der Großhandel ist hier offensichtlich bemüht, seine Unabhängigkeit von einzelnen Herstellern zu wahren und sich dem Einzelhandel in seiner Sortimentsfunktion anzubieten.

Eine deutliche Zunahme der Keiretsu-Affiliierung zeichnet sich abschließend in der Residual-Gruppe "Sonstige Branchen" ab, in die auch Spiewaren entfallen. Wie dabei ein Vergleich des Anteils der Hersteller-Affilierung, der von 1979-1986 von 54,0% auf 67,1% angestiegen ist, zeigt, nähert sich der Großhandel offensichtlich den Herstellern an. Dies läßt darauf schließen, daß der Großhandel sich in dieser Branche eher als Verkaufsorgan der Hersteller denn als Einkäufer des Einzelhandels sieht.

Einen aktuellen Überblick über das Ausmaß von Keiretsu-Affiliierungen der Hersteller bieten die Ergebnisse der Primärforschung. Hier bestätigt sich, daß die Organisation von Keiretsu auch aus Herstellersicht in den Branchen Haushaltselektrogeräte, Kosmetika und Körperpflege sowie Spielwaren überdurchschnittliche Bedeutung hat *(vgl. Abb. 61)*. Unterdurchschnittliche Relevanz haben Keiretsu in den Branchen Nahrungsmittel und Bekleidung, was die oben geschilderte Entwicklung des Großhandels bestätigt. Eine Abweichung ergibt sich lediglich bei Pharmazeutika, wo das Bemühen des Großhandels um eine Keiretsu-Beteiligung höher zu sein scheint, als das Interesse der Hersteller an einer Organisation von Keiretsu. Wichtig festzustellen ist ferner, daß ausländische Hersteller insgesamt einen geringeren Anteil an der Organisation von Keiretsu-Verbundgruppen haben, als der Durchschnitt der befragten Unternehmen. Dies kann einerseits heißen, daß Keiretsu von ausländischen Herstellern geringere Bedeutung beigemessen wird, andererseits aber auch in einer fehlenden "kritischen Masse" dieser Unternehmen begründet liegen kann, um eine Keiretsu-Verbundgruppe zu organisieren.

Abschließend sei noch kurz auf die Bedeutung von Handelspraktiken in den untersuchten Branchen eingegangen. Das Ergebnis zeigt, daß ein Zusammenhang wiederum zwischen

---

115   Vgl. Anhang 2, Abb. 5.

vertikalem Verflechtungsgrad, Angebotskonzentration und Ausmaß von Handelspraktiken in den Branchen Haushaltselektrogeräte und Kosmetika/Körperpflegeartikel zu erkennen ist. Ferner sind Handelspraktiken im Bekleidungssektor von hoher Bedeutung, was insbesondere auf das Verhalten der Warenhäuser als wichtigste Marktpartner zurückgeführt werden kann.[116]

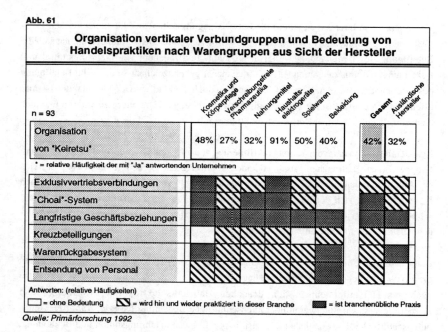

Abb. 61

Organisation vertikaler Verbundgruppen und Bedeutung von Handelspraktiken nach Warengruppen aus Sicht der Hersteller

Quelle: Primärforschung 1992

Zusammenfassend lassen sich folgende Erkenntnisse ableiten:

(1) Es scheint ein grundsätzlicher Ursache-Wirkungs- sowie Struktur-Verhaltens-Zusammenhang zwischen Angebotskonzentration und vertikalen Verflechtungen sowie Handelspraktiken vorzuliegen.

(2) In Branchen, die traditionell einen hohen Anteil an Keiretsu-Verflechtungen aufweisen und in denen der Großhandel primär Verkaufsfunktionen der Hersteller ausübt, nimmt die Keiretsu-Affiliierung des Großhandels zu und kann als Vorstufe der vertikalen Integration betrachtet werden (Beispiele: Kosmetika/Körperpflege, Haushaltselektrogeräte, Pharmazeutika, Spielwaren).

---

[116] Vgl. Kap. D, Abschn. 2.6.

(3) In Branchen, in denen der unabhängige Großhandel primär Beschaffungs- und Sortimentsfunktionen für den Einzelhandel ausübt, nimmt die Keiretsu-Beteiligung ab, da der Großhandel seine Unabhängigkeit von den Anbietern erhalten möchte (Beispiele: Nahrungsmittel und Getränke, Bekleidung).[117]

3.3 Verkürzung der Absatzkanallängen

Eine Differenzierung der Absatzkanallängen, der Anteile unterschiedlicher Absatzkanalstrukturen sowie deren voraussichtliche Veränderung ermöglicht die Primärforschung dieser Arbeit. Eine branchenübergreifende, aggregierte Betrachtung verdeutlicht, daß in der physischen Distribution die überwiegende Zahl der Lieferbeziehungen (37%) direkt verläuft, gefolgt von der einstufigen Distribution über Primärgroßhändler (35%), sowie der mehrstufigen Distribution über Primär-, Sekundär- und z.T. Tertiärhändler an den Einzelhandel (23%). Der direkte Vertrieb vom Hersteller an den Konsumenten hält einen Anteil von 5% *(vgl. Abb. 62)*.

Abb. 62

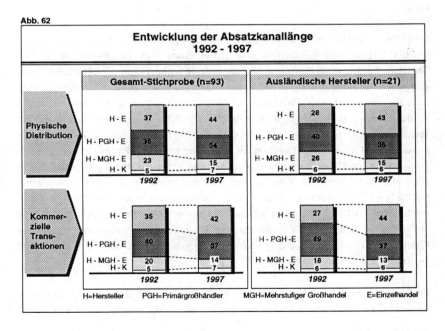

---

[117] Vgl. hierzu die Ergebnisse von Shimaguchi, M., New Developments in Channel Strategy in Japan, a.a.O., S. 185.

Ein Vergleich zwischen physischer Distribution und kommerziellem Transaktionsfluß offenbart die Bedeutung des Primärgroßhandels in der Auftragsabwicklung, in Japan auch als Choai-System bezeichnet.[118] Dies trifft auch für ausländische Hersteller in Japan zu, die mangels kritischer Masse jedoch noch zu einem höheren Anteil vom Großhandel abhängig sind, als japanische Hersteller. Grundsätzlich folgen nicht-japanische Hersteller dennoch vergleichbaren Distributionsmustern wie japanische Unternehmen.

Die Entwicklungsprognose verdeutlicht, daß der Weg der direkten Belieferung Hersteller-Einzelhandel zunehmend Marktanteile gewinnen wird und die Unterschiede zwischen physischen und kommerziellen Distributionsflüssen an Bedeutung verlieren. Dies gilt sowohl für inländische, als auch für ausländische Hersteller in Japan. Nach Branchen differenziert weisen Nahrungsmittel, Pharmazeutika und Spielwaren den höchsten erwarteten Zuwachs der direkten Belieferung des Einzelhandels auf.[119] Bei Kosmetika, Haushaltselektrogeräten und Bekleidung hingegen fällt der Zuwachs begrenzt aus, was auf eine bereits relativ hohe Bedeutung dieses Vertriebsweges in den genannten Produktgruppen zurückgeführt werden kann.

In direkter Verbindung zur Verkürzung der Vertriebswege steht der erwartete Rückgang des Großhandels in jeder Produktkategorie. Differenziert nach Primär-, Sekundär- und Tertiärgroßhandel, wurde dieser Fragestellung getrennt nachgegangen.[120] Übergreifend zeigt sich dabei, daß insbesondere für den Tertiär- und Sekundärgroßhandel mit einem starken Rückgang gerechnet wird. Nach Branchen differenziert fällt weiterhin auf, daß in den Produktgruppen Haushaltsgeräte und Bekleidung eine weitere Abschwächung des Primärgroßhandel zu erwarten ist, während dieser bei Nahrungsmitteln, Pharmazeutika, Kosmetika und Körperpflegeartikeln sowie Spielwaren eher seine Position behaupten kann. Primäre Ursachen für den Rückgang des Großhandels bilden nach Meinung der Hersteller vor allem das Aussterben von Kleinflächengeschäften, sowie Finanz- und Management-Schwächen.[121] Die überwiegende Zahl der Hersteller rechnet zudem damit, daß bei einem Ausscheiden des Großhandels dessen Funktionen von der Herstellerseite absorbiert werden (48% der Nennungen), 37% erwarten eine Übernahme der Funktionen durch den Einzelhandel, 15% vermuten, daß Spezialisten der physischen Distribution (z.B. Spediteure) die Rolle des Großhandels übernehmen.[122]

Fragt man abschließend nach den erwarteten Strategien, die der Großhandel zur Verteidigung seiner Position anwenden wird, so werden der Spezialisierung auf physische Distributions-

---

[118] Vgl. Kap. C, Abschn. 2.1131.
[119] Vgl. Anhang 2, Tab. 5.
[120] Vgl. Anhang 2, Abb. 6.
[121] Vgl. Anhang 2, Abb. 7.
[122] Vgl. Anhang 2, Tab. 6.

funktionen und dem Aufbau von Informations-Wertschöpfungsnetzwerken (VAN) höchste Bedeutung beigemessen, gefolgt von Strategien der vertikalen Kooperation.[123]

Zusammenfassend läßt sich festhalten, daß das Ausmaß der Verkürzung der Absatzkanäle bzw. der Veränderung der Absatzkanalstrukturen in den Produktgruppen Nahrungsmittel, Pharmazeutika und Spielwaren am größten sein wird. In diesen Branchen sollten die Hersteller ihre Absatzmittlerselektion überprüfen. In den Produktgruppen Haushaltselektrogeräte, Bekleidung und mit Abstrichen Kosmetika / Körperpflegeprodukte (hier insbesondere "Geschlossene Route") ist der Prozeß der Verkürzung der Absatzwege bereits soweit fortgeschritten, daß sich im Vergleich zu den übrigen Produktkategorien Veränderungen nur selektiv ergeben.

3.4 Veränderung der vertikalen Wertschöpfungssysteme

Die Veränderung von Marktanteilen der Absatzkanäle resultiert ursächlich aus einer Umverteilung distributiver Funktionen zwischen den an der Distribution beteiligten Organen. Ziel ist dabei die Übernahme eines möglichst hohen Anteils der Handelsspanne als Ausdruck der Wertschöpfung.[124]

Übergreifend zeigt die auf Vergangenheitsdaten beruhende Entwicklung der Handelsspannen zwischen 1979-1990, differenziert nach Großhandels- und Einzelhandelsspanne, einen Zugewinn auf der Einzelhandelsstufe und überwiegend Verluste auf der Großhandelsstufe.[125] Nach Branchen getrennt, sind die deutlichsten Zuwächse der Einzelhandelsspannen in Prozentpunkten in den Produktgruppen Pharmazeutika, Nahrungsmittel, Spielwaren und Bekleidung zu beobachten. In den gleichen Branchen verzeichnet der Großhandel relativ hohe Einbußen.

Diese Entwicklungstendenzen der Handelsspannenverteilung bestätigen sich in der erwarteten künftigen Funktionsverteilung zwischen Herstellern, Großhandel und Einzelhandel entlang des vertikalen Wertschöpfungssystems *(vgl. Abb. 63)*. Dabei verlaufen übergreifend die Entwicklungslinien japanischer und nicht-japanischer Hersteller gleichgerichtet. Während sich für den Einzelhandel eine Ausweitung des funktionalen Einflusses insbesondere in den primären Einzelhandelsfunktionen Einkauf, Merchandising, POS-Marketing und Verkauf prognostizieren läßt, kann der Großhandel lediglich seinen Anteil in den Funktionen Lagerhaltung und Transport behaupten, verliert jedoch im Einzelhandel und bei den Herstellerfunktionen.

---

123 Vgl. Anhang 2, Abb. 8.
124 Vgl. Kap. B, Abschn. 2.33.
125 Vgl. Anhang 2, Tab. 2.

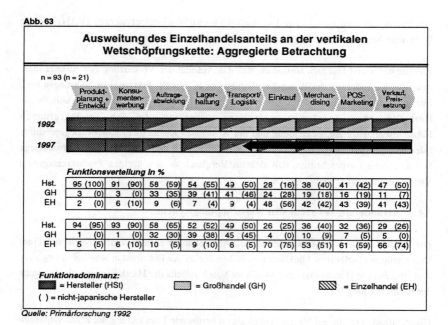

Abb. 63: Ausweitung des Einzelhandelsanteils an der vertikalen Wetschöpfungskette: Aggregierte Betrachtung

Quelle: Primärforschung 1992

Eine nach Branchen differenzierte Analyse der Entwicklung des Anteils von Herstellern, Großhandel und Einzelhandel an den obigen Funktionen, die als deren "traditionell" angestammte Funktionen bezeichnet werden können, polarisiert im wesentlichen zwei Gruppen von Produkten.[126] Die erste Gruppe enthält jene Branchen, in denen der Großhandel bereits unterdurchschnittliche Bedeutung hat und weiter an Einfluß verliert: Kosmetika/Körperpflege, Haushaltsgeräte und Bekleidung. Die zweite Gruppe enthält hingegen die Branchen, in denen sich der Großhandel durch Spezialisierung auf die Funktionen der physischen Distribution halten kann: Pharmazeutika, Nahrungsmittel und Spielwaren.

Wenn auch in geringerem Maße als der Großhandel, so verlieren die Hersteller doch maßgeblichen Einfluß auf der Einzelhandelsstufe. Dies dokumentiert sich abschließend in dem von den Herstellern selbst erwarteten künftigen Einfluß auf die Preissetzung im Einzelhandel.[127] Übergreifend erwarten 58% der Hersteller einen Rückgang ihres Einflusses, 16% sind der Meinung, überhaupt keinen Einfluß zu haben, und lediglich 7% erwarten einen Anstieg. Dieses Ergebnis besitzt ohne Einschränkungen in allen untersuchten Branchen Gültigkeit, wobei der Kontrollverlust besonders signifikant in den bislang von der

---

[126] Vgl. Anhang 2, Tab. 7, 8.
[127] Vgl. Anhang 2, Tab. 9.

Preisbindung der Zweiten Hand geschützten Branchen Kosmetika und Pharmazeutika ausfällt.

3.5 Strategische Implikationen

Die in den vergangenen vier Abschnitten erläuterten Entwicklungstendenzen

(1) Machtverschiebung zwischen Herstellern und Einzelhandel
(2) Verstärkung der vertikalen Verbundsysteme in angebots-dominierten Branchen, Abschwächung vertikaler Verbundsysteme in nachfrage-dominierten Branchen
(3) Verkürzung der Absatzwege
(4) Übergreifende Funktionsverschiebung zugunsten des Einzelhandels bei gleichzeitig branchenspezifischer Konzentration oder Ausschaltung des Großhandels

lassen sich in zwei zentrale Dimensionen verdichten. Die daraus zu errichtende Matrix ermöglicht die Ableitung strategischer Implikationen für Konsumgüterhersteller in vier unterschiedliche Merkmalskombinationen vertikaler Wettbewerbsbedingungen.[128]

Die erste Dimension, gebildet aus den Befunden (1) und (2), beschreibt das zu erwartende Marketingführerschaftspotential, d.h. den aus der Entwicklung der Machtbalance zwischen Angebot und Nachfrage abzuleitenden Anspruch auf die künftige Führungsrolle im Absatzkanal. Vereinfacht kann ein Führungspotential für die Hersteller der Branchen Haushaltselektrogeräte, Kosmetika/Körperpflegeprodukte, Pharmazeutika und Spielwaren abgeleitet werden, in denen auf begrenzte Zeit noch von der Situation der Angebotsübermacht auszugehen ist und mit einem Fortbestand vertikaler Verbundgruppen gerechnet werden kann.

Die zweite Dimension, die sich auf die Befunde (3) und (4) zurückführen läßt, beschreibt das Ausmaß vertikaler Veränderungen. Sie basiert auf der erwarteten Verkürzung der Absatzwege zwischen Herstellern und Einzelhandel, sowie der Entwicklung der Handelsspannen- und Funktionsverteilung innerhalb des vertikalen Wertschöpfungssystems, unter besonderer Berücksichtigung des Großhandels. Hier wurden deutliche Veränderungen in den Branchen Nahrungsmittel, Pharmazeutika und Spielwaren prognostiziert, in denen einerseits die Absatzkanallänge sinkt, und sich andererseits die Großhandelsstufe konzentriert und spezialisiert. Geringe vertikale Veränderungen werden hingegen in den Absatzkanälen für Bekleidung, Haushaltselektrogeräte sowie Kosmetika und Körperpflegeprodukte (insbesondere "Geschlossene Route"/Exklusivvertrieb) erwartet.

---

[128] Diese gelten für japanische und nicht-japanische Hersteller der untersuchten Branchen gleichermaßen, da angesichts der Analyseergebnisse der Primärbefragung von keinen erheblichen Unterschieden der von beiden Gruppen verfolgten Distributionsmuster ausgegangen werden kann.

Das aus den beiden Dimensionen zu errichtende Portfolio zur Klassifizierung vertikaler Wettbewerbsbedingungen enthält *Abbildung 64*.

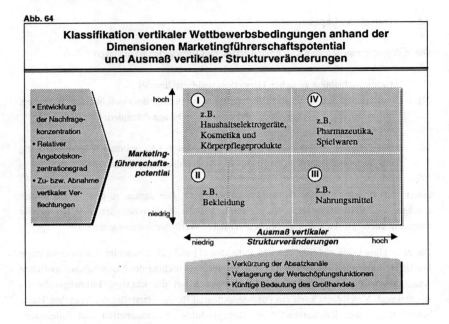

Feld I der Matrix beschreibt Wettbewerbsbedingungen, bei denen ein hohes Marketingführerschaftspotential bei gleichzeitig geringen Veränderungen der Absatzkanäle zu erwarten ist. Zum Erwerb bzw. zur Festigung der Marketingführerschaft bietet sich ein offensives Verhalten gegenüber dem Einzelhandel an. Gleichzeitig wird eine weitere vertikale Integration des verbleibenden Großhandels impliziert. Branchen, die dieser Wettbewerbssituation entsprechen, sind Haushaltselektrogeräte und Kosmetika/Körperpflege.

Das nächstfolgende Feld II beschreibt eine vertikale Wettbewerbssituation, in der aufgrund relativ hoher Angebotsfragmentierung sowie teilweise bereits eingetretener Nachfragemacht das Marketingführerschaftspotential als gering eingestuft werden muß. Jedoch ist wegen bereits bestehender enger Lieferbeziehungen mit dem Einzelhandel von keiner weiteren signifikanten Verkürzung der Absatzkanäle mehr auszugehen, der Großhandel spielt eine nur untergeordnete Rolle. In dieser Situation bietet sich ein kooperatives Verhalten zur Relativierung von Handelsmacht an. Betroffen ist die Bekleidungsbranche.

Feld III charakterisiert ein Wettbewerbsumfeld, das durch dynamische Veränderungen der Absatzwege, potentielle Nachfragemacht und Großhandelskonzentration geprägt ist. Im Gegensatz zu den Feldern I und II, in denen der Großhandel als Zielobjekt des vertikalen Marketings praktisch ohne Bedeutung ist, erfordert dieses Wettbewerbsumfeld eine differenzierte Bearbeitung sowohl der Großhandelsstufe als auch des Einzelhandels. Dabei impliziert die Großhandelskonzentration eine Überprüfung der Absatzmittlerselektion, um die marktstärksten und motiviertesten Großhändler in die künftige Distribution einzubinden. Dem erstarkenden Einzelhandel gegenüber wird ein kooperatives oder gegebenenfalls auch defensives Verhalten erforderlich sein. Als beispielhaft für die beschriebene Wettbewerbssituation läßt sich die Nahrungsmittelindustrie anführen.

Abschließend charakterisiert Feld IV eine vertikale Wettbewerbssituation, die von hohen Strukturveränderungen einerseits und einem hohen Marketingführerschaftspotential andererseits geprägt ist. Die Konzentration des Einzelhandels ist gering, produktbezogene Faktoren legen eine vertikale Integration bzw. vertragliche Zusammenarbeit mit dem Großhandel nahe, der sich in einem Trend der Spezialisierung befindet. Entsprechend ist analog zu Feld III eine Selektion marktstarker Partner erforderlich, sowie eine genaue Überprüfung, welche distributiven Funktionen künftig extern beschafft oder durch den Hersteller selbst erstellt werden sollen. Entscheidend für die Auswahl ist der beigemessene Wertschöpfungsanteil. Fragmentierte Strukturen des Einzelhandels bieten mithin eine ideale Ausgangssituation, um durch offensives Verhalten eine mögliche künftige Machtkonzentration des Einzelhandels zu verhindern. Beispielhaft für diese vertikale Wettbewerbssituation lassen sich die Branchen Pharmazeutika und Spielwaren nennen.

Zusammenfassend ist zu betonen, daß die charakterisierten Wettbewerbsbedingungen als determinierende Komponente ausschließlich den vertikalen Wettbewerb einer Branche zugrunde legen, um die strategischen Implikationen vertikaler Strukturveränderungen deutlich herauszuarbeiten.

Unberücksichtigt geblieben sind unternehmensspezifische Einflußfaktoren sowie die horizontale Wettbewerbssituation, die entscheidend die Strategiewahl beeinflussen. Diese werden im nachfolgenden Kapitel explizit aufgegriffen, um ein geschlossenes kontingenztheoretisches Modell zur Ableitung und Beurteilung vertikaler Marketing-Strategien zu entwickeln.

Kapitel E

E. Empirische Analyse der Ausgestaltung vertikaler Marketing-Strategien und -Instrumente in Japan

In der in den vorangegangenen beiden Kapiteln erfolgten deskriptiven Analyse der Betriebsformendynamik in Japan sowie der Entwicklung der vertikalen Distributionsstrukturen in ausgewählten Branchen konnten sowohl branchenübergreifende als auch branchenspezifische Strukturveränderungen aufgezeigt werden. Im Rahmen der dabei selektiv einbezogenen, primärstatistischen Erhebung wurde nachgewiesen, daß die befragten Unternehmen tatsächlich signifikante Veränderungen der vertikalen Wettbewerbsstrukturen wahrnehmen, bzw. mit deutlichen weiteren Veränderungen rechnen.

Extensive empirische Studien belegen, daß Management-Entscheidungen stark von Wahrnehmungen und Erwartungen geleitet werden.[1] Folglich kann unterstellt werden, daß die oben angesprochenen wahrgenommenen bzw. erwarteten Veränderungen die Wahl von Strategien, die per definitionem langfristig ausgerichtet sind, beeinflussen.

Im folgenden interessiert nun, welche strategischen Intentionen und Verhaltensweisen die befragten Herstellerunternehmen verfolgen, um sich dem Wandel in der Distribution anzupassen und ihre Position zu sichern. Ausgangspunkt der weiteren Untersuchungen bildet die wahrgenommene Wettbewerbsposition, beschrieben durch geeignete Wettbewerbsindikatoren. Von diesen wurden die externen Indikatoren der vertikalen Wettbewerbsintensität in den vorangegangenen Kapiteln ermittelt und analysiert. Bisher in der Untersuchung unberücksichtigt geblieben sind unternehmensindividuelle Einflußfaktoren der Wettbewerbsposition und der Strategiewahl, insbesondere die relativen Stärken/Schwächen gegenüber horizontalen Wettbewerbern, die die Strategiewahl vor allem in Japan determinieren und maßgeblich in Zusammenhang mit der Unternehmensprofitabilität stehen.

Zu diesem Ergebnis kommt eine Studie im Rahmen der PIMS-Forschung, die im Jahr 1988 erstmalig auf japanische Unternehmen in Japan übertragen wurde.[2] Als zentraler Befund dieser empirischen Untersuchung läßt sich festhalten, daß die Prinzipien des PIMS-Paradigmas, welches der Industrial-Organization-Forschung zugerechnet wird, auch auf japanische Unternehmen zutreffen. Einen signifikanten Zusammenhang sehen japanische Manager insbesondere zwischen der erreichten Marktposition (gemessen an Kriterien, wie Markenbekanntheit, Marktanteil oder Pioniervorteilen) und dem Erfolg einer Unternehmung.

---

[1] Vgl. Einhorn, H.J., Hogarth, R. M., Behavioral Decision Theory: Process of Judgement and Choice, in: Annual Review of Psychology, Vol. 32, 1981, S. 53-88; March, J.G., Bounded Rationality, Ambiguity, and the Engineering of Choice, in: Bell Journal of Economics and Management Science, Vol. 9, 1978, S. 587-608; Slovic, P., Fischhoff, B., Lichtenstein, S., Behavioral Decision Theory, in: Annual Review of Psychology, Vol. 28, 1977, S. 1-39.

[2] Vgl. Kotabe, M., Duhan, D. F., Smith, D. K., Wilson, R. D., The Perceived Veracity of PIMS Strategy Principles in Japan: An Empirical Inquiry, a.a.O., S. 26-42.

Als wesentliche Ansatzpunkte zur Entwicklung einer Marktposition werden Produkt- und Marketing-Strategie gesehen. Im Rahmen der Instrumentalstrategien wird ebenfalls der Produktpolitik ein deutlich höherer Stellenwert beigemessen als preis-, promotions- und organisationsbezogenen (z. B. Fusions-/M&A-) Strategien. Nicht explizit erfaßt wurden als "supportive strategies" distributionsbezogene, vertikale Marketing-Strategien.[3]

Im folgenden wird daher der Versuch unternommen, speziell die Zusammenhänge zwischen Marktposition, vertikalen Marketing-Strategien und Erfolg zu ermitteln. Dabei kommt das in Kapitel B vorgestellte, empirische Modell als Bestandteil des kontingenztheoretischen Ansatzes dieser Arbeit zur Anwendung. Indikatoren der relativen, horizontalen Wettbewerbsstärke einer Unternehmung werden zunächst mit aus den vorangegangenen Kapiteln abgeleiteten Indikatoren der vertikalen Wettbewerbsintensität zusammengeführt und auf die zugrundeliegenden, wettbewerbsdeterminierenden Dimensionen reduziert. Diese bilden dann die Grundlage der Klassifizierung von Unternehmen mit dem Ziel, gemeinsame strategische Verhaltensmuster in Abhängigkeit von der Wettbewerbs- und Marktposition zu ermitteln. Auf diese Weise soll die Bedeutung verschiedener Ausprägungsformen vertikaler Marketing-Strategien ermessen und der Zusammenhang mit dem Unternehmenserfolg hergeleitet werden. Aus den Ergebnissen lassen sich auf dem Wege der Aggregation und Interpretation Handlungsempfehlungen für die Gestaltung vertikaler Marketing-Strategien in Japan ableiten.

In einem weiteren Analyseschritt werden die Präferenzen für die Ausgestaltung des Instrumentariums des vertikalen Marketings zur Strategie-Umsetzung erhoben. Den Abschluß bildet eine Untersuchung der bevorzugten Formen der Marketingorganisation in Japan.

1. Methodische Vorbemerkungen

Nachdem die Erhebungsmethodik der Primärforschung, die die Grundlage für die folgenden Abschnitte bildet, bereits eingehend im vorhergehenden Kapitel erläutert wurde, soll nachstehend nur kurz auf das weitere Untersuchungsdesign sowie die zur Anwendung kommenden statistischen Analyseverfahren eingegangen werden.

Ausgangspunkt der Identifikation von Unternehmensgruppen, die durch eine vergleichbare Wettbewerbsposition gekennzeichnet sind, bildet der Versuch, eine Vielzahl wettbewerbsbeschreibender Variablen auf zentrale Wettbewerbsdimensionen zu reduzieren.[4] Zu einer

---

[3] Vgl. Kotabe, M., Duhan, D. F., Smith, D. K., Wilson, R. D., The Perceived Veracity of PIMS Strategy Principles in Japan: An Empirical Inquiry, a.a.O., S. 38ff.

[4] Dadurch wird vermieden, daß Wettbewerbsindikatoren, die ähnliche Sachverhalte erfassen und beschreiben, im Vergleich zu anderen Indikatoren überrepräsentiert werden. Ferner soll die Interpretation von Wettbewerbspositionen, die in nachfolgenden Analyseschritten zu ermitteln sind, erleichtert werden.

derartigen Variablenreduktion auf ihre Grundstruktur bietet sich das Verfahren der Faktorenanalyse an.[5] Die dabei einzubeziehenden Wettbewerbsindikatoren werden zunächst z-standardisiert, um Verzerrungen aufgrund unterschiedlicher Skalenniveaus auszuschalten. Zur Schätzung der Kommunalitäten, d.h. jenem Teil der Gesamtvarianz einer Variablen, der durch die gemeinsamen Faktoren erklärt werden soll, sowie zur Faktorextraktion, wurde das Verfahren der Hauptachsenanalyse verwendet.[6] Die Zahl der zu extrahierenden Faktoren schließlich wurde durch das Kaiser-Kriterium bestimmt.[7]

Das Ziel des nächsten Analyseschrittes war, basierend auf den identifizierten, relevanten Wettbewerbsindikatoren, in sich homogene und untereinander möglichst distinktive Wettbewerbssituationen zu ermitteln, in denen sich die befragten Unternehmen befinden.[8] Als Verfahren zu deren Bestimmung bot sich die Clusteranalyse an.[9]

Zunächst wurden für jedes Untersuchungsobjekt die Wettbewerbsindikatoren in Faktorwerte umgerechnet, mit deren Hilfe die Unternehmen in der Cluster-Analyse klassifiziert wurden. Als Proximitätsmaß im Rahmen der Klassifikation wurde die quadrierte euklidische Distanz zugrundegelegt.[10] Die Gruppenbildung erfolgte in zwei Stufen, mit Hilfe agglomerativ-hierarchischer Verfahren. Zunächst wurde zur Identifikation sogenannter Ausreißer, d.h. Untersuchungsobjekte, deren Merkmalskombinationen erheblich von den übrigen befragten Objekten abwichen, das "Single Linkage"-Verfahren angewendet, welches besonders für diese Aufgabe empfohlen wird.[11] Die eigentliche Klassifizierung erfolgte in der zweiten Stufe mit Hilfe des Verfahrens nach "Ward". Dieses wird u.a. auch für kleinere Populationen empfohlen und gilt in der einschlägigen Literatur als eines der besten hierarchischen

---

[5] Die Faktorenanalyse stellt darauf ab, eine Vielzahl von Variablen, aufgrund vorliegender Korrelationen zwischen den Variablen, auf eine kleinere Anzahl von Einflußfaktoren zu reduzieren. Im Mittelpunkt steht dabei die Frage, auf wieviele Faktoren - auch Supervariablen genannt - die Variablen zurückzuführen sind, und welchen Einfluß die Faktoren auf die einzelnen Variablen haben. Das Ausmaß des Einflusses äußert sich in der Höhe der Faktorladungen. Zur Beschreibung der Faktorenanalyse vgl. Überla, K., Faktorenanalyse, 2. Aufl., Berlin u.a.O. 1972; Schuchard-Fischer, C. et al., Multivariate Analysemethoden, Berlin, Heidelberg 1980, S. 213ff; Backhaus, K., Erichson, B., Plinke, W., Weiber, R., Multivariate Analysemethoden, 6. Aufl., Berlin u.a.O. 1990, S. 67ff; Hammann, P., Erichson, B., Marktforschung, a.a.O., S. 198ff.

[6] Zum Verfahren der Hauptachsenanalyse vgl. Backhaus, K., Erichson, B., Plinke, W., Weiber, R., Multivariate Analysemethoden, a.a.O., S. 85ff.

[7] Nach dem Kaiser-Kriterium entspricht die Zahl der zu extrahierenden Faktoren der Zahl der Faktoren mit Eigenwerten größer eins. Vgl. ebenda, S. 90.

[8] Das Vorschalten einer explorativen Faktoranalyse zur Reduktion hoch korrelierender Variablen auf unabhängige Faktoren wird zur Vermeidung von Ergebnisverzerrungen bei der Clusteranalyse in der Literatur ausdrücklich empfohlen. Vgl. ebenda, S. 155.

[9] Zur Clusteranalyse vgl. z.B. Steinhausen, D., Langer, K., Clusteranalyse, Berlin, New York 1977; Everitt, B., Cluster Analysis, London 1974; Backhaus, K., Erichson, B., Plinke, W., Weiber, R., Multivariate Analysemethoden, a.a.O., S. 115-159; Hammann, P., Erichson, B., Marktforschung, a.a.O., S. 212ff.

[10] Vgl. Backhaus, K., Erichson, B., Plinke, W., Weiber, R., Multivariate Analysemethoden, a.a.O., S. 117ff.

[11] Vgl. ebenda, S. 140.

Verfahren.[12] Es werden dabei "nicht diejenigen Gruppen zusammengefaßt, die die geringste Distanz aufweisen, sondern es werden die Objekte (Gruppen) vereinigt, die ein vorgegebenes Heterogenitätsmaß am wenigsten vergrößern. Das Ziel des Ward-Verfahrens besteht darin, jeweils diejenigen Objekte (Gruppen) zu vereinigen, die die Streuung (Varianz) in einer Gruppe möglichst wenig erhöhen. Dadurch werden möglichst homogene Cluster gebildet."[13] Wenngleich eine Clusteranalyse auf der Basis von Faktorwerten empfehlenswert ist, um Interkorrelationen zu vermeiden, zeigt sich doch, daß die Interpretation der Cluster anhand hochverdichteter Werte problematisch ist. Sinnvoll ist daher, nach einer Clusterbildung wieder auf die zugrundeliegenden Ausgangsvariablen zurückzugreifen und anhand dieser Merkmale eine Analyse der jeweiligen Clustermittelwerte vorzunehmen.

Für die auf diese Weise gebildeten Cluster wird im nächsten Untersuchungsabschnitt das strategische Verhalten ermittelt. Dabei erfolgt eine Analyse der Ausprägung der jeweiligen Clustermittelwerte bezüglich einer gegebenen Strategievariante. Von besonderem Interesse ist schließlich, inwieweit auf die identifizierten Unternehmenstypen ein bestimmter Erfolg zutrifft. Ließe sich der unterstellte Struktur-Strategie-Erfolgs-Zusammenhang belegen, kann von der nachhaltigen Ermittlung strategischer Gruppen ausgegangen werden.

Basierend auf den ermittelten strategischen Verhaltensmustern wird abschließend eine Analyse der Ausgestaltung des vertikalen Marketing-Instrumentariums in Japan vorgenommen. Neben einer Überprüfung der Unternehmenscluster wird auf übergreifende Häufigkeitsberechnungen zurückgegriffen. Selektiv werden neben den Ergebnissen der Primärforschung auch sekundärstatistische Daten eingesetzt.

2. Klassifikation der befragten Konsumgüterhersteller auf der Basis der wahrgenommenen horizontalen und vertikalen Wettbewerbssituation

Basis für die Klassifikation der in die Untersuchung einbezogenen Konsumgüterhersteller bildet die Herleitung relevanter Einflußfaktoren und Indikatoren der Wettbewerbssituation, in der sich die Untersuchungsobjekte befinden. Dabei wird auf die in den vorhergehenden Kapiteln analysierten Faktoren zurückgegriffen. Somit wird unterstellt, daß bestimmte Faktoren nicht nur Einfluß auf die Ausprägung und Entwicklung der Distributionsstrukturen nehmen, sondern auch auf das Wettbewerbsverhalten der einzelnen Unternehmen. Dieser Zusammenhang findet seine sachlogische Begründung in der Tatsache, daß

---

[12] Vgl. z.B. Backhaus, K., Erichson, B., Plinke, W., Weiber, R., Multivariate Analysemethoden, a.a.O., S. 143ff; Bergs, S., Optimalität bei Cluster-Analysen, Dissertation, Münster 1981, S. 96f; Wischart, D., CLUSTAN, Benutzerhandbuch, 3. Ausg., Stuttgart und New York 1984, S. 36.
[13] Backhaus, K., Erichson, B., Plinke, W., Weiber, R., Multivariate Analysemethoden, a.a.O., S. 141.

Absatzkanalstrukturen letztlich das Ergebnis von Selektionsentscheidungen der Hersteller sind.[14]

Zunächst zu betrachten sind Indikatoren, die die Wettbewerbssituation innerhalb des Absatzkanalsystems unter Einbeziehung der Ebenen Großhandel, Einzelhandel und Verbraucher umschreiben.[15] Dabei handelt es sich durchweg um externe Variablen, die von der einzelnen Unternehmung nur indirekt durch Selektionsentscheidungen beeinflußt werden können oder auf die gar kein Einfluß besteht. Dazu gehören der Grad der Marktsättigung sowie die Differenzierung der Konsumentenbedürfnisse, durch die der Konsument als Zielobjekt der Unternehmen in den Wettbewerb eingreift. Entsprechend wurden als Indikatoren die Variablen "Marktreife" und "Diversifikation der Verbraucherbedürfnisse" in die Untersuchung einbezogen.[16]

Basierend auf der im vorangegangenen Kapitel ermittelten Bedeutung der Machtverschiebungen zwischen Herstellern und Einzelhandel werden Indikatoren, die den Wettbewerb mit der Einzelhandelsstufe erfassen sollen, die höchste Anzahl von Variablen eingeräumt. Dazu zählen:[17]

- die Bedeutung der Einzelhandels- und damit Nachfragekonzentration,
- das Wachstum großflächiger Betriebsformen,
- das Wachstum moderner/neuer Betriebsformen (z.B. Discounter),
- die Entwicklung der Einkaufsmacht freiwilliger Ketten,
- das Wachstum von Handelsmarken,
- das Wachstum von Filialsystemen,
- die Bedeutung von eigenständigen Marketing-Strategien des Einzelhandels,
- die Wirkungen der Einführung von POS-Systemen.

Ebenfalls basierend auf den Ergebnissen der vertikalen Strukturanalyse werden Indikatoren, die den Wettbewerb zwischen Herstellern und Großhandel umschreiben, als Determinanten der Wettbewerbssituation aufgenommen. Darunter fallen:[18]

- die Bedeutung der Großhandelskonzentration,
- das Wachstum vertikaler Verbundgruppen,
- die Liberalisierung von Handelspraktiken.

---

14 Vgl. Ahlert, D., Distributionspolitik, a.a.O., S. 44.
15 Diese nach Ebenen differenzierte Betrachtung externer Wettbewerbsindikatoren entspricht der in dieser Arbeit gewählten Definition des vertikalen, mehrstufigen Marketings, das die Abstimmung mit dem endverbrauchergerichteten Marketing explizit vorsieht. Vgl. Kap. B, Abschn. 3.11.
16 Vgl. zu den gewählten Indikatoren Kap. C, Abschn. 2.2, sowie Kap. D, Abschn. 2, 4.1.
17 Vgl. zu den gewählten Indikatoren Kap. C, Abschn. 2.4, 3.34 sowie Kap. D, Abschn. 3.1, 3.4.
18 Vgl. zu den gewählten Indikatoren Kap. C, Abschn. 3.23, sowie Kap. D, Abschn. 3.2, 3.3.

In einem ersten Analyseschritt wurde der Einfluß dieser genannten Wettbewerbsindikatoren auf Wachstum und Profitabilität der befragten Unternehmen erhoben und in *Abbildung 65* dokumentiert. Danach zeigt sich, daß ein überdurchschnittlicher Einfluß auf die Erfolgssituation der Unternehmen den Faktoren Marktreife, Diversifikation der Verbraucherbedürfnisse, Einzelhandelskonzentration, Wachstum großflächiger Betriebsformen des Einzelhandels, Wachstum moderner Betriebsformen des Einzelhandels sowie der Einführung von POS-Systemen zugemessen wird. Daran wird deutlich, daß der dynamischen Entwicklung des Einzelhandels einerseits und den Veränderungen im Konsumverhalten bzw. der Marktreife andererseits hohe strategische Relevanz zukommt, der Entwicklung des Großhandels hingegen nur noch nachrangige Aufmerksamkeit gewidmet wird.

Abb. 65

Einfluß von Wettbewerbsindikatoren auf Wachstum und Profitabilität der befragten Unternehmen
(Selbsteinschätzung)

Wettbewerbsindikator	1	2	3	4	5	niedrig Einfluß hoch
Marktreife	1	4	19	42	34	4,03
Diversifikation d. Verbraucherbedürfnisse	0	1	15	37	47	4,30
Einzelhandelskonzentration	1	5	31	48	15	3,70
Großhandelskonzentration	11	18	33	32	6	3,05
Wachstum großfl. Betriebsformen des EH	0	3	16	56	25	4,03
Liberalisierung von Handelspolitiken	5	14	45	27	9	3,20
Wachstum moderner/neuer Betriebsformen des EH	5	4	21	51	19	3,74
Wachsende Bedeutung freiwilliger Ketten	8	21	32	35	4	3,05
Wachsende Anzahl von Handelsmarken	20	28	35	16	1	2,50
Einführung von POS-Systemen im EH	1	3	34	47	15	3,72
Wachsende Einkaufsmacht von Filialisten	5	10	29	39	17	3,51
Wachstum vertikaler Verbundsysteme	5	9	36	39	11	3,40
Wachsende Bedeutung eigener Marketing-Strategien des Einzelhandels	5	7	36	35	17	3,50
						ø = 3,52

Quelle: Primärforschung 1992

Neben den externen, durch die Unternehmen selbst nur zum Teil beeinflußbaren Wettbewerbsindikatoren sollten auch direkt beeinflußbare Variablen in die Definition der Wettbewerbssituation einbezogen werden.

Darunter fallen in der Literatur diskutierte, sogenannte "Distinctive Competences", d.h. Kompetenzbereiche, in denen sich das Unternehmen gegenüber seinen direkten Wettbewerbern differenzieren kann.[19] Diese können in Anlehnung an Porter auch als Wettbewerbsvorteile bezeichnet werden.[20] Unternehmensspezifisch erfaßt wurde die Selbsteinschätzung bzgl.

- Stärke / Schwäche der Produkte/des Sortiments,
- Stärke / Schwäche des Markenimages bzw. der Markenbekanntheit,
- Stärke / Schwäche der Vertriebsorganisation,
- Stärke / Schwäche der Distribution, d.h. der Marktabdeckung

im Vergleich zu den Hauptwettbewerbern.[21]

Die übergreifenden Ergebnisse sind in *Abbildung 66* zusammengefaßt. Dabei wird deutlich, daß 64% der Unternehmen ihre Wettbewerbslage in den genannten Kompetenzbereichen als überdurchschnittlich gut bezeichnen. 26% bezeichnen ihre Position als mittelmäßig, und lediglich 10% als schwach. Überdurchschnittlich fallen die Ergebnisse insbesondere in den Kompetenzbereichen Produkt und Marke aus, was darauf schließen läßt, daß die überwiegende Zahl der in die Stichprobe einbezogenen Unternehmen Markenhersteller sind.

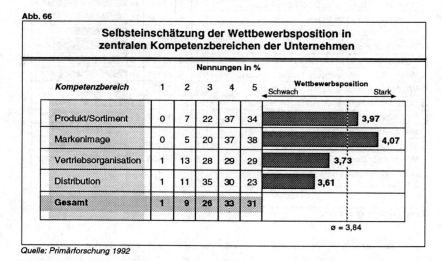

Abb. 66

Quelle: Primärforschung 1992

---

[19] Vgl. Selznik, P., Leadership in Administration, New York 1957; Snow, C. C., Hrebiniak, L. G., Strategy, Distinctive Competence and Organizational Performance, in: Administrative Science Quarterly, Vol. 25, 1980, S. 317-336; Stevenson, H. H., Defining Corporate Strengths and Weaknesses, in: Sloan Management Review, Vol. 17, 1976, S. 51-68; Hitt, M. A., Ireland, R. D., Corporate Distinctive Competence, Strategy, Industry and Performance, in: Journal of Management Studies, Vol. 23, 1985, S. 401-406.

[20] Vgl. Porter, M. E., Competitive Advantage, a.a.O., S. 26ff.

[21] Vgl. Westphal, J., Vertikale Wettbewerbsstrategien in der Konsumgüterinsutrie, a.a.O., S. 170.

Abschließend sollte als Wettbewerbsvariable zur Messung der Abhängigkeit der Hersteller von den Nachfragern noch die bereits in Kapitel D diskutierte Konzentration des Umsatzes eines Anbieters auf die 20 größten und mächtigsten Nachfrager einer Branche einbezogen werden.[22]

Insgesamt wurden folglich 18 Wettbewerbsindikatoren einer Reduktion auf zentrale Wettbewerbsfaktoren unterzogen. Mittels des bereits oben erwähnten Kaiser-Kriteriums wurden 6 Faktoren, die zusammen 64.9% der Gesamtvarianz aller Variablen erklären, extrahiert.[23] Die inhaltliche Erklärung der damit gewonnenen, zentralen Wettbewerbsfaktoren erfolgt über eine Analyse der in *Tabelle 5* wiedergegebenen Faktorladungen:[24]

Faktor 1: Die Wettbewerbsvorteile

>Der erste identifizierte Faktor zeichnet sich dadurch aus, daß er alle in die Analyse einbezogenen Variablen zur Erfassung der unternehmensspezifischen Kompetenzen im Vergleich zum Wettbewerb in sich aufnimmt. Zwischen ihnen besteht folglich ein starker Zusammenhang, in dessen Mittelpunkt der horizontale Wettbewerb zwischen den Herstellerunternehmen steht. Von diesem Faktor allein wird bereits 22.4% der Gesamtvarianz aller Variablen erklärt, womit sich der Stellenwert der horizontalen Wettbewerbssituation in der Gesamtheit der Wettbewerbsindikatoren bereits andeutet.

Faktor 2: Der Marktreifegrad

>Faktor 2 lädt besonders stark auf die Variablen Marktreife und Diversifikation der Konsumentenbedürfnisse und erfaßt damit vollständig die maßgeblich von der Endverbraucherstufe ausgehenden Wettbewerbseinflüsse, die sich z.B. in einem starken Verdrängungswettbewerb und hohen Produktinnovationsraten sowie Substitutionsgefahr äußern können. Weiterhin besteht ein stark positiver Zusammenhang dieses Faktors mit den Variablen "Wachsende Bedeutung eigener Marketing-Strategien des Einzelhandels", "Wachsende Anzahl von Handelsmarken" und "Wachsende Anzahl Freiwilliger Ketten".

---

22 Vgl. Kap. D, Abschn. 3.1.
23 Vgl. Anhang 3, Tab. 1.
24 Entsprechend der Konvention werden dabei jeweils nur Faktorladungen > 0.5 zur Faktorinterpretation herangezogen. Vgl. Backhaus, K., Erichson, B., Plinke, W., Weiber, R., Multivariate Analysemethoden, a.a.O., S. 92.

Tab. 5

Zentrale Wettbewerbsfaktoren und ihre Faktorladungen

			F1	F2	F3	F4	F5	F6
Horizontale Wettbewerbsvorteile		1 Stärken/Schwächen des Produkts/Sortiments	.76400	-.18751	-.13096	.04349	.12120	.03207
		2 Stärken/Schwäche der Marke	.58912	.28831	.18858	.13399	-.23332	.06454
		3 Stärken/Schwächen der Vertriebsorganisation	.82314	.15825	.03451	-.17174	.04363	.05043
		4 Stärken/Schwächen der Distribution/Marktabdeckung	.85146	.21521	.02837	-.01626	-.05400	-.05421
Marktreifegrad		5 Marktreife	-.00327	.75712	.03016	.17072	.04727	.24005
		6 Diversifikation der Verbraucherbedürfnisse	.20357	.70516	.06630	.09976	-.03230	.25696
		7 Wachsende Bedeutung eigener Marketing-Strategien des Einzelhandels	.08610	.60290	.40661	-.09020	.06024	.09103
		8 Wachsende Anzahl von Handelsmarken	.13493	.59215	.06951	-.08107	.30335	-.22965
		9 Wachsende Bedeutung freiwilliger Ketten	.09622	.51461	.22543	-.01840	.37962	-.35613
Technologiedynamik		10 Einführung von POS-Systemen im Einzelhandel	.10619	.00168	.81703	.12986	.13070	.08601
		11 Wachsende Einkaufsmacht von Filialisten	-.11716	.28357	.76241	-.00772	.07238	-.06584
Vertikale Konzentration		12 Großhandelskonzentration	-.14815	-.07750	.10408	.85346	-.05388	.02186
		13 Wachstum vertikaler Verbundsysteme	.13988	.17252	-.04448	.72477	.21520	-.26283
Modernisierung der Distribution		14 Wachstum moderner/neuer Betriebsformen	.02580	.07949	.40959	-.09482	.68431	.06443
		15 Liberalisierung von Handelspraktiken	-.08612	.10423	-.01979	.19644	.77663	.07964
		16 Wachstum großflächiger Betriebsformen	.06456	.16090	.39411	.29822	.59621	.20096
Marktkonzentration des EH		17 Einzelhandelskonzentration	-.03473	.14412	.32015	.47210	.23481	.50662
		18 Umsatzkonzentration auf Top 20	.08932	.19216	.02921	-.20062	.09872	.76509

Quelle: Primärforschung 1992

Allen diesen Variablen ist gemeinsam, daß ihnen in fortentwickelten, reifen Einzelhandelsmärkten, in denen der Einzelhandel sich durch Konzentration bereits von den Herstellern emanzipiziert hat, hohe Bedeutung zukommt.[25] Sie stehen damit in unmittelbarem Zusammenhang mit dem Reifegrad eines Marktes, weshalb dieser Faktor den Marktreifegrad als wesentliche Determinante der Wettbewerbsintensität bezeichnet. Durch ihn werden 14.1% der Gesamtvarianz erklärt.

Faktor 3: Die Technologiedynamik

Hinsichtlich dieses Faktors ist festzustellen, daß er einen starken Einfluß auf die Variablen "Einführung von POS-Technologien durch den Einzelhandel" und "Wachsende Einkaufsmacht von Filialisten" ausübt. Zwischen beiden Variablen besteht ein sachlogischer Zusammenhang, indem zunehmende Transparenz der Produktprofitabilität durch POS-Systeme vornehmlich von filialisierten Einzelhandelsketten zur Nutzung von Skaleneffekten und Konditionenvorteilen im Einkauf genutzt werden können.[26] Da das System der Filialisierung ein organisatorisches Konzept darstellt, das durch Synergieeffekte unabhängigen Einzelhandelsunternehmen quasi "technologisch" überlegen ist, bezeichnet der Faktor die Technologiedynamik als Komponente des Wettbewerbs zwischen Herstellern und Handel.[27] Er erklärt 8,8% der Gesamtvarianz.

Faktor 4: Die vertikale Konzentration

Faktor 4 lädt besonders hoch auf die Variablen "Großhandelskonzentration" und "Wachstum vertikaler Verbundsysteme". Der Zusammenschluß von Großhandelsunternehmen zur Wahrung ihrer Überlebensfähigkeit und die Beteiligung des Großhandels an vertikalen Verbundsystemen sind, wie in vorausgehenden Kapiteln beschrieben, zentrale Tendenzen in der Reorganisation der Großhandelsstufe und werden als Strategien häufig vom Großhandel parallel beschritten.[28] Wird diese Politik von horizontalen Wettbewerbern des Herstellers aktiv unterstützt, so beschreiben die beiden Variablen den Grad der vertikalen Konzentration als weitere Wettbe-

---

[25] Vgl. hierzu die Beobachtungen in Europäischen Märkter.: Maximow, J., The European Retail Industry in the Dawn of 1993, Chain Sore 21 International Retail Conference, Tokyo, March 18, 1993, S. 22.
[26] Vgl. Asano, K., Japan's Distribution System Information Network, a.a.O., S. 130; Japan Chain Stores Association (Hrsg.), Outline of the Japanese Distribution Industry and the Present Situation of JCA, a.a.O., S. 26ff.
[27] Vgl. auch die Ausführungen in Kap. C, Abschn. 2.4.
[28] Vgl. Kap. C, Abschn. 3.23.

werbskomponente. Durch diesen Faktor werden 7,0% der Gesamtvariannz erklärt.

Faktor 5: Die Modernisierung der Distribution

Von diesem Faktor gehen besonders starke Einflüsse auf die "Liberalisierung von Handelspraktiken" aus, die einen Umbruch im vertikalen Wettbewerbsverhalten beschreiben. Gleichzeitig lädt der Faktor hoch auf die Variablen "Wachstum moderner / neuer Betriebsformen (z.B. Discounter)" und "Wachstum großflächiger Betriebsformen". Es darf mithin unterstellt werden, daß die befragten Unternehmen offensichtlich einen Zusammenhang zwischen der Betriebsformendynamik des Einzelhandels und der Liberalisierung der Handelsusancen, die die verschiedenen Distributionsstufen betreffen, sehen. Dies läßt darauf schließen, daß die Modernisierung der Distribution in Japan offensichtlich vom Einzelhandel ausgeht.[29] Sie bildet den fünften Wettbewerbsfaktor, der eine vertikale Herausforderung für die Hersteller darstellt. Faktor 5 erklärt 6,8% der Gesamtvariannz.

Faktor 6: Die Machtkonzentration des Einzelhandels

Der sechste und letzte Faktor beschreibt maßgeblich die Variablen "Einzelhandelskonzentration" und "Umsatzkonzentration auf die Top 20 Einzelhandelsunternehmen" und läßt sich somit relativ einfach deuten. Er steht stellvertretend für die wachsende Abhängigkeit der Angebots- von der Nachfrageseite und umschreibt folglich die Machtkonzentration des Einzelhandels als Wettbewerbsfaktor.[30] Durch ihn werden abschließend noch 5,8% der Gesamtvarianz erklärt.

Unterzieht man die extrahierten Faktoren einer zusammenfassenden Interpretation, so scheinen, basierend auf den im Rahmen dieser Arbeit bereits abgeleiteten Befunden, die strategiedeterminierenden Wettbewerbsfaktoren erfaßt.

Vor der im nächsten Schritt vorzunehmenden Identifikation distinktiver Wettbewerbssituationen soll jedoch noch ein höheres Abstraktionsniveau angestrebt werden, um die nachfolgende Klassifikation zu erleichtern.

---

[29] Vgl. hierzu Kap. C, Abschn. 3.322, 3.323, 3.324 sowie Kap. D, Abschn. 4.2; vgl. ebenso Shimaguchi, M., New Developments in Channel Strategy in Japan, a.a.O., S. 183ff.
[30] Vgl. Kap. D, Abschn. 4.1.

So lassen sich bei einer eingehenden Analyse der extrahierten Faktoren letztlich zwei zentrale Wettbewerbsdimensionen herausarbeiten: die horizontale und die vertikale Wettbewerbsdimension. Der horizontale Wettbewerb wird erfaßt über den Einzelfaktor **"horizontale Wettbewerbsvorteile"**. Dies scheint aufgrund seines hohen Erklärungsanteils an der Gesamtvarianz aller Variablen gerechtfertigt.

Der vertikale Wettbewerb wird beschrieben durch eine Aggregation sämtlicher übrigen Faktoren, die alle Indikatoren des externen, von der Unternehmung nicht direkt beeinflußbaren Wettbewerbs enthalten und primär vertikal ausgerichtet sind. Marktreifegrad, Technologiedynamik, vertikale Konzentration, Modernisierung der Distribution und Machtkonzentration des Einzelhandels beschreiben zusammen die **"vertikale Wettbewerbsintensität"**.

Aus beiden Dimensionen läßt sich die Wettbewerbsintensitäts-/Wettbewerbsvorteile-Matrix ableiten, welche distinktive Wettbewerbssituationen darstellt *(vgl. Abb. 67)*. Eine ideale Wettbewerbssituation wird hierin beschrieben durch einerseits niedrige vertikale Wettbewerbsintensität und andererseits hohe horizontale Wettbewerbsvorteile. Dieser Idealposition läßt sich polarisierend eine Negativsituation gegenüberstellen, die durch eine hohe vertikale Wettbewerbsintensität bei gleichzeitig geringen horizontalen Wettbewerbsvorteilen gekennzeichnet ist.

Durch Errichten dieses zweidimensionalen Raumes wird die Basis für eine Klassifikation der Untersuchungsobjekte und die Beschreibung distinktiver Wettbewerbspositionen geschaffen. Das Clusteranalyseverfahren erlaubt es, in einem ersten Analyseschritt, sogenannte "Ausreißer" zu identifizieren, die eine Verzerrung des Gesamtergebnisses hervorrufen könnten.[31] Auf diese Weise werden 3 von 93 Untersuchungsobjekten von den weiteren Untersuchungsschritten ausgeschlossen. Grundlage der Klassifikation bilden die im Rahmen der Faktoranalyse extrahierten Wettbewerbsfaktoren und deren Faktorenwerte.

Im Rahmen des zweiten Analyseschrittes werden insgesamt fünf intern homogene und extern heterogene Cluster gebildet. Wie bereits einleitend ausgeführt, erfordert die hinreichende Interpretation der Cluster einen Rückgriff auf die Gesamtheit der Ausgangsvariablen. Auf der Basis einer Abweichungsanalyse der Cluster-Mittelwerte vom Gesamtdurchschnitt aller Unternehmen lassen sich die Cluster wie folgt interpretieren:[32]

---

[31] Vgl. zur methodischen Vorgehensweise Kap. E, Abschn. 1.
[32] Vgl. Anhang 3, Tab. 2.

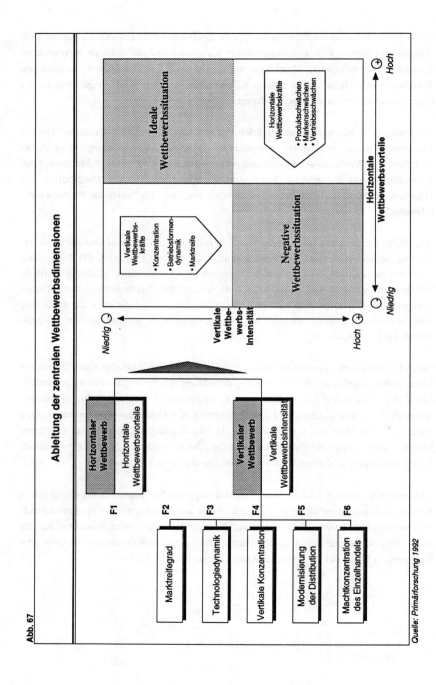

Cluster 1: Die "Marken- und Vertriebsschwachen" in günstigem vertikalen Wettbewerbsumfeld

>In diesem größten ermittelten Cluster befinden sich insgesamt 26 Unternehmen, die durch eine schwache Wettbewerbsposition mit Kompetenzmängeln insbesondere im Markenimage sowie im Vertrieb gekennzeichnet sind. Sie befinden sich jedoch in einem für ihre Situation günstigen vertikalen Wettbewerbsumfeld, welches lediglich durch eine leicht überdurchschnittliche Konzentration des Großhandels gekennzeichnet ist. Es kann von keiner Nachfragemacht gesprochen werden.

Cluster 2: Die "Marktführer" in günstigem vertikalen Wettbewerbsumfeld

>Dieses Cluster wird von 11 Unternehmen besetzt, die mit überdurchschnittlichen Wettbewerbsvorteilen ausgestattet sind. Bei gleichzeitig schwach ausgeprägter vertikaler Wettbewerbsintensität besitzen die Objekte dieses Clusters ein hohes Marketingführerschaftspotential. Sie befinden sich in einer idealen Wettbewerbsposition.

Cluster 3: Die "Kompetenzschwachen" in dynamischem vertikalen Wettbewerbsumfeld

>Die 17 Hersteller dieses Clusters haben die geringsten Wettbewerbsvorteile aller befragten Unternehmen aufzuweisen. Dies gilt insbesondere für das angebotene Produktprogramm sowie die Verkaufsorganisation. Entsprechend befinden die Objekte dieses Cluster sich in einer gefährdeten Ausgangslage, die durch ein dynamisches, schwieriges vertikales Wettbewerbsumfeld noch verschlechtert wird. Hier sind vor allem die Filialisierung des Einzelhandels und Bildung freiwilliger Ketten als wesentliche Herausforderungen zu nennen. Sie befinden sich insgesamt in einer negativen Wettbewerbsposition.

Cluster 4: Die "Kompetenzstarken" in dynamischem vertikalen Wettbewerbsumfeld

>In diesem Cluster, in dem sich die zweithöchste Zahl an Objekten befindet (25), sind Unternehmen mit hohen Wettbewerbsvorteilen in allen wesentlichen Kompetenzfeldern anzutreffen. Gleichzeitig agieren diese Unternehmen jedoch in einem "reifen" vertikalen Wettbewerbsumfeld, das von wachsender Einkaufsmacht des Einzelhandels und einem überdurchschnittlichen Grad der vertikalen Konzentration gekennzeichnet ist.

Cluster 5: Die "Vertriebsstarken" in nachfragedominiertem Wettbewerbsumfeld

Hersteller dieses Clusters, insgesamt 11 Objekte, weisen Wettbewerbsstärken in der Verkaufsorganisation und in der Distribution auf, besitzen jedoch ein schwaches Markenimage. Sie befinden sich in einem nachfragedominierten vertikalen Wettbewerbsumfeld, in dem der Großhandel keine Rolle mehr spielt.

Positioniert man die identifizierten Gruppen von Unternehmen schematisch in der mittels Faktorenanalyse ermittelten Wettbewerbsintensitäts-/Wettbewerbsvorteile-Matrix, so ergibt sich das in *Abbildung 68* dargestellte Bild.

Abb. 68

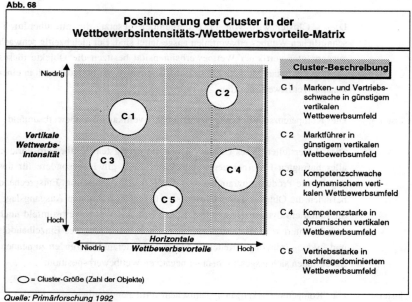

Quelle: Primärforschung 1992

An dieser Stelle sind drei weitere Aspekte zu analysieren. Zunächst ist zu fragen, ob eine Konzentration von Unternehmen einzelner Teilbranchen in einzelnen Clustern vorliegt. Hierzu läßt sich feststellen, daß in der überwiegenden Anzahl der Cluster Unternehmen aller analysierten Branchen anzutreffen sind.[33] Tatsächlich deuten sich jedoch einzelne Schwerpunkte an. So befinden sich Haushaltselektrogerätehersteller sowie Produzenten von Kosmetika und Körperpflegeartikeln überwiegend in den Clustern 1 und 2, die von relativ

---

[33] Vgl. Anhang 3, Tab. 3.

geringer vertikaler Wettbewerbsintensität geprägt sind. Gleiches gilt für Bekleidungshersteller, für die zudem ein Schwerpunkt in Cluster 3 (mittlere vertikale Wettbewerbsintensität) auszumachen ist. Dabei handelt es sich um jene Branchen, für die in Kapitel D nur begrenzte Veränderungen der vertikalen Strukturen antizipiert wurden.[34] Für Nahrungsmittel, Pharma- und Spielwarenhersteller hingegen ist eine überwiegende Zugehörigkeit zu den Clustern 3, 4 und 5 festzustellen, die durch eine Situation mittlerer bis hoher vertikaler Wettbewerbsdynamik gekennzeichnet sind. Für sie wurden analog in Kapitel D vertikale Strukturveränderungen in größerem Ausmaß erkannt. Die dort getroffenen Zuordnungen spiegeln sich folglich in der Position der Cluster in Abhängigkeit von der Dimension "vertikale Wettbewerbsintensität" in *Abbildung 68* wider. Das in Kapitel D ebenfalls branchenspezifisch analysierte Marketingführerschaftspotential scheint hingegen in der Clusterbildung durch die Dimension "horizontale Wettbewerbsvorteile" überlagert zu sein. Dieses Ergebnis erscheint insofern sinnvoll, als das Marektingführerschaftspotential der Unternehmen einer Branche nur auf hohem Abstraktionsniveau abschätzbar ist, in der jeweiligen Situation der Einzelunternehmung jedoch von den relativen Wettbewerbsvorteilen abhängt.

Zusammenfassend verdeutlichen die Ausführungen die Bedeutung der Branchenzugehörigkeit als Determinante der Clusterbildung.[35]

Als zweiter wichtiger Aspekt ist die Zuordnung der Unternehmen zu den einzelnen Clustern vor dem Hintergrund der Unternehmensgröße zu betrachten, wobei als Kriterium der durchschnittliche Jahresumsatz der Unternehmen eines Clusters gewählt wird.[36]

Als Ergebnis der Überprüfung lassen sich Cluster 3 (schwächste Wettbewerbsposition) und Cluster 2 (stärkste Wettbewerbsposition) polarisierend gegenüberstellen. Da Cluster 3 die mit einem durchschnittlichen Jahresumsatz von 116.282 Mil. Yen kleinsten, Cluster 2 hingegen die mit einem Umsatz von 686.272 Mil. Yen größten Unternehmen enthält, darf ein Zusammenhang zwischen Wettbewerbsposition und Unternehmensgröße unterstellt werden. Alle übrigen Cluster befinden sich auf einer Diagonalen zwischen beiden Achsen des Portfolios und weisen eine nur durchschnittliche Unternehmensgröße auf. Als Schlußfolgerung ergibt sich daraus, daß, je niedriger die vertikale Wettbewerbsintensität und je höher die horizontalen Wettbewerbsvorteile ausgeprägt sind, ein Unternehmen um so wahrscheinlicher eine starke Marktposition besetzt und folglich durch sein strategisches Verhalten die Wettbewerbsbedingungen eher beeinflussen kann.[37]

---

34 Vgl. Kap. D, Abschn. 3.5.
35 Vgl. Porter, M. E., Competitive Advantage, a.a.O., S. 8ff; derselbe, How Competitive Forces Shape Strategy, a.a.O., S. 137ff; vgl. auch Kap. B, Abschn. 1.3.
36 Vgl. Anhang 3, Tab. 3.
37 Vgl. die Bedeutung, die dem Marktanteilsziel von japanischen Unternehmen zugemessen wird. Vgl. z. B. Kotabe, M., Duhan, D. F., Smith, D. K., Wilson, R. D., The Perceived Veracity of PIMS Strategy

Als dritter Aspekt ist abschließend die Frage zu prüfen, inwieweit nicht-japanische Unternehmen in einzelnen Clustern und damit Wettbewerbspositonen überrepräsentiert sind. Hier ist festzustellen, daß nicht-japanische Unternehmen in jedem Cluster vertreten sind, bei geringfügigen Schwankungen um einen durchschnittlichen Anteilswert von 20%.[38] Damit scheint die Hypothese eindeutig bestätigt, daß ausländische Unternehmen die gleichen Wettbewerbspositionen erreichen können wie die japanischen Unternehmen und folglich in gleichem Maße vertikalen und horizontalen Wettbewerbsfaktoren ausgesetzt sind. Hinsichtlich ihrer strategischen Optionen unterscheiden sie sich nicht von den übrigen Unternehmen eines jeden Clusters und werden daher nachfolgend nicht weiter differenziert behandelt.

3. Präferenzstruktur der Konsumgüterhersteller für die Gestaltung vertikaler Marketing-Strategien

Nachdem im vorangegangenen Abschnitt die Ableitung der zentralen, horizontalen und vertikalen Wettbewerbsdimensionen erfolgte und in dem daraus errichteten, zweidimensionalen Raum eine Positionierung und Charakterisierung distinktiver Wettbewerbsgruppen vorgenommen wurde, soll im folgenden Abschnitt das wettbewerbsbedingte strategische Verhalten dieser Gruppen untersucht werden. Dieses ist im Kontext der Bildung und Gestaltung von Markenprodukten zu ermitteln, die bei der Mehrzahl der befragten Hersteller im Zentrum der Entwicklung vertikaler Marketing-Strategien stehen. Den Abschluß bildet eine übergreifende Bewertung der Akzeptanz der einzelnen Optionen vertikaler Marketing-Strategien in Japan sowie die Ableitung strategischer Empfehlungen.

3.1 Bedeutung der Markenkonzeption für die Gestaltung vertikaler Marketing-Strategien

Markenprodukte nehmen im japanischen Konsumgütermarkt eine mindestens ebenso bedeutsame Stellung ein, wie in vergleichbaren westlichen Ländern.[39] Jedoch haben sich, bedingt durch sozio-kulturelle Einflüsse, unterschiedliche Präferenzen japanischer

---

[38] Principles in Japan: An Empirical Inquiry, a.a.O., S. 42; Abegglen, J. C., Stalk, G., Kaisha, a.a.O., S. 176-177.
Vgl. Anhang 3, Tab. 3.

[39] Vgl. Krause, A., Marken und Markenbildung in Japan, München 1992, S. 1f. Markenprodukte sollen im folgenden begrifflich mit dem Markenartikel gleichgesetzt werden, den Mellerowicz definiert als "(...) für den privaten Bedarf geschaffene Fertigwaren, die in einem größeren Absatzraum unter einem besonderen, die Herkunft kennzeichnenden Merkmal (Marke) in einheitlicher Aufmachung, gleicher Menge sowie in gleichbleibender oder verbesserter Güte erhältlich sind und sich dadurch sowie durch die für sie betriebene Werbung die Anerkennung der beteiligten Wirtschaftskreise (Verbraucher, Händler und Hersteller) erworben haben (Verkehrsgeltung)." Mellerowicz, K., Markenartikel. Die ökonomischen Gesetze ihrer Preisbildung und Preisbindung, 2. Aufl., München, Berlin 1963, S. 39.

Konsumgüterhersteller bezüglich der Ausprägung einer Markenkonzeption herausgebildet, die sich in der Gestaltung vertikaler Marketingstrategien widerspiegeln.[40]

Einleitend beinhaltet der Prozeß der Entwicklung einer integrierten Markenkonzeption die Gestaltung eines Markenkerns (bestehend aus Markenname, Markenzeichen, Verpackung und Produktqualität), auf den alle weiteren Instrumente des Marketing-Mix im Sinne von Sekundärleistungen abzustimmen sind.[41] Folglich steht bei Markenherstellern auch das vertikale Marketing unter dem Primat der Markenkonzeption.

Grundsätzlich zu unterscheiden sind Hersteller- und Handelsmarken als Formen der Marke,[42] wobei letztere in Japan bislang als unterdurchschnittlich ausgeprägt gelten.[43] Dies wird durch die Ergebnisse der Primäruntersuchung bestätigt, in der sich 77% der befragten Hersteller als Produzenten von Herstellermarken definieren und lediglich 23% sowohl Hersteller- als auch Handelsmarken produzieren. Kein Hersteller bekannte sich hingegen zu einer ausschließlichen Produktion von Handelsmarken. Ursachen und Perspektiven der Entwicklung von Handelsmarken in Japan werden an späterer Stelle nochmals explizit aufgegriffen.

Weiteres Differenzierungskriterium bildet die unter einer Marke zusammengezogene Zahl der Produkte, nach der zwischen Dachmarke und Einzelproduktmarke zu unterscheiden ist.[44] Als wesentlicher Unterschied zu den in westlichen Industrienationen anzutreffenden und dort vor allem von Massenkonsumgüterherstellern wie Unilever oder Procter & Gamble verfolgten Einzelmarkenstrategien dominieren in Japan Firmenmarken *(vgl. Abb. 69)*.[45]

---

40 Vgl. Tanaka, H., Advertising Strategies in Japan: Implications for Global Marketers, in: Dentsu (Hrsg.), Japan 1993 Marketing and Advertising Yearbook, Tokyo 1992, S. 65-70; Krause, A., Marken und Markenbildung in Japan, a.a.O., S. 35ff.

41 Vgl. Meffert, H., Strategische Unternehmensführung und Marketing, a.a.O., S. 115-138; Rieger, B., Die Kunst, sich zwischen die Stühle zu setzen, in: Absatzwirtschaft, Nr. 10, 1984, S. 156-166.

42 Die Definition von Hersteller- und Handelsmarken orientiert sich an dem Kriterium, ob der Inhaber einer Marke primär eine Hersteller- oder eine Handelsfunktion ausübt. Markenprodukte, die vom Hersteller markiert werden, bezeichnet man folglich als Herstellermarken. Demgegenüber sind die Handelsmarken Produkte, die von einem Handelsunternehmen markiert worden sind und die i.d.R. nur innerhalb dieses Handelsunternehmens vertrieben werden. Die Handelsorganisation übernimmt in diesem Fall die Gütegarantie und trifft alle absatzpolitischen Entscheidungen. Vgl. Huber, W. R., Marktpolitische Strategien des Konsumgüterherstellers, dargestellt an Gütern des täglichen Bedarfs, Frankfurt/Main u.a.O. 1988, S. 16, 21f.

43 Vgl. o.V., Learning from Abroad, a.a.O., S. 78f; Fischer, U., Strukturvergleich japanischer und deutscher Handel - eine Analyse zweier Vertriebssysteme am Beispiel des Großhandels unter besonderer Berücksichtigung der Frage nach nicht-tarifären Handelshemmnissen, Dissertation Freiburg 1984, S. 217.

44 Vgl. Leitherer, E., Hansen, U., Produktpolitik, 2. Aufl., Stuttgart 1984, S. 107.

45 Vgl. Krause, A., Marken und Markenbildung in Japan, a.a.O., S. 35ff; Tanaka, H., Advertising Strategies in Japan, a.a.O., S. 66f.

Abb. 69

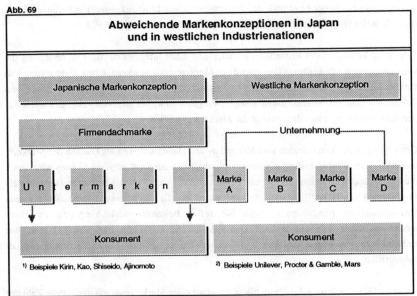

Abweichende Markenkonzeptionen in Japan und in westlichen Industrienationen

1) Beispiele Kirin, Kao, Shiseido, Ajinomoto
2) Beispiele Unilever, Procter & Gamble, Mars

Quelle: Tanaka, H., Advertising Strategies in Japan, a.a.O., S. 66ff

Unter der Firmenmarke werden dabei häufig Sub-Marken geführt, die Tandemmarkennamen führen, d. h. den Firmennamen mit einem Produktnamen kombinieren (z. B. Kirin Ichibanshibori, Kao-Sofina, Asahi Super-Dry).[46] Als Begründung für diese grundsätzliche Ausrichtung von Markenstrategien werden einerseits unterschiedliche Unternehmensziele,[47] andererseits besondere psychographische Verhaltensweisen japanischer Verbraucher angeführt.[48] Danach zählen in Japan insbesondere der Ruf und Bekanntheitsgrad der Herstellerunternehmung als Garant für Produktqualität.[49]

Wie bereits angeführt, steht bei japanischen Unternehmen das Streben nach Marktanteilen als vorrangiges Unternehmensziel im Vordergrund.[50] Diesem Ziel kommt insbesondere in wachsenden Märkten die Konzeption der Firmenmarke entgegen. Sie ermöglicht die Einführung von Neuprodukten in hoher Anzahl und Frequenz, ebenso wie Produkte leicht aus dem Markt genommen werden können, ohne das Konsumentenvertrauen zu beschädigen. Denn dieses besteht in die Firma und nicht in ein grundsätzlich lebloses Markenkonstrukt.

---

[46] Vgl. Tanaka, H., Advertising Strategies in Japan, a.a.O.
[47] Vgl. ebenda.
[48] Vgl. Krause, A., Marken und Markenbildung in Japan, a.a.O.
[49] Vgl. Botskor, I., Subtile Stimmungsmache, in: Absatzwirtschaft, Nr. 11, 1989, S. 93-96.
[50] Vgl. Kap. D, Abschn. 2; Tanaka, H., Advertising Strategies in Japan, a.a.O., S. 67.

Diese Beobachtung trifft vor allem für die ältere Generation zu. Für den Hersteller ermöglicht diese Strategie das Ausschöpfen von Marktnischen und damit höheren Marktanteilen,[51] bei gleichzeitiger Realisation von Synergieeffekten (z. B. in der Werbung).

Aus japanischer Sicht wird westlichen Markenstrategien hingegen nachgesagt, daß durch den Aufbau einer hohen Markenloyalität gegenüber einer Einzelmarke die Basis für ein langfristiges Abschöpfen eines akquisitorischen Potentials ermöglicht wird. Ein kontinuierlicher Cash-Flow aus einer Marke stützt dann das, im Westen dominierende, Unternehmensziel der Maximierung des "Return on Investment".[52]

In jüngster Vergangenheit mehren sich jedoch Anzeichen und Einflußfaktoren, die japanische Unternehmen zu einer Revision der klassischen Firmenmarkenstrategie veranlassen. So sind erste Beispiele bekannt, in denen Unternehmen, die bisher Dachmarkenstrategien verfolgt haben, eine Umstellung auf Einzelmarkenstrategien in ausgewählten Produktgruppen prüfen (z. B. Shiseido).[53]

Im einzelnen sind als Einflußfaktoren zu nennen:[54]

- die Abwendung von Marktanteilsorientierung und Hinwendung zu Rentabilitätsorientierung (eine Folge der anhaltenden Rezession);

- die Verlängerung von Produktlebenszyklen aus wirtschaftlichen und ökologischen Gründen;

- die Reduktion der Anzahl der Produktvarianten und Sub-Marken (so z.B. erfolgt bei Ajinomoto und Matsushita/National Panasonic);

- die zunehmende Aufklärung der Konsumenten, die nicht mehr bereit sind, für marginale Produktnutzenänderungen Preisprämien zu zahlen;

- die Verbreitung der POS-Technologie im Handel, die eine exakte Zuordnung knappen Regalplatzes auf die profitabelsten Einzelprodukte und nicht Firmen ermöglicht;

- die fortschreitende Saturierung der Konsumgütermärkte und die daraus folgende Verdrängungswettbewerb.

---

51   Vgl. Tanaka, H., Advertising Strategies in Japan, a.a.O., S. 67; MITI (Hrsg.), Nichi-bei no kigyo kodo hikaku (dt. Übersetzung. Ein Vergleich des Unternehmensverhaltens zwischen Japan und den USA), Tokyo 1989, S. 2ff.
52   Vgl. Tanaka, H., Advertising Strategies in Japan, a.a.O., S. 67.
53   Vgl. ebenda, S. 69.
54   Vgl. ebenda.

Unmittelbar mit der durch diese Einflußfaktoren bewirkten Revision der Markenpolitik verbunden sind Anpassungen der vertikalen Marketing-Strategien zur Durchsetzung einer Markenkonzeption in der Distribution. Während die Firmendachmarkenstrategie in der Vergangenheit, basierend auf der Marketingführerschaft der Hersteller, konsequent durch Elemente der vertikalen Marketing-Strategie unterstützt werden konnte (z. B. durch das System der Warenrücknahme, die Rabattpolitik oder vertikale Verbundsysteme), stellen moderne und großflächige Betriebsformen den künftigen Einsatz derartiger Instrumente in Frage. Sie erfordern stattdessen kooperative, vertikale Marketingansätze, durch die profitable und umsatzstarke Markenprodukte unterstützt oder gegebenenfalls sogar gemeinsam entwickelt werden (siehe z. B. Seven-Eleven), die nicht notwendigerweise unter einer Firmenmarke stehen müssen.

Zusammenfassend ist eine zumindest teilweise Interdependenz von Markenkonzeption und vertikaler Marketing-Strategie erkennbar, die insbesondere durch die vertikale Wettbewerbsintensität determiniert wird. Im folgenden soll daher der Versuch unternommen werden, die Präferenzstrukturen der Hersteller bei der Gestaltung vertikaler Marketing-Strategien neben einer allgemeinen und clusterspezifischen Bewertung im Hinblick auf die verfolgte Markenkonzeption zu untersuchen. Darauf aufbauend sollen Implikationen für die künftige Gestaltung von Markenstrategien im vertikalen Wettbewerb abgeleitet werden.

3.2 Strategische Grundhaltungen gegenüber den Absatzmittlern

Bevor die strategischen Verhaltensweisen der Hersteller im Detail diskutiert werden, soll zunächst die strategische Grundhaltung der Hersteller im vertikalen Wettbewerb sowie ihr Positionsanspruch gegenüber dem Handel ermittelt werden. Das dabei abzuleitende Bild soll das Verständnis des vertikalen Wettbewerbsverhaltens in Japan ermöglichen. Dazu wurden die Hersteller zunächst nach den Zielobjekten ihrer vertikalen Marketing-Strategie befragt. Als Antwort gaben 82% der Unternehmen den "Einzelhandel" an, für 18% bildet der "Großhandel" primäres Zielobjekt.

Darauf aufbauend wurde nach der strategischen Grundeinstellung gegenüber den Absatzmittlern gefragt. Als Optionen wurden angeboten:

(1) *eher offensiv (Pull-Marketing, führungsorientierte Einstellung),*
(2) *eher defensiv (Push-Marketing, Anpassung an die Handelsmacht),*
(3) *eher kooperativ (Versuch der Machtbalance, partnerschaftliche Einstellung),*
(4) *eher ausweichend/umgehend (Versuch, dem Handel durch Diversifikation auszuweichen oder durch Aufbau neuer Absatzwege zu umgehen).*

Wie *Abbildung 70* zu entnehmen ist, entschieden sich 55,6% der befragten Hersteller für eine kooperative Grundhaltung. Diese Einstellung spiegelt die traditionelle japanische Geschäftsmentalität wider und war zu erwarten.

Abb. 70

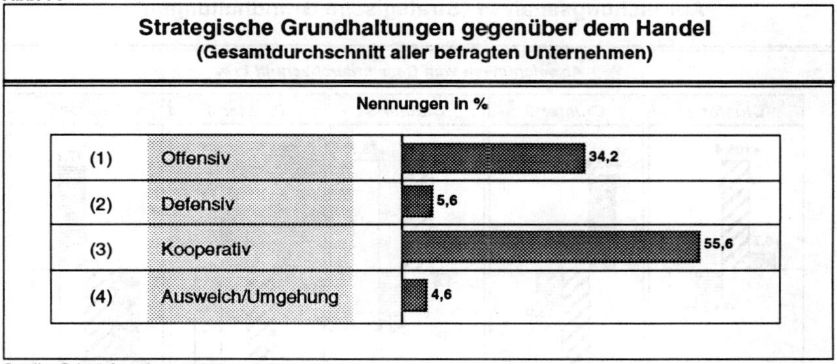

Strategische Grundhaltungen gegenüber dem Handel
(Gesamtdurchschnitt aller befragten Unternehmen)

Nennungen in %

(1)	Offensiv	34,2
(2)	Defensiv	5,6
(3)	Kooperativ	55,6
(4)	Ausweich/Umgehung	4,6

Quelle: Primärforschung 1992

Von Interesse sind jedoch die nachfolgend präferierten Grundhaltungen. Mehr als ein Drittel (34,2%) aller Unternehmen bezeichnen ihre Haltung gegenüber den Absatzmittlern als offensiv, wohingegen auf eine defensive bzw. ausweichende/umgehende strategische Grundeinstellung nur noch 5,6% bzw. 4,6% entfallen.

Das Bekenntnis zu einer offensiven Einstellung deckt sich mit dem bereits zuvor erwähnten Führungsanspruch in den Absatzkanälen, der heute noch von 83% der befragten Unternehmen bei den Herstellern gesehen wird und auch in 5 Jahren noch mehrheitlich in deren Hand liegen soll.[55]

Von Interesse ist nun die strategische Grundhaltung der zuvor identifizierten Wettbewerbsgruppen. Ausgehend von der durchschnittlichen Verteilung der Grundhaltungspräferenzen über alle Cluster hinweg ermöglicht eine Abweichungsanalyse die Zuordnung der einzelnen Cluster zu ihren strategischen Grundhaltungen *(vgl. Abb. 71)*.

Cluster 1, "marken- und vertriebsschwache Unternehmen in günstigem Wettbewerbsumfeld", weist eine positive Abweichung insbesondere bei der defensiven strategischen Grundhaltung auf. Mangelnde Wettbewerbsvorteile lassen offensichtlich ein defensives Verhalten im vertikalen Wettbewerb ratsam erscheinen. Anderseits wird jedoch eine offensive Einstellung von einem Teil der Unternehmen dieses Clusters präferiert, während kooperatives

---

[55] Vgl. Kap. D, Abschn. 4.1.

Verhalten oder eine ausweichende/umgehende Grundhaltung eher Ablehnung finden. Als Stimuli wirken hier die vergleichsweise günstigen vertikalen Wettbewerbsbedingungen.

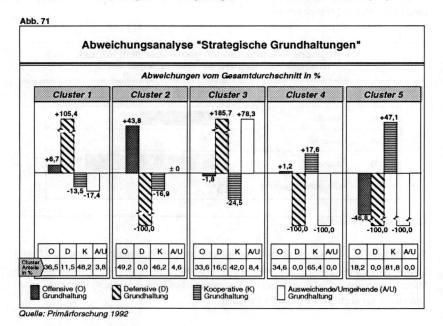

Abb. 71

Quelle: Primärforschung 1992

Demgegenüber weist Cluster 2, zuvor als die "Marktführer in günstigem Wettbewerbsumfeld" beschrieben, eine den situativen Bedingungen entsprechende, offensive Grundhaltung auf. Dies dokumentiert sich an einem überdurchschnittlichen Anteil offensiv eingestellter Unternehmen.

Gänzlich entgegengesetzt ist Cluster 3 ("kompetenzschwache Unternehmen in dynamischem vertikalen Wettbewerbsumfeld") ausgerichtet, bei welchem die defensive Grundhaltung überdurchschnittlich ausgeprägt ist, gefolgt von der Ausweich- und Umgehungsstrategie. Diese Grundeinstellung wirkt angesichts der mangelhaft ausgeprägten horizontalen Wettbewerbsvorteile sowie der hohen vertikalen Wettbewerbsintensität, denen die Unternehmen dieses Clusters ausgesetzt sind, nachvollziehbar. Ausweich- und Umgehungsstrategien können quasi als "Ausstiegsstrategien" aus dieser ungünstigen Wettbewerbsposition betrachtet werden.

Cluster 4, "kompetenzstarke Unternehmen in dynamischen vertikalen Wettbewerbsumfeld," weist überdurchschnittliche Ausprägungen einer kooperativen sowie offensiven Grundhaltung auf. Offensichtlich gehen die Unternehmen dieses Clusters aufgrund nachhaltiger horizontaler Wettbewerbsvorteile davon aus, dem Handel als attraktiver, gleichberechtigter Partner gegenübertreten zu können und je nach Produkt- bzw. Markenstärke gegebenenfalls die Marketingführerschaft anzustreben.

Abschließend ist Cluster 5 ("vertriebsstarke Unternehmen in nachfragedominiertem Wettbewerbsumfeld") durch eine eindeutige Präferenz für kooperativen Strategien gekennzeichnet. Alle übrigen strategischen Grundhaltungen sind unterdurchschnittlich ausgeprägt. Diese Grundhaltung scheint angesichts der nachfragebeherrschten Wettbewerbssituation, in der sich Unternehmen dieses Clusters befinden, schlüssig. Selektiv vorhandene Stärken im Vertrieb stützen dabei den Partnerschaftsanspruch gegenüber dem Handel.

Zusammenfassend ist festzustellen, daß die gebildeten Wettbewerbsgruppen distinktive strategische Grundeinstellungen besitzen, die in Anbetracht der jeweiligen Wettbewerbssituation plausibel erscheinen.

3.3 Beabsichtigte Gestaltung vertikaler Marketing-Strategien

Im folgenden ist nun, ausgehend von den oben geschilderten Grundhaltungen, zu untersuchen, in welchem Maße die in Kapitel B diskutierten vertikalen Marketing-Strategien im japanischen Konsumgütermarkt Relevanz besitzen, sowie inwiefern Unterschiede im strategischen Verhalten der Unternehmen in Abhängigkeit von ihrer vertikalen und horizontalen Wettbewerbssituation bestehen. In diesen Untersuchungen wird die Differenzierung in Verteidigungs-, Angriffs-, Kooperations- sowie Umgehungs- und Ausweichstrategien wieder aufgenommen.[56]

3.31 Verteidigungsstrategien

In Anlehnung an die unter den Verteidigungsstrategien subsumierten und theoretisch diskutierten Strategievarianten wird nachstehend auch in der empirischen Analyse zwischen der Anpassungs-, der Moral Suasion- und der Push-Strategie unterschieden. Ihnen ist ein defensives, friedliches Verhalten gegenüber den Absatzmittlern gemeinsam.[57]

---

[56] Vgl. Kap. B, Abschn. 3.2.
[57] Vgl. Kap. B, Abschn. 3.21.

3.311 Anpassungsstrategie

Die Anpassungsstrategie verfolgt die Ziele einer langfristigen Profilierung beim Handel durch spezifische Problemlösungen sowie den sukzessiven Aufbau von Kompetenzen zur Verminderung der Austauschbarkeit. Sie dient primär der Sicherung einer grundsätzlich schwachen Position gegenüber starken bzw. erstarkenden Nachfragern.

Da die überwiegende Anzahl der befragten Unternehmen eine Marketingführerschaftssituation der Herstellerseite zuerkennt, ist zu erwarten, daß der Anpassungsstrategie in Japan eine (noch) unterdurchschnittliche Bedeutung zukommt. Diese Vermutung erhärtet sich durch die Tatsache, daß keines der befragten Unternehmen sich als reiner Hersteller von Handelsmarken ausgab.

Erhoben wurde die Bedeutung der Anpassungsstrategie in der empirischen Befragung durch die beiden Statements:

(1) *"Wir würden die Produktion von Handelsmarken nicht ausschließen, um eine stabile Beziehung mit dem Handel sicherzustellen."*

(2) *"Wir versuchen uns den Anforderungen des Handels hinsichtlich Produkt, Sortiment, Verpackung etc. anzupassen."*

Die empirischen Ergebnisse zeigen ein differenziertes Bild für die beiden Statements *(vgl. Abb. 72)*. Während bezüglich der Bereitschaft zur Produktion von Handelsmarken 46% der Unternehmen eine ablehnende Haltung einnehmen, besteht gegenüber einer Anpassung an die Anforderungen des Handels nur bei 31% der Unternehmen eine negative Einstellung. Immerhin 43% der Unternehmen messen der Notwendigkeit der Anpassung an Handelsforderungen eine hohe bis sehr hohe Bedeutung zu.

Aggregiert man die Befunde, so kann von einer durchschnittlichen Akzeptanz der Anpassungsstrategie ausgegangen werden. Folglich scheint trotz des Marketingführerschaftsanspruches der Hersteller die Anpassungsstrategie nicht ausgeschlossen zu werden. Stimulierend wirkt hier vermutlich die grundsätzlich kooperative Grundeinstellung japanischer Hersteller.

Abb. 72

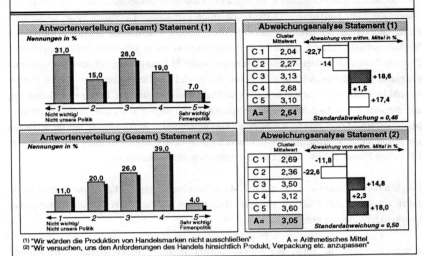

Quelle: Primärforschung 1992

Von Interesse ist nun die Ausprägung der Bedeutung der Anpassungsstrategie in den unterschiedlichen identifizierten Wettbewerbssituationen.

Für die Cluster 1 und 2 ist festzustellen, daß für sie die Anpassungsstrategie im Gegensatz zu den übrigen Clustern 3-5 eine nur unterdurchschnittliche Bedeutung hat, und zwar im Hinblick auf beide Statements.[58] Dieses Ergebnis kann insofern nicht überraschen, als daß die vertikale Wettbewerbsintensität für beide Cluster gering ausgeprägt ist und daher keine Notwendigkeit zur Anpassung an den Handel besteht. Besonders hohe Akzeptanz findet die Anpassungsstrategie bei den Unternehmen der Cluster 3 und 5, die mit einer hohen vertikalen Wettbewerbsdynamik konfrontiert sind. Schwache Produkte und ein niedriges Markenimage implizieren vorallem für die Hersteller des Clusters 3 eine zwangsweise hohe Relevanz der Anpassungsstrategie. Etwa 70% der Unternehmen der Cluster 3 und 5 weisen insbesondere Statement 2 eine hohe Bedeutung für ihre Firmenpolitik zu und zeigen damit eine deutliche Bereitschaft, den Anforderungen des Handels zu entsprechen.

---

58 Vgl. zur clusterspezifischen Verteilung der Antworten Anhang 3, Tab. 4a.

3.312 Moral-Suasion-Strategie

Ziel der Moral-Suasion-Strategie ist die Erwirkung von "Mitleidseffekten" auf Seiten des Handels mit der Hoffnung, daß freundschaftlich verbundenen Partnern keine überhöhten Forderungen (z.B. Rabatte) zugemutet werden, bzw. mit Auslistung gedroht wird. Dieses Verhaltensmuster spiegelt sich in Japan insbesondere in einem Selbstverständnis langjähriger Partnerschaften als Schicksalsgemeinschaften wider.[59] Langjährige, oft über Generationen reichende Geschäftsbeziehungen, in denen das Pendel des Geschäftserfolgs für die Partner sowohl in positiver als auch in negativer Richtung ausschlagen kann, bilden eine Grundlage, auf die sich der Schwächere begrenzt stützen kann. Begrenzt deshalb, weil anhaltendes Mismanagement oder eine Diskreditierung eine unmittelbare Aufkündigung der Beziehungen zur Folge haben können. Angenommenermaßen vorübergehende Wettbewerbsschwächen, z.B. in der Produktpolitik, werden jedoch partnerschaftlich überbrückt.[60]

Folglich darf vermutet werden, daß der Moral-Suasion-Strategie relativ hohe Bedeutung in Japan zukommt, zumal sie mit geringem finanziellen Aufwand, z.B. in Form persönlicher Geschenkleistungen umsetzbar ist.[61]

Kontraproduktiv im Sinne der Moral-Suasion-Strategie wirkt in Japan jedoch die zunehmende Verbreitung von Warenwirtschaftssystemen und POS-Technologien,[62] die zu einer Objektivierung von Entscheidungen des Handels führt und damit eine Anonymisierung der Geschäftsbeziehungen nach sich ziehen kann.[63]

Erhoben wurde die Verfolgung der Moral-Suasion-Strategie durch folgendes Statement:

(3)   "Aufgrund langjähriger Beziehungen versuchen wir den Handel zu überzeugen, die Geschäfte mit uns fortzuführen."

Die Verteilung der Antworten zeigt, daß 72% der Unternehmen der Moral-Suasion-Strategie eine mittlere bis hohe Bedeutung im Rahmen ihres vertikalen Marketings zumessen, wodurch sich die oben formulierte Vermutung bestätigt *(vgl. Abb. 73)*. Lediglich 10% der Unternehmen stuften sie als für ihre vertikale Marketing-Politik unbedeutend ein. Folglich scheint der Verweis auf langjährige Geschäftsbeziehungen als legitimes Mittel zur Gestaltung der Absatzmittlerrelationen angesehen zu werden.

---

[59]   Vgl. Goldman, A., Japan's Distribution System, a.a.O., S. 166.
[60]   Vgl. Yoshino, M.Y., Lifson, T.B., The Invisible Link, a.a.O., S. 206ff.
[61]   Vgl. Kunkies-Schwientek, I., Wege zum japanischen Markt: unterschiedliche Markteintrittsstrategien deutscher Unternehmen in Japan, Berlin 1990, S. 60ff; Jung, H. F., How to do Business with the Japanese, Tokyo 1988, S. 49ff.
[62]   Vgl. hierzu Kapitel C.2.4.
[63]   Vgl. Goldman, A., Japan's Distribution System, a.a.O., S. 173.

Abb. 73

Verteilung der Antworten zur Moral-Suasion Strategie

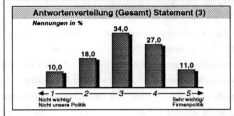

A = Arithmetisches Mittel

(3) "Aufgrund langjähriger Beziehungen versuchen wir den Handel zu überzeugen, die Geschäfte mit uns fortzuführen"

Quelle: Primärforschung 1992

Vergleicht man die einzelnen Cluster hinsichtlich ihrer Einstufung der Moral-Suasion-Strategie, so fällt auf, daß insbesondere in Cluster 1 42% der Unternehmen dieser Strategie nur geringe Bedeutung beimessen.[64] Vermutlich bedingt durch die relativ niedrige vertikale Wettbewerbsintensität, in der sich die Unternehmen dieses Cluster befinden, findet die Moral-Suasion-Strategie nur geringen Zuspruch. Alle übrigen Cluster weichen positiv vom Gesamtdurchschnitt ab, wobei in Cluster 5 sogar 50% der Unternehmen der Meinung sind, die Moral-Suasion-Strategie sei wichtig für ihre Firmenpolitik.

3.313 Push-Strategie

Im Rahmen der Push-Strategie als dritte Variante defensivem strategischen Verhaltens ist der Hersteller bestrebt, einen hohen Angebotsdruck im Handel zu erzeugen und dadurch angestammte Positionen gegenüber Wettbewerbern zu verteidigen. Ein hoher Angebotsdruck kann dabei einerseits durch preis- und konditionenpolitische Maßnahmen und Verkaufsförderungsaktionen oder eine aktive Produktpolitik, die als japanspezifische Variante der Push-Strategie interpretiert werden kann, erzeugt werden. So können durch laufende Produktinnovationen Anreize geschaffen werden, die Produkte eines Herstellers zumindest "testweise" zu listen, wodurch dieser sich Chancen auf zusätzlichen oder angestammten Regalplatz sichert.

Wie die bereits zitierte Extension der PIMS-Forschung auf den japanischen Markt belegen konnte, spielen produktorientierte Strategien eine außerordentlich wichtige Rolle bei japanischen Unternehmen zur Sicherung der Markt(-anteils)-Position.[65] Weiterhin weisen die

---

64 Vgl. Anhang 3, Tab. 4a.
65 Vgl. Kap. E., einleitender Abschn.

Ausführungen zur Bedeutung von Firmenmarkenstrategien in Japan auf die Rolle der Produktinnovation hin, wenngleich auf die mögliche Abschwächung der Präferenz für Firmendachmarken ebenfalls hingewiesen wurde.[66] Dennoch ist für produktinnovationsorientierte Push-Strategien insgesamt (noch) mit einem breiten Zuspruch zu rechnen.

Differenzierter sind preisorientierte Strategien zu bewerten. Basierend auf dem lange Zeit als preispolitisch wenig sensibel eingestuften Konsumentenverhalten, haben japanische Hersteller im eigenen Land bislang selten zu Niedrigpreisstrategien gegriffen. Förderlich wirkten in diesem Zusammenhang häufig oligopolistische Marktstrukturen, in denen Preiskämpfe zu Margenverlusten aller beteiligten Unternehmen geführt hätten und daher i.d.R. vermieden wurden. Im jüngster Zeit sind jedoch, nicht zuletzt aufgrund der Rezession in Japan, discountorientierte Strategien zunehmend im Handel zu beobachten. Entsprechend wäre mit wachsender Bedeutung preisorientierter Push-Strategien zu rechnen. Die beiden Varianten der Push-Strategie sind in der empirischen Analyse durch folgende Statements erfaßt worden:

(4) *"Wir versuchen, den Handel mit laufenden Produktinnovationen, Verkaufsförderungsaktionen, eine aktive Preispolitik etc. zu penetrieren."*

(5) *"Wir versuchen, neue Handelskunden durch aktive/aggressive Preispolitik, Rabatte und Verkaufsförderungsaktionen zu gewinnen."*

Während in Statement (4) die Produktpolitik im Vordergrund steht, betont Statement (5) preispolitische Aspekte einer Push-Strategie.

Wie die empirischen Ergebnisse zeigen, findet Statement (4) deutlich höhere, positive Zustimmung als Statement (5). So stufen 86% der Hersteller die produktorientierte Push-Strategie als mittel bis sehr wichtig ein *(vgL Abb. 74)*. Umgekehrt bewerten 78% die preisorientierte Push-Strategie als "nicht so wichtig" bis "mittelmäßig wichtig".

Diese Befunde belegen somit die eingangs formulierte Hypothese einer nach wie vor hohen Bedeutung der produktorientierten Push-Strategie, während preisorientierte, aggressive Ansätze im vertikalen Marketing aus Herstellersicht weiterhin nur unterdurchschnittliche Bedeutung zu besitzen scheinen. Die clusterspezifische Abweichungsanalyse bietet hier jedoch weiteren Aufschluß.

So werden produktorientierte Push-Strategien offensichtlich von Unternehmen verfolgt bzw. überdurchschnittlich befürwortet, die über hohe horizontale Wettbewerbsvorteile verfügen (Cluster 2, 4). 73% der Unternehmen des Cluster 2 weisen ihr eine sehr hohe Bedeutung zu,

---

[66] Vgl. Kap. E, Abschn. 3.1.

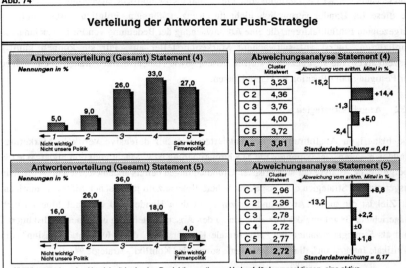

Abb. 74

ebenso wie 64% der Unternehmen des Clusters 4 die produktinnovationsorientierte Push-Strategie als wichtig bis sehr wichtig für ihre Firmenpolitik einstufen.[67] Umgekehrt werden preisorientierte Push-Strategien von Unternehmen positiv bewertet, die geringe Wettbewerbsvorteile (Cluster 1, 3, 5) und/oder sich in einem besonders dynamischen vertikalen Wettbewerbsumfeld befinden (Cluster 4).

Unterstellt man, daß es sich bei den befragten Herstellern, wie bereits ausgeführt, um Markenhersteller handelt, so wird hier eine klare Differenzierung des markenstrategischen Verhaltens in Abhängigkeit von der Wettbewerbsstärke deutlich. Starke Markenhersteller setzen, vermutlich unter dem Dach einer Firmenmarke, weiterhin auf die Produktinnovation als strategisches Instrument zur Festigung bzw. zum Ausbau der Marktposition. Unter dem Sogeffekt der ausreichend starken Dachmarke scheint diese Strategie auch gegenüber dem Handel durchsetzbar.

Schwache Markenhersteller sind der Preispolitik offensichtlich stärker ausgesetzt, woraus sich - wie in westlichen Märkten auch - die Gefahr der Markenerosion ableiten läßt.[68] Sie

---

[67] Vgl. Anhang 3, Tab. 4b.
[68] Vgl. Meffert, H., Strategische Unternehmensführung und Marketing, a.a.O., S. 135.

sind es auch, die der Produktinnovation eine unterdurchschnittliche Bedeutung beimessen, da sie diese im Handel vermutlich nicht durchsetzen könnten. Folglich wirken sich die aufgezeigten Einflußfaktoren, die eine Abschwächung der Bedeutung von Firmendachmarken implizieren, zuerst auf schwächere Markenhersteller aus. Für sie können künftig Einzelmarken, die sich gezielter stützen lassen, sowie Handelsmarkenstrategien einen Weg zur Festigung ihrer Position im Handel bieten.

3.32 Angriffsstrategien

Die bisherigen Ausführungen konzentrierten sich auf defensive vertikale Marketing-Strategien, deren Ziel vorrangig die Machtrelativierung bzw. Machtreduktion bildet. Wie die übergreifende Analyse der strategischen Grundhaltungen bereits andeutete, ist jedoch offensiv ausgerichteten Strategien eine insgesamt höhere Relevanz im japanischen Markt zuzuordnen. Ihr Ziel ist die aktive Auseinandersetzung mit dem Handel und eine auf Machterwerb ausgerichtete Gestaltung der Beziehungen zu den Absatzmittlern. Im einzelnen zu diskutieren sind als Strategievarianten die "Horizontale Kooperation", die "Horizontale Fusion", die "Vertikale Integration", die "Pull"-Strategie sowie die "Konflikt"-Strategie.[69]

3.321 Horizontale Kooperation

Wie bereits dargelegt, verfolgt die Strategie der horizontalen Kooperation das Ziel, Verhandlungsmacht gegenüber dem Handel durch Generierung "künstlicher Größe" zu gewinnen. Ihr praktische Relevanz in Japan ist branchenspezifisch zu betrachten. So können z.B. Preiskartelle im weitesten Sinne als horizontale Kooperationen bezeichnet werden. Als Beispiel wird in diesem Zusammenhang häufig der japanische Biermarkt angeführt, der von vier Anbietern oligopolisiert wird und durch ein überhöhtes und außerordentlich stabiles Preisgefüge gekennzeichnet ist, ebenso wie der im Rahmen dieser Arbeit behandelte Markt für Schokoladen. Weiterhin wären Formen der horizontalen Kooperation in horizontal organisierten Keiretsu-Verbundgruppen zu suchen.[70] Bisher sind jedoch keine für die Konsumgüterindustrie relevanten Beispiele zu erkennen, deren ausdrückliches Ziel die Generierung künstlicher Größe zur Erzielung von Wettbewerbsvorteilen im vertikalen Wettbewerb bildet.

Obgleich Formen der horizontalen Kooperation, wie in den beiden oben angeführten Beispielen geschildert, faktisch existieren, dürfte ihnen insgesamt als offen verfolgte Option einer vertikalen Marketing-Strategie in Japan nur eine begrenzte Bedeutung zukommen.

---

[69] Vgl. Kap. B, Abschn. 3.22.
[70] Vgl. Dodwell Marketing Consultants (Hrsg.), Industrial Groupings in Japan, a.a.O., S. 6ff.

Erhoben wurde die Strategie der horizontalen Kooperation durch das Statement:

(6)   "Wir versuchen, unsere Verhandlungsmacht gegenüber dem Handel durch horizontale Kooperation mit anderen Herstellern auszubauen."

Eine Analyse der empirischen Ergebnisse bestätigt eindeutig die oben formulierte Hypothese. 56% der befragten Hersteller bestreiten jede Relevanz dieser Strategie für ihre vertikale Marketing-Konzeption. Kein Hersteller erklärt sie zur ausdrücklichen Firmenpolitik *(vgl. Abb. 75)*. Auf Basis dieser insgesamt sehr niedrigen Relevanz zeigt eine clusterspezifische Interpretation der empirischen Ergebnisse eine eindeutige Ablehnung vor allem durch Unternehmen, die sich in einer Situation niedriger vertikaler Wettbewerbsintensität befinden.

Abb. 75

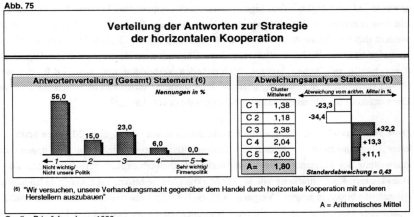

Für Cluster 1 und 2 besteht keinerlei Anlaß, zur Erlangung bzw. Verbesserung ihrer Machtposition im vertikalen Wettbewerb ihre Autonomie im Rahmen einer horizontalen Kooperation aufzugeben und damit gegebenenfalls ihre Wettbewerbsposition zu gefährden. 77% bzw. 91% der Unternehmen dieser beiden Cluster bestreiten ihre Relevanz für die Firmenpolitik.[71] Begrenzte Bedeutung besitzt diese Strategiealternative jedoch für alle Cluster, die mit einer Situation hoher vertikaler Wettbewerbsintensität konfrontiert sind (Cluster 3, 4, 5). Insbesondere die Unternehmensgruppe mit der schwächsten Wettbewerbsposition (Cluster 3) reagiert überdurchschnittlich positiv auf die Option der horizontalen Kooperation. 50% der Unternehmen dieses Clusters sehen in ihr einen möglichen Ausweg zur Verbesserung ihrer Wettbewerbsposition.

---

71   Vgl. Anhang 3, Tab. 4b.

3.322 Horizontale Fusion

Eine konsequente Fortsetzung der Ziele einer Strategie der horizontalen Kooperation bieten die Unternehmensübernahme- bzw. Mergers & Acquisitions-Strategien, bei der i.d.R. ein schwächerer, kleinerer Partner durch einen stärkeren Wettbewerber übernommen wird. Sie bildet das logische Gegenstück zur Konzentration auf Groß- und Einzelhandelsebene und verfolgt den Zweck, durch externes Wachstum Größe und damit Verhandlungsmacht zu generieren.

In westlichen Industrienationen ist die M&A-Strategie in der Konsumgüterbranche, wie in anderen Branchen auch, insbesondere gegen Ende der 80er Jahre intensiv verfolgt worden, wobei japanische Unternehmen in einer Vielzahl von Fällen zu den übernehmenden Partnern gehörten.[72] Innerhalb Japans ist diese Strategie jedoch traditionell problembehaftet gewesen.[73] Dies hängt mit dem Eigentumsverständnis japanischer Unternehmen zusammen. Ein Unternehmen ist danach stark vereinfacht nicht ein Besitzgegenstand seiner Eigner, sondern dient vielmehr dem Wohl seiner Mitarbeiter, die als "Stakeholder" besitzähnliche Anrechte besitzen.[74] Die Veräußerung eines Unternehmens durch seine Kapitaleigner ist daher häufig mit hohen inneren Widerständen verbunden und wird i.d.R. nur bei Existenzgefährdung in Erwägung gezogen. Insbesondere "unfreundliche" Übernahmen ohne Einverständnis des Managements sind in Japan nahezu unbekannt.[75]

Diese Hintergründe sind verantwortlich dafür, daß es in den vergangenen 20 Jahren praktisch keine Übernahmen in der japanischen Konsumgüterindustrie gegeben hat, mit denen eine Ausweitung des Machtpotentials im vertikalen Wettbewerb explizit verfolgt worden wäre. Dazu konnten Konzentrationsgrade auf der Marktgegenseite bislang auch wenig Anlaß geben. Ausnahmen bilden in jüngerer Vergangenheit die Beteiligungen von Ajinomoto, dem größten japanischen Hersteller von verarbeiteten Nahrungsmitteln, an Calpis Food Industry, einem führenden Hersteller von Milchsäuregetränken in Höhe von 20%, sowie von Snow Brand Milk Products an Godo Shusei, einem Reiswein-Hersteller, in Höhe von 8,3%.[76] Wenngleich

---

72 Vgl. Ernst, A. Hilpert, H.G., Japans Direktinvestitionen in Europa - Europas Direktinvestitionen in Japan, in: Ifo-Institut für Wirtschaftsforschung (Hrsg.), Ifo-Studien zur Japanforschung, Nr. 4, München 1990; Tiphine, B., Busch, R., Die Starken werden noch stärker, a.a.O., S. 84-88; Bannon, L., Japanese Find Growing Equity in Europe Firms, in: Womens Wear Daily, August 14, 1990, S.1.
73 Vgl. Manifold, D., Japan's Distribution System and Options for Improving U.S.-Access, a.a.O., S. 90f; Batzer, E., Laumer, H., Deutsche Unternehmen im Japangeschäft, a.a.O., S. 152f.
74 Vgl. Abegglen, J. C., Stalk, G., Kaisha, a.a.O., S. 183ff; Kobayashi, H., Wirtschaftsmacht Japan-Strukturen und Organisation, Köln 1980, S. 25ff.
75 Vgl. Todd, R. E., The Tables Turn, in: ACCJ (Hrsg.), The Journal, Tokyo, October 1992, S. 23-26; Kunkies-Schwientek, I., Wege zum japanischen Markt, a.a.O., S. 46.
76 Vgl. Morgan Grenfell Japan (Hrsg.), M&A Transactions Involving Japanese Companies, unveröffentlichtes Dokument, Tokyo 1992, S. 24-25. Trotz geringer Kapitalbeteiligung ist in beiden genannten Fällen von einem signifikanten Einfluß auf das Management auszugehen. Vgl. Toyo Keizai (Hrsg.), Japan Company Handbook 1992, 1st Section, Winter, a.a.O., S. 195, 200.

es sich bei den genannten Fällen lediglich um Minderheitsbeteiligungen handelt, ist den übernehmenden Unternehmen nach japanischen Usancen ein maßgeblicher Einfluß auf die Geschäftspolitik zu unterstellen, der einen engeren Zusammenschluß der beteiligten Unternehmen in der Zukunft vermuten läßt.

Wenngleich das beschriebene Eigentumsverständnis, bedingt durch gesellschaftliche Veränderungen und eine anhaltende Rezession in Japan einer langsamen Degeneration zu unterliegen scheint und sich auch für ausländische Unternehmen Übernahmechancen öffnen,[77] ist von einer grundsätzlichen Ablehnung dieser Strategie zumindest durch die befragten japanischen Hersteller auszugehen.

Erfaßt wurde die Relevanz der Strategie der horizontalen Fusion in der empirischen Untersuchung durch das Statement:

(7)   "Wir versuchen, unsere Verhandlungsposition gegenüber dem Handel durch horizontale Fusion bzw. Akquisition von anderen Herstellern auszuweiten."

Wie *Abbildung 76* verdeutlicht, findet die Strategie der horizontalen Fusion breite Ablehnung bei den befragten Unternehmen. Sie erzielt den niedrigsten Zuspruch aller angebotenen Strategiealternativen. Lediglich 1 japanisches Unternehmen bekannte sich, diese Strategie mit hoher Priorität zu verfolgen.

Abb. 76

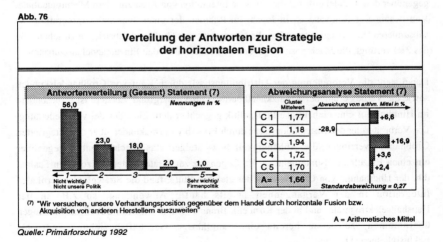

Quelle: Primärforschung 1992

---

[77] Vgl. Todd, R. E., The Tables Turn, a.a.O.

Vor diesem Hintergrund ist auch die clusterspezifische Analyse zu beurteilen, nach der die Cluster 1, 3, 4 und 5 vergleichsweise positiv auf diese Strategieoption reagieren. Cluster 2, in dem sich die Unternehmen mit dem größten Durchschnittsumsatz und der günstigsten Wettbewerbsposition befinden, lehnt die Strategie der horizontalen Fusion nahezu vollständig ab. Für 91% der Unternehmen dieses Clusters besteht kein Grund, zur weiteren Verbesserung ihrer Wettbewerbsposition den kostspieligen und in Japan problembehafteten Weg externen Wachstums zu beschreiten.[78] Alle übrigen Cluster scheinen diese Strategie zumindest nicht vollständig abzulehnen, wobei wiederum Cluster 3 dieser Option noch überdurchschnittliche Bedeutung einräumt. Diese Beurteilung ist ebenfalls vor dem Hintergrund der schlechten Ausgangsposition, in der sich dieses Cluster befindet, zu werten.

Zusammenfassend bleibt jedoch festzuhalten, daß keines der Cluster den Mittelwert 2 überschreitet. Die M&A-Strategie besitzt damit in der japanischen Konsumgüterindustrie nach wie vor geringe Relevanz und spiegelt das Wachstumsverständnis japanischer Unternehmen wider, welche primär auf internes Wachstum (z.B. durch Produktinnovation) setzen. Abzuwarten bleibt, ob zunehmende Marktsättigung und Verdrängungswettbewerb die Strategie der horizontalen Fusion langfristig doch interessant machen.

3.323 Vertikale Integration

Neben der horizontalen Verschmelzung von Unternehmen zum Ausbau der Machtposition gegenüber dem Handel eröffnet die vertikale Integration von Absatzmittlern Machtpotentiale. Von besonderer Relevanz ist in Japan, im Rahmen der unter "vertikaler Integration" zu subsumierenden Strategiealternative, die Übernahme von Großhandelsbetrieben zu sehen, die das Ziel verfolgt, die Machtposition gegenüber dem erstarkenden Einzelhandel auszubauen.

Dabei steht die Verbreiterung der Distributionsbasis durch Kauf von Großhandelskunden sowie die Verbesserung der Absatzkanalkontrolle im Vordergrund. Letztere ist insbesondere im Hinblick auf eine einheitliche Preispolitik gegenüber dem Einzelhandel von Bedeutung. Die Verbreiterung der Distributionsbasis durch Erwerb von Neukunden über den integrierten Großhandel verringert die Abhängigkeit bzw. steigert das Machtpotential gegenüber einzelnen Einzelhandelsunternehmen. Im Gegensatz zur Strategie der horizontalen Fusion, d.h. der Übernahme von Unternehmen der gleichen Stufe, fand die Strategie der vertikalen Integration in der Vergangenheit bereits häufig Anwendung, so z.B. in der Haushaltselektrogeräte- und in der Kosmetik-Branche. Dabei wurden i.d.R. Großhandlungen übernommen, zu denen bereits eine langjährige Geschäftsbeziehung (z.B. als Exklusivlieferant) bestand.

---

[78] Vgl. Anhang 3, Tab. 4c.

Bedingt durch die bereits ausführlich diskutierten, unterschiedlichen vertikalen Absatzkanalstrukturen in Japan ist zu erwarten, daß die Akzeptanz der Strategie der vertikalen Integration letzlich von der verbliebenen Bedeutung des Großhandels im vertikalen Wettbewerb, sowie den vertikalen Verbundstrukturen der Wettbewerber und dem Ausmaß vertikaler Konzentration insgesamt abhängig sein dürfte. In Branchen, in denen der Großhandel an Bedeutung verliert, ist durch vertikale Integration kein Ausbau der Machtposition gegenüber dem Einzelhandel zu erreichen. Ein Beispiel für eine Branche, in der der Erwerb von Distributoren sinnvoll erscheint, bildet z. B. die Spielwarenindustrie, in der es bereits Übernahmen in jüngster Vergangenheit gegeben hat.[79] Weiterhin dürfte das Bestreben zur Integration des Großhandels von den horizontalen Wettbewerbsvorteilen abhängen. D.h., die Integration von Großhändlern bietet insbesondere die Möglichkeit, die Distribution und damit den Marktabdeckungsgrad auszubauen.

Die Bedeutung der vertikalen Integration als Strategie des vertikalen Marketing wurde erhoben durch das Statement:

(8)   "Wir versuchen, die Kontrolle unserer Distributionskanäle durch vertikale Integration von Absatzmittlern auszuweiten."

Die Ergebnisse der aggregierten Betrachtung finden sich in **Abbildung 77**. Danach sind 70% der befragten Unternehmen der Auffassung, daß die vertikale Integration für sie nur eine geringe Relevanz besitzt.

Abb. 77

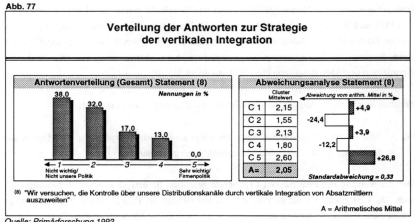

Quelle: Primärforschung 1992

---

[79]   Vgl. die Übernahmen von Großhändlern durch Takara und Bandai: Dodwell Marketing Consultants (Hrsg.), Retail Distribution in Japan, a.a.O., S. 146.

Wie die clusterspezifische Analyse verdeutlicht, sind die vorhandenen horizontalen Wettbewerbsvorteile offenbar ausschlaggebend für Akzeptanz bzw. Ablehnung dieser Strategie. So bewerten Unternehmen mit relativ niedrigen Wettbewerbsvorteilen, die sich in den Cluster 1, 3 und 5 befinden, die Strategieoption der vertikalen Integration überdurchschnittlich positiv. Nahezu vollständig abgelehnt wird sie von 91% er Unternehmen des Clusters 2 und 90% der Unternehmen des Clusters 4.[80] Auffällig ist die Bewertung von 30% der Unternehmen des Clusters 5, die die genannte Strategieoption als wichtig einstufen. Sie beweist, daß Unternehmen dieses Clusters, welche als ohnehin "vertriebsstark" klassifiziert wurden, offenbar strategisch auf den Ausbau der Distributionsstärke durch vertikale Integration setzen.

3.324 Pull-Strategie

Wie bereits erläutert, basiert die Pull-Strategie auf dem Prinzip, durch intensive endverbrauchergerichtete Werbung und Kommunikation einen Nachfragesog zu erzeugen, der den Einzelhandel zu einer Aufnahme bzw. fortlaufenden Listung des nachgefragten Produktes in sein Sortiment "zwingt".

Die bereits herausgestellte, in Japan in vielen Branchen zu vermutende Situation der Angebotsmacht läßt eine breite Akzeptanz dieser "klassischen" Angriffsstrategie erwarten. Nach Expertenmeinung ist künftig sogar mit einer wachsenden Bedeutung der Pull-Strategie zu rechnen, und zwar insbesondere in Branchen, in denen sich eine wachsende Nachfragekonzentration auf moderne und großflächige Einzelhandelsbetriebsformen bemerkbar macht (z.B. Nahrungsmittel). Dies wird begründet mit der wachsenden Bedeutung von POS und Warenwirtschaftssystemen, die für Transparenz des Produkterfolges im Regal sorgen. Da der Handel künftig zunehmend einfach "schnell drehende" Produkte identifizieren kann, kommt der Stimulierung der Endverbrauchernachfrage eine zentrale Rolle zur Akquisition und Motivation von Handelspartnern zu.[81]

Erhoben wurde die Bedeutung der Pull-Strategie durch folgendes Statement:

(9) "Wir versuchen, durch Betonung intensiver Endverbraucherwerbung und Aufbau von Markenanziehungskraft neue Absatzmittler zu gewinnen."

Die Auswertung der empirischen Ergebnisse bestätigt die erwartete hohe Bedeutung *(vgl. Abb. 78)*. Lediglich 15% der befragten Hersteller messen der Pull-Strategie eine nachrangige Priorität zu, wohingegen immerhin noch 22% sie explizit zur Firmenpolitik erklären.

---

[80] Vgl. Anhang 3, Tab. 4c.
[81] Vgl. Interview mit K. Ide, Vice-President, Corporate Affairs, Master Foods Japan, am 12. Oktober 1992.

Abb. 78

Verteilung der Antworten zur Pull-Strategie

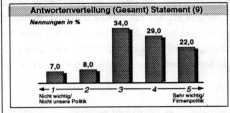
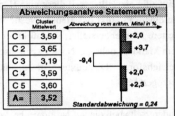

(9) "Wir versuchen, durch Betonung intensiver Endverbraucherwerbung und Aufbau von Markenanziehungskraft neue Absatzmittler zu gewinnen"

A = Arithmetisches Mittel

Quelle: Primärforschung 1992

Clusterspezifisch ergibt sich eine durchgehend hohe Bedeutung bei verhältnismäßig geringer Streuung um den Durchschnittswert. Überdurchschnittlich positiv wird diese Strategie erwartungsgemäß durch Cluster 2 bewertet, das sich durch eine hervorragende Wettbewerbsposition auszeichnet. Von Interesse ist auch die überdurchschnittliche Akzeptanz durch Cluster 5, in welchem 80% der Unternehmen der Pull-Strategie mittlere bis hohe Bedeutung zumessen.[82] Hier läßt sich die relative Schwäche des Markenimages der Hersteller dieses Clusters als Stimulationsmoment vermuten, indem zur Verbesserung der Kooperationsbereitschaft des Handels offensiv auf die Pull-Strategie gesetzt wird. Weiterhin sieht Cluster 1 in der Pull-Strategie einen Weg zur Verbesserung seiner Wettbewerbsposition vor allem gegenüber horizontalen Wettbewerbern. Folglich wird die Situation niedriger vertikaler Wettbewerbsintensität bewußt genutzt. Negativ weicht lediglich Cluster 3 vom Durchschnitt ab. Unternehmen dieses Clusters, das sich in der schwächsten Wettbewerbsposition insgesamt befindet, sehen in einer offensiven Pull-Strategie keinen Weg zur Verbesserung ihrer Lage.

3.325 Konflikt-Strategie

Eine Steigerung der Pull-Strategie stellt die Konflikt-Strategie dar, indem aufbauend auf eine hohe Endverbrauchernachfrage nach den Produkten eines Anbieters bewußt Konflikte mit dem Handel in Kauf genommen werden. Dabei wird das Machtpotential des Herstellers ausgespielt, um den Handel an einem Machterwerb zu hindern.

Eine gesonderte Betrachtung der Konfliktstrategie erschien in Japan aus zweierlei Gründen angebracht. Zum einen war aufgrund der weit verbreiteten Angebotsmacht eine hohe

---

82 Vgl. Anhang 3, Tab. 4c.

Anwendungsbereitschaft für die Konfliktstrategie zu vermuten. Belegt wurde dies durch historische Beispiele,[83] in denen z.B. der multinationale Nahrungsmittelkonzern Nestlé die Belieferung der Nummer 1 des japanischen Einzelhandels, der Supermarktkette Daiei, zeitweilig einstellte, weil diese eine Handelsmarke in seinen Discountbetriebsformen anbot, die einem Produkt des Hauses Nestlé verblüffend ähnlich sah. Dem Lieferboykott folgten weitere Markenhersteller, so daß Daiei gezwungen wurde, die Handelsmarken wieder aus dem Markt zu nehmen. Nach Expertenschätzungen wurde dadurch die "Take-Off"-Phase der Betriebsform "Discounter" in Japans Lebensmitteleinzelhandel um bis zu 10 Jahre verzögert.[84]

Andererseits ließ die auf harmonische, kooperative Zusammenarbeit ausgerichtete japanische Geschäftsmentalität eine konfliktaverse Einstellung der Hersteller erwarten,[85] zumal sich Ziele der Absatzkanalsteuerung durch subtilere Methoden als den offensiven Machtkampf erreichen lassen. Weiterhin werden Sanktionsmaßnahmen wie z.B. Lieferboykotte kartellrechtlich verfolgt.[86]

Getestet wurde die Akzeptanz der Konfliktstrategie durch das Statement:

(10) *"Basierend auf unseren starken Marken versuchen wir, den Handel zu einer stabilen Preis- und Aktionspolitik unserer Produkte zu zwingen."*

Die Ergebnisse zeigen eine Akzeptanz der Konfliktstrategie, die über den Erwartungen liegt und durch ein starkes Vertrauen der Hersteller in ihre vertikale Wettbewerbsstärke stimuliert zu werden scheint *(vgl. Abb. 79)*.

Dieses Akzeptanzniveau setzt sich in der clusterspezifischen Analyse fort. Unterdurchschnittliche Bedeutung hat die Konfliktstrategie für Cluster 1 und 3. Während bei Cluster 3 eine Konfliktstrategie wegen mangelnder horizontaler und vertikaler Wettbewerbsvorteile fatale Folgen haben könnte, wirkt sich bei Cluster 1 die fehlende vertikale Wettbewerbsintensität nachteilig auf die Bewertung dieser Strategie aus, so daß 19% der Unternehmen dieses Clusters sie als völlig unwichtig für ihre Firmenpolitik betrachten.[87]

---

[83] Vgl. Goldman, A., Japan's Distribution System, a.a.O., S. 167.
[84] Vgl. Interview mit U. Schmeer, Management Business Development, Nestlé Japan, und K. Lewthwaite, Director Corporate Affairs, Nestlé Japan, am 2. Mai 1992.
[85] Allerdings bezeichnet Shimaguchi dieses Charakteristikum japanischer Geschäftsmentalität explizit als "Pseudo-Harmonism", unter dem letztlich immer wieder harte ökonomische Rationalität zum Vorschein kommt. Vgl. Shimaguchi, M., New Development in Channel Strategy in Japan, a.a.O., S. 177f.
[86] Vgl. Fair Trade Commission (Hrsg.), The Antimonopoly Act Guidelines Concerning Distribution Systems and Business Practices, a.a.O., S. 3, 6-11; vgl. auch Kap. C, Abschn. 2.1132.
[87] Vgl. Anhang 3, Tab. 4d.

Abb. 79

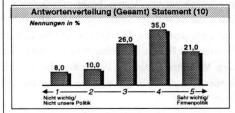
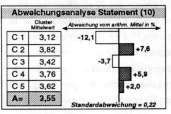

(10) "Basierend auf unseren starken Marken versuchen wir, den Handel zu einer stabilen Preis- und Aktionspolitik unserer Produkte zu zwingen"

A = Arithmetisches Mittel

Quelle: Primärforschung 1992

Mangels hoher Nachfragekonzentration würde eine Konfliktstrategie für Unternehmen dieses Clusters nur präventive Wirkung haben können. Deutlich positiv bewertet wird die Konfliktstrategie durch Cluster 2, welches offensichtlich bereit ist, seine dominierende Wettbewerbsposition auch "destruktiv" gegenüber dem Handel einzusetzen. 45% der Unternehmen dieses Clusters stuften die Konflikt-Strategie sogar als sehr wichtig für ihre Firmenpolitik ein. Bei Cluster 4 und 5 dürften abschließend ausreichende horizontale Wettbewerbsvorteile, insbesondere in der Verkaufsorganisation und in der Distribution, die Hersteller ermutigen, sich notfalls einzelnen Handelsunternehmen gegenüber konfliktär zu zeigen.

Zusammenfassend läßt sich für die Varianten der Angriffsstrategien feststellen, daß institutionelle vertikale Marketing-Strategien insgesamt nur unterdurchschnittliche strategische Relevanz für Konsumgüterhersteller in Japan besitzen. Demgegenüber bilden die Pull-Strategie sowie die Konfliktstrategie, basierend auf der vielfach bestehenden Angebotsmacht, verbreitete Strategiemuster. Sie stellen für die Mehrheit der befragten Hersteller offenbar ein zentrales Element zur Umsetzung ihrer Markenstrategie dar.

3.33 Kooperationsstrategien

Nach der Diskussion der Angriffs- und Verteidigungsstrategien soll nachfolgend die dritte Kategorie vertikaler Basisstrategien, die Kooperationsstrategien, behandelt werden. Ziel der Kooperationsstrategien ist einerseits die Konfliktreduzierung bzw. -vermeidung, und andererseits der Kompetenzaufbau.

Grundlage der vorzunehmenden Überprüfung der Bedeutung von Kooperationsstrategien im vertikalen Marketing in Japan soll eine Unterscheidung nach dem "Kooperationsumfang" bilden. Es wird damit die in Kapitel B vorgestellte Dimension "Bindungs- und Zentralisierungsgrad", als die neben dem "Kooperationsumfang" zweite zentrale Systematisierungsdimension, vernachlässigt.[88] Diese Vorgehensweise wird dadurch begründet, daß Bindungs- und Zentralisationsgrad primär organisatorische Unterscheidungskritierien von vertikalen Kooperationsstrategien darstellen, die an späterer Stelle nochmals aufgegriffen werden.[89] Der "Kooperationsumfang" hingegen umschreibt das zeitliche und funktionale Ausmaß von Kooperationen zwischen Hersteller und Handel, und beinhaltet damit die primär strategischen Komponenten kooperativen Verhaltens. Dies äußert sich darin, daß die organisatorische Ausgestaltung von Kooperationen letztlich von deren zeitlichem und inhaltlichen Definitionsumfang abhängt.

Im folgenden soll daher, auf der Basis der Systematisierungsdimension "Kooperationsumfang", zwischen der projektweisen und der kontinuierlich-langfristigen vertikalen Kooperation zwischen Herstellern und Handel unterschieden werden.

3.331 Projektweise Kooperation

Im Rahmen der projektweisen Kooperationsstrategie arbeiten Hersteller und Handel auf begrenzte Dauer in konkret definierten Funktionsbereichen partnerschaftlich zusammen. Um bei dieser Form der Zusammenarbeit von strategischem Verhalten sprechen zu können, ist jedoch zu fordern, daß Kooperationsprojekte unter Zielvorgaben geführt werden und Bestandteil eines umfassenden Marketing-Planes bilden, der mit dem Handel abgestimmt wird. Beispiele derartiger Formen der Zusammenarbeit lassen sich insbesondere in der Lebensmittelbranche Japans finden, wo eine i.d.R. auf jährlicher Basis stattfindende Abstimmung von Verkaufsförderungsaktionen oder Werbewochen erfolgt sowie Produkteinführungen gemeinsam geplant werden.[90]

Weiterhin sind z.B. gemeinsame Warenwirtschafts- und Logistikprojekte anzutreffen, sowie die Entwicklung spezifischer Produkt- oder Verpackungslösungen für eine bestimmte Betriebsform.[91] Sofern dabei die Markenidentität des Herstellers gewahrt bleibt, implizieren derartige Lösungen nur einen Teilautonomieverzicht des Herstellers, führen jedoch gleichzeitig zu einer höheren Verbundenheit des Handels.

Basierend auf dem überaus hohen Zuspruch, den eine kooperative Grundhaltung in Japan findet, ist von einer positiven Akzeptanz der projektweisen Kooperation auszugehen, da sie

---

88 Vgl. Kap. B, Abschn. 4.23.
89 Vgl. Kap. E, Abschn. 4.3.
90 Vgl. Puhlmann, H., Marketing-Dreiklang á la Fernost, in: LZ-Journal, Nr. 38, 20. September 1991, S. J4-J8.
91 Vgl. Seven-Eleven Japan (Hrsg.), Brief Summary of Results in the First Half of FY 93, a.a.O., S. 20.

von beiden Seiten nur begrenzte Zugeständnisse erfordert. Sie kann dabei als Testfall für eine Intensivierung der Zusammenarbeit gesehen werden.[92]

Überprüft wurde die Akzeptanz dieser Strategie durch das Statement:

(11) "Wir versuchen, mit dem Handel auf einer fall- bzw. projektweisen Basis zu kooperieren."

Die Ergebnisse bestätigen die Erwartung einer überdurchschnittlichen Bedeutung der Strategie der projektweisen Kooperation in Japan. 67% der befragten Unternehmen räumen ihr eine hohe bis sehr hohe Relevanz im Rahmen ihres strategischen, vertikalen Marketing ein *(vgl. Abb. 80)*. Auch clusterspezifisch zeigt sich eine durchgängig positive Akzeptanz bei geringen Schwankungen um den Gesamtmittelwert. Überdurchschnittlich hohen Zuspruch findet diese Strategie bei den Clustern 2 und 4, die aus einer Situation hoher horizontaler Wettbewerbsvorteile heraus agieren.

Abb. 80

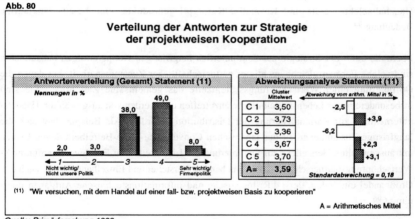

Quelle: Primärforschung 1992

64% bzw. 60% der Unternehmen dieses Clusters stufen die Strategie der projektweisen Kooperation als wichtig bis sehr wichtig für ihre Unternehmenspolitik ein.[93] Auch Cluster 5, welches besondere Stärken im Vertrieb aufweist und daher prädestiniert ist für eine intensive Zusammenarbeit mit dem Handel, wertet diese Strategieoption überdurchschnittlich positiv.

---

92 So werden z.B. in der Bekleidungsbranche Markenneueinführungsaktionen von den Warenhäusern häufig als Test für die Einrichtung von Shop-in-shop- oder Depot-Systemen gewertet. Vgl. Interview mit K. Takeuchi, Sales Supervisor, Hugo Boss Japan, am 23. September 1992.
93 Vgl. Anhang 3, Tab. 4d.

Nur Cluster 1 und 3, die durch eine schwache horizontale Wettbewerbsposition gekennzeichnet sind, weisen dieser Strategie unterdurchschnittliche Bedeutung zu. Dies überrascht insofern, als das die projektweise Kooperation gerade zum Aufbau neuer Wettbewerbsvorteile genutzt werden könnte. Offenbar verfügen diese Unternehmen jedoch über keine sie selbst überzeugenden Konzepte, in denen sie paritätisch mit dem Handel kooperieren könnten. Gegebenfalls strahlen sie auf den Handel eine nur begrenzte Attraktivität aus, so daß ihnen von dieser Seite wenig Kooperationsmöglichkeiten angeboten werden.

3.332 Kontinuierlich-langfristige Kooperation

Die Strategie der kontinuierlich-langfristigen Kooperation umfaßt die dauerhafte Zusammenarbeit mit dem Handel und wird häufig vertraglich fixiert. Die organisatorische Umsetzung kann dabei in Form vertraglicher Vertriebssysteme erfolgen, in denen der Hersteller i.d.R. die Systemführerschaft übernimmt, jedoch auf rechtlich selbständige Handelspartner angewiesen ist. In Form herstellergeführter Franchise- und Vertragshändler-Systeme hat diese Kooperationsstrategie in Japan, insbesondere in den Produktkategorien Haushaltselektrogeräte und Kosmetika/Körperpflegeprodukte, eine bereits langjährige Bedeutung.[94]

Ebenfalls unter der Strategie der kontinuierlich-langfristigen Kooperation zu subsumieren sind solche Formen gleichberechtigter partnerschaftlicher Zusammenarbeit, bei denen die Optimierung einer Wertschöpfungssystemkette das gemeinsame Ziel bildet. Sie sind insbesondere in der Lebensmittelbranche anzutreffen und werden von ausgewählten Handelsunternehmen zur Rationalisierung der Distribution gefördert. Als Beispiel läßt sich die langfristige Zusammenarbeit des japanischen Convenience-Store-Betreibers Seven-Eleven mit ausgewählten Herstellern zur Optimierung der Lieferkette von Frischwaren anführen.[95] Wertschöpfungspartnerschaften können neben der Hersteller und Einzelhandelsstufe auch den Großhandel einbinden, der i.d.R. logistische und informationstechnische Aufgaben übernimmt.[96]

Entsprechend dem Prinzip der Langfristigkeit japanischer Geschäftsbeziehungen ist mit einem hohen Zuspruch für dauerhafte Formen der Kooperation zu rechnen. Operationalisiert wurde die Erfassung der Neigung der befragten Unternehmen zur kontinuierlich-langfristigen Kooperationsstrategie durch das Statement:

---

[94] Vgl. Kap. D, Abschn. 2.1, 2.4.
[95] Vgl. Seven-Eleven Japan (Hrsg.), Corporate Outline, 1992, a.a.O., S. 16ff; vgl. auch Kap. C, Abschn. 3.324.
[96] Vgl. Kap. E, Abschn. 4.323.

(12) "Wir versuchen, mit dem Handel auf kontinuierlicher Basis in einer Vielzahl von Feldern zusammenzuarbeiten (z.B. Logistik, Produktentwicklung etc.)."

Vergleichbar der Strategie der projektweisen Kooperation findet auch die Strategie der kontinuierlich-langfristigen Kooperation einen hohen Zuspruch. Lediglich 13% aller befragten Unternehmen messen ihr eine für sie geringe Bedeutung zu *(vgl. Abb. 81)*.

Eine clusterspezifische Interpretation der Ergebnisse ergibt ein differenzierteres Bild. Unterdurchschnittlich wird diese Strategievariante von Cluster 2 bewertet. Für Unternehmen in einer derartig positiven Wettbewerbsposition ergibt sich offenbar keine strategische Notwendigkeit für eine dauerhaft enge Verhaltensabstimmung mit dem Handel. Ebenfalls leicht unterdurchschnittliche Bedeutung wird langfristigen Kooperationsstrategien von den Unternehmen des Clusters 1 zugemessen. Hier bewirken vermutlich sowohl eine geringe vertikale Wettbewerbsintensität als auch mangelnde horizontale Wettbewerbsvorteile die zurückhaltende Bewertung dieser Strategieoption.

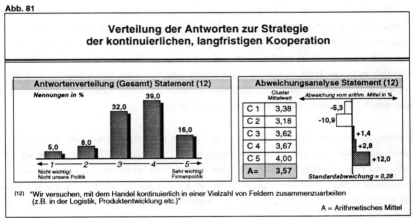

Abb. 81

Quelle: Primärforschung 1992

Für die Cluster 4 und 5 hingegen, die sich in einem äußerst dynamischen vertikalen Wettbewerbsumfeld bewegen, jedoch über weitgehend ausreichende (insbesondere Cluster 4) Wettbewerbsvorteile verfügen, bietet diese Strategie offenbar die Chance, wachsende Nachfragemacht durch langfristige Zusammenarbeit zu relativieren und gegebenenfalls sogar Wettbewerbsvorteile auszubauen. 64% bzw. 70% der Unternehmen dieser Cluster messen der kontinuierlich-langfristigen Kooperationsstrategie hohe bis sehr hohe Relevanz für ihre Firmenpolitik zu.[97]

---

[97] Vgl. Anhang 3, Tab. 4d.

Zusammenfassend bestätigt sich die hohe Bedeutung kooperativer vertikaler Marketing-Strategien in Japan, sowohl auf langfristiger Basis als auch in projektweiser Zusammenarbeit.

3.34 Umgehungs- und Ausweichstrategien

Im Gegensatz zu sämtlichen bislang behandelten Varianten vertikaler Marketing-Strategien vermeiden Umgehungsstrategien ebenso wie die abschließend zu diskutierenden Ausweichstrategien explizit die direkte Auseinandersetzung mit bestehenden Absatzmittlern. Ihr Ziel ist entweder das vollständige Vermeiden machtpolitischer Auseinandersetzungen mit dem Handel oder die Reduktion der Abhängigkeit (z.b. aufgrund von Umsatzkonzentration) von einzelnen Nachfragern.[98] Letzteres ist dann der Fall, wenn im Rahmen einer den Hybrid-Strategien zuzuordnenden vertikalen Marketing-Konzeption mehrere Absatzwege parallel von einem Hersteller genutzt werden.[99]

3.341 Umgehungsstrategie

Die Umgehungsstrategie beinhaltet den Aufbau oder die Nutzung neuer Absatzwege oder Vertriebsformen, unter partieller oder totaler Ausschaltung unabhängiger Absatzmittler. Formen eines derartigen direkten Herstellervertriebs an den Endverbraucher sind z.b. der Versandhandel, der Haus-zu-Haus-Verkauf, sowie eigene Einzelhandelsfilialen. Während Versandhandel und Haus-zu-Haus-Verkauf relativ kostengünstige Vertriebswege darstellen, impliziert der Aufbau eines Einzelhandelsfilialnetzes insbesondere in Japan (hohe Grundstückspreise und Ladenmieten) hohe Investitionen.

Formen des direkten Vertriebs realisierten in Japan in den vergangenen Jahren, wie bereits zuvor ausgeführt, ein differenziertes Wachstum.[100] Attraktive Absatzwege stellen sie insbesondere für ausländische Hersteller dar, die auf diese Weise das komplexe japanische Distributionssystem umgehen können.[101] Die Bedeutung der Umgehungsstrategie wurde in der empirischen Untersuchung für die drei Ausprägungsformen Versandhandel, Haus-zu-Haus-Verkauf und eigene Filialen durch folgende Fragestellung erhoben:

"Welche der nachfolgend aufgeführten Absatzkanäle eröffnen Ihnen neue Opportunitäten für Ihr zukünftiges Geschäft?

(1) Haus-zu-Haus-Verkauf,
(2) Versandhandel,
(3) Direkt betriebene Filialen."

---

[98] Vgl. Kap. B, Abschn. 3.24.
[99] Vgl. Moriarty, R. T., Moran, U., Managing Hybrid Marketing Systems, a.a.O., S. 43ff.
[100] Vgl. Kap. C, Abschn. 3.33.
[101] Vgl. Sanghavi, N., Non-Store Retailing in Japan: A Huge and Potentially Lucrative Market, in: International Journal of Retail & Distribution Management, Vol. 18, No. 1, 1990, S. 19-23.

Die Ergebnisse offenbaren eine überraschend niedrige Relevanz der Umgehungsstrategie *(vgl. Abb. 82)*. Differenziert nach den drei alternativ angebotenen Formen wird dem Haus-zu-Haus-Verkauf das geringste strategische Potential eingeräumt. Ein wichtiger Beweggrund für die Ablehnung dieser Vertriebsform dürften sozio-demographische Trends sein. So erschwert der wachsende Anteil berufstätiger Frauen in Japan die Verkaufschancen für Vertreter, die ohne Voranmeldung Hausbesuche machen. Auch dem Versandhandel wird insgesamt nur ein geringes Potenital eingeräumt. Dies ist gegebenenfalls auf die Vorbehalte der in der Stichprobe repräsentierten Markenhersteller zurückzuführen. Für sie könnte der Versandhandel immer noch ein mit einem niedrigen Qualitätsimage behafteter Absatzkanal sein, dessen Irradition auf das Markenimage gefürchtet wird. Ebenso setzt auch im Versandhandel ein zunehmender Verdrängungswettbewerb ein.[102]

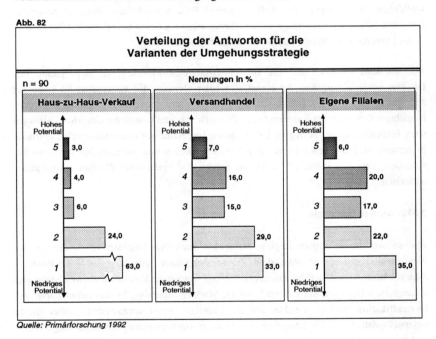

Wenngleich dem Vertrieb über eigene Filialen ein insgesamt niedriges Potential eingeräumt wird, schneidet diese Form der Umgehungsstrategie noch vergleichsweise positiv ab. Dies wird auf die (jedoch ebenfalls produktspezifisch zu beurteilenden) Chancen zurückzuführen sein, die diese Vertriebsform für den kontrollierten Aufbau eines Markenimages impliziert. Abschreckend dürften jedoch die hohen Kosten wirken.

---

[102] Vgl. Dodwell Marketing Consultants (Hrsg.), Retail Distribution in Japan, a.a.O., S. 86f.

Eine clusterspezifische Analyse der drei Formen von Umgehungsstrategien verdeutlicht zunächst, daß die Unternehmen der Cluster mit relativ hohen horizontalen Wettbewerbsvorteilen (Cluster 2 und 4) den angebotenen Alternativen durchgehend niedriges Potential einräumen.[103] Folglich fühlen sie sich offenbar in der Lage, den vertikalen Wettbewerb mit dem Handel direkt aufnehmen zu können und sehen keinerlei Notwendigkeit für eine Umgehung.

Der Zuspruch der drei übrigen Cluster variiert in Abhängigkeit von der jeweiligen Strategiealternative. Auf niedrigem Gesamtniveau wird dem Haus-zu-Haus-Verkauf von den Clustern 1 und 5 noch ein mittleres Potential eingeräumt. Den positivsten Zuspruch für den Versandhandel erteilt das wettbewerbsschwächste Cluster 3. Cluster 3 und 5 sind es schließlich, die der Option des Aufbaus eigener Filialen das höchste Potential zumessen. Immerhin 50% der Unternehmen beider Cluster sehen ein hohes bis sehr hohes Potential in dieser Form der Umgehungsstrategie für ihr künftiges Geschäft.

Abschließend ist noch auf die branchenspezifisch unterschiedliche Eignung des Direktvertriebs einzugehen. So eignet sich beispielsweise der Versandhandel kaum für Nahrungsmittel. Die Umgehungsstrategie dürfte somit tendenziell eher für Hersteller langlebiger Gebrauchsgüter geeignet sein. Zusammenfassend kommt der Umgehungsstrategie nach Einschätzung der befragten Unternehmen insgesamt nur eine unterdurchschnittliche Bedeutung zu. Dabei sehen Hersteller mit starken Marken bzw. horizontalen Wettbewerbsvorteilen geringere Potentiale in ihr als solche, die horizontale Wettbewerbsnachteile aufweisen.

3.342 Ausweichstrategie

Ebenso wie Umgehungsstrategien vermeiden auch Ausweichstrategien die direkte Konfrontation mit den Absatzmittlern. Zur Messung ihrer Bedeutung wurde die Produkt-/Markt-Matrix nach Ansoff herangezogen. Gefragt wurden die Unternehmen, welche der vier strategischen Optionen Marktdurchdringung, Markterschließung, Produktentwicklung und Diversifikation verfolgt werden, um ihr Umsatzvolumen auszuweiten. Dabei wurde unterstellt, daß nur die drei letztgenannten Optionen Ausdruck einer Ausweichstrategie bilden und geeignet sind, Abhängigkeiten von bestehenden Absatzmittlern zu reduzieren.

Gleichzeitig war jedoch anzunehmen, daß die alleinige Verfolgung einer Ausweichstrategie, wegen des mit neuen Produkten bzw. neuen Märkten verbundenen unkalkulierbaren Risikos, eher unwahrscheinlich ist, ebenso wie die ausschließliche Verfolgung einer Marktdurchdringungsstrategie in zunehmend von Sättigungstendenzen gekennzeichneten Märkten.

---

[103] Vgl. Anhang 3, Abb. 1.

Aufgrund dieser Vorüberlegungen wurden Mehrfachnennungen bei der Wahl der strategischen Optionen zugelassen.

Abb. 83

Präferenzstruktur der Hersteller hinsichtlich der Produkt-/ Marktstrategien als Indikator für Ausweichstrategien

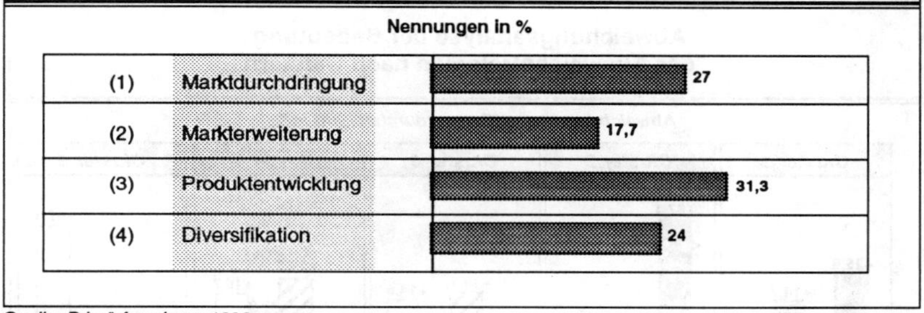

Nennungen in %

(1)	Marktdurchdringung	27
(2)	Markterweiterung	17,7
(3)	Produktentwicklung	31,3
(4)	Diversifikation	24

Quelle: Primärforschung 1992

Das Ergebnis der empirischen Erhebung ist in *Abbildung 83* dargestellt. Höchste Bedeutung als Ausweichstrategie kommt der Produktentwicklung zu - ein Ergebnis, was aufgrund der bereits herausgestellten, stark produktorientierten strategischen Ausrichtung japanischer Hersteller nicht überraschen kann. Offensichtlich besteht ein großes Vertrauen in die eigene Innovationskraft, um Wachstumspotentiale zu erschließen und Nachfragemacht auszuweichen. Gefolgt wird diese Strategie in der Präferenz der Hersteller von der Marktdurchdringungsstrategie sowie der Diversifikation als extreme Form der Ausweichstrategie. Den geringsten Zuspruch erhält die Strategie der Markterweiterung, die z. B. in der regionalen Marktausweitung bestehen kann. Dieses im Vergleich zu westlichen Unternehmen, die tendenziell erst den Weg einer regionalen Marktentwicklung vor der Neuproduktentwicklung beschreiten dürften (Z-förmiger Verlauf in der Ansoffschen Strategiematrix), überraschende Ergebnis kann darin begründet sein, daß der Aufbau eines nationalen Vertriebs in Japan traditionell schwierig ist und nur von wenigen Herstellern ein hoher und gleichmäßiger Distributionsgrad erreicht wird.

Untersucht man die Bedeutung der Ausweichstrategie in den gebildeten Wettbewerbsclustern, so verdeutlicht sich der Zusammenhang zwischen vertikaler Wettbewerbsintensität und Präferenz der Ausweichstrategie. Dies kann insofern nicht überraschen, als daß das Kriterium der Marktreife eine der Determinanten der vertikalen Wettbewerbsintensität bildet. Folglich bietet sich den Unternehmen der Cluster 1 und 2, die sich in einer Situation niedriger vertikaler Wettbewerbsintensität befinden, offenbar noch ein ausreichendes Marktpotential in angestammten Geschäftsfeldern, so daß die Marktdurchdringungsstrategie für sie die wichtigste Bedeutung besitzt *(vgl. Abb. 84)*.

Umgekehrt sehen sich die Unternehmen der Cluster 3, 4 und 5 einer hohen Nachfragemacht gegenüber, was sie eine Marktdurchdringungsstrategie ablehnen und Ausweichstrategien wählen läßt. Extrem deutlich wird dies bei Cluster 5, welches der stärksten Nachfragekonzentration gegenübersteht und folglich in der Diversifikation die beste Ausweichmöglichkeit sieht.

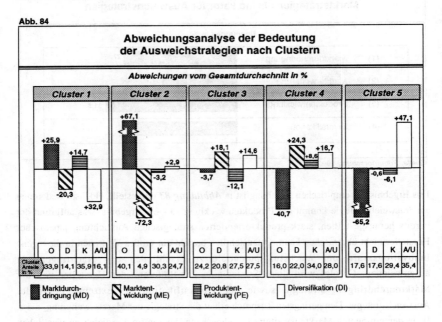

Abb. 84

3.4 Aggregierte Interpretation der Ergebnisse und Ableitung strategischer Empfehlungen

Nach der detaillierten Analyse der einzelnen Varianten vertikaler Marketing-Strategien soll nachfolgend eine zusammenfassende Ergebnisinterpretation vorgenommen werden. Dabei wird das Ziel verfolgt, distinktive Strategiemuster in Abhängigkeit von der Wettbewerbsposition der Unternehmen zu identifizieren. Darauf aufbauend soll überprüft werden, ob im Sinne des an die Industrial-Organization-Forschung angelehnten Ansatzes ein Zusammenhang zwischen Wettbewerbsposition, Ausrichtung der vertikalen Marketing-Strategie und Unternehmenserfolg festgestellt werden kann. Ließe sich ein solcher Zusammenhang nachweisen, so käme erfolgreichen vertikalen Marketing-Strategien - unter der Einschränkung des begrenzten Stichprobenumfangs der Untersuchung - der Charakter einer Orientierungshilfe für die Strategiewahl im japanischen Konsumgütermarkt in den untersuchten

Produktgruppen zu. Abschließend sollen in diesem Abschnitt Implikationen für die künftige Gestaltung von Markenstrategien in Japan abgeleitet werden.

3.41 Zusammenfassung der strategischen Entscheidungen der Hersteller

Einleitend hervorzuheben ist der signifikante Zuspruch, den kooperative strategische Grundhaltungen in Japan finden. Erst mit einigem Abstand folgt an zweiter Stelle die Wahl eines offensiven strategischen Verhaltens. Nicht zuletzt aufgrund der bislang in Japan generell starken Wettbewerbsposition der Angebotsseite finden defensive und ausstiegs- bzw. umgehungsorientierte Grundeinstellungen wenig Zuspruch.

Die übergreifende Beurteilung der Präferenzen für Strategievarianten im Rahmen der differenzierten Grundeinstellungen verdeutlicht eine Befürwortung "klassischer" vertikaler Marketing-Strategien, d. h. insbesondere von Push- und Pull-Strategien sowie den Varianten der Kooperationsstrategie *(vgl. Abb. 85)*.

Abb. 85

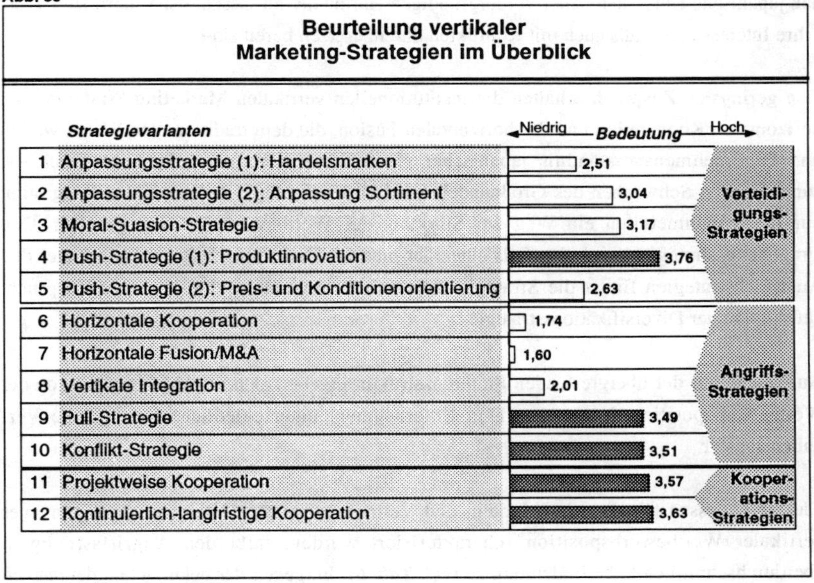

Beurteilung vertikaler Marketing-Strategien im Überblick

#	Strategievarianten	Niedrig — Bedeutung — Hoch	
1	Anpassungsstrategie (1): Handelsmarken	2,51	Verteidigungs-Strategien
2	Anpassungsstrategie (2): Anpassung Sortiment	3,04	
3	Moral-Suasion-Strategie	3,17	
4	Push-Strategie (1): Produktinnovation	3,76	
5	Push-Strategie (2): Preis- und Konditionenorientierung	2,63	
6	Horizontale Kooperation	1,74	Angriffs-Strategien
7	Horizontale Fusion/M&A	1,60	
8	Vertikale Integration	2,01	
9	Pull-Strategie	3,49	
10	Konflikt-Strategie	3,51	
11	Projektweise Kooperation	3,57	Kooperations-Strategien
12	Kontinuierlich-langfristige Kooperation	3,63	

Quelle: Primärforschung 1992

Wie im Verlauf der Analysen erkennbar geworden ist, räumen japanische Unternehmen produktorientierten vertikalen Marketing-Strategien eine hohe Präferenz ein. Explizit untersucht wurde daher die Strategie der Produktinnovation. Getestet wurde sie als Variante der Push-Strategie; sie erreichte den höchsten Zuspruch aller angebotenen Strategiealternativen. Angesichts der positiven Resonanz, die dieser Strategie insbesondere von marktstarken Unternehmen zugemessen wird, ist zu fragen, ob ihr überhaupt ein defensiver Charakter zugesprochen werden kann. Während mit laufenden Produktänderungen und -innovation Kanäle "vollgestopft" werden (und entsprechend "Push"-Charakter haben), ermöglicht der bewußte Einsatz dieser Strategie das Vermeiden von Preiskämpfen und Discountstrategien im Handel, indem die preisliche Vergleichbarkeit von Produkten aufgehoben wird. Sie nimmt damit den Charakter einer Angriffsstrategie an.

In der Rangfolge nach der produktinnovationsorientierte Push-Strategie stehen die beiden erhobenen Varianten der Kooperationsstrategie. Die kontinuierlich-langfristige Kooperationsstrategie als besondere Ausprägungsform der Kooperationsstrategie erreicht dabei nahezu den gleichen Zuspruch wie die Strategie der projektweisen Kooperation. Hohe Bedeutung kommt weiterhin der Pull-Strategie sowie der Konflikt-Strategie als Varianten der Angriffsstrategie zu. Dies entspricht dem Marketingführerschaftsanspruch der überwiegenden Zahl der befragten Hersteller. Die hohe Akzeptanz der Konfliktstrategie beweist dabei jedoch, daß japanische Hersteller - aller vordergründigen Harmonie mit Geschäftspartnern zum Trotz - ihre Interessen notfalls auch mit Konflikten durchzusetzen bereit sind.

Den geringsten Zuspruch erhalten die institutionellen vertikalen Marketing-Strategien der horizontalen Kooperation und der horizontalen Fusion, die dem traditionellen Wettbewerbs- und Unternehmensverständnis japanischer Hersteller widerstreben. Bedingt durch die zunehmenden Schwächen des Großhandels wird in der Strategie der vertikalen Integration nur in Ausnahmefällen ein Weg zur Stärkung der Wettbewerbsposition gesehen. Den Umgehungsstrategien wird ebenfalls eine eher niedrige Bedeutung beigemessen. Unter den Ausweichstrategien findet die Strategie der Produktentwicklung den höchsten Zuspruch, gefolgt von der Diversifikationsstrategie.

Aufbauend auf der übergreifenden Präferenzstruktur ergeben sich, in Abhängigkeit von der Wettbewerbsposition der untersuchten Unternehmen, unterschiedliche strategische Verhaltensmuster.

Cluster 1, dessen Objekte als "Marken- und Vertriebsschwache Unternehmen in günstiger vertikaler Wettbewerbsposition" charakterisiert wurden, mißt den Angriffsstrategien überdurchschnittlich hohe Bedeutung zu *(vgl. Tab. 6)*. Entgegen der bekundeten, defensiven strategischen Grundeinstellung erlangt unter den Verteidigungsstrategien nur die preis- und konditionen-orientierte Push-Strategie überdurchschnittliche Bedeutung. Diese Bewertung impliziert das Bestreben, durch Preisorientierung horizontale Wettbewerbsschwächen auszugleichen sowie durch horizontale oder vertikale Fusion eine langfristig verbesserte Wettbewerbsposition aufzubauen. Mit der Push-Strategie wird quasi Umsatz "gekauft", so daß sich das angewandte Strategiemuster insgesamt als **"Offensive Aufbaustrategie"** umschreiben läßt.

Die Beschreibung des strategischen Verhaltens von Cluster 2 weist wenig Probleme auf. Als "Marktführer in günstigem vertikalen Wettbewerbsumfeld" verfolgen die Unternehmen eine konsequente Angriffsstrategie mit dem Ziel des Ausbaus bzw. der Verteidigung ihrer **Marketingführerschaft.**

In einer konträren Wettbewerbslage befinden sich die Unternehmen des Clusters 3, die als "Kompetenzschwache Hersteller in schwierigem vertikalen Wettbewerbsumfeld" umschrieben wurden. Als sinnvolle strategische Optionen bleiben diesen Unternehmen nur Verteidigungsstrategien, denen entsprechend hohe Bedeutung beigemessen wird. Ausdruck ihrer kritischen Situation sind weiterhin die Präferenz für Ausweich- und Umgehungsstrategien, sowie für die horizontale Kooperation, die horizontale Fusion und die vertikale Integration. Sie streben mit diesen Varianten der Angriffsstrategie entweder den Aufbau von kritischer Masse im Vertrieb an (Großhandelsintegration), oder alternativ einen Zusammenschluß bzw. eine Anlehnung an einen starken Partner. Ein eindeutiger Zuspruch besteht weiterhin für die Varianten der Umgehungs- und Ausweichstrategien, so daß sich das gewählte Strategiemuster treffend mit dem Terminus **"Verteidigungs- und Ausstiegsstrategie"** umschreiben läßt.

Cluster 4, dessen Mitglieder als "Kompetenzstarke Hersteller in dynamischem vertikalen Wettbewerbsumfeld umschrieben wurden", weist sowohl den Angriffs- als auch den Kooperationsstrategien hohe Bedeutung zu. In der Situation wachsender Nachfragekonzentration bietet eine Kombination dieser beiden Basisstrategien die besten Möglichkeiten zur Sicherung einer langfristig erfolgreichen Wettbewerbsposition. Beschreiben läßt sich dieses Strategiemuster mit dem Begriff **"Offensive Kooperationsstrategien".**

Cluster 5 zeichnet sich abschließend durch eine (entsprechend seiner bekundeten Grundhaltung) konsequent kooperationsorientierte Strategiewahl aus. Weiter unterstützt wird dieses Verhalten durch eine Akzeptanz von Anpassungsstrategien. Damit verfolgen die Unternehmen dieses Clusters, im Gegensatz zu denen des Clusters 4, eher defensiv ausgerichtete Kooperationsstrategien. Diese Strategieselektion scheint für die Objekte dieses Clusters, die als "Vertriebsstarke in nachfragebeherrschtem Wettbewerbsumfeld" charakterisiert wurden, in hohem Maße plausibel. Durch "strategische Allianzen" auf der Basis von kontinuierlich-langfristigen Kooperationen mit dem Handel läßt sich gegebenfalls der Aufbau neuer Wettbewerbsvorteile bewirken. Zusammenfassend beschreiben läßt sich das geschilderte Strategiemuster mit dem Begriff **"Defensive Kooperationsstrategien".**

Tab. 6

Übergreifende clusterspezifische Ergebnisinterpretation (Strategiewahl)

Vertikale Marketing-Strategie	Cluster 1	Cluster 2	Cluster 3	Cluster 4	Cluster 5
Verteidigungs-Strategien					
Grundhaltung Defensiv					
Anpassungsstrategie (1): Handelsmarken	←	↗	←	↗	↗
Anpassungsstrategie (2): Sortiment, Verpackung etc.	→↘	→	←	↓	←
Moral-Suasion-Strategie	↗	→	←	↓	↘↗
Push-Strategie (1): Produktinnovation	↗	↓	↘	↓	↘↗
Push-Strategie (2): Preis- und Konditionen-Orientierung	↘	→	↗	↘	↓
Gesamtbeurteilung	Eher mittlere Bedeutung	Geringe bis keine Bedeutung	Hohe Bedeutung	Geringe Bedeutung	Mittlere bis hohe Bedeutung
Angriffs-Strategien					
Grundhaltung Offensiv					
Horizontale Kooperation	↘	←	↗	↘	↗
Horizontale Fusion/M & A	→	→	←	↘	←
Vertikale Integration	↘↗	→↘	↘↗	↘↗	↘↗
Pull-Strategie	→	→↘	↗	↘↗	↘↗
Konflikt-Strategie	→	↘↗	↓	↘↗	↓
Gesamtbeurteilung	Eher hohe Bedeutung	Hohe Bedeutung	Geringe bis mittlere Bedeutung	Mittlere bis hohe Bedeutung	Mittlere Bedeutung
Kooperations-Strategien					
Grundhaltung Kooperativ					
Projektweise Kooperation	↗	↗	↗	↘↗	←
Kontinuierlich-langfristige Kooperation	↘↗	↘↗	↘↗	↘↗	←
Gesamtbeurteilung	Geringe Bedeutung	Eher geringe Bedeutung	Geringe Bedeutung	Hohe Bedeutung	Sehr hohe Bedeutung
Umgehungs- und Ausweich-Strategien					
Grundhaltung Ausweichend/Umgehungsorientiert					
Umgehungs-Strategie	↘↗	↓	↗	↗	↗
Ausweich-Strategie	↘↗	→	←	→	←
Gesamtbeurteilung	Geringe Bedeutung	Keine Bedeutung	Hohe Bedeutung	Eher geringe Bedeutung	Hohe Bedeutung

↑ = Hohe positive Abweichung vom Mittelwert: Hohe Bedeutung   ↓ = Hohe negative Abweichung vom Mittelwert: Keine Bedeutung   ← = durchschnittliche Bedeutung
↗ = Geringe positive Abweichung vom Mittelwert: Eher bedeutsam   ↘ = Geringe negative Abweichung vom Mittelwert: Geringe Bedeutung

Die beschriebenen Strategiemuster, die von den fünf Clustern in Abhängigkeit von ihrer Wettbewerbsposition verfolgt werden, finden sich in *Abbildung 86* zusammengefaßt.

Abb. 86

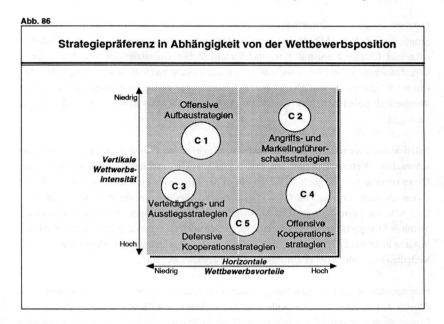

3.42 Zusammenhang zwischen Wettbewerbsposition, Strategiewahl und Erfolg

Basierend auf dem gewählten kontingenztheoretischen Ansatz dieser Arbeit, Zusammenhänge zwischen Wettbewerbsstrukturen, Wettbewerbsverhalten (Strategiewahl) und Unternehmenserfolg aufzudecken, soll nachfolgend die Erfolgsdimension untersucht werden. Zur Beurteilung des Unternehmenserfolgs werden als Indikatoren die Umsatzrendite, das Gewinnwachstum sowie das Umsatzwachstum herangezogen.[104] Beeinträchtigt werden die Analysen durch eine Begrenzung des zeitlichen Horizonts auf lediglich zwei Jahre (1989-1991).[105]

---

[104] Wie eine Analyse von Patt bezüglich der im Rahmen der Erfolgsfaktorenforschung generell (d.h. sowohl bei der Analyse von Hersteller- als auch Handelsunternehmen) verwendeten Erfolgsindikatoren ergeben hat, wird bei der Operationalisierung des Unternehmenserfolges in der Mehrzahl der Fälle auf die Kriterien Umsatzrendite, Umsatzwachstum und Eigenkapitalrendite zurückgegriffen, wobei in quantitativen Forschungsansätzen die beiden erstgenannten Kriterien dominieren. Neben diesen beiden Kriterien wird in der vorliegenden Arbeit zusätzlich das Gewinnwachstum hinzugezogen, um zwischen qualitativem (d. h. ertragsorientiertem) und quantitativem (d. h. umsatzorientiertem) Wachstum des Unternehmenserfolges differenzieren zu können. Vgl. Patt, P.J., Strategische Erfolgsfaktoren im Einzelhandel, Dissertation Münster 1988, S. 37 ff.

[105] Ursache dieses beschränkten Zeithorizonts bildet die begrenzte Verfügbarkeit von Vergleichsdaten für die in die Untersuchung einbezogenen nicht-japanischen Unternehmen.

Zudem fällt die Untersuchung in den Beginn der Rezessionsphase in Japan, so daß negative Wachstumsraten unter diesem konjunkturellen Einfluß zu interpretieren sind.

Dennoch lassen sich distinktive Unterschiede zwischen den identifizierten Unternehmensgruppen ausmachen. Mit Abstand am erfolgsreichsten, gemessen an den drei Kriterien, schneidet Cluster 2 ab, mit einer durchschnittlilchen Umsatzrendite von 5,8%, einem Umsatzwachstum von 5,6% sowie einem Gewinnrückgang von lediglich 3,5% *(vgl. Abb. 87)*. Cluster 2 beinhaltete jene Unternehmen, die aus einer vertikal wie horizontal günstigen Wettbewerbsposition heraus eine klare Angriffs- und Marketingführerschaftsstrategie verfolgen.

Polarisierend gegenüberzustellen ist die Erfolgssituation von Cluster 3. Ausgehend von einer schwachen Wettbewerbsposition erwirtschaften Unternehmen dieses Clusters eine Umsatzrendite von lediglich 2,1%, bei einem negativen Gewinnwachstum von 37,1% und einem Umsatzrückgang von 0,4%. Die kritische Wettbewerbssituation veranlaßt diese Unternehmen, Verteidigungs- oder Ausstiegsstrategien zu verfolgen. Sie sehen z.T. in einem Verbleib in angestammten Geschäftsfeldern keine ausreichenden Erfolgschancen mehr und bereiten ihren Rückzug vor, oder suchen aktiv nach Kooperations- bzw. Fusionspartnern. Ihr Verhalten kann mithin als situationskonform bezeichnet werden.

Eine überdurchschnittlich gute Erfolgssituation kennzeichnet neben Cluster 2 vor allem noch Cluster 4, mit einer Umsatzrendite von durchschnittlich 4,4% pro Unternehmen, einem Umsatzwachstum von 4,0% sowie einem Gewinnrückgang von lediglich 5,9%. Ausgehend von hohen horizontalen Wettbewerbsvorteilen, gelingt es durch Verfolgung offensiver Kooperationsstrategien, sich in einem dynamischen vertikalen Wettbewerbsumfeld erfolgreich zu behaupten. Cluster 1 und 5 schneiden abschließend leicht unterdurchschnittlich ab. Sie bemühen sich, durch offensive Aufbaustrategien bzw. defensive Kooperationsstrategien ihre jeweilige Wettbewerbsposition zu verbessern. Cluster 1 setzt mithin auf eine Push-Strategie, mit deren Hilfe zwar ein hohes Umsatzwachstum realisiert wird, die sich jedoch negativ in der Ertragslage niederschlägt. Die ebenfalls präferierte Pull-Strategie sowie die Strategien der horizontalen und der vertikalen Fusion scheinen in diesem Falle eher geeignet, langfristig die Ertragslage sowie die horizontale Wettbewerbsposition zu verbessern.

Cluster 5 erzielt in seiner von hoher Nachfragekonzentration gekennzeichneten Wettbewerbslage eine insgesamt deutlich unterdurchschnittliche Umsatzrendite. Begrenzt rückläufig sind Umsatz- und Gewinnwachstum. Das Verfolgen einer defensiven Kooperationsstrategie ist als situationskonform zu bezeichnen. Zu prüfen wäre, in Abhängigkeit von der langfristig erwarteten Marktentwicklung, ein sukzessiver Marktausstieg durch die Wahl einer Ausweich- oder Umgehungsstrategie.

Abb. 87

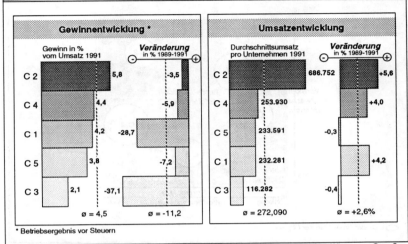

Quelle: Vgl. *Toyo Keizai* (Hrsg.), Japan Company Handbook 1992, 1st and 2nd Section, Winter, a.a.O., v.S.; derselbe, The Gaishi 300, a.a.O., S. 44-48

Betrachtet man den Zusammenhang von Wettbewerbsposition, Strategiewahl und Erfolgssituation im Überblick, so ergibt sich das in **Abbildung 88** dargestellte Bild. Cluster 2 ist mithin als überdurchschnittlich, Cluster 3 und 5 sind als unterdurchschnittlich sowie Cluster 4 und 1 als durchschnittlich erfolgreich zu bezeichnen, so daß sich eine Diagonale zwischen den Achsen des Portfolios aufspannen läßt.

Es erscheint abschließend gerechtfertigt, von einem deutlichen Zusammenhang zwischen der Wettbewerbssituation, dem strategischen Verhalten und der Erfolgssituation der betrachteten Unternehmenscluster zu sprechen. Sie lassen sich daher als strategische Gruppen bezeichnen, deren strategisches Verhalten aufgrund des begrenzten Stichprobenumfangs jedoch nicht uneingeschränkt generalisierbar ist. Sowohl für japanische als auch für nicht-japanische Hersteller, die sich innerhalb des japanischen Distributionssystems in vergleichbaren Wettbewerbssituationen befinden, können die Untersuchungsergebnisse als eine Orientierungshilfe bei der Strategiewahl dienen, die situationsspezifisch zu überprüfen und um eine sorgfältige, unternehmensindividuelle strategische Analyse zu ergänzen ist.

Abb. 88

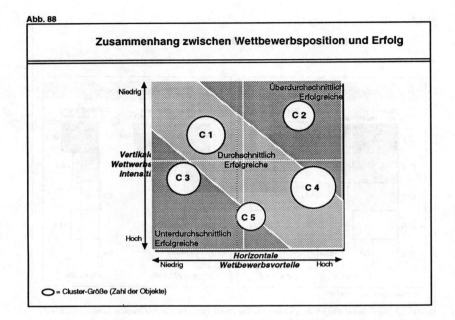

3.43 Implikationen für die Gestaltung von Markenstrategien im vertikalen Wettbewerb

Abschließend sollen, ausgehend von der Einordnung der befragten Hersteller als Markenproduzenten sowie der einleitend dargestellten, bisherigen Markenbildung in Japan und ihrer Auswirkungen auf das vertikale Marketing, Implikationen für die Gestaltung von Markenstrategien abgeleitet werden.

In Analogie zu dem in der Vergangenheit zu beobachtenden strategischen Verhalten deutet der hohe Zuspruch, den produktinnovationsorientierte vertikale Marketing-Strategien erhalten haben (sowohl als Varianten der Push- als auch der Ausweichstrateige), auf eine deutliche Kontinuität der Präferenz für Firmendachmarkenstrategien hin. Eine Beurteilung, inwieweit diese Präferenzstruktur strategisch ratsam erscheint, erfordert jedoch eine Differenzierung der Hersteller nach ihrer (gemäß Selbsteinstufung) relativen Markenstärke sowie der vertikalen Wettbewerbsintensität, der sie gegenüberstehen. Die relative Markenstärke wird dabei als isoliertes Kriterium betrachtet und aus der Aggregation unter dem Faktor "Wettbewerbsvorteile" herausgelöst. Danach läßt sich eine Zuordnung der Unternehmenscluster gemäß *Abbildung 89* treffen.

Abb. 89

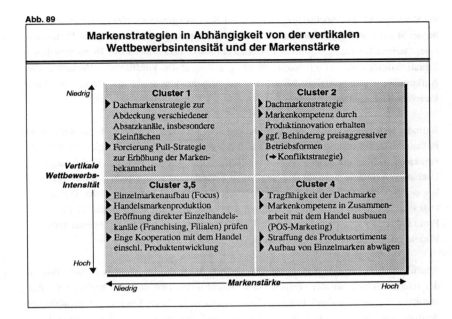

Die Implikationen für die Gestaltung von Markenstrategien im vertikalen Wettbewerb lassen sich entsprechend in vier Situationsfelder unterteilen:

Hersteller, die sich einer gering ausgeprägten vertikalen Wettbewerbsintensität gegenüber sehen (insbesondere einem schwachen, traditionellen und fragmentierten Einzelhandel), deren Markenstärke jedoch als relativ schwach einzustufen ist, sollten durch eine Forcierung des Werbeaufwandes eine Erhöhung ihrer Markenbekanntheit sowie eine Verbesserung ihres Markenimages durchsetzen (Pull-Strategie), um ihre Markenstärke nachhaltig zu erhöhen. Exemplarisch dargestellt wird diese Strategie durch Cluster 1. Zur Abdeckung fragmentierter Absatzkanäle bietet sich insbesondere die Dachmarkenstrategie an, die eine Konzentration von Ressourcen zur Umsetzung der Pull-Strategie ermöglicht. Dem Ausbau der Markenstärke ist in dieser Situation als strategisches Ziel Priorität vor der Einführung von Produktinnovationen einzuräumen, um in eine strategisch ähnlich günstige Position zu kommen wie die Unternehmen des Clusters 2.

Läßt sich die Situation des Herstellers hingegen durch eine hohe Markenbekanntheit und -kompetenz bei niedriger vertikaler Wettbewerbsintensität charakterisieren (Cluster 2), so steht die Erhaltung der Markenkraft durch Stärkung der Produktkompetenz mittels Innovation im Vordergrund. Die höchsten Synergien und Kostendegressionseffekte, bei gleichzeitig breiter Marktabdeckung durch Lancierung von Nischenprodukten, ermöglicht die Verfolgung einer Dachmarkenstrategie. Aus einer Position der Stärke heraus bietet sich Herstellern dieses Situationsfeldes die Möglichkeit, durch gegebenenfalls konfliktäres Verhalten das Aufkommen preisaggressiver Betriebsformen zu behindern sowie die Marke vor einem Preisverfall zu schützen.

Befindet sich ein Hersteller in der Situation, über eine relativ starke Marke mit hohem Bekanntheitsgrad und positivem Image zu verfügen, jedoch zunehmend einem intensiven vertikalen Wettbewerb ausgesetzt zu sein (Cluster 4), so wäre im Falle der Verfolgung einer Dachmarkenstrategie diese auf ihre langfristige Tragfähigkeit zu überprüfen. Dabei stellt sich bei der Belieferung moderner Betriebsformen die Frage, ob die unter der Dachmarke angesiedelten Einzelprodukte tatsächlich eine ausreichende Umschlagshäufigkeit und Profitabilität für den Handel erwirtschaften. Gegebenenfalls könnte der Aufbau seperater Einzelmarken eine Stärkung der vertikalen Wettbewerbsposition bewirken.

Abschließend zu behandeln ist die aus Herstellersicht ungünstige Wettbewerbssituation, in der relative Schwächen der eigenen Marke festzustellen sind und gleichzeitig ein hoher vertikaler Wettbewerbsdruck besteht (Cluster 3 und 5). In dieser Situation ist ebenfalls der Aufbau von Einzelmarken zu überprüfen, die gegebenenfalls durch spezifische Zielgruppenansprache und damit Markenanziehungskraft eher einen "sicheren" Regalplatz erobern können, als eine Dachmarke. Da der Aufbau mehrerer Einzelmarken sehr kostspielig ist, wäre bei Produktlinien, die nur eine geringe Kompetenz (im Sinne von Produktvorteilen und Kundennutzen) aufweisen, die Umstellung auf die Produktion von Handelsmarken abzuwägen. In jedem Fall ist eine enge Zusammenarbeit mit dem Handel zu suchen, um langfristig Wettbewerbsvorteile (z. B. als kostengünstiger Anbieter oder Logistikpartner) aufzubauen. Alternativ wäre der Aufbau eines eigenen Direktvertriebsnetzes (auf Franchise- oder Filialbasis) zu prüfen, der jedoch aus Kostengründen das Verfolgen einer Nischenstrategie impliziert und nicht für alle Produktgruppen geeignet ist (so z. B. für den Vertrieb von Produkten aus dem Nahrungsmittel-Trockensortiment).

Zusammenfassend ist festzustellen, daß das entwickelte Modell zur Klassifikation distinktiver Wettbewerbssituationen sowohl zur übergreifenden Ableitung vertikaler Marketing-Strategien herangezogen werden kann, als auch zur Diskussion und Beurteilung markenpolitischer Optionen im vertikalen Wettbewerb geeignet erscheint.

4. Ausgestaltung der Instrumental-Strategien im vertikalen Marketing

Die Ausgestaltung der Instrumentalstrategien baut auf einer Auswahl der Basisstrategien im vertikalen Marketing auf, die oben eingehend diskutiert wurden. Die dabei in Abhängigkeit von der vertikalen Wettbewerbssituation sowie den horizontalen Wettbewerbsvorteilen identifizierten strategischen Verhaltensmuster sind im folgenden auf eine Konsistenz mit den Strategien der Instrumentalebene zu überprüfen. Unterschieden werden die Instrumente der Selektions-, Akquisitions- und Motivations- sowie der Koordinationsstrategie.[106] Dabei werden sekundärstatistische Informationen in die Untersuchung mitaufgenommen, neben der Interpretation der Ergebnisse der Primärbefragung.

4.1 Instrumente der Selektionsstrategie

4.11 Vertikale Selektion

Die vertikale Absatzmittlerselektion, insbesondere die Festlegung der Zahl der einzuschaltenden Stufen (d. h. der Absatzkanallänge) sollte sich an den Erkenntnissen in Kapitel D orientieren. Darin war sowohl übergreifend als auch in ausgewählten Produktgruppen eine tendenzielle Verkürzung der Absatzkanäle in Japan festgestellt worden.

Basisentscheidung der vertikalen Selektion bildet die Wahl zwischen direktem Vertrieb an den Endabnehmer unter Verwendung herstellereigener Distributionsorgane und dem indirekten Vertrieb. Die wesentlichen Formen des direkten Vertriebs wurden bereits unter den Umgehungsstrategien untersucht, und werden im folgenden nicht näher behandelt. Von Interesse sind hingegen Entscheidungskriterien für die Strukturierung des indirekten Vertriebs in Japan, und insbesondere der Einschaltung des Großhandels. Als Kriterien lassen sich heranziehen:[107]

- Funktionsverteilungsziele und Transaktionskostengesichtspunkte
- die geographische Streuung des Einzelhandels
- die präferierten Bezugswege des Einzelhandels.

Die Einschaltung des Großhandels, die sich naturgemäß auf die Endverbraucherpreisstellung auswirkt, kann unter Funktionsverteilungs- und Transaktionskostengesichtspunkten sinnvoll sein, sofern keine Schlüsselfunktionen des Wertschöpfungssystems betroffen sind. Ein Beispiel bildet die Externalisierung der Transport- und Lagerlogistik oder auch die Abwälzung von Delkredere-Risiken, sofern eine Vielzahl von Kleinhändlern beliefert wird.

---

[106] Vgl. Kap. B, Abschn. 3.3.
[107] Vgl. JETRO (Hrsg.), Sales Promotion in the Japanese Market, a.a.O., S. 3ff.

Insbesondere wenn ein nationaler Vertrieb bzw. flächendeckender Distributionsgrad angestrebt wird, impliziert die geographische Struktur Japans zwangsläufig die Einschaltung des Großhandels. Ausnahmen bilden lediglich marktstarke Hersteller, die über eine ausreichende "kritische Umsatzmasse" verfügen und eigene Verkaufsgesellschaften unterhalten (z.B. Matsushita, Sony, Shiseido).

Weiterhin ist auf die unterschiedlichen Belieferungssysteme für klein- und großflächige Einzelhandelsbetriebe hinzuweisen, die bereits beschrieben wurden.[108] Während traditionelle Kleinflächen die Unterstützung von Herstellern und Großhändlern zur Nutzung von Informationssystemen, Verbesserung des Regalmanagements etc. benötigen, schreiben moderne Betriebsformen Lieferrythmen, Regalplatz etc. genau vor. Für den Hersteller von Markenartikeln empfiehlt es sich i.d.R., den Schwerpunkt der vertikalen Marketing-Strategie auf moderne Betriebsformen (z.B. Convenience Stores und Supermärkte) zu legen und möglichst direkte Lieferbeziehungen aufzubauen, um eine konsequente Umsetzung der Markenstrategie durch Kooperation sicherzustellen.

Die Tendenz zu kürzeren Absatzkanälen spiegelt sich auch in den Präferenzen der identifizierten strategischen Gruppen wider *(vgl. Abb. 90)*. Danach beabsichtigen insbesondere die Hersteller mit relativ hohen horizontalen Wettbewerbsvorteilen (Cluster 2 und 4), ihren Vertrieb künftig überwiegend unter Umgehung des Großhandels abzuwickeln. Dies entspricht den offensiven strategischen Grundhaltungen der Cluster 2 und 4. Bei Cluster 5 hingegen dürfte mit der erwarteten Strukturierung der Absatzkanäle die Einsicht verbunden sein, daß man sich der Nachfragekonzentration nicht entziehen kann und daher Vorteile in einer engen Kooperation mit dem Handel sieht. Cluster 1 und 3 werden weiterhin relativ stark mit dem Großhandel zusammenarbeiten.

Während für Cluster 1 diese Absatzkanalstrukturierung aufgrund einer geringen vertikalen Wettbewerbsintensität keine Nachteile mit sich bringen muß, impliziert die Selektionsstrategie der Unternehmen aus Cluster 3 eine anhaltend schwache Absatzkanalkontrolle. Für Unternehmen dieses Clusters wäre eine direkte Kooperation mit dem Einzelhandel empfehlenswerter.

---

[108] Vgl. Kap. C, Abschn. 3.3.

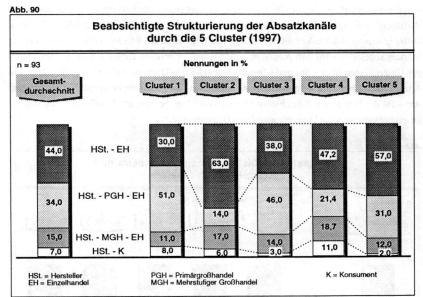

4.12 Horizontale Selektion

Im Hinblick auf die horizontale Strukturierung der Absatzkanäle in Japan sind insbesondere Entscheidungen über die zu beliefernden Betriebsformen sowie den anzustrebenden Distributionsgrad von Interesse. Die Auswahl der Betriebsformen kann sich dabei an den Ausführungen in Kapitel C orientieren, wobei insbesondere das Wachstumspotential, das Image beim Verbraucher sowie die Beschaffungs- und Marketingpolitik der einzelnen Betriebsformen zu berücksichtigen sind. Von besonderem Interesse ist auch die Betriebsformenwahl der Hauptwettbewerber. So haben z.B. Neuproduktplazierungen in Convenience-Stores Signalwirkung für den gesamten Lebensmitteleinzelhandel, so daß Wettbewerber bemüht sind, Pioniervorteile durch schnellstmögliche Lancierung eines vergleichbaren oder besseren Produktes in der gleichen Betriebsform auszugleichen. Für Markenhersteller ist die Präsenz in Convenience-Stores, die über die größten Filialnetze verfügen, aus Visibilitätsgründen erforderlich, um eine nationale Präsenz zu erreichen.

Die Wahl der Betriebsformen wirkt sich auf den erreichbaren Distributionsgrad aus. Wie die Ergebnisse der Primärbefragung verdeutlichen, verfolgt die Mehrzahl der befragten Hersteller eine intensive Distribution *(vgl. Abb. 91)*. Auch die einzelnen Strategiecluster verfolgen vorrangig einen intensiven Distributionsgrad. Lediglich Cluster 2 und 4, die über hohe horizontale Wettbewerbsvorteile und ein entsprechendes Marketingführerschaftspotential verfügen, verfolgen in relativ hohem Umfang eine exklusive Distribution, die eine Differenzierung des Markenauftritts ermöglicht und vor allem von Herstellern hochpreisiger Marken angestrebt wird. Mit Ausnahme von Cluster 2 verfolgen zudem jeweils ca. ein Viertel der Unternehmen in den übrigen Clustern eine selektive Distribution, und bemühen sich, die Anzahl ihrer Absatzmittler quantitativ zu begrenzen. Sie verfolgen entsprechend eine engere Auswahl der belieferten Betriebsformen, und verzichten bewußt auf Kanäle, die sich negativ ihr eigenes Image auswirken könnten (z.B. Discounter).

Abb. 91

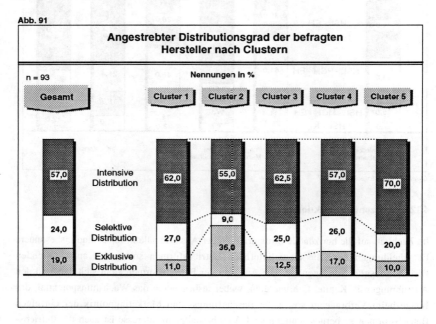

Zusammenfassend ist bezüglich der Selektionsinstrumente im vertikalen Marketing zu betonen, daß die aktive Absatzmittlerselektion ein vorhandenes Marketingführerschaftspotential bzw. eine Produkt- und Markenanziehungskraft voraussetzt. Für die Mehrzahl der Hersteller in Japan dürfte jedoch künftig, wie bereits dargestellt, die Situation der Nachfragemacht eintreten. In dieser Situation drängt sich die Aufgabe der Akquisition und Motivation "erwünschter" Absatzmittler in den Vordergrund.

4.2 Instrumente der Akquisitions- und Motivationsstrategie

Nachfolgend werden als Instrumente der Akquisitions- und Motivationsstrategie preis- und konditionenpolitische, produktpolitische, kommunikationspolitische sowie logistik- und servicepolitische Anreize differenziert.[109] Eine weitergehende Systematisierung ermöglicht die Unterscheidung in (primär push-orientierte) Instrumente zum "Hineinverkaufen" in den Handel, und (primär pull-orientierte) Instrumente, die das "Herausverkaufen" aus dem Handel fördern *(vgl. Abb. 92)*.[110]

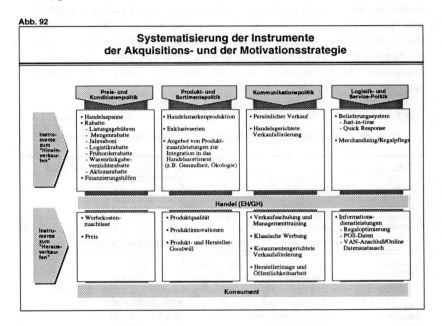

Abb. 92: Systematisierung der Instrumente der Akquisitions- und der Motivationsstrategie

Vor einer Diskussion der einzelnen, monetären und nicht-monetären Anreize zur Präferenzbildung im japanischen Handel soll zunächst eine übergreifende Beurteilung der Bedeutung ausgewählter Instrumente auf der Basis der Primärbefragung vorgenommen werden.

---

109 Vgl. Rosenbloom, B., Marketing Channels, a.a.O., S. 277ff.
110 Instrumente zum "Hineinverkaufen" sind primär auf die Stimulierung der Entscheider im Handel ausgerichtet und implizieren ein eher anpassendes oder kooperatives Verhalten. Demgegenüber stehen die Instrumente zum "Hinausverkaufen" dem endverbrauchergerichteten Marketing nahe, bzw. überschneiden sich mit diesen. Sie implizieren ein eher offensives Verhalten. Die Begriffswahl lehnt sich an Irrgang an. Vgl. Irrgang, W., Strategien im vertikalen Marketing, a.a.O., S. 83.

4.21 Präferenzstruktur der Hersteller für den Einsatz ausgewählter Akquisitions- und Motivationsinstrumente

Im Rahmen der Primärerhebung wurden die Hersteller befragt, welche Bedeutung für sie ausgewählte Instrumente der genannten vier Kategorien zur Stimulation des Umsatzes in ihren Absatzkanälen haben. Wie die Ergebnisse zeigen, wird die höchste Bedeutung den Instrumenten Regalpflege/Merchandising sowie Informationsdienstleistungen zugesprochen *(vgl. Abb. 93)*. Offenbar wird der Lieferung relevanter Produkt-, Abverkaufs- und Wettbewerbsinformationen das höchste akquisitorische Potential zugemessen, gefolgt von dem Angebot zur Funktionsübernahme für den Handel im Bereich der Regalpflege. Das Merchandising bietet direkten Kontakt zum "Point of Sale" und kann sowohl zur Stabilisierung von Handelsbeziehungen als auch zur Informationsgewinnung genutzt werden. Den genannten beiden Instrumenten folgen Werbekostenzuschüsse und die "Just-in-time"-Belieferung als weitere präferierte Anreizkomponenten.

Abb. 93

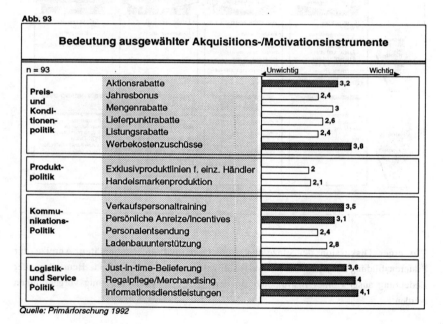

Quelle: Primärforschung 1992

Während Werbekostenzuschüsse die aktive Einbindung des Handels in die Kommunikationspolitik des Herstellers bewirken, reagieren die Hersteller mit dem Einsatz der "Just-in-time"-Belieferungstechnik auf den zentralen Engpaß im japanischen Handel durch Unterstützung bei der Reduktion von Lager- und Vorratsbeständen.

Auffällig ist, daß den verschiedenen Formen der Rabattpolitik insgesamt geringere Bedeutung beigemessen wird, als der Übernahme von Funktionen für den Handel. Dies kann zum einen an der noch nicht sehr weit fortgeschrittenen Nachfragekonzentration in vielen Konsumgüterbranchen in Japan liegen, zum anderen aber auch mit der natürlichen Abneigung der Hersteller gegenüber dem Einsatz margenreduzierender monetärer Anreize zusammenhängen. Näheren Aufschluß über die Ursachen dieser Präferenzstrukturen ermöglicht die Analyse der strategischen Gruppen.

Zu fragen ist, ob die Wettbewerbsposition einen maßgeblichen Einfluß auf die Bedeutung einzelner Anreizinstrumente hat.

Die Analyseergebnisse bestätigen diese Vermutung.[111] Deutlich wird, daß **monetäre Anreize**, insbesondere Aktionsrabatte, Mengenrabatte und Listungsgebühren, eine hohe Bedeutung für die Unternehmen jener Cluster haben, die durch eine schwache horizontale Wettbewerbsposition gekennzeichnet sind (Cluster 1 und 3, und mit Einschränkungen, Cluster 5). Demgegenüber räumen Cluster mit einer starken horizontalen Wettbewerbsposition (Cluster 2 und 4) monetären Instrumenten, mit Ausnahme von Werbekostenzuschüssen, eine insgesamt geringe Bedeutung ein.

Produktpolitische Anreize sind in stärkerem Umfang von der vertikalen Wettbewerbsintensität abhängig, als von den horizontalen Wettbewerbsvorteilen. So weisen die Cluster 3, 4 und 5, die in einem kritischen vertikalen Wettbewerbsumfeld arbeiten, eine überdurchschnittliche Bereitschaft zur Anpassung ihrer Produktpolitik und Produktion von Handelsmarken auf. Dabei zu berücksichtigen ist allerdings das niedrige Gesamtdurchschnittsniveau.

Kommunikationspolitische Instrumente, wie die Unterstützung des Einzelhandelsverkaufs durch Schulungsmaßnahmen, Personalentsendung oder Ladenbauberatung, werden insbesondere von Cluster 2 präferiert. Als Marketingführern in hervorragender Wettbewerbsposition sind die Hersteller dieses Clusters in der Lage, deutlichen Einfluß auf originäre Handelsfunktionsbereiche auszuüben und ein umfassendes und eher anspruchsvolles Instrumentarium zur Handelsstimulation einzusetzen. Dabei dürfte die enge Anbindung von Handelsbetrieben eine wesentliche Voraussetzung bilden. Dieser Befund wird durch die hohe Bedeutung des Exklusivvertriebes für die Unternehmen dieses Clusters bestätigt.[112] Neben Cluster 2 bewertet auch Cluster 5 die genannten Optionen der Kommunikationspolitik überdurchschnittlich positiv. Hierin werden abermals die Stärken, die Unternehmen dieses Clusters im Vertrieb besitzen, deutlich. Persönliche Geschenkleistungen und Incentives, die einen Bestandteil des persönlichen Verkaufs im Rahmen der Kommunikationspolitik bilden,

---

111 Vgl. zu den nachfolgenden Ausführungen Anhang 3, Tab. 5.
112 Vgl. Kap. E, Abschn. 4.21.

werden ebenfalls von Herstellern bevorzugt, die über ausreichende horizontale Wettbewerbsvorteile verfügen. Dazu gehören auch die Unternehmen des Clusters 4.

Unternehmen mit relativ hohen horizontalen Wettbewerbsvorteilen messen zudem **logistik- und servicepolitischen Maßnahmen** eine hohe Bedeutung zu. Sie verfügen über eine ausreichende Wettbewerbsstärke, um sich durch "Just-in-time"-Belieferung sowie Informationssysteme gegenüber dem Handel zu profilieren, die von diesem zunehmend zur Listung vorausgesetzt werden.

Zusammenfassend wird deutlich, daß die Präferenz monetärer oder nicht-monetärer Anreize zur Akquisition und Motivation von Absatzmittlern durch die Wettbewerbsposition des einzelnen Herstellers bedingt wird.

4.22 Preis- und konditionenpolitische Anreize

4.221 Preissetzung und Handelsspannendefinition

Preis- und konditionenpolitischen Anreizen, insbesondere der Preissetzung und Handelsspannendefinition, kommt auch innerhalb der japanischen Distribution eine Schlüsselrolle zur Akquisition und Motivation der Absatzmittler zu.

Die generelle Empfehlung für den japanischen Markt, eine strikt wettbewerbsorientierte **Preissetzung** zu verfolgen,[113] ist jedoch differenziert zu betrachten. Japanische Wettbewerber verhalten sich unterschiedlich in jungen, wachsenden Märkten und in stagnierenden, reifen Märkten. So werden in wachsenden Märkten für Neuprodukte teilkosten- bzw. wettbewerbsorientierte Preise mit dem Ziel vorgezogen,[114] über dem Marktdurchschnitt zu wachsen und in kürzester Zeit einen dominierenden Marktanteil zu erreichen.[115] In reifen Märkten sind in Japan bislang selten Niedrigpreisstrategien zu beobachten, die auf Initiativen der Angebotsseite zurückzuführen sind.[116] Dies gilt insbesondere für Märkte mit gefestigten und konzentrierten Angebotsstrukturen. Dominierende Anbieter versuchen in dieser Situation, die Preispolitik der Absatzmittler durch eine Kombination von Warenrücknahmesystem, Rabattpolitik und Produktdifferenzierung stabil zu halten.

Die wesentliche Preisdynamik geht in Zukunft hingegen von großflächigen und modernen Betriebsformen aus, die etablierte Handelsstrukturen und -praktiken ignorieren, und die geschilderten Veränderungen im Konsumverhalten (insbesondere die gestiegene Preis-

---

113 Vgl. JETRO (Hrsg.), Sales Promotion, a.a.O., S. 5f.
114 Vgl. Schneidewind, D., Erfolgreiches Marketing in Japan, a.a.O., S. 28f.
115 Vgl Abegglen, J.C., Stalk, G., Kaisha, a.a.O.,S. 42ff.
116 Vgl. Heidecker, T., Erschließung und Bearbeitung des japanischen Absatzmarktes, a.a.O., S. 363.

sensitivität) aufgreifen. Neben horizontale Wettbewerbsfaktoren treten folglich vertikale Wettbewerbseinflüsse. Dieser Befund entspricht den Ergebnissen der vertikalen Distributionsanalyse, in der von einem Verlust der Preisdominanz der Hersteller ausgegangen wird.[117] In Marktkonstellationen mit wachsender Nachfragemacht bieten sich dem Hersteller zwei Optionen: Durch Produktinnovationen und Umgehung preisaggressiver Betriebsformen das Preisniveau konstant hoch zu halten, oder bewußt mit dem Handel zu kooperieren und dessen Preispolitik zu unterstützen. Während die erstgenannte Form der Preispolitik einer konsequenten Markenstrategie durch Erlangung der Differenzierungsführerschaft entspricht und ein hohes Marketingführerschaftspotential voraussetzt, impliziert eine Niedrigpreispolitik die Kostenführerschaft und gegebenenfalls Zusammenarbeit mit dem Handel bis hin zur Handelsmarkenproduktion.

Orientierungshilfen für die **Festlegung von Groß- und Einzelhandelsspannen** wurden für ausgewählte Produktgruppen bereits in Kapitel D gegeben. Ausgehend von den oben genannten preispolitischen Optionen sollte die Definition der Einzelhandelsspanne unter Berücksichtigung strategischer Funktionsverteilungsziele erfolgen (z.B. Übernahme von Einzelhandelsfunktionen, um einem langfristigen Margenverfall vorzubeugen). Demgegenüber kann die Großhandelsspanne (insbesondere in Branchen mit sinkender Bedeutung des Großhandels) allein an Transaktionskostenvergleichen (Delegation vs. Integration) ausgerichtet werden.[118] Im Einzelfall ist zusätzlich zu berücksichtigen, inwieweit der Großhandel auf der Einzelhandelsebene über einen Kundenbesitz verfügt, der für den Hersteller von Interesse ist.[119]

Zusammenfassend sind sowohl bei der Preissetzung als auch bei der Handelsspannendefinition künftig, neben horizontalen Wettbewerbskriterien, Aspekte der vertikalen Wettbewerbsstrategie zu berücksichtigen. Dabei sollte die beabsichtigte Form der Zusammenarbeit mit dem Einzelhandel am Ausgangspunkt der Überlegungen stehen.

4.222 Rabattsysteme

Die Rabattpolitik dient der Feinsteuerung der Handelsspanne. Ausgeprägte und z.T. sehr komplexe Rabattsysteme stellen eine der spezifischen Eigenschaften des japanischen Distributionssystems dar, die bereits unter wettbewerbsrechtlichen Aspekten betrachtet wurde.[120] Die Einsatzmöglichkeiten bzw. -notwendigkeiten verschiedener Rabattarten

---

[117] Vgl. Kap. D, Abschn. 3.1.
[118] Vgl. JETRO (Hrsg.), Selling in Japan, a.a.O., S. 6; March, M. H., Honourable Customers: Marketing and Selling to the Japanese in the 1990s, a.a.O., S. 115.
[119] Vgl. JETRO (Hrsg.), Selling in Japan, a.a.O.
[120] Vgl. Kap. C, Abschn. 2.1131.

werden, wie bereits angedeutet, von der Wettbewerbsposition, in der sich ein Hersteller befindet, determiniert:[121]

- Durch *Werbekostenzuschüsse* trägt der Hersteller Teile der Handelswerbung, wobei der Handel konkrete Gegenleistungen zu erbringen hat (z.B. Verwendung von Markennamen). Ihnen wird, wie die Ergebnisse der Primärbefragung zeigen, die im Vergleich zu anderen Rabattarten höchste Bedeutung als Anreizinstrument für den Handel eingeräumt. Sie ermöglichen die Durchsetzung eines Marketingführerschaftsanspruchs und werden von Herstellern bevorzugt eingesetzt, die sich in einer günstigen Wettbewerbslage befinden (Cluster 2 und 4).

- *Jahresboni* zählen in Japan mittlerweile zu den Besitzständen des Handels, die kaum zu kürzen sind und denen keine zusätzlichen Leistungen gegenüberstehen.[122] Als Stimulationsinstrument besitzen sie eine mittlere Bedeutung. Insbesondere Hersteller, die über geringe horizontale Wettbewerbsvorteile verfügen (Cluster 1 und 3), erachten den Jahresbonus als einen überdurchschnittlich wichtigen Anreiz.

- Gleiches gilt prinzipiell für *Aktions-, Mengen- und Listungsrabatte*, mit denen Marktanteile durch Sonderangebote stabilisiert bzw. ausgebaut werden sollen, bzw. Regalplatz erkauft wird. Ihr Einsatz wird ebenfalls von Herstellern präferiert, deren Marken und Produkte im Wettbewerbsvergleich eine geringe Anziehungskraft ausstrahlen und daher in den Handel hineinverkauft werden müssen. Von vergleichsweise geringer Bedeutung sind bislang noch Listungsrabatte. Offenbar ist der japanische Einzelhandel bislang nur begrenzt in der Lage, für die Listung von Produkten Geldforderungen zu erheben.

- Rabatte, die eine optimale Funktionsaufteilung in der Transportlogistik zum Ziel haben (z.B. Bezugspunktrabatte, Palettenrabatte), spielen in Japan aus Herstellersicht bislang noch eine eher unterdurchschnittliche Rolle. Insbesondere *Palettenrabatte* sind aufgrund der mangelnden Lagerkapazität auf der Ebene des Einzelhandels nahezu unbekannt. Bedeutender sind *Bezugspunktrabatte*, wenngleich bislang nur die größten Einzelhandelsunternehmen den Ausbau von Distributionszentren und die Rationalisierung der Logistik vorantreiben. Sie finden folglich bei jenen Herstellern einen überdurchschnittliche Zuspruch, die einer hohen vertikalen Wettbewerbsintensität ausgesetzt sind und primär mit Filialisten zusammenarbeiten. Aufgrund ihrer horizontalen Wettbewerbsvorteile sind diese Hersteller in der Lage, die Logistik mit dem Handel aktiv zu gestalten (Cluster 4 und 5). Die Vorteile einer Distributions-

---

[121] Vgl. Anhang 3, Tab. 5.
[122] Vgl. Business Intercommunications (Hrsg.), Distribution Systems in Japan, a.a.O., S. 26f.

punktzentralisierung könnten sich künftig vorallem in einer Schmälerung der Großhandelsspannen niederschlagen.

- *Frühorderrabatte*, zählen in Japan zu den jüngeren Erscheinungsformen von Rabatten. Sie stellen eine Forderung des Einzelhandels dar und werden z.B. in der Spielwarenbranche angewandt. So hat z.B. Toys-R-Us ein Frühordersystem eingeführt, um Konditionennachlässe von den Herstellern, deren Dispositionsrisiko minimiert wird, zu erzielen.[123] Ihnen kann in Branchen, die von hohen Vorlaufzeiten der Produktion geprägt sind, wachsende Bedeutung zugemessen werden.

- *Warenrückgabeverzichtsrabatte* wurden ursprünglich von Herstellern vergütet, die mit einem hohen Warenrücklaufrisiko konfrontiert waren (z.B. Bekleidung, saisonale Körperpflegeartikel). Heute werden derartige Rabatte jedoch von innovativen Einzelhändlern, wie z.B. Ito-Yokado gefordert, die über eine zunehmend exakte Abverkaufsplanung verfügen und auf Warenrückgaben verzichten können.[124] Auch bei dieser Rabattart ist mit einer wachsenden Verbreitung zu rechnen.

- *"Madame"-Rabatte* stellen abschließend eine japanspezifische Rabattart dar, die die Bedeutung der Pflege persönlicher Beziehungen in der japanischen Distribution verdeutlicht.[125] Sie werden den Gattinnen der Einzelhandelsgeschäftsführer bzw. Filialleiter in Form monetärer oder nicht-monetärer Geschenke übereignet und haben den Charakter eines persönlichen Jahresbonus.

Die Höhe von Rabatten schwankt generell je Rabattart zwischen 2 und 3% vom Verkaufspreis, jedoch können Fälle von 10% oder mehr auftreten.[126] Sie werden entweder auf Monats-, Quartals-, Halbjahres- oder Jahresbasis ausgezahlt.[127] Im Rahmen der Rabattpolitik gegenüber dem Großhandel ist darauf hinzuweisen, daß häufig mehrere Marken durch einen Großhändler parallel vertrieben werden und folglich jene Marken bevorzugt unterstützt werden, die die höchsten Rabatte gewähren.[128] Hier besteht die latente Gefahr von Rabattkriegen, so daß verstärkt nicht-monetäre Anreize zur Motivation eingesetzt werden sollten.

---

123   Vgl. Morishita, K., Otake, K., Toys R Us Forces New Game Plan in Japan, a.a.O.; Dodwell Marketing Consultants (Hrsg.), Retail Distribution in Japan, a.a.O., S. 146.
124   Vgl. Interview mit M. Kagamiyama, General Manager, Ito-Yokado, am 15. Dezember 1992.
125   Vgl. Business Intercommunications (Hrsg.), Distribution Systems in Japan, a.a.O., S. 28.
126   Vgl. ebenda;. Mizuzani, E., How to sell to Japan, in: Management Tokyo, No. 11, Tokyo 1974, S. 93-96; JETRO (Hrsg.), Sales Promotion in the Japanese Market, a.a.O., S. 6ff.
127   Vgl. Business Intercommunications (Hrsg.), Distribution Systems in Japan, a.a.O.
128   Vgl. Mizuzani, E., How to sell to Japan, a.a.O., S. 96; Ross, R. E., Überblick über das japanische Distributionssystem, in: Die Betriebswirtschaft, 42. Jg., 1982, S. 51. Heidecker, T., Erschließung und Bearbeitung des japanischen Absatzmarktes, a.a.O., S. 364.

Zusammenfassend läßt sich als Trend in Japan ausmachen, daß die Ausgestaltung von Rabattsystemen zunehmend von den Präferenzen des Einzelhandels determiniert wird. Während Hersteller in einer günstigen Wettbewerbsposition monetäre Anreize selektiv einsetzen und Gegenleistungen einfordern können, verwenden Hersteller in einer schwächeren horizontalen Wettbewerbsposition ein breites Spektrum von Instrumenten, mit denen tendenziell eine Anpassung an den Handel erfolgt.

4.23 Produktpolitische Anreize

4.231 Produkt- und Sortimentsgestaltung

Die Produkt- und Sortimentsgestaltung verfolgt im vertikalen Marketing das Ziel, eine Verringerung der Austauschbarkeit im Handel aufzubauen.[129] Ansatzpunkte dazu bieten z.B.:

- Produktinnovationen,
- Aufbau eines Produkt-, Marken- und Hersteller-Goodwills,
- Produktion von Sonderserien,
- Handelsmarkenproduktion.

Die strategische Bedeutung der **Produktinnovation** im vertikalen Marketing in Japan sowie die Interdependenzen zum Aufbau eines **Marken-, Produkt- oder Hersteller-Goodwills** als Gegenstand der Markenbildung wurden bereits diskutiert.[130] An dieser Stelle ist zusätzlich anzumerken, daß seitens des japanischen Handels ein grundsätzlich hohes Interesse an Neuprodukten besteht, da sie die Basis für ein Umsatzwachstum auf bestehenden Flächen bilden. Die Bereitschaft zur testweisen Aufnahme von Neuprodukten wird als deutlich höher eingeschätzt als z. B. in Europa.[131] Dies bestätigt sich in dem Bemühen des Einzelhandels, die Hersteller bei der Generierung von Produktideen aktiv zu unterstützen.[132]

Die Unterstützung des Handels in seiner Marketingpolitik impliziert entweder eine beim Konsumenten akzeptierte Führerschaft als Anbieter differenzierter Produkte oder aber eine enge Kooperation mit dem Handel, die bis hin zur **Produktion von Sonderserien** für

---

[129] Die in der Literatur häufig zitierte Produktqualität als Voraussetzung für den Markterfolg in Japan kann für japanische Unternehmen als selbstverständlich angesehen werden. Ihr ist entsprechend keine Bedeutung zur Stimulierung des Handels beizumessen. Als Anforderungen an die Produktqualität in Japan nennt z.B. Meid: Perfektion bezüglich Funktionssicherheit, Betriebssicherheit, Garantie- und Reparaturleistungen; "Sauberkeit" und Ästhetik bei Verpackung, Design und Farbgebung; Absolute Übereinstimmung von Produktmustern und gelieferten Leistungen; Konstant hohe Produktqualität im Lieferzeitraum; Aktualität und Exklusivität bei Modeprodukten.Vgl. Meid, K.-H., Lösung von Absatzproblemen, in: Institut für Asienkunde (Hrsg.), Wirtschaftspartner Japan, 2. Aufl., Hamburg 1984, S. 76.

[130] Vgl. Kap. E, Abschn. 3.1, 3.313.

[131] Vgl. Ohbara, T., Parsons, A., Riesenbeck, H., Alternative Routes to Global Marketing, a.a.O., S. 54ff.

[132] Vgl. das Beispiel Seven-Eleven, Kap. C, Abschn. 3.324.

einzelne Handelsunternehmen reichen kann. Als Beispiele lassen sich die auch im japanischen Einzelhandel aktiv verfolgten Trends der Gesundheits- und Umweltorientierung nennen.[133] Handelsunternehmen, die eine Profilierung durch Aufgreifen dieser Trends anstreben, werden i.d.R. um eine enge Zusammenarbeit mit den Herstellern bemüht sein, und greifen massiv in das Qualitätswesen, die Produktion und die Logistik ein.[134]

Wie die Ergebnisse der empirischen Befragung zeigen, kommt der Produktion von Sonder- und Exklusivserien als Anreizinstrument gegenüber dem Handel z. Zt. noch unterdurchschnittliche Bedeutung zu.[135] Eine höhere Bereitschaft zur Produktanpassung ist nur bei Unternehmen festzustellen, die einem hohen vertikalen Wettbewerbsdruck ausgesetzt sind (Cluster 3, 4 und 5).[136]

4.232 Handelsmarkenproduktion

Als Sonderthema der produkt- und sortimentspolitischen Präferenzbildung im Handel ist die Produktion von Handelsmarken zu behandeln, die die intensivste Form der produktpolitischen Anpassung an die Marketingpolitik des Handels darstellt. Die Bedeutung von Handelsmarken kann zudem als Indikator für die bestehende Nachfragemacht sowie die marketingpolitische Profilierung des Handels gewertet werden.

Die ersten Versuche, Handelsmarken in den 60er Jahren in den japanischen Markt einzuführen, scheiterten an der mangelhaften Produktqualität.[137] Erst Mitte der 70er Jahre erfolgte die Einführung von Handelsmarken nach westlichem Vorbild, mit einem Qualitätsniveau, das Herstellermarken entspricht, bei jedoch ca. 10-20% niedrigeren Preisen.[138] Synonyme für den Erfolg einer Handelsmarke in Japan bilden die Produkte der Supermarktkette Seiyu unter dem Namen "Mujirushi Ryohin", was soviel wie "gute Ware ohne Namen" heißt.[139] Sie zeichnen sich durch Schlichtheit und Naturbelassenheit aus und bilden ein "Kultprodukt".[140] Der Erfolg von "Mujirushi Ryohin" kann jedoch nicht darüber

---

[133] Vgl. z. B. Daiei (Hrsg.), Friendly & Amicable to the Earth, Tokyo 1992, S. 1-6; Jusco Co. (Hrsg.), Annual Report 1992, S. 9ff.

[134] Ein Beispiel bildet die Dachorganisation der Konsumgenossenschaften in Japan (Seikyo), die neben einer Profilierung als Anbieter von Gesundheitsnahrung eine Ökologieführerschaft im japanischen Handel anstrebt und z. B. die Einführung von Umweltverträglichkeitsprüfungen von Produkten und Produktionsstätten plant.Vgl. Roland Berger, Vaubel & Partner (Hrsg.), Ecology Strategies in the Japanese Retail Industry, unveröffentlichte Kundenstudie, Tokyo, July 1992, S. 2ff.

[135] Vgl. Kap. E, Abschn. 4.21, Abb. 93.

[136] Vgl. Anhang 3, Tab. 5.

[137] Vgl. o. V., Discount Store Chains Forge On, in: JETRO (Hrsg.), Focus Japan, Vol. 4, No. 9, Tokyo, September 1987, S. 4-6.

[138] Vgl. Krause, A., Marken und Markenbildung in Japan, a.a.O., S. 71ff.

[139] Vgl. Koren, L., Success Stories. How Eleven of Japan's Most Interesting Businesses Came to Be, Tokyo 1990, 127-134.

[140] Vgl. ebenda; o. V., Learning from Abroad, a.a.O.; o. V., No-Brand Merchandise: Less is More, in: JETRO (Hrsg.), Focus Japan, Vol. 6, No. 3, Tokyo, August 1988, S. 5.

hinwegtäuschen, daß Handelsmarken in Japan eine im internationalen Vergleich noch geringe Bedeutung haben. Weder die Supermärkte noch die später nachfolgenden Warenhäuser konnten mit ihren Handelsmarken bislang signifikante Marktanteile erringen.[141] Ursache hierfür dürfte insbesondere die bislang begrenzte Nachfragekonzentration im Handel sein, die dem Handel die Verfolgung einer eigenständigen Marketing-Politik erschwert und eine Generierung von Kostenvorteilen bei der Produktion von Handelsmarken verhindert.

Die Situation von Handelsmarken in Japan spiegelt sich auch in der bereits angesprochenen Klassifizierung der Hersteller der vorliegenden Befragung wider, von denen sich lediglich 23% dazu bekannten, neben Herstellermarken, auch Handelsmarken zu produzieren.[142] Wie die Befragungsergebnisse hinsichtlich der Relevanz als Akquisitionsinstrument zeigen, findet die Möglichkeit der Handelsmarkenproduktion, vergleichbar der Produktion von Exklusivserien, einen geringen Zuspruch. Eine Bereitschaft zum Einsatz dieses Instrumentes ist wiederum nur bei Herstellern vorhanden, die sich bereits einer relativ hohen Nachfragemacht gegenüber sehen (Cluster 3,4 und 5).[143]

Wegen des positiven Zusammenhangs zwischen Nachfragekonzentration und der Bedeutung von Handelsmarken dürfte die Handelsmarkenproduktion in Japan dennoch langfristig zu einem relevanten Instrument der Absatzmittlerakquisition und -motivation heranwachsen.

4.24 Kommunikationspolitische Anreize

4.241 Persönlicher Verkauf und Entsendung von Herstellerpersonal

Der persönliche Verkauf sowie die Entsendung von Verkaufspersonal in den Einzelhandel durch den Hersteller sind durch japanspezifische Charakteristika geprägt.[144] Ihre zukünftige Bedeutung als Stimulationsinstrumente im vertikalen Marketing ist differenziert zu beurteilen.

Die Bedeutung des **persönlichen Verkaufs** in Japan beruht auf dem Verständnis von Geschäftsbeziehungen als langfristig ausgelegte Formen der Zusammenarbeit.[145] Hinzuweisen ist in diesem Zusammenhang in mehrstufigen Absatzkanälen auf die Notwendigkeit der Bearbeitung sowohl des Großhandels als auch des Einzelhandels (z.B.

---

141 Vgl. Krause, A., Marken und Markenbildung in Japan, a.a.O., S. 72; Dodwell Marketing Consultants (Hrsg.), Retail Distribution in Japan, a.a.O., S. 61; Paetz, H. J., Supermarkt- und Fachgeschäftsketten in Japan, Bundesstelle für Außenhandelsinformationen (Hrsg.), Tokyo 1982, S. 13.
142 Vgl. Kap. E, Abschn. 3.1.
143 Vgl. Kap. E, Abschn. 4.21, Abb. 93 sowie Anhang 3, Tab. 5.
144 Vgl. JETRO (Hrsg.), Sales Promotion in the Japanese Market, a.a.O., S. 2ff.
145 Vgl. Kap. C, Abschn. 2.1131.

durch den Einsatz von Merchandisern).[146] Zur Beziehungspflege werden Geschenkleistungen verschiedener Art eingesetzt, deren Bedeutung je nach Situation z.T. höher einzustufen ist, als z.B. monetäre Anreize. Wie den Ergebnissen der Primärforschung zu entnehmen ist, wird persönlichen Geschenkleistungen und Incentives von den befragten Unternehmen eine relativ hohe Bedeutung zugemessen.[147] Der Zuspruch, den dieses Instrument findet, ist bei allen Clustern nahezu gleich hoch.

Demgegenüber ist die Bedeutung von **Personalentsendungen** insgesamt als rückläufig einzustufen. Eine begrenzte Relevanz besitzt dieses Instrument noch in den Warenhäusern, die jedoch ebenfalls um eine Reduktion der Abhängigkeit von Herstellern und Großhändlern bemüht sind. Diese Tendenzen werden auch in der Präferenzstruktur der befragten Hersteller bestätigt. Eine überdurchschnittliche Relevanz besitzt die Entsendung von Verkaufspersonal nur für die Unternehmen des Clusters 2. Hier ist ein Zusammenhang zur Bedeutung des Exklusivvertriebs, der für die Hersteller dieses Clusters festgestellt worden war, zu erkennen.

Zusammenfassend kann dennoch festgehalten werden, daß dem Instrument der Verkaufspersonalentsendung künftig eine eher unbedeutende Rolle zukommt. Dem persönliche Verkauf hingegen kann, trotz zunehmender Anonymisierung von Einkaufsentscheidungen im Handel (z.B. durch Verbreitung der POS-Technologie), eine weiterhin hohe Bedeutung zur Bearbeitung der Absatzmittler zugemessen werden, die gegenüber Schlüsselkunden eher noch wachsen dürfte.

4.242 Verkaufsschulungsmaßnahmen und Management-Training

Schulungsmaßnahmen, die sich an das Handelspersonal richten, haben in Japan aufgrund eines allgemein niedrigen Bildungsstandes von Mitarbeitern in Groß- und Einzelhandel nachhaltige Bedeutung, die durch den zunehmenden Einsatz von Teilzeitkräften noch gewinnt.[148] Sie dienen vorallem der Erhöhung von Produkt- und Markenkenntnissen. Weiterhin bestehen auch auf der Ebene der Leitung kleiner Einzelhandelsgeschäfte häufig nur geringe handels- und betriebswirtschaftliche Kenntnisse, z.B. auf dem Gebiet der Warenwirtschaft.[149] Auch hier kann sich ein Hersteller durch Trainingsmaßnahmen profilieren.

---

146 Vgl. JETRO (Hrsg.), Sales Promotion in the Japanese Market, a.a.O., S. 8, Vaubel, D., Marketing für Konsumgüter in Japan, a.a.O., S. 23.
147 Vgl. Kap. E, Abschn. 4.21, Abb. 93 sowie Anhang 3, Tab. 5.
148 Vgl. Schmidt, D. E., Brand Marketing in Japan, a.a.O., S. 42, Eli, M., Instrumente der Marketingpolitik in Japan, in: Botskor, I. (Hrsg.), Leitfaden zur Erschließung des japanischen Marktes, Weissenhorn 1992, Band II, S. 28.
149 Vgl. Small and Medium Enterprises Agency, MITI (Hrsg.), Small Business in Japan 1990, a.a.O., S. 116ff.

Die überdurchschnittliche Bedeutung von Schulungsmaßnahmen zur Präferenzbildung im Handel wird durch die Ergebnisse der empirischen Erhebung bestätigt.[150] Dies gilt insbesondere für Hersteller, die bereits signifikante Wettbewerbsvorteile aufgebaut haben und folglich zu einem Know-how-Transfer in der Lage sind (Cluster 2, 4), oder aber über spezifische Stärken in der Vertriebsorganisation verfügen (Cluster 5).

4.243 Klassische Werbung

Die Instrumente der klassischen Werbung sowie der Einsatz neuer Medien stehen im Mittelpunkt des Bemühens der Hersteller, den Abverkauf im Handel durch eine Erhöhung der Nachfrage zu fördern.[151] Im Vergleich zu allen übrigen Anreizinstrumenten kommt der klassischen Werbung in Japan zur Akquisition und Motivation in Japan übergeordnete Bedeutung zu.[152] Nach Einschätzung des Handels äußert sich in diesem Instrument das "Committment" eines Herstellers, d.h. die Bereitschaft, ein Produkt nachhaltig zu fördern und werblich zu unterstützen.[153] Als relevante Massenmedien zur Umsetzung einer Pull-Strategie sind insbesondere das Fernsehen, Zeitungen und Zeitschriften sowie der Rundfunk zu beurteilen:[154]

- Fernsehen

    Das Fernsehen bildet das wichtigste Einzelmedium in Japan.[155] Ihm wird nach wie vor eine überragende Bedeutung zur Durchsetzung von Massenkonsumgütern zugemessen.[156] Neben zwei staatlichen Sendern existieren insgesamt 109

---

150 Vgl. Kap. E, Abschn. 4.21, Abb. 93 sowie Anhang 3, Tab. 5.
151 Im einzelnen wird unter der klassischen Werbung der Einsatz von Massenmedien verstanden. Hierunter lassen sich Fernsehen, Rundfunk, Zeitungen und Zeitschriften zusammenfassen. Vgl. Dentsu (Hrsg.), Japan 1993 Marketing and Advertising Yearbook, a.a.O., S. 100ff.
152 Vgl. Eli, M., Die Instrumente der Marketingpolitik in Japan, a.a.O., S. 25.
153 Einschränkend ist allerdings zu betonen, daß das positive Klima für Massenmedien gezielt durch das japanische Agentursystem gefördert wird. Danach verstehen sich Werbeagenturen primär als Medienkapazitätsvermittler, denn als kreative Konzeptionisten. Vgl. JETRO (Hrsg.), Sales Promotion in the Japanese Market, a.a.O., S. 27; Kunkies-Schwientek, I., Wege zum japanischen Markt, a.a.O., S. 108f. Entsprechend wird ihnen auch eine geringe Kompetenz in allen übrigen Werbeinstrumenten, so z.B. in der Verkaufsförderung, zugesprochen. Vgl. Interview mit A. Danneberg, Geschäftsführer, AD-Media Werbeagentur, Tokyo, am 19. Oktober 1992.
154 Einen Anhaltspunkt für die Bedeutung der einzelnen Massenmedien bildet die Entwicklung der Werbeaufwendungen in Japan im Zeitraum 1988-1992. Vgl. hierzu Anhang 3, Abb. 2. Die sogenannten neuen Medien, zu denen in Japan Kabelfernsehen, Video- und Teletext, Satelliten und Geschäftsvideoprogramme gezählt werden, halten bislang erst einen Anteil von 0,2% am gesamten Werbeaufkommen. Sie sind als Instrument der vertikalen Marektig in Japan bislang zu vernachlässigen. Vgl. Dentsu (Hrsg.), Japan 1993 Marketing and Advertising Yearbook, a.a.O., S. 100ff.
155 Vgl. Reed, J. M., TV or Not TV, That's Not the Question, in: ACCJ (Hrsg.), The Journal, June 1991, S. 26-29.
156 Vgl. Krause, A., Marken und Markenbildung in Japan, a.a.O., S. 80ff. Ushiyama, Y., Advertising in Japan, in: Zentrum für Unternehmensführung (Hrsg.), Japan '83, Kirchberg-Zürich 1983, S. 192, 202. Heidecker, T., Erschließung und Bearbeitung des japanischen Absatzmarktes, a.a.O., S. 347.

kommerzielle Sender.[157] Die Zielgruppenansprache differiert nach der Tageszeit. Während das Frühstücks- und Mittagsfernsehen i.d.R. für direkte Produktwerbung genutzt wird, die Hausfrauen vor ihren Einkäufen stimulieren soll, dominieren in der sogenannten "Golden Hour" zwischen 19 und 23 Uhr "sanftere" Werbebotschaften, in denen das Herstellerimage im Vordergrund steht.[158] Dieser Werbezeit kommt die höchste Bedeutung zur Stimulierung von Absatzmittlern durch Demonstration von Werbepräsenz und Aufbau von Hersteller-Goodwill zu.

- Zeitungen

    Nach dem Fernsehen ist Zeitungen unter den Werbemedien in Japan eine vorrangige Rolle einzuräumen. Zu unterscheiden sind 5 nationale Tageszeitungen, 12 Sportzeitschriften sowie 97 Lokalzeitungen, von denen die 5 größten nationalen Tageszeitungen, alleine 80% des Gesamtzirkulationsvolumens auf sich vereinigen.[159] Unter den genannten 5 ist die Wirtschaftszeitung Nihon Keizai Shimbun speziell als Medium zur Ansprache von Einkäufern hervorzuheben, ebenso wie die Handelszeitung Nikkei Ryutsu Shimbun. Hersteller mit nationalem Vertriebsnetz wählen vorrangig die 5 nationalen Tageszeitungen als Medien für die Endverbraucherwerbung, denen der höchste Prestigewert zugemessen wird.[160] Zeitungen werden zu 98% im Abonnement verkauft und über lokale Distributoren vertrieben, die i.d.R. in der Lage sind, Beilagen (sogenannte "Orikomi") zu drucken und zu sortieren. Beilagen werden zu 80% vom Einzelhandel genutzt, der sowohl in nationalen als auch lokalen Zeitungen Aktionswerbung betreibt.[161] Sie eignen sich folglich für kooperative Verkaufsförderungsmaßnahmen.

- Zeitschriften / Magazine

    Der Markt für Zeitschriften und Magazine ist hoch fragmentiert. Nur die 10 größten Titel kommen auf eine Auflage von 700.000 Stück pro Ausgabe.[162] Zeitschriften werden zum größten Teil über Kioske vertrieben, wobei die Leserschaft häufig

---

[157] Vgl. Dentsu (Hrsg.), Japan 1993 Marketing and Advertising Yearbook, a.a.O., S. 153ff.
[158] Vgl. Krause, A., Marken und Markenbildung in Japan, a.a.O., S. 84; Eli, M., Die Instrumente der Marketingpolitik in Japan, a.a.O., S. 27; Botskor, I., Subtile Stimmungsmache, in: Absatzwirtschaft, Nr. 11, 1989, S. 93ff; Interview mit A. Danneberg, a.a.O.
[159] Vgl. Dentsu (Hrsg.), Japan 1993 Marketing and Advertising Yearbook, a.a.O., S. 143ff; Heidecker, T., Erschließung und Bearbeitung des japanischen Absatzmarktes, a.a.O., S. 348.
[160] Vgl. Reed, J. M., TV or Not TV, That's Not the Question, a.a.O., S. 26; JETRO (Hrsg.), Sales Promotion in the Japanese Market, a.a.O., S. 14.
[161] Vgl. Dentsu (Hrsg.), Japan 1993 Marketing and Advertising Yearbook, a.a.O., S. 179f; Reed, J. M., TV or Not TV, That's Not the Question, a.a.O., S. 28; Dodwell Marketing Consultants (Hrsg.), Retail Distribution in Japan, a.a.O., S. 29.
[162] Vgl. Heidecker, T., Erschließung und Bearbeitung des japanischen Absatzmarktes, a.a.O., S. 349.

schwankt, so daß eine exakte Zielgruppenansprache schwierig ist.[163] Häufig sind keine quantitativen Leserprofile verfügbar. Neben "General Interest"-Titeln, die sich vor allem für eine anspruchsvolle Endverbraucherwerbung eignen, existieren Fachtitel, die jedoch nur geringe Auflagen erreichen und ein sehr unterschiedliches Image besitzen.[164] Nur wenige Titel eignen sich zur gezielten Ansprache von Einkäufern im Handel.

- Rundfunk

    Das Medium Radio gilt in Japan als qualitativ unterentwickelt, was u.a. auf die zerklüfteten Landschaften zurückzuführen ist. Insgesamt existieren in Japan knapp 100 Stationen. Zielgruppen bilden einerseits Autofahrer, andererseits Schüler und Hausfrauen.[165] Im Vergleich zu den übrigen Massen-Medien spielt das Radio zur Stimulation von Absatzmittlern keine signifikante Rolle.

Zusammenfassend sind Zeitungen und Fernsehen als prestigeträchtigste und wichtigste Massenmedien herauszustellen, die einerseits Entscheider im Handel beeinflussen, und andererseits zur Erzeugung eines Nachfragesogs auf der Endverbraucherebene eingesetzt werden. Aus der überdurchschnittlichen Bedeutung der Pull-Strategie für die befragten Hersteller läßt sich der Schluß ziehen, daß dem Einsatz klassischer Werbung hohe Präferenz eingeräumt wird. Dies gilt insbesondere für Hersteller mit nachhaltigen horizontalen Wettbewerbsvorteilen.[166]

4.244 Verkaufsförderung

Unter dem Begriff der Verkaufsförderung wird in Japan eine Vielzahl von Werbeträgern subsumiert, darunter Instrumente wie Direktwerbung, Zeitungsbeilagen, Außenwerbung (Plakate und Leuchtreklame),[167] Verkehrsmittelwerbung (insbesondere in öffentlichen Verkehrsmitteln), Ausstellungen, Werbung in Telefonbüchern sowie POS-Werbemittel. Mit durchschnittlich 7% p.a. konnten Verkaufsförderungsinstrumente zwischen 1988-1991 ein deutlich höheres Wachstum als der Gesamtwerbemarkt erzielen *(vgl. Abb. 94)*.

---

[163] Vgl. JETRO (Hrsg.), Sales Promotion in the Japanese Market, a.a.O., S. 15ff.
[164] Vgl. ebenda, S. 17.
[165] Vgl. ebenda, S. 18ff; Botskor, I., Werbung in Japan, a.a.O., S. 27.
[166] Vgl. Kap. E, Abschn. 3.324.
[167] Die Zuordnung von Außenwerbung zu den Verkaufsförderungsinstrumennten folgt dabei der japanischen Systematik der Kategorisierung von Werbemitteln.

Abb. 94

Entwicklung der Aufwendungen für Verkaufsförderungsmaßnahmen i.w.S.

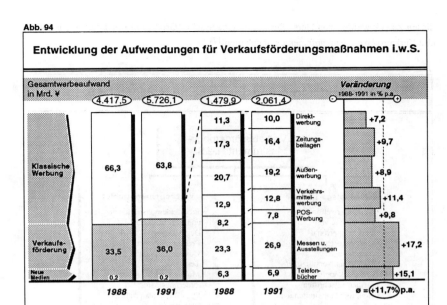

Quelle: **Dentsu** (Hrsg.), Japan Marketing and Advertising Yearbook, a.a.O., S. 100ff

Im folgenden soll jedoch eine Eingrenzung auf jene Instrumente der Verkaufsförderung erfolgen, die der direkten Unterstützung der Marketingaktivitäten des Handels dienen.[168]

Eine Systematisierung der in Japan anzutreffenden Verkaufsförderungsmittel i.e.S., differenziert nach handelsgerichteten und endverbrauchergerichteten Instrumenten, enthält **Abbildung 95**. Von den aufgeführten Instrumenten weisen Messen und Ausstellungen, POS-Werbematerial sowie Preisausschreiben und Coupons japanspezifische Besonderheiten auf. Alle übrigen Instrumente folgen prinzipiell westlichen Anwendungsmustern und besitzen eine vergleichbare Bedeutung als Akquisitions- und Motivationshilfen.

Messen und Ausstellungen blicken in Japan auf eine noch junge Vergangenheit zurück.[169] Seit 1980 läßt sich ein Trend zu Fachmessen beobachten, die internationale Standards ereichen und zur Kontaktanbahnung mit Einkäufern genutzt werden. Zu beachten ist bei großen, öffentlichen Fachmessen, daß diese primär Public-Relations-Zwecken sowie der Produktvorstellung dienen, nicht jedoch der Durchführung von Jahresgesprächen.[170] Für

---

[168] Vgl. Dentsu (Hrsg.), Marketing Opportunities in Japan, a.a.O., S. 98f.
[169] Vgl. Eli, M., Die Instrumente der Marketingpolitik in Japan, a.a.O., S. 28f.
[170] Vgl. JETRO (Hrsg.), Trade Fairs in Japan 1992, Tokyo 1992, v. S.

diesen Zweck werden von Hersteller- oder Handelsseite (Groß- und Einzelhandel) individuelle Verkaufs- bzw. Einkaufsmessen abgehalten.[171]

Abb. 95

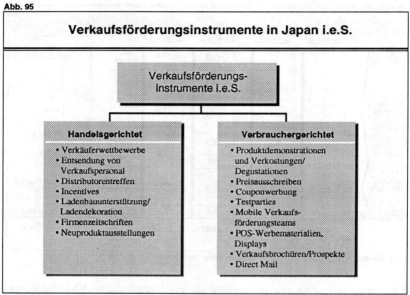

Quelle: *Dentsu (Hrsg.), Marketing Opportunities in Japan, a.a.O., S. 98-99*

Die **Werbung am Point of Sale**, d.h. in den Filialen des Einzelhandels, durch Poster, Displays, Degustationsstände etc. wurde bislang durch japanische Einzelhandelsunternehmen äußerst restriktiv gehandhabt und gilt im internationalen Vergleich als unterentwickelt.[172] Primäre Ursachen bilden einerseits der allgegenwärtige Platzmangel, andererseits vor allem die Abneigung marktstarker Einzelhändler gegenüber Eingriffen der Hersteller in das Marketing am Verkaufsort.[173] Bedingt durch die Rezession ist jedoch ein spürbares Wachstum aggressiver und direkter Verkaufsförderungsinstrumente in Japan zu beobachten.[174] Volumenorientierte Einzelhändler sowie Hersteller aus stark von der Rezession betroffenen Branchen (z.B. Elektrogeräte) setzen zunehmend POS-Werbemittel zur direkten Verbraucheransprache ein.

---

171 Vgl. Roland Berger & Partner (Hrsg.), EC Export Promotion Campaign: Gateway to Japan, München, Tokyo, February 1993, S. 66-73.
172 Vgl. Dentsu (Hrsg.), Japan 1993 Marketing and Advertising Yearbook, a.a.O., S. 166ff.
173 Vgl. ebenda, S. 167.
174 Vgl. ebenda, S. 166.

Verbunden mit dem Strukturwandel innerhalb des japanischen Distributionssystems wird mit einem Wachstum der Zusammenarbeit zwischen Herstellern und Handel am Point of Sale gerechnet, um die Kosten des Handels im Verkauf zu senken.[175] Dabei wird die Führungsrolle jedoch vom Einzelhandel ausgeübt.

Wachstumstendenzen sind auch bei dem Einsatz von **Preisausschreiben** sowie **Coupons** zu erkennen. Bedingt durch gesetzliche Restriktionen (geringe erlaubte Prämienhöhe) galten Preisausschreiben bislang als wenig attraktiv, der Gebrauch von Coupons war den Verbrauchern nahezu unbekannt.[176] Durch Verwendung dieser Instrumente werden jedoch seit der Liberalisierung klassische Anzeigenkampagnen offensiver gestaltet, um den Verbraucher zu Kaufhandlungen zu aktivieren.[177]

Zusammenfassend spiegeln die Verkaufsförderungsinstrumente den Struktur- und Verhaltenswandel innerhalb des Distributionssystems insgesamt wider. Ausgehend von einer breiten Palette in Japan verwendeter Verkaufsförderungsinstrumente gewinnen aggressive und direkte Verkaufstechniken an Bedeutung. Es wird daher mit einer deutlichen Ausweitung des Anteils der Verkaufsförderung an den Gesamtaufwendungen für Werbung in Japan gerechnet.[178]

4.25 Logistik- und servicepolitische Anreize

4.251 Belieferungssystem

Der Ausgestaltung von Belieferungssystemen kommt im Hinblick auf die Modernisierung der japanischen Distribution als Instrument zur Präferenzbildung im Handel eine hohe Bedeutung zu. Basierend auf der exakten Abverkaufsplanung und Bestandsführung mittels POS- und Warenwirtschaftssystemen halten führende Einzelhandelsunternehmen ihre Lieferanten zu einer "Just-in-time"-Belieferung an.[179] Besonders in der Lebensmittelbranche gilt das Konzept in Japan mittlerweile als Erfolgsvoraussetzung, stellt jedoch erhöhte Anforderungen an die Technologien und die Personalqualität des Herstellers sowie des gegebenenfalls eingeschalteten Großhandels.[180] Ein Pendant bildet in der Bekleidungsindustrie das Quick-

---

175   Vgl. Dentsu (Hrsg.), Japan 1993 Marketing and Advertising Yearbook, a.a.O., S. 167.
176   Vgl. Kap. C, Abschn. 2.1143; Dodwell Marketing Consultants (Hrsg.), Retail Distribution in Japan, a.a.O., S. 29.
177   Vgl. Dentsu (Hrsg.), Japan 1993 Marketing and Advertising Yearbook, a.a.O., S. 144.
178   Vgl. ebenda, S. 167.
179   Vgl. Koyama, S., Application of JIT Management in the Distribution System, a.a.O., S. 212ff; vgl. auch Kap. C, Abschn. 2.4.
180   Vgl. Weber, M. M., Moore, W. M., Using Quick Response - Retailing Version of JIT - As a Competitive Strategy: Implications for Technology and Human Resources Management, Des Moines 1992, S. 15ff.

Response-System, mit dem Hersteller in der Lage sind, dem Handel modisch aktuelle Ware zu bedeutend kürzeren Lieferzeiten anzubieten.[181]

Aufgrund der Bedeutung dieser Belieferungssysteme für den Handel verwundert es nicht, daß die Teilnehmer der empirischen Befragung dem Angebot der Just-in-time-Belieferung ein hohes akquisitorisches Potential zumessen.[182] Überdurchschnittlich hoch fällt der Zuspruch bei Unternehmen aus, die sich sowohl in einer günstigen Position horizontaler Wettbewerbsvorteile als auch einem dynamischen vertikalen Wettbewerbsumfeld gegenübersehen (vgl. Cluster 4 und 5).[183] Als führende Hersteller sind diese Unternehmen vermutlich bereits in der Lage, die Lieferanforderungen des Handels zu erfüllen und haben dadurch zusätzliche Wettbewerbsvorteile gegenüber schwächeren Herstellern.

4.252 Merchandising

Ein weiteres servicepolitisches Instrument zur Präferenzbildung im Handel bildet das Merchandising (Regalpflege, Displayaufbau, Preisauszeichnung etc.). Während in der Vergangenheit das Merchandising in Japan vornehmlich durch den Großhandel ausgeübt wurde, ist mit einem wachsenden Interesse der Hersteller zur Integration dieser Funktionen zu rechnen, um in direkten Kontakt zu den Filialen großer Einzelhändler zu treten. Der durch das Merchandising erwirkte Zugang zum Point-of-Sale kann dabei gezielt für folgende Maßnahmen genutzt werden:[184]

- Beziehungspflege zum Verkaufspersonal und Filialmanagement,
- Vorteilhafte Positionierung von eigenen Produkten gegenüber dem Wettbewerb,
- Überwachung von Verkaufsförderungsaktionen,
- Bestandsabschätzung zur Antizipation von Warenrückläufen/-rückgaben,
- Marktforschung.

Die Aufgabenvielfalt verdeutlicht die Bedeutung des Merchandising, die sich auch in den Ergebnissen der empirischen Befragung widerspiegelt. Dem Merchandising wird aus Herstellersicht die zweithöchste Bedeutung aller abgefragten Akquisitions- und Motivationsinstrumente zugemessen.[185] Stimulierend wirken hier sicherlich die Einflußmöglichkeiten, die sich dem Hersteller durch das Merchandising bieten. Dabei sind es wiederum vor allem Hersteller, die über horizontale Wettbewerbsvorteile verfügen und sich gleichzeitig in einer

---

[181] Vgl. Weber, M. M., Moore, W. M., Using Quick Response - Retailing Version of JIT, a.a.O., S. 2ff.
[182] Vgl. Kap. E, Abschn. 4.21, Abb. 93.
[183] Vgl. Anhang 3, Tab. 5.
[184] Vgl. JETRO (Hrsg.), Sales Promotion in the Japanese Market, a.a.O., S. 7ff.
[185] Vgl. Kap. E, Abschn. 4.21, Abb. 93 sowie Anhang 3, Tab. 5.

durch Nachfragekonzentration geprägten vertikalen Wettbewerbslage befinden (Cluster 4), die diesem Instrument einen überdurchschnittlichen Zuspruch erteilen.

Vor dem Hintergrund der Ausführungen zum Einsatz von POS-Werbemitteln ist jedoch zu hinterfragen, inwieweit marktstarke Einzelhändler den Einfluß der Hersteller am POS durch Merchandisingaktivitäten zulassen oder zulassen werden. Tendenziell ist jedoch davon auszugehen, daß Kostendruck und Personalknappheit im Handel eine hohe Kooperationsbereitschaft. Besonders jenen Herstellern ist abschließend der Einsatz des Merchandisng zu empfehlen, die ihren Verkauf über den Großhandel abwickeln. Ihnen bietet sich so die einzige Möglichkeit zur Kontaktpflege im Einzelhandel.

4.253 Informationsdienstleistungen

Als letztes Instrument im Rahmen der Akquisitions- und Motivationsstrategie sollte die Bedeutung von Informationsdienstleistungen zur Stimulierung des Handels in Japan erhoben werden. Unter dem Begriff Informationsdienstleistungen lassen sich insbesondere folgende Maßnahmen subsumieren:

- Know-how Transfer,
- Übereignung von Marktforschungsdaten,
- Angebot von POS-Daten,
- Angebot von Daten zur Regaloptimierung,
- Anschluß an VAN-Netzwerke.

Die Möglichkeit zum Know-how-Transfer basiert auf einem Know-how-Vorsprung, den der Hersteller i.d.R. in seinem angestammten Produktbereich besitzt. Beispiele bilden die in Japan vielfach angewendeten und bereits zitierten Instrumente des Personaltransfers und der Verkaufs- und Managementschulung. Am ausgeprägtesten fällt der Know-how-Transfer in vertraglichen Vertriebssystemen aus, in denen der Hersteller die eindeutige Marketingführerschaft ausübt.

In der Vergangenheit häufig praktiziert wurde die Übereignung von Marktforschungsdaten an den Handel, z.B. zur Dokumentation von Umsatzentwicklungen oder Marktanteilen. Die Marktforschung gehörte dabei eindeutig in den Funktionsbereich des Herstellers. Durch die Verbreitung der POS-Technologie verfügt der Handel in Japan jedoch zunehmend über eigene "Marktforschungsdaten", die allerdings auf der begrenzten Stichprobe einzelner Filialnetze beruhen. Zusätzliche Informationen kann ein Hersteller dann liefern, wenn er z.B. über POS-Daten konkurrierender Handelsunternehmen und Betriebsformen oder sogar über ein eigenes POS-System verfügt. Als Beispiel läßt sich Japans führender Konsumgüterhersteller Kao anführen, der ein exklusives POS-Datennetz von 500 angeschlossenen Einzelhändlern mit repräsentativen Betriebsformen betreibt.[186] Mit Hilfe der POS-Daten unterstützt Kao seine Einzelhändler, neben der Nutzung der Daten für Marktforschungs- und Produktionsplanungszwecke, für die Optimierung von Regalplazierungen.[187]

Abschließend kann auch der Anschluß eines Herstellers an ein bestimmtes Wertschöpfungsnetzwerk (Value Added Network) einer führenden Großhandlung oder eines Einzelhandels-distributionszentrums als Anreiz zur Zusammenarbeit für den Einzelhandel wirken. Der Anschluß garantiert einen reibungslosen Datenaustausch und ermöglicht erst den Aufbau der bereits angesprochenen Just-in-time Liefersysteme.

Zusammenfassend zeigen die vielfältigen Formen der Informationskooperation mit dem Handel, daß hier offenbar ein breites Feld zur Präferenzbildung liegt. Dies bestätigt sich signifikant in den Ergebnissen der Primärforschung: Informationsdienstleistungen wird die höchste Bedeutung zur Motivation und Akquisition von Absatzmittlern überhaupt eingeräumt. Natürlicherweise den höchsten Zuspruch findet dieses Feld bei Herstellern, die sich aufgrund relativ hoher Wettbewerbsvorteile in der Lage sehen, solche Leistungen anzubieten.[188] Sie haben vermutlich auch die Notwendigkeit erkannt, Informationstechnologien zur Absicherung ihrer Wettbewerbsposition beherrschen zu müssen.

4.3 Instrumente der Koordinations- und Kontraktstrategie

Abschließend soll untersucht werden, welche Ansätze zur Steuerung und Kontrolle von Absatzkanälen durch japanische Hersteller präferiert werden. Als strategische Grundhaltung sowie als Basisstrategie im vertikalen Marketing findet die Kooperationsstrategie, wie bereits hervorgehoben wurde, in Japan höchsten Zuspruch. Nachfolgend soll nun zunächst untersucht werden, welche konkreten Kooperationsfelder sich aus Sicht der Hersteller zur Zusammenarbeit mit dem Handel anbieten. Danach werden ausgewählte Formen der Koordinations- und Kontraktstrategie in Japan diskutiert.

4.31 Präferenzstruktur der Hersteller für die Ausgestaltung von Kooperationen mit dem Handel

Die Befragung der Konsumgüterhersteller nach ihren strategischen Präferenzen hatte für die Formen "projektweise Kooperation" und "kontinuierlich langfristige Kooperation" einen annähernd gleich hohen Zuspruch ergeben. Um eine weitere Differenzierung inhaltlicher

---

186	Vgl. Kuga, M., Kao's Marketing Strategy and Marketing Intelligence System, a.a.O., S. 23; o. V., Rationalization of Goods Distribution, in: JETRO (Hrsg.), Focus Japan,Tokyo, January 1989, S. 2ff.
187	Vgl. Interview mit K. Ide, Vice President, Master Foods Japan, a.a.O.
188	Vgl. Kap. E, Abschn. 4.21, Abb. 93 sowie Anhang 3, Tab. 5.

Ausgestaltungsformen zu ermöglichen, wurden funktionale Kooperationsfelder zwischen Industrie und Handel erhoben. Die Ergebnisse werden in *Abbildung 96* zusammengefaßt.

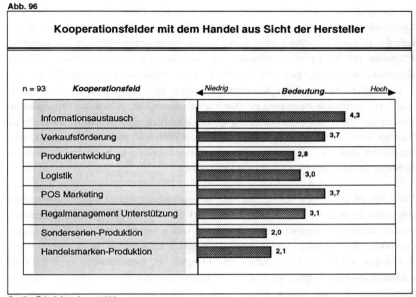

Quelle: Primärforschung 1992

Analog zu den Präferenzen als Akquisitions- und Motivationsinstrumente werden Informationsaustausch, Verkaufsförderung und POS-Marketing als wichtigste Kooperationsfelder angesehen. Mittlere Bedeutung wird der Zusammenarbeit bei Regalmanagement, Logistik und Produktentwicklung zugemessen, geringe Potentiale werden in der Sonderserien- und Handelsmarkenproduktion gesehen. Folglich ist ein Zusammenhang zwischen der Bedeutung von Instrumenten des vertikalen Marketing zur Akquisition/ Motivation und den präferierten Kooperationsfeldern im Rahmen der Absatzkanalkoordination zu sehen.

Untersucht man die Bedeutung der Kooperationsfelder nach strategischen Gruppen, so wird deutlich, daß wettbewerbsstarke Unternehmen (Cluster 2) Kooperationspotentiale nur auf dem Feld der Informationswirtschaft sehen.[189] Dieses Ergebnis überzeugt insofern, als daß die strategische Herausforderung für Herstellerunternehmen durch den Handel in der Informationswirtschaft am höchsten ist. Da Kooperation, wie bereits festgestellt, mit einem

---

[189] Vgl. Anhang 3, Tab. 6.

Teilverzicht auf Autonomie verbunden ist, weisen die Unternehmen des Clusters 2 allen übrigen Feldern eine unterdurchschnittliche Bedeutung zu.

Durchweg überdurchschnittliche Bedeutung messen jene Unternehmen den aufgezeigten Kooperationsbereichen zu, die sich in einer Situation hoher vertikaler Wettbewerbsintensität befinden (Cluster 4, 5). Sie wiesen auch in ihrem strategischen Verhalten eine eindeutige Präferenz für Kooperationsstrategien auf, so daß von einer Kongruenz mit den Umsetzungsinstrumenten gesprochen werden kann. Die wettbewerbsschwachen Cluster 1 und 3 schließlich weisen allen Kooperationsfeldern eine im Unternehmensvergleich unterdurchschnittliche Bedeutung zu. Damit zeichnet sich klar ab, daß die Verfolgung und Umsetzung einer Kooperationsstrategie zur Absatzkanalkoordination ausreichende Wettbewerbsstärken voraussetzt, um dem Handel genügend Anreize bieten zu können. Umgekehrt muß die vertikale Wettbewerbsintensität bereits hoch genug sein, um den Hersteller zu einer engen Koordination zu veranlassen.

Nach der Identifikation der Inhalte von Kooperationsstrategien sollen abschließend alternative Formen der Koordination im Hinblick auf ihre Bedeutung in Japan analysiert werden. Damit wird explizit die in Kapitel B ebenfalls zur Klassifikation herangezogene Dimension des Bindungs- und Zentralisationsgrades aufgegriffen. In die Untersuchung einbezogen werden Vertragshändler- und Franchising-Systeme sowie vertikale Wertschöpfungspartnerschaften, die eine neuere Erscheinungsform der vertikalen Verhaltensabstimmung in Japan bilden. Beiden Systemen gemeinsam ist eine umfassende und langfristige Kooperation zwischen Herstellern und Einzelhändlern. Nicht näher behandelt werden Projektpartnerschaften sowie der Kommissionsvertrieb,[190] bei denen der Kooperationsumfang i.d.R. zeitlich und/oder inhaltlich begrenzt ist. Ihnen ist weniger strategische als vielmehr taktische Bedeutung, gegebenenfalls zum Aufbau einer langfristigen Kooperationsstrategie, zuzumessen.

4.32 Bedeutung ausgewählter Formen der Kooperation mit dem Handel

4.321 Vertragshändler- und Franchisingsysteme

Wie bereits im Rahmen der Analyse der vertikalen Distributionsstrukturen herausgearbeitet wurde, sind Formen vertraglicher Vertriebssysteme zwischen Hersteller und Einzelhandel in Japan insbesondere in den Branchen Kosmetika und Haushaltselektrogeräte weit verbreitet. Nach dem Exklusivitätsgrad des Vertriebs für einen einzelnen Hersteller sowie der Intensität der Abstimmung der Marketing-Instrumente lassen sich das "Chokubai-ten"- und das

---

[190] Die Bedeutung des Kommsissionsvertriebs wurde bereits im Zusammenhang mit dem System der Warenrückgabe sowie der Zusammenarbeit der Warenhäuser mit ihren Lieferanten kurz diskutiert. Vgl. Kap. C, Abschn. 2.1131 und 3.321.

"Semmon-ten"-System unterscheiden. Das Chokubai-ten-System umfaßt den Vertrieb von Markenprodukten auf der Basis vertraglicher Bindungen und ist als Vertragshändlersystem zu klassifizieren, während das Semmon-ten-System den Exklusivvertrieb für einen einzelnen Hersteller vorsieht und eine Form des Franchising darstellt.[191] Historisch dominierte bis in die 80er Jahre das Vertragshändlersystem. In jüngerer Vergangenheit bemühen sich die Betreiber von Vertragshändlernetzen jedoch, Händler stärker zu selektieren und mit Hilfe des Franchise-Systems enger an sich zu binden.[192] Durch eine umfassende Definition der Filialgestaltung soll dabei ein einheitlicher Auftritt der Dachmarke des Herstellers sichergestellt werden.

Im Rahmen der Primärbefragung sollte der Frage nachgegangen werden, inwieweit dem Franchise-System als Form der vertraglichen Koordination durch den Hersteller künftig eine wachsende Bedeutung zukommt.[193]

Wie *Abbildung 97* zu entnehmen ist, stufen 74% der befragten Unternehmen die Bedeutung als eher niedrig ein, so daß das Franchising keine überdurchschnittlich bevorzugte Vertriebsoption bildet. Seine branchenspezifische Relevanz ergibt sich jedoch aus der Einschätzung der Hersteller nach Sektoren.[194]

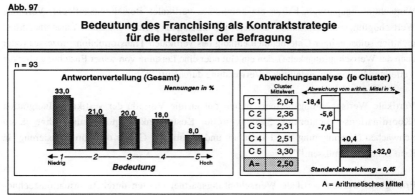

Abb. 97

Bedeutung des Franchising als Kontraktstrategie für die Hersteller der Befragung

Quelle: Primärforschung 1992

---

[191] Vgl. Eli, M., Instrumente der Marketingpolitik in Japan, a.a.O., S. 27ff.
[192] Vgl. Yoshino, M.Y., The Japanese Marketing System, a.a.O., S. 112; Shimaguchi, M., New Developments in Channel Strategy in Japan, a.a.O., S. 182.
[193] Eine solche Erhebung wurde notwendig, da die Statistiken der Japan Franchise Association nicht nach einzelhandels- und herstellergeführten Franchise-Zentralen differenziert sind. Vgl. Japan Franchising Association (Hrsg.), Franchising in Japan, a.a.O.; vgl. auch Kap. C, Abschn. 3.311.
[194] Vgl. Anhang 3, Abb. 3.

Überdurchschnittliche Akzeptanz ist dabei bei Herstellern der Branchen Bekleidung, Spielwaren und Haushaltselektrogeräten anzutreffen. Insbesondere in der letztgenannten Branche scheinen damit Vertragshändlersysteme in der Form des Franchising ihren Fortbestand zu erleben, d.h. in einer noch engeren Anbindung der Betriebe an die Hersteller. Umgekehrt läßt sich für die Branchen Pharmazeutika und Kosmetika feststellen, daß das Franchising keine bedeutende Zukunftsoption bietet.

Abschließend ist anzumerken, daß das Franchising tendenziell eher für Hersteller geeignet sein dürfte, die sich in einer Situation relativ hoher Wettbewerbsvorteile befinden, um das System "vorzuverkaufen" und Händler zur Teilnahme zu gewinnen. Diese Annahme wird durch die Präferenzstruktur der Strategie-Cluster bestätigt, indem Cluster 4 und 5 dem Franchising, ausgehend von der genannten niedrigen Gesamteinstufung, eine relativ hohe Bedeutung zumessen. Beide Cluster zeichneten sich auch durch einen hohen Zuspruch für Kooperationsstrategien aus.

4.322 Vertikale Wertschöpfungspartnerschaften

Während die bislang betrachteten Formen vertikaler Kooperation primär bilaterale Vertrags-Beziehungen abgebildet haben, umfassen die im folgenden zu diskutierenden vertikalen Wertschöpfungspartnerschaften ein komplexes vertikales Beziehungsgeflecht. Vertikale Wertschöpfungspartnerschaften lassen sich definieren als partnerschaftliche Zusammenarbeit rechtlich selbständiger Unternehmen entlang des vertikalen Transformationsprozesses (oder auch der Wertschöpfungskette), den ein Gut oder eine Leistung von seiner Enstehung über die Verteilung bis hin zur endgültigen Verwendung durchläuft.[195]

Vertikale Wertschöpfungspartnerschaften nutzen die Vorteile der vertikalen Integration (Koordinationserleichterung, Skalenvorteile, Kostensenkungspotentiale), ohne deren Schwächen (Verringerung von Flexibilität und Kreativität, Gefahr der Bürokratisierung) in Kauf nehmen zu müssen.[196]

Ermöglicht werden vertikale Wertschöpfungspartnerschaften durch Informationstechnologien, die einen wesentlichen Schlüssel zur Umsetzung bilden.[197] Weitere zentrale Erfolgsfaktoren stellen das Streben nach permanenter Verbesserung und Innovation sowie die Bereitschaft, eine langfristige, partnerschaftliche Beziehung einzugehen, dar. Das Partnerschaftsverhältnis zwischen den einzelnen Elementen einer Wertschöpfungspartnerschaft wird häufig vertraglich abgesichert. Weiterhin übernimmt ein Partner i.d.R. die

---

[195] Vgl. zum Begriff der Wertschöpfungspartnerschaft Johnston, R., Lawrence, P. R., Vertikale Integration II: Wertschöpfungspartnerschaften Leisten mehr, in: Harvard Manager, Nr. 1, 1989, S. 81-88.
[196] Vgl. ebenda, S. 86.
[197] Vgl. ebenda, S. 81.

Systemführerschaft, der die dezentralen Einheiten (Mitglieder) der Wertschöpfungspartnerschaft koordiniert und den "Innovationsmotor" bildet.[198] Die Systemführerschaft kann sowohl von einem Hersteller, als auch einem Groß- oder Einzelhändler ausgeübt werden. Im folgenden sollen die Inhalte und Charakteristika einer vertikalen Wertschöpfungspartnerschaft am Beispiel der Kao Corporation erläutert werden, dem größten japanischen Hersteller von Körperpflegeartikeln, Kosmetika und Haushaltschemikalien und sechstgrößten Hersteller dieser Produkte in der Welt.

Fallbeispiel Kao Corporation

Kaos Unternehmensphilosophie ist geprägt durch eine hohe Produktinnovationsorientierung, die strikt am Konsumenten ausgerichtet ist.[199] Über ein strategisches Informations-System ist es Kao gelungen, einerseits F&E und Marketing zu integrieren, und andererseits sämtliche Funktionen und Funktionsträger der vertikalen Wertschöpfungskette zu verbinden.[200]

Den Ausgangspunkt zur Erläuterung der Wertschöpfungspartnerschaft von Kao bildet der Konsument *(vgl. Abb. 98)*. Durch vertraglich gebundene Focusgruppen (sog. Monitoren), klassische Marktforschung und POS-Daten wird einerseits versucht, neue Konsumtrends aufzudecken und Produktkonzeptideen direkt an das "Soft Research Center" SRC weiterzuleiten. Andererseits werden Wettbewerbsproduktinnovationen direkt erfaßt, und, falls erfolgversprechend, verbesserte "Me too"-Produkte entwickelt, die binnen 8-12 Wochen auf den Markt gebracht und gegen das Innovationsprodukt positioniert werden können.[201]

Der Vertrieb erfolgt über 20 rechtlich selbständige Großhändler, die sogenannten Hansha, die seit Anfang der 60er Jahre aus kleinen Großhändlern fusioniert wurden und an denen Kao i.d.R. nur eine Minderheitsbeteiligung hält.[202] Die Hansha wickeln den gesamten Verkauf von Kao exklusiv ab, während die physische Distribution über zentrale Distributionszentren

---

[198] Vgl. die Funktion des "Impannatore". Vgl. Johnston, R., Lawrence, P. R., Vertikale Integration II: Wertschöpfungspartnerschaften Leisten mehr, a.a.O., S. 84.

[199] Vgl. Mission-Statement der Firma Kao. Kao Corporation (Hrsg.), Annual Report 1992, Tokyo 1992. S. 1.

[200] Vgl. Anhang 3, Abb. 4; Vgl. Stewart, T.A., Brace for Japan´s Hot New Strategy, in: Fortune, No. 19, September 21, 1992, Sonderdruck., S. 3.

[201] So ist es Kao gelungen, als Antwort auf eine Produktinnovation des Hauptwettbewerbers Shiseido im Bereich Haarspülungen ein qualitativ verbessertes Produkt binnen 11 Monaten zu entwickeln und einen Marktanteil von 40% zu gewinnen. Vgl. Nagawa, T., Sakaida, A., Murakami, H., Hittoshin no utsukawari, tsuyoi shohin wo tsukuru - nerai wa mass marketo (dt. Übersetzung: Wechselnde Trends bei Hitprodukten. Wie man starke Produkte für den Massenmarkt macht), in: Nikkei Business, Tokushu, Tokyo, April 13, 1992, S. 14ff; Roland Berger, Vaubel & Partner (Hrsg.), Study on Hair Care Distribution in Japan, a.a.O., S. 32ff.

[202] Vgl. Kuga, M., Kao´s Marketing Strategy and Marketing Intelligence System, a.a.O., S. 20-25.

Abb. 98

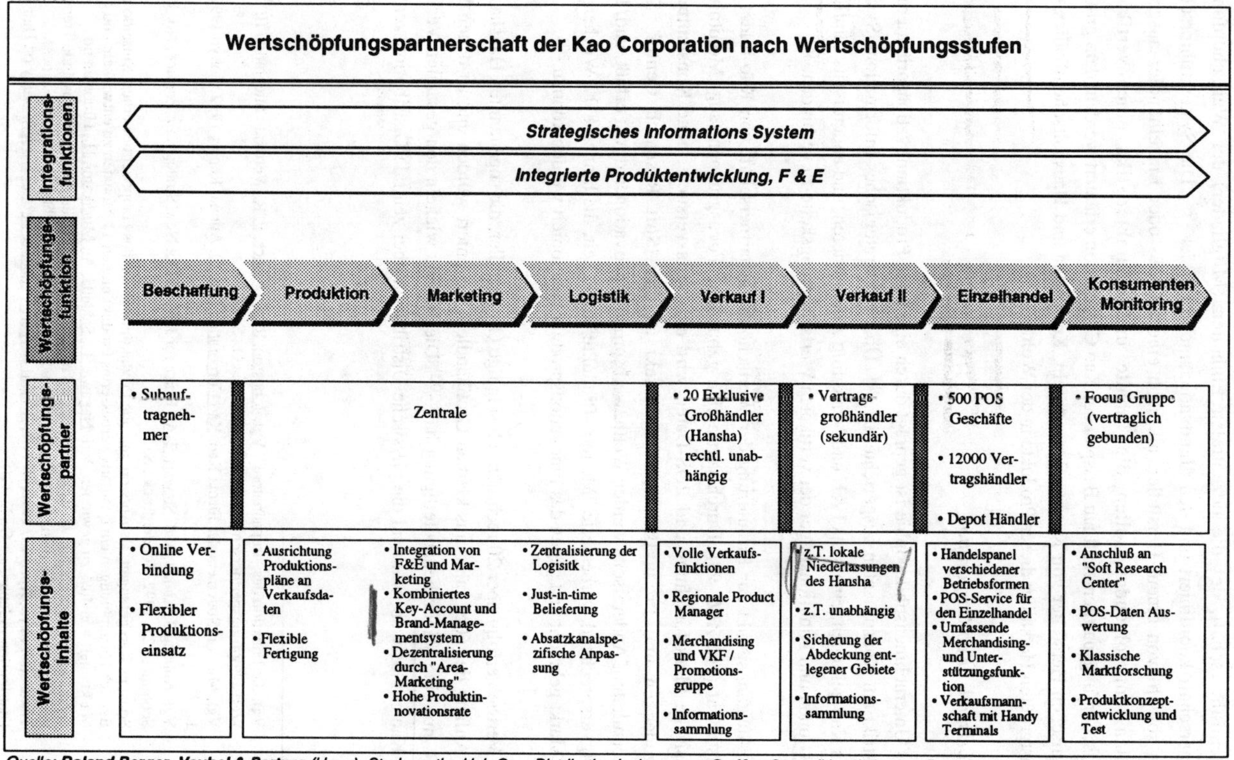

Wertschöpfungspartnerschaft der Kao Corporation nach Wertschöpfungsstufen

	Beschaffung	Produktion	Marketing	Logistik	Verkauf I	Verkauf II	Einzelhandel	Konsumenten Monitoring
Integrationsfunktionen				*Strategisches Informations System*				
				Integrierte Produktentwicklung, F & E				
Wertschöpfungsfunktion								
Wertschöpfungspartner	Subauftragnehmer		Zentrale		• 20 Exklusive Großhändler (Hansha) rechtl. unabhängig	• Vertragsgroßhändler (sekundär)	• 500 POS Geschäfte • 12000 Vertragshändler • Depot Händler	• Focus Gruppe (vertraglich gebunden)
Wertschöpfungsinhalte	• Online Verbindung • Flexibler Produktionseinsatz	• Ausrichtung Produktionspläne an Verkaufsdaten • Flexible Fertigung	• Integration von F&E und Marketing • Kombiniertes Key-Account und Brand-Managementsystem • Dezentralisierung durch "Area-Marketing" • Hohe Produktinnovationsrate	• Zentralisierung der Logistik • Just-in-time Belieferung • Absatzkanalspezifische Anpassung	• Volle Verkaufsfunktionen • Regionale Product Manager • Merchandising und VKF / Promotionsgruppe • Informationssammlung	• z.T. lokale Niederlassungen des Hansha • z.T. unabhängig • Sicherung der Abdeckung entlegener Gebiete • Informationssammlung	• Handelspanel verschiedener Betriebsformen • POS-Service für den Einzelhandel • Umfassende Merchandising und Unterstützungsfunktion • Verkaufsmannschaft mit Handy Terminals	• Anschluß an "Soft Research Center" • POS-Daten Auswertung • Klassische Marktforschung • Produktkonzeptentwicklung und Test

Quelle: Roland Berger, Vaubel & Partner (Hrsg.), Study on the Hair Care Distribution in Japan, a.a.O., Kao Corp. (Hrsg.), Interne Präsentationsmaterialien, a.a.O.

und 20 Depots erfolgt.[203] Der Verkauf von den Hansha an den Einzelhandel erfolgt z.T. noch über kleinere Sekundärvertragsgroßhändler, die jedoch nicht alle exklusiv für Kao arbeiten. Auf der Einzelhandelsebene bilden 500 per POS-Online-System an Kao angeschlossene Händlerbetriebe den Kern der Wertschöpfungspartnerschaft. Über die 500 POS-Terminals, die verschiedene Betriebsformen abdecken, ist Kao jederzeit zur Abverkaufs- und Produktionsplanung, sowie zur Vertriebsoptimierung in der Lage. Neben den 500 direkt vernetzten Handelsbetrieben sind 12.000 Kosmetik-Fachgeschäfte im Rahmen des sogenannten Kao-Sofina-Beauty-Plaza-Konzepts als Vertragshändler an Kao gebunden. Darüber hinaus werden 267.500 Einzelhandelsbetriebe beliefert, wobei in großflächigen Betriebsformen noch ein Depot-System (Sofina Kosmetik-Depots) zum Einsatz kommt.[204]

Zentrale Wertschöpfungsfunktionen, die von Kao direkt ausgeübt werden, bilden Produktion, Marketing und physische Distribution, neben den bereits erwähnten Integrationsfunktionen Informationswirtschaft und Produktentwicklung. Zur Flexibilisierung der Produktion werden Sub-Auftragsnehmer neben 8 Fabriken eingesetzt.[205] Sie sind ebenfalls informationstechnisch vernetzt.

Die Kao Wertschöpfungskette gilt als die modernste im gesamten japanischen Konsumgütermarkt und als ungemein schlagkräftig.[206] Sie kann als Indiz dafür gewertet werden, daß eine flexible Kette von Partnern unterschiedlicher Marktstellung und Größe unter Führung eines Systemkopfes eine gleichhohe bzw. sogar höhere Wertschöpfung im Konsumgütermarkt realisieren kann, als ein vertikal integriertes Großunternehmen.

Vergleichbar mit Kao betreibt der Convenience-Store-Betreiber Seven-Eleven eine einzelhandelsgeführte Wertschöpfungspartnerschaft. Einzelne Elemente der Seven-Eleven Wertschöfpungspartnerschaft, wie z. B. der Betrieb von Distributionszentren durch den Großhandel, die Exklusivkooperation mit ausgewählten Herstellerunternehmen sowie die Unterhaltung des Filialnetzes auf Franchise-Basis, wurden bereits in Kapitel C ausführlich beschrieben.[207] Auch bei Seven-Eleven erfolgt die Koordination weitgehend dezentral (z. B. dezentrale Entscheidungs- und Dispositionsprozesse) und wird über ein hochmodernes Informationssystem verknüpft.

Beide genannten Unternehmen gelten als in ihrem jeweiligen Feld führend in der japanischen Konsumgüterdistribution. Vertikalen Wertschöpfungspartnerschaften kann damit eine

---

[203] Vgl. Toyonaga, A., Kao, in: Crédit Lyonnais Securities (Hrsg.), Japan Equity Research, Tokyo, November 1990, S.4.
[204] Vgl. Roland Berger, Vaubel & Partner (Hrsg.), Study on Hair Care Distribution in Japan, a.a.O.
[205] Vgl. Stewart, T.A., Brace for Japan´s Hot New Strategy, a.a.O., S. 3f.
[206] Vgl. ebenda.
[207] Vgl. Kap. C, Abschn. 3.324.

Signalwirkung für die künftige Gestaltung vertikaler Kooperationssysteme in Japan zugesprochen werden, die sich gegebenenfalls auch auf westliche Industrienationen übertragen lassen. Sie können dabei primär in komplexen Systemen der Massendistribution Anwendung finden. Zentrale Merkmale sind folgende:[208]

- Zusammenarbeit rechtlich selbständiger Partner auf überwiegend vertraglicher Basis (i.d.R. exklusiv),
- Dezentrale Koordination,
- Focussierung der einzelnen Partner auf ihre jeweiligen Stärken,
- Vernetzung aller Systempartner Online und Real-Time per EDV,
- Systemführerschaft durch einen "Innovationsmotor",
- Verpflichtung aller Partner auf das Ziel der permanenten Verbesserung (Kaizen),
- Verzicht auf "feindliche Handlungen" einzelner Systempartner (z.B. M&A).

Für das einzelne Herstellerunternehmen stellt sich die Frage, inwieweit es in der Lage ist, eine Wertschöpfungspartnerschaft aufzubauen und zu führen oder sich als Partner zu integrieren. Generell dürften Hersteller mit einem hohen Marketingführerschaftspotential auch zur Wertschöpfungssystemführerschaft prädestiniert sein. Dabei ist nicht die Unternehmensgröße, sondern vielmehr die Innovationskraft und visionäre Führung von entscheidender Bedeutung.

4.4 Aggregierte Interpretation der Präferenzstrukturen zur Ausgestaltung der Instrumentalstrategien

Abschließend soll der Zusammenhang zwischen Instrumentewahl und der Ausgestaltung der Basisstrategien im vertikalen Marketing durch die identifizierten strategischen Gruppen analysiert werden *(vgl. Tab. 7)*.

Cluster 1, dessen Basisstrategie als offensive Aufbaustrategie bezeichnet wurde, wird durch eine traditionelle vertikale Absatzmittlerselektion charakterisiert. Bedingt durch eine nur unterdurchschnittlich ausgeprägte vertikale Wettbewerbsintensität, werden auch in Zukunft mehrstufige Formen der Distribution unter Einschaltung des Großhandels präferiert. Bei gleichzeitig nur begrenzt vorhandenen, horizontalen Wettbewerbsvorteilen, aufgrund derer die Handelsseite selbst mit exklusiven Vertriebsrechten kaum zu stimulieren sein dürfte, wird ein intensiver Distributionsgrad angestrebt.

Unter den Instrumenten der Akquisitions- und Motivationsstrategie sticht bei Cluster 1 die Präferenz für monetäre Anreize (insbesondere Listungsrabatte, Mengenrabatte und

---

[208] Vgl. Johnston, R., Lawrence, A.R., Vertikale Integration II: Wertschöpfungspartnerschaften Leisten mehr, a.a.O., S. 81f, 88.

Jahresboni) hervor, mit denen Positionen im Handel offenbar erkauft werden. Allen sonstigen Instrumenten der Absatzmittlerstimulation wird im Vergleich zu den übrigen strategischen Gruppen eine geringere Bedeutung zugemessen, ebenso wie der Umfang von Kooperationen mit dem Handel unterdurchschnittlich ausgeprägt ist, bzw. diesen nur begrenzte Relevanz eingeräumt wird.

Tab. 7

Übergreifende clusterspezifische Ergebnisinterpretation
(Instrumentewahl)

Strategien und Instrumente	Cluster 1	Cluster 2	Cluster 3	Cluster 4	Cluster 5
Basisstrategie	offensive Aufbau-Strategie	Angriffs- und Marketingführerschaftsstrategie	Verteidigungs- und Ausstiegsstrategie	Offensive Kooperationsstrategie	Defensive Kooperationsstrategie
Selektionsstrategie					
Absatzkanallänge	eher lang	kurz	mittel bis lang	mittel	eher kurz
Distributionsgrad	Intensiv	Intensiv und Exklusiv	Intensiv	Intensiv und Selektiv	Intensiv
Akquisitions- und Motivationsstrategie					
Konditionenpolitik					
Aktionsrabatte, Mengenrabatte, Listungsrabatte	↘	↓	↘	↘	↘
Werbekostenzuschüsse	↘	↓	↘	↘	↘
Produktpolitik					
Exklusivserienproduktion	↓	↓	↖	↖	↖
Handelsmarkenproduktion	↓	↘	↖	↖	↖
Kommunikationspolitik					
Schulungsmaßnahmen, Personalentsendung	↘	↓	←	↖	↖
Persönliche Incentives	↘	↖	↖	↖	↖
Ladenbauunterstützung	↓	↖	↖	↖	↑
Logistik- und Servicepolitik					
Just-in-time Belieferung	↓	↖	↖	↖	↖
Regalpflege/Merchandising	↘	↘	←	↖	←
Informationsdienstleistungen	↘	↖	↘	↖	↖
Koordinations- und Kontraktstrategie					
Bedeutung der Zusammenarbeit mit dem Handel in ausgewählten Kooperationsfeldern	↘	↘ ¹⁾	↖	↑	↑
Beurteilung Franchising als Kontraktinstrument	↓	↘	↘	↖	↑

↑ = sehr bedeutend   ← = durchschnittliche Bedeutung   ↘ = eher unbedeutend
↖ = bedeutend   1) Ausnahme Informationsaustausch   ↓ = unbedeutend

Der Rückgriff auf die präferierten vertikalen Marketing-Strategien impliziert vor dem Hintergrund der Bedeutung, die der Pull-Strategie zugemessen wird, den Einsatz von klassischen Instrumenten der Kommunikationspolitik. Da für Unternehmen des Clusters 1 die Verbesserung der horizontalen Wettbewerbssituation Priorität besitzt, ist einem verbraucherorientierten Instrumentalansatz (d. h. insbesondere Markenbildung) eher Empfehlungscharakter beizumessen, als einem primär push-orientierten Ansatz.

Die Unternehmen des Clusters 2 verfolgen als Basisstrategie im vertikalen Marketing eine Angriffs- und Marketingführerschaftsstrategie. Zu deren Umsetzung werden kurze Absatzkanäle bevorzugt, die ein Höchstmaß an Kontrolle ermöglichen.

Hohe horizontale Wettbewerbsvorteile bilden die Grundlage für eine überdurchschnittliche Bedeutung der exklusiven Distribution, neben der primär verfolgten intensiven Distribution. Die Marketingführerschaftsstrategie spiegelt sich in den Akquisitions- und Motivationsinstrumenten wider, indem auf Instrumente zum Herausverkaufen (Verkaufspersonalschulung, Personalentsendung, Ladenbauunterstützung), leistungsbezogene, monetäre Anreize (Werbekostenzuschüsse) sowie anspruchsvolle Instrumente der Logistik- und Servicepolitik gesetzt wird. Unter den möglichen und praktizierten Kooperationsfeldern mit dem Handel wird lediglich der Informationswirtschaft überdurchschnittliche Bedeutung eingeräumt, in allen übrigen Feldern fällt die Beurteilung unterdurchschnittlich aus. Die ausgewählten Instrumente reflektieren folglich die offensive Grundhaltung, mit der ein Autonomieverzicht nicht vereinbar ist.

Cluster 3, dessen Basisstrategie als Verteidigungs- und Ausstiegsstrategie umschrieben wurde, schließt in seine Selektionsstrategie auch künftig den Großhandel mit ein und ist um einen intensiven Distributionsgrad zur Sicherung der Absatzbasis bemüht. Bei den Akquisitions- und Motivationsinstrumenten steht das "Hineinverkaufen" in den Handel im Vordergrund. Neben einer Präferenz für Aktions- und Listungsrabatte werden Exklusiv- und Handelsmarkenproduktion als produktpolitische Anreize überdurchschnittlich positiv bewertet. Nur geringe Kompetenzen bestehen offenbar im Bereich der Logistik- und Servicepolitik, so daß diesen Instrumenten keine überdurchschnittliche Relevanz zur Präferenzbildung beigemessen wird. Nur in produktbezogenen Teilbereichen (Produktentwicklung, Handelsmarkenproduktion) werden positive Ansätze zur Zusammenarbeit mit dem Handel gesehen. In Übereinstimmung mit der gewählten Basisstrategie werden folglich Instrumente präferiert, die eine deutliche Anpassung an den Handel zur Folge haben. Als Alternativen zu einer derartigen Präferenzbildung zur Existenzsicherung werden nur Umgehungs- oder Ausweichstrategien angesehen.[209]

Die Unternehmen des Clusters 4, die offensive Kooperationsstrategien als Basisstrategie verfolgen, verfügen über relativ hohe horizontale Wettbewerbsvorteile, die es ihnen ermöglichen, ihre Absatzkanäle kürzer zu strukturieren und Absatzmittler zu selektieren. Ebenso besteht eine geringere Abhängigkeit von monetären Instrumenten, mit denen der Hineinverkauf in den Handel stimuliert wird. Präferiert werden Werbekostenzuschüsse. Im übrigen findet eine breite Palette von Akquisitions- und Motivationsinstrumenten überdurchschnittlichen Zuspruch, mit denen letztlich die Zusammenarbeit mit dem Handel im Sinne der Basisstrategie intensiviert werden soll. Dabei wird jedoch die Führungsrolle im Absatzkanal angestrebt. Unternehmen des Clusters 4 bilden entsprechend beispielhafte Initiatoren zum Aufbau einer Wertschöpfungspartnerschaft.

---

[209] Vgl. Kap. E, Abschn. 3.4.

Als letzte strategische Gruppe kennzeichnet die Unternehmen des Clusters 5 ein eher adaptives Verhalten, welches in der verfolgten Basisstrategie zum Ausdruck kommt. Die hohe vertikale Wettbewerbsdynamik mit der Tendenz zur Nachfragebeherrschung der Unternehmen dieses Clusters ausgesetzt sind, spiegelt sich auch in der Instrumentewahl wider. So läßt die erwartete Strukturierung der Absatzkanäle für die Unternehmen dieses Clusters vermuten, daß eine Verkürzung der Absatzkanäle in diesem Fall ursächlich auf marktstarke, großflächige Abnehmer zurückzuführen sein dürfte. Unternehmen des Clusters 5 verfolgen eine Strategie des Massenvertriebs, mit dem Ziel eines intensiven Distributionsgrades. Bei den monetären Anreizinstrumenten liegt der Akzent auf Rabatten zum Hineinverkaufen, die die Abhängigkeit von der Nachfrageseite widerspiegeln. Bei den übrigen Instrumenten der Akquisitions-, Motivations- und Kontraktstrategie bestehen vergleichbare Präferenzen zu Cluster 4. Ein breitgefächerter Instrumenteneinsatz läßt das Bemühen um eine Umsetzung der Kooperationsstrategie zum Ausdruck kommen.

Zusammenfassend läßt sich festhalten, daß eine weitgehende Konsistenz von bekundetem strategischen Verhalten und präferierten Instrumenten zur Umsetzung der Basisstrategien bei den befragten Konsumgüterherstellern zu beobachten ist. Die ausgewählten Instrumentalstrategien erscheinen adäquat für die jeweilige Wettbewerbssituation, in der sich die strategischen Gruppen befinden. Modifikationsbedürftig erscheint lediglich der Instrumenteeinsatz des Clusters 1, welches eine zu einseitige Präferenz für monetäre Anreize aufweist, die nicht unbedingt zur Verbesserung der Wettbewerbsposition geeignet sind.

Als abschließender Aspekt der vorliegenden Untersuchung soll nun überprüft werden, inwieweit sich die identifizierten Strategiemuster im vertikalen Marketing in Japan auch in der Aufbauorganisation der Unternehmen widerspiegeln. Übergreifend gilt es zu ermitteln, welche Formen der institutionellen Verankerung des vertikalen Marketing in Japan primär Anwendung finden.

5. Tendenzen bei der Gestaltung der Marketingorganisation

Die Marketingorganisation einer Unternehmung ergibt sich aus der Gliederung der Gesamtabsatzaufgabe in Teilaufgaben sowie ihrer Zusammenfassung und Zuordnung zu Aufgabenträgern.[210] So ist zu vermuten, daß die sich zwischen Hersteller und Handel verschiebenden Machtverhältnisse in Form neuer Funktionskomplexe und Funktionszu-

---

210 Die Marketingorganisation wird an dieser Stelle als interne Marketingorganisation definiert, die das spezifische absatzwirtschaftliche Verhalten innerhalb der Unternehmung strukturiert. Vgl. Meffert, H., Marketing, a.a.O., S. 543.

ordnungen in der Marketingorganisation ihren Niederschlag finden, um die strukturellen Voraussetzungen für eine erfolgreiche Auseinandersetzung mit dem Handel zu schaffen.[211]

Ausgangspunkt der Untersuchung bildete zunächst die Frage, inwieweit die Marketingorganisation überwiegend zentral (d.h. lokal und personell konzentriert) angelegt ist oder dezentral nach dem Delegationsprinzip (Delegation von Verantwortung auf mehrere Entscheidungsträger, die räumlich verteilt sind) aufgebaut wird. Als Ergebnis läßt sich festhalten, das 80% der befragten Hersteller ihre Marketingorganisation zentralisiert haben.

Weiterhin war von Interesse, inwieweit ein eigener Außendienst betrieben wird, und welche Absatzmittler von diesem bearbeitet werden. Zu vermuten war, daß aufgrund der hohen Bedeutung des Großhandels eine Vielzahl von Funktionen auf diesen übertragen würden (d.h. im Extremfall sogar der gesamte Außendienst) und der Großhandel ein vorrangiges Zielobjekt der Absatzbemühungen bilden könnte. Diese Vermutungen werden jedoch nur teilweise bestätigt. 92% der befragten Hersteller verfügen über einen eigenen Außendienst, der von diesen Unternehmen zu 72% zur Bearbeitung des Großhandels, zu 91% aber zur Penetrierung des Einzelhandels eingesetzt wird. Darin wird das Bemühen der Hersteller um möglichst direkte Kontakte zum Einzelhandel deutlich. Von Interesse ist darüber hinaus, daß bereits 49% der Hersteller versuchen, direkt beim Einzelhandel zu akquirieren, ohne den Großhandel durch eine Marge am Geschäft zu beteiligen.

Als Kern des Organisationsteils der Befragung wurde die Form der Marketingorganisation erhoben. Unterschieden wurden vier Gestaltungsalternativen:

(1) Konventionelle Marketingorganisation: funktionale Gliederung der absatzgerichteten Aufgabenbereiche nach Verkauf und Marketing;

(2) Produktorientierte Marketingorganisation: Ausrichtung an Produkten bzw. Produktgruppen als Kriterium für die Zusammenfassung von Verkaufs- und Marketingaufgaben (Produkt-Management);

(3) Kundenorientierte Marketingorganisation: Ausrichtung auf Kundengruppen (Key-Account-Management);

(4) Gebietsorientierte Marketingorganisation: Aufteilung und Ausrichtung von Verkauf und Marketing nach Regionen bzw. Verkaufsgebieten (Area-Marketing).

---

[211] Vgl. Kemna, H., Key-Account-Management, München 1979, S. 197ff; Diller, H., Key-Account-Management als vertikales Marketingkonzept. Theoretische Grundlagen und empirische Befunde aus der deutschen Lebensmittelindustrie, in: Marketing ZFP, 11. Jg., 1989, S. 213-223;

Von besonderer Relevanz wurde dabei das Abschneiden der kundenorientierten Marketing-Organisation angesehen, die durch gezielte strukturelle Ausrichtung der Unternehmung auf die Bedürfnisse der Handelskunden besonders geeignet erscheint, kooperative Formen der Zusammenarbeit mit dem Handel zu entwickeln.[212] Umgekehrt bildet ihre Verbreitung ein Indiz dafür, inwieweit Unternehmen überhaupt eine Ausrichtung an den Erfordernissen der Handelskunden als notwendig erachten.

Wie die Ergebnisse in *Abbildung 99* verdeutlichen, kommt dem Key-Account-Management in Japan bislang noch die geringste Bedeutung zu.[213] Bei der Befragung wurden Mehrfachnennungen zugelassen, da davon ausgegangen wurde, daß in der Praxis häufig organisatorische Mischformen existieren. Die mit Abstand bedeutendste Form der Marketingorganisation stellt in Japan offenbar noch die konventionelle Verkaufs- und Marketingorganisation dar, gefolgt vom Produktmanagement und der gebietsorientierten Ausrichtung.

Abb. 99

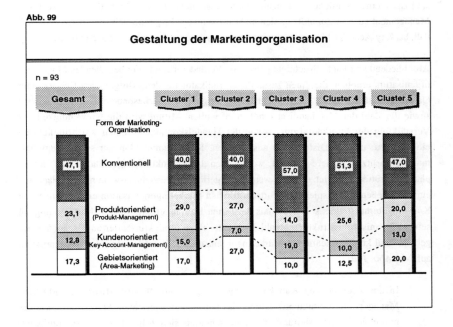

- [212] Diller, H., Gaitanides, M., Vertriebsorganisation und handelsorientiertes Marketing, in: ZfB, 59. Jg., 1989, S. 589-608.
Vgl. ebenda, S. 589ff.
- [213] Vgl. hierzu auch die Befunde von Puhlmann. Puhlmann, H., Marketing Dreiklang à la Fernost, a.a.O., S. J5ff.

Die relative Bedeutung der gebietsorientierten Marketingorganisation läßt sich dabei mit den geographischen Strukturen des japanischen Marktes sowie den hohen innerjapanischen Transportkosten begründen, die die Dezentralisierung logistischer Funktionen sowie des Außendienstes sinnvoll machen. Differenziert man die Bedeutung der einzelnen Organisationsformen nach strategischen Gruppen, so fällt auf, daß die kundenorientierte Marketingorganisation bei jenen Clustern mit hohen Wettbewerbsvorteilen (Cluster 2 und 4) am geringsten, bei jenen mit niedrigen Wettbewerbsvorteilen (Cluster 1, 3, 5) jedoch überdurchschnittlich ausgeprägt ist. Offenbar spielt bei diesen Unternehmen, die durch ein defensives Verhalten und eine Präferenz für Push-Strategien gekennzeichnet waren, die Orientierung am Handel organisatorisch eine zentrale Rolle.

Jene Unternehmen, die ein Key-Account-Management heute noch nicht betreiben, wurden ferner befragt, ob sie eine künftige Einführung in Erwägung ziehen bzw. bereits planen. Darauf antworteten 31,2% der Unternehmen, daß sie eine Einführung beabsichtigen, 29% schlossen eine mögliche Einführung nicht aus, und 39,8% hielten das Key-Account-Management auch in Zukunft für sich nicht für sinnvoll. Insgesamt läßt sich daraus ablesen, daß das Key-Account-Management eine langsam steigende Bedeutung in Japan besitzt.

Abschließend wurden beabsichtigte personelle Veränderungen in der bestehenden Marketingorganisation erhoben, die einen zusätzlichen Indikator für den erfolgreichen Einsatz einer Organisationsform bilden.[214] 52% der Hersteller gaben an, insbesondere ihren Außendienst sowie die Zahl der Merchandiser erhöhen zu wollen. Mithin wird die Notwendigkeit zur Verstärkung der "Verkaufsfront" sowie der Handelskontakte offenbar am dringlichsten eingeschätzt, um die Distribution auszuweiten. Key-Account-Manager sowie Regionalmanager besitzen mittlere Priorität, wohingegen das Produkt-Management in eine "Reifephase" einzutreten scheint, d.h. hier werden die geringsten Personalausweitungen geplant. Als ein abschließendes Beispiel einer fortschrittlichen Marketingorganisation eines japanischen Konsumgüterherstellers soll nochmals die Firma Kao angeführt werden. Kao vereinigt in seiner Organisationsstruktur sowohl Elemente einer produktorientierten als auch einer gebiets- und kundenorientierten Marketingorganisation. Sie weist folgende Charakteristika auf *(vgl. Abb. 100)*:

- In der Zentrale von Kao koordinieren sogenannte **Brand-Manager** (Marken-Manager) die Produktentwicklung, das konsumentengerichtete Marketing sowie die nationale Vertriebsleitung. Sie unterscheiden sich folglich von herkömmlichen Produkt-Managern durch ein ganzheitliches Funktionsspektrum, mit welchem klassische Konflikte, wie z.B. zwischen Vertriebs- und Marketingabteilung, vermieden werden.

---

[214] Vgl. Anhang 3, Abb. 5.

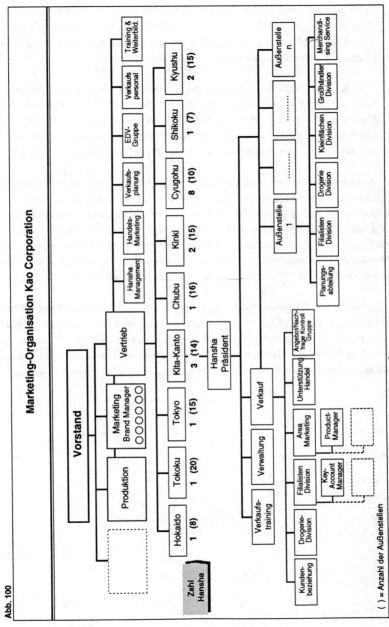# Abb. 100 Marketing-Organisation Kao Corporation

( ) = Anzahl der Außenstellen

Quelle: *Kao Corporation* (Hrsg.), *Interne Präsentationsmaterialien*, a.a.O.

- Der regionale Vertrieb wird dezentral durch die bereits vorgestellten Exklusiv-Großhandlungen (Hansha) geführt. Infolgedessen ist die Zentrale von Kao als extrem "schlanke" Organisation zu beurteilen, in der lediglich die nationale Leitung sowie Unterstützungsdienste für den Hansha-Vertrieb angesiedelt sind.

- Jede der 20 Exklusiv-Großhandlungen verfügt über eine eigene, vollständig ausgebaute Marketingorganisation, die in der Hansha-Zentrale ein **Key-Account-Management** sowie ein gebietsorientiertes **Produktmanagement** umfaßt. Regional bzw. lokal existieren Niederlassungen der Hansha, in denen der Verkaufsaußendienst - nach Betriebsformen gegliedert - sowie Merchandising-Gruppen angesiedelt sind.

Kaos Marketingorganisation zeichnet sich damit durch ein ausgewogenes Maß an Zentralisierung (Brand Manager) und Dezentralisierung (Hansha) aus und ist durch hohe Flexibilität und Marktnähe gekennzeichnet. Dabei bewirkt die Wertschöpfungspartnerschaft mit den Hansha eine ausreichende Steuerbarkeit und Kontrollierbarkeit bei nahezu vollständiger Vertriebskostenexternalisierung und Focussierung auf die Stärken der Partner. Die Marketingorganisation von Kao kann in der japanischen Konsumgüterdistribution, ebenso wie die dargestellte Wertschöpfungspartnerschaft, als richtungsweisend gelten.

Wie die empirischen Ergebnisse sowie das Fallbeispiel Kao abschließend verdeutlichen, finden Elemente einer speziell auf die Bedürfnisse des vertikalen Marketing zugeschnittenen Marketingorganisation langsam Verbreitung in der japanischen Konsumgüterdistribution. Sie spiegeln abschließend den Entwicklungsstand der organisatorischen Anpassung der Unternehmen auf die strukturellen Veränderungen des japanischen Distributionssystems wider.

Kapitel F

F. Schlußbetrachtung

1. Zusammenfassung der Untersuchungsergebnisse

Im Zusammenhang mit der Diskussion über wachsende Handelsbilanzdefizite westlicher Industrienationen mit dem Wirtschaftspartner Japan rückt immer wieder das japanische Distributionssystem als Ursache eines mangelhaften Marktzugangs sowie einer unzureichenden Marktpenetrierung in den Mittelpunkt kritischer Auseinandersetzungen. Vor dem Hintergrund handelspolitischer Pressionen hat die japanische Regierung bereits im Jahr 1989 ein umfassendes Programm zur Modernisierung des Distributionssystems und zur Deregulierung gesetzlicher Rahmenbedingungen vorgestellt und anschließend schrittweise realisiert. Gleichzeitig wirken sozio-demographische, psychographische und ökonomisch-technologische Einflußfaktoren auf die strukturelle Entwicklung des Distributionssystems ein. Wenig erforscht sind bislang die Wirkungsrichtungen und insbesondere die Implikationen struktureller Veränderungen für die künftige Marktbearbeitung.

Die gegenwärtige Umbruchsituation des japanischen Distributionssystems bietet daher einerseits Anlaß für eine Bestandsaufnahme, andererseits kann sie als Anstoß für eine strategische Neuausrichtung bzw. Revision der Marktbearbeitung genutzt werden. Dies gilt für japanische und ausländische Unternehmen gleichermaßen, für die unterstellt werden kann, daß sie, insbesondere wenn sie bereits auf dem japanischen Markt tätig sind, weitgehend identische Bedingungen der Distribution vorfinden und ihnen mithin auch die gleichen strategischen Optionen offenstehen. Bezüglich der japanbezogenen Forschung war bislang festzustellen, daß vergangene Studien nur am Rande Empfehlungen für das strategische Verhalten gegenüber Absatzmittlern, d.h. die Gestaltung des sogenannten vertikalen Marketing thematisiert haben.

In der vorliegenden Arbeit wurde diese Problematik explizit aufgegriffen und in Verbindung mit der geschilderten Situation strukturellen Wandels, in der sich das japanische Distributionssystem befindet, in die folgenden vier Forschungsziele umgesetzt:

- Erstes Forschungsziel war es, einen theoretischen Bezugsrahmen zur Messung und Deskription der strukturellen Veränderungen des japanischen Distributionssystems aufzubauen, um Entwicklungstendenzen deutlich und objektiv nachvollziehbar herleiten zu können. Existierende Modellansätze, die aus der westlichen Handelsforschung hervorgegangen sind, erschienen dabei im Hinblick auf die Abbildung der japanischen Realität nur bedingt modifikationsbedürftig. Weiterhin sollte ein geeignetes Paradigma zur Überprüfung strategischer Optionen für die Bearbeitung vertikaler Wettbewerbsstrukturen in Japan ermittelt werden. Ausgewählt wurde das Paradigma des vertikalen Marketing, welches die notwendige Flexibilität aufweist, um ein breites Spektrum alternativer Strategien, die zur Gestaltung der Absatzkanäle in Japan denkbar erschienen, abdecken zu können. In das Paradigma aufgenommen wurden einerseits Basisstrategien im vertikalen Marketing, als die sich Verteidigungs-, Angriffs-, Kooperations- sowie Ausweich- und Umgehungsstrategien unterscheiden lassen. Andererseits sollte jedoch auch die Instrumentalebene Berücksichtigung finden, welche die Ausgestaltung von Selektions-, Akquisitions- und Motivations-, sowie Koordinations- und Kontraktstrategien umfaßt.

- Das zweite Forschungsziel bestand zunächst in einer Systematisierung der vielfältigen Einflußfaktoren strukturellen Wandels, die im Hinblick auf ihre Wirkungsrichtung zu beurteilen waren. Anschließend sollte eine Anwendung des theoretischen Bezugsrahmens zur Messung struktureller Veränderungen von Groß- und Einzelhandel erfolgen. Auf der Basis einer idealtypischen Zuordnung und Positionierung in den zuvor ausgewählten Modellen galt es die Grundlage für eine Entwicklungsprognose zu schaffen.

- Das dritte Forschungsziel bestand in einer Analyse ausgewählter Produktgruppen im Hinblick auf eine Veränderung der vertikalen Distributionsstrukturen. Aus diesen sollten Indikatoren für die vertikale Wettbewerbsdynamik, der Unternehmen unterschiedlicher Branchen ausgesetzt sind, sowie Implikationen für ein branchenspezifisches strategisches Verhalten abgeleitet werden.

- Viertes und wichtigstes Forschungsziel bildete die Ermittlung der beabsichtigten Gestaltung vertikaler Marketing-Strategien von Konsumgüterherstellern in Japan im situativen Kontext der sich verändernden Distributionsstrukturen. Ausgehend von der Auswahl zuvor ermittelter, geeigneter Situationsvariablen sollte ein kontingenz-theoretischer Ansatz als Grundlage eines empirischen Modells gewählt werden. Mit Hilfe des Modells, welches sich in seinem Aufbau an die Industrial-Organization-Forschung anlehnt, waren zunächst distinktive Wettbewerbssituationen als Basis der Klassifikation der Objekte der Primärbefragung zu identifizieren. Durch Anwendung und Überprüfung des Paradigmas des vertikalen Marketing sollte anschließend erhoben werden, inwieweit die klassifizierten Objekte ein gruppenspezifisch homogenes, vertikales strategisches Verhalten aufweisen und gegebenenfalls durch eine vergleichbare Erfolgssituation gekennzeichnet sind. Sollten diese Konditionen erfüllt sein, so wären die identifizierten Objektgruppen als strategische Gruppen zu charakterisieren, deren strategisches Verhalten als Grundlage von Empfehlungen für Unternehmen in vergleichbaren Wettbewerbssituationen in Japan herangezogen werden kann. Neben der Ermittlung der Ausgestaltung vertikaler Marketing-Strategien durch die befragten Unternehmen sollten abschließend die Präferenzstrukturen hinsichtlich der Strukturierung der Marketingorganisation ermittelt werden.

Im Hinblick auf die angeführten Forschungsziele lassen sich folgende Ergebnisse der vorliegenden Arbeit thesenartig zusammenfassen:

(1)   Die gesetzlichen Deregulierungsmaßnahmen der japanischen Regierung haben ein deutliches Signal für eine Restrukturierung der japanischen Distribution gesetzt.

Im Mittelpunkt der Initiativen der japanischen Regierung mit Relevanz für den Distributionssektor, die von wettbewerbs- bis hin zu infrastrukturpolitischen Maßnahmen reichen, steht die Deregulierung des "Gesetzes über großflächige Einzelhandelsbetriebe". Als unmittelbarer Erfolg der administrativen Neuauslegung und Erweiterung des Gesetzes in zwei Schritten ist ein sprunghafter Anstieg der Anträge für die Genehmigung großflächiger Einzelhandelsbetriebe sowohl in der Flächenkategorie über 1500 qm (plus 165,4%), als auch in der Kategorie zwischen 500 und 1500 qm (plus 69,6%) allein im Zeitraum 1989-1990 zu werten. Gleichzeitig wurde durch den Erlaß von "Richtlinien zur Beurteilung von Distributionssystemen und Geschäftspraktiken" sowie die sukzessive Aufhebung der Preisbindung der Zweiten Hand in noch ausstehenden Produktgruppen durch die Kartellbehörde FTC ein Zeichen für einen fairen und verschärft preisorientierten Wettbewerb gesetzt. Von dieser Entwicklung werden vor allem discountorientierte Betriebsformen des Handels profitieren, ebenso wie ausländische Hersteller.

(2)   Nachhaltige Veränderungen in der sozio-ökonomischen und technologischen Umwelt des Distributionssystems akzelerieren den Strukturwandel.

Die Maßnahmen der Regierung spiegeln gesellschaftspolitische Entwicklungstendenzen wider, die eine Modernisierung der Distribution erforderlich gemacht haben. Zu erwähnen sind einerseits sozio-demographische Veränderungen, insbesondere der Übergang Japans in eine "reife" Konsumgesellschaft, die zunehmende Berufstätigkeit von Frauen sowie die wachsende Motorisierung, die sich auf das Einkaufsverhalten auswirken. Die geographische Bewegung der Bevölkerung in städtische Randzonen erfordert die Erschließung neuer Einkaufszentren bzw. die Revitalisierung bestehender Einkaufszonen durch moderne Betriebsformen. Psychographische Trends, insbesondere eine zunehmende Aufklärung der Konsumenten, eine deutlich gestiegene Preissensitivität sowie eine wachsende Bedeutung von Wochenendeinkäufen verstärken die sozio-demographischen und geographischen Einflußfaktoren. Als bedeutendster ökonomischer Einflußfaktor ist die anhaltende Rezession zu nennen, die einerseits zu einer Reduktion des Bodenpreisniveaus führt und sich damit auf die Investitions- und Raumkosten neuer Handelsbetriebsflächen auswirkt, und andererseits Sättigungstendenzen in einer Vielzahl von Konsumgüterproduktgruppen offen zum Vorschein bringt. Die Folge ist eine zunehmende Bedeutung des Discountprinzips. Einen letzten wichtigen Einflußfaktor bildet die Verbreitung von Informationstechnologien im Handel, die zu einer hohen

Leistungstransparenz geführt hat und das vertikale Machtgefüge eindeutig zugunsten des Einzelhandels verlagert.

(3) *Der Großhandel gerät im Zuge struktureller Veränderungen in Bedrängnis.*

Trotz steigender Anzahl der Großhandelsbetriebe noch bis zum Jahr 1991, sind Tendenzen der Konzentration auf Großbetriebe sowie der Filialisierung kleiner, lokaler Großhändler zu konstatieren. Das Wachstum der Betriebsstättenanzahl ist dabei insbesondere auf gestiegene Serviceanforderungen und verkürzte Belieferungsrythmen des Einzelhandels zurückzuführen, die zu Produktivitäts- und Profitabilitätsschwächen des Großhandels geführt haben. Ausgehend von der strukturellen Entwicklung des Einzelhandels ist mit einer deutlichen Strukturbereinigung des Großhandels zu rechnen. Langfristige "Überlebensstrategien" sind in Non-Food Kategorien in der Kooperation bzw. Integration mit der Herstellerseite zu sehen, in Food-Kategorien hingegen in einer Kooperation bzw. Integration mit dem Einzelhandel.

(4) *Der Einzelhandel bildet den Ausgangspunkt der Modernisierung des japanischen Distributionssystems.*

Wie mit Hilfe der Analyse der Positionierung der Betriebsformen des japanischen Einzelhandels im Modell des Betriebsformenlebenszyklus nachgewiesen werden konnte, stehen traditionelle und etablierte Betriebsformen wie z.B. Warenhäuser und nicht-organisierte Fachhandelsgeschäfte bereits in der Reifephase. Sie haben mit Erosionserscheinungen und sinkenden Marktanteilen zu kämpfen. Noch in der späten Wachstums- bzw. erst in der frühen Reifephase befinden sich die Betriebsformen Convenience-Store und Supermarkt. Ihnen werden weitere Wachstumspotentiale eingeräumt. Signifikante Wachstumspotentiale weisen vor allem Fachmärkte und Discounter auf, die sich inzwischen fest innerhalb des japanischen Distributionssystems etabliert haben.

(5) *Mit Hilfe eines neu entwickelten Modells zur "Prozeßorientierten Betriebsformen-innovation" konnten jene Betriebsformen ermittelt werden, denen der stärkste Einfluß auf die Rationalisierung der Distributionsstrukturen zugemessen werden kann.*

Als Basis für die Analyse der Betriebsformeninnovation in Japan und ihrer Implikationen für Lieferanten wurde im theoretischen Teil der Arbeit das Modell zur prozeßorientierten Betriebsformeninnovation entwickelt, welches eine externe und eine interne Dimension der Betriebsformeninnovation unterscheidet. Erfolgreiche Betriebsformen der Zukunft sowie die dahinter stehenden Betreiberunternehmen setzen gemäß Annahme des Modells extern an einer klaren Wettbewerbspositionierung (Preis-

oder Differenzierungsführerschaft) und intern an der Optimierung des gesamten Geschäftssystems einschließlich der Neugestaltung der Lieferantenbeziehungen (Wertschöpfungspartnerschaften) an, im Gegensatz zu in der Vergangenheit dominierenden Ansätzen der Optimierung einzelner Erfolgsfaktoren und Funktionen. Damit finden gleichzeitig Ansätze des in der jüngeren Vergangenheit vielfach zitierten "Lean Management" Eingang in den Handel. Mit Hilfe des Modells konnten die z.Zt. erfolgreichsten Betriebsformen in Japan herausgearbeitet werden, von denen die wesentlichen Impulse für strukturelle Neuerungen in der Distribution ausgehen. Japanische Convenience-Stores bilden darunter eine spezifisch japanische Betriebsform, die gemäß den Prinzipien einer am Geschäftssystem orientierten Optimierung innoviert wurde und inzwischen erfolgreich in die USA exportiert wird.

(6)   Bis zum Jahr 2000 wird ein Anstieg des Marktanteils großflächiger und moderner Betriebsformen in Japan auf knapp 50% geschätzt, ausgehend von gegenwärtig etwa 30%.

Auf der Basis der Positionierung im Betriebsformenlebenszyklus sowie der Identifikation der Betriebsformen mit der höchsten Innovationsdynamik durch das Modell zur prozeßorientierten Betriebsformeninnovation wurde eine Prognose der Einzelhandelsentwicklung in Japan bis zum Jahr 2000 vorgenommen. Danach wird mit einem Anwachsen großflächiger und moderner Betriebsformen (insbesondere Supermärkte, Fachmärkte, Discounter, Convenience-Stores und Mini-Supermärkte) auf einen kumulierten Marktanteil von 47,8% im Jahr 2000 gerechnet. Gleichzeitig schrumpfen Fachhandel und Gemischtwarengeschäfte (Sonstige Kleinflächengeschäfte) von einem Marktanteil von 68,4% im Jahr 1991 auf 52,2% im Jahr 2000.

(7)   Die Entwicklung der vertikalen Distributionsstrukturen spiegelt die Tendenzen der Restrukturierung von Groß- und Einzelhandel wider und impliziert nachhaltige Machtverschiebungen.

In sechs ausgewählten Produktgruppen wurde eine Analyse der Entwicklung der vertikalen Distributionsstrukturen vorgenommen. Die dabei angewendete vertikale Wertschöpfungsanalyse auf der Basis empirischer Daten erwies sich als geeignetes Instrument, um Verschiebungen in der vertikalen Funktionsverteilung zwischen Herstellern, Groß- und Einzelhandel aufzudecken bzw. zu antizipieren. Nur begrenzt möglich war eine Zurechnung von Teilen der Handelsspanne zu einzelnen Distributionsfunktionen. Stattdessen wurde eine globale Zuordnung nach Distributionsstufen vorgenommen und interpretiert. Als Ergebnis ist festzuhalten, daß in nahezu allen untersuchten Produktkategorien eine deutliche Zunahme der Nachfragekonzentration im Zeitraum 1980-1990 festgestellt werden konnte, wenngleich aktuell die Mehrzahl der befragten Hersteller eine Marketingführerschaft noch auf der Angebotsseite sieht. Innerhalb der kommenden fünf Jahre wird jedoch mit einer deutlichen Veränderung dieser Situation gerechnet, wobei zuerst die Branchen Nahrungsmittel und Bekleidung von der Situation der Nachfragebeherrschung betroffen sein werden. Mit Hilfe eines Vergleichs der aktuellen und künftigen Strukturierung der Distributionswege sowie der Funktionsaufteilung innerhalb des Wertschöpfungssystems konnte ermittelt werden, daß das Ausmaß struktureller Veränderungen am höchsten in den Produktgruppen Pharmazeutika, Spielwaren und Nahrungsmittel ausfallen wird. Insgesamt wird in allen untersuchten Produktgruppen mit einer deutlichen Verschiebung der Funktionsverteilung zulasten des Großhandels und zugunsten des Einzelhandels gerechnet. Gleichzeitig verliert auch die Herstellerseite an Funktionseinfluß im Einzelhandel, kann ihren Anteil an den sonstigen Wertschöpfungsfunktionen jedoch behaupten. Diese Tendenzen werden belegt durch einen deutlichen Zugewinn des Einzelhandels und Verlust des Großhandels bei der Aufteilung der Handelsspanne.

(8) *Die Differenzierung horizontaler und vertikaler Wettbewerbsindikatoren in ausgewählten Branchen ermöglichte die Bildung einer Matrix zur Positionierung distinktiver Wettbewerbscluster, anhand derer das strategische Verhalten in Abhängigkeit von der Wettbewerbssituation analysiert werden kann.*

Ausgehend von den zuvor dargestellten strukturellen Veränderungen des japanischen Distributionssystems wurden Indikatoren der vertikalen Wettbewerbsdynamik herausgearbeitet und um Indikatoren der unternehmensspezifischen Stärken und Schwächen erweitert. Diese wurden als wesentliche Determinanten für die Gestaltung der vertikalen Zusammenarbeit mit den Absatzmittlern identifiziert und als Situationsvariablen berücksichtigt.

Mit Hilfe einer Faktorenanalyse wurden auf hoch aggregierter Betrachtungsebene zwei zentrale Wettbewerbsdimensionen extrahiert: die "vertikale Wettbewerbsintensität" sowie die "horizontalen Wettbewerbsvorteile". Eine Differenzierung dieser beiden Dimensionen ermöglichte die Errichtung einer Wettbewerbsmatrix, die sich als besonders geeignet zur Analyse des vertikalen strategischen Verhaltens von Unternehmen im japanischen Distributionssystem erwies. Mittels einer Cluster-Analyse wurden fünf untereinander heterogene und intern homogene Wettbewerbscluster identifiziert, die distinktive Wettbewerbspositionen in der aufgestellten Matrix belegten.

(9) *Für die 5 gebildeten Wettbewerbscluster konnte auf dem Weg subjektiver Aggregation und Interpretation ein Zusammenhang zwischen Wettbewerbsposition, strategischem Verhalten und Unternehmenserfolg festgestellt werden.*

Cluster 1, dessen Objekte als "Marken- und vertriebsschwache Unternehmen in günstiger vertikaler Wettbewerbsposition" identifiziert wurden, mißt insgesamt den Angriffsstrategien im vertikalen Marketing überdurchschnittliche Bedeutung zu. Als strategische Optionen erhalten die Pull-Strategie sowie die Strategien der horizontalen Fusion und der vertikalen Integration erhöhten Zuspruch. Zugleich sind die Unternehmen dieses Clusters aufgrund ihrer relativen Schwächen im horizontalen Wettbewerb geneigt, durch eine aggressive Preis- und Konditionenpolitik Umsatzanteile im Handel und damit Marktanteile zu "kaufen". Das verfolgte Strategiemuster wurde daher als "Offensive Aufbaustrategie" bezeichnet.

Die Unternehmen des Clusters 2, welche als "Marktführer in günstigem vertikalen Wettbewerbsumfeld" charakterisiert wurden, weisen im Gegensatz zu Cluster 1 hohe horizontale Wettbewerbsvorteile auf und können sich uneingeschränkt offensiv geben. Aus einer Position der Stärke heraus werden die Konfliktstrategie sowie die Pull-Strategie als Optionen der Angriffsstrategie bevorzugt, mithin besteht auch eine Bereitschaft, einen Marketingführerschaftsanspruch gegenüber dem Handel notfalls auch mit Machtmitteln (z.B. Nichtbelieferung) durchzusetzen. Weiterhin wird eine Strategie der Produktinnovation verfolgt, mit der einerseits der Handel stimuliert wird, andererseits aber auch preispolitische Auseinandersetzungen vermieden werden. Das Strategiemuster von Cluster 2 wurde zusammenfassend als klare "Marketingführerschaftsstrategie" bezeichnet.

Im Gegensatz zu den Cluster 1 und 2 agieren die Unternehmen der Cluster 3, 4 und 5 in einem Wettbewerbsumfeld mit einer hohen vertikalen Wettbewerbsintensität, d.h. mit einer wachsenden Tendenz zu einem Machtübergewicht der Nachfrage-seite. In der insgesamt ungünstigsten Wettbewerbslage befinden sich die Unternehmen des Clusters 3, welche als "Kompetenzschwache Hersteller in schwierigem vertikalen Wettbewerbsumfeld" bezeichnet wurden. Als sinnvolle strategische Optionen bleiben den Unternehmen dieses Clusters nur Verteidigungsstrategien im vertikalen Marketing sowie, bei aussichtsloser Wettbewerbslage, auch Umgehungs- und Ausweichstrategien. Diese Strategiewahl kommt in der Präferenzstruktur des Clusters 3 zum Ausdruck, weshalb das Strategiemuster zusammenfassend als "Verteidigungs- und Ausstiegsstrategie" klassifiziert wurde.

Cluster 4, dessen Mitglieder die Charakterisierung "Kompetenzstarke Hersteller in dynamischem vertikalen Wettbewerbsumfeld" erhielten, weist sowohl Angriffs- als auch

Kooperationsstrategien hohe Bedeutung zu. In der Situation wachsender Nachfragekonzentration wurde einer Kombination dieser beiden Basisstrategien, insbesondere angesichts der vorhandenen horizontalen Wettbewerbsstärken, das höchste Erfolgspotential bescheinigt. Das Strategiemuster wurde mit dem Terminus "Offensive Kooperationsstrategie" belegt.

Cluster 5 zeichnet sich schließlich durch eine konsequent kooperationsorientierte vertikale Strategiewahl aus. Die Objekte dieses Clusters, die als "Vertriebsstarke Hersteller in nachfragebeherrschtem Wettbewerbsumfeld" beschrieben wurden, wiesen jedoch geringere horizontale Wettbewerbsvorteile auf, als die Unternehmen des Clusters 4. Folglich erschien die zusätzlich erkennbare Präferenz für Strategien der Anpassung gegenüber dem Handel als nachhaltig plausibel, zumal die Unternehmen dieses Clusters mit der höchsten Nachfragekonzentration aller gebildeten Cluster konfrontiert waren. Das Strategiemuster wurde daher zusammenfassend als "Defensive Kooperationsstrategie" bezeichnet.

Aufbauend auf die clusterspezifische Interpretation des strategischen Verhaltens wurde die durchschnittliche Erfolgssituation der Unternehmen eines jeden Clusters ermittelt. Unternehmen, die sich in einer überdurchschnittlich günstigen Wettbewerbsposition befinden (Cluster 1), weisen danach den mit Abstand höchsten Unternehmenserfolg auf. Demgegenüber ist die Erfolgssituation von Unternehmen in einer konträren Wettbewerbslage (Cluster 3) als unbefriedigend zu bezeichnen. Alle übrigen Wettbewerbscluster bewegen sich auf einer Diagonale zwischen diesen beiden Extrempolen und sind durch eine durchschnittliche Erfolgssituation gekennzeichnet.

Zusammenfassend scheint nachweislich ein Zusammenhang zwischen Wettbewerbsposition, Strategiewahl und Unternehmenserfolg, dessen Ermittlung das Ziel des gebildeten empirischen Modells bildete, zu existieren. Folglich ist von einer Identifikation distinktiver "strategischer Gruppen" auszugehen, deren strategischem Verhalten Empfehlungscharakter für Unternehmen zugemessen werden kann, die sich in vergleichbaren Wettbewerbssituationen innerhalb des japanischen Distributionssystems befinden. Einschränkend zu betonen ist jedoch, daß aufgrund eines geringen Umfangs der Gesamtstichprobe sowie der einzelnen Clusterpopulationen auf eine Durchführung statistischer Signifikanztests verzichtet wurde. Entsprechend sind die subjektiv getroffenen Aggregationen und Interpretationen der Strategiemuster als Tendenzaussagen zu werten, die einen ersten Schritt in der Exploration vertikaler Marketing-Strategien in Japan bilden.

(10) Übergreifend weisen Unternehmen, die innerhalb des japanischen Distributionssystems arbeiten, eine Präferenz für ein kooperatives Verhalten mit dem Handel auf, hinter der sich jedoch der Anspruch auf die Marketingführerschaft verbirgt.

Neben einer clusterspezifischen Analyse wurde das strategische Verhalten für den Durchschnitt aller befragten Unternehmen ermittelt. Die danach mit Abstand präferierte kooperative Grundhaltung spiegelt die auf eine harmonische Zusammenarbeit ausgerichtete Geschäftsmentalität japanischer Unternehmen wider. Hinter dieser vordergründigen Haltung verbirgt sich jedoch der Anspruch der Hersteller, die Marketingführerschaft in ihren Absatzkanälen auszuüben. Folglich wird der Einzelhandel mit zunehmendem Bestreben um eine Machtausweitung auf offenen Widerstand stoßen. Defensive und ausweichende Grundeinstellungen der Hersteller bilden bislang eher die Ausnahme.

(11) Unter den Basisstrategien im vertikalen Marketing findet in Japan die produktinnovationsorientierte Push-Strategie, die durch Dachmarkenstrategien unterstützt wird, den höchsten Zuspruch.

Wie die übergreifende Ergebnisinterpretation auf der Ebene der Basisstrategien im vertikalen Marketing ergab, wird der produktinnovationsorientierten Push-Strategie, die in der Auswertung den Verteidigungsstrategien zugeordnet worden war, die höchste Bedeutung zugemessen. Mittels permanenter, z.T. marginaler Produktverbesserungen und saisonalen Produktwechseln wird einerseits versucht, den Handel, der in Japan seinerseits eine große Offenheit gegenüber Produktneuheiten aufweist, zu stimulieren. Gleichzeitig bietet die Produktinnovation einen Weg zur Erringung zusätzlichen Regalplatzes und damit zur Ausweitung von Marktanteilen, die bei japanischen Unternehmen als dominierendes Unternehmensziel betrachtet werden kann. Andererseits wird durch Produktneuerungen bewußt eine preisliche Vergleichbarkeit vermieden und damit die Discountfähigkeit von Produkten reduziert, so daß der Produktinnovationsstrategie im Rahmen des vertikalen Marketing nachträglich ein eher offensiver Charakter unterstellt werden muß. Zur Durchsetzung von Neuprodukten im Handel ist weiterhin die Verfolgung einer Dachmarkenstrategie (speziell in Japan in der Form der Firmendachmarkenstrategie) besonders geeignet, die auch von der Mehrzahl großer japanischer Konsumgüterhersteller als Markenkonzeption präferiert wird. Die Ergebnisse der vorliegenden Arbeit deuten darauf hin, daß diese Form der Markenkonzeption auch künftig die primär verfolgte Strategie bilden wird. Die Produktinnovationsstrategie wurde im Zuspruch gefolgt von Varianten der Kooperationsstrategie sowie der klassischen Pull-Strategie. Geringste Bedeutung wird sogenannten institutionellen vertikalen Marketing-Strategien (horizontale Kooperation und Fusion) zugemessen, die der japanischen Unternehmensphilosophie eher widersprechen.

(12) Unter den Instrumentalstrategien im vertikalen Marketing werden vor allem die Kommunikationspolitik (insbesondere klassische Werbung) sowie die Logistik- und Servicepolitik bevorzugt zur Absatzmittlerstimulation eingesetzt.

Der Einsatz der klassischen Werbung ist in Japan insbesondere Markenherstellern allein aus "Alibi"-Gründen, zur Akquisition und Motivation von Absatzmittlern, nahezulegen. Von hoher Bedeutung ist weiterhin der Einsatz des persönlichen Verkaufs zur Beziehungspflege. Wachsende Bedeutung kommt logistik- und servicepolitischen Instrumenten zu (Just-in-time-Belieferung, Merchandising, Informationsangebote). Der Einsatz von monetären Anreizen richtet sich, wie in westlichen Märkten auch, vor allem nach der horizontalen Wettbewerbsstärke von Unternehmen. Starke Marken können den Schwerpunkt des konditionenpolitischen Instrumentariums auf leistungsgebundene Werbekostenzuschüsse legen, während schwächere Hersteller in die Gefahr geraten, ein umfassendes konditionenpolitisches Instrumentarium ohne signifikante Gegenleistungen einsetzen zu müssen. Diese skizzenhafte Bewertung spiegelt sich ebenfalls in der clusterspezifischen Analyse der Primärbefragung wider. Hierin konnte ferner eine Übereinstimmung zwischen den identifizierten Strategieclustern und den gewählten Instrumentalstrategien festgestellt werden.

(13) Vertikale Wertschöpfungspartnerschaften bilden eine von erfolgreichen japanischen Unternehmen praktizierte Variante der Koordinations- und Kontraktstrategie.

Eine Erweiterung bestehender Modelle zur Systematisirung von Koordinations- und Kontraktstrategien um die Dimension des Kooperationsumfangs- und der Kooperationsdauer erlaubten im theoretischen Teil der Arbeit "Projektpartnerschaften" und "Wertschöpfungspartnerschaften" als neue Formen der Kooperation zu berücksichtigen. Von besonderem Interesse ist unter den in Japan praktizierten Formen der Zusammenarbeit insbesondere das Modell der "Vertikalen Wertschöpfungspartnerschaft". Vertikale Wertschöpfungspartnerschaften zeichnen sich durch ein hohes Maß an Flexibilität durch eine dezentrale Führung aus, wobei hochentwickelte Informationsnetzwerke die Integration und Steuerung aller Marktpartner herbeiführen. Sie erweisen sich als extrem innovationsstark insbesondere bei der Lancierung erfolgreicher Neuprodukte, die in kürzester Zeit entwickelt werden. Zusammenfassend vereinigen Vertikale Wertschöpfungspartnerschaften die Vorteile der vertikalen Integration in sich, ohne deren Nachteile in Kauf nehmen zu müssen. Da sie von den erfolgreichsten Unternehmen in der japanischen Distribution, dem Kosmetik-Hersteller Kao und dem Convenience-Store-Betreiber Seven-Eleven Japan betrieben werden, kann ihnen Signalwirkung im Hinblick auf die künftige Ausgestaltung vertikaler Partnerschaften zugemessen werden. Neben Wertschöpfungspartnerschaften kommt weiterhin

Franchise-Systemen wachsende Bedeutung zu, während Formen des Kommssions-vertriebs eher stagnieren bzw. rückläufig sind.

(14) Das Key-Account-Management als Ansatz der organisatorischen Umsetzung des vertikalen Marketing befindet sich in Japan noch in der Einführungsphase.

Als abschließender Aspekt wurden verschiedene Formen der Marketingorganisation im Hinblick auf ihre Bedeutung in Japan untersucht. Knapp die Hälfte aller befragten Unternehmen strukturieren ihre Marketingorganisation bislang noch konventionell, d.h. es dominiert eine klassische Verkaufsorganisation, die durch Marketing als Stabsfunktion unterstützt wird. Nächstfolgend werden produkt- sowie gebietsorientierte Formen der Marketingorganisation eingesetzt. Das Key-Account-Management rangiert bislang an letzter Stelle. Dennoch kann dieser Form der Marketingorganisation auch in Japan wachsende Bedeutung zugemessen werden, zumal führende Unternehmen diese bereits implementiert haben. Zusammenfassend spiegelt die Situation des Key-Account-Management die langsam einsetzende Umorientierung japanischer Unternehmen und verstärkte Ausrichtung auf die Handelspartner wider.

2. Implikationen für Wissenschaft und Praxis

Aufbauend auf den oben angeführten Ergebnissen der vorliegenden Arbeit soll im folgenden der Versuch unternommen werden, Handlungsempfehlungen sowohl für die Wissenschaft als auch die Unternehmenspraxis zu skizzieren.

Als wichtige Erkenntnis für die Wissenschaft darf die weitgehend uneingeschränkte Anwendbarkeit theoretischer Modellansätze, die aus der westlichen betriebs- und volkswirtschaftlichen Forschung hervorgegangen sind, in der Realsituation des japanischen Distributionssystems angesehen werden. Insbesondere hat sich der gewählte kontingenztheoretische Modellansatz bewährt, der sich an die Industrial-Organization-Forschung anlehnte, wenngleich eine empirisch umfassendere Validierung wünschenswert gewesen wäre. Zur Analyse der Handelsstrukturen konnte das Modell des Betriebsformenlebenszyklus voll übertragen werden und hat zu einer nahezu idealtypischen Positionierung von Betriebsformen geführt. Einer weiteren Vertiefung bedarf hingegen das neu entwickelte Modell zur prozeßorientierten Betriebsformeninnovation, insbesondere in Bezug auf eine Analyse der Prozeßgestaltung preisorientierter Betriebsformen in Japan. In der Praxis stößt die Anwendung des Modells auf Grenzen der Datenverfügbarkeit, da Informationen über Schlüsselprozesse, sofern sie von den Unternehmen selbst erhoben werden, i.d.R. nicht öffentlich zugänglich gemacht werden. Dennoch läßt sich festhalten, daß das Modell einen geeigneten Ansatz zur qualitativen Darstellung des aktuellen Status Quo der Betriebsformeninnovation in Japan bildet. Hinsichtlich des Modells der vertikalen Wertschöpfungsanalyse stieß, wie bereits angedeutet, die Zurechnung von Funktionen und deren monetären Äquivalenten auf praktische Probleme. Eine exakte Aufschlüsselung erfordert dabei, neben umfassenden empirischen Daten, bei denen ähnliche Zugangsprobleme wie bezüglich der erwähnten Informationen über Schlüsselprozesse bestehen, eine intime Branchenkenntnis für die jeweilige Produktgruppe. Abschließend hat sich auch das Paradigma des vertikalen Marketing in Japan bewährt, da die Ergebnisse als schlüssig zu betrachten sind und damit von der praktischen Relevanz der dargestellten strategischen Optionen ausgegangen werden kann. Zusammenfassend kann bezüglich der Anwendbarkeit der gewählten Modelle festgehalten werden, daß die aufgezeigten Probleme nicht auf japanspezifische Besonderheiten zurückzuführen sind, sondern primär auf einen eingeschränkten Datenzugang.

Wie bereits ausgeführt, ist der vorliegenden Arbeit ein grundsätzlich explorativer Charakter zuzumessen. Entsprechend ergeben sich Ansätze für eine Vertiefung der Forschung einerseits in Japan, und andererseits im Hinblick auf internationale Vergleiche, auf die wegen ihrer Komplexität weitgehend verzichtet wurde. Als mögliche weitere Forschungsansätze lassen sich die nachfolgend aufgeführten Punkte nennen:

- Zur vertiefenden Erforschung des japanischen Distributionssystems sollten zunächst konsumentenbezogene Einflußfaktoren, und hier insbesondere die gestiegene Preissensitivität, weiter analysiert werden. In unmittelbarem Zusammenhang damit steht eine Untersuchung der langfristigen Akzeptanz von Discountern im Vergleich zu etablierten Betriebsformen.

- Für die weitergehende Analyse vertikaler Marketing-Strategien in Japan, auf der Basis kontingenztheoretischer Modellansätze, ist eine Erweiterung der Situationsvariablen abzuwägen. So könnten z.B. in der Dimension der horizontalen Wettbewerbsindikatoren die Faktoren Produktqualität, die Zahl der Produktinnovationen eines Unternehmens pro Jahr sowie der Marktanteil Berücksichtigung finden. In der Dimension der vertikalen Wettbewerbsindikatoren sollten neben einer quantitativen Betrachtung der Marktanteilsentwicklung auf Angebots- und Nachfrageseite, die gegebenenfalls zu einer Unterschätzung der Nachfragemacht führen kann, qualitative Aspekte untersucht werden. So kann eine Situation der Nachfragebeherrschung sich auch in der Androhung von Machtmitteln durch den Handel äußern. Innerhalb der empirischen Ermittlung von Strategiemustern ist weiterhin, neben einer Erweiterung der Stichprobe, eine Reduktion der strategischen Optionen zu erwägen. Einen Anhaltspunkt dafür bieten die im Rahmen dieser Arbeit ermittelten Präferenzstrukturen. In Erwägung zu ziehen wäre abschließend eine Spiegelung der vertikalen Strategiepräferenzen der Hersteller an den Erwartungen des japanischen Einzelhandels. Hier ließe sich z.B. die Relevanz der einzelnen durch die Herstellerseite eingesetzten Instrumente zur Akquisition und Motivation empirisch überprüfen, um ein erweitertes Bild über die Möglichkeiten der Bearbeitung des japanischen Handels zu erhalten.

- Bislang wenig erforscht sind die Markenstrategien japanischer Unternehmen. Gegebenenfalls empirisch weitergehend zu untersuchen sind die alternativen Konzeptionen von Herstellermarken, insbesondere der Firmendachmarke. Ihre Bedeutung steht in Japan in engem Zusammenhang mit den verfolgten Unternehmenszielen sowie der Produktpolitik.

- Ein interessanter Forschungsansatz ergibt sich aus der Bedeutung der Produktpolitik sowie insbesondere der Produktinnovationsstrategie für japanische Unternehmen. Ihr Einfluß auf die Gestaltung vertikaler Marketing-Strategien konnte nur skizzenhaft umrissen werden, ebenso wie ihre Relevanz für das Wachstum preisorientierter Betriebsformen des Handels. In diesem Zusammenhang ist auch auf die zu beobachtende enge, informationstechnische Verknüpfung von Forschung & Entwicklung und Marketing führender japanischer Konsumgüterhersteller zu verweisen, die ebenfalls erst in Ansätzen erforscht ist.

- Ansätze, die sich für internationale Forschungsvorhaben anbieten, ergeben sich zunächst aus den Erkenntnissen über die prozeßorientierte Betriebformeninnovation in Japan. So wären japanische Fallbeispiele mit amerikanischen und europäischen Innovationsmustern sowie den dahinter stehenden Handelsunternehmen anhand quantitativer und qualitativer Parameter zu vergleichen. Zu überprüfen ist der langfristige Erfolg der auf Geschäftssystemoptimierung basierenden japanischen Convenience-Stores in den USA.

- Im vertikalen Marketing bietet sich ein Vergleich erfolgreicher Strategiemuster innerhalb des japanischen Distributionssystems mit ausgewählten Märkten der Triade vor dem Hintergrund der Fragestellung an, inwieweit im vertikalen Marketing globale Strategien erkennbar oder realisierbar sind.

- Schließlich wären die Erfolgsfaktoren japanischer Wertschöpfungspartnerschaften im Hinblick auf ihre Übertragbarkeit als vertikales Organisationsmuster auf westliche Märkte zu überprüfen.

Implikationen der vorliegenden Arbeit für die Unternehmenspraxis sollen zunächst für Konsumgüterhersteller, die das japanische Distributionssystem nutzen, skizziert werden:

- Wie nachgewiesen werden konnte, ist mit einer wachsenden Marktbedeutung sowohl großflächiger als auch preisorientierter Betriebsformen des Einzelhandels in Japan zu rechnen, was sich sowohl auf das vertikale Strukturgefüge als auch auf die Machtverteilung auswirken wird. Folglich ist mit einer weiter wachsenden Macht der Nachfrageseite auch in Japan zu rechnen. Als Konsequenz sollten die betroffenen Unternehmen zunächst ihre direkt beeinflußbare, horizontale Wettbewerbsposition stärken, da durch diese die Kompetenz als Partner gegenüber dem Handel ausgedrückt wird. Dabei ist anzuraten, nicht allein eine Maximierung des Marktanteils zu verfolgen, sondern Markenkern und Produktkompetenz zu verbessern, z.B. durch eine Erhöhung der Markenbekanntheit oder Produktinnovationen.

- Aufbauend auf horizontale Wettbewerbsvorteile sollte die vertikale Marketing-Strategie überprüft und gegebenenfalls neu ausgerichtet werden, wobei die in der vorliegenden Arbeit ermittelten Wettbewerbscluster als Anhaltspunkt dienen können. Weiterhin sollten das Wachstum und die Charakteristika der Betriebsformen in die Überlegungen einbezogen werden, die ebenfalls eingehend erläutert wurden.

- Zu überprüfen ist weiterhin die langfristige vertikale Strukturierung der Absatzkanäle, insbesondere die Einschaltung des Großhandels und Delegation von Funktionen. Einerseits kann der Großhandel eine Pufferfunktion gegenüber dem Einzelhandel ausüben und eine Verbreiterung der Absatzbasis bewirken, andererseits verhindert er jedoch den direkten Kontakt zum Einzelhandel. Tendenziell lassen die Ergebnisse der vorliegenden Arbeit mittelfristig nur noch die Delegation von physischen Distributionsfunktionen ratsam erscheinen.

- Anzuraten ist eine möglichst direkte Zusammenarbeit mit dem Einzelhandel und insbesondere eine Partnerschaft mit führenden Handelsbetrieben. Im Nahrungsmittelsektor sind dies insbesondere die Betreiber von Convenience-Stores, deren technologisches Know-how sowie Produktentwicklungskapazitäten bei einer engen Zusammenarbeit (bis hin zur exklusiven Produktion) zum Aufbau von Wettbewerbsvorteilen genutzt werden können.

- Wird ein quantitatives Wachstum angestrebt, so ist die Belieferung von großflächigen und discountorientierten Betriebsformen, die das höchste Wachstum erzielen, zu erwägen. Voraussetzung für eine Zusammenarbeit wäre dann eine eigene Kostenführerschaft. In der bewußten Produktion von Handelsmarken ist eine Nischenstrategie zu sehen, die von der Mehrzahl japanischer Hersteller bislang noch gemieden wird.

- Als Option ist der Aufbau einer Wertschöpfungspartnerschaft unter der Führung der Herstellerseite abzuwägen, deren Schlüssel der Aufbau von Informationsnetzwerken bildet. Wenngleich sie bislang nur am Beispiel eines marktführenden Unternehmens untersucht wurde, könnte sie z.B. durch Verknüpfung mit einer horizontaler Kooperation zu einer horizontalen/vertikal ausgerichteten Wertschöpfungspartnerschaft ausgebaut werden, in der dann auch kleinere Hersteller an Stärke gewinnen können.

Abschließend sollen noch einige Aspekte speziell für ausländische Unternehmen, die innerhalb des japanischen Distributionssystems arbeiten bzw. einen Markteintritt erwägen, aufgegriffen werden:

- Grundsätzlich ist, wie ein Vergleich der Distributionsstrukturen sowie der vertikalen Marketing-Strategien japanischer und nicht-japanischer Konsumgüterhersteller im Rahmen dieser Arbeit ergeben hat, von weitgehend identischen Wettbewerbsbedingungen auszugehen, ebenso wie von gleichermaßen offenstehenden strategischen Optionen.

- Hervorzuheben ist für ausländische Konsumgüterhersteller jedoch die Bedeutung der produktorientierten und insbesondere produktinnovationsorientierten Strategien auch im vertikalen Wettbewerb zur Stimulierung von Handelsunternehmen. Folglich ist eine ausreichende "Nachschubbasis" für Produktneuerungen sicherzustellen, gegebenenfalls sogar die lokale Entwicklung abzuwägen. Die Bedeutung der Produktqualität, die in japanbezogenen Publikationen immer wieder hervorgehoben wird, ist eher als Mindestvoraussetzung anzusehen.

- Großflächige Betriebsformen und Discounter implizieren Chancen gerade für ausländische Unternehmen. Eine Discountstrategie sollte dabei Bestandteil einer langfristigen Marketingkonzeption für den japanischen Markt sein, da sie i.d.R. im Zeitablauf kaum in eine Differenzierungsstrategie (bzw. ein Trading-up) umzukehren sein dürfte.

- Abschließend soll auch auf die Chancenpotentiale ausländischer Handelsunternehmen in Japan hingewiesen werden, die sich vor dem Hintergrund der umfassenden Veränderungen der Rahmenbedingungen bieten. Da sowohl Fachdiscounter als auch Discounter mit breitem Sortiment sowie C&C-Märkte in Japan eher als technologisch "unterentwickelt" eingestuft werden können, steht für Betreiberunternehmen mit entsprechendem Know-how hier ein "strategisches Fenster" weit offen.

Zusammenfassend war es das Ziel dieser Arbeit, die wesentlichen Entwicklungstendenzen in der japanischen Distribution herauszuarbeiten und einen Handlungsrahmen für strategische Entscheidungen im vertikalen Marketing in Japan zu entwickeln. Aufgrund der Komplexität des Aufgabenfeldes sind die Ergebnisse als ein erster explorativer Schritt in Richtung einer umfassenderen Erforschung des japanischen Handels sowie des Marketingverhaltens in Japan zu werten. Dabei war es das Anliegen des Verfassers, das Interesse sowohl der Wissenschaft als auch der Praxis an einer Erschließung des japanischen Konsumgütermarktes zu fördern.

Anhang 1

Ergänzende Abbildungen und Tabellen
- Kapitel B und C -

Abbildungen

		Seite
Abb. 1:	Entwicklung und Struktur des Konsumgütergroßhandels	362
Abb. 2a:	Entwicklung der Bruttohandelsspannen der Betriebsformen Warenhaus, Supermarkt und Lebensmittel-Fachmarkt	363
Abb. 2b:	Entwicklung der Bruttohandelsspannen der Betriebsformen Fachmarkt/Fachdiscounter, Convenience-Store, Fachgeschäft und Kleinflächen-Geschäft	364
Abb. 3:	Entwicklung der Zahl der Betriebsstätten des japanischen Einzelhandels bis zum Jahr 2000	365

Tabellen

Tab. 1:	Betriebsformen-Klassifikation nach MITI	366
Tab. 2:	Produktivitätsentwicklung der Betriebsformen des Großhandels 1982-1988	367
Tab. 3:	Einschaltung der Sogo-Shosha in den Konsumgüter-Binnenhandel	368
Tab. 4:	Die 10 größten Einkaufskooperationen (1990)	367
Tab. 5:	Entwicklung der Betriebsformen-Produktivität	369
Tab. 6:	Einordnung der Betriebsformen nach der verfolgten Wettbewerbsstrategie	369
Tab. 7:	Einzelhandelsszenario Japan 1991-2000: Umsatzentwicklung nach Betriebsformen; Annahmen	370
Tab. 8:	Einzelhandelsszenario Japan 1991-2000: Anzahl der Betriebsstätten nach Betriebsformen; Annahmen	371
Tab. 9:	Umsatz und Profit der Top 10 japanischen Einzelhandelsunternehmen 1992	372

Abb. 1

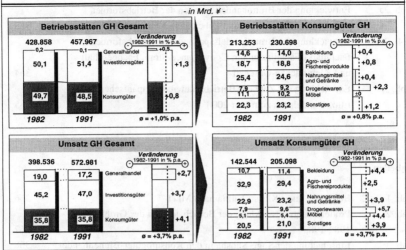

Quelle: **MITI** (Hrsg.), Census of Commerce 1991, a.a.O., S. 376ff

Abb. 2a

Entwicklung der Bruttohandelsspannen der Betriebsformen Warenhaus, Supermarkt und Lebensmittel-Fachmarkt

Bruttohandelsspanne in % v. Umsatz

	Warenhaus		Supermarkt > 1.500qm (GMS)		(Mini) Supermarkt <1.500qm		Lebensmittel Fachmarkt*	
	1985	1990	Veränderung in %. Pkt.	1985	1990	Veränderung in %. Pkt.	1985	1990	Veränderung in %. Pkt.	1985	1990	Veränderung in %. Pkt.

Warenhaus: 26,1 / 28,3 (+2,2); 1,1 / 1,3 (+0,2); 25,0 / 27,0 (+2,0)

Supermarkt >1.500qm (GMS): 24,0 / 25,4 (+1,4); 2,5 / 3,4 (+0,9); 21,5 / 22,0 (+0,5)

(Mini) Supermarkt <1.500qm: 23,5 / 24,1 (+0,6); 2,3 / 2,9 (+0,6); 21,2 / 21,2 (±0)

Lebensmittel Fachmarkt*: 22,3 / 23,7 (+1,4); 1,8 / 2,3 (+0,5); 20,4 / 21,4 (+1,0)

Netto-Gewinnspanne / Kosten der allg. Verwaltung und des Verkaufs (Personal, Miete, Abschreibungen, Werbung, Logistik, Sonstiges)

Bruttohandelsspanne nach Ergebnis und Kostenblöcken (Spanne=100) 100%

Warenhaus 1985: Netto-Gewinnspanne 4,2; Werbung —; Personal 95,8; Sonstige Kosten —
Warenhaus 1990: 4,6; 10,4; 40,0; 45,0 (Veränderung: +0,4; —; —; −0,4)

Supermarkt >1.500qm 1985: 10,4; 7,5; 35,3; 46,8
Supermarkt >1.500qm 1990: 13,4; 5,8; 35,0; 45,8 (Veränderung: +3,0; −1,7; −0,3; −1,0)

(Mini) Supermarkt <1.500qm 1985: 9,7; 6,8; 38,7; 44,8
(Mini) Supermarkt <1.500qm 1990: 12,0; 6,0; 39,3; 42,7 (Veränderung: +2,3; −0,8; +0,6; −2,1)

Lebensmittel Fachmarkt* 1985: 8,2; 5,5; 45,8; 40,5
Lebensmittel Fachmarkt* 1990: 9,8; 6,1; 44,5; 39,6 (Veränderung: +1,6; +0,6; −1,3; −0,9)

Legende: ■ Werbung · ■ Personal · ▨ Sonstige Kosten (Mieten, Abschreibungen, Logistik, Verwaltung)

* Lebensmittel-Supermarkt

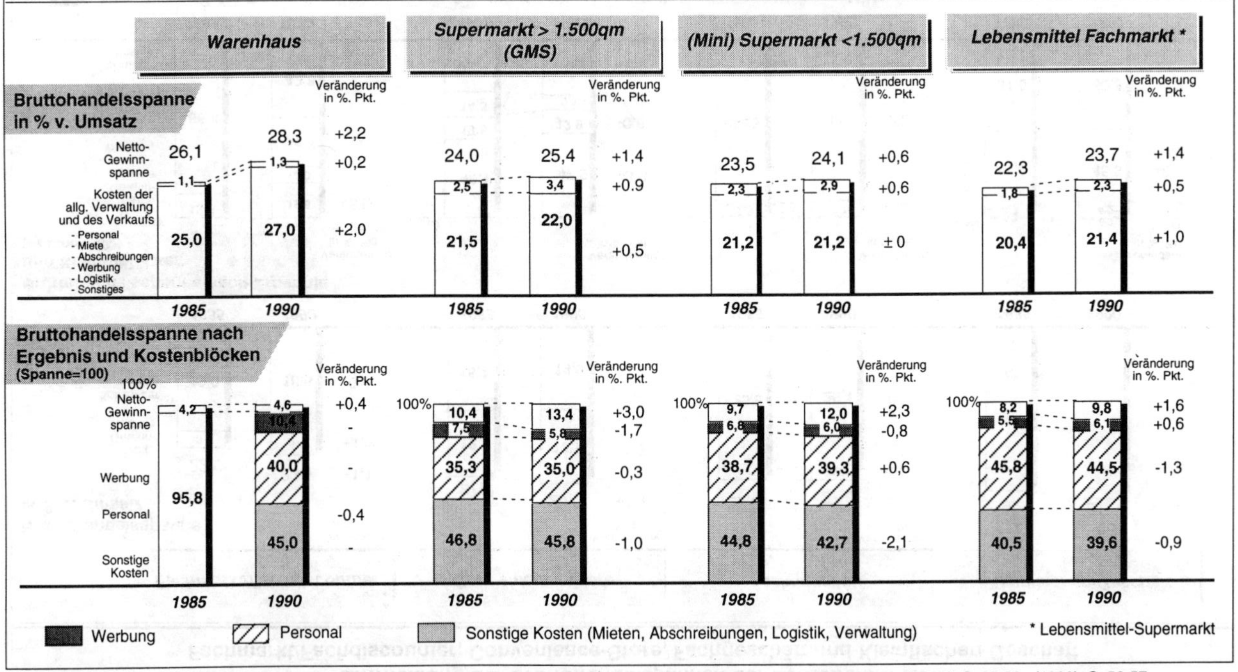

Quelle: *The Distribution Economics Institute of Japan* (Hrsg.), Statistical Abstract of Japanese Distribution (1988), S. 24-25; (1990), S. 25-26; (1992), S. 56-57; Expertengespräch mit Herrn T. Takahashi, Distribution Economics Institute of Japan, 26.Mai.992

Abb. 2b

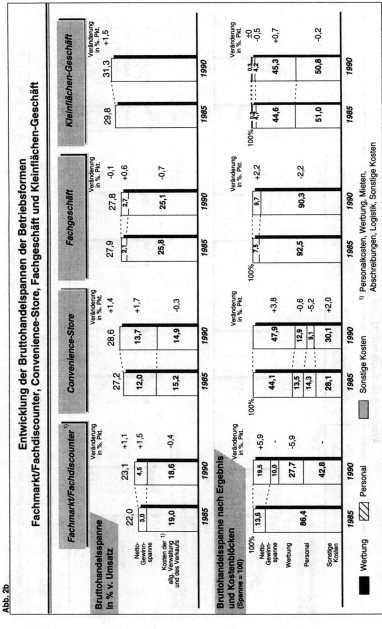

Quelle: **The Distribution Economics Institute of Japan** (Hrsg.), Statistical Abstract of Japanese Distribution, (1988), S. 24-25, (1990), S. 25-26, (1992,) S. 56-57; Expertengespräch mit Herrn T. Takahashi, Distribution EconomicsInstitute of Japan, 26.Mai 1992

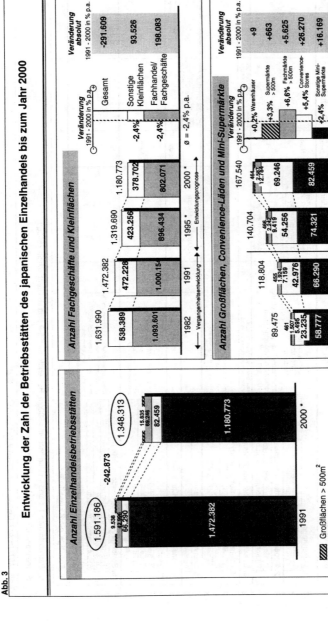

Abb. 3: Entwicklung der Zahl der Betriebsstätten des japanischen Einzelhandels bis zum Jahr 2000

* Schätzungen; vgl. Annahmen Anhang 1, Tab. 7, Tab. 8

Quelle: in Anlehnung an: *MITI* (Hrsg.), 90 nendai no ryutsu vision, a.a.O.; eigene Berechnungen

Tab. 1

Betriebsformen-Klassifikation nach MITI

Betriebsform [1]	Sortiment	Mitarbeiter	Verkaufsfläche	Selbstbedienung [2]	Geschäftszeiten	Bemerkungen
1. Warenhaus	1. Bekleidung 2. Lebensmittel 3. Güter des sonstigen Bedarfs Umsatzanteil von jeder der oben genannten Produktgruppen >10% und <70%	50 oder mehr	>1.500qm (>3.000qm im Stadtgebiet von Tokyo sowie in den größten Städten) <1.500qm (<3.000qm im Stadtgebiet von Tokyo sowie in den größten Städten)			
(1) Großes Warenhaus				Nein		
(2) Konventionelles Warenhaus				Ja		
2. Supermarkt mit breitem Sortiment	Umsatzanteil von jeder der oben genannten Produktgruppen >10% und <70%		>1.500qm (>3.000qm im Stadtgebiet von Tokyo sowie in den größten Städten) <1.500qm (<3.000qm im Stadtgebiet von Tokyo sowie in den größten Städten)			
(1) Großer Supermarkt mit breitem Sortiment				Ja		
(2) Konventioneller Supermarkt mit breitem Sortiment				Ja		
3. Sonstige Supermärkte mit breitem Sortiment	Umsatzanteil von jeder der oben genannten Produktgruppen <50%	unter 50		Ja	weniger als 12 Stunden oder Ladenschluß vor 20:59 Uhr	
4. Fachmarkt (Spezial Supermarkt)			>500qm			
(1) Bekleidungs-Fachmarkt	Umsatzanteil Bekleidung >70%			Ja		
(2) Lebensmittel-Fachmarkt	Umsatzanteil Lebensmittel >70%			Ja		
(3) Haus- und Freizeit Fachmarkt	Umsatzanteil von Gütern des sonstigen Bedarfs >70%			Ja		
5. Convenience-Stores			>50qm bis <500qm	Ja	12 Stunden und darüber oder Ladenschluß nach 21:00 12 Stunden und darüber und Ladenschluß nach 21:00 Uhr	Selbst-Bedienungsläden die nicht unter 2-5 fallen
6. Sonstige Supermärkte Ausgedehnte Version				Ja		
7. Fachgeschäfte				Nein		
(1) Bekleidungsfachgeschäfte	Umsatzanteil Bekleidung >90%					
(2) Lebensmittelfachgeschäfte	Umsatzanteil Lebensmittel >90%					
(3) Fachgeschäfte für Güter des sonstigen Bedarfs	Umsatzanteil von Gütern des sonstigen Bedarfs >90%					
8. Sonstige Kleinflächengeschäfte		unter 50		Nein		
(1) Geschäft mit breitem Sortiment	Umsatzanteil jeder Produktlinie <50%					
(2) Bekleidungsgeschäfte	Umsatzanteil Bekleidung <50%					
(3) Lebensmittelgeschäfte	Umsatzanteil Lebensmittel >50%					
(4) Geschäfte für Güter des sonstigen Bedarfs	Umsatzanteil von Gütern des sonstigen Bedarfs >50%					
9. Sonstige, nicht klassifiziert						

[1] Betriebsformen 1-4 sind im Durchschnitt >500qm, Betriebsformen 5-9 sind im Durchschnitt <500qm
[2] mehr als 50% der Verkaufsfläche ist Selbstbedienung

Quelle: *MITI (Hrsg.), Census of Commerce 1991, a.a.O., S. 652ff*

Tab. 2

Produktivitätsentwicklung der Betriebsformen des Großhandels
1982 - 1988

	1982	1988	Veränderung p.a. %
Primär GH			
• Direkttransaktions-GH	1.524	1.556	0,3
• Haupt-GH	1.845	1.875	0,2
Sekundär GH			
• Zwischen-GH	1.825	1.416	-3,1
• Filialisierte Zwischen-GH	1.625	1.879	+1,8
Tertiär GH			
• End-GH	608	702	+1,8
• Marginal-GH	58	61	+0,6

Quelle: **MITI** (Hrsg.), Census of Commerce 1988, a.a.O., S. 376ff; eigene Berechnungen

Tab. 4

Die 10 größten Einkaufskooperationen
(1990)

Name der Kooperation	Organi-[1] sator	Zahl der[2] Mitglieder	Umsatzvolumen der Zentrale in Mil. ¥	% Anteil des Einkaufsvolumens der Mitglieder	Affiliierung
CGC Japan	①	274	308.475	k.A.	Daiei
Nippon Allied Chain	①	184	85.000	40,4	Nichii
K-Mart Chain Kyodo	②	969	59.724	64,2	Kittaka
Selco Chain	①	107	59.100	20,2	-
Zen Nippon Shokuhin	①	1.447	58.391	36,5	Daiei
Kokubu KGCA	②	685	42.535	95,0	Kokubu
Hokuriku Spar Honbu	①	36	30.919	75,2	Int.Spar
Kanto Spar Honbu	①	358	28.250	77,8	Int.Spar
Hokkaido Grocery Chain	①	80	26.000	44,5	-
Zenkoku Tsui-no-Tomo-no-kai	①	1.467	23.904	100,0	-
Gesamt		5.580	722.298	-	-

[1] ① = organisiert durch Großhändler
② = organisiert durch Einzelhändler
[2] Mitgliedsfirmen

Quelle: in Anlehnung an: **Dodwell Marketing Consultants** (Hrsg.), Retail Distribution in Japan 1991, a.a.O., S. 194-195

			A Generalh.	Mitsukoshi	A Warenhaus A Hrbkl.-Fachg. A Hrbkl.Fachg.			
Mitsui	Mitsui- Gruppe	• Tomen Corp. • Mitsui Bussan Sporting Goods Co. • Cosmo Textile Co. • Nihon Shurui Hanbai • Sony Foods • Umezawa • Shinsei • Furuya • Sugino	A Sportart. A Textilien A Lebensm. A Lebensm. A Lebensm. A Lebensm. A Lebensm. A Lebensm.	• F-One Ltd. • Valentino Boutique Japan		• Toshoku Ltd. • Utoku Express • Transfleet Co. A A A	• Mitsui Ware-house Co. A • Nitto Warehouse Co. A • Toshin Co. A • Daiichi Reizo Co. A	
Mitsubishi	Mitsubishi- Gruppe	• Ryoshoku Ltd. • Ryochiku Co. • Kawagoe & Co.	A Lebensm. Fleischh. Textilien	• MC Gold • Isetan	A Juwelierkette V Warenhaus		• Ryoko Warehouse Co. A • Mitsubishi Warehouse Transport Co. A	• Meiwa Trading Co. A • Shintoa Koeki Kaisha A
Nissho Iwai	Sanwa- Gruppe	• Astral Gem Co. • Nissho Iwai Apparel Co. • Nissho Iwai Textile Co. • Nissho Iwai Delica Corp. • Shikoku Nissho Iwai Corp. • Nichimen Corp.	A Schmuck A Bekleidung A Textilien A Lebensm. A Generalh. V Generalh.	• Takashimaya • Hankyu Group - Hankyu Department Stores	V Warenhaus V Warenhaus	• Nikkyo Transport and Warehousing • NI Transport Service Co. A		
Tomen	Tokai- Gruppe	• Tomen Foods Co. • Tomen Textiles Div. • Tomen Apparel Div. • Tokyo Toyopet	A Lebensm. A Textilien A Bekleidung V Handel allg	• (Daiei) • Grand Prix • Tomen Apparel Div. • Matsuzakaya Co.	V Supermärkte A Versandhandel A Bkl.Fachg. V Warenhäuser			
Nichimen	Sanwa- Gruppe	• Nichimen Iryo Co. • Nichimen Textile Co. • Nichimen Fashion Co. • Nichimen Food Eng. Co. • Jans Corp. • Kane Foods Co.	A Textilien A Textilien A Bekleidung A Lebensm. A Fleischh. A Lebensm.	• Delica • Yamazaki-Nabisco/ Yamazaki Baking • Jewelist Co.	A Haus-zu-Haus Verkauf (Tiefkk.) A Backwaren, Conv.-Stores A Schmuck EH	• Nichimen Trade Service Co. A		
Kanematsu-Gosho	DKB-Gruppe	• Kanematsu Kanetza Co.Ltd. • Kanematsu Rex Co. • Taiga Co. • Kaneyoshi Co. • S. Kamei Co. • Kanematsu Food Corp. • Kaoh Trading Co.Ltd.	A Sanitärp. A Lederw. A Ledersch. A Bekleidung A Textilien A Lebensm. A Frischfr.			• Central Express Ltd. A		

Quelle: Geschäftsberichte 1991; Eli, M., Japans Wirtschaft im Griff der Konglomerate, a.a.O., S. 127

Tab. 3

Einschaltung der Sogo Shosha in den Konsumgüter-Binnenhandel
(ohne Importgesellschaften)

V = Zugehörigkeit zur gleichen Verbundgruppe   A = Affiliierung (Beteiligung, Tochtergesellschaft)

Sogo Shosha	Verbund-gruppe	Großhandel		Einzelhandel		Physische Distribution, Sonstige		
		Name	Branche/Produkte	Name	Branche	Transport	Lagerhaltung	Sonstiges
C. Itoh & Co., Ltd.	DKB-Gruppe	• Matsushita Suzuki Co. • C. Itoh Apparel CO. • Roy-ne Co. • C. Itoh. Jewellque Co. • C. Itoh Plastics System Co.	A Lebensm. A Bekleidung A Bekleidung A Schmuck A Hh.plastikw.	• Seibu-Saison	V Warenhäuser Supermärkte	• C. Itoh Warehouse Transport Co. A • Nippon Express Co. V	• Shibu-Sawa Warehouse Co. A	• Sanko Co. V
Sumitomo Corp.	Sumitomo Gruppe	• S.C. Jewelry Co. • Oriental Gold Co.	A Schmuck A Schmuck	• Summit Co. • Otto-Summisho Co.	A Supermärkte A Versandhandel	• Sumitrans Co. A • SC Living Transport Co. A		
Marubeni Corp.	Fuyo-Gruppe	• Marubeni Apparel Co. • Marubeni Textile Co. • Mode Orion Co. • Panther Co. • Kyoto Marubeni Co. • 4 weitere Textilgroß-handelsgesellschaften • Marubeni Food Corp. • Marubeni Reizo Co. • Marubeni Livestock Meats Co. • Seiwa Shokuhin Co.	A Bekleidung A Textilien A Bekleidung A Bekleidung A Kimono A Textilien A Nahrungsm A Tiefk.kost A Fleisch A Tiefk.kost	• Marubeni Mates Ltd. • Tobu Group Lo Tobu Department Stores • Escada	A Versandhandel V Warenhäuser A Bekleidungs-fachhandel		• Marubeni Textile Distribution Center A	

Tab. 5

Entwicklung der Betriebsformen-Produktivität

Betriebsform in Tsd.¥	Umsatz pro Betriebsstätte			Umsatz pro Mitarbeiter		
	1982	1991	Wachstum p.a. in %	1982	1991	
Einzelhandel Gesamt	54.588	88.383	6,2	14.754	20.275	1,9
Warenhaus	15.865.509	25.085.714	5,8	36.320	46.925	4,2
• Warenhaus >1.500qm	17.324.519	26.338.028	5,2	36.436	47.116	4,2
• Warenhaus <1.500qm	2.355.555	6.655.172	18,3	29.428	30.721	0,6
Supermarkt	3.465.163	4.301.455	2,4	29.351	33.091	1,8
• Supermarkt > 1.500qm	4.431.797	5.564.102	2,6	29.704	33.404	1,8
• Supermarkt <1.500qm	2.013.043	2.386.207	1,9	26.827	28.767	1,0
• Sonstiger Supermarkt	219.626	312.000	4,2	22.838	29.027	3,9
Fachmärkte	907.188	1.123.062	2,4	25.757	26.631	0,5
• Bekleidung	750.825	779.935	0,4	23.004	26.996	2,5
• Lebensmittel	945.388	1.192.942	2,6	25.501	25.807	0,2
• Haus und Freizeit	772.128	1.007.536	3,0	33.623	33.322	-0,1
Convenience-Läden	93.695	165.255	7,7	16.747	16.388	-0,3
Mini-Supermärkte	104.309	143.415	3,8	18.712	21.101	1,8
Fachhandel	42.059	64.597	5,4	12.405	13.762	1,6
• Bekleidung	33.374	49.654	4,9	11.888	-	-
• Lebensmittel	26.547	36.453	3,7	8.865	-	-
• Haus und Freizeit	52.337	82.910	5,8	13.963	-	-
Sonstige Kleinflächen	41.126	67.093	6,3	13.574	15.804	2,3

Quelle: *MITI* (Hrsg.), Census of Commerce 1991, a.a.O., S. 248ff; eigene Berechnungen

Tab. 6

Einordnung der Betriebsformen nach der verfolgten Wettbewerbsstrategie

Betriebsform	Brutto-Handelsspanne	Preis/Kosten-führerschaftsorientiert	Differenzierungs-führerschafts-orientiert
Warenhaus	28,0 - 30,0		
Supermarkt	24,0 - 25,0		
Discounter	18,0 - 20,0		
Fachmarkt/Fachdiscounter	22,0 - 23,0		
Convenience-Store	28,0 - 29,0		
Fachgeschäft	27,0 - 28,0		
Sonstige Kleinflächengeschäfte	29,0 - 31,0		

Quelle: Vgl. Abb. 2a, 2b

Tab. 7

Einzelhandelsszenario Japan 1991 - 2000:
Umsatzentwicklung nach Betriebsformen; Annahmen

Betriebsform	Ist		MITI/DPI-Schätzung		Gewählte Wachstumsrate		Berechnung		Begründung für die Wahl der Wachstumsrate
	Wachstum in % p.a. 1982 - 1991	Wachstum in % p.a. 1988 - 1991	Wachstum in % p.a. 1990 - 1995 [2]	Wachstum in % p.a. 1995 - 2000	% p.a. 1991 - 1995	% p.a. 1995 - 2000	Umsatz 1995 in Mrd. ¥	Umsatz 2000 in Mrd. ¥	
Warenhäuser	+5,0	+7,9	+3,2	+3,5	+2,5	+2,5	12.599	14.255	• Warenhäuser von Rezession 1991-1995 stark betroffen • Leichter Ausgleich durch wenig neue Standorte • 1995-2000 Konversion einzelner BS [3] in GMS
Supermärkte	+5,2	+7,0	+6,7	+5,9	+7,0	+6,5	10.848	14.863	• Effizienzsteigerung/Steigerung Flächenproduktivität • Supermärkte profitieren von Gesetzesänderungen • Discount-Supermärkte profitieren von Rezession
Fachmärkte	+5,4	+7,9	+9,5	+8,9	+10,0	+9,0	11.771	18.112	• Fachmärkte profitieren am stärksten von Gesetzesänderung • Relativ "junge" Betriebsform
Convenience-Läden	+13,9	+12,2	+6,9	+6,1	+11,0	+10,0	10.781	17.363	• Trend 1982 - 1991 • Aufgrund Landmangel weiterhin starke Expansion dieser effizienten Betriebsform • Franchise-Nehmer ehemaliger Kleinflächenbesitzer
Sonstige Mini-Supermärkte	+4,9	+6,9	+6,3	+5,4	+6,5	+5,7	12.230	16.137	• Substitution von ehemaligen Kleinflächen • Expansion weniger stark als Flächen >500qm • Weniger effizient wie Convenience-Läden
Fachgeschäfte	+3,8	+7,5	-6,1	-8,4	-1,0	-1,0	62.061	59.020	• Wachstum 1982 - 1991 enthielt Boom-Jahre • Rezession schlägt durch • Konkurrenz durch Großflächen wächst
Sonstige Kleinflächen	+4,0	+4,2	-6,1	-8,4	-1,0	-1,0	30.434	28.943	• Wachstum 1982 - 1991 enthielt Boom-Jahre • Rezession schlägt durch • Konkurrenz durch Großflächen wächst
	+4,5	+6,9	+2,2 [4]	+2,9 [4]	+1,8	+2,3	150.724	168.693	• Rezession schlägt in den Jahren 1991 - 1995 durch • Strukturwandel

[1] Die Schätzung der Einzelhandelsentwicklung wurde für das MITI durch das Distribution Policy Institute of Japan entwickelt
[2] ○ = Orientierungsgrößen
[3] BS = Betriebsstätten
[4] Werte nicht exakt vergleichbar, da Definitionsumfang der Einzelhandelsbetriebsformen abweicht

Quelle: **MITI** (Hrsg.), Census of Commerce 1982, 1991; MITI (Hrsg.), '90 nendai no ryutsu vision, a.a.O., S. 310-330; eigene Berechnungen

Tab. 8

Einzelhandelsszenario Japan 1991 - 2000:
Anzahl der Betriebsstätten nach Betriebsformen; Annahmen

Betriebsform	Ist		MITI/DPI-Schätzung [1]		Gewählte Wachstumsrate		Berechnung		Begründung für die Wahl der Wachstumsrate
	Wachstum in % p.a. 1982 - 1991	Wachstum in % p.a. 1988 - 1991	Wachstum in % p.a. 1990 - 1995	Wachstum in % p.a. 1995 - 2000	% p.a. 1991 - 1995	% p.a. 1995 - 2000	Umsatz 1995 in Mrd. ¥	Umsatz 2000 in Mrd. ¥	
Warenhäuser	−0,1 [2]	+1,6	+1,0	+0,6	+0,6	−0,1	466	464	• Keine ausreichende Anzahl 1A-Flächen verfügbar • Stagnation und Rezession schlagen durch
Supermärkte	+2,7	+1,3	+3,9	+2,9	+3,9	+2,9	2.242	2.587	• Effekt Gesetzesreform
Fachmärkte	+3,0	+3,8	+7,1	+6,3	+7,1	+6,3	9.419	12.784	• Effekt Gesetzesreform • Wachstumsstarke Betriebsform
Convenience-Läden	+7,0	+7,5	+3,4	+2,7	+6,0	+5,0	54.256	69.246	• Weiterhin dynamische Expansion • Übernahme ehemaliger "Mama-Papa"-Läden; jedoch mittelfristig Abschwächung
Sonstige Mini-Supermärkte	+1,3	+7,1	+2,9	+2,1	+2,9	+2,1	74.321	82.459	• Verhaltene Expansion aufgrund geringerer Effizienz als Convenience-Läden
Fachgeschäfte	−0,9	−0,2	−2,7	−2,2	−2,7	−2,2	896.434	802.071	• Abbau Familienbetriebe • Teilweise Kompensierung durch Franchise-Systeme
Sonstige Kleinflächen	−1,4	−2,8	−2,7	−2,2	−2,7	−2,2	423.256	378.702	• Abbau Familienbetriebe • Teilweise Kompensierung durch Freiwillige Ketten, Coops
	−0,8	−0,5	−2,0 [3]	−1,5 [3]	−2,1	−1,58	1.460.394	1.348.313	• Acceleration des Flächenabbaus durch Rezession, Gesetzesänderungen

[1] Die Schätzung der Einzelhandelsentwicklung wurde für das MITI durch das Distribution Policy Institute of Japan entwickelt
[2] ◯ = Orientierungsgrößen
[3] Werte nicht exakt vergleichbar, da Definitionsumfang der Einzelhandelsbetriebsformen abweicht

Quelle: **MITI** (Hrsg.), Census of Commerce 1982, 1991; MITI (Hrsg.), '90 nendai no ryutsu vision, a.a.O., S. 310-330; eigene Berechnungen

Tab. 9

Umsatz und Profit der Top 10 japanischen Einzelhandelsunternehmen 1992

- in Mrd. ¥ -

		Umsatz	Gewinn *	Rendite in %
1	Daiei	2.026	27,5	1,35
2	Ito-Yokado	1.460	97,1	6,65
3	Seiyu	1.094	16,0	1,46
4	Jusco	1.041	29,5	2,83
5	Seibu	985	k.A.	k.A.
6	Mitsukoshi	876	10,9	1,24
7	Takashimaya	842	13,3	1,57
8	Nichii	767	29,1	3,7
9	Daimaru	608	6,06	0,9
10	Maru	569	29,1	5,1

* Gewinn nach Steuern

Quelle: **Toyo Keizai** (Hrsg.), Japan Company Handbook 1993, 1st Section, Spring, Tokyo 1993, v.S.

Anhang 2

Ergänzende Abbildungen und Tabellen
- Kapitel D -

Abbildungen

		Seite
Abb. 1:	Repräsentation der Auswahlbasis durch die teilnehmenden Unternehmen der Befragung: Japanische Unternehmen	375
Abb. 2:	Repräsentation der Auswahlbasis durch die teilnehmenden Unternehmen der Befragung: Nicht-Japanische Unternehmen	376
Abb. 3:	Erwartete Entwicklung der Marketingführerschaft	377
Abb. 4:	Abhängigkeit des Umsatzes von den 20 größten Handelsunternehmen	377
Abb. 5:	Vertikale Verflechtungen des Großhandels 1979, 1986	378
Abb. 6:	Rückgang des Großhandels nach Produktgruppen	378
Abb. 7:	Gründe für den Rückgang des Großhandels aus Sicht der Hersteller	379
Abb. 8:	Strategien des Großhandels zur Existenzsicherung aus Sicht der Hersteller	379

Tabellen

Tab. 1:	Marktanteilsentwicklung der 5 größten Hersteller in ausgewählten Produktgruppen	380
Tab. 2:	Entwicklung der Groß- und Einzelhandelsspannen in ausgewählten Produktgruppen	381
Tab. 3:	Angebots- und Nachfrage-Konzentration in den untersuchten Produktgruppen 1980-1990	382
Tab. 4:	Erwartete Entwicklung der Marketingführerschaft nach Branchen	383
Tab. 5:	Entwicklung der direkten Belieferung Hersteller-Einzelhandel 1992-1997	384
Tab. 6:	Übernahme der Großhandelsfunktionen	384
Tab. 7:	Veränderung der Funktionsausübung von Herstellern, Großhandel und Einzelhandel in ihren traditionellen Funktionen	385
Tab. 8:	Erwarteter relativer Anteil von Herstellern, Großhandel und Einzelhandel an ihren traditionellen Funktionen nach Warengruppen	385
Tab. 9:	Erwarteter Einfluß auf die Preissetzung des Einzelhandels/ Veränderung der vertikalen Preiskontrolle	386

Abb. 1

Repräsentation der Auswahlbasis durch die teilnehmenden Unternehmen der Befragung: Japanische Unternehmen

n = 72

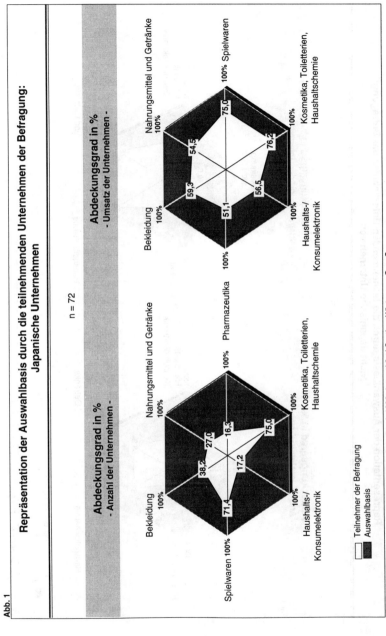

Quelle: *Toyo Keizai* (Hrsg.), Japan Company Handbook 1992, 1st and 2nd Section, Winter, a.a.O., v.S.

Abb. 2

Repräsentation der Auswahlbasis durch die teilnehmenden Unternehmen der Befragung: Nicht-Japanische Unternehmen

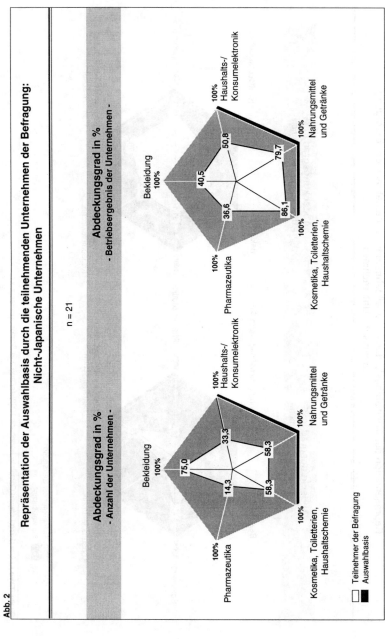

Quelle: *Toyo Keizai* (Hrsg.), *The Gaishi 300*, a.a.O., S. 44-48

Abb. 3

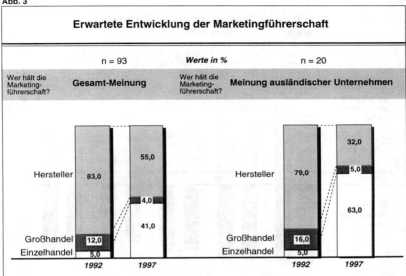

Quelle: Primärforschung 1992

Abb. 4

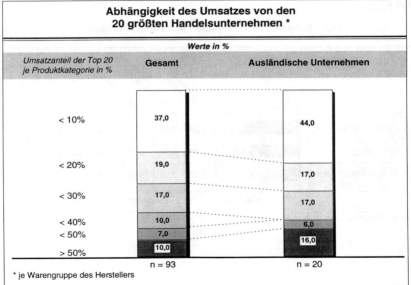

* je Warengruppe des Herstellers

Quelle: Primärforschung 1992

Abb. 5

Vertikale Verflechtungen des Großhandels 1979, 1986

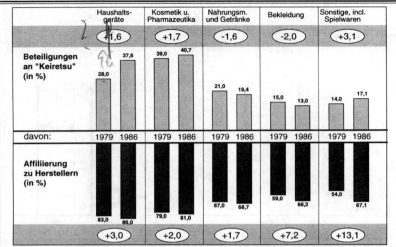

Quelle: ***Small and Medium Enterprise Agency, Research and Statistics Department, Ministry of Trade and Industry*** *(Hrsg.), Jittai Chosa, a.a.O.*

Abb. 6

Rückgang des Großhandels nach Produktgruppen

	Gesamt (Kein Rückgang ← → Starker Rückgang)	Kosmetika und Körperpflege	Verschreibungsfreie Pharmazeutika	Nahrungsmittel	Haushalts-elektrogeräte	Spielwaren	Bekleidung
Tertiärgroßhandel	4,11	3,80	(4,50)	4,10	4,10	(5,00)	4,10
Sekundärgroßhandel	3,40	2,93	(3,60)	3,40	(3,60)	(4,00)	(3,50)
Primärgroßhandel	2,43	2,20	2,00	2,40	(3,10)	2,40	(2,70)

◯ = überdurchschnittlich hoher Rückgang erwartet

Quelle: Primärforschung 1992

Abb. 7

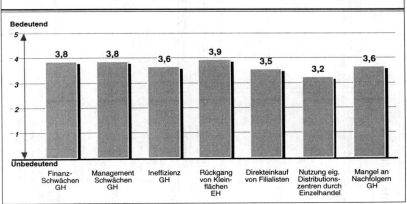

Quelle: Primärforschung 1992

Abb. 8

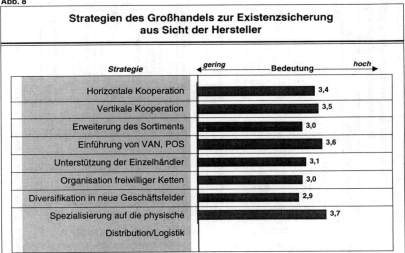

Quelle: Primärforschung 1992

Tab. 1

Marktanteilsentwicklung der 5 größten Hersteller in ausgewählten Produktgruppen

Bohnenkaffee (Heimverzehr)[1]

1980	MA %
1. UCC	29,8
2. Key Coffee	28,1
3. MYB	7,7
4. Hamya	7,3
	72,9

1990	MA %
1. UCC	25,6
2. Key Coffee	17,9
3. Art Coffee	6,1
4. Union Coffee	6,1
	55,7

Marktanteilsentwicklung Top 4: ↘

[1] nur Top 4 verfügbar

Süßwaren (Schokolade)[1]

1980	MA %
1. Meiji Seika	24,4
2. Morinaga	20,2
3. Ezaki Glico	17,8
4. Lotte	17,7
	80,1

1990	MA %
1. Lotte	20,1
2. Meiji Seika	19,9
3. Morinaga	15,1
4. Ezuki Glico	13,9
	69,0

Marktanteilsentwicklung Top 4: ↘

Fruchtsaft [2]

1980	MA %
1. Coca Cola	20,5
2. Morinaga	14,7
3. Kirin	14,2
4. Fujiya	6,3
5. Meiji	5,2
	60,9

1990	MA %
1. Coca Cola	9,1
2. Asahi	7,2
3. Kirin	6,5
4. Suntory	5,2
5. Ehime Coop	5,1
	33,1

Marktanteilsentwicklung Top 5: ↘

OTC-Pharmazeutika

1980	MA %
1. Taisho	13,3
2. Sankyo	8,1
3. Takeda	8,2
4. Rolito	4,7
5. SS-Pharmaz.	4,4
	38,7

1990	MA %
1. Taisho	15,6
2. Takeda	9,3
3. SS-Pharmaz.	6,1
4. Satoh	5,2
5. Kyowa	4,1
	40,3

Marktanteilsentwicklung Top 5: ↗

Haushaltsgeräte [3]

1980	MA %
1. Matsushita	24,6
2. Toshiba	15,2
3. Hitachi	14,2
4. Sharp	9,7
5. Sanyo	9,3
	73,0

1990	MA %
1. Matsushita	26,2
2. Toshiba	14,8
3. Hitachi	13,5
4. Sanyo	11,3
5. Mitsubishi	8,7
	74,5

Marktanteilsentwicklung Top 5: ↑

[3] Berechnung auf Basis des kummulierten Anteils an den 5 umsatzgrößten Produktgruppen

[2] Berechnung auf Basis des kummulierten Anteils an den 10 umsatzgrößten Produktgruppen

Spielwaren

1980	MA %
nicht verfügbar	

1990	MA %
1. Nintendo	17,0
2. Bandai	7,4
3. Tomy	4,1
4. Takara	5,0
5. Tamiya	4,3
	37,8

Marktanteilsentwicklung Top 5: ○

Damenoberbekleidung

1980	MA %
1. World	4,5
2. Itohin	3,6
3. Renown	3,4
4. Tokyo Style	3,2
5. Kashiyama	2,9
	17,5

1990	MA %
1. World	9,2
2. Itohin	8,2
3. Renown	6,3
4. Sanyo Shohai	4,5
5. Kashiyama	4,0
	32,2

Marktanteilsentwicklung Top 5: ↗

Herrenoberbekleidung

1980	MA %
1. Kashiyamo	10,2
2. D'Urban	4,4
3. Ohga	3,6
4. Sanyo Shokai	3,7
5. Jun	3,1
	24,5

1990	MA %
1. Kashiyamo	9,9
2. D'Urban	5,9
3. Sanyo Shohai	3,9
4. Ohga	2,9
5. Kindwear	1,9
	24,5

Marktanteilsentwicklung Top 5: ↑

Kosmetika [4]

1980	MA %
1. Shiseido	39,6
2. Kanebo	18,6
3. Pola	7,9
4. Max Factor	4,7
5. Kose	3,5
	74,3

1990	MA %
1. Shiseido	36,5
2. Kanebo	18,0
3. Pola	7,4
4. Max Factor	3,9
5. Kose	2,9
	68,7

Marktanteilsentwicklung Top 5: ↘

[4] insbes. dekorative Kosmetik (Make-up und Gesichtspflege)

Körperpflegeartikel [5]

1980	MA %
1. Kao	25,7
2. Lion	24,4
3. Nipponlever	12,5
4. Shiseido	11,8
5. Sunstar	6,9
	81,3

1990	MA %
1. Kao	19,7
2. Shiseido	15,7
3. Nipponlever	12,1
4. Lion	11,1
5. Kanebo	6,9
	65,5

Marktanteilsentwicklung Top 5: ↘

[5] Haar- und Körperpflege

Quelle: *Yano Keizai Kenkyusho* (Hrsg.), Market Share in Japan 1980, a.a.O., S. 1120-1140; *ebenda*, Market Share in Japan 1990, a.a.O., S. 359-362

Tab. 2

Entwicklung der Groß- und Einzelhandelsspannen in ausgewählten Produktgruppen

	Großhandelsspanne *			Einzelhandelsspanne		
	1979	1990	Δ %-Pkte.	1979	1990	Δ %-Pkte.
Kosmetika und Körperpflegeprodukte	11,0-13,8	10,4-11,7	-0,6 ~ -2,1	25,0-30,0	30,0-33,0	3,0 ~5,0
Verschreibungsfreie Pharmazeutika	17,3-26,8	15,0-22,7	-2,3 ~ -4,1	20,0-25,0	30,3-35,0	5,0 ~10,0
Schokolade	10,3-18,5	9,0-18,1	-0,4 ~-1,3	15,0-22,0	22,0-28,0	6,0 ~7,0
Bohnenkaffee	12,5-18,4	10,7-16,7	-1,7 ~ -1,8	20,0	25,6-30,0	5,6 ~10,0
Haushaltselektrogeräte	9,7-13,3	7,7-11,4	-1,9 ~ -2,0	25,0-28,0	30,0-35,0	5,0 ~7,0
Spielwaren	21,4-28,7	12,3-22,7	-6,0 ~ -9,1	25,0-30,0	30,0-35,0	5,0 ~10,0
Bekleidung	13,3-14,3	12,1-14,2	-0,1 ~-1,2	25,0-30,0	30,0-51,0	5,0 ~21,0

* Obere Werte entsprechen bei Pharmazeutika, Nahrungsmitteln und Spielwaren der zweistufigen Distribution (Einschaltung von 2 Großhändlern)

Quelle: Für die Werte des Jahres 1979 vgl. *Business Intercommunications* (Hrsg.), Distribution Systems in Japan, Tokyo 1979, S. 22, 214, 199, 275, 362, 415; für die Werte des Jahres 1990 vgl.
(1) Kosmetika und Körperpflegeprodukte: **Roland Berger, Vaubel & Partner** (Hrsg.), Market Study on the Japanese Retail Market for Hair Care Products, unveröffentlichte Kundenstudie, Tokyo 1992, o.S.; (2) Pharmazeutika: **Roland Berger, Vaubel & Partner** (Hrsg.), OTC Drug Distribution System in Japan, unveröffentlichte Kundenstudie, Tokyo 1992, S. 108 ff; (3) Nahrungsmittel: **Roland Berger, Vaubel & Partner** (Hrsg.), Study on the Distribution of Coffee and Confectionary Products; unveröffentlichte Kundenstudie, Tokyo 1990, S. 16ff; (4) Haushaltselektrogeräte: Interview mit **K. Toysato**, Sales Director, Sony Corporation, am 8.Juni 1992; (5) Spielwaren: **JETRO** (Hrsg.), Your Market in Japan: Toys, No. 86, Tokyo 1991, S. 24; (6) Bekleidung: **Mizusawa, M.**, Aoyama Trading, in: Kleinwort Benson International (Hrsg.), Japanese Research, January 91, 1991, S. 2f

Tab. 3

Angebots- und Nachfrage-Konzentration in den untersuchten Produktgruppen 1980 - 1990

	Angebotskonzentration [1]			Nachfragekonzentration [2]				Machtführerschaft
	1980	1990	Δ %-Pkte.	1980	1990	Δ %-Pkte.	einbezogene Betriebsform	
Kosmetika	74,3	68,7	-5,6	21,8	38,2	+16,4	• Supermärkte • Convenience-Stores	A
Körperpflegeprodukte	81,3	65,5	-15,8	21,8	38,2	+16,4	• Supermärkte • Convenience-Stores	A
Verschreibungsfreie Pharmazeutika	38,7	40,3	+1,6	22,3	25,6	+3,3	• Supermärkte • Convenience-Stores	A
Bohnenkaffee *	72,9	48,7	-24,2	28,5	50,5	+22,0	• Supermärkte • Convenience-Stores	N
Schokolade	80,1	69,0	-11,1	58,0	70,0	+12,0	• Supermärkte • Convenience-Stores	N
Haushaltselektrogeräte	73,0	74,5	+1,5	35,0	58,5	+23,5	• Supermärkte • Fachmärkte	A
Spielwaren	35,0	37,8	+3,8	15,0	33,0	+18,0	• Supermärkte • Fachmärkte	A
Damenoberbekleidung	17,5	32,2	+14,7	53,8	54,1	+0,3	• Supermärkte • Warenhäuser	N
Herrenoberbekleidung	24,5	24,5	± 0	37,1	50,9	+13,8	• Supermärkte • Warenhäuser	N

[1] Gemessen am kumulierten Marktanteil der fünf (*vier) größten Anbieter
[2] Gemessen am kumulierten Marktanteil moderner Einzelhandelsbetriebsformen

A = Angebotsseite
N = Nachfrageseite

Quelle: **Yano Keizai Kenkyusho** (Hrsg.), Market Share in Japan 1990, a.a.O., S. 359-362;
derselbe, Market Share in Japan 1981, a.a.O., S. 1120-1140

Tab. 4

Erwartete Entwicklung der Marketingführerschaft nach Branchen

Wer übt die Marketingführerschaft aus?
Nennungen in %

			Kosmetik und Körperpflegeprodukte	Verschreibungsfreie Pharmazeutika	Nahrungsmittel	Haushaltselektrogeräte	Spielwaren	Bekleidung	**Gesamt**
Gesamt-Stichprobe	Hersteller	(a)	81	91	81	91	40	93	**83**
		(b)	44	73	39	91	67	60	**55**
	Großhandel	(a)	19	9	14	0	4	0	**12**
		(b)	13	0	3	0	17	0	**4**
	Einzelhandel	(a)	0	0	5	9	2	7	**5**
		(b)	44	27	58	9	17	40	**41**
Ausl. Unternehmen	Hersteller	(a)	83	67	86	0	-	100	**79**
		(b)	17	33	43	0	-	50	**32**
	Großhandel	(a)	17	33	14	0	-	0	**16**
		(b)	17	67	0	0	-	0	**5**
	Einzelhandel	(a)	0	0	0	100	-	0	**5**
		(b)	67	0	57	100	-	50	**63**

(a) = heute (b) = in 5 Jahren

Quelle: Primärforschung 1992

Tab. 5

Entwicklung der direkten Belieferung Hersteller-Einzelhandel 1992-1997

Produktgruppe	Anteil Direktbelieferung 1992	Anteil Direktbelieferung 1997	Veränderung in %-Pkt.
Kosmetika und Körperpflege	22,9	26,0	3,1
Verschreibungsfreie Pharmazeutika	40,0	54,0	14,0
Nahrungsmittel	15,4	26,0	10,6
Haushaltselektrogeräte	67,3	69,0	1,7
Spielwaren	10,0	18,0	8,0
Bekleidung	77,0	82,0	5,0
Gesamt	37,0	44,0	7,0

Primärforschung 1992

Tab. 6

Übernahme der Großhandelsfunktionen

Angaben in %

Funktionsübernahme durch:	Kosmetika, Körperpflege	Verschreibungsfreie Pharmazeutika	Nahrungsmittel	Haushalts- elektrogeräte	Spielwaren	Bekleidung	Gesamt
Physische Distributionsspezialisten	8,0	38,9	15,8	7,1	12,5	9,1	15,0
Hersteller	52,0	38,9	42,1	64,3	50,0	59,1	48,0
Einzelhandel	40,0	22,2	42,1	28,6	37,5	31,8	37,0

Quelle: Primärforschung 1992

Tab. 7

Veränderung der Funktionsausübung von Herstellern, Großhandel und Einzelhandel in ihren traditionellen Funktionen
- in %-Pkten. 1992 - 1997 -

	Produkt-planung + Entwickl.	Konsu-menten-werbung	Auftrags-abwicklung	Lager-haltung	Transport/ Logistik	Einkauf	Merchan-dising	POS-Marketing	Verkauf, Preis-setzung
	Herstellerfunktionen			Großhandelsfunktionen			Einzelhandelsfunktionen		
Kosmetika Körperpflege-artikel	0	0	+15,0	0	+2,0	+5,0	+8,0	0	+21,0
Verschr.freie Pharmazeutika	0	+8,0	-3,0	(+28,0)	(+28,0)	(+41,0)	+8,0	(+34,0)	(+58,0)
Nahrungs-mittel	-3,0	+2,0	+2,0	(+1,0)	(+6,0)	(+28,0)	(+17,0)	(+21,0)	+15,0
Haushalts-elektrogeräte	0	+1,0	+13,0	-14,0	-8,0	+22,0	-3,0	+2,0	+18,0
Spiel-waren	+17,0	0	-13,0	(+17,0)	(+16,0)	+10,0	(+24,0)	+4,0	+21,0
Bekleidung	-1,0	+5,0	+6,0	-8,0	-10,0	+19,0	+11,0	(+27,0)	(49,5)
Gesamt	**-1,0**	**+2,0**	**0**	**0**	**+4,0**	**+22,0**	**+11,0**	**+18,0**	**+25,0**

◯ überdurchschnittliche Veränderung

Quelle: Primärforschung 1992

Tab. 8

Erwarteter relativer Anteil von Herstellern, Großhandel und Einzelhandel an ihren traditionellen Funktionen nach Warengruppen

	Produkt-planung + Entwickl.	Konsu-menten-werbung	Auftrags-abwicklung	Lager-haltung	Transport/ Logistik	Einkauf	Merchan-dising	POS-Marketing	Verkauf, Preis-setzung
	Herstellerfunktionen			Großhandelsfunktionen			Einzelhandelsfunktionen		
	Anteil der Hersteller in %			Anteil des Großhandels in %			Anteil des Einzelhandels in %		
Kosmetika Körperpflege-artikel	100	93	75	(38)	(41)	54	(41)	(39)	(53)
Verschr.freie Pharmazeutika	100	100	70	82	82	82	(43)	69	91
Nahrungs-mittel	94	94	59	42	50	79	58	73	73
Haushalts-elektrogeräte	100	93	75	(17)	(25)	(55)	(50)	(55)	(62)
Spiel-waren	100	100	58	60	60	60	80	66	(50)
Bekleidung	(80)	(87)	73	(20)	(25)	83	59	69	67
Gesamt	**94**	**93**	**58**	**39**	**45**	**70**	**53**	**61**	**66**

◯ unterdurchschnittliche Beteiligung/Anteil

Quelle: Primärforschung 1992

Tab. 9

Erwarteter Einfluß auf die Preissetzung des Einzelhandels/ Veränderung der vertikalen Preiskontrolle

Wie schätzen Sie den künftigen Einfluß der Hersteller auf die Preissetzung im EH ein?

Nennungen in %

	Kosmetika und Körperpflege	Verschreibungsfreie Pharmazeutika	Nahrungsmittel	Haushalts- elektrogeräte	Spielwaren	Bekleidung	Gesamt
Einfluß sinkt	87	73	53	45	50	47		58
Einfluß steigt	0	0	11	0	0	20		7
kein Einfluß mehr	7	18	13	19	3	20		16
kein Kommentar	6	9	23	36	17	13		19

Quelle: Primärforschung 1992

Anhang 3

Ergänzende Abbildungen und Tabellen
- Kapitel E -

Abbildungen Seite

Abb. 1:	Clusterspezifische Verteilung und Abweichungsanalyse Umgehungsstrategien	389
Abb. 2:	Entwicklung der Werbeaufwendungen in Japan	390
Abb. 3:	Bedeutung des Franchising nach Branchen	390
Abb. 4:	Geschäftssystem der Kao-Corporation: Wertschöpfungspartnerschaften und Strategisches Informations System (SIS)	391
Abb. 5:	Geplante Veränderungen der Marketingorganisation	392

Tabellen

Tab. 1:	Extraktion von 6 zentralen Wettbewerbsfaktoren anhand des Kaiser-Kriteriums	392
Tab. 2:	Abweichungsanalyse der Cluster-Mittelwerte auf Basis der Ausgangsvariablen	393
Tab. 3:	Branchenanteile, Umsatz pro Unternehmen und Anteil ausländischer Unternehmen an den Clustern	394
Tab. 4a:	Clusterspezifische Verteilung der Antworten Statement (1)-(3)	395
Tab. 4b:	Clusterspezifische Verteilung der Antworten Statement (4)-(6)	396
Tab. 4c:	Clusterspezifische Verteilung der Antworten Statement (7)-(9)	397
Tab. 4d:	Clusterspezifische Verteilung der Antworten Statement (10)-(12)	398
Tab. 5:	Bedeutung ausgewählter Akquisitions-/Motivationsinstrumente nach Clustern	399
Tab. 6:	Clusterspezifische Bewertung von Kooperationsfeldern mit dem Handel aus Herstellersicht	399

Abb. 1

Clusterspezifische Verteilung und Abweichungsanalyse Umgehungsstrategien

% - Werte

Haus-zu-Haus-Verkauf

	1	2	3	4	5	Arithm. Mittel	Abweichungen vom arithm. Mittel in %
Cluster 1	55	18	0	9	18	2,18	23,9
Cluster 2	58	38	4	0	0	1,46	-17
Cluster 3	50	31	13	6	0	1,75	-0,5
Cluster 4	77	13	10	0	0	1,33	-24,4
Cluster 5	60	10	0	20	10	2,10	19,3
Gesamt	63	24	6	4	3	1,76	

Versandhandel

	1	2	3	4	5	Arithm. Mittel	Abweichungen vom arithm. Mittel in %
Cluster 1	32	32	12	16	8	2,60	5,3
Cluster 2	36	28	18	18	0	2,18	-11,7
Cluster 3	6	31	25	25	13	3,10	25,5
Cluster 4	45	33	3	16	3	2,00	-19
Cluster 5	20	30	40	0	10	2,50	1,2
Gesamt	33	29	15	16	7	2,47	

Eigene Filialen/Direkt betriebene Einzelhandelsgeschäfte

	1	2	3	4	5	Arithm. Mittel	Abweichungen vom arithm. Mittel in %
Cluster 1	36	18	27	19	0	2,27	-8,5
Cluster 2	46	23	27	4	0	2,18	-12,1
Cluster 3	18	19	13	44	6	3,00	21
Cluster 4	35	26	13	20	6	2,35	-5,2
Cluster 5	30	20	0	30	20	2,90	16,9
Gesamt	35	22	17	20	6	2,48	

Niedriges Potential 1 2 3 4 5 Hohes Potential

Quelle: Primärforschung 1992

Abb. 2

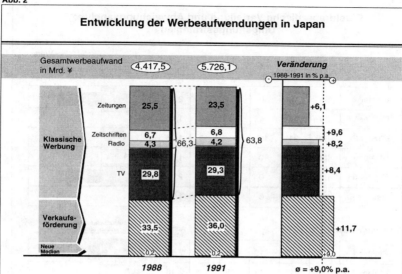

Quelle: **Dentsu** (Hrsg.), Japan 1993, Marketing and Advertising Yearbook, a.a.O., 1992, S. 113ff

Abb. 3

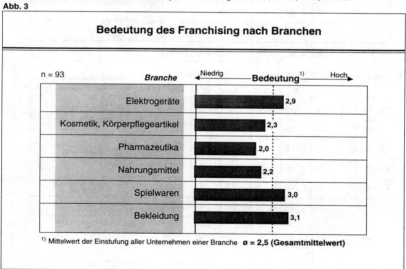

Quelle: Primärforschung 1992

Abb. 4

Geschäftssystem der Kao Corporation: Wertschöpfungspartnerschaften und Strategisches Informations System (SIS)

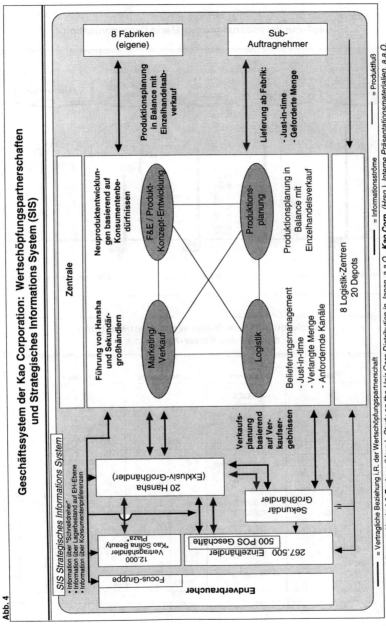

Quelle: **Roland Berger, Vaubel & Partner (Hrsg.)**, *Study on the Hair Care Distribution in Japan, a.a.O.*; **Kao Corp. (Hrsg.)**, *Interne Präsentationsmaterialien, a.a.O.*

Abb. 5

Geplante Veränderungen der Marketingorganisation

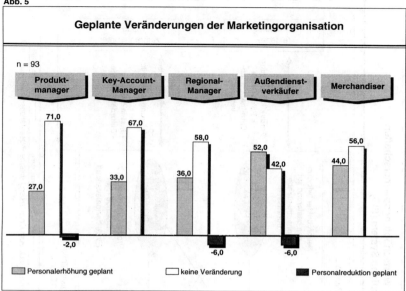

Tab. 1

Extraktion von 6 zentralen Wettbewerbsfaktoren anhand des Kaiser-Kriteriums

Faktor	Eigenwert	% der Varianz	Kumuliert
1	4.03304	22,4	22,4
2	2.52926	14,1	3,65
3	1.58572	8,8	45,3
4	1.26054	7,0	52,3
5	1.21991	6,8	59,0
6	1.04679	5,8	64,9
7	0.90556	5,0	69,9
8	0.81978	4,6	74,4
9	0.70150	3,9	78,3
10	0.67164	3,7	82,1
11	0.63380	3,5	85,6
12	0.56713	3,2	88,7
13	0.52990	2,9	91,7
14	0.38591	2,1	93,8
15	0.33898	1,9	95,7
16	0.30592	1,7	97,4
17	0.26915	1,5	98,9
18	0.19549	1,1	100

Tab. 2

Abweichungsanalyse der Cluster-Mittelwerte auf Basis der Ausgangsvariablen

n = 90

	Ausgangsvariable	Gesamt-Mittelwert	Cluster 1 (26)		Cluster 2 (11)		Cluster 3 (17)		Cluster 4 (25)		Cluster 5 (11)	
			CM	Δ%	CM	Δ%	CM	Δ%	CM	Δ%	CM	Δ%
1	Stärken/Schwächen Produkt/Sortiment	3,97	3,69	-7,1	4,36	+9,8	3,25	-18,1	4,48	+12,8	4,10	+3,3
2	Stärken/Schwächen der Marke	4,08	3,58	-12,1	4,55	+11,5	3,75	-8,1	4,68	+14,7	3,70	-9,3
3	Stärken/Schwächen der Vertriebsorganisation	3,69	3,04	-17,6	4,55	+23,3	2,69	-27,1	4,36	+18,2	4,40	+19,2
4	Stärken/Schwächen der Distribution	3,55	2,92	-17,7	4,18	+17,7	2,94	-17,2	4,24	+19,4	3,90	+9,9
5	Marktreife	4,03	3,62	-10,2	3,91	-3,0	4,06	+0,7	4,48	+11,2	4,20	+4,2
6	Diversifikation der Konsumentenbedürfnisse	4,29	3,85	-10,3	4,09	-4,7	4,25	-0,9	4,72	+10,0	4,40	+2,6
7	Wachsende Bedeutung eig. Marketing Strategien des Einzelhandels	3,44	2,81	-18,3	3,27	-4,9	3,69	+7,3	4,04	+17,4	3,80	+10,5
8	Wachsende Anzahl von Handelsmarken	2,44	1,38	-43,4	2,55	+4,5	2,87	+17,6	3,08	+26,2	2,70	+10,7
9	Wachsende Bedeutung Freiwilliger Ketten	3,00	2,04	-32,0	3,45	+15,0	3,50	+16,7	3,20	+6,7	3,30	+10,0
10	Einführung von POS-Systemen durch den Einzelhandel	3,66	3,46	-5,5	3,18	-13,1	3,44	-6,0	3,96	+8,2	4,20	+14,8
11	Wachsende Einkaufsmacht von Filialisten	3,52	2,88	-18,2	3,00	-14,8	3,94	+11,9	3,96	+12,5	4,00	+13,6
12	Großhandelskonzentration	3,05	3,23	+5,9	1,91	-37,4	3,06	+0,3	3,72	+22,0	2,50	-18,0
13	Wachstum vertikaler Verbundsysteme	3,36	3,15	-6,3	2,73	-18,8	3,44	+2,4	4,04	+20,2	2,90	-13,7
14	Wachstum moderner/neuer Betriebsformen	3,69	3,23	-12,5	3,45	-6,5	3,94	+6,8	3,80	+3,0	4,60	+24,7
15	Liberalisierung von Handelspraktiken	3,26	2,92	-10,4	2,27	-30,4	3,56	+9,2	3,32	+1,8	4,30	+31,9
16	Wachstum großflächiger Betriebsformen	4,03	3,73	-7,4	3,64	-9,7	4,06	+0,7	4,36	+8,2	4,20	+4,2
17	Einzelhandelskonzentration	3,68	3,58	-2,7	2,91	-20,9	3,81	+3,5	4,04	-9,8	4,00	+8,7
18	Umsatzkonzentration auf die Top 20 Einzelhandelsunternehmen	1,77	1,46	-17,5	1,18	-33,3	1,62	-8,5	1,72	-2,8	3,30	+86,4

Δ % = Abweichung vom Gesamtmittelwert in %
CM = Cluster Mittelwert
◯ = Abweichung > +10%

Tab. 3

Branchenanteile, Umsatz pro Unternehmen und Anteil ausländischer Unternehmen an den Clustern

Branchen	Cluster 1 %	Cluster 1 Anzahl	Cluster 2 %	Cluster 2 Anzahl	Cluster 3 %	Cluster 3 Anzahl	Cluster 4 %	Cluster 4 Anzahl	Cluster 5 %	Cluster 5 Anzahl	Gesamt %	Gesamt Anzahl
Haushaltselektrogeräte	15,4	4	9,1	1	11,8	2	4,0	1	9,1	1	10,0	9
Bekleidung	11,6	3	36,3	4	23,5	4	8,0	2	27,2	3	17,8	16
Kosmetika, Körperpflege	26,9	7	18,2	2	17,6	3	12,0	3	9,1	1	17,8	16
Nahrungsmittel	34,6	9	18,2	2	23,5	4	52,0	13	45,5	5	36,7	33
Pharmazeutika	7,7	2	9,1	1	17,6	3	16,0	4	9,1	1	12,1	11
Spielwaren	3,8	1	9,1	1	6,0	1	8,0	2	0,0	0	5,6	5
Gesamt	100,0	26	100,0	11	100,0	17	100,0	25	100,0	11	100,0	90
Japanische Unternehmen	76,9	20	81,8	9	82,4	14	80,0	20	81,8	9	80,0	72
Nicht-japanische Unternehmen	23,1	6	18,2	2	17,6	3	20,0	5	18,2	2	20,0	18

Werte in Mil. ¥

	Cluster 1	Cluster 2	Cluster 3	Cluster 4	Cluster 5	Gesamt
kumulierter Umsatz	6.039.306	7.554.272	1.976.794	6.348.250	2.569.501	24.488.123
Umsatz pro Unternehmen	232.281	686.752	116.282	253.930	233.591	272.090

Quelle: Primärforschung 1992; **Toyo Keizai** (Hrsg.), Japan Company Handbook 1992, 1st and 2nd Section, Winter, a.a.O., v.S.; **derselbe,** Gaishikei Kigyo Soran '92 (dtsche. Übersetzung: Handbuch ausländischer Unternehmen), Tokyo 1992, v.S.

Tab. 4a

Clusterspezifische Verteilung der Antworten

% - Werte

Statement (1)

	1	2	3	4	5	
Cluster 1	46	23	12	19	0	100
Cluster 2	46	18	18	0	18	100
Cluster 3	13	6	44	31	6	100
Cluster 4	24	12	40	20	4	100
Cluster 5	20	10	30	20	20	100
Gesamt	**31**	**15**	**28**	**19**	**7**	**100**

Statement (2)

	1	2	3	4	5	
Cluster 1	19	35	12	27	7	100
Cluster 2	27	27	27	19	0	100
Cluster 3	6	13	13	62	6	100
Cluster 4	4	12	52	32	0	100
Cluster 5	0	10	20	70	0	100
Gesamt	**11**	**20**	**26**	**39**	**4**	**100**

Statement (3)

	1	2	3	4	5	
Cluster 1	15	27	31	19	8	100
Cluster 2	18	10	27	27	18	100
Cluster 3	6	25	25	25	19	100
Cluster 4	4	16	44	28	8	100
Cluster 5	10	0	40	50	0	100
Gesamt	**10**	**18**	**34**	**27**	**11**	**100**

Nicht wichtig/ Nicht unsere Politik | 1 | 2 | 3 | 4 | 5 | Sehr wichtig/ Firmenpolitik

Quelle: Primärforschung 1992

Tab. 4b

Clusterspezifische Verteilung der Antworten

% - Werte

Statement (4)

	1	2	3	4	5	
Cluster 1	8	15	35	31	11	100
Cluster 2	0	9	18	0	73	100
Cluster 3	6	13	13	38	30	100
Cluster 4	4	4	28	44	20	100
Cluster 5	0	20	30	40	0	100
Gesamt	**5**	**9**	**26**	**33**	**27**	**100**

Statement (5)

	1	2	3	4	5	
Cluster 1	8	27	35	23	7	100
Cluster 2	28	36	18	9	9	100
Cluster 3	6	38	56	0	0	100
Cluster 4	20	20	28	32	0	100
Cluster 5	30	10	50	10	0	100
Gesamt	**16**	**26**	**36**	**18**	**4**	**100**

Statement (6)

	1	2	3	4	5	
Cluster 1	77	12	11	0	0	100
Cluster 2	91	0	9	0	0	100
Cluster 3	25	25	38	12	0	100
Cluster 4	40	20	36	4	0	100
Cluster 5	50	10	30	10	0	100
Gesamt	**56**	**15**	**23**	**6**	**0**	**100**

Nicht wichtig/ Nicht unsere Politik 1 2 3 4 5 Sehr wichtig/ Firmenpolitik

Quelle: Primärforschung 1992

Tab. 4c

Clusterspezifische Verteilung der Antworten

% - Werte

Statement (7)

	1	2	3	4	5	
Cluster 1	58	19	15	4	4	100
Cluster 2	91	0	9	0	0	100
Cluster 3	44	25	25	6	0	100
Cluster 4	48	32	20	0	0	100
Cluster 5	50	30	20	0	0	100
Gesamt	50	23	18	2	1	100

Statement (8)

	1	2	3	4	5	
Cluster 1	31	35	23	11	0	100
Cluster 2	55	36	9	0	0	100
Cluster 3	31	25	19	25	0	100
Cluster 4	48	32	12	8	0	100
Cluster 5	50	30	20	30	0	100
Gesamt	38	32	17	13	0	100

Statement (9)

	1	2	3	4	5	
Cluster 1	8	8	23	35	26	100
Cluster 2	9	9	37	18	27	100
Cluster 3	6	6	44	31	13	100
Cluster 4	8	8	32	36	16	100
Cluster 5	0	10	50	10	30	100
Gesamt	7	8	34	29	22	100

| Nicht wichtig/ Nicht unsere Politik | 1 | 2 | 3 | 4 | 5 | Sehr wichtig/ Firmenpolitik |

Quelle: Primärforschung 1992

Tab. 4d

Clusterspezifische Verteilung der Antworten

% - Werte

Statement (10)

	1	2	3	4	5	
Cluster 1	19	8	31	27	15	100
Cluster 2	0	18	27	9	46	100
Cluster 3	6	13	19	62	0	100
Cluster 4	4	8	24	36	28	100
Cluster 5	0	10	30	40	20	100
Gesamt	**8**	**10**	**26**	**35**	**21**	**100**

Statement (11)

	1	2	3	4	5	
Cluster 1	4	4	35	54	3	100
Cluster 2	0	0	36	55	9	100
Cluster 3	0	6	50	38	6	100
Cluster 4	4	0	36	52	8	100
Cluster 5	0	10	30	40	20	100
Gesamt	**2**	**3**	**38**	**49**	**8**	**100**

Statement (12)

	1	2	3	4	5	
Cluster 1	12	4	31	35	18	100
Cluster 2	0	27	45	10	18	100
Cluster 3	0	0	44	50	6	100
Cluster 4	4	8	24	52	12	100
Cluster 5	0	10	20	30	40	100
Gesamt	**5**	**8**	**32**	**39**	**16**	**100**

| Nicht wichtig/ Nicht unsere Politik | 1 | 2 | 3 | 4 | 5 | Sehr wichtig/ Firmenpolitik |

Quelle: Primärforschung 1992

Tab. 5

Bedeutung ausgewählter Akquisitions-/Motivationsinstrumente

n = 93	Akquisition/Motivation des Handels durch ...	Mittel-wert	C1	C2	C3	C4	C5
Preis- und Konditionen-politik	Aktionsrabatte	3,2	+1,0	-12,5	+7,5	-3,1	±0,0
	Jahresbonus	2,9	+12,8	-15,5	+3,4	-4,8	-0,7
	Mengenrabatte	3,0	+6,3	-9,0	+2,0	-4,7	+13,3
	Lieferpunktrabatte	2,6	-5,4	-30,0	-1,5	+10,4	+26,9
	Listungsrabatte	2,4	+15,4	-41,6	+6,7	-1,3	+4,2
	Werbekostenzuschüsse	3,8	-3,9	+17,1	-7,9	+2,6	-5,3
Produkt-politik	Exklusivproduktlinien f. einz. Händler	2,0	-19,0	-32,0	+15,5	+10,0	+20,0
	Handelsmarkenproduktion	2,1	-17,6	-8,6	+13,3	+15,7	±0,0
Kommu-nikations-politik	Verkaufspersonaltraining	3,5	-16,6	+8,6	±0,0	+5,7	+5,7
	Persönliche Anreize/Incentives	3,1	-7,1	+2,6	-1,3	+2,6	+9,7
	Personalentsendung	2,4	-8,8	+21,3	+9,6	-2,9	+4,2
	Ladenbauunterstützung	2,8	-28,6	+3,9	+3,1	+9,3	+17,9
Logistik- und Service Politik	Just-in-time-Belieferung	3,6	-12,5	+8,6	-6,1	+11,1	+11,1
	Regalpflege/Merchandising	4,0	-6,8	-6,8	+1,5	+8,0	±0,0
	Informationsdienstleistungen	4,1	-9,0	+4,1	-3,9	+7,3	+9,8

Quelle: Primärforschung 1992

Tab. 6

Clusterspezifische Bewertung von Kooperationsfeldern mit dem Handel aus Herstellersicht

Mittelwerte je Cluster [1]

Kooperationsfeld	Arithm. Mittel	Cluster 1	Cluster 2	Cluster 3	Cluster 4	Cluster 5
Informationsaustausch	4,29	3,97	4,55	4,00	4,51	4,40
Verkaufsförderung (handelsgerichtet)	3,74	2,38	3,45	3,56	4,20	4,10
Produktentwicklung	2,82	2,54	2,64	3,00	3,20	2,70
Logistik	3,04	2,85	2,82	2,81	3,20	3,50
POS-Marketing (endverbrauchergerichtet)	3,70	3,50	3,36	3,63	4,00	4,00
Exklusivserienproduktion	1,98	1,62	1,36	2,31	2,20	2,40
Handelsmarkenproduktion	2,09	1,73	1,82	2,36	2,43	2,10
Regalmanagementunterstützung	3,09	2,73	2,64	3,06	3,50	3,50

[1] niedrige Bedeutung
hohe Bedeutung
▭ positive Abweichung von arithmet. Mittel

Quelle: Primärforschung 1992

Anhang 4

Fragebögen der Untersuchung

(1) Englisch
(2) Japanisch

Fragebogen Englisch

Questionnaire

_____
(Company)

Questionnaire

Assessment of the strategic implications of structural change in the Japanese distribution system for consumer goods manufacturers

Company Address: _____

Telephone and Fax Number: _____

Date: _____

Table of Contents

Part A: Description of Company and Competitive Environment Situation

Part B: Structural Change in the Distribution System

Part C: Marketing Channel Strategy

Part D: Marketing and Sales Organization and Systems

(A) **Description of Company and Competitive Environment Situation**

1. Could you please indicate which products your company is mainly selling?

   (1) Electric Home Appliances: [ ]
   (2) Cosmetics/Personal Care: [ ]
   (3) OTC-Pharmaceuticals: [ ]
   (4) Food & Beverages: [ ]
   (5) Toys, Leisure, Sports: [ ]
   (6) Furniture [ ]
   (7) Apparel/Clothing: [ ]
   (8) Household Chemicals (e.g. Detergents, Sundries) [ ]
   (9) Other: _____ [ ]

2. Do you produce

   (1) National Brands? [ ]
   (2) Private Labels for Retailers? [ ]
   (3) Both? [ ]

3. Could you please indicate the principal distribution flow of your major product(s)?

   (1) Directly to Retailers
   (2) Directly to Final Consumers (Mail Order, Door-to-Door etc.)
   (3) Indirectly to Retailers via Primary Wholesalers
   (4) Indirectly to Retailers via Multiple Wholesalers (Primary, Secondary, Tertiary)

   Breakdown in Percent of Total Turnover

	(1)	(2)	(3)	(4)	Total
Product Flow	[ ]	[ ]	[ ]	[ ]	=100%
Commercial Flow	[ ]	[ ]	[ ]	[ ]	=100%

4. Who currently performs which tasks/functions in the distribution chain of your main products?

	Manufacturer	Wholesaler	Retailer
(1) Product Planning/Development	[ ]	[ ]	[ ]
(2) Consumer Advertising	[ ]	[ ]	[ ]
(3) Invoicing	[ ]	[ ]	[ ]
(4) Order Procurement to Retailers	[ ]	[ ]	[ ]
(5) Warehousing	[ ]	[ ]	[ ]
(6) Transportation	[ ]	[ ]	[ ]
(7) Merchandising for/in Retail Outlets	[ ]	[ ]	[ ]
(8) Buying/Purchasing for Retail Outlets	[ ]	[ ]	[ ]
(9) In-Store Marketing/Promotion	[ ]	[ ]	[ ]
(10) Pricing (Retail)	[ ]	[ ]	[ ]
(11) After Sales	[ ]	[ ]	[ ]

5. How do you evaluate the impact of the following factors on growth and profit of your business?

	Low Impact				High Impact
(1) Market Maturity	1	2	3	4	5
(2) Diversification of Consumer Needs	1	2	3	4	5
(3) Concentration of Retailers	1	2	3	4	5
(4) Concentration of Wholesalers	1	2	3	4	5
(5) Growth of Large Retail Stores	1	2	3	4	5
(6) Liberalization of Business Practices	1	2	3	4	5
(7) Growth of New Retail Store Formats (Discounters, Roadside Stores etc.)	1	2	3	4	5
(8) Increasing Power of Voluntary Chains	1	2	3	4	5
(9) Increasing Number of Retailer's Brands (Private Labels)	1	2	3	4	5
(10) Introduction of POS Systems	1	2	3	4	5
(11) Increasing Buying Power of Chain Stores (e.g. Requests for Rebates)	1	2	3	4	5
(12) Growth of Vertical Networks of Competitors (Distribution Keiretsu)	1	2	3	4	5
(13) Increasing Importance of Retailer's Own Marketing Strategies	1	2	3	4	5
(14) Other _____	1	2	3	4	5

6. How would you evaluate your company's position against competitors with regard to

	Weak				Strong
(1) Product/Assortment?	1	2	3	4	5
(2) Brand Image?	1	2	3	4	5
(3) Sales Organization?	1	2	3	4	5
(4) Distribution Coverage (Sales Points/Outlets)?	1	2	3	4	5

7. May we ask you to indicate the percentage of turnover approximately made with the top 20 retailers in your product category (estimate)?

Less than	10%	[ ]	Less than	60%	[ ]
"	20%	[ ]	"	70%	[ ]
"	30%	[ ]	"	80%	[ ]
"	40%	[ ]	"	90%	[ ]
"	50%	[ ]	More than	90%	[ ]

(B) **Structural Change in the Distribution System**

8. Could you please indicate which principal distribution flow of your major product(s) you expect in 5 years time?

   (1) Directly to Retailers
   (2) Directly to Final Consumers (Mail Order, Door-to-Door etc.)
   (3) Indirectly to Retailers via Primary Wholesalers
   (4) Indirectly to Retailers via Multiple Wholesalers (Primary, Secondary, Teriary)

   Breakdown in Percent of Total Turnover

	(1)	(2)	(3)	(4)	Total
Product Flow	[ ]	[ ]	[ ]	[ ]	=100%
Commercial Flow	[ ]	[ ]	[ ]	[ ]	=100%

9. Who do you think will perform which tasks/functions in the distribution chain of your main products in 5 years time? Please fill out only one box per line.

	Manufacturer	Wholesaler	Retailer
(1) Product Planning/Development			
(2) Consumer Advertising			
(3) Invoicing/Order Procurement to Retailers			
(4) Warehousing			
(5) Transportation			
(6) Merchandising for/ in Retail Outlets			
(7) Buying/Purchasing for Retail Outlets			
(8) POS Marketing			
(9) Pricing (Retail)			
(10) After Sales			

10. Do you expect a decline of the role of the wholesalers in your industry (both physical distribution and commercial tasks) within the next 5 years?

	No decline				Strong decline
Tertiary (local) Wholesalers	1	2	3	4	5
Secondary (regional) Wholesalers	1	2	3	4	5
Primary (national) Wholesalers	1	2	3	4	5

11. If you have marked 2, 3, 4 or 5 in the above question, then why do you expect a decline of wholesalers? (If you marked 1, please proceed to next question).

	Not so important				Important
(1) Financial Weakness	1	2	3	4	5
(2) Management Weakness	1	2	3	4	5
(3) Lack of Efficiency	1	2	3	4	5
(4) Decline of Small Stores	1	2	3	4	5
(5) Direct Sourcing of Chain Stores	1	2	3	4	5
(6) Increased use of own Distribution Centers by Retailers	1	2	3	4	5
(7) Lack of Successors	1	2	3	4	5

12. If the role of the wholesalers is diminishing, who takes over their functions in the distribution chain?

    (1) Physical Distribution Specialists [ ]
    (2) Manufacturers (incl. Sales Companies) [ ]
    (3) Retailers (incl. Distribution Centers) [ ]
    (4) Others _____ [ ]

13. How do you think wholesalers will respond to changes in their industry?

	Unlikely				Likely
(1) Horizontal cooperation of wholesalers	1	2	3	4	5
(2) Vertical cooperation (with manufacturers, retailers or wholesalers of other levels)	1	2	3	4	5
(3) New merchandise mix, new product lines	1	2	3	4	5
(4) Establishment of VAN, POS	1	2	3	4	5
(5) Retail management support	1	2	3	4	5
(6) Support of Voluntary Chains	1	2	3	4	5
(7) Diversification into new business fields	1	2	3	4	5
(8) Concentration on/investment into physical distribution	1	2	3	4	5

14. Please indicate the expected future growth/decline of the below listed retail store formats for your products (until 1995): (-3 = strong decline, -2 = considerable decline, -1 = small decline, 0 = no change, +1 = small growth, +2 = considerable growth, +3 = strong growth)

(1) GMS/Superstores (> 1,500 sqm)	-3	-2	-1	0	+1	+2	+3
(2) Supermarkets (500 - 1,500 sqm)	-3	-2	-1	0	+1	+2	+3
(3) Convenience Stores (< 500 sqm)	-3	-2	-1	0	+1	+2	+3
(4) Department Stores	-3	-2	-1	0	+1	+2	+3
(5) Discount Stores	-3	-2	-1	0	+1	+2	+3
(6) Home Center	-3	-2	-1	0	+1	+2	+3
(7) Specialty Stores	-3	-2	-1	0	+1	+2	+3
(8) Traditional Stores ("Mom&Pops")	-3	-2	-1	0	+1	+2	+3
(9) Roadside Specialty Stores	-3	-2	-1	0	+1	+2	+3
(10) Non Store Retailing	-3	-2	-1	0	+1	+2	+3

(C) Marketing Channel Strategy

15. Which is your basic attitude towards channel members (wholesalers, retailers)?

	Not so important/ Not our policy 1	2	3	Most important/ Company policy 4 5
(1) Rather Offensive (pull marketing, leadership oriented)				[ ]
(2) Rather Defensive (push marketing, compliance to chainstore power)				[ ]
(3) Rather Cooperative (trying to balance power, partnership attitude)				[ ]
(4) Outpacing (trying to bypass/circumvent the trade trough diversification into new businesses)				[ ]

16. Which of the following distribution coverage strategies do you pursue?

(1) Intensive distribution (broad coverage)		[ ]
(2) Selective distribution (qualitative limitation)		[ ]
(3) Exclusive distribution (quantitative and qualitative limitation)		[ ]

17. Who do you think obtains the leadership role in your distribution channels (a) today and (b) in the future/in five years?

	(a)	(b)
(1) Manufacturers	[ ]	[ ]
(2) Wholesalers	[ ]	[ ]
(3) Retailers	[ ]	[ ]

18. May we ask you which distribution partners are the main targets of your vertical marketing strategy/distribution strategy?

(1) Wholesalers		[ ]
(2) Retailers		[ ]

19. Using the below listed statements, how would you describe your strategy in the distribution channel?

Scale:

	Not so important/ Not our policy 1	2	3	Most important/ Company policy 4 5
(1) "We would not refuse to produce private brands to secure stable relationships with the trade."	1	2	3	4 5
(2) "We try to adapt to requirements of the trade regarding product, assortment, packaging etc."	1	2	3	4 5
(3) "We try to convince the trade to maintain business due to longterm relationships".	1	2	3	4 5

Cont'd question 19:

Scale:

	Not so important/ Not our policy 1	2	3	Most important/ Company policy 4 5
(4) "We try to penetrate the trade offering frequent promotions, product innovations, active pricing etc."	1	2	3	4 5
(5) "We try to win trade accounts with active/aggressive pricing, rebates and promotions."	1	2	3	4 5
(6) "We try to increase our bargaining position versus the trade through horizontal cooperation with other manufacturers."	1	2	3	4 5
(7) "We try to increase our bargaining position versus the trade through horizontal mergers & acquisitions of other manufacturers."	1	2	3	4 5
(8) "We try to increase control over the distribution channel through vertical integration of our distributors."	1	2	3	4 5
(9) "We try to win n...ributors through emphasis on intensive consumer advertising and building of brand power."	1	2	3	4 5
(10) "Based on our strong brand(s), we try to force the trade to maintain stable pricing and promotion of our products."	1	2	3	4 5
(11) "We try to cooperate with the trade on a case by case basis."	1	2	3	4 5
(12) "We try to cooperate continuously with the trade in many fields (e.g. logistics, product development etc.)."	1	2	3	4 5

20. Which basic product/market strategy to expand sales do you try to pursue? (maximum two answers)

(1) Penetration of existing markets with existing products	[ ]
(2) Expansion into new market segments with same products	[ ]
(3) Expansion with innovative, new products in existing markets	[ ]
(4) Diversification into new products, new markets	[ ]

21. Do you organize an affiliated sales and distribution network?

Yes	[ ]
No	[ ]

22. Which of the following distribution channels offer new opportunities for your future business?

		Low Potential				High Potential
(1)	Door-to-door	1	2	3	4	5
(2)	Mail Order	1	2	3	4	5
(3)	Directly Operated Stores	1	2	3	4	5
(4)	Franchise Stores	1	2	3	4	5
(5)	Own Sales Companies instead of Wholesalers	1	2	3	4	5
(6)	Own Sales Companies in addition to Wholesalers	1	2	3	4	5
(7)	Integration of Wholesalers	1	2	3	4	5

23. Which of the following instruments to control the distribution channel are practiced in your industry?

		Not practiced	Sometimes practiced	Common practice
(1)	Exclusive contracts (e.g. product, territory)			
(2)	Chcal System			
(3)	Long-term Relationships			
(4)	Cross Share Holding			
(5)	Return of Goods System			
(6)	Dispatch of Sales Personnel			

24. According to your opinion, how will manufacturers' control over pricing develop in the future?

No comment	1
Control will increase	2
Control will decrease	3
No substantial control	4

25. Do you form partnerships with specific retailers?

Yes	
No	

26. What forms of cooperation do you exercise with retailers? Please mark in how far the below listed activities are important for your cooperation with retailers.

		Not important				Very important
(1)	Information exchange	1	2	3	4	5
(2)	Joint promotion planning	1	2	3	4	5
(3)	Joint product development	1	2	3	4	5
(4)	Joint logistic schemes, delivery planning	1	2	3	4	5
(5)	Joint POS marketing	1	2	3	4	5
(6)	Exclusive production lines for one retailer	1	2	3	4	5
(7)	Private label production	1	2	3	4	5
(8)	Shelf management support	1	2	3	4	5
(9)	Other _____	1	2	3	4	5

27. How do you try to encourage sales within your distribution channels?

		Unimportant				Important
(1)	Promotion Rebates	1	2	3	4	5
(2)	Yearly Rebate	1	2	3	4	5
(3)	Volume Rebate	1	2	3	4	5
(4)	Delivery Point Rebate	1	2	3	4	5
(5)	Listing Fee/Rebate	1	2	3	4	5
(6)	Free Product (Natural Rebate)	1	2	3	4	5
(7)	Advertising Cost Support	1	2	3	4	5
(8)	Sales Staff Training	1	2	3	4	5
(9)	Personal Incentives	1	2	3	4	5
(10)	Information Support	1	2	3	4	5
(11)	Merchandising	1	2	3	4	5
(12)	Just-in-time Delivery	1	2	3	4	5
(13)	Dispatch of Personnel	1	2	3	4	5
(14)	Management Training	1	2	3	4	5
(15)	Store Design Support	1	2	3	4	5
(16)	Other _____	1	2	3	4	5

(D) Marketing and Sales Organization and Systems

28. Is your marketing organization

(1) Centralized (national)? [ ]
(2) Decentralized (regional)? [ ]

29. What form of marketing organization do you employ?

(1) Conventional Sales Organization (Sales Management, Sales Staff) [ ]
(2) Product Management [ ]
(3) Key Account Management [ ]
(4) Area Marketing [ ]

30. Do you operate your own sales force?

Yes [ ]
No [ ]

31. Do you use your own sales force for...

	Yes	No
(1)... wholesaler visits?	[ ]	[ ]
(2)... direct retailer visits?	[ ]	[ ]
(3)... retailer visits together with wholesalers?	[ ]	[ ]

32. If you conduct direct retailer visits, do you ...

	Yes	No
(1)... collect orders for the wholesalers?	[ ]	[ ]
(2)... collect orders for direct delivery, while the wholesaler still gets a margin?	[ ]	[ ]
(3)... collect orders without involving and informing wholesalers?	[ ]	[ ]

33. Do you operate a key account management taking care of major retail accounts?

Yes [ ]
No [ ]

34. Do you plan to introduce one?

Yes [ ]
No [ ]
May be [ ]

35. Do you plan to make changes within your sales organization?

	Increase staff	Decrease staff
(1) Product Managers	[ ]	[ ]
(2) Key Account Managers	[ ]	[ ]
(3) Regional Managers	[ ]	[ ]
(4) Sales Force	[ ]	[ ]
(5) Merchandisers	[ ]	[ ]

36. Do you participate in VAN and/or POS systems?

Yes [ ]
No [ ]

37. How do you evaluate the importance to use those systems in the future?

	POS	VAN
No comment	1	1
Not so important	2	2
Important	3	3
Very important	4	4

End

Fragebogen Japanisch

質問表

質問表

会社名 ＿＿＿＿＿＿＿＿＿＿＿＿＿＿＿

流通システムの構造的変化の中でとらえた消費財メーカーの流通戦略

会社住所 ＿＿＿＿＿＿＿＿＿＿＿＿＿＿＿

電話及びファックス番号 ＿＿＿＿＿＿＿＿＿＿＿＿＿＿＿

日 付 ＿＿＿＿＿＿＿＿＿＿＿＿＿＿＿

目 次

パート A: 会社の現状について

パート B: 流通システムにおける構造変化について

パート C: マーケティング経路の戦略について

パート D: マーケティング、販売組織及びシステムについて

(A) 会社の事業内容、流通及び競合の状況について

1. 御社が主に販売しているのは、次のうちどの製品ですか。

    (1) 家電製品
    (2) 化粧品
    (3) OTC医薬品
    (4) 食料、飲料品
    (5) 玩具、レジャー、スポーツ用品
    (6) 家具
    (7) 衣料品及び服飾用品
    (8) その他

2. 次のうち御社が製造しているのは

    (1) 全国ブランド
    (2) 小売り業者のための自家ブランド (PB)
    (3) 両方

3. 御社の主要製品の主要流通経路は次のうちどれに当てはまりますか

    (1) 直接小売業者に
    (2) 直接消費者に (通信販売、訪問販売)
    (3) 一次卸売り業者を通じて間接的に小売業者に
    (4) 複数卸売り業者を通じて間接的に小売業者に (一次、二次、三次)

    既光上欄に対する割合の内訳 (上記の番号を指す)

	(1)	(2)	(3)	(4)	合計
製品の流通	( )	( )	( )	( )	=100%
商業上の流通	( )	( )	( )	( )	=100%

4. 御社の主要製品の流通過程において、現在次の役割を果しているのは下記の誰ですか。それぞれ1つだけお選び下さい。

	メーカー	卸売り業者	小売り業者
(1) 製品の計画／開発	( )	( )	( )
(2) 消費者向け宣伝・広告	( )	( )	( )
(3) 受注	( )	( )	( )
(4) 倉庫	( )	( )	( )
(5) 運搬	( )	( )	( )
(6) 店舗におけるマーチャンダイジング	( )	( )	( )
(7) 購買	( )	( )	( )
(8) POSマーケティング	( )	( )	( )

5. 御社のビジネスの成長及び未来において、次の事柄はどのような影響を与えつつありますか。

	低い影響				高い影響
(1) 市場の成熟化	1	2	3	4	5
(2) 消費者のニーズの多様化	1	2	3	4	5
(3) 小売業者の集中化	1	2	3	4	5
(4) 卸売り業者の集中化	1	2	3	4	5
(5) 大規模小売店の成長・増加	1	2	3	4	5
(6) ビジネス下行為の自由化	1	2	3	4	5
(7) 新しい形態の小売店の成長 (ディスカウントショップ、郊外専門店など)	1	2	3	4	5
(8) 自主的チェーン店の増大する力	1	2	3	4	5
(9) 自家 (卸売り業者の) ブランド (PB) の利用	1	2	3	4	5
(10) POSシステムの導入	1	2	3	4	5
(11) チェーン店の積み入口の拡大 (リベートの減少含)	1	2	3	4	5
(12) 流通系列の発達	1	2	3	4	5
(13) 小売業者独自によるマーケティング戦略の重要性の増大	1	2	3	4	5
(14) その他	1	2	3	4	5

6. 競争相手と比較した時、貴社は次の点で貴社のことをどう評価しますか。

	弱い				強い
(1) 製品品揃え	1	2	3	4	5
(2) ブランドイメージ	1	2	3	4	5
(3) 販売組織	1	2	3	4	5
(4) 流通組織 (売場店舗)	1	2	3	4	5

7. 貴社の主要製品カテゴリーに関して上位20の小売店は売上げ上、どのような割合を占めていますか。

10%以下	( )	60%以下	( )
20%以下	( )	70%以下	( )
30%以下	( )	80%以下	( )
40%以下	( )	90%以下	( )
50%以下	( )	90%以上	( )

(B) 流通システムにおける構造変化

8. 5年後、貴社の主要製品は次のどの流通経路を主に用いるとお考えですか。

(1) 直接卸売業者に
(2) 直接消費者に (通信販売、訪問販売など)
(3) 卸売業者を通じて間接的に小売業者に
(4) 複数卸売の者を通じて間接的に小売業者に

9. 5年後、流通経路において次の役割を果たしているのは誰だとお考えですか。それぞれ1つだけお選びください。

	メーカー	卸売業者	小売業者
(1) 製品の計画 / 開発	( )	( )	( )
(2) 消費者向け広告・宣伝	( )	( )	( )
(3) 受発注	( )	( )	( )
(4) 倉庫	( )	( )	( )
(5) 運搬	( )	( )	( )
(6) 店舗におけるマーチャンダイジング	( )	( )	( )
(7) 陳列	( )	( )	( )
(8) POSマーケティング	( )	( )	( )
(9) プライシング	( )	( )	( )
(10) アフターセールス	( )	( )	( )

10. 今後5年以内に卸売業界において卸売業者の役割は (物流及び情報の上でも) 低下するとお考えですか。

	低下しない				かなり低下する
3次 (地元) 卸売り業者	1	2	3	4	5
2次 (地域) 卸売り業者	1	2	3	4	5
1次 (全国的) 卸売り業者	1	2	3	4	5

11. 上記の問いに2、3、4、又は5を選んだ場合、なぜ卸売り業者の役割が低下するとお考えですか。(1を選んだだけは、そのままこの間にお進みください)

	低下しない				かなり低下する
(1) 財政的な弱さ	1	2	3	4	5
(2) 経営上の弱さ	1	2	3	4	5
(3) 非能率的	1	2	3	4	5
(4) 小規模店の衰退	1	2	3	4	5
(5) チェーン店の直接仕入	1	2	3	4	5
(6) 小売業者による独自の流通センターの利用	1	2	3	4	5
(7) 後継者の不在	1	2	3	4	5

12. もし卸売業者の役割が低下しているとしたら、流通経路においてその役割を担うのは誰になるとお考えですか。

(1) 物流の専門家 (例 運送会社) ( )
(2) メーカー (販売会社も含む) ( )
(3) 小売の業者 (流通センターも含む) ( )
(4) その他 ( )

13. 卸売業者は業界における変化について、どのように対応するとお考えですか。

	起りそうもない				起りそう
(1) 卸売業者の水平的統合	1	2	3	4	5
(2) 垂直的統合（メーカー、小売業者、又は異なるレベルの卸売業者と）	1	2	3	4	5
(3) 新たな商品ミックス、製品ライン	1	2	3	4	5
(4) VAN, POS の導入	1	2	3	4	5
(5) 小売業マネージメント・サポート	1	2	3	4	5
(6) 自主的チェーンに対する支援	1	2	3	4	5
(7) 新たなビジネスへの投資	1	2	3	4	5
(8) 特定分野への集中化	1	2	3	4	5

14. 御社の製品に関して、下記の小売店形態の今後の発達／進出見込みについてどうお考えですか。
（-3=著しい後退、-2=かなりの後退、-1=若干の後退、0=変化なし、+1=若干の発達、+2=かなりの発達、+3=著しい発達）

(1) GMS/スーパーストアー（>1,500sqm）	-3	-2	-1	0	+1	+2	+3
(2) スーパーマーケット（500 - 1500sqm）	-3	-2	-1	0	+1	+2	+3
(3) コンビニ（<500 - 1500sqm）	-3	-2	-1	0	+1	+2	+3
(4) デパート	-3	-2	-1	0	+1	+2	+3
(5) ディスカウント・ストアー	-3	-2	-1	0	+1	+2	+3
(6) ホーム・センター	-3	-2	-1	0	+1	+2	+3
(7) 専 門 店	-3	-2	-1	0	+1	+2	+3
(8) 従来店	-3	-2	-1	0	+1	+2	+3
(9) 郊外専門店	-3	-2	-1	0	+1	+2	+3
(10) 無店舗販売	-3	-2	-1	0	+1	+2	+3

(C) マーケティング経路の戦略について

15. 御社の貴社及び小売業者に対するあなたの基本的な態度はどのようなものですか。

(1) プルマーケティング思考（リーダーシップをとる）　( )
(2) プッシュマーケティング思考（大規模小売業に追従）　( )
(3) 協力的（パートナーとしてのバランスを維持）　( )
(4) 新業態の出現（小売業者を経由しない販売形態）　( )

16. 御社の主要な製品に関して、次のうち、御社が先行している流通戦略とどれですか。

(1) 集中的な商品配荷（幅広い範囲において）　( )
(2) 選択的な配荷（慎重な選択）
(3) 専属的な配荷（独占的選択）

17. 御社の流通経路において、現在及び(b) 5年後指標的役割を果たしているのは？
                                        (a)   (b)
(1) メーカー   ( )   ( )
(2) 卸売業者   ( )   ( )
(3) 小売業者   ( )   ( )

18. 御社のマーケティング/流通戦略の中で、最もターゲットとしているのはどの流通パートナーですか。

(1) 卸売業者　( )
(2) 小売業者　( )

19. 御社と流通業者との関係は次の言葉でどの程度説明されますか。（5段階表示）

1	2	3	4	5
重要でない	やや重要でない	中間	やや重要	最も重要
(会社の方針でない)				(会社の方針である)

(注、ここでいう流通業者とは小売業者及び卸売業者を指す)
(1) 流通業者との安定した関係を維持するためなら、自社ブランド(PR)を製造することに抵抗はない　1　2　3　4　5
(2) 製品、品揃え、パッケージングに関して我々は流通業者の要請にあわせるようにしている　1　2　3　4　5
(3) 長い付合いを作条件として、流通業者には継続的なプライシング、製品の改善、プロモーションなどを行なっている　1　2　3　4　5
(4) 流通業者に残れるよりも持続的なプライシング、製品の改善、プロモーションなどを行なっている　1　2　3　4　5
(5) 流通業者とのより良好な関係を確保するため、値引き、リベート、プロモーションなどを行なっている　1　2　3　4　5

(6) 他のメーカーとの協力又は合併/買収によって、流通業者に対する
    交渉立場を強化しようとしている   1 2 3 4 5
(7) 流通業者を統合することによって、流通経路へのコントロールを
    強化している   1 2 3 4 5
(8) 広告宣伝に力点を置き、ブランド力を強化することによって、新しい流通業者の
    獲得に力が入っている
(9) 自社の強いブランドカ故、安定したプライシング及びプロモーションを行なうよう
    流通業者に働きかけている   1 2 3 4 5
(10) ケース・バイ・ケースで小売業者に協力するようにしている
                                                       1 2 3 4 5
(11) 多くの分野で、御社は新製品を常に小売業者と協力するようにしている
                                                       1 2 3 4 5

23. 御社の業界で、流通経路コントロールのために実行されている方法は次のどれですか
                                           全くない 時々ある よくされている
    (1) 独占契約(例、製品又は地域によって)   (   )   (   )   (   )
    (2) 競合制度   (   )   (   )   (   )
    (3) 長期的関係   (   )   (   )   (   )
    (4) 相互株式保有   (   )   (   )   (   )
    (5) 返品   (   )   (   )   (   )
    (6) 販売員の派遣   (   )   (   )   (   )

24. 将来、プライシングに関するメーカー側のコントロールは、どのように展開されると
    お考えですか
    わからない/コメント   1
    コントロールが強化され   2
    コントロールは弱まる   3
    実質的コントロールはなくなる   4

25. 特定の小売業者と協力関係を結んでいますか
    はい   (   )
    いいえ   (   )

26. 小売業者とはどのような(以下の)協力関係を持っていますか、次のそれぞれその協力関係が小売業者との
    協力関係にとっての重要度をマークしてください。
                                                 重要でない   非常に重要
    (1) 情報交換   1   2   3   4   5
    (2) 共同のプロモーション計画   1   2   3   4   5
    (3) 共同の製品開発   1   2   3   4   5
    (4) 共同のロジスティックス、配送計画   1   2   3   4   5
    (5) 共同のposマーケティング   1   2   3   4   5
        (ディスプレイ、店内プロモーション)
    (6) 専門の流通ライン、小売業者   1   2   3   4   5
    (7) 自家ブランドfor PRの製造   1   2   3   4   5
    (8) 共同の集客計画   1   2   3   4   5
    (9) その他   1   2   3   4   5

20. 売上を伸ばすために、御社は基本的にどの製品/マーケット戦略を遂行していますか
    (2つまで選択可)
    (1) 既存の製品で既存のマーケットの浸透を狙っている   (   )
    (2) 既存の製品で新しいマーケットの拡大を目指している   (   )
    (3) 既存のマーケットで新しい分野の拡大を目指す   (   )
    (4) 新しい製品、新しい市場の多様化   (   )

21. 御社は、系列による販売網、流通経路を持ちますか
    はい   (   )
    いいえ   (   )

22. 次のどの流通経路が御社の将来のビジネスにとって、新しい可能性を提供しますか
                                                 低い可能性   高い可能性
    (1) 店頭販売   1   2   3   4   5
    (2) 通信販売   1   2   3   4   5
    (3) 直営店   1   2   3   4   5
    (4) フランチャイズ店   1   2   3   4   5
    (5) 卸売業者に代わる独自の販売会社   1   2   3   4   5
    (6) 卸売り業者の他に独自の販売会社   1   2   3   4   5
    (7) 卸売り業者の統合   1   2   3   4   5

27. 貴社の流通経路において、販売を推進する為に用いている方法は、次のうちどれですか。

(重要でない)　　　　　　　　(重要)
(1) 説明リベート　　　　　　1　2　3　4　5
(2) 期末リベート　　　　　　1　2　3　4　5
(3) 数量リベート　　　　　　1　2　3　4　5
(4) 地域補助　　　　　　　　1　2　3　4　5
(5) 定価制　　　　　　　　　1　2　3　4　5
(6) 外増し　　　　　　　　　1　2　3　4　5
(7) 広告・宣伝サポート　　　1　2　3　4　5
(8) 販売員のトレーニング　　1　2　3　4　5
(9) 個人に対するインセンティブ　1　2　3　4　5
(10) 情報提供　　　　　　　　1　2　3　4　5
(11) マーチャンダイジング　　1　2　3　4　5
(12) ジャスト・インタイム　　1　2　3　4　5
(13) 人員の派遣　　　　　　　1　2　3　4　5
(14) マネージャーの派遣　　　1　2　3　4　5
(15) 店舗デザインサポート　　1　2　3　4　5
(16) その他　　　　　　　　　1　2　3　4　5

(b) マーケティング、販売組織及びシステムについて

28. 貴社のマーケティング組織は
(1) 集中型（全国的）　　（ ）
(2) 分散型（地域的）　　（ ）

29. どのようなマーケティング組織を用いていますか
　　　　　　　　　　　　　　はい　　いいえ
(1) 通常の販売組織（販売管理、販売員）（ ）（ ）
(2) プロダクト・マネージャー制　　　　（ ）（ ）
(3) キーアカウント制　　　　　　　　　（ ）（ ）
(4) 地域マーケティング　　　　　　　　（ ）（ ）

30. 独自の販売組織をお持ちですか
　　　　　　　　　　　　　　はい　　いいえ
　　　　　　　　　　　　　　（ ）　　（ ）

31. 独自の販売組織が何である のは……
　　　　　　　　　　　　　　はい　　いいえ
(1) …卸売り業者への訪問　　（ ）　（ ）
(2) …小売業者の店頭販問　　（ ）　（ ）
(3) …卸売り業者と共に小売業者を訪問（ ）（ ）

32. 直接の小売業者を訪れた際に
　　　　　　　　　　　　　　　はい　　いいえ
(1) …卸売り業者の為に注文を取る、商品（物流　（ ）（ ）
(2) …自店のために注文を取り、商品、物流　（ ）（ ）
　　　　共にメーカーが行う
(3) …注文をとるが物流のみ問屋経由　　　　　（ ）（ ）

33. キーアカウント・マネージメントシステムがありますか。
はい　（ ）
いいえ（ ）

34. 上記同様な計画を導入する計画はありますか。
はい　（ ）
いいえ（ ）
多分　（ ）

35. 貴社の販売組織において、どのような変更を行うことを考えていますか。
　　　　　　　　　　　　　人員増強　変化なし　人員削減
(1) プロダクト・マネージャー　（ ）　（ ）　（ ）
(2) キーアカウント・マネージャー（ ）（ ）（ ）
(3) 地域担当マネージャー　　　（ ）（ ）（ ）
(4) 営業部員　　　　　　　　　（ ）（ ）（ ）
(5) マーケッティングダイザー　（ ）（ ）（ ）

36. 貴社はVAN又はPOSシステムに加入していますか。
はい　（ ）
いいえ（ ）

37. 貴社は将来上記のシステムを用いることについてどのようにお考えですか。
　　　　　　　　　　　　　　　　POS　VAN
(1) わからない　　　　　　　　　　1　　1
(2) それほど重要ではない　　　　　2　　2
(3) 重要である　　　　　　　　　　3　　3
(4) 非常に重要　　　　　　　　　　4　　4

414

Literaturverzeichnis

Abegglen, J.C., Business Strategies for Japan, Sophia University, Tokyo 1970.

Abegglen, J.C., Stalk, G., Kaisha. The Japanese Corporation, Tokyo 1985.

Aberle, G., Wettbewerbstheorie und Wettbewerbspolitik, Stuttgart u.a.O. 1980.

ACCJ (Hrsg.), Membership Directory 1992, Tokyo 1992.

Achrol, R.S., Reve, T., Stern, L.W., The Environment of Marketing Channel Dyads: A Framework for Competitive Analysis, in: Journal of Marketing, Vol. 47, No. 4, Fall 1983, S. 55-67.

Adler, L., Symbiotic Marketing, in: Harvard Business Review, Vol. 44, November/December 1966, S. 59-71.

Adler, N.J., A Typology of Management Studies Involving Cultures, in: Journal of International Business Studies, Vol. 14, Fall 1983, S. 29-47.

Ahearn, R.J., Japan: Prospects for Greater Market Openness, in: Congressional Research Service (Hrsg.), CRS Report for Congress, Washington D.C., June 16, 1989.

Ahearn, R.J., Testimony at Joint Economic Committee, Washington, October 11, 1989.

Ahlert, D., Vertikale Kooperationsstrategien im Vertrieb, in: ZfB, 1981, S. 62-92.

Ahlert, D., Distributionspolitik. Das Management des Absatzkanals, Stuttgart, New York 1985.

Akabane, Y., Shotengai jittai chosa (dt. Übersetzung: Untersuchung von Shotengai), in: Shoko kinyo shoko kumiaichuo kinko, Vol. 36, No. 3, Tokyo, March 1990, S. 3-16.

Alderson, W., Cooperation and Conflict in Marketing, in: Stern, L.W. (Hrsg.), Distribution Channels: Behaviorial Dimensions, New York u.a.O. 1969, S. 195-209.

Anderson, C.R., Zeithaml, C.P., Stage of the Product Life Cycle, Business Strategy and Business Performance, in: Academy of Management Journal, Vol. 27, 1984, S. 5-24.

Anderson, J.C., Narus, J.A., A Model of the Distributor's Perspective of Distribution, in: Journal of Marketing, Vol. 48, No.4, 1984, S. 62-74.

Anderson, J.C., Narus, J.A., A Model of Distributor Firm and Manufacturer Firm Working Partnerships, in: Journal of Marketing, Vol. 54, 1990, S. 42-58.

Anderson, E., The Salesperson as Outside Agent or Employee: A Transaction Cost Analysis, in: Marketing Science, Vol. 4, No. 3, Summer 1985, S. 238ff.

Andoh, M., Wholesalers - An Endangered Species! Don't Bet On It, in: Dodwell-Technomic (Hrsg.), Presentation at the American Chamber of Commerce in Japan, Tokyo 1991.

Ansoff, H.I., Management-Stratgie, München 1966.

Arai, T., Ito-Yokado Co. (1981), Harvard Business School Case Study, No. 2-289-044, Boston, Mass. 1982.

Arndt, J., The Political Economy of Marketing Systems: Reviving the Institutional Approach, in: Journal of Macromarketing, Vol. 1, Fall 1981, S. 36-47.

Arndt, J., The Political Economy Pradigm: Foundation for Theory Building in Marketing, in: Journal of Marketing, No. 47, Fall 1983, S. 44-54.

Arthur Andersen & Co. (Hrsg.), Facing the Forces of Change: Beyond Future Trends in Wholesale Distribution, Washington 1987.

Arthur D. Little, Inc. (Hrsg.), Strategies for Alleviating Recurrent Bilateral Trade Problems Between Japan and the US, in: The Japanese Non-Tariff Trade Barrier Issue: American Views and Implications for Japan - U.S. Trade Relations, Report to the National Institute for Research Advancement, Washington 1989.

Asano, K., Keeping Shops in the Electronic Age, in: Journal of Japanese Trade and Industry, No. 3, Tokyo 1989, S. 54-55.

Asano, K., Japan´s Distribution System Information Network, in: Czinkota, M.R., Kotabe, M. (Hrsg.), The Japanese Distribution System, Chicago, Ill. 1993, S. 123-136.

A.T. Kearney (Hrsg.), Trade and Investment in Japan: The Current Environment, A Study for the American Chamber of Commerce in Japan, Tokyo, June 1991.

Backhaus, K., Plinke, W., Strategische Allianzen als Antwort auf veränderte Wettbewerbsstrukturen, in: Backhaus, K., Piltz, K. (Hrsg.), Strategische Allianzen, ZfbF, Sonderheft 22, Düsseldorf, Frankfurt 1990, S. 21-33.

Backhaus, K., Plinke, W., Weiber, R., Multivariante Analysemethoden, 6. Aufl., Berlin u.a.O. 1990.

Bain & Company (Hrsg.), The Battle for the Value-Added Chain, München u.a.O., January 1991.

Bain, J.S., Industrielle Organisation: Funktionsfähiger Wettbewerb und strukturelle Bedingungen für funktionsfähigen Wettbewerb, in: Herdzina, K. (Hrsg.), Wettbewerbstheorie, Köln 1975, S. 179-193.

Bain, J.S., Industrial Organization, 2nd ed., New York 1986.

Baligh, H.H., Richartz, L.E., An Analysis of Vertical Market Structures, in: Management Science, Vol. 10, 1964, S. 667-689.

Ballon, R.J. (Hrsg.), Marketing in Japan, Sophia University, Tokyo 1973.

Bank of Japan (Hrsg.), Comparative International Statistics, Tokyo 1992.

Bannon, L., Japanese Find Growing Equity in European Firms, in: Womens Wear Daily, August 14, 1990, S. 1ff.

Bartling, H., Leitbilder der Wettbewerbspolitik, München 1980.

Batzer, E., Lachner, J., Meyerhöfer, W., Der Handel in der Bundesrepublik Deutschland, Ifo-Institut für Wirtschaftsforschung (Hrsg.), Teilband II, München 1991.

Batzer, E., Laumer, H., Deutsche Unternehmen im Japangeschäft - Markterschließungsstrategien und Distributionswege, in: Ifo-Institut für Wirtschaftsforschung (Hrsg.), Ifo-Studien zur Japanforschung, No.1, München 1986.

Becker, J., Marketing-Konzeption. Grundlagen des strategischen Marketing-Managements, 2. Aufl., München 1988.

Benson, J.K., The Interorganizational Network as a Political Economy, in: Administrative Science Quarterly, June 1975, S. 229-248.

Berekoven, L., Eckert, W., Ellenrieder, P., Marktforschung. Methodische Grundlagen und praktische Anwendung, 4. Aufl., Wiesbaden 1989.

Berekoven, L., Erfolgreiches Einzelhandelsmarketing. Grundlagen und Entscheidungshilfen, München 1990.

Berg, H., Strategisches Management und funktionsfähiger Wettbewerb, in: Wirtschaft und Wettbewerb, 39. Jg. 1989, S. 969-981.

Berger, R., Discountmärkte: Bei steigenden Verbraucheransprüchen noch im Trend, Vortrag Anuga Köln, 13. Oktober 1985.

Bergmann, G., Strategisches Absatzkanalmanagement in Märkten mit hoher Nachfragemacht des Handels, Frankfurt 1988.

Bergs, S., Optimalität bei Cluster-Analysen, Dissertation, Münster 1981.

Berman, B., Evans, J.R., Retail Management: A Strategic Approach, New York 1989.

Best, W.J., Ueno, T.F., Measuring the Inefficiencies of the Japanese Distribution System, A.T. Kearney International, Inc. (Hrsg.), Tokyo 1989.

Biehl, B., Gewinnmaximierung auf japanische Art, in: LZ-Journal, Nr. 18, 2. Mai 1992, S. J4-J5.

Biehl, B., Paradies für Techno-Freaks, in: LZ-Journal, Nr. 18, 2. Mai 1992, S. J8.

Bindlingmeier, J., Betriebsformen des Einzelhandels, in: Tietz, B. (Hrsg.), Handbuch der Absatzwirtschaft, Stuttgart 1974, Sp. 526-532.

Bindlingmeier, J., Dynamik der Betriebsformen im Handel, in: Marketing Enzyklopädie, Bd. 1, München 1974, S. 281-288.

Blackwell, R.D., Talarzyk, W.W., Lifestyle Retailing: Competitive Strategies for the 1980´s, in: Journal of Retailing, Winter 1983, S. 7-26

Bleymüller, Faktorenanalyse, Münster 1978.

Bodenstein, G., Spiller, A., Züller, A., Die Frage der Marketingführerschaft im Absatzkanal, in: LZ-Journal, Nr. 37, 11. September 1992, S. J18-J22.

Böbel, I., Wettbewerb und Industriestruktur, Berlin u.a.O. 1984.

Booz, Allen & Hamilton (Hrsg.), Guide for European Investment in Japan, Brussels, Tokyo, December 1990.

Botskor, I., Subtile Stimmungsmache, in: Absatzwirtschaft, Nr. 11, 1989, S. 93-97

Botskor, I., Werbung in Japan, in: Deutsch-Japanisches Wirtschaftsförderungsbüro (Hrsg.), Reihe Japan-Wirtschaft, Düsseldorf 1990.

Botskor, I. (Hrsg.), Leifaden zur Erschließung des japanischen Marktes, Weissenhorn 1991.

Bourantas, D., Avoiding Dependence on Suppliers and Distributors, in: Long Range Planning, Vol. 22, No. 3, 1989, S. 140-149.

Bowersox, D.J., The Strategic Benefits of Logistics Alliances, in: Harvard Business Review, Vol. 68, No. 4, July-August 1990, S. 36-45.

Bowersox, D.J., Cooper, M.B., Strategic Marketing Channel Management, New York 1992.

Brooks, W.L., Japanese Distribution at a Crossroad, in: Hotel Okura News, Tokyo, December 1989, Vol. 13, No.12, S. 17ff.

Brooks, W.L., Japan´s Distribution System in Flux, in: Speaking of Japan, Tokyo, July 1989.

Brooks, W.L., MITI´s Distribution Policy and U.S. - Japan Structural Talks, in: Czinkota, M.R., Kotabe, M. (Hrsg.), The Japanese Distribution System, Chicago, Ill. 1993, S. 231-248.

Brown, J.R., Day, R.L., Measures of Conflict in Distribution Channels, in: Journal of Marketing Research, Vol. 18, No. 3, August 1981, S. 263-274

Brown, J.R., Lusch, R.F., Muehling, D.D., Conflict and Power-Dependence Relations in Retailer-Supplier-Channels, in: Journal of Retailing, Vol. 59, 1983, S. 53-80.

Brown, R., Stores Brood Over Big Ideas, in: Financial Times, Sept. 12, 1989, S. 11-12.

Brown, S., The Wheel of the Wheel of Retailing, in: International Journal of Retailing, Vol. 3, No. 1, 1988, S. 16-37.

Brown, S., The Wheel of Retailing: Past and Future, in: Journal of Retailing, Vol. 66, No. 2, 1990, S. 143-149.

Bruhn, M. (Hrsg.), Marketing Erfolgsfaktoren im Handel, Frankfurt 1987.

Bucklin, L.P., Postponement, Speculation, and the Structure of Distribution Channels, in: Journal of Marketing Research, Vol. 2, 1965, S. 26-31.

Bucklin, L.P., Competition and Evolution in the Distributive Trades, Englewood Cliffs, New Jersey 1972.

Bucklin, L.P., Patterns of Change in the United States with Special Attention to the Traditional Department Store, in: Falk, T., Julander, C.R. (Hrsg.), Current Trends in Distribution Research, International Journal of Physical Distribution & Materials Management, Vol. 13, No. 516, 1983, S. 153ff.

Bucklin, L.P. (Hrsg.), Vertical Marketing Systems, Glenview, Ill. 1990.

Burke, M., Tax Free World Future in Retailing in the 1990`s, New York 1993.

Burton, S., Retailing in Japan, Management Horizons (Hrsg.), Tokyo 1991.

Business Intercommunications (Hrsg.), Distribution Systems in Japan, 2nd ed., Tokyo 1979.

Business Intercommunications (Hrsg.), Distribution Systems in Japan, 3rd ed., Tokyo 1985.

Butaney, G., Wortzell, L.H., Distributor Power vs. Manufacturer Power, in: Journal of Marketing, Vol. 52, No.1, January 1988, S. 52-63.

Buzzell, R.D., Gale, R.T., Sultan, R.G.M., Market Share: A Key to Profitability, in: Harvard Business Review, Vol. 53, No. 1, 1975, S. 135-144.

Buzzell, R.D., Gale, R.T., The PIMS Principles, New York 1987.

Catts, R.L., Capitalism in Japan: Cartels and Keiretsu, in: Harvard Business Review, July/August 1992, S. 48-55.

Caves, R.E. et al., Competition in the Open Economy, Cambridge, Mass., London 1980.

Ching, I., The Origin of Service Groups in Japan: The Private Railway Companies, Sophia University, Tokyo 1986.

Chrysler, K.M., Japan´s Inimitable Keiretsu, in: ACCJ (Hrsg.), The Journal, Tokyo, July 1991, S. 11.

Clevenger, T.A., Campbell, G.R., Vertical Organization, in: The Industrial Organization Review, Vol. 5, 1977, S. 60-66.

Collins, N.R., Preston, L.R., Price-Cost Margins and Industry Structure, in: Review of Economics and Statistics, Vol. 51, 1969, S. 271-286.

Conradi, E., Entwicklungstendenzen im Handel, in: Gottlieb Duttweiler Institut für wirtschaftliche und soziale Studien (Hrsg.), The New Age of Quality in Retailing, Internationale Handelstagung 1991, Dokumentationsband, Rüschlikon 1991, S. 56-64.

Cooke, T.E., Mergers & Acquisitions, Oxford 1988.

Cooper, R., Kaplan, R.S., Measure Costs Right: Make the Right Decisions, in: Harvard Business Review, Vol. 66, No. 5, September/October 1988, S. 96-103

Courtis, K.S., Japan at the Summit. Evaluation and Perspectives, Presentation to the American Chamber of Commerce in Japan, July 10, 1990.

Cox, H., Hübener, H., Wettbewerb. Eine Einführung in die Wettbewerbstheorie und Wettbewerbspolitik, in: Cox, H., et al. (Hrsg.), Handbuch des Wettbewerbs, München 1981.

Cravens, D., Strategic Forces Affecting Marketing Strategy, in: Business Horizons, Vol. 29, 1986, S. 77-86.

Credit Suisse (Hrsg.), Japan´s Retail Industry: Update, Tokyo 1991, S. 10.

Cremer, P.M., Die horizontale Händlerauswahl als mehrstufiges Entscheidungsproblem des Konsumgüterherstellers, Dissertation Münster 1983.

Cromm, L., "Price Cutting" ist das Thema, in: Textilwirtschaft, Nr. 12, 19. März 1992.

Cronin, J.J., Shinner, St. J., Marketing Outcomes, Financial Conditions, and Retail Profit Performance, in: Journal of Retailing, Vol. 60, No. 4, Winter 1984, S. 9-21.

Czinkota, M.R., Distribution in Japan: Problems and Changes, in: Columbia Journal of World Business, Fall 1985, S. 65-71.

Czinkota, M.R., Kotabe, M., Distribution and Trade Relations Between the United States and Japan: An Overview and Assessment, in: Czinkota, M.R., Kotabe, M. (Hrsg.), The Japanese Distribution System, Chicago, Ill. 1993, S. 5-20.

Czinkota, M.R., Kotabe, M., The Japanese Distribution System, Chicago, Ill. 1993.

Czinkota, M. R., Lalonde, B.J., A Description and Analysis of the Japanese Distribution System for Consumer Products, National Center for Export-Import Studies (Hrsg.), Washington 1988.

Czinkota, M.R., Woronoff, J., Japan`s Market: The Distribution System, Tokyo 1986.

Czinkota, M.R., Woronoff, J., Unlocking Japan`s Markets, Chicago 1991.

Daiei (Hrsg.), Friendly & Amicable to the Earth, Tokyo 1992.

Davidson, W.R., Bates, A.D., Bass, S., The Retail Life Cycle, in: Harvard Business Review, Vol. 54, No. 4, 1976, S. 89-96.

Davidson, W.R., Sweeny, D.J., Stampfl, R.W., Retailing Management, New York 1988.

Dawson, J.A., Japanese Distribution: Effectual Yes, But is it Efficient?, in: The Japanese Market: A Guide to Distribution, London 1984, S. 10-25.

Dawson, J.A., Sato, T., Controls Over the Development of Large Stores in Japan, in: Service Industries Journal, Vol. 3, No. 2, 1989, S. 136-145.

Dentsu (Hrsg.), Marketing Opportunities in Japan, Tokyo 1978.

Dentsu (Hrsg.), Japan 1993 Marketing and Advertising Yearbook, Tokyo 1992.

De Rosario, L., Sell Them Cheap, in: The Far Eastern Economic Review, February 4, 1993, S. 44.

Dess, G.G., Davis, P., Porter`s Generic Strategies as Determinants of Strategic Group Membership and Organizational Performance, in: Academy of Management Journal, Vol. 27, 1984, S. 467-488.

Diamond-Friedman (Hrsg.), Inside Retailing Japan, Tokyo, May 1992.

Dichtl, E., Die Idee der Partnerschaft zwischen Industrie und Handelsunternehmen, in: Küting, K., Zink, K.J. (Hrsg.), Unternehmerische Zusammenarbeit, Berlin 1983, S. 11-135.

Dickinson, R.A., Lessons from Retailers Price Experiences of the 1950´s, in: Historical Perspectives in Marketing, Essays in Honor of Stanley C. Hollander, Fullerton, R.A., Nevett, T. (Hrsg.), Lexington, Mass., o.D., S. 177-192.

Dickson, P.R., Distribution Portfolio Analysis, in: Journal of Marketing, Vol. 47, No. 3, 1983, S. 35-44.

DIHKJ (Hrsg.), Was sind NTB´s?, in: Markt Deutschland, März 1986, S. 12-18.

DIHKJ (Hrsg.), Konsumgüterdistribution in Japan, Tokyo 1992.

DIHKJ (Hrsg.), Mitgliederverzeichnis 1992, Tokyo 1992.

Diller, H., Key-Account Management als vertikales Marketingkonzept. Theoretische Grundlagen und empirische Befunde aus der deutschen Lebensmittelindustrie, in: Marketing ZFP, 11. Jg., 1989, S. 213-223.

Diller, H., Gaitanides, M., Das Key-Account Management in der Lebensmittelindustrie - eine empirische Studie zur Ausgestaltung und Effizienz, Hamburg 1988.

Diller, H., Gaitanides, M., Vertriebsorganisation und handelsorientiertes Marketing, in: ZfB, 59. Jg., 1989, S. 589-608.

Distribution Code Center (Hrsg.), Present Situation and Future Trend of the POS-System in Japan, Tokyo 1989.

The Distribution Economics Institute of Japan (Hrsg.), Statistical Abstract of Japanese Distribution (1988), Tokyo 1988.

The Distribution Economics Institute of Japan (Hrsg.), Statistical Abstract of Japanese Distribution (1990), Tokyo 1990.

The Distribution Economics Institute of Japan (Hrsg.), Statistical Abstract of Japanese Distribution (1992), Tokyo 1991.

The Distribution Economics Institute of Japan (Hrsg.), Statistical Abstract of Japanese Distribution (1993), Tokyo 1992.

Distribution Policy Institute (Hrsg.), Sho hisha kobai ni kansuru chosa kenkyu oyobi ryutsu koso no kokusai ni kansuru cho no kogucho (dt. Übersetzung: Ergebnisse der Untersuchung über das Kaufverhalten der Konsumenten und des internationalen Vergleichs der Distributionsstrukturen), Tokyo 1991.

Dodwell Marketing Consultants (Hrsg.), Retail Distribution in Japan, 3rd ed., Tokyo 1988.

Dodwell Marketing Consultants (Hrsg.), Industrial Groupings in Japan - The Anatomy of the Keiretsu, Tokyo 1990.

Dodwell Marketing Consultants (Hrsg.), Retail Distribution in Japan, 4th ed., Tokyo 1991.

Doi, T., The Anatomy of Dependence, Tokyo 1981.

Douglas, S.P., Craig, C.S., Examining Generic Strategy Types in U.S. and European Markets, in: Journal of International Business Studies, Vol. 20, No. 3, 1989.

Dreesmann, A.C.R., Patterns of Evolution in Retailing, in: Journal of Retailing, Vol. 44, No.1, Spring 1968, S. 64-81.

Drexel, G., Strategische Unternehmensführung im Handel, Berlin, New York 1981.

Dunne, P.M., Wolk, H.J., Marketing Cost Analysis: a Modularized Contribution Approach, in: Journal of Marketing, Vol. 41, No. 3, July 1977, S. 83-94.

Dwyer, F.R., Welsh, A., Environmental Relationships of the Internal Political Economy of Marketing Channels, in: Journal of Marketing Research, Vol. 22, Nov., S. 397-414.

Eckes, T., Roßbach, H., Clusteranalysen, Stuttgart 1980.

Eggers, C., Vertikale vertragliche Vertriebssysteme für Markenartikel, Dissertation Konstanz 1990.

Eibun Horei Sha (Hrsg.), Law Relating to Prohibition of Private Monopoly and Methods of Preserving Fair Trade, Tokyo 1960.

Einhorn, H.J., Hogarth, R.M., Behavioral Decision Theory: Process of Judgement and Choice, in: Annual Review of Psychology, Vol. 32, 1981, S. 53-88.

Ejiri, H., Wagakuni no ryutsu keiro wa honto ni nagai ka (dt. Übersetzung: Sind Distributionskanäle wirklich länger in Japan?),Part I, in: Shohi to ryutsu, Vol. 4, No. 3, Tokyo 1980, S. 60-70.

Ejiri, H., Wagakuni no ryutsu keiro wa honto ni nagai ka (dt. Übersetzung: Sind Distributionskanäle wirklich länger in Japan?), Part II, in: Shohi to ryutsu, Vol. 4, No. 4, Tokyo 1980, S. 72-79.

The Electrical Manufacturers Association (Hrsg.), Electrical Industries in Japan 1991, Tokyo 1992.

Eli, M., Japans Wirtschaft im Griff der Konglomerate. Verbundgruppen, Banken, Universalhandelshäuser, Frankfurt 1988.

Eli, M., Japans Warenverteilungssystem, in: Botskor, I. (Hrsg.), Leitfaden zur Erschließung des japanischen Marktes, Teilband I, Weissenhorn 1991.

Eli, M., Instrumente der Marketingpolitik in Japan, in: Botskor, I. (Hrsg.), Leitfaden zur Erschließung des japanischen Marktes, Teilband II, Weissenhorn 1991, S. 25-29.

Engelhardt, W.H., Wandel der Marketing-Strategien im Bereich der Distribution, in: Markenartikel, 42. Jg., 1980, S. 50-56.

Ernst, A., Das japanische Beschäftigungssystem - Auswirkungen auf die internationale Wettbewerbsfähigkeit, in: Ifo-Institut für Wirtschaftsforschung (Hrsg.), Ifo-Schnelldienst, Nr. 26127, 1985, S. 24 ff.

Ernst, A., Hilpert, H.G., Japans Direktinvestitionen in Europa - Europas Direktinvestitionen in Japan, in: Ifo-Institut für Wirtschaftsforschung (Hrsg.), Ifo-Studien zur Japanforschung, Nr. 4, München 1990.

Etgar, M., Channel Domination and Countervailing Power in Distributive Channels, in: Journal of Marketing Research, Vol. 13, 1976, S. 12-24.

Etgar, M., Selection of an Effective Channel Control Mix, in: Journal of Marketing, Vol. 42, Tokyo, S. 53-58.

Everitt, B., Cluster Analysis, London 1974.

Fair Trade Commission (Hrsg.), Restrictions on Excessive Premiums in Japan, in: FTC Views, No. 2, Tokyo 1988, S. 15-22.

Fair Trade Commission (Hrsg.), Concerning "The Advisory Group on Distribution Systems, Business Practices, and Competition Policy", Tokyo, September 11, 1989.

Fair Trade Commission Study Group (Hrsg.), Review of Government Regulations from the Perspective of Competition Policy, Tokyo, October 1989.

Fair Trade Commission (Hrsg.), The Antimonopoly Act Guidelines Concerning Distribution Systems and Practices, Tokyo, July 11, 1991.

Falk, B., Wolf, J., Handelsbetriebslehre, Landsberg am Lech 1988.

Fertsch, F.W., Verkaufsförderung - ein Weg zur Kooperation zwischen Industrie und Handel, in: Rationalisierung, 17. Jg., 1966, S. 247-248.

Fields, G., The Impact of Changing Cultural Values on the Japanese Market, in: Euro-Asia Business Review, Vol. 4, Number 4, October 1985, S. 38.

Fields, G., The Japanese Distribution System: Myths and Realities, in: Tokyo Business Today, Tokyo, July 1989, S. 57.

Fields, G., Small Stores Can Only Survive by Meeting Consumer Needs, in: Tokyo Business Today, Tokyo, August 1990, S. 24.

Fields, G., What´s next in the Japanese Distribution System?, in: Tokyo Business Today, Tokyo, September 1990, S. 21.

Fields, G., Shaking Up Japanese Distribution: No Longer A Tremor - Now a Quake, in: Tokyo Business Today, Tokyo, Feb. 1991, S. 23.

Findling, S., Erfolgsfaktoren im Handel. Eine explorative Studie über Einflußfaktoren des Unternehmenserfolgs japanischer Warenhäuser, unveröffentlichte Diplomarbeit, Universität Hohenheim, Stuttgart 1992.

Fink, S. L., Beak, J., Taddeo, K., Organizational Crisis and Change, in: Journal of Applied Behavioral Science, Vol. 7, No. 1, January/February 1971, S.15-37.

Fischer, U., Strukturvergleich japanischer und deutscher Handel - eine Analyse zweier Warensysteme am Beispiel des Großhandels unter besonderer Berücksichtigung der Frage nach nicht-tarifären Handelshemmnissen, Dissertation, Freiburg 1984.

Flath, D., The Economic Rationality of the Japanese Distribution System, Raleigh, North Carolina, 1989.

Flath, D., Vertical Restraints in Japan, in: Japan and the World Economy, Tokyo 1989.

Flath, D., Why are there so many Retail Stores in Japan?, in: Japan and the World Economy, Vol. 2, 1990, S. 365 - 386.

Frazier, G.L., Interorganizational Exchange Behavior, in: Journal of Marketing, Vol. 47, No. 4, 1983, S. 68-78.

Frazier, G.L., On the Measurement of Interfirm Power in Channels of Distribution, Journal of Marketing Research, Vol. 20, No. 2, May 1983, S. 158-166.

Frazier, G.L., Summers, J.O., Interfirm Influence Strategies and their Application within Distribution Channels, in: Journal of Marketing, Vol. 48, No. 3, Summer 1984, S. 43-55.

Frazier, G.L., Kate, S.H., Manufacturer Distributor Relationships, in: International Marketing Review, Vol. 6, Nr. 6, 1989, S. 7-26.

Friedrich, R., Marketingstrategien in Märkten mit hoher Nachfragemacht, in: Wieselhuber, N., Töpfer, A. (Hrsg.), Handbuch strategisches Marketing, Landsberg am Lech 1984.

Friedrichs, J., Methoden empirischer Sozialforschung, 13. Aufl., Opladen 1985.

Fukami, G., Japanese Department Stores, in: Journal of Marketing, Vol. 18, No. 1, July 1953, S. 41-49.

Fukuda, J., New Developments in Retailing - the Onset of the Age of Information, Service and Internationalization, in: RIRI (Hrsg.), The Japanese Distribution System, Tokyo 1988.

Funai, Y., The Coming Distribution Revolution, in: Japan Echo, Vol. 9, No. 3, 1982, S. 62 ff.

Furukawa, K., Salmon, W.J., Wylie, D., Ito-Yokado Co. (1988), Harvard Business School Case Study, No. N9-589-116, Boston, Mass. 1989.

Gaitanides, M., Westphal, J., "Nachfragemacht" und Erfolg. Eine empirische Untersuchung von Erfolgsdeterminanten in Hersteller-Handels-Beziehungen, in: ZfB, 60. Jg., 1990, S. 135-153.

Galbraith, C.S., Stiles, C.H., Merger Strategies as a Response to Bilateral Market Power, in: Academy of Management Journal, Vol. 27, 1984, S. 511-524.

Galbraith, J.K., Gegengewichtige Marktmacht, in: Herdzina, K. (Hrsg.), Wettbewerbstheorie, Köln 1975, S. 124-130.

Garrity, R.E., Marketers With A Yen, in: Direct Marketing, November 1991, S. 46-51.

Gaskin, J.F., The Theory of Power and Conflict in Channels of Distribution, in: Journal of Marketing, Vol. 48, No. 3, 1984, S. 9-29.

Gist, R.E., Retailing: Concepts and Decisions, New York 1986.

Glatzer, H., Japan´s Marketing Structure, Bulletin No. 23, Sophia University, Tokyo, 1970

Global Competitiveness Corporation (Hrsg.), Case Study Seven Eleven Japan, unveröffentlichte Kundenstudie, o.S.

Glöckner-Holme, J., Betriebsformen-Marketing im Einzelhandel, Augsburg 1988.

Gödeke, H.C., Marketing im Handel, in: Dynamik im Handel, Nr. 6, 1986, S. 40-43.

Goldman, A., The Role of Trading-Up in the Development of the Retailing System, in: Journal of Marketing, Vol. 39, January 1975, S. 54-62.

Goldman, A., Japan´s Distribution System: Institutional Structure, Internal Political Economy and Modernization, in: Journal of Retailing, Vol. 67, No. 2, Summer 1991, S. 154-183.

Gomi, Y. et al., Japan´s New Intercompany Pricing Rules, Tokyo 1986.

Gottschlich, H., Maximow, J., Time-Cost-Quality Leadership, New Ways to Gain a Sustainable Competitive Advantage in Retailing, in: International Journal of Retail and Distribution Management, Vol. 21, No. 4, 1993.

Greenway, H.D.S., The Teenage Mutant Ninja Trade Talks, in: Boston Globe, April 20, 1990, S. 13.

Grether, E.T., Industrial Organization: Past History and Future Problems, in: American Economic Review, Vol. 60, Proceedings, 1970, S. 83-89.

Grossekettler, H., Die volkswirtschaftliche Problematik von Vertriebskooperationen - zur wettbewerbspolitischen Beurteilung von Vertriebsbindungs-, Alleinvertriebs-, Vertragshändler- und Franchisesystemen, in: ZfgG, 1978, S. 325ff.

Hahn, E.J., Japanese Business Law and the Legal System, Westport, Ct. 1984.

Hall, D.J., Saias, M.A., Strategy follows Structure, in: Strategic Management Journal, Vol. 1, 1980.

Hallstrom, C., Japan Marketing Handbook Euromonitor Publications Ltd., London 1988.

Hamel, G., Doz, J.L., Prahalad, C.K., Mit Marktrivalen zusammenarbeiten - und dabei gewinnen, in: Harvard Manager, 11. Jg., Nr. 3, 1989, S. 87-94.

Hammann, P., Erichson, B., Marktforschung, 2. Aufl., Stuttgart, New York 1990.

Hatten, K.J., Hatten, M.L., Strategic Groups, Asymmetrical Mobility Barriers and Contestability, in: Strategic Management Journal, Vol. 8, 1987, S. 329-342.

Hay, D.A., Morris, D.J., Industrial Economics: Theory and Evidence, Oxford 1979.

Heiner, H., Marketing des Handels, in: Markenartikel, Nr. 1, 1988, S. 43 - 46.

Heiner, H., Full-Service für den Kunden, in: LZ-Journal, 16. Oktober 1992, S. J11.

Herdzina, K., Einleitung- Zur historischen Entwicklung der Wettbewerbstheorie, in: Herdzina, K. (Hrsg.), Wettbewerbstheorie, Köln 1975.

Hideto, I., Anticompetitive Practices in the Distribution of Goods and Services in Japan: The Problem of Distribution Keiretsu, in: Journal of Japanese Studies, No. 2, 1989.

Hildebrandt, L., Erfolgsfaktorenforschung im Handel, in: Trommsdorff, V. (Hrsg.), Handelsforschung 1986, Jahrbuch der Forschungsstelle für den Handel (FfH) e.V., Band 1, Heidelberg 1986, S. 37-32 ff.

Hirota, T., Orushiurigyo no atarashii yakuwari (dt. Übersetzung: Die neue Rolle des Großhandels), in: Ryutsusangyo Kenkyusho (Hrsg.), RIRI ryutsusangyo tokushu, No. 11, Tokyo, November 1992, S. 3-9.

Hitt, M.A., Ireland, R.D., Corporate Distinctive Competence, Strategy, Industry and Performance, in: Journal of Management Studies, Vol. 23, 1985, S. 401-406.

Hlavecek, J.D., McCuistion, T.J., Industrial Distributors - When, Who, and How, in: Harvard Business Review, March-April 1983, S. 96-101.

Hoffmann, J., Die Konkurrenz - Erkenntnisse für die strategische Führung und Planung, in: Töpfer, A., Afheld, H. (Hrsg.), Praxis der Strategischen Unternehmensführung, Frankfurt 1983, S. 188-204.

Hollander, S.C., The Wheel of Retailing, in : Journal of Marketing, July 1960, S. 37 - 42.

Hollander, S.C., Notes on the Retail Accordion, in: Journal of Retailing, Vol. 42, 1966, S. 29-40.

Hower, R.M., History of Macy´s of New York, 1858-1914: Evolution of the Department Store, Cambridge, Mass. 1943.

Huber, W.R., Markenpolitische Strategien des Konsumgüterherstellers, dargestellt an Gütern des täglichen Bedarfs, Frankfurt/Main u.a.O. 1988.

Hungermann, K., Unternehmenspolitik japanischer Warenhäuser. Ein Vergleich mit der BRD, in: Ifo-Institut für Wirtschaftsforschung (Hrsg.), Ifo-Studien zur Japanforschung, Nr. 2, München 1988.

Hunt, S., Nevin, J., Power in a Channel of Distribution, in: Journal of Marketing Research, Vol. 2, 1974, S. 186-193.

Imai, M., Kaizen. Der Schlüssel zum Erfolg der Japaner im Wettbewerb, München 1992.

Industrial Bank of Japan (Hrsg.), Changing Japanese Distribution System, in: IBJ Review, Industrial Research, No. 9, Tokyo, February 20, 1990.

Inoue, Y., Licensees Snag Liquor Imports, in: The Japan Economic Journal, July 9, Tokyo 1988, S. 3.

Inoue, Y., New Revolution in Japanese Retailing, in: The Japan Economic Journal, December 24, Tokyo 1988, S. 10.

Inoue, Y., Japan´s Pricing System: Does It Add Up?, in: The Japan Economic Journal, Tokyo, August 5, 1989, o.S.

Inoue, Y., Manufacturers at War with Discount Retailers, in: The Japan Economic Journal, Tokyo, August 19, 1989, S. 32.

Irrgang, W., Der Kampf um die Marketing-Führerschaft, in: Absatzwirtschaft, Nr. 9, 1989, S. 116-120.

Irrgang, W., Strategien im vertikalen Marketing, München 1989.

Ishida, H., Anticompetitive Practices in the Distribution of Goods and Services in Japan: The Problem of Distribution Keiretsu, in: Journal of Japanese Studies, Vol. 2, 1983, 324-325.

Ito, T., Maruyama, M., Is the Japanese Distribution System Really Inefficient?, in: Krugman, P. (Hrsg.), Trade with Japan: Has the Door Opened Wider?, Chicago, Ill. 1991.

Ito-Yokado (Hrsg.), Investor´s Guide 1992, Tokyo 1992, S. 16.

Japan Automobile Manufacturer´s Association (Hrsg.), Automotive Distribution in Japan, Tokyo 1990.

Japan Chain Store Association (Hrsg.), Outline of the Japanese Distribution Industry and the Present Situation of JCA, Tokyo 1990.

Japan Chamber of Commerce & Industry (Hrsg.), Distribution System and Market Access in Japan, Tokyo, June 1989.

Japan Department Stores Association (Hrsg.), Annual Statistics of Japan Department Stores Association 1990, Tokyo 1990.

Japan Economic Institute (Hrsg.), Japan´s Distribution System: The Next Major Trade Confrontation?, in: JEI Report, No. 11A, Washington D.C., March 17, 1989.

Japan Economic Institute (Hrsg.), Structural Changes in Japan´s Distribution System, in: JEI Report, No. 43A, Washington D.C., November 10, 1989.

Japan Economic Institute (Hrsg.), Keiretsu and Other Large Corporate Groupings in Japan, in: JEI Report, No. 2A, Washington D.C., January 12, 1990.

Japan Economic Institute (Hrsg.), Japan´s Price Structure, in: JEI Report, No. 4A, Washington D.C., January 26, 1990.

Japan Economic Institute (Hrsg.), The Debate over U.S. Trade Policy towards Japan, in: JEI Report, No. 19A, Washington D.C., May 11, 1990.

Japan Economic Institute (Hrsg.), The Structure of Japan´s Imports: Causes and Consequences, in: JEI Report, No. 22A, Washington D.C., June 14, 1991.

Japan Fair Trade Commission Advisory Group (Hrsg.), American Chamber of Commerce in Japan Presentation, Tokyo, January 30, 1990.

Japan Franchise Association (Hrsg.), Franchising in Japan, Tokyo 1990.

Japan Voluntary Chain Association (Hrsg.), Annual Survey 1989, Tokyo 1989.

Jennings, P., Trading Houses. Riding the Interest Rate Wave, in: Baring Securities (Hrsg.), Japanese Research, Tokyo 1990.

JETRO (Hrsg.), Sales Promotion in the Japanese Market, Tokyo 1983.

JETRO (Hrsg.), Retailing in the Japanese Consumer Market, in: JETRO Marketing Series, No. 5, Tokyo 1985.

JETRO (Hrsg.), Your Market in Japan: DIY Retailing, in: Mini-Report, No. 22, Tokyo 1986.

JETRO (Hrsg.), Your Market in Japan: Mail Order Market, Mini-Report, No. 21, Tokyo 1986.

JETRO (Hrsg.), The Japanese Consumer, in: JETRO Marketing Series, No. 8, Tokyo 1988.

JETRO (Hrsg.), Your Market in Japan: Department Stores, Mini-Report, No. 29, Tokyo, March 1988.

JETRO (Hrsg.), Distribution Planning in Japan, in: Now in Japan, No. 38, Tokyo 1988.

JETRO (Hrsg.), Your Market in Japan: Franchise Business, Tokyo, March 1989.

JETRO (Hrsg.), Your Market in Japan: Small Electric Home Appliances, No. 53, Tokyo, March 1989.

JETRO (Hrsg.), Roadside Menswear Shops Offer Quality at Low Prices, in: Tradescope, Tokyo, March 1990, S. 32-34.

JETRO (Hrsg.), Your Market in Japan: Cosmetics, No. 28, 3rd ed., Tokyo, March 1990.

JETRO (Hrsg.), Your Market in Japan: Women´s Outer Garments, No. 48, 2nd ed., Tokyo, March 1990.

JETRO (Hrsg.), Your Market in Japan: Men´s Outer Garments, No. 55, Tokyo, March 1990.

JETRO (Hrsg.), Your Market in Japan: Games, No. 67, Tokyo 1990.

JETRO (Hrsg.), Your Market in Japan: Mail Order Market, No. 77, Tokyo, March 1990.

JETRO (Hrsg.), Your Market in Japan: Toys, No. 86, Tokyo 1991.

JETRO (Hrsg.), Retail Chains Mark New Era in Toy Distribution, in: Tradescope, Vol. 12, No. 2, Tokyo, February 1992, S. 19-21.

JETRO (Hrsg.), Your Market in Japan: Pharmaceuticals, No. 22, 3rd ed., Tokyo, March 1992.

JETRO (Hrsg.), Your Market in Japan: Confectionery, No. 30, 2nd ed., Tokyo, March 1992.

JETRO (Hrsg.), Nippon ´92. Business Facts & Figures, Tokyo 1992.

JETRO (Hrsg.), Trade Fairs in Japan 1992, Tokyo 1992.

Jirasek, J., Grundlagen der Kooperation zwischen Industrie und Handelsunternehmen, in: Rationalisierung, 17. Jg., 1966, S. 241-242.

John, G., An Empirical Investigation of Some Antecedents of Opportunism in a Marketing Channel, in: Journal of Marketing Research, Vol. 1, No. 3, August 1984, S. 278-289.

Johnson, C., MITI and the Japanese Miracle, Tokyo 1991.

Johnston, R., Lawrence, P.R., Beyond Vertical Integration - The Rise of the Value-Adding Partnership, in: Harvard Business Review, July/August 1988, S. 94ff.

Johnston, R., Lawrence, P.R., Vertikale Integration II: Wertschöpfungspartnerschaften leisten mehr, in: Harvard Manager, Nr. 1, 1989, S. 81-88.

Jones, G.M., Tokyo Office Reality, in: ACCJ (Hrsg.), The Journal, Tokyo, October 1992, S. 10-16.

Jung, H.F., How to Do Business with the Japanese, Tokyo 1988.

Kao Corp. (Hrsg.), Changing Distribution Environment in the 1990´s, Interne Dokumentation, Tokyo 1991.

Kaufer, E., Industrieökonomik, München 1980.

Keidanren (Hrsg.), Views on the Relaxation of Regulations in the Distribution Sector, Tokyo, March 1988

Keizai Kikakucho (Economic Planning Agency) (Hrsg.), Jittai Chosa (dt. Übersetzung: Bericht über kommerzielle Strukturen und Aktivitäten), 5. Bericht, Tokyo 1986.

Keizai Kikakucho (Economic Planning Agency) (Hrsg.), Yunyuhin no ryutsu oyobi shokanko (dt. Übersetzung: Distributionskanäle und Handelspraktiken für Importwaren), Tokyo 1986.

Keizai Kikakucho (Economic Planning Agency (Hrsg.), Consumption in Japan, Tokyo 1988.

Keizai Kikakucho (Economic Planning Agency) (Hrsg.), Ryutsu shisutemu no kouchiku no makete (dt. Übersetzung: In Richtung der Entwicklung eines liberalisierten Distributionssystems), Tokyo 1988.

Keizai Kikakucho (Economic Planning Agency) (Hrsg.), Annual Report on the National Life for Fiscal 1989, Tokyo, September 20, 1990.

Keizai Kikakucho (Economic Planning Agency) (Hrsg.), Lifestyle Superpower 5-Year Plan 1992-1996, Tokyo 1991.

Keizai Koho Center (Hrsg.), Japan 1984. An International Comparison, Tokyo 1985.

Keizai Koho Center (Hrsg.), Deregulating Distribution, in : KKC Brief, No. 48, Tokyo, July 1988.

Keizai Koho Center (Hrsg.), Japan 1992. An International Comparison, Tokyo, 1991.

Kemna, H., Key-Account-Management, München 1979.

Kieser, A., Kubicek, H., Organisation, 2. Aufl., Berlin und New York 1983.

Kilburn, D., The Network Revolution, in: Journal of Japanese Trade and Industry, No. 5, Tokyo 1991, S. 19-23.

Kitamatsu, K., Takeshita Poised to Blaze Trail Through Distribution Labyrinth, in: The Japan Economic Journal, Tokyo, July 9, 1988, S. 4.

Kitamatsu, K., Icy Welcome for MITI´s Retail Law Change, in: The Japan Economic Journal, Tokyo, October 21, 1989, S. 5

Klamann, E., Turnover in Retail Sales Menaces Department Stores, in: The Nikkei Weekly, Tokyo, September 20, 1991, S. 3.

Klenner, W., Grundzüge der wirtschaftlichen Entwicklung und der Wirtschaftspolitik, in: Menzel, U., (Hrsg.), Im Schatten des Siegers: Japan, Ökonomie und Politik, Band 3, Frankfurt 1989, S. 63-96.

Klenner, W., Japan: Neue weltwirtschaftliche Führungsmacht, in: Cassel, D. (Hrsg.), Marktwirtschaftliche Industrieländer im Anpassungszwang, Wirtschaftssysteme im Umbruch, München 1990, S. 411-434.

Kniebes, H.-J., Der japanische Konsumgütermarkt - Markteintrittsbarrieren und Markteintrittsstrategien, unveröffentlichte Diplomarbeit, European Business School, Schloß Reichartshausen, Februar 1990

Kobayashi, H., Wirtschaftsmacht Japan, Strukturen und Organisation, Köln 1980.

Kobayashi, K., Japan: The Most Misunderstood Country, Tokyo 1984.

Köhler, F.W., Die Dynamik der Betriebsformen des Handels: Bestandsaufnahme und Modellerweiterung, in: Marketing ZFP, Heft 1, 1.Qu. 1990, S. 59-64.

Konishi, J., When the Shops Go Shopping, in: Crédit Lyonnais Securities (Hrsg.), Japan Equity Research, Tokyo, January 1990.

Konishi, J., Selling Out: Changes in the Large-Scale Retail Store Act, in: Crédit Lyonnais Securities (Hrsg.), Japan Equity Research, Tokyo, March 1990.

Konishi, J., Traditional Department Stores, in: Crédit Lyonnais Securities (Hrsg.), Japan Equity Research, Tokyo, December 1990.

Konsynski, B.R., McFarlan, F.W., Information Partnerships, in: Harvard Business Review, Vol. 68, No.5, September/October 1990, S. 114-120

Kotabe, M., Duhan, D.F., Smith, D.K., Wilson, R.D., The Perceived Veracity of PIMS Strategy Principles in Japan: An Empirical Inquiry, in: Journal of Marketing, Vol. 55, No.1, 1991, S. 26-42.

Kotler, P., Atmospherics as a Marketing Tool, in: Journal of Retailing, Winter 1973-74, S. 48-64.

Kotler, P., Marketing Management. Analysis, Planning, Implementation, & Control, 7th. ed., Englewood Cliffs, New Jersey, 1991.

Kotler, P., Fahey, L., Jatusripitak, S., The New Competition, Englewood Cliffs, New Jersey, 1985.

Koyama, S., Application of JIT Management in the Distribution System, in: Czinkota, M.R., Kotabe, M. (Hrsg.), The Japanese Distribution System, Chicago, Ill. 1993, S. 209-216.

Krause, A., Marken und Markenbildung in Japan, München 1992.

Kreikebaum, H., Strategische Unternehmensplanung, 3. Aufl., Stuttgart 1989.

Kuga, M., Kao´s Marketing Strategy and Marketing Intelligence System, in: Journal of Advertising Research, April/May 1990, S. 20-25.

Kumpe, T., Bolwijn, P.T., Vertikale Integration I: Ein altes Konzept macht wieder Sinn, in: Harvard Manager, Nr. 1, 1989, S. 73-83.

Kunkel, R., Vertikales Marketing im Herstellerbereich, München 1977.

Kunii, I., Mom-and Pop Small-Scale Shops are Facing Large-Scale Threat, in: Asahi Evening News, Tokyo, April 13, 1990.

Kuya, M., Kao´s Marketing Strategy and Marketing Intelligence System, in: Journal of Advertising Research, April/May 1990, S. 20-25.

Kunkies-Schwientek, I., Wege zum japanischen Markt: unterschiedliche Markteintrittsstrategien deutscher Unternehmen in Japan, Berlin 1990.

Kwoka, J.E., The Effect of Market Share Distribution on Industry Performance, in: Review of Economics and Statitiscs, Vol. 61, 1979, S. 101 - 109

Lafayette de Menti, B., Dispelling the Enigma Myth of Japan, in: ACCJ (Hrsg.), The Journal, Tokyo, July 1991, S. 30-35.

Lalonde, B.J., Distribution System for Consumer Products, National Center for Export-Import Studies, Wahington 1988.

Larke, R., A Consideration of Consumer Loyalty in Japan, in: Stirling University (Hrsg.), Working Paper 8801, Stirling 1990.

Larke, R., Consumer Perceptions of Large Retail Stores in Japan, Stirling University, Stirling, February 1991.

Larke, R., Japanese Retailing: Fascinating, But Little Understood, in: International Journal of Retail & Distribution Management, Vol. 20, No. 1, 1992, S. 3-15.

Lawrence, P.R., Dyer, D., Toward a Theory of Organizational and Industrial Adaptation, Working Paper, HBS80 - 57, Boston, Mass. 1980

Lein, F., Department Stores in Japan, in: Business Series, Bulletin No. 116, Sophia University, Tokyo 1987.

Lein, F., The Current Situation of Japanese Department Stores and the Relationships with Their Suppliers, Tokyo 1987.

Leitherer, E., Hansen, U., Produktpolitik, 2. Aufl., Stuttgart 1984.

Lerchenmüller, M., Handelsbetriebslehre, Ludwigshafen 1992.

Lewin, K., Forces Behind Food Habits and Methods of Change, in: Bulletin of the National Research Council, o.O., 1943.

Lifson, T.B., What do Japanese Corporate Customers Want? A Guide For American Firms Selling in Japan, in: Center for International Affairs, Harvard University (Hrsg.), U.S. - Japan Relations: New Attitudes for a New Era, Annual Review, Boston, Mass. 1984.

Little, R.W., The Marketing Channel, in: Journal of Marketing, Vol. 34, Jan. 1970, S. 31-38

Lockwood, W., The Economic Development of Japan: Growth and Structural Change, 1868-1938, Princeton 1958.

Lucas, G.H., Gresham, L.G., How to Position for Retail Success, in: Business, Vol. 38, No. 2, 1988, S. 5ff.

Lukow, S.M., Foreign Importers Struggle to Develop Japanese Wine Market, in: Tokyo Business Today, Tokyo, March 1988, S. 48-50.

Lusch, R.F., Sources of Power, in: Journal of Marketing Research, Vol. 13, 1976, S. 382-390.

Lusch, R.F., Brown, J.R., A Modified Model of Power in Marketing Channels, in : Journal of Marketing Research, Vol. 19, No. 3, August 1982, S. 312-323.

Maeda, K., The Evolution of Japanese Retailing Industries, Tokyo, o.D.

Magrath, A.J., Hardy, K.G., Avoiding Pitfalls in Managing Distribution Channels, in: Business Horizons, Vol. 30, 1987, S. 29-33.

Mallen, B.C., Functional Spin-Off: A Key to Anticipating Change in Distribution Structure, in: Journal of Marketing, Vol. 37, July 1973, S. 18-25.

Mallen, B.C., Definitional and Notational Issues in Marketing Channels, Montreal 1976.

Manifold, D., Japan´s Distribution System and Options for Improving U.S.-Access, in: USITC Publication 2291, Washington D.C., June 1990.

Manifold, D., Accessing Japan´s Distribution Channels, in: Czinkota, M.R., Kotabe, M. (Hrsg.), The Japanese Distribution System, Chicago, Ill. 1993, S. 43-66.

March, J.G., Bounded Rationality, Ambiguity, and the Engineering of Choice, in: Bell Journal of Economics and Management Science, Vol. 9, 1978, S. 587-608.

March, R.H., Honourable Customers: Marketing and Selling to the Japanese in the 1990´s, London 1990.

Marini, H., Foreign Products in Department Stores, in: Sophia University (Hrsg.), Working Paper, Tokyo 1986.

Markin, R.J., Duncan, C.P., The Transformation of Retailing Institutions: Beyond the Wheel of Retailing and Life Cycle Theories, in: Journal of Macromarketing, Vol. 24, July 1960, S. 37-42.

Maruyama, M., Ryutsu no keizai bunseki (dt. Übersetzung: Die ökonomische Analyse der Distribution), Tokyo 1988.

Maruyama, M., Sakai, K., Togawa, Y., Sakamoto, N., Yamashita, M., Arakawa, M., Iba, H., Nihon no ryutsu shisutemu: riron to jisshou (dt. Übersetzung: Theoretische und empirische Studien über das japanische Distributionssystem), Keizai Bunseki (Hrsg.), No. 123, Tokyo 1991.

Maruyama, M., A Country Study on the Distribution System in Japan, Tokyo 1992.

Marzen, W., "Die Dynamik der Betriesbformen des Handels" - aus heutiger Sicht. Eine kritische Bestandsaufnahme, in: Marketing ZFP, Heft 4, 1986, S. 279-285.

Mason, J.B., Mayer, M.L., Modern Retailing: Theory and Practice, New York 1990.

Mathieu, G., Koordination für Kontakte, in: Absatzwirtschaft, 24. Jg., Nr. 6, 1981, S. 103-107.

Matsushita, M., Davis, J.D., Introduction to Japanese Antimonopoly Law, Tokyo 1990.

Maurer, P.R., Competing in Japan, Tokyo 1990.

Maximow, J., Total Quality Management im Handel, in: Gottlieb Duttweiler Institut für wirtschaftliche und soziale Studien (Hrsg.), The New Age of Quality in Retailing, Internationale Handelstagung 1991, Dokumentationsband, Rüschlikon 1991, S. 17-35.

Maximow, J., The European Retail Industry in the Dawn of 1993, Chain Store 21 International Retail Conference, Tokyo, March 18, 1993.

Maximow, J., Rapp, B., Time-Cost-Quality-Management im Handel, in: LZ-Journal, März 1992, S. J3-J8.

McCraw, T. K. (Hrsg.), America Versus Japan, Boston, Mass. 1990.

McCraw, Th.K., O´Brien, P.A., Production and Distribution: Competition Policy and Industry Structure, in: America Versus Japan, McCraw, T. K. (Hrsg.), Boston, Mass. 1990.

McFarlan, F.W., Information Technology Changes the Way you Compete, in: Harvard Business Review, May-June 1984, S. 98

McKenney, J.L., McFarlan,F.W., The Information Archipelago - Maps and Bridges, in: Harvard Business Review, September/October 1982, S. 109

McNair, M.P., Trends in Large Scale Retailing, in: Harvard Business Review, Vol. 10, 1931.

McNair, M.P., Significant Trends and Developments in the Postwar Period, in: Competitive Distribution in a Free, High-Level Economy and its Implication for the University, Smith, A.B. (Hrsg.), Pittsburgh 1958, S. 1-25

McVey, P., Are Channels of Distribution What the Textbooks Say?, in: Journal of Marketing, Jan. 1960, S. 61-64

Meffert, H., Vertikales Marketing und Marketingtheorie - Einführung in den Problemkreis der Untersuchung, in: Konflikt und Kooperation in Absatzkanälen, Steffenhagen, H. (Hrsg.), Wiesbaden 1975

Meffert, H., Strategische Unternehmensführung und Marketing, Wiesbaden 1988.

Meffert, H., Marketing. Grundlagen der Absatzpolitik, 8. Aufl., Wiesbaden 1989.

Meffert, H., Marketingforschung und Käuferverhalten, 2. Aufl., Wiesbaden 1992.

Meffert, H., Kimmeskamp,G., Industrielle Vertriebssysteme im Zeichen der Handelskonzentration, in: Absatzwirtschaft, 25. Jg., Heft 3, 1983, S. 214-232.

Meid, K.H., Lösung von Absatzproblemen, in: Institut für Asienkunde (Hrsg.), Wirtschaftspartner Japan, 2. Aufl., Hamburg 1984.

Meinzer, C., Der Wandel der jap. Warenhauswelt am Beispiel der Unternehmensgruppe Seibu Department Stores Ltd., unveröffentlichte Diplomarbeit, Würzburg 1991.

Mellerowicz, K., Markenartikel. Die ökonomischen Gesetze ihrer Preisbildung und Preisbindung, 2. Aufl., München, Berlin 1963.

Menkhaus, H., Maruyama, S., Vertrieb, Transport und Lagerhaltung, in: Drobnig, Baum (Hrsg.), Japanisches Handels- und Wirtschaftsrecht, unveröffentlichtes Manuskript, Berlin u.a.O. 1992.

Meckel, A., Japanische Geschäftsmentalität, in: Deutsch-Japanisches Wirtschaftsförderungsbüro (Hrsg.),Reihe Japanwirtschaft, Düsseldorf 1981

MIC (Hrsg.), Shakai Chosa Consumer Index, Tokyo 1991.

Miller, D., Friesen, P.H., Porter`s Generic Strategies and Performance, in: Organization Studies, Vol. 7, 1986, S. 37-56.

Ministry of Construction, Road Bureau (Hrsg.), Roads in Japan 1989, Tokyo, December 1989.

Ministry of Health and Welfare (Hrsg.), Statistics on Trends in Drug Production, Tokyo 1990.

Ministry of Labor (Hrsg.), Report on the Development of the Workforce, Tokyo 1991.

Ministry of Transport (Hrsg.), Annual Report on the Transport Economy, Summary of Fiscal Year 1990, Tokyo 1991.

MIPRO (Hrsg.), 8th Workshop on Japan's Distribution Systems and Business Practices, Tokyo, October 17, 1991.

MIPRO (Hrsg.), 9th Workshop on Japan's Distribution Systems and Business Practices, Tokyo, October 15, 1992.

MITI (Hrsg.), ´90 nendai no ryutsu vision (dt. Übersetzung: Vision für das Distributionssystem in den 90er Jahren), Tokyo 1989.

MITI (Hrsg.), Nichi-bei no kigyo kodo hikaku (dt. Übersetzung: Ein Vergleich des Unternehmensverhaltens zwischen Japan und den USA), Tokyo 1989.

MITI (Hrsg.), Summary of MITI´s "Vision for the Distribution System in the 1990`s", Tokyo 1989.

MITI (Hrsg.), The Distribution System in Japan, Tokyo 1990.

MITI (Hrsg.), Daikibo kouri tembo no todo keirokyo (dt. Übersetzung: Statusbericht über die Anträge für großflächige Einzelhandelsbetriebe), Tokyo, Juli 1991.

MITI (Hrsg.), White Paper on Small and Medium Enterprises 1991, Background Information No. 47, Tokyo, October 1991.

MITI (Hrsg.), Yearbook of Chemical Industry Statistics 1991, Tokyo 1991.

MITI (Hrsg.), Census of Commerce 1991, Tokyo 1992.

Mitsukoshi Ltd. (Hrsg.), Welcome to Their Royal Highnesses, The Prince and Princess of Wales, on the Occasion of Their Visit to the Mitsukoshi Nihonbashi Main Store, Tokyo 1986.

Miyashita, M., Comparison of Japan and U.S. for Wholesale Business Mechanism, in: International Trade Institute (Hrsg.), Comparative Studies on Distribution Systems of the U.S. and Japan, Tokyo 1987, S. 19-28.

Miyazawa, T., Ryutsu no saikochiko (dt. Übersetzung: Restrukturierung der Distribution), Tokyo 1991.

Mizusawa, M., Aoyama Trading, in: Kleinwort Benson International (Hrsg.), Japanese Research, Tokyo, January 31, 1991.

Mizusawa, M., Convenience-Stores on the Upbeat, Tokyo, February 1991.

Monash, P.E., Ikemoto, M., Characteristics of the Japanese Retail Industry, Columbus, Ohio 1989.

Morgan Grenfell Japan (Hrsg.), M&A Transactions Involving Japanese Companies, unveröffentlichtes Dokument, Tokyo 1992.

Morgan, J.C., Morgan J.J., Cracking the Japanese Market, New York 1991.

Moriarty, R.T., Moran, U., Managing Hybrid Marketing Systems, in: Harvard Business Review, November/December 1990, S. 146-155.

Moroe, Y., Ito-Yokado: Impact of the Southland Acquisition, in: Goldman Sachs (Hrsg.), Investment Research, Tokyo, March 1991.

Moser, D., Neue Betriebsformen im Einzelhandel - Eine Untersuchung der Entstehungsursachen und Entwicklungsdeterminanten, Frankfurt/Main, Zürich 1974.

Müller-Hagerdorn, L., Die Dynamik der Betriebsformen. Zum 80. Geburtstag von Prof. R. Nieschlag, in: Marketing ZFP, Heft 1, 1985, S. 21-26.

Muto, I., Ito, M., Store Wars, in: Asahi Evening News, Tokyo, April 29, 1990, S. 3.

Myer, R., Suppliers: Manage your Customers, in: Harvard Business Review, Vol. 67, No. 6, November/December 1989, S. 160-168.

Nagawa, T., Sakaida, A., Murakami, H., Hittoshin no utsurikawari, tsuyoi shohin wo tsukuru - nerai wa mass market (dt. Übersetzung: Wechselnde Trends bei Hitprodukten. Wie man starke Produkte für den Massenmarkt macht), in: Nikkei Business, Tokyo, April 13, 1992, S. 12-26.

Najita, T., Visions of Virtue in Tokugawa Japan. The Kaitokudo - Merchant Academy of Osaka, Chicago, Ill. 1987.

Nakada, S., Characteristics of Business Terms and Business Practices in Japan, in: Dentsu Japan Marketing and Advertising Yearbook, Vol. 3, No. 2, Tokyo 1985.

Nakane, Ch., Oishi, S., Tokugawa Japan. The Social and Economic Antecedents of Modern Japan, Tokyo 1990.

Nara, C., Supermarkets - Price Discounting Forces a Structural Declinein Profit Margins, in: Salomon Brothers (Hrsg.), Japanese Stock Research, Tokyo, April 5, 1989.

Nariu, T., Flath, D., The Complexity of Wholesale Distribution Channels in Japan, Raleigh, N.C., Nagoya 1991.

Nariu, T., Flath, D., The Complexity of Wholesale Distribution Channels in Japan, in: Czinkota, M.R., Kotabe, M. (Hrsg.), The Japanese Distribution System, Chicago, Ill. 1993, S. 83-96.

Narus, J.A., Anderson, J.C., Contributing as a Distributor to Partnerships with Manufacturers, in: Business Horizons, September/October 1987, o.S.

National Tax Administration Agency, Central Liquor Council (Hrsg.), Basic Course of Issues in Liquor Distribution, Tokyo, March 1992.

Neff, R., Guess Who´s Selling Barbies in Japan Now?, in: Business Week, December 9, 1991, S. 85-86.

Neumann, M., Industrial Organization. Ein Überblick über die quantitative Forschung, in: Zeitschrift für Betriebswirtschaft, 49. Jg., 1979, S. 645-660.

Nielsen, R.P., Cooperative Strategies in Marketing, in: Business Horizons, Vol. 30, 1987, S. 61-68.

Nieschlag, R., Die Dynamik der Betriebsformen im Handel, Essen, 1954.

Nieschlag, R., Binnenhandel und Binnenhandelspolitik, 2. Aufl., Berlin 1972.

Nieschlag, R., Dichtl, E.,Hörschgen, H., Marketing, 15. Aufl., Berlin 1988.

Nihon Keizai Shimbunsha (Hrsg.), Disukaunto sutoa chosa (dt. Übersetzung: Bericht über Discount-Geschäfte), 4. Bericht, Tokyo, März 1993.

Nishimura, K., Tsubuchi, H., Gyoju, hinmoku betsu ryutsu majin ritsu sankei: nichi-bei hikaku (dt. Übersetzung: Vergleich der Handelsspannen zwischen Japan und den USA, nach Produkten und Branchen), in: Keizaigaku Ronso, Vol. 56, No. 3, October 1990, S. 111-138.

Norusis, M.J., SPSS Inc., SPSS/PC+ Advanced Statistics TM V2.0, Chicago 1988.

Nozawa, K., Oroshiurigyo no mezasu hokosei (dt. Übersetzung: Richtung der weiteren Entwicklung des Großhandels), in: Ryutsusangyo Kenkyusho (Hrsg.), RIRI Ryutsusangyo tokushu, No. 11, Tokyo, November 1992, S. 10-16.

Odrich, B., Die Nachfrage der japanischen Verbraucher nach Luxusgütern sinkt, in: Blick durch die Wirtschaft, 2. September 1992.

Odrich, B., Durch die Verkürzung der Distributionswege wird Japans Einzelhandel neu strukturiert, in: Blick durch die Wirtschaft, 10. November 1992.

Oehme, W., Handels-Marketing. Entstehung, Aufgabe, Instrumente, München 1992.

Ogi, K., Consumers Foresaking Pricy Department Stores, in: Asahi Evening News, November 15, 1992.

Ohbara, T., Parsons, A., Riesenbeck, H., Alternative Routes to Global Marketing, in: McKinsey & Company (Hrsg.), The McKinsey Quarterly, No. 3, 1992.

Oikawa, N., The Changing Environment and Strategies of Department Stores and Supermarkets, in: RIRI (Hrsg.), The Japanese Distribution System, Tokyo 1988.

Okochi, A., Shimokawa, K., Development of Mass Marketing: The Automobile and Retailing Industries, Tokyo 1981.

Otake, K., Morishita, K., Toys R Us Forces New Game Plan in Japan, in: The Nikkei Weekly, Tokyo, February 22, 1993.

Otomo, S., Brisk Business in Catalogue Sales, in: Journal of Japanese Trade and Industry, Vol. 4, Tokyo 1987, S. 24-26.

o.V., The Origins of Resale Price Maintenance, in: The Economic Journal, Vol. 62, Sept. 1952, S. 522-545.

o.V., Evolution of Retailing Industries in Japan, in: The University of Tokyo Press (Hrsg.), Development of Mass Marketing, International Conference on Business History, Tokyo 1981.

o.V., Japan´s Distribution System: An International Comparison, in: Journal of Japanese Trade and Industry, Tokyo, May/June 1984.

o.V., Wholesalers Struggle to Ride Out Stormy Rationalization in Distribution, in: Mitsubishi Bank Review, Tokyo, May 1985, S. 884-889.

o.V., Shoten ga hetta (dt. Übersetzung: Die Zahl der Geschäfte verringert sich), in: Nikkei Ryutsu Shimbun, 2. Juni 1986.

o.V., Discount Stores Forge On, in: JETRO (Hrsg.), Focus Japan, Vol. 4, No. 9, Tokyo, September 1987, S. 4-6.

o.V., Japan: Land of Contradictions, in: Chain Store Age Executive, March 1988, S. 14-38.

o.V., Changes in the Food Wholesaling Industry, in: JETRO (Hrsg.), Tradescope, Tokyo July 1988, S. 1-3.

o.V., Tokyu Hands: The Creative Life Store Specialty Chain, in: Chain Store Executive, No. 3, March 1988, S. 29

o.V., Japan: A land of Contradictions, in: Chain Store Executive, No. 3, Tokyo, March 1988, S. 14ff.

o.V., Rationalization of Goods Distribution, in: JETRO (Hrsg.), Focus Japan, Tokyo January 1989, S. 3-7.

o.V., Stores Brood over Big Ideas, in: Financial Times, September 12, 1989, o.S.

o.V., Automatic Vending Machines Now Key to Beverage Market, in: Tradescope, Tokyo, September 1989, S. 18-20.

o.V., Relaxation of the Large Stores Act Gives Large Retailers a Golden Opportunity, in: Industria, September 1989, S. 37.

o.V., Japan Intends to Correct Distribution Impediments, in: Mainichi Shimbun, Tokyo, November 8, 1989.

o.V., Structural Impediments Initiative. Restrictions on Marketing Activities, Tokyo, December 1989.

o.V., Consumer Rap Distribution System, in: Mainichi Daily Shimbun, February 8, Tokyo 1990, o.S.

o.V., Big Store Law Victimizes Consumers, in: Mainichi Shimbun, Tokyo, March 20, 1990.

o.V., Fair Trade Commission: Will Japan´s Corporate Watchdog Finally Learn to Bark?, in: The Japan Economic Journal, Tokyo, April 14, 1990, S. 5.

o.V., Voluntary Chains Decreasing, Franchise Chains Increasing, in: Nikkei Ryutsu Shimbum, April 1990.

o.V., Access Japan: Hot Line to Success, in: Business Tokyo, June 1990, S. 42-44.

o.V., Survey Reveals Soaring Distribution Costs, in: The Japan Economic Journal, Tokyo November 3, 1990, S. 13.

o.V., Zur Erklärung der Vielfalt und Dynamik der Vertriebsformen, in: Schmalenbachs Zeitschrift für betriebswirtschaftliche Forschung, Nr. 42, H. 6, 1990, S. 451-466.

o.V., Wholesale Operations and Vendor Evaluation, in: Journal of Business Research, Nr. 2, 1990, S. 119-129

o.V., Increase in Number of Large Chain Stores Equipped with Liquor Licenses, in: Chain Store Age News (Hrsg.), Retailing Digest in Japan, Tokyo, March 4, 1991, S. 47.

o.V., Learning from Abroad, in: The Economist, March 14, 1992, S. 78-79.

o.V., FTC to reduce antitrust exemptions, in: The Japan Times, Tokyo, April 12, 1992.

o.V., Nintendo Co. Ltd. Corporate Profile, in: Kansai Forum, Vol. 1, No. 1, April-May 1992, S. 21-25.

o.V., Matsushita Orders Retail Shake-Up, in: Financial Times, May 12, 1992, S. 27.

o.V., Tomorrow`s "Lifestyle Superpower" or Just Another Pipedream?, in: Tokyo Business Today, Vol. 60, No. 8, August 1992.

o.V., Japans Warenhäusern laufen die Kunden fort, in: Süddeutsche Zeitung, 2. November 1992.

o.V., Membership Discount Store Draws Crowds, in: The Nikkei Weekly, Tokyo, November 16, 1992.

o.V., Japan´s Next Retail Revolution, in: The Economist, December 21, 1992, S. 91-92.

o.V., Supermarket Shoppers Lured by Big Bargains, in: Asahi Shimbun, Tokyo, December 22, 1992.

o.V., Kaden Ryutsu Nenkan (dt. Übersetzung: Jahrbuch der Distribution von Haushaltsgeräten), Tokyo 1992.

o.V., Brand Names Cut Down to Size by Discounters, in: Asahi Evening News, Tokyo, January 17, 1993.

o.V., Japan Shops the Wal-Mart Way, in: The Economist, February 6, 1993, S. 67-68.

o.V., The Japanese Economy. From Miracle to Mid-Life Crisis, in: The Economist, Special Survey, March 6, 1993, S. 3-22.

o.V., Clothing Retailers Flee to the Suburbs, in: The Nikkei Weekly, Tokyo, March 8, 1993, S. 4.

o.V., Garment Makers Test No-Return System, in: The Nikkei Weekly, Tokyo, March 8, 1993, S. 4.

o.V., Disukaunto sutoa chosa (dt. Übersetzung: Bericht über Discount-Geschäfte), in: Nikkei Trendy, Tokyo, März 1993.

Paetz, H.J., Supermarkt- und Fachgeschäftsketten in Japan, Bundesstelle für Außenhandelsinformationen (Hrsg.), Tokyo 1982.

Patt, P.-J., Strategische Erfolgsfaktoren im Einzelhandel, Dissertation, Münster 1988.

Petermann, G., Aktuelle Probleme des Marketing im Handel. Marketinglehre, Betriebsformen und Marketingstrategien im Einzelhandel, in: Bindlingmeier, J. (Hrsg.), Modernes Marketing - Moderner Handel, Wiesbaden 1972, S. 486 ff.

Peters, Th. J., Waterman, R.H., In Search of Excellence, New York 1982.

Pfeiffer, W., Weiß, E., Lean-Management. Zur Übertragbarkeit eines neuen japanischen Erfolgsrezeptes auf hiesige Verhältnisse, in: Forschungsgruppe für Innovation und technologische Voraussage (FIV) (Hrsg.), Nürnberg, September 1991.

Pfohl, H.-C., Vertikales Marketing, in: Poth, L.G. (Hrsg.), Marketing, Band 3, Neuwied 1987.

Phillips, L.W., Assessing Measurement Error in Key Informant Reports: A Methodological Note on Organizational Analysis in Marketing, in: Journal of Marketing Research, Vol. 18, 1981, S. 395-376.

Porter, M.E., Consumer Behavior, Retailer Power and Market Performance in Consumer Goods Industries, in: The Review of Economics and Statistics, Vol. 56, 1974, S. 419-436.

Porter, M.E., Caves, R.E., Market Structure, Oligopoly, and Stability of Market Shares, in: Journal of Industrial Economics, Vol. 26, No. 6, 1978, S. 289-313.

Porter, M.E., The Structure within Industries and Companies` Performance, in: The Review of Economics and Statistics, Vol. 61, 1979, S. 214-227.

Porter, M.E., Competitive Strategy - Techniques for Analyzing Industries and Competitors, New York, London, 1980.

Porter, M.E., The Contributions of Industrial Organization to Strategic Management, in: Academy of Management Review, Vol. 6, 1981, S. 609-620.

Porter, M.E., Industrial Organization and the Evolution of Concepts for Strategic Planning, in: Naylor, T.H. (Hrsg.), Corporate Strategy, Amsterdam u.a.O. 1982, S. 183-196.

Porter, M.E., Industry Structure and Competitive Strategy: Keys to Profitability, in: Kotler, P., Cox, K. (Hrsg.), Marketing Management and Strategy, 3. Aufl., Englewood Cliffs, New Jersey, 1984, S. 83-98.

Porter, M.E., Competitive Advantage. Creating and Sustaining Superior Performance, New York 1985.

Porter, M.E., Wettbewerbsstrategie. Methoden zur Analyse von Branchen und Konkurrenten, Frankfurt/Main 1984.

Porter, M.E., Wettbewerbsvorteile. Spitzenleistungen erreichen und behaupten, Frankfurt/Main 1986.

Porter, M.E., From Competitive Advantage to Corporate Strategy, in: Harvard Business Review Paperback, No. 90079, Boston, Mass. 1991, S. 15-22.

Porter, M.E., How Competitive Forces Shape Strategy, in: Harvard Business Review Paperback, No. 90079, Boston, Mass. 1991, S. 3-11.

Porter, M.E., Millar, V.E., How Information Gives You Competitive Advantage, in: Harvard Business Review Paperback, No. 90079, Boston, Mass. 1991, S. 33-44.

Poth, L.G., Poth, G.S., Marketing. Grundlagen und Fallstudien, München 1986.

Potjes, I., Thurik, R., Japanese Supermarket Chains and Labour Productivity, in: Erasmus University Rotterdam (Hrsg.), Contemporary Research on Japan, Seminar Documentation, October 1989.

Potucek, V., Die "Dynamik der Betriebsformen" - aus heutiger Sicht. Kritik einer Kritik, in: Marketing ZFP, Heft 4, 1987, S. 289-292.

Preston, L.E., Marketing Organization and Economic Development: Structure, Products and Management, in: Bucklin, L.P. (Hrsg.), Vertical Marketing Systems, Glenview, Ill., 1970.

The Prime Minister's Office, Statistical Bureau (Hrsg.), Report on the Family Income and Expenditure Survey, Tokyo 1981.

Puhlmann, H., Investition in Information, in: LZ-Journal, Nr. 39, 28. September 1990, S. J10-J18.

Puhlmann, H., Marketing Dreiklang à la Fernost, in: LZ-Journal, Nr. 38, 20. September 1991, S. J4-J8.

Raithel, A., Mars macht mobil, in: Manager Magazin, 18. Jg., Nr. 12, 1988, S. 234-239.

Rakugakisha (Hrsg.), Yono naka konatteiru - ryutsuhen (dt. Übersetzung: Was ist was im japanischen Distributionssystem), Tokyo 1989.

Rasche, H.O., Kooperationsformen im Marketing, in: Marketing Enzyklopädie, Band 2, München 1974, S. 201-214.

Ratcliffe, C.T., Approaches to Distribution in Japan, in: Frank, I. (Hrsg.), The Japanese Economy in International Perspective, Baltimore 1975.

Read, J.M., TV or Not TV, That's not the Question, in: ACCJ (Hrsg.), The Journal, Tokyo, June 1991, S. 26-29.

Regan, W.J., The Stages of Retail Development, in: Cox, R., Alderson, W., Shapiro, S.J. (Hrsg.), Theory in Marketing, Homewood, Ill. 1964, Chapter 9.

Rehfeld, J.E., Japan I: Methoden, die Sie nicht kennen - ein Topmanager berichtet, in: Harvard Manager, Nr. 3, 1991, S. 81ff.

Reid, D.M., Effective Marketing for Japan. The Consumer Goods Experience, Business International (Hrsg.), Report No. Q133, Hong Kong, June 1991.

Rieger, B., Die Kunst, sich zwischen die Stühle zu setzen, in: Absatzwirtschaft, Nr. 10, 1984, S. 156-166.

The Research Institute of the Retail Industry and Distribution System (Hrsg.), The Japanese Distribution System, Tokyo, 1988

The Research Institute of the Retail Industry and Distribution System (Hrsg.), RIRI Distribution Industry, Tokyo 1991.

Reve, T., John, G., The Reliability of Key Informant Data, in: Journal of Marketing Research, Vol. 19, No. 4, 1982, S. 517-524.

Reve, T., Organization for Distribution, in: Research in Marketing, Vol. 8, 1986, S. 1-26.

Roberts, J.G., Mitsui. Three Centuries of Japanese Business, 2. Aufl., Tokyo 1989.

Roberts, J.G., Alien Rice, in: ACCJ (Hrsg.), The Journal, Tokyo, November 1992, S. 10-16.

Robicheaux, R.A., El Ansary, A.J., A General Model for Understanding Channel Member Behavior, in: Journal of Retailing, Vol. 52, 1975, S. 13-30

Roland Berger & Partner (Hrsg.), EC Export Promotion Campaign: Gateway to Japan, München, Tokyo, February 1993.

Roland Berger, Vaubel & Partner (Hrsg.), Study on the Distribution of Coffee and Confectionery Products, unveröffentlichte Kundenstudie, Tokyo 1990.

Roland Berger, Vaubel & Partner (Hrsg.), Likely Effects of the Resale Price Maintenance Lifting on the Distribution of Cosmetics and OTC Drugs in Japan, Tokyo, June 17, 1992.

Roland Berger, Vaubel & Partner (Hrsg.), Ecology Strategies in the Japanese Retail Industry, unveröffentlichte Kundenstudie, Tokyo, Juli 1992.

Roland Berger, Vaubel & Partner (Hrsg.), Market Study on the Japanese Retail Market of Hair Care Products, unveröffentlichte Kundenstudie, Tokyo 1992.

Roland Berger, Vaubel & Partner (Hrsg.), OTC Drug Distribution System in Japan, unveröffentlichte Kundenstudie, Tokyo 1992.

Rosenbloom, B., Marketing Channels: A Management View, 4th ed., Orlando, Fl. 1991.

Ross, R.E., Überblick über das Japansiche Distributionssystem, in: Die Betriebswirtschaft, 42. Jg., 1982, S. 51ff.

Ruekert, R.W., Walker, O.C., Roering, K.C., The Organization of Marketing Activities: A Contigency Theory of Structure and Performance, in: Journal of Marketing, Vol. 49, No. 1, Winter 1985, S. 13-25.

Ryutsu Kozo (Hrsg.), Shotorihiki kanko ni kansuru kokusai hikaku chosa hokokusho(dt. Übersetzung: Bericht über einen internationalen Vergleich der Distributionsstrukturen und Handelspraktiken), The Sumitomo Business Consulting Co., Ltd. (Hrsg.), Tokyo 1987

Saigo, J., Distribution Industry of Japan, in: Fujitsu Research Institute (Hrsg.), Internal Presentation, Tokyo, April 1991.

Sakaida, A., Kakakuhakai no shogeki, kategori killer ga seisan mo kaeru (dt. Übersetzung: Der Schock der Preiszerstörung, "Category Killer" verändern ebenfalls die Produktion), in: Nikkei Business, Tokushu, Tokyo, March 22, 1993, S. 10-24.

Sanghavi, N., Non-Store Retailing in Japan, in: International Journal of Retail and Distribution Management, January/February 1990, S. 19-23

Sano, K., Analysis of Annual Reports of Both Men´s and Women´s Apparel Chains, in: Chain Store Age News (Hrsg.), Retailing Digest in Japan, Tokyo, April 16, 1990, S. 49.

Sano, K., Daiei Opens Second Hypermarket in Futami, in: Chain Store Age News (Hrsg.), Retailing Digest in Japan, Tokyo, June 11, 1990, S. 63.

Sato, K., The Japanese Dilemma, in: Journal of Japanese Trade & Industry, Tokyo, August/September 1992, S. 8-11.

Sato, T., Tokugawa Villages and Agriculture, in: Nakane, C., Oishi, S. (Hrsg.), Tokugawa Japan. The Social and Economic Antecedents of Modern Japan, Tokyo 1990.

Savitt, R., Comment: The Wheel of The Wheel of Retailing, in: International Journal of Retailing, Vol.3, No. 1, 1988, S. 38-40.

Savitt, R., Looking Back to See Ahead: Writing the History of American Retailing, in: Journal of Retailing, Vol. 65, No. 3, 1989, S. 326-355.

Scherer, F.M., Industrial Market Structure and Economic Performance, 2nd ed., Boston, Dallas 1980.

Schlender, B.R., How Deep A Slump And Which Way Out?, in: Fortune, December 28, 1992, S. 14-18.

Schmidt, D.E., Brand Marketing in Japan, in: ACCJ (Hrsg.), The Journal, No. 6, 1991, S. 43-47.

Schmidt, I., Wettbewerbspolitik und Kartellrecht, 2. Aufl., Stuttgart, New York, 1987.

Schneider, D., Unternehmensfunktionen oder Transaktionsökonomie als Grundlage für die Erklärung von Institutionen?, in: ZFB, 61. Jg., Nr. 3, 1991, S. 371-377.

Schneidewind, D., Erfolgreiches Marketing in Japan, Vortrag zum Unternehmer-Seminar, Berlin, 2. November 1978.

Schneidewind, D., Marketingstrategien in ostasiatischen Märkten, in: ZfbF, Nr. 1, 1984, S. 75-97.

Schuchard-Fischer, C., et al., Multivariate Analysemethoden, Berlin, Heidelberg 1980.

Seifert, B., Ford, J., Export Distribution Channels, in: The Columbia Journal of World Business, Summer 1989, S. 15-31

Seitz, K., Die japanisch-amerikanische Herausforderung, 2. Aufl., München 1991.

Sekaran, U., Methodological and Theoretical Issues and Advancements in Cross-Cultural Research, in: Journal of International Business Studies, Vol. 14, Fall 1983, S. 61-73.

Sekiguchi, S., The Distribution System: A Non-Tariff Barrier?, in: Keizai Koko Center (Hrsg.), Economic Eye, Tokyo, June 1982, S. 23-26.

Sekiguchi, W., Big-Store Law Revision Means Small Change For Imports, in: Japan Economic Journal, Tokyo, April 14, 1990, S. 15.

Sekine, T., Eigyokeitaihatten no riron (dt. Übersetzung: Theorie der Entwicklung von Betriebsformen), in: Ryutsusangyo Kenkyusho (Hrsg.), RIRI ryutsusangyo tokushu, No. 6, Tokyo, June 1992, S. 18-23.

Selznik, P., Leadership in Administration, New York 1957.

Seo, N., Planning and Implementation of Shotengai Vitalisation, Tokyo 1990.

Seven-Eleven Japan (Hrsg.), Corporate Outline. An Introduction to Seven-Eleven Japan Co., Ltd. for Investors, Tokyo 1992.

Seven-Eleven Japan (Hrsg.), Brief Summary of Results in the First Half of FY 93, Tokyo, October 1992.

Shapiro, I. (Hrsg.), Legal Aspects of Doing Business with Japan, Program Materials, New York 1985.

Shephard, W.G., The Elements of Market Structure, in: Review of Economics and Statistics, Vol. 54, 1972, S. 25-37.

Shephard, W.G., Bain`s Influence on Research into Industrial Organization, in: Masson, R.T., Qualls, P.D. (Hrsg.), Essays on Industrial Organization in Honour of Joe S. Bain, Cambridge, Mass. 1976, S. 1-17.

Shephard, W.G., The Economics of Industrial Organization, 2. Aufl., Englewood Cliffs, New Jersey, 1985.

Shimaguchi, M., Marketing Channels in Japan, Tokyo 1978.

Shimaguchi, M., Rosenberg, L.J., Demystifiying Japanese Distribution, in: Columbia Journal of World Business, Spring 1979, S. 32-41.

Shimaguchi, M., New Developments in Channel Management in Japan, in: Czinkota, M.R., Kotabe, M. (Hrsg.), The Japanese Distribution System, Chicago, Ill. 1993, S. 173-190.

Shioya, T., Japan´s Distribution System is a Result of Economy, Society and Culture - MITI, in: Business Japan, Tokyo, August 1989, S. 57

Shozo, M., Finding a Niche for Novelty, in: Journal of Japanese Trade and Industry, No. 3, Tokyo 1988, S. 18-19.

Sidow, H.D., Key-Account Management, Landsberg am Lech 1991.

Simon, H., Markterfolg in Japan. Strategische Aspekte des Markteintritts in Japan, Wiesbaden 1986.

Slovic, P., Fischhoff, B., Lichtenstein, S., Behavioral Decision Theory, in: Annual Reviw of Psychology, Vol. 28, 1977, S. 1-39.

Small and Medium Enterprise Agency, MITI (Hrsg.), Small Business in Japan, Tokyo 1990.

Small and Medium Enterprise Agency, MITI (Hrsg.), Miryoku aru shotengai. Shogyo shuseki zukuri wo mezashite (dt. Übersetzung: Einkaufsstraßen mit Charme. Der Aufbau von Einkaufszentren), Tokyo 1991.

Small and Medium Enterprise Agency, MITI (Hrsg.), Shotengai jittai chosa no gaiyo (dt. Übersetzung: Zusammenfassung einer Studie über Einkaufsstraßen), Tokyo 1991.

Smith, A.B. (Hrsg.), Competitive Distribution in a Free, High-Level Economy and its Implication for the University, Pittsburg 1958.

Smith, C., Japan: Industry-Reforms in Store, in: The Far Eastern Economic Review, No. 3, January 17, 1991, S. 44-48.

Snow, C.C., Hrebiniak, L.G., Strategy, Distinctive Competence and Organizational Performance, in: Administrative Science Quarterly, Vol. 25, 1980, S. 317-336.

Specht, G., Distributionsmanagement, Stuttgart u.a.O. 1988.

Staehle, W.H., Management, 3. Aufl., München 1987.

Stalk, G., Evans, P., Schulman, L.E., Competing on Capabilities: The New Rules of Corporate Strategy, in: Harvard Business Review, March/April 1992, S. 57-69.

Starke, U., Ursachen, Formen und Probleme der Absatzwirtschaftlichen Kooperation industrieller Unternehmungen, in: Jahrbuch für Absatz und Verbrauchsforschung, 17. Jg., 1971, S. 14-36.

Steffenhagen, H., Konflikt und Koordination in Distributionssystemen, Dissertation, Münster 1972.

Steffenhagen, H., Marketing, vertikales, in: Marketing Enzyklopädie, Band 2, München 1974, S. 675-690.

Steinhausen, D., Langer, K., Clusteranalyse, Berlin, New York 1977.

Stern, L.W., The Concept of Channel Control, in: Journal of Retailing, Nr. 2, 1967, S. 14-67.

Stern, L.W., Reve, T., Distribution Channels as Political Economies: A Framework for Comparative Analysis", in: Journal of Marketing, No. 44, July 1980, S. 52-64.

Stern, L.W., Sturdivant, F.D., Customer-Driven Distribution Systems, in: Harvard Business Review, Vol. 65, No. 4, July/August 1987, S. 34.

Stern, L.W., El-Ansary, A.I., Marketing Channels, 3rd ed., Englewood Cliffs, New Jersey 1988.

Sternquist, B., Ogawa, T., Japanese Department Store Buyers: Supplier Dependence and Sourcing Considerations, in: Czinkota, M.R., Kotabe, M. (Hrsg.), The Japanese Distribution System, Chicago, Ill. 1993, S. 149-162.

Stevenson, H.H., Defining Corporate Strengths and Weaknesses, in: Sloan Management Review, Vol. 17, 1976, S. 51-68.

Stewart, T.A., Brace for Japan's Hot New Strategy, in: Fortune, No. 19, September 21, 1992.

Suemura, A., Sakaida, A., Watanabe, S., Ito-Yokado, sekai ni idomu kouri no keieikakushin (dt. Übersetzung: Ito-Yokado, Einzelhandels-Management Innovation um die Welt herauszufordern), in: Nikkei Business, Tokyo, April 29, 1991, S. 12-23.

Suzuki, T., The Influence of the Japanese Government on the Development of the Distribution Sector, in: Fukuoka University Review of Commercial Sciences, Vol. 24, No. 1, 1979.

Suzuki, Y., Nihon ni okeru shinkourigyotaiseiritsu no kanosei (dt. Übersetzung: Möglichkeiten der Entwicklung einer neuen Einzelhandelsstruktur in Japan), in: Ryutsusangyo Kenkyusho (Hrsg.), RIRI Ryutsusangyo tokushu, No. 6, June 1992, S. 24-32.

Suzuki, Y., Large-Scale Retail Store Law: Historical Background and Social Implications, in: Czinkota, M.R., Kotabe, M. (Hrsg.), The Japanese Distribution System, Chicago, Ill. 1993, S. 163-170.

Suzuki, T., Trade Connections and Trade Practices, in: Czinkota, M.R., Kotabe, M. (Hrsg.), The Japanese Distribution System, Chicago, Ill. 1993, S. 219-230.

Taddeo, K., Journal of Applied Behavioral Science, Vol. 7, No. 1, Jan.-Feb. 1971, S. 15-37.

Tajima, Y., How Goods Are Distributed in Japan, Tokyo 1971.

Tajima, Y., Japan´s Distribution System: An International Comparison, in: Journal of Japanese Trade and Industry, No. 3, Tokyo 1984, S. 20.

Tajima, Y., Miyashita, M. (Hrsg.), Ryutsu no kokusai kikaku (dt. Übersetzung: Internationaler Vergleich der Distribution), Tokyo 1985.

Takaoka, S., The Retail Industry and Japan´s 2nd Distribution Revolution, in: Journal of Japanese Trade and Industry, No.3, Tokyo, 1984, S. 18.

Takaoka, N., Large Retail Store Act will be Standing Dead 10 years from Now, in: Shukan Toyo Keizai, September 30, 1989.

Takaoka, S., Retail Revolution, in: Journal of Japanese Trade and Industry, Tokyo 1989, S. 454-455.

Takehayashi, S., Shogyo keei no kenkyu (dt. Übersetzung: Studie über das Management kommerzieller Unternehmen), Tokyo 1955.

Tamura, M., Nihon gata ryutsu shisutemu (dt. Übersetzung: Das Japanische Distributionssystem), Tokyo 1986.

Tanaka, T., Japanese Market Profiles and Marketing Strategy, in: The Research Institute of the Retail Industry and Distribution System (Hrsg.), The Japanese Distribution System, Tokyo 1988, S. 1-16.

Tanaka, H., Advertising Strategies in Japan: Implications for Global Marketers, in: Dentsu (Hrsg.), Japan 1993 Marketing and Advertising Yearbook, Tokyo 1992.

Thies, D., Distributionsfunktionen und betriebliche Absatzpolitik, Göttingen 1978.

Thies, G., Vertikales Marketing, Berlin, New York 1976.

Thompson, A.A., Strickland, A.J., Strategy Formulation and Implementation: Tasks of the General Manager, 4th ed., Homewood, Ill. 1989.

Thorelli, H.B., Networks: Between Markets and Hierarchies, in: Strategic Management Journal, No. 1, Jan.-Feb. 1986, S. 37-51.

Tietz, B., Mathieu, G., Das Kontraktmarketing als Kooperationsmodell, Köln 1979.

Tillman, R., Rise of the Conglomerchant, in: Harvard Business Review, November/December 1971, S. 44-51.

Tiphine, B., Kampf um die Wertschöpfungskette, in: LZ-Journal, No. 48, 30. November 1990, S. J5-J8.

Tiphine, B., Busch, R., Die Starken werden noch stärker, in: Industriemagazin, Februar 1991, S. 84-88.

Todd, R.E., The Tables Turn, in: ACCJ (Hrsg.), The Journal, Tokyo, October 1992, S. 23-26.

Togawa, Y., The Historical and Structural Changes in the Distribution Industry, in: RIRI (Hrsg.), The Japanese Distribution System, Tokyo 1988, S. 1-13.

Toshima, H. Naide, A., Suburban Competition Quiets Akihabara Down, in: The Nikkei Weekly, Tokyo, June 13, 1992, S. 11.

Toyo Keizai (Hrsg.), The Gaishi 300, in: Tokyo Business Today, Vol. 60, No. 8, Tokyo, August 1992, S. 44-48.

Toyo Keizai (Hrsg.), Japan Company Handbook 1992, 1st Section, Summer, Tokyo 1992.

Toyo Keizai (Hrsg.), Japan Company Handbook 1992, 2nd Section, Summer, Tokyo 1992.

Toyo Keizai (Hrsg.), Japan Company Handbook 1992, 1st Section, Winter, Tokyo 1992.

Toyo Keizai (Hrsg.), Japan Company Handbook 1992, 2nd Section, Winter, Tokyo 1992.

Toyonaga, A., Kao, in: Crédit Lyonnais Securities (Hrsg.), Japan Equity Research, Tokyo, November 1990.

Tsurumi, Y., Managing Consumer and Industrial Marketing Systems in Japan, in: Sloan Management Review, Vol. 24, 1982, S.41-49.

Tsuruta, T., et al., An International Comparison of Distribution Structures and Trade Practices and Competitor Policies, International Comparative Study Group on Distribution Structures and Trade Practices (Hrsg.), Tokyo, April 1986.

Tsuruta, T., Miyachi, S., Posuto kozo kyogi (dt. Übersetzung: Nach den Gesprächen über strukturelle Hemmnisse), in: Toyo Keizai Shimposha, Tokyo 1990.

Uda, H., Nozu, S., Foreign Business at a Turning Point, in: Tokyo Business Today, Vol. 60, No. 8, Tokyo, August 1992, S. 36-43.

Überla, K., Faktorenanalyse, 2. Aufl., Berlin u.a.O. 1972.

Ueno, T.F., Best, W.J., Getting it There, in: ACCJ (Hrsg.), The Journal, Tokyo, June 1990, S. 17-33.

Umezawa, S., The Revolution that is Coming to the Distribution System in Japan, Tokyo 1991.

Upham, F.K., Legal Regulation of the Japanese Retail Industry: The Large Scale Retail Stores Law and Prospects for Reform, in: The Center for International Affais and the Reischauer Institute of Japanese Studies (Hrsg.), The Program on U.S.-Japan Relations, Harvard University, February 1989.

Ushiyama, Y., Advertising in Japan, in: Zentrum für Unternehmensführung (Hrsg.), Japan '83, Kirchberg-Zürich 1983.

U.S. Department of State (Hrsg.), US Department of State Telegram, No. 19741, Washington D.C., October 27, 1989.

U.S. - Japan Working Group on the Structural Impediments Initiative (SII) (Hrsg.), Joint Report, No. 1, Tokyo, June 28, 1990.

U.S. - Japan Working Group on the Structural Impediments Initiative (SII) (Hrsg.), First Annual Report, Tokyo, May 24, 1991.

Van Wolfern, K., The Enigma of Japanese Power, Tokyo 1989.

Varadarajan, P., Rajaratnam, D., Symbiotic Marketing Revisited, in: Journal of Marketing, January 1986, S. 7-17.

Vaubel, D., Marketing für Konsumgüter in Japan, in: Deutsch-Japanisches Wirtschaftsförderungsbüro (Hrsg.), Reihe Japan-Wirtschaft, Düsseldorf 1989.

Vogel, E., Japan as Number One, Cambridge, Mass. 1981.

Wako Keizai Kenkyusho (Hrsg.), Daitenho keizai to sono eikyo (dt. Übersetzung: Die Erweiterung des Gesetzes über großflächige Handelsbetriebe und seine Wirkung), in: Shoken toshi, No. 447, Tokyo 1991.

Walters, C.G., Marketing Channels, New York 1974.

Watanabe, T., Changes in Japan's Import Market and the Administrative Response, in: Manufactured Imports Promotion Organization (MIPRO) (Hrsg.), 8th Workshop on Japan's Distribution Systems and Business Practices, Tokyo, October 17, 1991, S. 7-15.

Watanabe, S., Sakaida, A., Nagasaki, R., Daiei no jishin to fuan, Nakauchirya "kyuhaku" keiei no ikusaki (dt. Übersetzung: Daieis Vertrauen und Anspannung, Mr. Nakauchi's Management Scharfsinn), in: Nikkei Business, Tokyo, July 27, 1992, S. 10-25.

Watanabe, T., Changes in Distribution Structure and the Debut of Policies for Improved Market Access, in: Manufactured Imports Promotion Organization (MIPRO) (Hrsg.), 9th Workshop on Japan's Distribution Systems and Business Practices, Tokyo, October 15, 1992, S. 6-15.

Weber, M.M., Moore, W.M., Using Quick Response - Retailing Version of JIT - As a Competitive Strategy: Implications for Technology and Human Resources Management, Des Moines 1992.

Weigand, R.E., Fit Products and Channels to your Markets, in: Harvard Business Review, January/February 1977, S. 95-105.

Weigand, R.E., Daitenho! Japan's Clogged Distribution System, Tokyo 1989.

Westphal, J., Vertikale Wettbewerbsstrategien in der Konsumgüterindustrie, Wiesbaden 1991.

Williamson, O.E., Markets and Hierarchies: Analysis and Antitrust Implications, New York 1975.

Williamson, O.E., Transaction Cost Economics: The Governance of Contractual Relations, in: Journal of Law and Economics, Vol. 22, 1979, S. 223-260.

Wischart, D., CLUSTAN, Benutzerhandbuch, 3. Aufl., Stuttgart, New York 1984.

Wöhe, G., Einführung in die Allgemeine Betriebswirtschaftslehre, 16. Aufl., München 1986.

Womack, J.P., et.al., The Machine that Changed the World, New York 1990

Wongtada, N., Zerio, J.M., Towards a Conceptual Model of Japanese Consumer Response to Direct Marketing, in: Czinkota, M.R., Kotabe, M. (Hrsg.), The Japanese Distribution System, Chicago, Ill. 1993, S. 191-208.

Wortzel, L.H., Retailing Strategies for Today's Market Place, in: Journal of Business Strategy, Spring 1987, S. 45-56.

Wright, P., A Refinement of Porter's Strategies, in: Strategic Management Journal, Vol. 8, 1987, S. 93-101

Yamazaki, S., Indo, N., The New FTC Guidelines. Impact on the Retailers, James Capel Pacific Limited (Hrsg.), Tokyo, July 29, 1991.

Yano Keizai Kenkyusho (Hrsg.), Market Share in Japan 1981, Tokyo 1982.

Yano Keizai Kenkyusho (Hrsg.), Apparel Market 1982, Tokyo 1982.

Yano Keizai Kenkyusho (Hrsg.), Market Share in Japan 1990, Tokyo 1991.

Yano Keizai Kenkyusho (Hrsg.), Apparel Market 1991, Tokyo 1991.

Yim, M., Shopping Malls. Second Wind for Japanese Supermarkets, in: Baring Securities (Hrsg.), Japanese Research, Tokyo, April 1989.

Yim, M., DIY: Retail Growth Area of the 1990's, in: Baring Securities (Hrsg.), Japanese Research, Tokyo, November 1990.

Yokata, J., Yamamoto, H., Factors Expected By Consumers: Towards Three Types of Retailing, AMA Global Marketing Conference, Hawaii 1991.

Yoshino, M.Y., Japan's Managerial System: Tradition and Innovation, Cambridge, Mass. 1968.

Yoshino, M.Y., The Japanese Marketing System: Adaptations and Innovations, Cambridge, Mass. 1971.

Yoshino, M.Y., Marketing in Japan: A Management Guide, New York 1975.

Yoshino, M.Y., Lifson, T.B., The Invisible Link. Japan's Sogo Shosha and the Organization of Trade, Cambridge, Mass., London, 1989.

Zentes, J., Trade-Marketing. Eine neue Dimension in den Hersteller-Händler-Beziehungen, in: Marketing ZFP, Heft 4, 4. Qu. 1989, S. 224-229.

Geschäftsberichte der folgenden Unternehmen
(verschiedene Jahrgänge)

Aoki International
Aoyama Shoji
Credit Saison
Daiei
Hankyu
Itochu/C. Itoh
Ito-Yokado
Jusco
Kanematsu Gosho
Kao Corp.
Marubeni Corp.
Matsuzakaya
Mitsubishi Corp.
Mitsui & Co.
Mitsukoshi
Nagasakiya
Nichii
Nissho Iwai
Seibu-Saison Group
Seiyu
Seven-Eleven Japan
Sumitomo Corp.
Takashimaya
Tobu
Tokyu Corp.
Tomen Corp.

Interviews

K. Courtis, Senior Economist, Deutsche Bank Capital Markets, 3. August 1991.
A. Danneberg, Geschäftsführer, AD Media Werbeagentur, Tokyo, 19. Oktober 1992.
K. Ide, Vice-President Corporate Affairs, Master Foods Japan, 12. Oktober 1992.
M. Kagamiyama, General Manager, Ito-Yokado, 15. Dezember 1992.
K. Lewthwaite, Director Corporate Affairs, Nestlé K.K., 2. Mai 1992.
M. Maruyama, Professor of Marketing, Kobe University, 2. Mai 1992.
M. Ohtomo, General Manager, Hugo Boss Japan, 5. Oktober 1992.
U. Schmeer, Manager Business Development, Nestlé K.K., 2. Mai 1992.
K. Takeuchi, Sales Supervisor, Hugo Boss Japan, 23. September 1992.

Thomas Neuschwander

Mythos MITI
Industriepolitik in Japan

Frankfurt/M., Berlin, Bern, New York, Paris, Wien, 1994. 247 S., 8 Abb., 35 Tab.
Analysen zum Wandel politisch-ökonomischer Systeme.
Herausgegeben von Stephan Bierling und Dieter Grosser. Bd. 5
ISBN 3-631-46983-7   br. DM 65.--*

Japans Aufstieg zur gefürchteten Wirtschaftsmacht ist untrennbar mit dem Namen MITI verknüpft. Das japanische Wirtschaftsministerium zählt zu den geheimnisvollsten Behörden der Welt. Die Studie beschreibt, wie in Japan Industriepolitik gemacht wird und welche Wettbewerbsvorteile dadurch entstehen. Im Mittelpunkt steht das MITI und sein Anteil am Wirtschaftserfolg Japans, eine Analyse der Machtstrukturen sowie das Verhältnis zu anderen Ministerien und zur Industrie. Gestützt auf neue Untersuchungen wird geschildert, wie die industriepolitische Feinsteuerung funktioniert. Detailliert werden die Schwächen und Grenzen der mystifizierten Behörde herausgearbeitet. Hinzu kommen ausführliche Darstellungen der Wirtschaftsstruktur, der Parteien und des Wirtschaftsaufschwungs nach dem Krieg.

Aus dem Inhalt: Japans Wirtschaftsstruktur · Analyse des MITI · Der industriepolitische Entscheidungsprozeß · Macht der Parteien · Rolle der Interessengruppen · Wandel der Industriepolitik seit dem 2. Weltkrieg · Instrumente japanischer Industriepolitik

Peter Lang ≋ Europäischer Verlag der Wissenschaften
Frankfurt a.M. • Berlin • Bern • New York • Paris • Wien
Auslieferung: Verlag Peter Lang AG, Jupiterstr. 15, CH-3000 Bern 15
Telefon (004131) 9411122, Telefax (004131) 9411131
- Preisänderungen vorbehalten - *exklusive Umsatzsteuer